Hans-Jürgen Häßler / Christian von Heusinger (Hrsg.)

Kultur gegen Krieg — Wissenschaft für den Frieden

Klaus Herding
zum 50. Geburtstag

von [illegible]

Der vorliegende Band wurde herausgegeben im Auftrag der Initiative „Kulturwissenschaftler für Frieden und Abrüstung in Ost und West“

„Kulturwissenschaftler für Frieden und Abrüstung in Ost und West“
c/o Dr. Hans-Jürgen Häßler, Trierer Str. 6, 3000 Hannover 1

Kultur gegen Krieg
Wissenschaft für den Frieden

herausgegeben von

Hans-Jürgen Häßler und Christian von Heusinger

Königshausen & Neumann

CIP-Titelaufnahme der Deutschen Bibliothek

Kultur gegen Krieg — Wissenschaft für den Frieden / hrsg. von
Hans-Jürgen Hässler u. Christian von Heusinger. — Würzburg :
Königshausen u. Neumann, 1989
ISBN 3-88479-401-9
NE: Hässler, Hans-Jürgen [Hrsg.]

Umschlag: Hummel / Homeyer
Satz und Druck: Königshausen + Neumann

Printed in Germany
ISBN 3-88479-401-9

Inhaltsverzeichnis

1. Die Vorträge werden in der Reihenfolge abgedruckt, in der sie vor dem Plenum gehalten wurden. Es fehlen die Beiträge von Dr.C. Nedelmann, Hamburg, „Deutsche Möglichkeiten auf dem Wege der gemeinsamen Sicherheit", und von Prof.Dr. P. Ucko, Southampton, England „Die zwiespältige Rolle der UNESCO in der Auseinandersetzung um Apartheid". Dieser Vortrag wird in „World Archeology" abgedruckt. Die Leitung der Plenarsitzungen hatten Prof.Dr. M. Moissonnier, Lyon, Frankreich am 28.11.1987, und Frau Dr. Bärbel Kerkhoff-Hader, Bonn, am 29.11.1987.

2. Dieser Vortrag wurde bereits am 27.11.1987 anläßlich des öffentlichen Abends gehalten.

3. Sektionsleitung: Dr. H. Ganslmayr, Bremen. In dieser Sektion wurden außerdem die einführenden Vorträge von Prof. Astre, Prof. Ucko und Prof. Weiler diskutiert. Der Vortrag Dr. H.G. Ganslmayrs, „UNESCO — Ein Stück verwirklichter Friedenskultur. Aufgaben und Möglichkeiten der Museen", konnte leider nicht rechtzeitig fertiggestellt werden.

4. Sektionsleitung: Prof.Dr. P.H. Feist, Berlin, DDR. Der Vortrag von Bernhard Pfitzner, Hannover, „Die KSZE-Schlußakte und ihre Bedeutung für die kulturelle Zusammenarbeit in Europa", konnte aus Zeitgründen nicht zur Verfügung gestellt werden. In dieser Sektion wurden die einführenden Beiträge von Prof.Dr. P.H. Feist, DDR, und Prof. J. Szajna, Polen, diskutiert.

5. Sektionsleitung: Prof.Dr. H. Ziegert, Hamburg, Die Vorträge von R. Chandy, Indien,„Industrialisierung, Kolonialismus und die Entwurzelung der indischen Intelligenz" und von Prof.Dr. L. Müller-Wille, Kanada, „Gegenwärtiger Kulturwandel und -Konflikt bei den westlichen Polarvölkern", konnten wegen Arbeitsbelastung der Autoren nicht zur Verfügung gestellt werden.

6. Sektionsleitung: Dr. Gudrun Gerlach, Xanten, und Dr. H.-P. Kuhnen, München.

7. Sektionsleitung: Prof.Dr. K. Holl, Bremen. In dieser Sektion wurde ferner der einführende Vortag von P.R. Frank, USA „Humanität oder Kriegseinsatz? Zwiespalt in den deutschen Geisteswissenschaften" diskutiert. Der von Prof. Dr. K. Holl gehaltene Vortrag „Deutsche Pazifisten im Exil 1933 bis 1945" erscheint bei dtv. Der Beitrag von Prof. Dr. K. Krusewitz, Berlin „Beitrag der Ökologie zur Friedenskultur — Themen, Erfahrungen und Perspektiven", lag bei Redaktionsschluß leider nicht vor.

8. Sektionsleitung: Prof.Dr. R. Kühnl, Marburg. Dr. H. Zettel war verhindert, hat aber dankenswerterweise eine schriftliche Fassung seines Vortrags für diesen Band zur Verfügung gestellt.

IX. Historikerstreit und Kulturpolitik in der Bundesrepublik Deutschland nach der „Wende"[9]

X. Widerstand gegen Militarismus und Remilitarisierung als Forschungsthema in Kunst- und Kulturwissenschaften[10]

9. Sektionsleitung: Dr. Chr. v. Heusinger, Braunschweig. Der Vortrag von Prof.Dr. H.-E. Mittig, Berlin, „Reaktivierte NS-Kunst" konnte wegen technischer Schwierigkeiten leider nicht gehalten werden. Er ist für eine Buchpublikation vorgesehen. Die in dieser Sektion gehaltenen Vorträge von Th. Lutz, Berlin, „Gedenkstätten — Landmarken gegen die ‚Wende-Geschichtsschreibung'" und Prof. Dr. H.-H. Nolte, Hannover, „Die Quallen die ihr erdachtet nach Barbaren Art. Der Historiker-Streit, die Asiatische Tat" erschienen bereits an anderer Stelle.

10. Sektionsleitung: Prof.Dr. M. Jürgens, Münster. Der Beitrag von Dr. Gabriele Sprigath, München, „Entartete Kunst und Kriegspropaganda" wurde nicht zur Verfügung gestellt; ebenso nicht der Vortrag von Dr. Ulrike Jenni, Wien, „Die Schrecknisse des Krieges und die Hoffnung auf Frieden — Beispiele aus der bildenden Kunst vom Dreißigjährigen Krieg bis zur Gegenwart".

XI. Sonderforum Wissenschaft und Apartheid[11]

XII. Schlußbemerkung[12] und Kulturpolitisches Manifest

11. Leitung: Bettina Schmidt, Mainz, und T. Lenssen-Erz, M.A., Köln. Auf diesem Forum wurden die einführenden Beiträge von P. Mafuna, Äthiopien, und Prof.Dr. P. Ucko, England, diskutiert.
12. Die Schlußbemerkung wurde am 1.1.1989 überarbeitet und stellenweise ergänzt.

Vorwort

Der internationale Kongreß „Kultur gegen Krieg — Wissenschaft für den Frieden“, auf dem die hier veröffentlichten Referate gehalten worden sind, fand vom 27. bis. 29 November 1987 in Hannover statt. Nach den Kongressen in Hannover 1984 und in Tübingen 1986 war dies der dritte Kongreß der Initiative „Kulturwissenschaftler für Frieden und Abrüstung in Ost und West“.

Mit über 500 Teilnehmerinnen und Teilnehmern war die im Vorfeld des Washingtoner Gipfels zur Unterzeichnung der INF-Vertrages stattfindende Veranstaltung außerordentlich gut besucht. Referenten und Teilnehmer aus der Bundesrepublik Deutschland und aus Afrika, der DDR, England, Frankreich, Italien, Österreich, Polen, der UdSSR und den USA prägten mit ihren Beiträgen und Diskussionen diese erste internationale Veranstaltung der Initiative.

Ziel des Kongresses war es, die Verantwortung der Kulturwissenschaftlerinnen und Kulturwissenschaftler für die Friedenssicherung herauszuarbeiten und das Bewußtsein für ihre Verantwortlichkeit zu schärfen.

Es ist unerträglich, daß durch wirtschaftliche Ausbeutung und ideologisch gesteuerte Kriege die Zerstörung der ökologischen Grundlagen allen Lebens fortgesetzt und ein gerechter, weltweiter sozialer und ökonomischer Ausgleich zwischen den Völkern verhindert wird. Statt dieser permanent wirkenden Mechanismen der Zerstörung von Leben und Kultur ist endlich vernünftigen Alternativen zum Durchbruch zu verhelfen. Weltweit gilt daher für Kulturwissenschaftlerinnen und Kulturwissenschaftler nicht nur die Forderung, das kulturelle Erbe aller Völker vor weiterer Zerstörung zu schützen, sondern auch durch eine konstruktive Friedens- und Sozialpolitik globaler Dimension zu sichern.

Die „Kulturwissenschaftler für Frieden und Abrüstung in Ost und West“ haben ihre Forderung in einem Manifest niedergelegt, das am Schluß der Veranstaltung in Hannover von den Mitgliedern des bundesweiten Koordinierungskreises der Initiative und dem internationalen Beratergremium des Kongresses verabschiedet und einer breiten Öffentlichkeit übergeben worden ist. Wir hoffen auf die Wirkung dieses Manifestes in der Zukunft.

Die Initiative unterstützt vorbehaltlos die „Decade of Cultural Development“ der UNESCO, die 1988 begonnen hat. Unsere Initiative versteht sich als ein Teil dieser weltweiten Anstrengungen, Erziehung, Wissenschaft und Kultur umfassend zu fördern. Auf Völkerverständigung ausgerichtete Kulturarbeit ist unserer Überzeugung nach immer auch Friedensarbeit. Wer sich davon ausschließt — wie etwa die USA und Großbritannien durch ihre Austritte aus der UNESCO —, muß sich die Frage nach dem Selbstverständnis seiner Politik stellen lassen. Geht es hier um Macht- oder um Friedenspolitik? Die „Kulturwissenschaftler für Frieden und Abrüstung in Ost und West“ fordern eine strikte Friedenspolitik.

Dieser Band erscheint in dem Jahr, in dem sich der Überfall Deutschlands auf Polen zum 50. Mal und die Gründung der Bundesrepublik Deutschland zum 40. Mal jährt. Unter diesem Gesichtspunkt werden von uns von der Bundesrepublik besondere Taten erwartet, die konkrete Abrüstungsschritte zum Inhalt haben. Wie anders könnte die Bundesrepublik Deutschland ihre Verantwortlichkeit für den Frieden in Europa besser unter Beweis stellen als durch konkrete Abrüstungsmaßnahmen: den Verzicht 1. auf Konstruktion und Bau des Jägers 90, 2. auf die geplante „Modernisierung“ der atomaren Kurzstreckenraketen, 3. durch eine deutliche Reduzierung der konventionellen Streitkräfte und 4. durch einen Stopp der Tiefflüge; 5. plädieren wir für eine spürbare Kürzung der Rüstungskosten überhaupt. Es kann und darf nicht sein, daß ausgerechnet in diesem Jahr statt der Zeichen des Friedens die Flaggen des Krieges gesetzt werden.

Die Veranstalter des Kongresses „Kultur gegen Krieg — Wissenschaft für den Frieden“ in Hannover sagen allen Dank, die sich für das Gelingen des Kongresses eingesetzt haben. Zunächst der Universität Hannover für die großzügige Bereitstellung der Räumlichkeiten. Dann und besonders herzlich allen ehrenamtlichen Helfern, der Krefelder Initiative aus Köln und den Mitgliedern der Friedensbewegung aus Hannover. Den Künstlern für die Stunden nachhaltiger Wirkung: Prof. H.-W. Krückeberg, Hannover, für die Aufführung des Monologstücks „Probe aufs Exempel“ von Rudi Strahl, DDR, Dietrich Kittner für sein hervorragendes Kabarett, Frau Johanna Heutling, Wennigsen (Flügel) und Herrn Georg Brunion, Hannover (Violine) für ihre ergreifenden musikalischen Darbietungen. Dem Oberbürgermeister der Stadt Hannover, Herrn Herbert Schmalstieg, für die Übernahme der Schirmherrschaft und für seine Einladung zum Empfang der in- und ausländischen Referentinnen und Referenten im Rathaus der Landeshauptstadt.

Schließlich sei allen Referentinnen und Referenten sowie den Sektionsleitern des Kongresses noch einmal herzlich für ihr Engagement gedankt. Dem Verlag Königshausen und Neumann danken wir für die hervorragende Zusammenarbeit bei der Drucklegung dieses Bandes.

Im April 1989

Hans-Jürgen Häßler | Christian von Heusinger

Eröffnungsrede

Karola Bloch, Tübingen

Meine Damen und Herren, liebe Freunde,

ich begrüße Sie herzlich zum Internationalen Kongreß „Kultur gegen Krieg — Wissenschaft für den Frieden". Der Zulauf an Mitgliedern ist groß, das Potential noch nicht erschöpft. Es gibt mittlerweile Mitglieder in Österreich, in der Schweiz, in den Niederlanden, in Frankreich und sogar in den USA. Es ist der dritte Kongreß dieser Initiative und ich hoffe, es werden noch mehrere folgen.

Sie bringen Aufklärung und Ermutigung für den Friedenskampf. Sie tragen dazu bei, den Mißbrauch der Wissenschaft für militärische Zwecke zu verhindern. Da kann man nicht genug tun. Wir haben ja keine anderen Waffen als Reden, Blockieren und Demonstrationen. Es wäre angebracht, wenn Kinder und Jugendliche mehr Wissen über Krieg und Frieden bekämen. Schon in der Schule wäre ein Fach zu diesem Thema willkommen.

Meine Generation hat zwei Weltkriege erlebt. Sie weiß aus Erfahrung, was Kriege bedeuten. Inzwischen sind die Vernichtungswaffen immer ungeheuerlicher geworden. Ein Atomkrieg würde die Auslöschung der Menschheit bedeuten.

Von Bert Brecht gibt es die Worte: „Das große Karthago führte drei Kriege: Es war noch mächtig nach dem ersten, noch bewohnbar nach dem zweiten. Es war nicht mehr auffindbar nach dem dritten."

Trotz dieses Wissens, trotz der Beteuerung der Weltmächte, daß sie den Frieden wollen, wird die Bewaffnung immer größenwahnsinniger. Und nicht nur die Erde, auch das Weltall soll zum Schlachtfeld werden. Die USA wollen mit SDI (Strategische Verteidungsinitiative) den Weltraum bewaffnen.

Jetzt bald sollen in der BRD Pershing-Manöver stattfinden. 4500 Soldaten und 500 Fahrzeuge werden teilnehmen. Die Stationierung der Cruise-Missiles in Holland und Belgien geht planmäßig weiter. Die Sowjetunion hat die Stationierung ihrer Atomraketen mittlerer Reichweite (etwa 1000 km) in der DDR und in der CSSR abgeschlossen und ist dabei, Atomraketen kürzerer Reichweite (200-300 km) in der DDR zu stationieren. Gleichzeitig hört man ständig von Abrüstungsverhandlungen und könnte meinen, die Verschrottung dieser Raketen stünde unmittelbar bevor. Stattdessen sind Amerikaner mit ihrem gesamten Pershing-Kommando im Einsatz. Auch angesichts des Mittelstreckenabkommens halten die Militärs die Manöver mit der Euro-Rakete für unverzichtbar.

Mit Haß verfolgen wir diese Manöver, mit Entsetzen sehen wir in ihnen die Kriegsvorbereitungen. Wir rufen —, wir schreien: NEIN! Wir haben aber nicht die Macht, den Katastrophen entgegenzutreten. Dabei haben wir viele Katastrophen in unserer Welt, die gemildert oder abgeschafft werden könnten und sollten. Wir haben vor Augen die Hungersnot in der Dritten Welt — und nicht nur in der „Dritten Welt": auch in den USA wird Hungernden eine Suppe serviert.

Die Industriestaaten könnten da helfen. Aber davon hätte die Rüstungsindustrie keinen Profit; sie denkt nur an ihn. Da spielt der Mensch keine Rolle. „Haben, haben, haben" ist ihr Schlachtruf. Und in der Zeit der Arbeitslosigkeit schaffen sich die Kriegstreiber ein Alibi: die Kriegsindustrie schafft Arbeitsplätze, Arbeitsplätze für Lebewesen, die im Kriege das Schlachtfeld belegen würden.

Die Kulturträger, die Künstler und Wissenschaftler wissen, daß ihre Errungenschaften im Kriege zerstört werden. Sie prangern den Krieg an. Manche Künstler sehen es als ihre Aufgabe, den Horror des Krieges zu schildern. Man denke an Käthe Kollwitz und George Grosz in Deutschland, an Daumier und den Schriftsteller Henri Barbusse in Frankreich. Natürlich gibt es Proteste. So haben Rüstungsgegner einen Raketenkonvoi der US-Armee blockiert. Die Demonstranten wurden weggetragen, da sie der Aufforderung, den Weg zu räumen, nicht nachgekommen sind.

In der BRD — diesem kleinen Land im Vergleich zu den USA — liegen 50% aller Atomwaffen. Hier sind die meisten Soldaten, respektive der Größe des Landes. Hier sind die meisten Militärbasen, Manöver und Tiefflüge. Das muß finanziert werden. So ist der Bundesrepublikaner durchschnittlich mit 1200.— DM jährlich belastet. Dabei müßte die BRD, nach ihrer verbrecherischen jüngsten politischen Vergangenheit, nach der Schuld der Deutschen, den Zweiten Weltkrieg initiiert zu haben, die alleraktivste Friedensmacht der Welt sein. Das wäre ihre moralische Verantwortung.

Natürlich gibt es viele Menschen, die sich gegen den Krieg wehren. Wir haben in Mutlangen, wo Raketen stationiert sind, eine Friedens- und Begegnungsstätte. Der Transport von Raketen wird blockiert — gewaltlos. Dafür werden die Friedenskämpfer bestraft. Unsere Justiz hat einen Paragraphen gegen „Nötigung". Wer „nötigt", wird mit Gefängnis oder Geldstrafe bedacht.

Auch gegen mich hat die Staatsanwaltschaft in Bonn ermittelt, weil ich einen Aufruf zur Blockade der Cruise-Missiles-Basis in Hasselbach im Hunsrück unterzeichnete. Ich habe mich geweigert, zu einem gegebenen Termin bei der Polizei zu erscheinen, unter dem Hinweis, ich sei zu alt dafür. Man hat mich dann bisher in Ruhe gelassen.

Es ist entsetzlich, daß Menschen, die das Gute wollen, nämlich den Frieden, kriminalisiert werden.

Es ist zu hoffen, daß immer mehr Bürger sich den Reihen der Friedenskämpfer anschließen werden.

Gegen den Haß, für die Freundschaft der Völker!

Nie wieder Krieg!

Grußwort

Oberbürgermeister Herbert Schmalstieg, Hannover

Drei Jahre sind vergangen, seit Kulturwissenschaftler, Museumsdirektoren und Denkmalschützer die Initiative „Kulturwissenschaftler für Frieden und Abrüstung in Ost und West" ins Leben riefen und aus diesem Anlaß hier in Hannover zu einem ersten nationalen Treffen zusammenkamen.

Ich freue mich darüber, daß ihr friedenspolitisches Engagement in der Bundesrepublik, aber auch international so viel Widerhall gefunden hat.

In diesen Tagen haben sich die Wissenschaftler und Kulturschaffenden aus zahlreichen west- und osteuropäischen Ländern, aber auch aus der Dritten Welt hier in Hannover nun zu einem ersten internationalen Kongreß zusammengefunden.

Den Teilnehmern, vor allem den Referenten, die aus diesem Anlaß nach Hannover gekommen sind, überbringe ich herzliche Grüße im Namen der niedersächsischen Landeshauptstadt Hannover.

Die Sorge, daß angesichts der wachsenden nuklearen Potentiale in der Welt, aber auch angesichts der ständig zunehmenden konventionellen und chemischen Rüstung, die Gefahr kriegerischer Auseinandersetzungen von millionenfacher Zerstörung und Tod steigt, beschäftigt immer mehr Menschen, nicht nur in der Bundesrepublik Deutschland.

Alles Engagement, alle Mahnungen und Appelle, die in der Vergangenheit immer wieder an die Verantwortlichen gerichtet wurden, haben es leider bisher nicht vermocht, daß die sich ständig schneller bewegende Spirale weltweiten Rüstungswettlaufs gestoppt und der Weg in eine friedliche Welt eingeleitet wurde.

Es ist zu begrüßen, daß nach Abschluß der Gespräche, die zwischen den beiden Außenministern der UdSSR und der USA in dieser Woche in Genf geführt wurden, nun ein erstes wirkliches Abrüstungsabkommen in Sicht ist.

Es ist ein Fortschritt, daß mit der Beseitigung aller Mittelstreckenraketen erstmals ein Teil der atomaren Bedrohung von uns genommen werden soll.

Dies stellt aber noch keine Lösung der Probleme dar!

In die jetzt abgeschlossenen Verhandlungen waren nur vier Prozent aller Nuklearwaffen einbezogen, während auf der anderen Seite allein fünf Prozent aller auf der Welt vorhandenen Atomwaffen ausreichen würden, um unsere Erde insgesamt zu zerstören.

Dennoch, die Vereinbarung, die in der übernächsten Woche von Präsident Reagan und Generalsekretär Gorbatschow unterschrieben werden soll, ist ein erster wichtiger Schritt.

Es ist deshalb umso wichtiger, daß das Engagement derjenigen nicht nachläßt, die sich in den vergangenen Jahren für die Sache des Friedens eingesetzt haben.

Es ist notwendig, daß auf allen Ebenen die Bemühungen intensiviert werden und daß alle Chancen und Möglichkeiten genutzt werden, um dem Rüstungswahnsinn endlich Einhalt zu gebieten.

„Im Atomzeitalter versteht es sich von selbst, daß Friede zur allerersten und permanenten Aufgabe weltweiter Verantwortung geworden ist."

Dies hat der Philosoph Hans Jonas, der Träger des diesjährigen Friedenspreises des Deutschen Buchhandels bei der Entgegennahme der Auszeichnung im Rahmen seiner Dankesworte ausgeführt.

Deshalb ist es zu begrüßen, daß sich immer mehr Menschen bereitfinden, die nicht nur ihre Angst und Sorgen vor den Rüstungsgefahren zum Ausdruck bringen, sondern sich mit anderen zusammenfinden, um sich gemeinsam für den Abau von Gewalt, für Abrüstung und Frieden einzusetzen.

Auch als Kommunalpolitiker bedrückt es mich, wenn Tag für Tag auf der Welt rund 2,6 Mrd. DM für die Rüstung ausgegeben werden, während auf der anderen Seite 40.000 Kinder an Hunger oder heilbarer Krankheit sterben müssen, weil das Geld für Nahrungsmittel und Medikamente fehlt.

Es bedrückt mich, wenn dringend notwendige Aufgaben auch hier bei uns nicht bewältigt werden können, weil das Geld dafür fehlt, das an anderer Stelle vorhanden ist, wenn es darum geht, neue Waffensysteme zu entwickeln und Rüstungsprogramme zu finanzieren.

Wenn ich mich als Kommunalpolitiker hierzu äußere, dann geschieht dies, weil es sehr wohl Aufgabe der Kommunalpolitik ist, zum Wohle der Menschen zu wirken und weil die Abwehr der Gefahren, die von der wachsenden Rüstung, gerade auch hier in Europa, ausgehen, eine der elementarsten Regeln des menschlichen Zusammenlebens betrifft.

Die Menschen leben in unseren Städten, sie arbeiten dort und verbringen dort ihre Freizeit und sie müssen dort sterben, wenn Kriege Städte und Dörfer verwüsten.

Deshalb ist die Frage der Vernichtung aller Kernwaffen, die Forderung nach chemischer und konventioneller Abrüstung und nach einem Weg, um die friedliche Entwicklung in der Welt zu sichern, ein Thema, das auch die Kommunen angeht.

Als Stadt haben wir uns in den vergangenen vier Jahrzehnten darum bemüht, aktive Friedenspolitik zu leisten durch den Aufbau und die Pflege unserer städtepartnerschaftlichen Kontakte.

Städtepartnerschaften sind ein gutes Beispiel, um von der kommunalen Ebene aus beizutragen zu einer friedlichen Entwicklung in der Welt.

Der Aufbau und das Zustandekommen unserer partnerschaftlichen Verbindungen zu Bristol in Großbritannien, zu Perpignan und Rouen in Frankreich, zu Blantyre in Malawi — einem Land in der Dritten Welt —, zu Poznan in der Volksrepublik Polen und vor allem zu Hiroshima in Japan sowie die jüngste Verbindung zu der traditionsreichen Stadt des Geistes und der Kultur, zu Leipzig in der DDR, sind ein politisches Programm.

Sie zeigen, wie gegenseitiges Kennenlernen und das Entstehen von Freundschaften über Grenzen hinweg trotz politischer und kultureller Unterschiede möglich sind.

Sie verpflichten uns aber auch — das gilt besonders für die Verbindung mit Hiroshima — dafür einzutreten und dazu beizutragen, daß sich eine atomare Katastrophe, wie sie Hiroshima und Nagasaki vor 42 Jahren erleiden mußten, nicht noch einmal wiederholen kann.

Deshalb sind wir als Stadt dem von Hiroshima und Nagasaki ins Leben gerufenen Bündnis beigetreten, daß durch Zusammenarbeit und Solidarität unter den Städten der Forderung nach Abschaffung aller Nuklearwaffen Nachdruck verleiht.

Inzwischen sind es fast 90 Städte, Kreise und Gemeinden in der Bundesrepublik und weltweit über 200 Kommunen in Ost und West, Nord und Süd, die diesem Bündnis angehören.

Das angestrebte Ziel werden wir nur dann erreichen, wenn es gelingt, noch mehr Menschen als bisher davon zu überzeugen, daß es hier um ein Thema geht, dessen Ergebnisse im wahrsten Sinne des Wortes für die Menschen lebens-, ja, überlebensnotwendig sind.

Es ist ermutigend am Beispiel dieses Kongresses feststellen zu können, welche Resonanz das Friedensengagement bisher schon gefunden hat und wie in nahezu allen Bereichen Beiträge zur Friedenserziehung, zur Förderung des Friedensgedankens und zur Friedensarbeit geleistet werden können.

Diejenigen, die in den kulturellen Einrichtungen an den Forschungs- und Bildungsstätten tätig sind, die sich mit den Leistungen und dem Vermögen menschlicher Vorstellungs- und Schaffenskraft beschäftigen, wissen am besten, welche Güter bei einem künftigen Krieg unwiederbringbar verlorengehen und sie wissen, daß wir das Ziel einer friedlichen Welt nur erreichen können, wenn wir unsere ganze Kraft darauf verwenden.

In diesem Sinne wünsche ich dem Internationalen Kongreß „Kultur gegen Krieg — Wissenschaft für den Frieden“ einen erfolgreichen Verlauf.

Eröffnung des Plenums

von M. Moissonnier, Lyon, Frankreich

Ich möchte mich bei den Organisatoren des Kongresses herzlich bedanken für die Ehre, die den Friedensfreunden meines Landes erwiesen wurde, indem Sie mich das Plenum dieses Kongresses eröffnen lassen.

Dieser Kongreß beginnt zu einer Zeit, wo ein Hoffnungsschimmer den Horizont erleuchtet: in einigen Tagen wird die Unterschrift der Vereinigten Staaten wie der UdSSR unter einen Vertrag zur teilweisen Abrüstung von Atomwaffen einen Weg eröffnen, hin zu einem Fortschritt, den wir uns alle wünschen. Vor zwei Tagen waren im Fernsehen die Bilder der experimentellen Vernichtung einer Mittelstreckenrakete in der Wüste von Nevada zu sehen. Möge dieses Experiment in den nächsten Monaten zu einer normalen Handlung werden.

Vor einer Woche fand in Paris eine große Versammlung von Künstlern ganz verschiedener Gebiete statt, zur Verteidigung der Kultur in Frankreich und in der ganzen Welt. Dabei sprach auch Prof. Albert Jacquard, Populationsgenetiker und einer der ersten Unterzeichner des *Appel des Cent*, dem auch ich angehöre. Er warnte die Teilnehmer der Demonstration vor den Gefahren der nuklearen Rüstung: „Jeder von uns, jeder von den fünf Milliarden Menschen auf der Welt trägt drei Tonnen Sprengstoff in seinen Taschen. Die Menschheit ist bereit zum Selbstmord. Wir müssen uns drüber klar werden, daß das große „Bing-Bang" zur Hölle möglich ist, solange wir die Weichen nicht in Richtung Kultur stellen."

In seiner weiteren Ausführung tauchten vor allem drei Worte auf: *Verwunderung, Angstgefühl, Weichenstellung.*

Verwunderung über die phantastischen Fortschritte der Wissenschaft, der Kommunikation, der Technologie, die die Menschen unseres Jahrhunderts auf den Gipfel bringen.

Angstgefühl bei der fürchterlichen Perspektive der möglichen totalen Zerstörung unseres Planeten durch einen nuklearen Krieg, der die Menschheit in den tiefsten Abgrund stoßen kann.

Weichenstellung als ein Bild für den einzig möglichen Ausweg im Sinne von Änderung unseres Denkens und Handelns, um die schönste Kreation und den größten Wert der Zukunft vor dem Desaster zu retten: Unsere Kinder.

Es ist keine Zeit zu verlieren: Die grundlegenden Studien des Instituts zur Friedensforschung in Stockholm und des Amtes für Abrüstung und Rüstungskontrolle in den Vereinigten Staaten bestätigen, daß jedes Jahr ungefähr 812 Milliarden US-Dollars für Militär, d.h. für die Mittel des Todes, ausgegeben werden. Das sind zwei Milliarden und zweihundert Millionen Dollar jeden Tag! Währenddessen werden nur zehn Millionen Dollar für das Leben, die Kultur, zum Wohle des Geborenen ausgegeben.

Ich möchte einen Gedanken wiederholen, den Michail Gorbatschow am 25. Februar 1987 formuliert hat, und ihn unserer Diskussion vorausstellen. Ich glaube, daß alle Freunde des Friedens diesen Gedanken annehmen werden: „Die Sache läuft so lange schlecht, solange die Politiker nicht nur mit ihren Augen blind sind, sondern auch mit ihrer Seele."

Die Kultur und der Krieg

von B. Piotrowski, Leningrad, UdSSR

Die Kultur und der Krieg sind zwei entgegengesetzte Erscheinungen in der Geschichte der Menschheit. Die Kultur ist eine bestimmte Art der menschlichen Tätigkeit, die die materiell-technische, soziale und geistige Entwicklung der Gesellschaft lenkt und koordiniert. Sie basiert auf den Erfahrungen und dem Wissen, die von Geschlecht zu Geschlecht, aus der Vergangenheit an die Gegenwart und die Zukunft übermittelt werden. Eine notwendige Voraussetzung für die Entwicklung der Kultur bildet die Kontinuität bei der Übernahme von Erfahrungen und Kenntnissen. Wird dieser Prozeß unterbrochen, so verkümmert die Kultur, sie gerät in Vergessenheit.

Der Krieg ist ein Feind der Kultur. Er bedeutet eine gewaltsame Veränderung in den Beziehungen zwischen den Menschen. Er verfolgt das Ziel, sich die von anderen geschaffenen Werte anzueignen und die Existenzbedingungen des Gegners zu vernichten. Der Krieg unterbricht die Übernahme des kulturellen Erbes, indem er Denkmäler des menschlichen Genius zerstört und oft ganze Zivilisationen vernichtet.

Im 19. Jahrhundert fand unter den Militärschriftstellern der Gedanke eine weite Verbreitung, daß der Krieg ein sehr wichtiger, ja ein unvermeidlicher Faktor sei, der die Beziehungen zwischen den Staaten regelt, und daß ein ewiger Frieden zu nichts Gutem führen könne. Diesen Gedanken vertrat unter anderen Feldmarschall Moltke. Wenden wir uns jedoch den Zeugnissen der Geschichte selbst zu.

Wohlbekannt sind die Kriege im Alten Orient. Sie verwüsteten die feindlichen Länder, zerstörten Städte und Siedlungen, vernichteten ganze Völker. Vom Schauplatz der Geschichte verschwanden solche mächtigen Staaten wie Ägypten und Babylon; die Archäologen mußten deren Kulturen, die einen großen Einfluß auf den Gesamtprozeß der historischen Entwicklung in der Welt ausgeübt hatten, neu erschließen.

Wir kennen gut die Rolle der Kriege in der antiken Welt. Das Alte Rom hatte sich zahlreiche Völker unterworfen und einen Staat von riesigen Dimensionen aufgebaut. In vielen der von den Römern eroberten Länder wurden Militärlager für die römischen Legionen geschaffen, die den Widerstand der unterworfenen Völker unterdrücken sollten. Doch konnte dieser Sklavenhalterstaat der neu aufkommenden Gesellschaftsformation nicht widerstehen, das riesige Römische Reich stürzte, Rom selbst wurde wiederholt verwüstet. Die Eroberungskriege Roms riefen den Aufbruch vieler Völker ins Leben, der für das 3.-7. Jahrhundert als Völkerwanderung bekannt ist. Verheerende Folgen hatten für viele Völker und Länder der Vorstoß der Hunnen und Westgoten. Im Jahre 410 u.Z. eroberten die Westgoten unter Alarich I. Rom, doch die schlimmsten Verwüstungen erlitt die Stadt durch den germanischen Stamm der Vandalen, die einen weiten Weg durch Italien, Spanien, Gibraltar bis nach Nordafrika zurückgelegt hatten, wo sie sich niederließen.

Auch das Mittelalter stand im Zeichen ununterbrochener Kriege.

Ein Krieg wurde immer durch die Politik der herrschenden Klasse bedingt und das Kriegshandwerk wurde zum Beruf einer Schicht dieser Klasse. Im Mittelalter war es der Feudaladel, dessen Spitze das Rittertum bildete. Es formte sich eine eigene Ideologie dieser sozialen Gruppe heraus, wie sie uns aus der mittelalterlichen Literatur gut bekannt ist.

Der Ritterstand besaß einen Ehrenkodex der Kriegsführung, der auf dem feudalen Ehrbegriff basierte, doch kamen diese Ehrenregeln bei den feudalen Fehden nicht zur Verwendung, ganz zu schweigen von der Unterdrückung der Bauernaufstände.

Die westeuropäischen Staaten des Mittelalters strebten ständig — gleich den Staaten der Antike — nach der Eroberung fremder Länder und Reichtümer, was seinen Ausdruck in den Kreuzzügen nach dem Orient fand.

1204, zur Zeit des 4. Kreuzzugs, wurde Konstantinopel, das Zentrum der byzantinischen Kultur, zerstört; die Chronisten berichteten voll Entsetzen über die Plünderung der Perle der Stadt, des Tempels Hagia Sophia. Es vergingen 250 Jahre, und die Stadt wurde wieder zerstört, diesmal von den Türken. Unvorstellbar groß ist die Zahl der Kultur- und Kunstdenkmäler, welche der zweifachen Plünderung der Stadt zum Opfer fielen.

Das 16. Jahrhundert, bekannt für seine geographischen Entdeckungen, für die Eroberung der Neuen Welt, wurde zugleich zum Jahrhundert einer massenhaften Ausrottung der Indianer Amerikas und der Vernichtung zweier alter Zivilisationen: der Azteken in Mexiko und der Inkas in Peru.

Der Humanismus, der die fortschrittlichen Ideen der frühbürgerlichen Kultur Westeuropas durchdrang, hielt, wenn auch voll Bitterkeit, den Krieg für einen unabdingbaren Faktor im Leben der Gesellschaft. Die französischen Aufklärer des 18. Jahrhunderts meinten, der Krieg betreffe nur die Beziehungen zwischen den Staaten. Rousseau betonte, als Kriegsgegner träten Staaten, nicht Privatpersonen auf. Montesquieu forderte die Völker auf, einander während des Krieges „möglichst wenig Böses" zuzufügen. Die Grausamkeit, wie sie der Krieg hervorruft, wurde von den aufgeklärten Schichten der Gesellschaft abgelehnt, da sie verstanden, daß der Krieg kulturfeindlich ist.

Im 19. Jahrhundert hatten die Kriege zwischen den europäischen Staaten, die ja die gleiche Gesellschaftsordnung besaßen, ihre ethischen Grundsätze, ihre völkerrechtlichen Prinzipien. Doch kaum wurde ein Krieg gegen Länder mit einer anderen Gesellschaftsordnung begonnen, als alle völkerrechtlichen Regeln aufgehoben wurden. Besonders deutlich sieht man das am Beispiel der Kolonialkriege und der Niederwerfung der aufständischen Völker, die für ihre Unabhängigkeit kämpften.

Die im 19. Jahrhundert aufgekommene Antikriegsbewegung hatte keinen Erfolg. Auch die Versuche, die Rüstungen einzuschränken, blieben ebenfalls erfolglos. Der Aufruf zur Abrüstung, der auf der ersten Friedenskonferenz in Den Haag erklang, verhallte ungehört. Auf dieser Konferenz wurde übrigens auch das Verbot diskutiert, Bomben von Luftballons aus abzuwerfen.

Der erste Weltkrieg 1914-1918 war ein Krieg zwischen kapitalistischen Ländern um die Teilung und Neuaufteilung der Welt; dabei waren die kriegführenden Staaten bemüht, sich in gewissem Maße an die ethischen Normen der bürgerlichen Gesellschaft zu halten.

So gab es Bestimmungen hinsichtlich der Kriegsgefangenen, die deren humane Behandlung forderten.

Und wenn in den Kolonien die Zerstörung beziehungsweise Plünderung von Kulturdenkmälern als zulässig galt, wurden sie in bezug auf Europa als Vandalismus qualifiziert und allgemein verurteilt. So wurde z.B. nach der Zerstörung des Portals der Kathedrale von Reims eine Postkarte herausgebracht, auf der die Folgen des Beschusses festgehalten waren.

Die Zerstörungen und die Menschenopfer des ersten Weltkriegs verblassen jedoch neben den ungeheueren Zerstörungen, den Massenmorden an der friedlichen Bevölkerung und den Kriegsgefangenen und dem Raub von Kunstschätzen im Zweiten Weltkrieg.

Ich war Zeuge der Zerstörung vieler Paläste in der Umgebung von Leningrad. Ich sah die Ruinen herrlicher alter Kirchen mit Fresken aus dem 14. Jahrhundert in Nowgorod. Auch die Eremitage hatte stark gelitten. Die Museumsgebäude wurden von Bomben und Artilleriegeschossen stark beschädigt. Viele Fensterscheiben wurden zertrümmert, Schnee lag in den Ausstellungsräumen; nach Kriegsende mußten alle Interieurs gründlich renoviert werden.

Leningrad und seine Umgebung sind nicht das einzige Beispiel für die schlimmen Folgen des zweiten Weltkriegs. Viele Städte Europas waren völlig zerstört worden und mußten aus Ruinen wieder aufgebaut werden. Seit dem Ende des Kriegs sind mehr als 40 Jahre vergangen, doch wie viele Städte in Europa vermochten noch nicht, ihre schweren Kriegswunden zu heilen. So erinnern die Schuttplätze in der Nähe des Londoner Kulturzentrums Barbican und innerhalb der neuen Stadtbezirke in vielen Städten noch an die Tragödie des Krieges.

Jedes Volk beklagt tief den Untergang von Denkmälern seiner Kultur, seines kulturellen Erbes, das das einzigartige Antlitz des Volkes, seine Seele prägt. Wir haben volles Verständnis für die Bewegung zur Erhaltung und Pflege der Denkmäler des Kulturerbes, die heute ganz Europa erfaßt hat.

Kaum hatten sich die Völker von den Greueln des zweiten Weltkriegs, von der Tragödie Hiroshimas erholt, da zogen sich über der Welt neue Gewitterwolken zusammen: Es entstand die reale Gefahr des dritten Weltkriegs, diesmal eines Kernwaffenkriegs. Es ist wohlbekannt, daß es in einem Kernwaffenkrieg weder Sieger noch Besiegte geben wird, nur totale Zerstörung auf einem Riesenterritorium.

Die Gefahr eines Kernwaffenkriegs wird für Europa, die Wiege unserer Zivilisation, immer augenscheinlicher, ist es doch heute buchstäblich gespickt mit Raketen verschiedenen Kalibers und verschiedener Stärke, die genügen, um alles Leben auf diesem Kontinent zu vernichten. Wenn diese Gefahr nicht abgewendet wird, so werden in Europa Städte vom Erdboden verschwinden, Kulturdenkmäler, Museen, Bibliotheken, Archive vernichtet werden. Die Überlieferung des kulturellen Erbes wird unterbrochen, wie das in der Geschichte oft geschah, und die europäische Kultur läuft Gefahr, in Vergessenheit zu geraten. Der Erdboden bewahrt Reste alter Zivilisationen, die es ermöglichen, eine vergangene Kultur zu rekonstruieren; die Kernwaffen werden dagegen keinerlei Reste übrig lassen.

Der Kampf für den Frieden ist heute die aktuellste politische Bewegung, die alle Kontinente unserer Erde erfaßt hat. Dieser humanen Bewegung haben sich auch Wissenschaftler angeschlossen. 1983 haben zahlreiche Akademiemitglieder, Vertreter von 35 Akademien der Wissenschaften aus verschiedenen Ländern (USA, Großbritannien, BRD, Frankreich, Sowjetunion u.a.) einen Appell an alle Wissenschaftler der Welt unterzeichnet, in dem betont wurde, die Kernwaffenabrüstung sei der einzige Weg, der den Staaten und Völkern eine echte Sicherheit garantieren kann.

Dorothy Hodgkin aus England, Präsidentin der Paguosh-Bewegung der Wissenschaftler, hatte vollkommen recht, als sie auf der Moskauer Konferenz 1983 erklärte, im Kampf für den Frieden müsse vor allem eine Atmosphäre der gegenseitigen Verständigung und des Vertrauens zwischen den Ländern mit unterschiedlicher Gesellschaftsordnung geschaffen werden.

Die Kulturschaffenden haben eine solche Atmosphäre schon längst geschaffen. Heute herrscht dieses Prinzip auch in der Politik vor, unter anderem in den Gesprächen, die bei den Treffen der Staatsoberhäupter der beiden führenden Großmächte der Welt — USA und UdSSR — geführt wurden.

Das erste Treffen zwischen Ronald Reagan und Michail Gorbatschow hatte bereits 1986 in Reykjavik stattgefunden. Heute erwartet die Welt eine Fortsetzung dieser Treffen. Das Wesen der Verhandlungen selbst hat sich grundlegend verändert: Es wird an die Vernunft appelliert, die neue Einstellung setzt einen offenen Meinungsaustausch voraus, mit den alten Stereotypen wird entschieden gebrochen. Die ersten Schritte sind bereits gemacht. Es ist zu hoffen, daß in absehbarer Zeit das Abkommen über die Mittelstrecken- und die operativ-taktischen Raketen in Kraft treten wird. Es ist der erste Schritt, der in Zusammenhang steht mit dem offenen Meinungsaustausch und der Festlegung der Formen für eine Kontrolle, und vor allem mit der Schaffung einer Atmosphäre des Vertrauens.

Die Menschen werden dann von dem hemmungslosen Wettrüsten erlöst, von den riesigen Aufwendungen für die Massenvernichtungsmittel; alle Geldmittel, die heute zum Schaden der

Menschheit ausgegeben werden, werden zum Wohle der Bewohner unserer Erdkugel verwendet werden. Die Kulturschaffenden und die Wissenschaftler sehen diesen Weg deutlich vor sich liegen. Es geht jetzt darum, daß auch die Politiker diesen Weg erkennen und ihn entschlossen einschlagen.

Die UNESCO und der Frieden

von G.-A. Astre, Paris, Frankreich

Grundzüge der UNESCO

Es ist einleuchtend, warum diejenigen, die nicht aufhören, Krieg als mögliche Zuflucht zu sehen, die UNESCO angreifen. Als sie am 16. November 1945 in London gegründet wurde, nahm man in die Präambel der Konstitutiven Charta folgenden berühmten Satz auf: „Since wars begin in the minds of men, it is in the minds of men that the fences of peace must be constructed". Die Ausführungen folgen in Artikel I.: „The purpose of the organization is to contribute to peace and security by promoting collaboration among the nations through education, science and culture in order to further universal respect for justice, for the rule of law und for the human rights and fundamental freedoms which are affirmed for the peoples of the world, without distinction of race, sex, language or religion, by the Charter of the United Nations."

Nach dem Ende des Zweiten Weltkrieges erklärten die Regierungen den Willen der Völker, nie mehr ein solches Desaster zuzulassen. Ein Exekutivrat von 40 Mitgliedern, gewählt von der Generalversammlung, arbeitete mit dem Sekretariat der UNESCO Programme aus, die der Generalversammlung zur Abstimmung vorgelegt wurden. Es handelte sich dabei um sogenannte „entwickelte" Nationen. Das änderte sich fortschreitend mit der Dekolonialisierung. Heute sind über 150 Staaten Mitglied, jeder mit einer Stimme. Die folgenden Probleme vermehrten sich und haben die Komplexität erhalten, die wir kennen.

Den Frieden begründen und die internationale Verständigung zu verbessern, sind die wichtigsten Vorsätze, aber darüber hinaus bekam die UNESCO neue Aufgaben, deren Verflechtung betont werden muß: Den Frieden zu errichten, zum Frieden zu erziehen, eine wirkliche Entwicklungshilfe den benachteiligten Nationen zu geben, für eine Kommunikation zwischen allen Menschen zu sorgen, für einen wahren Informationsaustausch zu arbeiten, das Recht auf Information zu sichern, einen Dialog zwischen verschiedenen Kulturen zu fördern, gleichzeitig die kulturelle Identität der Völker zu achten, auf die Gefahren der militärischen Aufrüstung aufmerksam zu machen. Letztes ist eine Gefahr, die so tödlich für die Menschheit ist, wie für das Staatsbudget, während Hunderte von Millionen Menschen Hunger leiden und daran zugrunde gehen. Auch die Menschenrechte zu verteidigen, die des Einzelnen wie die Völkerrechte... alles gehört zu den wichtigen Aufgaben der UNESCO 1987, ohne die unzähligen anderen zu nennen.

Das sind die Aufgaben, die einer beeindruckenden Planung zugrunde liegen, ebenso wie 14 großen Programmen, die jeweils für zwei Jahre angesetzt wurden, in Zusammenarbeit mit verschiedenen Abteilungen der UNO, mit internationalen staatlichen wie nichtstaatlichen Organisationen.

Die einfache Lektüre der Grundsätze der 14 Programme, wie sie für 1988 bis 1989 formuliert wurden, zeigt die Vielfalt der behandelten Domänen und die Übereinstimmung der festgesetzten Ziele, wie sie von den Initiatoren der Organisation gewählt wurden.[1]

1. Siehe Text der 14 Programme der UNESCO.

Man muß präzisieren, wie die Organisation funktioniert, nämlich auf zwei Ebenen: Sie arbeitet wie ein „Ideenlaboratorium", um einen Ausdruck zu gebrauchen, der von ihrem beigeordneten Direktor, Herrn De Bonnecorse, geprägt wurde, das heißt, wie ein großer „think tank" der Welt, in dem sich die Staatsmänner, Experten, Repräsentanten der Öffentlichkeit mit den wesentlichen Problemen der Zeit beschäftigen. Die multilaterale Zusammenarbeit auf diesem Gebiet ist unersetzlich. Die Anwesenheit von Funktionären aller Gebiete im Sekretariat bringt sicher Probleme mit sich, hat sich aber immer als sinnvoll erwiesen.

Auf der anderen Ebene arbeitet die UNESCO durch direkte Aktionen, dort, wo zwischenstaatlicher Eingriff nötig ist, auf den Gebieten ihrer Kompetenz: wenn es sich um die Erhaltung nationalen Gutes handelt, konkrete Maßnahmen im Bereich der Biotechnologie, bei Pilotprojekten auf vielen Gebieten, bei wissenschaftlicher Forschung, auch auf dem Gebiet des großen Programmes Nr. 10: Menschliche Umgebung, Umwelt und die Schätze des Bodens und der Meere (ehemals „Vernünftiger Abbau und Erhalt der Rohstoffreserven"). Der Austritt der USA wie Großbritanniens hat einen Verlust von ca. einem Drittel der finanziellen Ressourcen zur Folge gehabt, doch hat die Generalversammlung nichts von dem aufgeben müssen, was sie für essentiell hält.

Arbeit für den Frieden

Die Arbeitsgruppe der Kommission 5, die mit dem Programm 13 beschäftigt ist, setzt den Schwerpunkt auf die notwendige Verteilung der Informationen über militärische Rüstung an eine große Öffentlichkeit, ebenso auf die Forschung nach den Gründen und Folgen von Rüstung, auf die Sicherheitsbeziehungen wie Abrüstung usw. Ein wichtiger Punkt ist ferner die Eliminierung der Vorurteile und Feindbilder, weiterhin die Entwicklung von Friedenserziehung, auch auf internationalem Gebiet. Folgende Projekte bestimmen den Charakter eines weiteren Programms, dessen grundlegende Ideen eine große Bandbreite haben und ein zehnjähriges Entwicklungsprogramm fordern (Weltdekade für kulturelle Entwicklung 1988—1997) — hier die 4 Hauptpunkte:
— die kulturelle Dimension der Entwicklungshilfe zugrunde legen
— Verfestigung und Anreicherung der kulturellen Identität
— Ausweitung der Anteilnahme am kulturellen Leben
— Förderung der internationalen kulturellen Zusammenarbeit.
Dieser letzte Punkt ist für uns hier besonders wichtig. Er ist präzisiert in einem Dokument, welches der ECOSOC (Wirtschafts- und Sozialrat der Vereinten Nationen) im Juli 1986 übergeben wurde: „Einzig eine internationale Zusammenarbeit, gegründet auf dem Respekt vor der Vielfalt, mit Anerkennung der gleichen Würde aller Kulturen läßt eine Entwicklung der Mentalitäten zu, mit dem Ziel einer gerechten Einschätzung seiner selbst wie der anderen. Das ist die wesentliche Grundlage des Verständnisses und des Friedens."

Die Mitarbeit der nichtstaatlichen Organisationen an dieser Weltdekade wird von der UNESCO sehr begrüßt: aus diesem Kader können konkrete Vorschläge auf allen Gebieten des internationalen Verständnisses, der Zusammenarbeit und der Erziehung gemacht werden. Die Nord-Süd-Beziehungen können nicht verändert werden ohne die Prüfung und Verbesserung der Ost-West-Beziehungen. Eine Kooperation der Länder verschiedener soziopolitischer Systeme ist notwendig, um den Erfolg des zehnjährigen Projekts zu garantieren.

Ohne Rücksicht auf die Angriffe, auf die ich noch zurückkommen werde, wollte die Generalversammlung von 1987 dem treu bleiben, was man den Geist von Sofia nennt. Am 9. November 1987 hat die Generalversammlung eine Erklärung angenommen, die gut die Berufung der Organisation zusammenfaßt. Sie ist im Sinne der Mission, die die Vereinten Nationen 1983 der UNESCO zugesprochen hat: ihre Aufgaben der Informierung und Erziehung zu verfolgen zum Zwecke der Mobilisierung der öffentlichen Meinung im Sinne von Abrüstung. Es war absurd, die UNO und die UNESCO voneinander zu trennen, und noch mehr, letzterer die Beschäftigung mit den Aufgaben zu verbieten, für die sie geschaffen wurde.

Die Ergebnisse der Friedensarbeit wurden in der diesjährigen Konferenz dargestellt. Die Schwerpunkte lagen bei der Realisation des Systems Vereinigter Schulen und bei der Rolle der Jugend. Das internationale Friedensjahr war lange geplant (es fand 1986 statt). Es wurde daran erinnert, daß die Ziele und Prinzipien, wie sie in der Gründungsurkunde festgehalten sind, immer noch Aktualität haben: Die Kommission 5 hat auf dem internationalen Kolloquium in Potsdam die Bedeutung von „Kulturbeamten“ und Künstlern im Dienste des Friedens besonders hervorgehoben. Die Empfehlungen des Kolloquiums wurden dem überstaatlichen Komitee des zehnjährigen Entwicklungsplanes übergeben. Der internationale Friedenspreis wird 1988-1989 ohne Zweifel einen künstlerischen Beitrag zur Friedensschaffung wie zum internationalen Vertrauen und der Völkerverständigung darstellen.

Der neue Generaldirektor, M. Mayor, bestand in seiner Rede auf der Wichtigkeit von Reformen, bestätigte aber auch seine Treue gegenüber den Zielen der UNESCO. Er erklärte: „Der Mensch kann sich erheben zu dem hohen Ziel von Frieden und Gerechtigkeit, der harmonischen Koexistenz der Menschheit unter sich wie im Einklang mit ihrer Umwelt; es ist nicht wahr, daß der Konflikt unvermeidlich ist, es ist nicht wahr, daß Aggression und Krieg Bestandteile des menschlichen Wesens sind“. Er zeigt sich entschieden, die Angriffe auf die UNESCO zurückzuweisen. Das ist sehr wichtig, ebenso wie die Meinung der nichtstaatlichen Organisationen in dieser Auseinandersetzung.

Die Attacken auf die UNESCO haben nicht aufgehört, sie werden gegen sie gewendet wie auch gegen das gesamte System der Vereinten Nationen. Sie stammen vor allem von der Heritage Foundation, deren Einfluß auf Mr. Reagan, Mrs. Thatcher usw. beträchtlich ist. Der Angriff entwickelte sich seit 1983 bei der Heritage, Vorspiel auf eine Kampagne gegen die gesamte UNO, die UNESCO war der schwache Punkt.

In einer kleinen Schrift der Heritage wurde die These ausgeführt: „Eine Welt ohne die Vereinten Nationen wäre eine bessere Welt“. Wie ich es in einem Artikel in der Monde Diplomatique (Oktober 1985) ausgeführt habe, handelt es sich um eine geschickt inszenierte Kampagne. Der Präsident der Heritage selbst, Mr. Feulner, sagte: „Die Entscheidung des Präsidenten Reagan, uns aus der UNESCO zurückzuziehen, war ein direktes Resultat eines Berichtes von Owen Harris (Mitglied der amerikanischen HF australischer Herkunft), der eine lange Liste schockierender Mißstände erstellt hatte“. Mr. Feulner war diesmal extra zur UNESCO gekommen, um Druck auf die westlichen Delegationen auszuüben und sie bei den Abstimmung zu beeinflussen.
Die ständig vorgehaltenen Vorwürfe sind:

— Die UNESCO schadet dem Westen mit ihrer Dritte-Welt-Politik
— Sie beschäftigt sich mit politischen Problemen und politisiert alle ihre Programme
— Sie unterliegt dem Einfluß der Kommunisten.

Der Rückzug auf andere Formen der Kooperation wurde vorgeschlagen. Es scheint einen Plan in Washington zu geben, ein bilaterales Schema der Zusammenarbeit zu substituieren gegenüber dem multilateralen der Vereinten Nationen.

Die Heritage und die USA haben erklärt, es wäre skandalös, bei Entscheidungen den großen und kleinen Staaten gleiches Stimmrecht zu geben: Es sollte ein Stimmrecht nach eingezahlten Beiträgen entwickelt werden.[2]

Tatsächlich hat die Kampagne gegen M'Bow diesmal eine andere Kampagne verdeckt, wie es

2. Zitat: Monde Diplomatique, S. 7, Titel des Buches: Eine Welt ohne die Vereinten Nationen.

die amerikanische Presse festgestellt hat.[3] Es folgt aus diesen Offensiven, daß man für die UNESCO und die UNO eintreten muß. Davon sind besonders die Intellektuellen und die Freunde der Kultur betroffen!

3. Vgl. meinen Artikel in der Monde Diplomatique, November 1987.

Wissen, Kultur und Bildung in einer Welt der Konflikte: Die Politische Ökonomie der Wissensproduktion und die Rolle der UNESCO

von Hans N. Weiler, Stanford, USA

Der bewaffnete Konflikt ist nicht die einzige — und vielleicht nicht einmal, auf lange Sicht, die bedrohlichste — Form von Konflikt in der Welt von heute und morgen. Mindestens ebenso wichtig, so scheint mir, und mit dem Konflikt militärischer Macht vielfältig verbunden, ist der Konflikt um die Grundlagen und Bedingungen menschlichen Wissens, die Auseinandersetzung um die begrifflichen Instrumente, die inhaltlichen Prioritäten, die Paradigmen, derer sich Menschen bedienen in dem Versuch, sich ihre Umwelt, ihre Zeitgenossen, ihre Vergangenheit und ihre Zukunft verständlich zu machen.

Denn Krieg ist ja nur ein Grenzfall von Konflikt, der fatale und vernichtende Höhepunkt eines Spannungsverhältnisses, das eine Vielzahl von Elementen und Erscheinungsformen, aber auch von Entladungs- und Lösungsmöglichkeiten kennt. Die apokalyptische Qualität von Krieg, zumal unter dem Vorzeichen nuklearer Vernichtungspotentiale, sollte uns nicht den Blick verstellen für den „unsichtbaren Krieg", für Formen und Inhalte von Konflikten, die in einem mittelbaren, aber deshalb nicht weniger wichtigen Sinn eine Bedrohung von Frieden darstellen.

Um einen solchen Konflikt handelt es sich, wo es um die vielfältigen Erscheinungsformen des Verhältnisses von Wissen und Macht geht — um die Auseinandersetzung über die Voraussetzungen und Kriterien sowohl der Schaffung wie der Verwendung von Wissen. Ich gehe dabei von der These aus, daß dieser Konflikt integraler Bestandteil einer weltweiten Spannung ist, die ihrerseits zur Instabilität der gegenwärtigen Weltordnung beiträgt. Bewaffnete Auseinandersetzung — Krieg — ist ja letzten Endes nicht die Folge eines bestimmten strategischen oder gar nur taktischen Kalküls, sondern einer internationalen Ordnung, die in wichtigen Aspekten aus den Fugen geraten ist. Ein wesentlicher Aspekt dieses internationalen „Un-fugs" ist aber gerade das, was ich als die fortdauernde Kolonialisierung der Schaffung von Wissen bezeichnen und weiter beschreiben möchte.

Diese Kolonialisierung, diese Fortsetzung einer historischen Beherrschung des internationalen Systems mit anderen Mitteln und neuen Strukturen, stellt in diesem Sinne eine strukturelle Bedrohung einer internationalen Friedensordnung dar. Da eine solche Friedensordnung nur auf der Basis der autonomen Selbstbestimmung ihrer Glieder errichtet werden kann, wird die Beschränkung dieser Autonomie in einem so zentralen Bereich wie dem der Wissensproduktion zu einem fundamentalen Hindernis auf dem Weg zu einem für den Frieden unabdingbaren Zustand eines gewaltfreien Diskurses innerhalb des internationalen Systems.

Abgesehen davon, daß diese Kolonialisierung der Produktion von Wissen mittelbar und unmittelbar zur Labilität der internationalen Ordnung beiträgt, hat sie darüber hinaus auch eine exemplarische Bedeutung für das Verständnis der Grundzüge dieser Ordnung. Wenn es stimmt, wie ich im weiteren zu zeigen versuche, daß international die Produktion von Wissen durch politökonomisch bedingte Abhängigkeits- und Unterordnungsverhältnisse bestimmt wird, dann wird darin ein entscheidendes Merkmal der gegenwärtigen Weltordnung und ihrer strukturellen Anfälligkeit gegen die gewaltsame Behauptung von Herrschafts- und Hegemonieansprüchen — in der Form kriegerischer Auseinandersetzungen — deutlich.

1. Hegemonie und Abhängigkeit in der Produktion von Wissen

Der koloniale Zustand des internationalen Systems von Wissensproduktion wird wohl nirgends so deutlich wie in der Erforschung sozialer Wirklichkeit — in dem Bereich von Wissen also, für den die sogenannten „Sozialwissenschaften" zuständig sind; ich schließe darin auch einen Wissensbereich ein, der mir besonders naheliegt und den ich im Sinne unseres Themas für besonders instruktiv halte — den der Erziehungswissenschaft. Für diesen gesamten Bereich der Erforschung gesellschaftlicher Realität gilt die These einer durchgreifenden Hegemonie eines ganz bestimmten, von der historischen Verfassung der nordamerikanischen Sozialwissenschaft um die Mitte des 20. Jahrhunderts ausgehenden Wissens- und Wissenschaftsverständnisses. Dieses Verständnis, wie wir seit Gouldner (1970) und anderen wissen, entspricht sowohl einer wissenschaftsinternen Entwicklung, die von einem empirischen Positivismus geprägt ist, wie auch einem Umfeld gesellschaftlicher Bedingungen, das von den Interessen einer kapitalistisch verfaßten Wirtschafts- und Gesellschaftsordnung bestimmt wird. Die einem solchen Wissensverständnis eigenen Kriterien beziehen sich auf den Sinn und die Definition von Schlüssigkeit, Erklärung und Evidenz und führen in ihrer Konsequenz zu einem Kanon von professioneller Rechtschaffenheit, der zu einem maßgeblichen Standard nicht nur der nordamerikanischen, sondern der internationalen Sozialwissenschaft geworden ist. Die Bedingungen der Errichtung dieser Hegemonie eines ganz besonderen Wissensverständnisses verdienen eine ausführlichere Betrachtung, als sie in diesem Rahmen möglich wäre; sie hängen jedenfalls eng zusammen mit der wirtschaftlichen und politischen Vormachtstellung der USA um die Mitte des 20. Jahrhunderts und mit der fundamentalen Abhängigkeit des unterentwickelten Teils der Welt (zu dem anfangs auch Westeuropa gehört hatte) von der polit-ökonomischen Vorherrschaft der USA.

Diese Hegemonie eines ganz bestimmten Verständnisses von Wissen über gesellschaftliche Wirklichkeit hat ihre spezifische inhaltliche Bestimmung — ihre „Wissenskultur", wie eine meiner Mitarbeiterinnen formuliert hat (Sutton 1986); sie hat darüber hinaus ihre strukturelle Verfassung in der Form institutionalisierter Verfahren und Einrichtungen, die der Aufrechterhaltung der Hegemonie dienen. Diese Strukturen bestehen aus

— einem weitverzweigten, aber inhaltlich weitgehend kohärenten Netz von Medien zur Wissensvermittlung (Verlage, Zeitschriften, Hersteller von Software, usw.; cf. Altbach 1987),

— einem System der Forschungsförderung aus privaten und öffentlichen Mitteln (Stiftungen, Regierungen, Wirtschaft), dessen Vergabekriterien und Gutachtergremien die inhaltlichen Kriterien und Prioritäten des geltenden Wissenschaftsverständnisses reflektieren (Arnove 1980; Berman 1983),

— einem sorgfältig konstruierten und ebenso sorgfältig aufrechterhaltenen System der Anwendung und Auswertung von sogenannten „objektiven" Tests, die auf die Messung des als universell gültig ausgegebenen Wissens abgestellt sind (cf. die Rolle des Educational Testing Service in der weltweiten Verbreitung und Kommerzialisierung standardisierter Leistungsmessungen);

— einem weitverzweigten Netz von internationalen Forschungsprogrammen und -projekten zu einer Vielzahl von Themen und in einer bunten Vielfalt von Formen, die indessen alle gemeinsam haben, ihre Fragestellung und ihren theoretischen Bezugsrahmen aus der wissenschaftlichen Tradition der „Zentrumsländer", also Nordamerikas und Westeuropas, zu beziehen (wie etwa das langjährige Projekt zur internationalen Leistungsmessung im Bildungswesen, die „International

Studies of Educational Achievement" [IEA] (cf. Postlethwaite 1987; Eliason et al. 1987), oder eine Vielzahl von Projekten im Bereich der vergleichenden Politikforschung (cf. Dierkes, Weiler, Antal 1987); und schließlich

— einem System öffentlicher (und bisweilen auch privater) Bildung, dessen inhaltliche und pädagogische Zielsetzung der international etablierten „Wissenskultur" entspricht und ihr den kognitiv und normativ entsprechend vorbereiteten Nachwuchs liefert (Altbach und Kelly 1978; Dore 1976; Carnoy 1974).

Es geht hier, wohlgemerkt, nicht darum, einer einfältigen „Verschwörungstheorie" das Wort zu reden — etwa so, als ob hier ständig ein heißer Draht funktionierte zwischen den international führenden Wissenschafts- und Schulbuchverlagen, dem Educational Testing Service in Princeton, den Vergabeorganisationen von Forschungsmitteln in der National Science Foundation, der Deutschen Forschungsgemeinschaft oder der Weltbank, den Wissenschaftlern, die sich um die Konzeption und die Durchführung internationaler Forschungsvorhaben bemühen, und den Bildungsplanern und Bildungspolitikern in den Hauptstädten des Westens, des Ostens und der Dritten Welt. So einfach ist das nicht, schon deshalb nicht, weil es sich hier um historisch gewachsene und auf vielfältige Weise eingeübte Wechselbeziehungen handelt, die sich einem eindimensionalen Erklärungsmodell weithin entziehen. Aber dennoch bleibt: Die Inhalte und Strukturen neuzeitlicher Wissensproduktion in der erziehungs- und sozialwissenschaftlichen Forschung vermitteln den Eindruck eines Systems von Über- und Unterordnungen, von Zentrum und Peripherie, in dem das Zentrum eindeutig und lautstark den paradigmatischen und theoretischen Ton angibt. Die Kriterien für das, was Wissen zu sein hat, wie Wissen legitimerweise zustande kommen kann — und damit also auch dafür, was als legitime Wissensproduktion gefördert, finanziert, prämiert und in der „maßgeblichen" Literatur veröffentlicht werden kann — diese Kriterien entstammen weithin der Wissenskultur des Zentrums, d.h. den tonangebenden wissenschaftlichen Orthodoxien, Milieus und Einrichtungen Nordamerikas und Westeuropas und, wenn auch in einem sehr viel weniger erheblichen Maße, den Akademien Osteuropas und der Sowjetunion.

2. *Transnationales Wissen und transnationale Macht*

Das alles kommt natürlich nicht von ungefähr, wie jeder weiß, der sich des internationalen Charakters moderner Wissenssoziologie bewußt ist. Hinter dieser Vormachtstellung der Wissenskultur der westlich-nördlichen Welt steht die polit-ökonomische Macht des Zentrums des neuzeitlichen internationalen Systems. Die Dominanz westlich-nördlicher Maßstäbe in der Produktion und der Einschätzung von Wissen entspricht der Vorherrschaft eines wirtschaftlichen und politischen Systems, das seinen Schwerpunkt in Nordamerika, Westeuropa und — in zunehmendem Maße — in Japan hat, und das durch ein reich gefächertes, gelegentlich imperfektes, aber doch leidlich effektives Instrumentarium — vom Internationalen Währungsfonds über internationale Verschuldung bis zum Einfluß multinationaler Firmen — ein Monopol von Kontrolle und Sanktionen über die „abhängigen" Gesellschaften der Dritten Welt ausübt (Cardoso und Faletto 1979). Damit ist aber auch etwas entscheidend Wichtiges sowohl über die Verteilung politischer Macht wie über den Zustand von Wissensproduktion im gegenwärtigen Weltsystem gesagt: Sowohl die Ausübung staatlicher Macht als auch die Produktion von Wissen in den Gesellschaften der Peripherie hat wesentlich transnationalen Charakter, — d.h. sowohl staatliche Macht wie wissenschaftliche Forschung in den Ländern der Dritten Welt haben ihren Bezugsrahmen weithin außerhalb der eigenen Gesellschaft (Gran 1986; Weiler 1984). Die Träger staatlicher Macht orientieren sich an den Zwängen und Möglichkeiten, die das internationale, vom Zentrum her bestimmte Herrschaftssystem für sie bereithält; ihr Spielraum tatsächlicher Entscheidungsfreiheit ist eng begrenzt, und das gilt selbst für so relativ „mächtige“ Schwellenländer der Peripherie wie Brasilien, Nigeria oder Mexiko.

Analog, und eher noch frappanter, stellt sich der transnationale Charakter von Wissenschaft in den Gesellschaften der Peripherie dar. Wir verdanken wichtige Einblicke in diese Situation den Arbeiten von Mattelart (1983), Fuenzalida (1984) und anderen. Wie dort im Einzelnen dargestellt ist, orientiert sich Wissenschaft in den Ländern der Dritten Welt in allererster Linie an den Kriterien, Begriffen, Prioritäten und Methoden einer wissenschaftlichen Kommunität, die in ihrem transnationalen, europa- oder nordamerika-zentrischen Charakter eine auffallende Ähnlichkeit mit den transnationalen Systemen arbeitsteiliger Produktion und politischer Machtausübung hat. Wissenschaftler in den Ländern der Dritten Welt — teils gegen ihren eigenen Willen oder besseres Wissen, meist aber ohne echte Alternative — beziehen ihre wissenschaftliche Identität weithin aus den Ausbildungsprogrammen, Forschungsinstituten, wissenschaftlichen Kongressen und Veröffentlichungen der Länder des Zentrums — selbst wo sie sich in ihrer wissenschaftlichen Arbeit mit Gegenständen und Fragen ihrer eigenen Gesellschaft beschäftigen.

Wenn diese beiden Annahmen über den transnationalen Charakter sowohl politischer Macht wie auch wissenschaftlicher Tätigkeit in den Ländern der Dritten Welt zutreffen, dann bedeutet das, daß unter den besonderen Bedingungen der Peripherie Wissen und Macht sich nicht nur gegenseitig legitimieren, sondern daß ihre Verbindung miteinander gerade auch diese Einbindung der Peripherie in ein transnationales System verfestigt und auf ihre Weise legitimiert.

Fuenzalida (1984) hat die Situation der Wissenschaft, und insbesondere der Sozialwissenschaft, in der Peripherie mit einer abgebrochenen Pyramide verglichen, der die Spitze fehlt. Die Basis, die handwerkliche Kapazität für die Erledigung des alltäglichen Forschungspensums — also für das, was Thomas Kuhn (1962) „normal science“ nennt — das ist im unteren Teil der Pyramide sehr wohl vorhanden. Die Spitze aber — der Raum, in dem die grundlegenden paradigmatischen Entscheidungen fallen und die zentralen theoretischen Fragestellungen formuliert werden — fehlt an der Pheripherie; dieser Kernbereich der Produktion von Wissen ist fest in der Hand des Zentrums. Paulin Hountondji, Professor für Philosophie an der Universität von Benin und einer der scharfsinnigsten Beobachter des Verhältnisses von Zentrum und Peripherie, hat diesen Zustand auf die treffende Formel gebracht: „La théorie est ailleurs“ — die Theorie ist anderswo. Dieses „Anderswo“ ist somit für den afrikanischen Forscher nicht nur der Ort, an dem sich die besten Laboratorien, Bibliotheken und andere Forschungseinrichtungen finden, wo die einflußreichsten wissenschaftlichen Zeitschriften und Bücher verlegt und veröffentlicht werden, oder wo die wichtigsten und anregendsten wissenschaftlichen Kongresse und Tagungen stattfinden. Noch viel wichtiger als dieses Ressourcengefälle zwischen Zentrum und Peripherie ist jenes, auf das Hountondji's lakonische Feststellung hinweist, und das darin besteht, daß das Zentrum weithin über ein Monopol in der wissenschaftlichen Theoriebildung und in der Setzung von Prioritäten darüber verfügt, was als theoretisch wichtig und relevant zu gelten hat. Es ist diese Fortschreibung des „kolonialen Paktes“ und seine Ausweitung vom Bereich des Produzierens und Wirtschaftens in den Bereich des Denkens und Wissens hinein, den Hountondji und seine Kollegen beklagen, die „wissenschaftliche Plünderung“ (pillage scientifique), in der die abhängige Gesellschaft als „enormes Reservoir von Fakten“ gerade gut genug ist, als Quelle von „Rohmaterial“ für die wissenschaftlichen Laboratorien und Computer der Metropole zu dienen (Hountondji 1981; cf. 1983).

Stimmen wie die von Paulin Hountondji mehren sich in der Dritten Welt — ich denke an Syed Alatas (1972; 1974; 1977), Claude Ake (1979), Akinsola Akiwowo (1976), Adele Jinadu (1985), Wadada Nabudere (1977) und viele andere. Ashis Nandy vom „Center for the Study of Developing Societies“ in Neu-Delhi spricht, im Hinblick auf die international dominierende Rolle der Überlieferung westlicher Rationalität, von „den Gefahren einer ein-dimensionalen Welt, in der eine bestimmte Art von Techniken Universalität beansprucht, während alle anderen Verfahren als

‚beschränkt' abgetan werden, die sich zwar der Universalität und Modernität der ersteren anzugleichen suchen, damit aber in der Regel keinen Erfolg haben." (1981, 105; cf. 1978-79)

Der Kern dieser Kritik richtet sich natürlich gegen die Monopolisierung von Forschung, vor allem in den Sozialwissenschaften, durch ein ganz bestimmtes Paradigma (oder, in der Terminologie von Berger und Luckmann (1967), ein bestimmtes „symbolic universe"). In diesem Monopol spiegelt sich die internationale Vormachtstellung der nordamerikanischen Forschung und der diese Forschung beherrschenden paradigmatischen, theoretischen und methodologischen Traditionen. Unter der Oberfläche dieser Kritik am herrschenden Modell wissenschaftlicher Forschung liegt indessen das Bewußtsein eines sehr viel grundsätzlicheren Dilemmas — das Bewußtsein und die Erkenntnis nämlich, daß es hier keineswegs „nur" um Wissenschaft und Forschung geht, sondern um ein sehr viel weiteres und sorgsam gesponnenes Netz von Beziehungen, in dem die Produktion von Wissen nur eines von mehreren ineinandergreifenden Elementen ist, die in ihrer Gesamtheit auf die Konsolidierung und Legitimierung der bestehenden transnationalen Ordnung abgestellt sind.

3. Auf dem Weg zu einer neuen „Weltordnung des Wissens"

Diese herrschende internationale Ordnung, in der Wissen und Macht eine symbiotische Verbindung zugunsten eines bestimmten Welt-, Gesellschafts- und Wissensverständnisses eingegangen sind, ist jedoch nicht unangefochten geblieben. Seit einiger Zeit schon sehen wir Anzeichen dafür, daß die transnationale Hegemonie der Wissensproduktion zunehmender Kritik ausgesetzt ist. Interessant dabei ist, daß sich in dieser Kritik Stimmen aus der Dritten Welt mit Stimmen aus dem westlichen Zentrum des internationalen Systems verbinden: Auf der einen Seite hören wir zunehmend die Stimmen aus der Peripherie, auf die ich schon hingewiesen habe; auf der anderen Seite wird, aus den verschiedensten Gründen, das herrschende Paradigma wissenschaftlicher Forschung in den Gesellschaften des Zentrums selbst zunehmend in Frage gestellt. Es ist interessanterweise Rajni Kothari, der Vorsitzende des Indian Council of Social Science Research, der sich dazu wie folgt äußert: „Im Westen ist die Suche nach neuen Formen des Wissens schon in vollem Gange — dort vielleicht noch mehr als hier. Ja, es gibt sogar Anzeichen dafür, daß ausgerechnet zu dem Zeitpunkt, zu dem führende Intellektuelle und Wissenschaftler im Westen ein Banner der Revolte gegen die herrschende Lehrmeinung aufrichten — daß ausgerechnet jetzt die Eliten der Dritten Welt dieser herrschenden Meinung nur noch um so geflissentlicher hinterherlaufen und zu begeisterten Einkäufern der Ware ‚Technologie' und der Ware ‚Wissenschaft' werden." (1981, 82; cf. 1987) Für Kothari gibt es keinen Zweifel, daß es sich hier in der Dritten Welt um einen fatalen Irrweg handelt, und er sieht es als eine der vornehmsten Aufgaben der Intellektuellen und damit auch der Universitäten in der Dritten Welt, die herrschenden Gruppen von eben diesem Kurs abzubringen.

Ich selbst bin mir nicht ganz so sicher, ob ich Kotharis Sicht vom „Banner der Revolte" im Westen so ohne Weiteres teile. Zumindest für die USA — meine Kollegen in Westeuropa sind da etwas weiter — würde ich sagen, daß es sich bisher allenfalls um einige vereinzelte Fähnchen handelt, die da im Protest gegen herrschende Paradigmen geschwungen werden. Es gibt gewiß die kritische Literatur, von der Gouldners Buch über die künftige Krise der westlichen Soziologie (1970) ein gutes und einflußreiches Beispiel ist. Mehr und Wichtigeres findet in dieser Hinsicht in Europa statt — von Feyerabend (1980; 1984) bis Habermas (1973; 1976; 1985; Habermas und Luhmann 1971), von Foucault (1966; 1969) bis Lyotard (1979), nicht zu vergessen die wichtigen Entwicklungen in der kritischen Hermeneutik (Thompson 1981) oder der Ethno-Hermeneutik (Bosse 1979).

Gleichzeitig aber ist ungeachtet der Skepsis von Rajni Kothari unter den Wissenschaftlern der Dritten Welt eine kritische Bewegung in Gang gekommen, die auf ähnliche Weise, wenn auch zum Teil aus ganz anderen Gründen, die Geltung des herrschenden Paradigmas sozialwissenschaftlicher Forschung in Frage stellt. Ich habe einige dieser Stimmen — wie die von Hountondji, Ake, oder Alatas — schon zitiert. Dazu gehören auch Babakar Sine und sein Buch über Imperialismus und soziologische Entwicklungstheorien (1975); Ali Masrui und seine Arbeiten über die Rolle der afrikanischen Universität (1975); Pablo Gonzalez Casanova und seine kritische Würdigung dessen, was er den „Irrtum" sozialwissenschaftlicher Forschung nennt (1981); und auch Majid Rahnema, der seine Vorstellungen von autonomer Entwicklung vor einigen Jahren in die Metapher der kindlichen Entwicklung gefaßt hatte (1980), und der in einer gerade veröffentlichten Arbeit die Problematik der kulturellen Aushöhlung der Dritten Welt mit der Immundefizienz der verheerenden „AIDS"-Krankheit vergleicht (1988).

Neben diese Versuche inhaltlicher und theoretischer Neubestimmung treten aber auch Überlegungen zur strukturellen Neugestaltung von Forschung in den Ländern der Dritten Welt. Diese zielen vor allem darauf ab, die Vorherrschaft „vertikaler" Verbindungen — also zwischen Zentrum und Peripherie — durch mehr horizontale Verbindungen innerhalb der Peripherie zu ersetzen. Das „Inter-African Council for Philosophy" ist ein Beispiel für einen solchen Versuch, die kolonial und nachkolonial verursachte Fragmentierung der Peripherie auf der kulturell-intellektuellen Ebene zu überwinden.

Meine These ist also, daß diese beiden kritischen Entwicklungen, die aus der Dritten Welt und die aus dem kritischen Lager des dominanten Zentrums, sich aufeinander zu bewegen. Diese Konvergenz, das Zusammentreffen dieser beiden Richtungen kritischer Bewußtseinsbildung, wird einen wesentlichen Beitrag zu einem neuen und differenzierteren Verständnis von Wissenschaft leisten können. Hier entsteht, so meine ich feststellen zu können, eine neue, selbstbewußte Koalition der Kritik.

4. Die kritische Rolle der UNESCO

Genau hier, so meine ich, muß eine Neubesinnung über die Aufgaben und die Rolle der UNESCO einsetzen. Dieser erregende, wenn auch einstweilen noch sehr zaghafte Versuch, das historische Monopol von Herrschaftswissen und Wissensherrschaft auf internationaler Ebene durch eine autonomere, demokratischere Konzeption der Herstellung und des Gebrauchs von Wissen zu ersetzen, braucht ein internationales Forum — ein Forum, das durch seine Verfassung und seinen Ursprung auf ein friedliches Miteinander unterschiedlicher Weltbilder verpflichtet ist. Wenn für den Bereich von Wissen, Bildung und Kultur das Doppelmandat der Vereinten Nationen — Frieden und Entwicklung — einen Sinn haben soll, dann würde er sicher darin zu liegen haben, einen weltweiten, gewaltfreien Rahmen für die Entwicklung einer neuen internationalen Wissensordnung zu schaffen.

Frieden „in the minds of men" — in den Gedanken der Menschen — grundzulegen, das steht ja schon als oberste Aufgabe in der Gründungsakte der UNESCO. Allzuviel ist daraus bisher nicht geworden — aus Gründen, über die noch zu reden sein wird, und die sicher nicht nur mit der Entwicklung der UNESCO in den letzten 40 Jahren zu tun haben.

Ich habe nicht vor, hier in den ohnehin schon allzu lautstarken Chor der UNESCO-Kritik — vor allem aus den Reihen meiner amerikanischen Landsleute und ihrer mehr oder weniger respektablen Zeitungen — einzustimmen. Ich halte vieles von dem, was die UNESCO in den letzten Jahrzehnten (auch in der Ära M'Bow) getan hat, für wichtig, und einen beachtlichen Teil davon für gut. Das ist einer der Gründe, aus denen ich den Austritt der USA und Großbritanniens aus der UNESCO für völlig unangebracht halte, und das auch vor dem außenpolitischen Ausschuß des amerikanischen Repräsentantenhauses zu Protokoll gegeben habe. Der zweite Grund übrigens, aus dem ich den Austritt für unsinnig halte, ist, daß er auf die Dauer den Vereinigten Staaten mehr Schaden als Nutzen bringt, und die fortschreitende Isolierung der USA in einem entscheidend wichtigen Bereich, dem der Wissenschaft und Kultur, nur noch weiter befördert (Weiler 1986).

Es geht also hier nicht darum, nach Art der Heritage Foundation den ideologischen Stab über-die UNESCO zu brechen. Die Kritik, die hier im Interesse der Zukunft an der Vergangenheit der UNESCO geübt werden muß, ist von anderer Art. Denn bei allem Vortrefflichen, oder doch zumindest Passablem, das die UNESCO geleistet hat, ist ihr wesentlichstes Mandat eben doch arg zu kurz gekommen. Bei all den emsigen Versuchen, im internationalen Entwicklungsrummel mitzuhalten und in dem von Organisationen wie UNDP, den Entwicklungsbanken und den bilateralen Entwicklungshilfeagenturen beherrschten Konzert doch noch eine zweite oder dritte Geige spielen zu wollen, ist die *spezifische* Mission der UNESCO, das enge Verhältnis von Frieden und Wissen transparent zu machen und transparent zu halten, allzu sehr an den Rand gedrängt worden. Der übereifrige Versuch, wie so manche andere internationale Organisation zur projektorientierten Entwicklungsagentur zu werden, ist der *einen* Rolle, die eben nach Konstitution und Tradition auf der internationalen Bühne *nur* die UNESCO spielen kann, schlecht bekommen — der Rolle eines Katalysators in dem historischen Prozeß, in dem ein weithin monolithisches Verständnis von Wissen allmählich einer sehr viel weiteren Auffächerung in autonomere und kulturell eigenständigere Konzeptionen von Wissen Platz zu machen beginnt.

Ich bestreite natürlich keineswegs, daß einige wertvolle Initiativen entweder von der UNESCO selbst oder auf ihre Anregung und mit ihrer Unterstützung in Gang gekommen sind — gerade im Bereich des Verhältnisses von Wissenschaft und Entwicklung (ich denke hier etwa an die Arbeiten zum Begriff und Problem endogener Entwicklung, die u.a. in dem Buch *A new concept of development* (Perroux 1983) ihren Niederschlag gefunden haben, oder auch an die außerordentlich wichtige Funktion, die Zeitschriften wie das *International Social Science Journal* und *Diogenes* in dem hier behandelten Prozeß wahrnehmen, und die ohne die Unterstützung der UNESCO nicht oder kaum denkbar wären). Ohne den Wert dieser und anderer Aktivitäten schmälern zu wollen, bleibt doch festzustellen, daß sie in der Vergangenheit einen sehr geringen Teil des Aufwandes und der institutionellen Aufmerksamkeit der UNESCO ausgemacht haben. Noch wichtiger aber ist, daß selbst dort, wo Ressourcen und programmatische Prioritäten der UNESCO sich auf die Entstehung und Verwendung von Wissen in der Welt von heute richten, die Maßnahmen doch sehr oft auf das Technische beschränkt bleiben — also auf das Archivieren, Katalogisieren, Inventarisieren — wichtige Hilfestellungen ohne Zweifel, aber eben doch eher passiv und reaktiv. Von dem „Laboratorium der Ideen“, von dem Herr Astre in seinem Beitrag spricht, ist das alles sehr viel weiter entfernt, als man sich wünschen möchte.

Stattdessen würde man sich, angesichts der ständig zunehmenden Wichtigkeit dieses Bereichs, von einer künftigen UNESCO wünschen, daß sie sich der Frage der Entstehung und Verwendung von Wissen sehr viel aktiver und zentraler annimmt. Strukturell und konstitutionell ist nur die UNESCO in der Lage, diese Rolle wirklich weltweit wahrzunehmen. Selbst die Universität der Vereinten Nationen (UNU), die in einigen hier durchaus relevanten Bereichen sehr aktiv tätig ist (ich denke an das Projekt zum Begriff von „Entwicklung“ von Björn Hettne; cf. 1978; 1985; SAREC 1978), hat weder das Mandat noch die konstitutionelle und strukturelle Reichweite, um hier eine weltweite Führungsrolle einzunehmen. Der einzig mögliche Katalysator für diesen in der Tat epochalen Prozeß der Differenzierung und Autonomisierung von Wissenskulturen, für die Emanzipierung der reichen Vielfalt von Wissensstrategien und Wissenstraditionen, ist und bleibt die UNESCO — und wenn es sie nicht gäbe, dann müßte sie in der Tat eigens zu diesem Zweck erfunden werden, und zwar heute noch dringlicher als im November 1945.

Um dieser Rolle jedoch gerecht zu werden, ist manches Umdenken sowohl *über* die UNESCO als auch *in* der UNESCO notwendig. Zunächst einmal muß sich die UNESCO — und das heißt ihre Mitgliedstaaten, zumindest in ihrer Mehrheit — dieser Herausforderung bewußt und ernsthaft stellen. Das hat Folgen für Prioritäten und Strukturen, für die Verteilung von Ressourcen und die Rekrutierung von Mitarbeitern. Aus der betriebsamen Entwicklungshilfe-Agentur müßte sehr viel mehr eine Institution der Reflektion, des Diskurses und der intellektuellen Auseinandersetzung werden. Die prozeduralen Normen der Organisation müßten dieser zentralen Funktion angepaßt werden, und sowohl die Mitgliedstaaten als auch die Mitarbeiter der UNESCO müßten sich bewußt werden, daß in diesem Bereich ein besonders hohes Maß an Toleranz von Andersartigkeit gefordert ist (wiederum ein Bereich, in dem meine amerikanischen Landsleute jetzt schon einen beträchtlichen Nachholbedarf haben, der umso größer wird, je länger sie der Arbeit der UNESCO fernbleiben).

An die Stelle einer veritablen Besessenheit mit Quantität und Vielartigkeit in den Tätigkeiten der Organisation müßte ein Geist der Beschränkung und eine sehr viel ernsthaftere Verpflichtung zur Qualität treten. Weniger wäre bei der UNESCO schon in der Vergangenheit mehr gewesen; das gilt erst recht, wenn so komplexe und schwierige Herausforderungen wie die hier beschriebenen zu bewältigen sind. Die Perspektive einer rein technischen Service-Funktion müßte einer stärker inhaltlich bestimmten Rolle weichen: Es reicht nicht aus, lediglich der Archivar der Wissensproduktion und allenfalls der sie umgebenden Debatten zu sein; die UNESCO kann nicht anders, will sie ihrem Mandat gerecht werden, als diese Debatten ständig neu anzuzetteln, mit neuen Fragestellungen zu versehen, mit neuen Optionen zu konfrontieren. Die UNESCO muß zum Katalysator der wissenssoziologischen Umwälzung des 20. und 21. Jahrhunderts werden, eben weil diese Umwälzung zutiefst internationalen und globalen Charakter hat und die UNESCO als einzige Organisation für einen Prozeß von solcher Reichweite legitimiert ist.

Eine schwer verdauliche Diät? In der Tat. Wir sollten uns keine Luftschlösser bauen, zumal nicht im Hinblick auf eine Organisation wie die UNESCO, die in der Vergangenheit schon einige Mühe gehabt hat, sich auf neue Herausforderungen kreativ (anstatt nur reaktiv) einzulassen. Die UNESCO befindet sich in einer tiefen Krise, unter deren Gründen die Austritte der USA und Großbritanniens und die damit entstandenen Ausfälle von Mitteln noch die geringsten sind, und die sehr viel mehr mit der Fragwürdigkeit der Mission der UNESCO zu tun hat.

Krisen in Organisationen haben jedoch auch ihr Gutes. Sie können zu Hebelpunkten werden, an denen sich eine alte Ordnung aus den Angeln heben und eine neue Identität einbringen läßt. In diesem Sinne ist die gegenwärtige Krise der UNESCO vielleicht die größte Chance ihrer neueren Geschichte — wenn sie sich, und wir ihr, diese Chance geben.

Literaturverzeichnis

Claude Ake, *Social Science as Imperialism.* Ibadan: Ibadan University Press, 1979.

Akinsola Akiwowo, The role of social scientists in Africa: Further reflections, *International Social Science Journal* 28, 1 (1976), 198-201.

Syed Hussein Alatas, The captive mind and creative development, *International Social Science Journal* 26, 4 (1974), 691-700.

Syed Hussein Alatas, *Intellectuals in Developing Societies.* London: Frank Cass 1977.

Philip G. Altbach, *The Knowledge Context.* Albany, NY: State University of New York Press, 1987.

Robert F. Arnove (ed.), *Philanthropy and Cultural Imperialism: The Foundations at Home and Abroad.* Boston: Hall, 1980.

Peter L. Berger and Thomas Luckmann, *The Social Construction of Reality: A Treatise in the Sociology of Knowledge.* Garden City, NJ: Anchor Books 1967.

Edward H. Berman, *The Ideology of Philanthropy: The Influence of the Carnegie, Ford, and Rockefeller Foundations on American Foreign Policy.* Albany, NY: State University of New York Press, 1983.

Hans Bosse, *Diebe, Lügner, Faulenzer: Zur Ethno-Hermeneutik von Abhängigkeit und Verweigerung in der Dritten Welt.* Frankfurt: Syndikat, 1979.

Fernando Enrique Cardoso and Enzo Faletto, *Dependency and Development in Latin America.* Berkeley: University of California Press, 1979.

Martin Carnoy, *Education as Cultural Imperialism.* New York: McKay, 1974.

Meinolf Dierkes, Hans N. Weiler, and Ariane Berthoin Antal (eds.), *Comparative Policy Research: Learning from Experience.* Aldershot: Gower, 1987.

Ronald Dore, *The Diploma Disease: Education, Qualification and Development.* London: Allen and Unwin 1976.

Leslie C. Eliason, Ingemar Fägerlind, Richard L. Merritt, and Hans N. Weiler, Education, Social Science, and Public Policy: A Critique of Comparative Research, in Meinolf Dierkes, Hans N. Weiler, and Ariane Berthoin Antal (eds.), *Comparative Policy Research: Learning from Experience.* Aldershot: Gower, 1987, 244-261.

Paul Feyerabend, *Erkenntnis für freie Menschen (Veränderte Ausgabe).* Frankfurt: Suhrkamp, 1980.

Paul Feyerabend, *Wissenschaft als Kunst.* Frankfurt: Suhrkamp, 1984.

Michel Foucault, *Les Mots et les Choses.* Paris: Gallimard, 1966 (English: *The Order of Things: An Archeology of the Human Sciences.* New York: Pantheon, 1971).

Michel Foucault, *L'Archéologie du Savoir.* Paris: Gallimard, 1969 (English: *The Archeology of Knowledge.* New York: Pantheon, 1972).

Edmundo F. Fuenzalida, Institutionalization of Research in Chile's Universities, 1953-1967, in Roger M. Garrett (ed.), *Education and Development.* London: Croom Helm 1984, 55-122.

Pablo Gonzalez Casanova, *The Fallacy of Social Science Research: A Critical Examination and New Qualitative Model.* New York: Pergamon 1981.

Alvin W. Gouldner, *The Coming Crisis of Western Sociology.* New York: Basic Books 1970.

Guy Gran, Beyond African Famines: Whose Knowledge Matters? *Alternatives 11, 2 (1986), 275-296.*

Jürgen Habermas, Legitimationsprobleme im Spätkapitalismus. Frankfurt: Suhrkamp 1973 (English: *Legitimation Crisis.* Boston: Beacon, 1975).

Jürgen Habermas, *Zur Rekonstruktion des Historischen Materialismus.* Frankfurt: Suhrkamp 1976.

Jürgen Habermas, *Der Philosophische Diskurs der Moderne: Zwölf Vorlesungen.* Frankfurt: Suhrkamp, 1985.

Jürgen Habermas und Niklas Luhmann, *Theorie der Gesellschaft oder Sozialtechnologie.* Frankfurt: Suhrkamp 1971.

Björn Hettne, *Current Issues in Development Theory.* Stockholm: SAREC 1978 (SAREC Report R 5).

Björn Hettne, Transcending the European Model of Peace and Development, *Alternatives* 10, 4 (1985), 453-476.

Paulin-J. Hountondji, Distances, *Recherche, Pédagogie et Culture* 49 (January/February 1981), 27-33.

Paulin-J. Hountondji, *African Philosophy: Myth and Reality.* Bloomington: Indiana University Press 1983.

L. Adele Jinadu, *The Social Sciences and Development in Africa: Ethiopia, Mozambique, Tanzania and Zimbabwe.* Stockholm: SAREC, 1985 (SAREC Report R 1:1985).

Rajni Kothari, The Cultural Roots of Another Development, *Development* 1981, 3/4, 80-82.

Rajni Kothari, On Humane Governance, *Alternatives* 12, 3 (1987), 277-290.

Thomas S. Kuhn, *The Structure of Scientific Revolutions.* Chicago: University of Chicago Press 1962 (Second edition 1970).

Jean-François Lyotard, *La Condition Postmoderne: Rapport sur le Savoir.* Paris: Les Editions de Minuit, 1979 (English: *The Postmodern Condition: A Report on Knowledge.* Minneapolis: University of Minnesota Press, 1984).

Ali Masrui, The African University as a Multinational Corporation: Problems of Penetration and Dependency, *Harvard Educational Review* 45, 2 (1975), 191-210.

Armand Mattelart, *Transnationals and the Third World: The Struggle for Culture.* South Hadley, MA: Bergin and Garvey 1983.

D. Wadada Nabudere, *Imperialism, the Social Sciences, and the National Question.* Dar es Salaam: Tanzania Publishing House, 1977.

Ashis Nandy, The Traditions of Technology, *Alternatives* 4, 3 (1978-79), 371-385.

Ashis Nandy, Dialogue on the Traditions of Technology, *Development* 1981, 3/4, 98-105.

François Perroux, *A New Concept of Development: Basic Tenets.* Paris: Unesco Press, 1983.

T. Neville Postlethwaite (ed.), Special Issue on the Second IEA Study, *Comparative Education Review* 31, 1 (1987), 7-158.

Majid Rahnema, Le paradigme perdu de l'enfant, *Development* 1980, 1, 11-15.

Majid Rahnema, A New Variety of AIDS and its Pathogens: Homo Economicus, Development and Aid, *Alternatives* 13, 1 (1988), 117-136.

SAREC, *Emerging Trends in Development Theory: Report from a SAREC Workshop.* Stockholm: SAREC 1978 (SAREC Report R 3).

Babakar Sine, *Impérialisme et théories sociologiques du développement.* Paris: Anthropos-IDEP 1975.

Margaret Sutton, Social Scientific and Ordinary Knowledge: The Case of Social Change in Bali. Stanford, CA (unveröffentliches Manuskript), 1986.

John B. Thompson, *Critical Hermeneutics: A study in the thought of Paul Ricoeur and Jürgen Habermas.* Cambridge: Cambridge University Press 1981.

Hans N. Weiler, Wissensproduktion und die Legitimation politischer Macht: Wissenschaft und Hochschulen in der Entwicklung unterentwickelter Länder, *Der Tropenlandwirt*, Beiheft Nr. 23 (1984), 87-115.

Hans N. Weiler, Withdrawing from UNESCO: A Decision in Search of an Argument, *Comparative Education Review* 30, 1 (1986), 132-139.

Zur Kultur- und Medienpolitik Südafrikas

von Patrick Mafuna, Addis Abeba, Äthiopien

Sehr geehrte Damen und Herren,
liebe Freundinnen und Freunde!
Wir danken Euch für die Einladung, auf diesem Kongreß „Kultur gegen Krieg — Wissenschaft für den Frieden“ zu Euch sprechen zu können. Wir betrachten Eure Einladung als Anerkennung der Legitimität des Kampfes der Völker Südafrikas und Namibias gegen Rassismus, Apartheid und Kolonialismus. Wir betrachten sie als Verurteilung der barbarischen Angriffe Südafrikas gegen seine Nachbarstaaten und seiner Politik des Völkermords gegen die Bevölkerung von Mosambik, Angola und anderer Nachbarländer.

Freunde,
die gesamte Region befindet sich im Kriegszustand mit schrecklichen Opfern. Diese sind nicht nur das Ergebnis von Geschossen und anderen Waffen, sondern auch einer Politik der verbrannten Erde, die das weiße Minderheitsregime und seine Stellvertreter betreiben.

In einer neueren Studie hat UNICEF errechnet, daß alle vier Minuten in Angola und Mosambik ein Kind an den direkten Folgen des von Südafrika geführten Krieges gegen diese beiden Länder stirbt.

Südafrikas Politik schuf hunderttausende von Flüchtlingen, vertrieb ganze Bevölkerungen, schuf unbeschreibliches Elend, Hungersnot und Tod. Erst kürzlich massakrierten Banditen unter dem Namen RENAMO in Mosambik mindestens 400 Menschen, meist Frauen und Kinder. Diese Banditen erhalten Unterstützung nicht nur von Südafrika. Sie haben ebenso gute Freunde in der BRD und anderen westlichen Staaten, von denen sie politisch und besonders materiell unterstützt werden. Gleichzeitig unterstützen Südafrika und einige Staaten des Westens, z.B. die USA, Großbritannien und andere, die UNITA und sind somit verantwortlich auch für Tod und Zerstörung in Angola.

Liebe Freundinnen und Freunde,
der Prozeß kolonialer Unterwerfung und Ausbeutung beraubte die Unterdrückten nicht nur ihres Landes und ihres Wohlstands, sondern auch ihrer Kultur. Um die Kultur der Kolonialisten an die Stelle der einheimischen zu setzen, wurde diese zunächst als „barbarisch“ und „unkultiviert“ dargestellt. Dann folgte das an die Stelle setzen der eigenen kolonialistischen Kultur — oder die Kolonialisten vernichteten einfach ganze Bevölkerungen und Völker. Nur durch Zerstörung der Volkskultur konnten die Eroberer auf das Brechen des Widerstandes hoffen. Und so benutzt in der Tat das weiße Minderheitsregime auch die Kultur als eine wichtige Säule seiner Politik der Rassenspaltung und zur Rechtfertigung der Apartheid als einer Politik, die angeblich die verschiedenen Rassen vor dem Vorlust ihrer kulturellen Identität bewahrt.

Obwohl es den Kolonialisten gelang, viel von unserer Kultur und Tradition zu zerstören und zu verzerren, schuf der Widerstandskampf auch neue Formen von Kultur — eine Kultur nämlich, die im Widerstand herausgebildet und angereichert wurde mit den Erfahrungen und Beiträgen unseres ganzen Volkes. Sie wurde ebenso durch die Kämpfe anderer Völker in der Welt bereichert. So wie wir wissen, daß unser Kampf nicht losgelöst und isoliert ist, glauben wir auch, daß unsere Kultur sich nicht losgelöst von positiven Aspekten der Kultur anderer Völker auf dieser Erde entwickeln kann.

Wir glauben, daß Kultur und kulturelle Betätigung unseres Volkes eine bedeutende Rolle bei der Politisierung, Organisierung und Einigung der demokratischen Kräfte unseres Landes spielen. Zum Beispiel hat kulturelle Aktivität eine äußerst wichtige Funktion beim Niederreißen von Rassenschranken, die zur Aufrechterhaltung von Spaltung und Ängsten errichtet wurden.

Liebe Freundinnen und Freunde,

wie bereits erwähnt, fand die Herausbildung von Rassismus und Apartheid in unserem Teil der Welt nicht unabhängig und unbeeinflußt von Ereignissen in Europa, den USA und anderswo statt.

So basiert z.B. die Philosophie und Ideologie der Apartheid auf Theorien der Faschisten und Nazis. So übernahm die herrschende Nationale Partei die Nürnberger Gesetze Hitler-Deutschlands tatsächlich als Grundlage ihres Konzepts für Südafrika. Dennoch ist Apartheid nicht nur ein politisches System. Das Apartheid-System ist ein Werkzeug, das wirtschaftlichen Interessen und Plänen sowohl der weißen Minderheit als auch der multinationalen Konzerne dient, die daraus Super-Profite erzielten und weiterhin erzielen. Um diese enormen Profite zu gewährleisten, muß das Apartheid-System bewahrt und verteidigt werden von seinen Nutznießern.

Wie seine Amtsvorgänger erfreut sich auch Botha der moralischen, politischen, wirtschaftlichen und militärischen Unterstützung der westlichen Welt. Der Unterschied zwischen damals und heute besteht lediglich darin, daß die Freunde und Unterstützer des Regimes es heute schwer haben, offen und laut zu sagen: „Ich unterstütze Rassismus. Ich unterstütze Apartheid und habe keinerlei Bedenken, solange nur meine Profite weiter fließen."

Heute fühlen sich diese Freunde und Kollaborateure veranlaßt, in Worten das System zu kritisieren, aber ohne den ernsthaften Willen, die Apartheid zu beseitigen. Sie träumen von irgendwelchen „Reformen", die das System nur heutigen Erfordernissen anpassen unter Beibehaltung des ökonomischen Status Quo und vor allem ihre Profite nicht antasten. In diesem Zusammenhang ist es zu sehen, daß die BRD nicht nur konventionelle Waffen liefert sondern unserer Überzeugung nach mit Südafrika auch auf dem Gebiet der Kerntechnologie kollaboriert.

Der Skandal der Lieferung von U-Boot-Plänen, die geregelte Lieferung von UNIMOGs, die Lieferung von Militärhubschraubern an die südafrikanische Kriegsmarine, das Heer, die Luftwaffe, an die Polizei, sind eine direkte Unterstützung, ohne die das Überleben des Minderheitsregimes sehr schwierig wäre. Wenn diese und andere Waffen ihm vom Westen vorenthalten würden, hätte das Regime es auch schwer, Namibia und Teile Angolas weiterhin zu okkupieren. Auch ist das Regime auf Kredite und Anleihen angewiesen — und es erhält sie anstandslos von allen größeren Banken Westeuropas, besonders der BRD und der Schweiz.

Hier dient Wissenschaft nicht dem Frieden. Im Falle Südafrikas wird der wissenschaftliche Fortschritt des Westens, besonders auf militärischem Gebiet, zur Aufrechterhaltung eines Systems benutzt, das als „Verbrechen gegen die Menschlichkeit" gebrandmarkt wurde. Militärlieferungen an Südafrika sind verantwortlich an der Ermordung unschuldiger und wehrloser Frauen und Kinder. Sie sind verantwortlich für die Ermordung schwarzer Menschen.

In unserem Teil der Welt wird Wissenschaft nicht zum Wohle des Volkes genutzt, sondern dient der Aufrechterhaltung und Festigung des Rassismus im Interesse eines kleinen Teils der Bevölkerung.

Obwohl Südafrika ein relativ reiches Land ist, lebt die große Mehrheit unseres Volkes unter höchst rückständigen und primitiven Bedingungen. Sie wurden ihres Landes beraubt und 87 % der Fläche Südafrikas wurden zu „weißem" Gebiet erklärt. Fast 4 Millionen Menschen wurden gewaltsam aus dem „weißen" in das „schwarze" Südafrika umgesiedelt — in die sog. „Homelands". Anders gesagt, 90 % unseres Volkes wurde seines Landes beraubt und zu Lohnsklaven degradiert.

Unser Volk hat 5 Millionen Arbeitslose, in einigen Gebieten liegt die Kindersterblichkeit bei 50 %. Durch Unfälle sterben täglich 3 bis 4 Bergleute. 10 Millionen Südafrikaner, zumeist Schwarze, leiden unter Tuberculose oder ähnlichen Krankheiten.

Unter diesen Umständen kann Wissenschaft niemals unserem Volk dienen. Nur bei totaler Abschaffung der Apartheid können wir beginnen, darüber nachzudenken, wie Wissenschaft dem Interesse unseres Volkes und dem Frieden nützt.

Das heißt nun aber nicht, der ANC sei gegen den Kampf für Frieden in der heutigen Welt. Wir sehen die Gefahren für das Weiterleben der Menschheit, und der Kampf für Befreiung ist integraler Bestandteil des Friedenskampfes.

Wegen seines nuklearen Potentials wurde Südafrika als „Bedrohung des Weltfriedens" bezeichnet. Aus dieser Erkenntnis heraus spielen die Friedenskräfte eine immer größere Rolle in unserem gemeinsamen Kampf gegen Rassismus und Apartheid. Überzeugt oder zwingt die Apartheid-Kollaborateure, ihre Zusammenarbeit einzustellen! Die einzigen friedlichen Mittel der Welt hierfür sind Sanktionen und ein totaler Boykott des Systems. Wir glauben nicht, daß der bloße Aufruf zur Abschaffung der Apartheid ihren Opfern weiterhilft. Wir glauben auch nicht, daß irgendwelche teilweisen oder ausgewählten Sanktionen irgendeine Wirkung auf die Beherrscher Südafrikas zeitigen.

Wir bitten Euch, Euren Ruf nach sofortigen, umfassenden und bindenden Sanktionen gegen das Apartheid-Regime lauter werden zu lassen.

Das Volk Südafrikas ist überzeugt und entschlossen, die Welt von diesem teuflischen System zu befreien. Ihr würdet uns dies erleichtern und die Zahl der Apartheid-Opfer verringern, wenn jeder von Euch ein Aktivist gegen die Apartheid würde.

— Fordern wir gemeinsam die sofortige Freilassung aller inhaftierten Kinder aus Bothas Gefängnissen!
— Freiheit für Nelson Mandela und aller politischen Gefangenen!

Wir wünschen Eurem Kongreß viel Erfolg!

AMANDLA!

Ich warne die Zeit, denn Gewalt darf nicht zum Recht werden — ein Menschenleben bedeutet auch das Schicksal der Erde

von Józef Szajna, Warschau, Polen

Als die Götter über das Menschenschicksal entschieden, waren die Menschen für das Bild der Welt nicht verantwortlich. Wir waren für das, was um uns herum und mit uns selbst geschah, nicht mitschuldig. Über die Jahrhunderte hinweg haben wir humanistische und moralische Modelle geschaffen, doch die sich auf diese Normen stützenden Grundlagen brachen in dem Augenblick zusammen, als die Menschen darangingen, für Lebende Gaskammern zu bauen. So sah die Moral meiner Jugendzeit aus.

Je mehr ich mir dessen bewußt wurde — und es handelt sich dabei ja um eine Tatsache, der man sich immer wieder aufs Neue bewußt werden muß —, erfaßte mich ein Gefühl zunehmender Leere, das Bedürfnis zu schweigen, das sich nicht mit Worten erklären läßt. Demnach halte ich es für schwierig, auf die Frage zu antworten, was Kultur in der heutigen Welt bedeutet und wie die Rolle des Künstlers aussehen sollte. Ich war 17, als ich eingezogen wurde, und verteidigte meine Heimat, mein Haus vor den Barbaren im Kriege 1939.

Ich war 18, als ich in der Widerstandsbewegung gegen die „Übermenschen" kämpfte. Ich war 19, als ich der Gestapo in die Hände fiel und mein Leben als KZ-Häftling begann. Mit 21 wurde das Todesurteil über mich verhängt, das dann in „lebenslänglich" in der Strafkompanie im KZ Auschwitz-Birkenau umgewandelt wurde.

Heute ändere ich das Shakespear'sche „To be or not to be" in „To be" unter den Menschen ab und bin mit ihnen, ungeachtet ihrer Religion oder Rasse.

Ein Künstler und Dichter beginnt stets von Neuem und unterteilt auch die Menschen nicht nach denen aus der ersten, zweiten oder dritten Welt. Er verachtet die Armen nicht, ist unter ihnen, und die Kultur ist für sie bestimmt. Ich will nicht von einer philanthropischen Kunst sprechen, sondern einer engagierten. Ein Künstler ist kein Aristokrat, sondern einer von vielen. Daher darf nicht dieses so überaus wichtige Forum hier abwinken oder taub sein, sondern sollte jene teilhaben lassen, in deren Namen wir uns äußern und denen wir dienen. Wir sollten ihnen entgegenkommen, auch auf der Straße, in Form internationaler Festivals. Dann wäre ich nicht nur ein Künstler, der Reden hält, sondern ein aktiver Teilnehmer an einer künstlerischen Manifestation für die Rechte der Menschheit. Sind doch die Formen, sich den Gefahren der Gegenwart entgegenzustellen, immer noch zu bescheiden. Wer den Krieg wirklich erlebte, mit seinem Gesicht, den Boden berührt hat, ist berechtigt zum Schrei — FRIEDEN!

Unser 20. Jahrhundert, das sich aus den Bildern von namenlosen Menschen, Menschen ohne Gesichtern, die der allgegenwärtigen Politik ausgeliefert sind, zusammensetzt, ist eine Tragödie unserer Zeit. Hoffen wir, daß daraus nicht künftig der gleichgeschaltete Mensch von Morgen hervorgeht. Eine Rückkehr nach Auschwitz gibt es nicht, da es einem vergönnt war, das zu überleben. In ihrer totalen Situation steuert die Welt auch heute leider schnell die Selbstvernichtung an.

Durch die Kunst richte ich unsere Zeit nicht nur, sondern warne sie vor allem: diese schlimme Zeit, in der der Mensch sich selbst vernachlässigt. Die Künstler könnten des Pathos bezichtigt werden, wenngleich ich mir diesbezüglich keinerlei Ansprüche anmaße. Ich finde, daß wir dann

Rezipienten gewinnen, wenn wir von den Menschen, ihren Schwächen, ihrer Ohnmacht, der Situation der totalen Bedrohung sprechen. Man müßte entweder blind oder zynisch, oder aber ein homo ludens sein, wenn man die Schönheit nur in hermetischen Kategorien und persönlicher Genugtuung sehen wollte. Wenngleich unser Bewußtsein auch von allem voll und satt ist, so ist es doch steril und dem Augenblick nicht gewachsen. Werden neue Werte geschaffen, die die Vergangenheitsbewältigung umgehen, bietet sich die Chance einer möglichen Integration im internationalen Maßstab.

Der schöpferische Akt bedeutet doch Gestaltung der menschlichen Persönlichkeit, den Versuch einer Prüfung, Abwehr gegen Passivität, wehrlose Unterwerfung, damit auch er schaffen, den anderen zum Handeln anregen kann. Ich kämpfe um den Sinn der menschlichen Existenz. Ich erhebe mit meiner Kunst Einspruch gegen das, was inhaltlich „Nichts" genannt wird (im Raum „Nirgendwo", in der Zeit „Niemals"). Ich kämpfe demnach darum, was die Metazeit, den Metaraum umfaßt und die universellen Menschheitsprobleme, die über unser Zeitalter, die Grenzen eines sozialistischen oder kapitalistischen Staates hinausreichen, betrifft.

Hierfür brauche ich einen Partner, will ich bei anderen etwas auslösen. Glaube oder Unglaube, wie es in Dantes „Göttlicher Komödie" heißt: „Das Hirn zermartert mich und schließt mir die Augen." Immer stärker ist auf das Wort kein Verlaß mehr und die Tatsachen werden bestimmend. Daher bezieht sich die Kunst immer öfter auf die Handlung, auf Situationen, die uns nicht nur aus der Geschichte, sondern sogar vor allem aus der totalen Gefährdung unseres Heute geläufig sind. Das resultiert aus dem Abebben von Ideen, die vom Opportunismus verdrängt und durch Gewalt ersetzt werden. Ich kapsle mich nicht in einer künstlichen Scheinwelt ab. Momentan gibt es Wichtigeres. Ich schaue durch das Prisma all der Dinge, an denen es nichts zu rütteln gibt. Die KZ-Zeit wurde zu meinem Diplom für das Erwachsenendasein. Folglich haftet mir dieser Blick stets an, und es liegt kein Grund vor, ihn zu verwerfen. Leben wir wirklich schon in einer vollkommenen Welt? Noch ist die Zeit nicht da, in der nur noch Rosen erblühen...

Deshalb auch werden Ideen gebraucht, muß ein Ideenhunger erzeugt werden. Es geht demnach um neue Werte. Dante bevölkerte die Hölle mit Menschen, mit denen er sich zuvor gestritten hatte. Er kämpfte gegen den Teufel. Ich erkläre dem Kern allem Bösen den Krieg. Dabei halte ich mich nicht bei Kleinigkeiten auf, die banal sind, bedeutet Banalität doch den Tod der Kunst. Ich greife hoch hinaus auf der Sprossenleiter zum Himmel der Dualität der menschlichen Natur, der Moralität unserer heutigen Welt, eines Lebens ohne Mörder, ohne Opfer. Für das Morgen wäre vorzuschlagen, die Angst in uns selbst und bei anderen zu bekämpfen, laut herauszusagen, was andere leise flüstern, eine gesellschaftlich nützliche Kunst, die den Menschen von seinen Vorurteilen gegenüber andren befreit, zu akzeptieren. Dies wäre ein großer Schritt vorwärts, würde bedeuten, den Gehorsam zugunsten der Rüstungen aufzukündigen. Dann wäre es keine Kostenfrage mehr, die Hungernden zu speisen, und eine gute Welt dürfte zu innerer Harmonie und einem Leben ohne Furcht gelangen.

KSZE-Prozeß, Kulturpolitik und Künste

von Peter H. Feist, Berlin, DDR

Aus der Konferenz über Sicherheit und Zusammenarbeit in Europa, die 1975 nicht einfach vom Himmel fiel, sondern zwei Jahre gedauert hatte und bereits ein Resultat voraufgegangener Anstrengungen war, ist ein Prozeß geworden. Er hält trotz vieler Schwierigkeiten seit 12 Jahren an. Schon das ist ermutigend. Die nationalen und internationalen Aktivitäten, welche diesen KSZE-Prozeß ausmachen, sind in erster Linie Handlungen der Staaten, deren Regierungen die Schlußakte von Helsinki unterzeichneten. Die lebenswichtigsten dieser Handlungen betreffen unmittelbar die Erhöhung der Sicherheit für die Menschen in Europa und in der ganzen Welt, damit sie weder ein nukleares Inferno, noch konventioneller Sprengstoff auslöscht. Diese Sicherheit ist auf Grund der Waffentechnik eine gemeinsame geworden, und ihre Erhaltung bedarf daher einer Zusammenarbeit zwischen Staaten mit unterschiedlichen, ihrem sozialen Wesen nach sogar entgegengesetzten Gesellschaftsordnungen.

Wir Kunstwissenschaftler und Kulturarbeiter — Historiker, Historiker der verschiedenen Künste, Museologen, Denkmalpfleger, Pädagogen, Journalisten, Künstler usw. — scheinen weit entfernt zu sein von den Manöverbeobachtern und Raketenzählern. Wir können auch nicht selbst das Vernichtungspotential berechnen und den „Tag danach" wissenschaftlich modellieren, dessen schauerliche Eigenschaften — langsam genug — die Einsicht herbeiführen: Das brächte niemandem etwas anderes als den Untergang; das muß verhindert werden; es gibt kein dringlicheres gemeinsames Interesse als eben dieses.

Aber wir Kulturwissenschaftler besitzen Kenntnisse darüber oder können sie erwerben,

— was in den gesellschaftlichen Verhältnissen und Beziehungen, in Lebensformen und Denkweisen einem solchen neuen Denken entgegensteht, und welche kräftigen historischen Wurzeln, Vorstufen und Voraussetzungen es für ein solches neues Denken — und Handeln — gibt,

— und wir können und müssen eine Menge dafür tun, daß z.B. auch die Künste und der Umgang mit ihnen die Gesellschaften friedensfähiger machen.

So zu denken, die Bedingungen für solches Denken zu schaffen oder zu verbessern, und solches Denken in der Breite durchzusetzen, ist ein wesentlicher Inhalt von Kulturpolitik, bzw. müßte es sein. Für einen solchen Inhalt von Kulturpolitik erfindungsreich zu arbeiten und zu streiten, ihren „Machern" Vorschläge zu unterbreiten und sie durch unsere Kulturarbeit selbst zu „machen", ist unsere Aufgabe, die wir getrost die edelste nennen sollten. Der Wettstreit zwischen den verschiedenen gesellschaftlichen Systemen darum, wer den Menschen die bessere Perspektive auf das Überleben, wie auf soziale Sicherheit, gesicherte Menschenrechte und Entfaltung der Persönlichkeit eröffnet, wird auch durch Beantwortung der Frage entschieden, wo Friedenssicherung die oberste Maxime der Kulturpolitik ist.

Wir Kulturwissenschaftler in der DDR haben diesbezüglich keine Meinungsverschiedenheit mit denen, die unsere Kulturpolitik als Teil der Gesamtpolitik entwerfen und leiten. Was Ziele, Wege und Formen im einzelnen anlangt, sind unsere Phantasie und Kenntnisse gefragt, Experimente und Erfahrungen notwendig, werden Diskussion, Streit und auch Irrtümer und Fehlschläge als selbstverständlich angesehen.

Ich möchte in gebotener Kürze zu drei Arbeitsfeldern sprechen, auf denen es Dringliches zu tun gibt, auf denen Erfahrungen gesammelt und Fortschritte erzielt wurden, die aber im Lichte unserer Erkenntnisse und angesichts der ersten Erfolge in einem tatsächlichen Abrüstungsprozeß *neue* Ideen und Handlungen erforderlich machen. Ich weiß, daß dies nur eine Auswahl von Aufgaben betrifft, die weitere Aufgaben nicht zu unwichtigen erklärt.

Erstens: Immer mehr breitet sich ein Bewußtsein davon aus, daß wir Europäer in einem gemeinsamen „Haus" leben, einem großen Haus mit vielen einzelnen, verschieden eingerichteten Wohnungen. Es hat Fenster und Türen zu den anderen Nachbar-Häusern, die zusammen mit unserem die Welt bilden, aber wir haben eine besondere Verpflichtung für dieses, unser Haus. Es ist ein altes und großes Haus, in dem vor uns viele arbeitsame und kluge Leute wohnten, und in ihm ist leider auch besonders viel „Teufelszeug" angesammelt, das für unsere Nachbarhäuser ebenfalls gefährlich ist. Deswegen ist es keine Unaufmerksamkeit für deren Probleme, wenn wir speziell eben für Sicherheit und Zusammenarbeit in Europa sorgen.

Dieses Bewußtsein vom gemeinsamen europäischen Haus weiter zu entwickeln und in vielen, in allen Köpfen auszubreiten, kann gerade durch Kultur und Künste, Kultur- und Kunstwissenschaften mit Argumenten und Emotionen nachdrücklich unterstützt werden.

Es bedarf dafür allerdings entsprechender Konzeptionen, die der Erforschung und Darstellung der Kultur- und Kunstgeschichte und der Gestaltung des Kunstlebens zugrundegelegt werden und eines entsprechenden Funktionsverständnisses und Inhalts künstlerischer Produktionen, auf die wir Kunstwissenschaftler zumindest durch die Bewertungen, die wir abgeben, Einfluß nehmen.

Wir alle wissen, daß die Künste einen wesentlichen Anteil an dem haben, was neuerdings die „kulturelle Identität" einer Gemeinschaft, eines Volkes usw. genannt wird. Die Gewährleistung der kulturellen Identität wurde für die UNESCO zu einer Kernfrage des Konzepts von Entwicklung, und die Tatsache der kulturellen Identität wie das Bewußtsein von ihr werden nach den Erkenntnissen, die im zweiten mittelfristigen Plan der UNESCO für 1984 — 1989 ihren Niederschlag gefunden haben, für alle Regionen der Erde als eine der hauptsächlichsten Bewegungskräfte der Geschichte angesehen. Kunstwissenschaftliche und kulturpolitische Arbeit dient in hohem Maße und zu Recht diesem Selbstbewußtsein und dem damit verknüpften Stolz.

Wir alle wissen ebenso, daß die unheilvolle Kehrseite davon die nationalistische und regionalistische Abgrenzung und, schlimmer noch, die Abwertung der Anderen ist.

Die Dialektik zu meistern, die zwischen Anders-Sein, dem Aufspüren von Gemeinsamkeiten und dem Sich-bereichern-Lassen durch Anderes waltet, gehört objektiv und subjektiv zum Schwierigsten in der Kultur, aber auch zum Notwendigsten, weil wir eben nur gemeinsam verhindern können, daß das gemeinsam bewohnte Haus abbrennt, und wir uns dazu gegenseitig kennen und vertrauen müssen.

Das Ganze wiederholt sich nun gewissermaßen in der Form, daß wir auch — und das sogar primär — in sozial-ökonomisch unterschiedlich definierten, ja entgegengesetzten Gesellschaften leben, die entsprechend unterschiedliche kulturelle Überbauten haben. Die unterschiedlichen sozialen Ziele und Wege dorthin lassen sich nicht wegdenken und wegreden. Aber wir beginnen deutlicher zu sehen, daß es gemeinsame, globale Überlebensinteressen gibt, daß man um ihretwillen zusammenarbeiten muß und auch kann, daß man in bestimmten Fällen Varianten durchdenken, erproben, vergleichen muß, und daß man ungeachtet der Unterschiede auch voneinander lernen kann. Die Künste funktionieren in den verschiedenen und auch prinzipiell gegensätzlichen gesellschaftlichen Systemen und in den verschiedenen nationalen Kulturen mit ihren jeweiligen eigentümlichen geschichtlichen Traditionen auf unterschiedliche Weise, obwohl die hinter uns liegende Geschichte, die wissenschaftlich-technische Entwicklung mit ihren Konsquenzen u.a. für eine weltumspannende Kommunikation und das Vorhandensein von systemübergreifenden und globalen Problemen starke Kräfte für Vereinheitlichung oder Interdependenzen entwickeln. Es gibt zweifellos verschiedene, miteinander im Wettbewerb stehende Modelle oder Wege, um die Künste zu einer fruchtbringenden Wirksamkeit im Leben der Menschen zu bringen, um die kulturellen Bedürfnisse der Menschen zu befriedigen und vor allem weiter zu entwickeln. Dieser kulturelle Wettbewerb ist eine der Hauptformen geworden, in denen die Staaten und gesellschaftlichen Systeme ihre Effektivität für das Wohl ihrer Bürger und damit ihrer Attraktivität ausweisen und vergleichen und zugleich gemeinsam, im Austausch, etwas für den Fortbestand der Menschheit und ihrer Zivilisation überhaupt leisten.

Die Kunstwissenschaften haben noch viel zu tun und müssen sich darauf einstellen, diese verschiedenen Wege des gesellschaftlichen Kunstprozesses sehr genau zu studieren. Die Resultate der entsprechenden kulturellen Aktivitäten sind in ihren jeweiligen Zusammenhängen und ihrer Bedeutsamkeit für das konkrete Leben der Menschen in einer bestimmten Gesellschaft zu untersuchen und zu bewerten. Dabei muß man aufmerksam nach Prinzipien und Verfahren suchen, die sich nutzbringend von anderen übernehmen lassen. Man muß voneinander lernen, wo es etwas zu lernen gibt, aber natürlich nicht urteilslos, ungeprüft nachäffen. Das wäre genauso nachteilig wie die verbreitete entgegengesetzte Gewohnheit, Anderes von vornherein ausschließlich an den für einen selbst gültigen Kriterien zu messen und gegebenenfalls hochmütig abzuqualifizieren.

Es liegt selbstverständlich nahe, an anderen Kunstleistungen das herauszustellen, was den eigenen Konzepten und Wertmaßstäben entspricht. Von der Gültigkeit der eigenen Position überzeugt zu sein und sie überall durchsetzen zu wollen, ist nicht nur für den Künstler, sondern auch für seinen kunsttheoretisch-kunstkritischen Verbündeten ein notwendiges Element der eigenen schöpferischen Produktivität. Es ist ebenso eine Erscheinungsform des Streits der Ideologien, der nicht nur nicht aufhören kann, sondern dessen Bedeutung zunimmt.

Dennoch muß m. E. unsere Bereitschaft und Fähigkeit wachsen, unterschiedliche Entwicklungen zu erkennen und zu verstehen, und vergleichend zu beurteilen, wie sinnvoll und effektiv sie für die jeweilige nationale Kultur und auf diesem Wege für die gemeinsamen Interessen der Menschheit sind oder sein können. Für die Entwicklung dieser Bereitschaft und Fähigkeit, verschiedene kulturelle Modelle und künstlerische Funktionskonzepte angemessen zu vergleichen, sie zugleich parteilich wie auch lernbereit zu bewerten und ihren Beitrag zur gemeinsamen Verhinderung eines gemeinsamen Untergangs als oberstes Bewertungskriterium zu nehmen, ist ein ernsthafter Lernprozeß vonnöten. Verglichen mit den Bahnen, in denen sich künstlerisches, kunsttheoretisches, kulturpolitisches Denken und entsprechendes Handeln auf internationaler Ebene bisher bewegte, ist das ein „neues Denken", das nun einmal keinem von uns mühelos zufällt.

Es bedarf der Anstrengung, um zu dem zu kommen, was vor einem Jahr beim IV. Internationalen Werner-Krauss-Kolloquium des Zentralinstituts für Literaturgeschichte unserer Akademie der Wissenschaften Akademiemitglied Wolfgang Heise, der hervorragende marxistische Ästhetiker an der Berliner Humboldt-Universität, kurz vor seinem viel zu frühen Tod von uns allen forderte, nämlich eine „Methodologie der praktischen Übereinkunft konträrer Positionen als Logik politischer Erkenntnis objektiv gemeinsamer Interessen" zu entwickeln.

In der Auseinandersetzung mit denen, die an gemeinsamer Sicherheit und Zusammenarbeit gar nicht interessiert sind, ist solches Denken und Herangehen hart zu erstreiten. Für diejenigen aber, die in fundamentalen Zielen übereinstimmen, kann die Art und Weise beispielhaft sein, wie kürzlich in Moskau anläßlich des 70. Jahrestages der Oktoberrevolution eine Vielzahl fortschrittlicher politischer Bewegungen, die ein breites Spektrum ausmachen, ihre Erfahrungen ausgetauscht und ihre Absichten verglichen haben. In der DDR sind die entsprechenden Darlegungen in der auflagenstärksten Tageszeitung in vollem Umfang veröffentlicht worden.

Zweitens: Die Geschichte hat uns mehr Beispiele für Kunst und Kunsttheorie hinterlassen, die letzten Endes Fremdheit zwischen den Völkern und Aggressivität förderten, als solche Beispiele, die für Annäherung, wechselseitige Achtung und Friedfertigkeit sprechen.

Umso mehr haben wir die Verpflichtung, sorgfältig nach den nun eben auch nicht wenigen

Beispielen zu forschen, die für das entgegengesetzte Konzept stehen. Sie bilden die historischen Vorstufen zu dem „neuen Denken“ der Menschen übereinander, das uns der gegenwärtig erreichte Zustand der Welt abverlangt. Wir können dafür sorgen, daß diese Beispiele den ihnen zukommenden höheren Stellenwert bei der Beschreibung des Humanisierungspotentials der Künste erhalten. Dieses Potential steckt nicht nur unmittelbar in den Kunstwerken, ihrer Thematik, ihrer Gestaltung, ihrem uns damit übermittelten Inhalt, sondern auch in dem ganzen gesellschaftlichen Gebrauch, der von ihnen gemacht wird.

Ich deute nur einige Beispiele an:

Das Wirken einiger deutscher Künstler am Ende des 19. Jahrhunderts für ein Verhältnis zur französischen Kunst dieser Zeit, das sich nicht der Ideologie vom „Erbfeind Frankreich“ und der Pose der Sieger von 1870/71 unterwarf.

Die neue ästhetische Bewertung, die am Anfang des 20. Jahrhunderts die Kunst der afrikanischen und anderen außereuropäischen Völker erfuhr, d.h. von Völkern, deren Entwicklung und Kultur der Kolonialismus gerade auszulöschen versuchte.

Die aktive Sympathie für die Menschen der Völker in der jungen Sowjetunion, die soeben begannen, den Entwurf einer neuen, von Ausbeutung befreiten Gesellschaftsordnung zu verwirklichen. Zu dieser aktiven Sympathie gehörte auch der Kampf von Künstlern gegen eine konterrevolutionäre Intervention — auch und gerade wenn die Interventen Landsleute eben dieser Künstler waren.

Ich nenne als ein späteres Beispiel die tiefe Liebe Otto Pankoks zu Sinti und Roma, zu den von der Mehrheit verachteten und verfolgten „Zigeunern“.

Erwähnt sei aus jüngerer Zeit die große Rolle, die in der Kunst der DDR das solidarische Eintreten für die nationale Selbstbestimmung und antikolonialistische Befreiung von Völkern der Entwicklungsländer in der „Dritten Welt“ spielt. Man darf wohl sagen, daß es die Kunst der DDR seit den späten 50er Jahren auszeichnet, daß eine Reihe ihrer entwicklungsbestimmenden Hauptwerke gerade diesem Ausdruck von internationalistischer Solidarität galten. Hier wurde konsequent mit dem Ungeist von Nationalismus und Herrenmenschentum gebrochen, der gerade in Deutschland eine so starke, verderbliche Tradition besessen hatte. Die DDR kann in die gegenwärtigen Diskussionen um die weitere Gestaltung der internationalen Zusammenarbeit einbringen, daß ihre Politik, einschließlich der Kulturpolitik, vom ersten Tag an jedes Schüren von Feindseligkeit zwischen Völkern, jede Herabwürdigung anderer Völker und Kriegstreiberei verhindert hat und stattdessen eine umfassende Arbeit zur Völkerverständigung und besonders zum Aufbau einer festen Freundschaft gerade mit denjenigen Völkern leistet, die früher als Erbfeinde oder Minderwertige ausgegeben und behandelt wurden.

Drittens: Die Deutsche Demokratische Republik leistet seit ihrem Bestehen eine Menge zur Beförderung des gemeinsamen Interesses am Frieden und zu gegenseitigem besseren Verständnis der Völker durch jene Einblicke in Lebensweise, Eigenart und Wertsysteme eines Volkes, die gerade die Künste eröffnen. Sie tut das aus der historischen Erfahrung des Internationalismus im antifaschistischen, antiimperialistischen Kampf heraus. Sie hat es gegen alle Versuche, unsere Existenz zu leugnen, uns zu isolieren oder uns zu vereinnahmen getan. Und sie tut es im Bündnis mit ihren Freunden. Von den 230 Vorschlägen zur Entwicklung der kulturellen Zusammenarbeit, die 1985 beim Budapester Kulturforum der KSZE schriftlich eingereicht wurden — nicht gerechnet die mündlichen Anregungen in der Debatte —, stammten 116, mehr als die Hälfte, von den Vertretern der sozialistischen Länder, und sie werden, auch ohne international beschlossen zu sein, hinsichtlich ihrer Realisierbarkeit weiter verfolgt. Dabei hat das Budapester Forum auch deutlich werden lassen, daß es um die Reziprozität in einigen Bereichen, etwa bei der Übersetzung von Literatur, beim gründlichen Kennenlernen des Anderen — seiner Geschichte, seiner Leistungen, seiner Wertvorstellungen — nicht zum Besten steht und die DDR hier gegenüber manchen kapitalistischen Ländern einen beträchtlichen Vorsprung nachweisen kann.

Wir verfügen über gute Erfahrungen. Aus meinem Fachgebiet will ich nur einiges nennen: Die Leipziger Buchkunstausstellungen seit 1959; die Kunstausstellungen zur Ostseewoche in Rostock seit 1960, die seit 1965 als Biennale der Ostseeländer, unter Einschluß von Norwegen und Island, stattfinden; die Triennale, anfänglich Biennale „Intergrafik" in Berlin seit 1965, die unter das Wort von Käthe Kollwitz „Ich will wirken in dieser meiner Zeit" gestellt ist, und zu der 1987 1206 Künstler aus 78 Ländern aller fünf Erdteile 3223 Arbeiten einsandten. Bedeutendes leisten die Denkmalpfleger im Rahmen des ICOMOS. Der systemübergreifende Austausch von Kenntnissen, Verfahren, Experimenten, Weiterbildung von Fachkräften zum Schutz, zur Erhaltung, zur Re-Animation von Kunstdenkmälern ist zweifellos noch ausbaufähig. Seit Jahren steigt die Zahl von internationalen Maler-Pleinairs oder Bildhauer-Symposien, die in der Regel von Stadtverwaltungen oder einzelnen Betrieben in Zusammenarbeit mit dem Verband Bildender Künstler der DDR finanziell getragen oder organisiert werden, und von denen ich nur die Bildhauersymposien in der früher von aller Kunst weit entfernten Industriestadt Hoyerswerda nennen möchte, die, wie andere solche Unternehmungen, zu einer dauernden Bereicherung des Stadtbildes durch Skulpturen von Künstlern verschiedener Länder führen. In Berlin kann man heute, auch ohne die wertvolle Tätigkeit der ausländischen Kulturzentren, fast immer mindestens eine Ausstellung sehen, die Kunst — neue oder historische — aus einem anderen Land präsentiert. Besonders eindrucksvoll war das — für alle Künste, für Musik, Theater, Tanz, bildende und angewandte Kunst — in diesem Jahr zur 750-Jahr-Feier von Berlin in der Hauptstadt der DDR. In diesen Rahmen gehörte auch die vor wenigen Tagen abgelaufene internationale Plenarwoche der Akademie der Künste der DDR, die durch Bilder und Filme, Lesungen und Aufführungen, Konzerte und Gespräche das Erlebnis von Vielfalt in der Gemeinsamkeit, von unterschiedlichen Bedingungen und Aufgaben für Künste und Künstler auf vier Kontinenten vermittelte und kostbares Stück eines Lernprozesses war, wieviele Notwendigkeiten und Möglichkeiten es gibt, das Weltgewissen wachzuhalten, sich einander verständlich zu machen, Mut zum Handeln zuzusprechen, humaner miteinander umzugehen, aber auch diejenigen als Feinde des Friedens und damit als Menschenfeinde erkennen zu lassen, die noch immer den Krieg als eine Fortsetzung der Politik mit anderen Mitteln auffassen und benutzen möchten.

Lassen Sie mich zum Schluß kommen. Die Weiterführung des KSZE-Prozesses, gerade unter den neuen Bedingungen, da ein echter Abrüstungsschritt im Nuklearbereich in Aussicht steht, wenn die Stimmen der Vernunft nicht leiser, sondern, im Gegenteil, noch lauter werden, und ebenso die künftige Weltkulturdekade der UNESCO, bedürfen unserer Phantasie und unserer Kräfte. Ich will nur einiges nennen, was nötig und möglich wäre:

1. An jedem Ort kann damit begonnen werden, z.B. in der Aus- und Weiterbildung, die Verbreitung sorgfältiger Kenntnisse über die Kultur und Kunst in anderen Ländern, gerade auch aus dem anderen gesellschaftlichen System, wesentlich zu verstärken. Dabei sind tiefe Einsichten in die jeweiligen historischen Traditionen einer nationalen oder regionalen Kultur mit ihren Besonderheiten und in das unterschiedliche soziale Bedingungsgefüge für künstlerische Konzeptionen und für den gesellschaftlichen Gebrauch der Kunst anzustreben und vorurteilsfrei zu vermitteln.

2. Die notwendige Arbeit für die ungehinderte Behauptung von kultureller Identität gilt es in Forschung, Lehre und kultureller Praxis engstens mit dem Niederreißen aller nationalistischen Abgrenzungen und Überheblichkeiten zu verbinden. Je genauer wir hinsehen, umso deutlicher können wir herausstellen, wie stark und in vielen Fällen segensreich gerade der Kulturaustausch, die wechselseitige Befruchtung von Kulturen an der Herausbildung eben auch der jeweiligen nationalen oder regionalen Spezifik beteiligt war und ist.

3. Wir wollen nicht der Illusion erliegen, daß Künste und Künstler Kriege verhindern könnten. Je enger sie sich in ihrem Friedensstreben mit möglichst breiten und organisierten Massen, mit gleichgesinnten politischen Kräften, mit Naturwissenschaftlern, Technikern und anderen Produzenten verbünden, umso eher kann ein Erfolg der Bewegung zum Frieden hin erstritten wer-

den. Aber wir dürfen auch darauf pochen, daß die Künste zur Herstellung und Verbreitung von Erkenntnissen und Haltungen eine Menge zu leisten vermögen. Von Künstlern lassen sich andere Menschen vieles sagen, von vielen werden gerade Künstler am ehesten als „Lehrer" oder wenigstens Diskussionspartner akzeptiert. Und die sinnliche und emotionale Kraft von Kunstwerken, ihre Exemplifizierung am nachvollziehbaren Einzelfall, erweist sich als unersetzlicher Wirkungsfaktor neben den Tatsachen und Zahlen, die uns die Dimensionen zukünftig möglicher oder auch schon aktueller Schrecken sachlich darstellen, aber unsere Vorstellungskraft übersteigen. Die Künste lassen ebenso auch den subjektiven, menschlichen Faktor in der anderen, besseren Zukunftsperspektive lebendiger hervortreten.

Hermann Kant, in vielen Ländern gelesener und geachteter Schriftsteller und — auch deshalb — soeben wiedergewählter Präsident des Schriftstellerverbandes der DDR, verwies vor wenigen Tagen darauf, daß Erich Honecker „kürzlich die Überzeugung äußerte, ohne die Leute von der Kultur, ohne die Schriftsteller und anderen Künstler stünde es um die Abrüstungsdinge längst noch nicht so, wie es heute doch um sie steht."

Das ist eine Bewertung der Kraft von Kultur und Künsten, wie man sie nicht bei allen Politikern antrifft, die aber aus Erfahrungen gespeist wurde, die in unserer Gesellschaft gemacht werden konnten. Tun wir alle etwas dafür, daß überall auf der Erde die „Leute von der Kultur" ihren unverzichtbaren Beitrag dazu leisten, daß es gut um die Abrüstungsdinge steht!

Vom Atomzeitalter zum Ökologischen Zeitalter

von Franz Alt, Baden-Baden

Meine Damen und Herren,
im Gegensatz zu dem Zwischenrufer von vorhin bin ich der Meinung, daß es sehr gut ist, daß Herr Feist an diesem Kongreß teilnimmt. Ich sehe hinter einem solchen Zwischenruf die alte, typisch wissenschaftliche Vorstellung: Am besten sind wir unter uns, dann werden wir auch irgendwann einmal politisch werden. Wenn wir uns nur gegenseitig sagen wie recht wir jeweils haben, wir Wissenschaftler oder ihr Wissenschaftler unter Euch oder wir Journalisten unter uns, dann bleiben wir immer unpolitisch. Ich finde es wichtig, daß diese Position — der ich nicht in allem zustimmen kann, aber Herr Feist sprach ja von Streitkultur — hier vertreten ist. Wenn das nicht mehr möglich wäre, hätten wir von dem, was heute für den Frieden wichtig ist, weiß Gott noch nicht viel begriffen.

Es wurde auch der Name Heiner Geißler im Zusammenhang, so als Frage an den Veranstalter, erwähnt. So nach dem Motto, mein Gott, einen solchen Aussätzigen hätten Sie dann ja auch noch einladen können. Meine Damen und Herren, der Heiner Geißler vertritt in dieser Gesellschaft viel mehr Menschen zu diesem Thema heute als wir mit unserer Position in diesem Saal. Deshalb wäre es unter Umständen genauso wichtig und sinnvoll, gerade neben Herrn Feist, endlich Repräsentanten aus Ost und West, der beiden Gesellschaftsordnungen, an einen Tisch zu bringen; dann wären wir vielleicht dem Frieden auch ein Stück näher. Also ich hätte überhaupt nichts dagegen, wenn in einer solchen Runde auch Heiner Geißler wäre. Ich will zu zwei, drei Punkten, die mir bei Herrn Feist auch aufgefallen sind, nachher noch etwas sagen.

Zunächst zu meinem Thema. Das können natürlich — immer wenn hier von Zeitaltern die Rede ist, ist das Thema so riesig, daß man in der Gefahr ist, sich in den Wolken zu verlieren — das können natürlich nur einige Anmerkungen sein. Wir sind gespannt, ob und wie am 9. Dezember dieses INF-Abkommen zustande kommt. Allerdings ist man natürlich, wenn man sich als Teil der Friedensbewegung fühlt, ein bißchen hin und her gerissen. Einerseits ist es toll, daß das, was wir nun seit Jahren fordern, erreicht wird. Wir sind dadurch weiß Gott nicht abgerüstet, aber wir sind einen Schritt in eine andere Richtung gegangen als bisher und dies ist *nicht* NICHTS, und ich glaube, wir sollten auch aus politischen Gründen — Wissenschaftler für den Frieden und alle in der Friedensbewegung — in diesen Tagen den Politikern nicht allein das Wort lassen. Die werden sich natürlich gegenseitig auf die Schultern klopfen, sollen sie ruhig tun. Aber wichtig ist auch, daß wir einer alten Untugend, unserer Unfähigkeit zu trauern, nicht eine neue, nämlich unsere Unfähigkeit zur Freude, hinzufügen. Ich finde, daß wir in diesen Tagen auch als Friedensbewegte deutlich machen müssen, daß wir uns freuen über diesen ersten Schritt in eine andere Richtung. Es ist nach 1945 wirklich der Erste, der mal in diese, eine neue Richtung geht, und das ist — nochmal — *nicht* NICHTS.

Das Atomzeitalter wird sicherlich nicht beendet dadurch, daß die Supermächte sich jetzt auf ein Abkommen einigen, das etwa 3 % des bisherigen atomaren Vernichtungspotentials beseitigt, aber immerhin, es ist ein Schritt in eine andere Richtung. Selbst wenn die USA und die Sowjetunion jetzt vereinbaren und das tun, was vereinbart wird, meine Damen und Herren, haben wir noch immer — und wir sollten immer von Realitäten ausgehen, nicht von Illusionen — haben wir noch immer die Möglichkeit an einem einzigen Tag 3.000 Mal einen zweiten Weltkrieg zu fabrizieren, an einem einzigen Tag! Wir haben dann immer noch weit mehr Sprengstoff als Nahrungsmittel pro Kopf der Bevölkerung, und wir haben noch immer die Möglichkeit, 1,5 Millionen Mal Hiroshima zu fabrizieren. Das ist jetzt die andere Seite, da wird deutlich, was an Aufklärungsarbeit noch zu leisten ist.

Wenn ich sage, vom Atomzeitalter in ein Ökologisches Zeitalter, dann kann das natürlich nur eine Richtungsangabe sein. Ich bin als konservativer Mensch und Mitglied der CDU lange Zeit der Ansicht gewesen, daß das, was wir so tun, schon deshalb richtig ist, weil es die anderen halt auch tun. Ich muß auch Schuld mitbekennen, daß ich erst zu Beginn der achtziger Jahre begriffen habe, daß das, was die Friedensbewegung meint, uns eher hilft, als das, was offiziell an Politik — damals beispielsweise an NATO-Politik — betrieben worden ist. Mir ist erst durch die Fragestellung, was ist, wenn Abschreckung versagt? klar geworden, was sein könnte. Diese Frage habe ich vorher nicht zugelassen, ich glaube Sie würden sagen verdrängt. Und ich glaube, erst wenn wir uns klar machen, was wäre, wenn Abschreckung versagt, werden wir diese Umkehrfähigkeit, die tiefer geht als ein neues Denken, erreichen können. Werden wir dieser Umkehrfähigkeit uns nähern können? Was wäre, wenn Abschreckung versagt? Wäre das nur der Tod von heute fünf Milliarden Menschen? Ich glaube, es wäre weit mehr als der Tod der heute lebenden fünf Milliarden Menschen. Atomarer Holocaust wäre auch der nochmalige Tod der Milliarden, die vor uns gelebt haben, weil es niemand mehr gäbe, der wüßte, daß Menschen je gelebt haben. Es wäre sozusagen der zweite Tod. Niemand gäbe es mehr, der sich erinnern könnte, daß Menschen je waren und daß Leben je war auf diesem Planeten. Wir schicken uns also wirklich an, an die Stelle des Schöpfers zu treten. Es würde auch nicht nur keine Geschichte mehr geben, nein, es hätte dann niemals Geschichte gegeben, weil niemand mehr wüßte, daß es jemals Geschichte gegeben hat. Und auch diese Dimension Vergangenheit des jeden Tag möglichen, nach wie vor jeden Tag möglichen atomaren Holocaust, meine Damen und Herren, wäre noch nicht alles. Die Dimension Zukunft dieses atomaren Holocaust hieße ganz einfach: nie mehr könnte ein Kind geboren werden. Das heißt, daß was — unser Überleben ist ja jeweils auf zwei Minuten gesichert, so sicher ist die offizielle Sicherheitspolitik — nicht nur jeden Tag, sondern jede Stunde, nahezu jede Minute möglich ist, könnte sein: Der Tod all derer, die heute leben, der nochmalige Tod all derer, die gelebt haben und der vorweggenommene Tod derer, die könnten. Erst wenn man — gedanklich — durch diese Hölle des atomaren Holocaust gegangen ist, glaube ich, ist man so umkehrfähig, daß man begreift, daß wir diesen Weg, weiß Gott, nicht weitergehen können. Das Atomzeitalter fordert eine ethische Eindeutigkeit wie nie zuvor. Alles, aber auch alles steht jede Minute unter dem atomaren Vorbehalt. Es ging bisher immer um Krieg oder Frieden, jetzt geht es um Vernichtung oder Frieden. Dies ist neu. Vor einer solchen Herausforderung standen wir als menschliche Spezies noch nie. Frieden in dieser Situation stiften wir nur dann, wenn wir nicht ein neues Feindbild „Politiker" aufbauen, sondern versuchen, den Sinn unseres Kampfes für Frieden darin zu sehen, den Politikern zu helfen von ihrem jetzigen Kurs abzuweichen und umzukehren. Jede Umkehr beginnt mit der Klarheit des Denkens, Manipulation beginnt mit falschen Worten. Journalistensprache, Wissenschaftssprache wäre ebenso wie Politikersprache häufig erträglicher, wenn wir uns drei Fragen stellen würden: Ist es wahr, was wir sagen, ist es notwendig und ist es gültig?

Ich will, lieber Herr Feist, einmal mit Ihnen zusammen darüber nachdenken, was wir beide davon halten, daß jetzt, ausgerechnet in einer Situation, in der die Supermächte dieses Abkommen schließen, in Mutlangen noch immer Menschen, die blockieren, die ja das auch wollen, was die Großen jetzt gerade machen, abgeurteilt werden. Dies ist absurd und unanständig und einer freien Gesellschaft weiß Gott nicht würdig. Ich denke, darüber sind wir uns einig. Aber ich komme zum selben Schluß wenn ich überlege, was in diesen Tagen Friedens-und Ökologiefreunden in der Zionskirche in Ostberlin, in Leipzig, Dresden und Jena passiert ist, nämlich ganz genau dasselbe. Und das ist genauso unwürdig und muß genauso überwunden werden. Auch da sehe ich Dinge, an denen wir alle arbeiten müssen und zu denen wir zumindestens nicht schweigen dürfen. Das meine ich mit der Sprache.

Ein anderes Beispiel: Mir ist aufgefallen, daß Sie ein Wort benutzt haben, das viele Politiker benutzen und bei dem wir immer hellhörig und stutzig werden müßten. Sie haben die Atomwaffen, die uns in diesem gemeinsamen Haus Europa bedrohen, als Teufelszeug bezeichnet. Ich sehe darin eher ein Menschenzeug. Wenn es Teufelszeug wäre, hätten wir es noch schwerer. Da es aber Menschenzeug ist, meine ich, wir sollten das weder auf den lieben Gott noch auf den Teufel projizieren. Frömmelnde Menschen projizieren es lieber auf den lieben Gott, nach dem Motto: Wenn's denn einen Atomkrieg gibt, hat's der liebe Gott halt gewollt, da können wir nichts machen, nicht wahr. Das ist genau dieselbe Frage wie nach 1945. Ich habe das noch gut im Ohr. Damals, nach Kriegsende, war ich sechs Jahre alt. Die Menschen in meinem kleinen badischen Dorf haben immer gesagt, wie konnte der liebe Gott das zulassen? Ja, wer hat denn die Kinder ins Gas geschickt? Der liebe Gott oder waren wir das? Wir! Ich denke, die Frage nach 1945 konnte vernünftigerweise nicht heißen: Kann man jetzt nach Auschwitz noch an Gott glauben? Die weiß Gott berechtigte Frage hieß eher: Kann man jetzt noch an den Menschen glauben? Und notwendig ist es, daß wir in der Situation, in der wir uns heute befinden, überlegen, wie können wir Menschen es schaffen, daß wir die Atombomben aus dem Verkehr ziehen. Es geht offenbar. Selbst die Politiker schaffen jetzt ein Abkommen, für das wir in der Friedensbewegung lange gekämpft haben. Sie schaffen es natürlich nur, weil von unten viel Druck ausgeübt wurde. Das hat Eisenhower nach seiner Amtszeit gesagt (häufig sagen Politiker nach ihrer Amtszeit ganz vernünftige Sachen): „Wir Politiker werden so lange rüsten, bis uns die Völker daran hindern." Wann, wenn nicht heute, wäre es notwendiger gewesen, die Politiker daran zu hindern? Und wir können das, auch Konservative können das. Nehmen Sie einmal das letzte Wahlergebnis aus Rheinland-Pfalz. Ich werde nie vergessen, was Heiner Geißler am Wahlabend gesagt hat: „Nachdem jeder zehnte Unionswähler zu Hause blieb, bleibt uns garnichts anderes übrig, als jetzt dem Doppel-Null-Abkommen zuzustimmen". So einfach ist das gewesen. Einfach so, einfach so! Oder ich habe einmal mit Edmund Stoiber, auch nicht gerade ein Linksradikaler, im österreichischen Fernsehen ein Streitgespräch gehabt zu diesen Fragen und habe gesagt: Herr Stoiber, was hat eigentlich die CSU von der Friedensbewegung gelernt? Und Stoiber hat gesagt: „Herr Alt, eines können wir nicht mehr tun. Noch mal so eine Nachrüstung, das geht nicht." Da habe ich gesagt: Finde ich interessant, wieso denn nicht?" Er sagte: „Ja, wissen Sie, gewählt werden wollen wir natürlich wieder."

An wem liegt es also? Meine Damen und Herren, an wem, wenn nicht an Wissenschaftlern, an wem? Wissen Sie, dieses alte Denken, ich kann ja doch nichts ändern, ist doch immer eine Ausrede dafür, daß wir nichts ändern wollen. Neues Bewußtsein, das notwendig ist im Atomzeitalter, das uns vielleicht hilft und in ein neues Zeitalter — ich nenne es mal ein ökologisches — führen könnte, muß uns immer eher die Rückfrage stellen lassen: wer wenn nicht wir! Wer kann denn ändern, wenn nicht wir, wenn nicht jeder Einzelne. Egal, wo er steht. Und dieses Bewußtsein wächst, das ist die Hoffnung im Atomzeitalter, das ist sozusagen die Chance in dieser wahnsinnigen Krise. C.G. Jung hat einmal gesagt: „Erst wenn ich in die Grube hineingefallen bin, habe ich die Chance, auch wieder herauszuklettern." Und wir sind, weiß Gott, in die Grube gestürzt. Es bleibt uns gar nichts anderes übrig als den Versuch zu unternehmen, herauszuklettern. Ob es gelingt, weiß keiner. Das spüren immer mehr Menschen. Aus diesem neuen Wissen über die Bedrohung wird Wille. Die — selbst bei konservativen Wählern — bisher vorherrschende industrielle Weltanschauung könnte sich in den nächsten Jahren wandeln, beispielsweise in eine Anschauung einfacherer Lebensweise. Die Voraussetzung dafür ist, daß wir abrüsten. Politik der Bescheidenheit ist Voraussetzung, daß wir abrüsten. Politik der Bescheidenheit ist Voraussetzung, daß wir auch den Größenwahn auf dem militärischen Feld überwinden können. Beispielsweise, wenn der Mensch irgendwann einmal anfängt, sich einfacher zu ernähren oder in alternativen Heilmethoden Erfahrung zu sammeln, dann gibt es für das alternative Denken, das alternative Empfinden oder die alternative Intuition, müßte man vielleicht sagen, kein Halten mehr. Dann macht es auch nicht Halt vor der Politik und geht bis hinein in die Bereiche der Sicherheit. Ich glaube, daß die Philosophie des materiellen Wachstums abgelöst werden könnte — hätten wir nur das, was Helmut Kohl immer gefordert hat, solange er Oppositionsführer war, nämlich geistige Führung — von einer Vorstellung materieller Genügsamkeit im Verbund mit psychischer und geistiger Entwicklung. Aber in dieser Richtung, auf diesen Ausweg hin denken heute immer mehr Menschen, auch in kirchlich konservativ parteipolitischen Kreisen. Die Umkehr beginnt für viele Menschen eben mit alternativer Ernährung und geht dann bis zum alternativen Sicherheitsdenken. Entscheidend für eine wirkliche Umkehr ist, daß die Zusammenhänge des Lebens ebenso wie die Zusammenhänge der Lebensbedrohung begriffen werden. Beispiel: Tolstois Satz ‚solange es Schlachthöfe gibt, wird es Schlachtfelder geben' (dies wurde mir einmal am Ende einer Diskussion von einer Frau zugerufen, als ich nur ganz vordergründig über Raketen geredet habe), haben mich Zusammenhänge erkennen lassen, die ich, als ich ‚Frieden ist möglich' geschrieben habe, so noch nicht kannte. Eine Art Raumschiffethik ersetzt heute zunehmend die politischen Klassenkampftheorien, aber auch die privatistischen Glücksideen. Auch die Katastrophe von Tschernobyl hat die Bewußtseinsdämmerung vieler gefördert, unten mehr als oben. Aber wenn die unten weiter aufwachen, bleibt denen oben garnichts anderes übrig als aufzuwachen oder abzudanken.

Meine Damen und Herren, ein innerdeutscher Aspekt: Bonn ist sicherlich nicht Weimar, aber Weimar ist gescheitert, weil die damaligen Parteien und Parteipolitiker die sozialen Herausforderungen nicht begriffen haben. Die heutigen regierenden konservativen Parteien werden spätestens in den neunziger Jahren scheitern, wenn sie mit der Ökologie und den heutigen ökologischen Herausforderungen ähnlich oberflächlich umgehen wie die Weimarer Politiker mit den sozialen Herausforderungen. Und recht geschieht es ihnen, denn die ökologische Herausforderung ist heute kein linkes Thema, genauso wie der Frieden kein linkes Thema ist. Immer mehr Menschen begreifen einfach, daß dies unser Thema ist, ob wir Linke oder Rechte, Liberale oder Grüne sind. Kalkar wird nicht gebaut, weil die Menschen es nicht mehr wollen. Wyhl wurde von einem konservativen Ministerpräsidenten abgeblasen, weil die dortigen konservativen Bauern am Kaiserstuhl, zusammen mit Wissenschaftlern, die sie vorher aufgeklärt haben, sich so kundig gemacht hatten, daß man ihnen kein X mehr für ein U vormachen konnte. Die gemeinsame Bedrohung des Raumschiffs Erde ist für viele Menschen und wird für immer mehr Menschen wichtiger als die ideologischen Differenzen. Die entscheidende Frage, was tun wir dafür, daß, ich nenne es mal dieses neue ethische Empfinden, ich könnte auch religiös sagen, dieser göttliche Funke in uns oder das Wiedererwachen der Seele, vielleicht psychologisch gesagt, wieder lebendiger wird? So wie Frieden und Liebe ist natürlich auch, beispielsweise Seele, Seelenarbeit oder auch Religion mit Arbeit verbunden. Viele Intellektuelle beneiden ja sogenannte einfache Menschen ob deren Religiosität, als könnte man religiös sein ohne daran zu arbeiten. Viele Intellektuelle sagen, ich kann einfach nicht beten. Das erinnert mich an jenen jungen Deutschen, der nach Frankreich ging ohne Französischkenntnisse und am ersten Abend sagte, diese Franzosen verstehen mich verdammt noch mal überhaupt nicht, mit denen kann man gar nicht reden.

Meine Damen und Herren, die Zusammenhänge von Religion oder psychischer Entwicklung mit Politik werden heute vielen deutlicher. Diese Zusammenhänge waren lange verschüttet. Gandhi hat einmal gesagt, wer meint, man könne Religion und Politik trennen, hat weder Religion noch Politik begriffen. Das ist nicht Khomeini, Gandhi hat nie gesagt, Religion und Politik sind dasselbe, aber er hat gesagt, es sind zwei Pole unseres Seins, und wenn wir einen davon abspalten, dann erwischt uns das Verdrängen, genauso wie das politische Verdrängen uns irgendwann erwischt, an einer Stelle, wo wir es gar nicht vermuten.

Meine Damen und Herren, wenn wir uns die Gefahren, die das Atomzeitalter birgt, nicht intensiv genug bewußt machen können, werden wir sie auch anderen nicht intensiv bewußt machen können. Wir wissen nicht, ob wir das Atomzeitalter überleben und das Ökologische Zeitalter erreichen, aber wir könnten wissen, daß es ohne ein neues Verhältnis zur Spiritualität ein Ökologisches Zeitalter nicht geben kann. Neues Denken, das ist eine typisch männliche Formulierung, reicht da nicht. Umfühlen ist wahrscheinlich erst Voraussetzung für das Umdenken bei dieser tiefen Umkehr, die jetzt notwendig ist, um aus diesem Atomzeitalter herauszufinden. Umfühlen, zu wissen, was eigene Schuld daran ist, daß wir in dem Atomzeitalter gelandet sind. Wir orientieren uns noch viel zu sehr an den Vertretern — das beginnt in unseren Schul- und Geschichtsbüchern — der Gewalt. Cäsar und Napoleon, Hitler und Stalin, sind noch immer wichtiger als Buddha oder Jesus oder Gandhi oder Albert Schweitzer. Ich glaube, erst wenn die Lehrer der Liebe unsere Vorbilder werden, können wir mitarbeiten an der Überwindung des unmenschlichsten Dogmas, das es gibt auf der Welt, das da heißt, der Mensch ist unverbesserlich. Das größte Hindernis beim Lösen eines Problems war schon immer die Vorstellung, es könne nicht gelöst werden, auch beim atomaren Problem. Wenn der Mensch unverbesserlich wäre, dann wäre in der Tat das Atomzeitalter das Ende der Menschheit. Vielleicht ist das so, aber es muß nicht so sein. Unsere Bestimmung ist es zumindest nicht. Es kommt darauf an, bei wem wir in die Schule gehen. Ich habe in den letzten Jahren in der Schule Jesu, in der Bergpredigt, gelernt, daß die Welt nicht heillos ist und das Heil nicht weltlos. Das habe ich einfach gemerkt, nicht dadurch, daß ich ein besserer Mensch geworden bin, sondern dadurch, daß ich einige Dinge begriffen habe, die mir vorher unklar gewesen sind, und wo ich halt vorher auf das falsche Pferd gesetzt habe. Ich glaube, daß der vornehmste Auftrag, den wir haben, eben heißt, mitarbeiten an der Heilung der Welt.

Wer, wenn nicht Wissenschaftler müssen diesen Satz zur Maxime ihres Handelns machen. Wann, wenn nicht heute, wäre es nötiger gewesen mitzuarbeiten an der Heilung der Welt? Die, die im Atomzeitalter diesen Hilfsdienst wahrnehmen wollen, haben nicht mehr und nicht weniger zu leisten als dieses: Eine zweite Phase der Aufklärung! Eine Aufklärung, welche die inneren Ressourcen des Menschen nicht ängstlich und zynisch oder auch häufig schizophren verdrängt, sondern den Zusammenhang zwischen den inneren und äußeren Ressourcen aufzeigt. Falls wir wirklich überleben wollen, werden die inneren Zuwachsraten größer sein müssen als die äußeren, die uns immer noch von oben verordnet werden. Es gibt Anzeichen dafür, so scheint mir, daß wir das Industriezeitalter und das Informationszeitalter verlassen und uns auf ein Bewußtseins- oder Ökologisches Zeitalter zubewegen. Es könnte sein, daß wir wirklich im Sinne von Ken Wilber an einer neuen Stufe der Evolution stehen. Wenn wir uns vom Tier auf das Göttliche hinbewegen, dann kann es sein, daß jetzt wirklich Halbzeit der Evolution ist. Anzeichen der Veränderung wahrzunehmen, die es weltweit gibt, scheint mir hilfreicher zu sein, als die eigene Resignation ständig zu verbreiten und zu beklagen. Moderne Aufklärung meint weder die Einseitigkeiten voraufklärerischer Metaphysik, noch die Einseitigkeiten nachaufklärerischer Naturwissenschaft (die war nicht weniger einseitig). Was wir Aufklärung nennen, das war dann das Verrennen in wissenschaftlichen Rationalismus losgelöst von jedem Empfinden, Gefühl und jeder Intuition. Wir haben alles gemacht was machbar war, ohne zu fragen, wohin es führte. Eine neue Einheit von Metaphysik und Naturwissenschaft, von Glauben und Wissen ist nötig. Meditation und Computer sind kein Gegensatz, sondern eine Ahnung von der alten Einheit und von der Möglichkeit, die Polarität zu überwinden. Wir haben genug Wissen. Was uns fehlt, ist Weisheit. Je tiefer wir aufklären, desto mehr allerdings werden wir stören müssen. Dies gilt für Journalisten wie auch für Wissenschaftler. Es ist nicht nur schwierig, sondern es macht auch Freude, ein Störenfried für den Frieden zu sein, wenn man es richtig anpackt. Es kann Schwierigkeiten mit Vorgesetzten, Politikern, mit Mächtigen in allen Lagern bedeuten, aber das bißchen Mut, das man zumindest in unseren Breitengraden dafür braucht, und die Klugheit, sollten eigentlich im Gehalt inbegriffen sein. Im Zweifel denke ich, ist die Wahrheit wichtiger als die Karriere. Wer aufklärt, stört. Wer realistisch ist, muß dies allerdings vorher wissen und darf sich davon nicht überraschen lassen. Wir sind nicht nur für das verantwortlich was wir tun, sondern auch für das, was wir widerstandslos hinnehmen. Die Rückbesinnung auf alte Wahrheiten, keine neue Ethik, die Rückbesinnung auf alte Wahrheiten ist es, die uns weiterhelfen könnte. Das Zauberwort, das eine neue Welt, vielleicht eine ökologische, zum Schwingen bringt, heißt nicht Macht — auch wenn uns dieser Wert in vielen Schattierungen so oft begegnet —, das Zauberwort, das eine neue Welt zum Schwingen bringt, heißt Liebe. Wer dieses Wunder nicht in sich selbst erlebt, kann nicht daran glauben. Denn wer nicht an Wunder glaubt, wird sie auch nicht bewirken helfen. Für viele scheint ein Wunder nötig zu sein, um das Atomzeitalter zu überwinden. In diesen Tagen erleben wir, daß selbst auf höchster Ebene ein solches Wunder in der Tat nicht mehr auszuschließen ist. Doch was sind Wunder? Daß es Liebe gibt trotz allem. Daß Kinder geboren werden trotz Angst vor der Zukunft, daß es Hoffnung gibt trotz allem, daß wir leben, obwohl 1983 viele von uns geglaubt haben, die nächsten Jahre überleben wir nicht. Auch dies kommt mir häufig wie ein Wunder vor. Unser Protest gegen Atomwaffen und Atomkraftwerke ist begründet in der Liebe zum Leben.

Meine Damen und Herren, eine realistische, moderne Ethik, welche die Probleme des Atomzeitalters reflektiert und ökologisch orientiert ist, kann nur heißen: Ehrfurcht vor allem Leben. Und ich denke, die beginnt mit der Ehrfurcht vor dem ungeborenen Leben. Vor allem wir Männer hätten es sehr nötig, eine neue Nähe zum Leben zu lernen und ich denke, wir können das von niemand mehr als von Frauen lernen. Ich zumindest habe diese Erfahrung gemacht. Vor der Aufklärung waren Liebe, Seele, Gott, Religion, Meditation, Gebet, Stille anerkannte Werte. Heute sind diese Werte oft Fremdworte geworden. Ein zurück in die Voraufklärung wäre kein Fortschritt. Fortschritt ist, heute im Atomzeitalter auf dem Weg zu einem Ökologischen Zeitalter, die Erkenntnis, daß Liebe nicht das Gegenteil von Vernunft ist, sondern daß Liebe die Wahrheit der Vernunft ist, daß Liebe die Vernunft erst vernünftig macht. Das ist vielleicht, so würden Psychologen sagen, eine weibliche Erkenntnis. Diese Weisheit, die das, was wir bisher männliche Ratio genannt haben, übersteigt, ist oder wäre die Einstiegskarte ins Ökologische Zeitalter. Ohne mehr Gleichwertigkeit, ohne mehr partnerschaftlich orientierte Männer und Frauen werden wir das Ökologische Zeitalter nicht schaffen. Eine größere Liebe zwischen Mann und Frau ist die Voraussetzung für ein Ökologisches Zeitalter. Für die große Umkehr vom Atomzeitalter ins Ökologische Zeitalter brauchen wir Millionen Nachfolger und Nachfolgerinnen, nicht Millionen Taufschein-Christen oder Bekenner anderer Philosophien. Ich glaube, wir müssen anfangen zu begreifen, was es heißt, Salz der Erde, Licht der Welt zu sein, und nicht Schmieröl der Gesellschaft. Das Problem, sagt Einstein, ist immer das menschliche Herz. Umkehr der Herzen heißt zunächst auch Öffnung der Herzen, Öffnung für die Wunder, die uns jeden Tag umgeben, für die Wunder der Natur, auch für die Wunder, die gelegentlich in der Politik passieren. Niemand weiß, meine Damen und Herren, wie wir das schaffen im Detail, aber wir können wissen, daß die Wende nötig und möglich ist, wenn wir es wollen. Die Lehre aus dem Atomzeitalter heißt, jeder Tag kann unser letzter sein. Entweder es gelingt uns, die Atombomben, aber auch die Atomkraftwerke abzuschaffen, oder diese werden igrndwann uns abschaffen. Atombomben und Systeme, auf denen sie beruhen, können immer versagen. Vielleicht hätten wir dann zum ersten Mal einen Krieg, den tatsächlich niemand gewollt hat. Aber wir alle wären verantwortlich dafür. Wer zeigt uns diesen Weg vom Atomzeitalter ins Ökologische? Die letzte, die entscheidende Instanz ist das Gewissen. Von Alters her haben Menschen das Gewissen als Intervention Gottes, als Gottes Stimme in uns betrachtet. Wir sind nicht Schöpfer, sondern Geschaffene. Diese demütige Erkenntnis, dieser Mut zur Demut ist Voraussetzung, so glaube ich, daß wir Wissenschaftler oder Journalisten umdenken in vielem, was wir heute noch für richtig halten. Wissenschaftler, die die Voraussetzung zur Vernichtung der Welt geschaffen haben, müßten diesen Mut zur Demut aufbringen. Das heißt, wir dürfen nicht alles was wir können.

Meine Damen und Herren, eine Überlegung, vielleicht auch praktisch und konkret, zum Schluß. Ein ethisch geschärftes Gewissen weiß nach Tschernobyl, daß atomares Restrisiko jenes Risiko ist, das uns irgendwann den Rest geben kann. Ich finde es unerträglich, daß Milliarden für

Waffen verpulvert werden — auch nach diesem Abkommen —, während Millionen Menschen verhungern. Ein ethisch geschärftes Gewissen spürt, daß eine Position gegen politische Gewalt immer eine Position gegen private Gewalt mit einschließen muß und versucht in Ehe, Freizeit und Beruf danach zu handeln. Solange wir uns abfinden, oder auch daran mitwirken, daß jedes Jahr, in diesem reichen Land Bundesrepublik Deutschland, 250.000 Mal unsere eigenen Kinder getötet werden — durch Abtreibung — ist unser Reden über Frieden nahezu von vorneherein zum Scheitern verurteilt. Entweder wir begreifen die Zusammenhänge von Frieden und Liebe und verstehen, daß Voraussetzung einer Politik des Friedens immer eine Kultur der Liebe ist oder wir rennen ins Leere. Hinter jeder Abtreibung steht ein Mann. Was oben getrieben wird ist immer Ausdruck dessen, was unten getan und gedacht wird.

Meine Damen und Herren, ein ethisch geschärftes Gewissen wird auch fragen müssen in unserer Zeit, wenn es um den Frieden geht, ob die uralte Forderung aller Religionen und aller großen Philosophen, du sollst nicht töten, nur für Menschen oder nicht auch gegenüber Tieren gilt. Ein ethisch geschärftes Gewissen kann Ethik nicht länger in private, politische und berufliche Ethik aufspalten sondern spürt, daß es nur *eine* Ethik gibt. Deshalb die vorhin genannten Zusammenhänge, die Zusammenhänge zwischen Aufrüstung und Abtreibung. Die politische Gewalt der Aufrüstung und die private Gewalt der Abtreibung haben ihre Wurzel in uns: Die Angst. Die modische Trennung zwischen Gesinnungs- und Verantwortungsethik scheint mir ein gewissenloser Verrat an der Ethik zu sein. Ethik ist ganzheitlich oder gar nicht. Wer, beispielsweise wie Jesus von Nazareth, vom Reich Gottes träumt, weiß, die Welt ist nicht heil, aber heilbar. Wer dies begreift und danach zu handeln versucht, hat sich auf den Weg gemacht, selber auf den Weg gemacht vom atomaren in ein Ökologisches Zeitalter. Es wird dabei nicht darauf ankommen, morgen am Ziel zu sein. Viel wichtiger ist, sich heute auf den Weg zu machen. Ich danke Ihnen schön.

Humanität oder Kriegseinsatz? Zwiespalt in den deutschen Geisteswissenschaften

von Peter R. Frank, Stanford, USA

Seit Brechts *Galilei*, Dürrenmatts *Physikern* und Kipphardts *Oppenheimer* stehen die Naturwissenschaften im Kreuzverhör. Die Giftgasexperimente von Fritz Haber im 1. Weltkrieg, erst recht die Atombomben auf Hiroshima und Nagasaki machten klar, wie abhängig die Kriegführung von der Wissenschaft geworden ist. Eisenhowers Warnung vor dem „militärisch-industriellen" Komplex war zu kurz geschnitten. Heute muß man vor dem „militärisch-industriellen-wissenschaftlichen Komplex" warnen. In dieser ménage-à-trois ist die Wissenschaft offenbar der dominante Faktor geworden. Einen modernen Krieg kann man vielleicht ohne Soldaten, sicher nicht ohne Wissenschaftler führen.

Senator Fulbright hat 1967 vor dem amerikanischen Senat darauf hingewiesen. Die amerikanischen Universitäten — das Problem ist längst weltweit — hätten versäumt, „ein wirksames Gegengewicht gegen den ‚militärisch-industriellen Komplex' zu schaffen." Im Gegenteil: „Viele unserer führenden Universitäten [haben sich] stattdessen dem Monolith angeschlossen, seine Macht und seinen Einfluß bedeutend verstärkend... Wenn die Universität sich ihres eigenen Zieles begiebt und stattdessen zum Anhängsel der Regierung wird..., die konventionellen orthodoxen Meinungen verbreitet statt neue Ideen, so verfehlt sie nicht nur die Verpflichtungen, die sie ihren Studenten gegenüber hat; sie mißbraucht das öffentliche Vertrauen."[1] Damit verlieren die Universitäten ihre Unabhängigkeit, vernachlässigen die Lehre und prostituieren die Forschung.

Das rückt die Universität, mit Forschung, Lehre und Ausbildung jäh ins Schlaglicht. Wie verhält, verhielt sie sich, als „humane Anstalt" zu Krieg und Frieden? Das Thema ist nicht neu. Es hat, zumal in Deuschland, eine lange Vorgeschichte. Brisant wurde es offenbar erst seit dem Schwellenjahr 1914, und seit 1939. Die Herstellung der Atombombe, das Star Wars Projekt in den USA machten spektakulär deutlich, wie eng Forschung und Militär verklammert sind. Sündenböcke sind vor allem Naturwissenschaftler. Nach Ruth Leger Sivards Bericht *World Military and Social Expenditures* arbeiten weltweit über 50% von ihnen, direkt oder indirekt, an militärischen Projekten.

Die Human-, die Geisteswissenschaften sind dagegen in der oft leidenschaftlich geführten öffentlichen Diskussion im Windschatten geblieben. Eloquent wie sie sind: Haben sie sich zu Krieg und Frieden nicht geäußert? Der Krieg beginnt in den Köpfen, heißt es in der UNESCO-Konstitution. Es sind vor allem die Geisteswissenschaften, die ethische Werte, Anschauungen der Völker, Geschichtsbilder vermitteln. So bestimmen sie nicht nur an der Universität, sondern weit darüber hinaus für eine breite Öffentlichkeit das geistige Klima, viel mehr als etwa die Naturwissenschaften, deren Formeln und Ergebnisse für die meisten viel zu esoterisch sind. Gerade das deutsche Beispiel zeigt diesen Einfluß.

1. *United States of America. Congressional Record. Proceedings and Debates of the 90th Congress.* First Session. Senate. Wednesday, December 13, 1967. Senator William Fulbright, ‚The War and its Effects', S. 36181/2. Meine Übersetzung.

Es wäre verlockend, die Rolle zu vergleichen, die Universitäten und Professoren verschiedener Länder während der letzten kalten und heißen Kriege gespielt haben. Das ist erst in Ansätzen dokumentiert. Es soll den Engländern, Franzosen, Russen und Amerikanern überlassen bleiben, diesen Spuren in ihren Ländern nachzugehen. Ich beschränke mich — mit nur ein paar Beispielen — auf Deutschland, das eine eigene akademische Tradition hat. Ohne einen neuen Anschluß provozieren zu wollen, sind die Verhältnisse an österreichischen Universitäten dabei stets mitgemeint.

Wenn hier Schatten allein auf Deutschland fallen, so soll man sich nicht täuschen lassen: Selbsternannte Patrioten und Chauvinisten hat es überall gegeben. Universitäten anderswo haben keineswegs nur Kollegien von friedfertigen Engeln beherbergt.

— — —

Man muß die historische Situation und die Sonderstellung der deutschen Universität kennen, wenn man ihren Einfluß auf die öffentliche Meinung und das politische Geschehen nachvollziehen will.

Das Humboldtsche Reformprojekt hatte mit der 1810 errichteten Universität Berlin das Modell einer modernen Universität geschaffen. Sie galt, dank ihrer wissenschaftlichen Leistung von da an als Vorbild, genoß Weltruf. In einem entscheidenden Punkt war Wilhelm von Humboldt, ein Humanist und Liberaler, mit seiner Reform gescheitert: Er wollte die Universitäten weitgehend vom Einfluß des Staates freihalten. Stattdessen wurden deutsche Professoren, entgegen seiner Intention, Staatsbeamte, und sind es bis heute. Das setzt sie, trotz der vielgepriesenen Lehr- und Lernfreiheit, in ein Abhängigkeitsverhältnis zum Staat. Hinzu kommt, daß die jahrhundertealten autoritären Strukturen deutscher Staaten ihre Spuren hinterlassen haben. So waren auf langhin Anpassung und Gehorsam im politischen Verhalten vorgegeben. Wer die Spielregeln verletzte, bekam das zu spüren.

Mit ihren Universitäten genoß der Stand der Universitätslehrer bis 1918 und über 1945 hinaus ein besonderes Sozialprestige. In der Monarchie stand es wohl nur unter dem des Adels und des Offizierkorps. Die Universität galt als kritische Instanz. Sie war der Ort vorgeblich leidenschaftsloser Wahrheitssuche und -findung. Dieses Idealbild verschaffte ihren Vertretern, weit über ihr Fach hinaus, eine Aura höherer Kompetenz. Nirgendwo war man so „professorengläubig“ wie in Deutschland. Der Durchschnittsbürger unterstellte den Ansichten der Professoren von vornherein mehr Kenntniß der Verhältnisse, Weitsicht und objektives Urteil, als er sich selbst zuzutrauen bereit war.

Doch spätestens seit der Reichsgründung, nach 1918 und 1933 zeigte dieses Bild verhängnisvolle Risse: Auf der einen Seite untadelige wissenschaftliche Arbeit, bedeutende Fortschritte und Ergebnisse in den Natur- und Geisteswissenschaften; auf der anderen mangelte es zunehmend an politischer Klarsicht, am Vermögen, internationale wie soziale Realitäten einzuschätzen. Exakte Laborexperimente und penibles Quellenstudium auf der einen, irrationale Machtstaatsphantasien und Träume vom Kyffhäuser auf der anderen. Das Krebsgeschwür eines zunehmend aggressiver werdenden Nationalismus und eines kulturell verbrämten Macht- und Sozialdarwinismus hatte sich eingefressen. Man huldigte noch verbal den Humanitätsideen der Aufklärung, des deutschen Idealismus. In Wahrheit hatte man ihnen längst den Abschied gegeben.

Es war diese Erfahrung, die Einstein, in seinem Briefwechsel mit Freud, *Warum Krieg?*, 1933, skeptisch-ironisch fragen ließ: „Gibt es eine Möglichkeit, die psychische Entwicklung des Menschen so zu leiten, daß sie den Psychosen des Hasses und des Vernichtens gegenüber widerstandsfähiger werden? Ich denke dabei keineswegs nur an die sogenannten Ungebildeten. Nach meinen Lebenserfahrungen ist es vielmehr gerade die sogenannte ‚Intelligenz‘, welche den verhängnisvollen Massensuggestionen am leichtesten unterliegt, weil sie nicht unmittelbar aus dem Erleben zu schöpfen pflegt, sondern auf dem Wege über das bedruckte Papier am bequemsten und vollständigsten zu erfassen ist."[2]

Ruft man sich die Rolle der deutschen Intelligenz: genauer, der Universitäten und vieler ihrer Repräsentanten während der letzten 100 Jahre in Erinnerung, so wird man die Skepsis Einsteins teilen. Zu viele berühmte Gelehrte in den Geisteswissenschaften erwiesen sich als blindgläubige Vasallen und Apologeten des Staates und seiner imperialistischen, militaristischen Aspirationen.

— — —

Das war durchaus nicht immer so. Bis zur Revolution 1848/49 waren es die Universitäten, neben den Schriftstellern, von denen Kritik an den Verhältnissen in Deutschland ausging. Das änderte sich schlagartig mit dem Scheitern der Revolution. Vorerst zog man sich auf die Insel des Fachbereichs zurück. Der Sieg über Frankreich 1870/71, die Reichsgründung Bismarcks versetzte die Nation in einen Rauschzustand. Auch ehedem liberale Professoren waren bereit, der Einigkeit vorerst Recht und Freiheit nachzustellen. Sie mauserten sich zu Verkündern der nun anhebenden Platz-an-der-Sonne-Politik, mit der Folge zunehmender Militarisierung. Ihre Ansichten und Argumente waren nicht so krud wie die der sogenannten Ungebildeten. Aber die Tünche des wissenschaftlichen Vokabulars kann nicht verbergen, daß sie jenen „verhängnisvollen Massensuggestionen" ebensoleicht erlagen wie ihre Mitbürger.

Kritische Distanz zur vorherrschenden Zeitstimmung war nicht gefragt. Die Lehrfreiheit hätte auch Zweifeln Raum gewähren müssen. Die Wirklichkeit sah anders aus. Schon eine kritische Einschätzung von Bismarcks Werk erledigten Vertreter der Zunft als „Vaterlandsverrat". Wer an das vorgegebene Selbstverständnis der Nation rührte, der stieß in Deutschland bis 1918, in der Weimarer Republik und danach schnell an die Toleranzgrenze. Widerspruch aus den eigenen Reihen löste man auf akademische Weise. Genügte das nicht, so half der Staat nach. Für die Dissidenten, damals ohnehin nur ein paar Habilitanten, Dozenten und Professoren, hatte man ein breites Spektrum an Verfahren bereit. Man erschwerte oder verweigerte Habilitationen, wie im Falle der Historiker Kehr und G. Mayer. Suspensionen oder vorzeitige Emeritierungen wurden verfügt. Als ultima ratio blieb schließlich die Entlassung. Auf diese Weise stellte man sicher, daß Generationen von Studenten — die späteren Professoren, Lehrer, Beamten und Politiker — die rechte Staatsgläubigkeit erhielten. Die mächtigen Studentenvertretungen, mit dem Einfluß der Alten Herren, sicherten eine weitere Indoktrination im nationalistischen Sinn.

Die Liste der von den Universitäten Verdrängten ist lang, ich muß Ihre Geduld erbitten. Von den Professoren und Privatdozenten waren betroffen: Die Göttinger Sieben, 1837, darunter Dahlmann, die Gebrüder Grimm, Gervinus (nochmals Heidelberg 1853) und der Orientalist Ewald (nochmals Göttingen 1867); Friedrich Theodor Vischer, Tübingen 1845; der Orientalist J. Ph. Fallmerayer, München 1849; der Naturforscher Karl Vogt, Gießen 1849; der Historiker Karl Hagen, Heidelberg 1849; der Mediziner Virchow, Berlin 1849; Theodor Mommsen, Leipzig 1850; der Naturwissenschaftler Jacob Moleschott, Heidelberg 1854; der Historiker Quidde, München 1898; der Mathematiker Pd. Leo Arons, Berlin 1898 (wegen sozialistischer Gesinnung); Friedrich Wilhelm Förster, Pädagoge, München 1916; der Historiker Veit Valentin, Freiburg 1917; der Mediziner Georg Friedrich Nicolai, Berlin 1920; der Jurist Karl Korsch, Jena 1924; der Pd. Theodor Lessing, Hannover 1926; der Statistiker Emil Gumbel, Heidelberg 1932; die Pädagogin Anna Siemsen, Jena 1932; der Theologe Günther Dehn, Halle 1932; und der Theologe Johannes Ude, Graz 1936. Die Berufung wurde verzögert bei Hermann Kantorowicz, Kiel 1927, die Habilitation

2. Albert Einstein, *Warum Krieg?* Von A. Einstein und S. Freud, mit einem Essay von I. Asimow (Zürich 1972) S. 20.

verzögert oder verhindert bei dem Historiker Gustav Mayer, Berlin 1916; Walter Benjamin, Frankfurt 1925; Günter Anders, Frankfurt 1929; und Eckart Kehr, Historiker, Königsberg 1931.[3] Solche Verfahren hatten also schon vor den Nazis Tradition.

Diese Wissenschaftler waren ausgewiesen durch oft bedeutende Leistungen. Kritik am Staat, abweichende Gesinnung genügte, um Karrieren zu verhindern oder zu verzögern, die Entfernung von der Universität zu erwirken. Vor allem Gegner des Militarismus, Pazifisten von Quidde bis Ude waren betroffen. Für sie wie für andere wurde die Lehrfreiheit zur Freiheit vom Lehren.

Einige wurden später rehabilitiert. Die meisten blieben ausgeschlossen. Selten stellten sich die Universitäten, die Kollegen vor die Betroffenen. Eine Ausnahme wie im Fall Kantorowicz, wo die juristische Fakultät von Kiel gegen den massiven Druck des Außenamtes und von Protesten rechtsradikaler Kreise die Berufung dennoch durchsetzte, sie bestätigen nur die Regel.[4]

Schon die Göttinger Sieben hatten das erfahren. Jakob Grimm, in seiner Schrift *Über meine Entlassung*, war enttäuscht über das Verhalten der Kollegen: „Unter den Professoren taten sich bald verschiedenartige Gruppen hervor, die Charaktere... fingen an, sich zu entblättern gleich den Bäumen des Herbstes bei einem Nachtfrost; da sah man viele in nackten Reisern, des Laubes beraubt, womit sie sich in dem Umgang des gewöhnlichen Lebens verhüllten."[5] Als Savigny, der von den Grimm verehrte bedeutende Rechtsgelehrte, die Schrift erhielt, schwieg er beharrlich. Dann äußerte er sich betroffen: „Soll ich etwas daran aussetzen, so ist es das Gericht, das sie halten über Diejenigen, die nicht gleich Ihnen gehandelt haben. Dieses geht über das Bedürfnis der eigenen Handlung hinaus, verletzt darum ohne Noth und schadet bey Fremden und Unbefangenen dem sonst so reinen und günstigen der eigenen Sachführung... Ja selbst wo sie Grund, vollen Grund zu dem Urteil es sei nicht Überzeugung sondern Schwäche, welche andere anders handeln liess, selbst da — wer verlieh Ihnen das Richterschwert über diese Schwäche?"[6] So empfahl Savigny nach einem eklatanten Rechtsbruch des Staats Schonung für die Universität, die sich willig gefügt hatte, und für Mitläufer. Zivilcourage (das ohnehin ein Fremdwort in Deutschland geblieben ist) und das Verlangen, daß Recht vor Macht ergehe, waren ihm ersichtlich unheimlich.

Die Nationalsozialisten brauchten Savignys Rat nicht. Sie konnten sich auf die Schwäche der deutschen Universität verlassen. Als man nach 1933 daranging, tabula rasa zu machen, tausende von jüdischen Professoren aus den Universitäten vertrieb (und dabei auch gleich etliche „arische" Professoren wie die Historiker Goetz, Oncken und Schnabel, den Juristen Radbruch entfernte, Meinecke die Redaktion der *Historischen Zeitschrift* wegnahm) — da regte sich gegen dies Purgatorium kaum Widerspruch, noch weniger Widerstand. Die Marburger evangelisch-theologische Fakultät protestierte, Max Planck und Gustav Radbruch erhoben Einspruch. Es war zu wenig, und es war längst zu spät.

3. In den meisten Fällen handelte es sich um Entlassungen, doch gab es dabei feine Abstufungen: Lessing und Valentin „verzichteten" darauf, weiterhin zu lesen; Vischer wurde für zwei Jahre suspendiert; Quidde wurde der Professoren-Titel aberkannt; und Ude vorzeitig in den Ruhestand versetzt. Die Liste ist im übrigen keineswegs vollständig. Eines erreichten alle diese Maßnahmen: Solche abweichende Ansichten von den Lehrkanzeln fernzuhalten, vorbeugend einzuschüchtern. In der Zwischenzeit hat man in der Bundesrepublik die Selektion mit dem Berufsverbot eine Stufe tiefer, vor allem bei den Lehrern, angesetzt. Die DDR hat unter anderen Vorzeichen seit langem ähnliche Beschränkungen.

4. Der Fall Kantorowicz ist dokumentiert in der Einleitung von I. Geiss, Hg., von Hermann Kantorowicz, *Gutachten zur Kriegsschuldfrage 1914* (Frankfurt a.M. 1967). Im Fall Dehn stellten sich immerhin eine Reihe von Heidelberger Professoren, darunter Jaspers, Jellinek, Radbruch und A. Weber vor den Angegriffenen.

5. *Jacob Grimm über seine Entlassung.* Nachwort von W. Vordtriede (Frankfurt a.M. 1964) S. 18f.

6. Brief vom 26. Juni 1838 von Savigny an J. Grimm, in: Adolf Stoll, *Friedrich Karl v. Savigny.* 2. Bd.: *F.K.v.S. Professorenjahre in Berlin 1810-1842* (Berlin 1929) S. 508. Dazu Iris Denneler, *Karl Friedrich von Savigny* (Berlin 1985) das Kapitel ‚Streit mit den Grimms'.

Ob man daraus in Deutschland gelernt hat? Offenbar noch immer nicht genug. Man erinnere sich an den Widerstand, den die medizinische Fakultät der Universität Frankfurt der Berufung Alexander Mitscherlichs entgegengesetzt hat (Mitscherlich hatte als Berater an den Nürnberger Ärzteprozessen teilgenommen und danach das Buch *Medizin ohne Menschlichkeit* veröffentlicht). In der Bundesrepublik gab es die Vorgänge um Klara-Maria Fassbinder, die Mescalero-Affaire um Peter Brückner, in der DDR die Fälle Wolfgang Harich und Havemann.

— — —

Das ist also die Bühne, auf der sich der „Sündenfall der deutschen Geisteswissenschaften" ereignen sollte, auf der nach 1933 die „deutsche Universität ihre Würde verlor", wie Karl Jaspers gesagt hat. Der Zwiespalt in den deutschen Geisteswissenschaften zwischen Humanität und Kriegseinsatz brach früh auf. So sicher das Phänomen des Krieges ein gern behandeltes Thema an der deutschen Universität des 19. und 20. Jahrhunderts war — der Friede war es nicht. Dafür ist das Schicksal der Kantschen Schrift *Zum ewigen Frieden* an deutschen Universitäten ein frühes Beispiel.

1795 zuerst in Königsberg erschienen, blieb dieses große Friedensdokument ein Sonderfall. Man ist versucht zu sagen: Ein akademischer Betriebsunfall. An dem enormen Einfluß der Kantischen Lehre, bezeugt durch unzählige Vorlesungen und Seminare, immer neue Auflagen und Kommentare, hatte sie kaum einen Anteil. Sie wurde, offensichtlich als Abirrung eines großen Geistes, geflissentlich übergangen. Dabei war es die Schrift Kants, die zu seinen Lebzeiten das größte Aufsehen erregte. Bereits 1796 mußte eine zweite Auflage erscheinen, ebenfalls eine zweite französische Übersetzung. Nachdrucke erschienen sofort in Leipzig, Frankfurt und Graz, sowie weitere Übersetzungen ins Französische, Englische und Dänische. Von Fichte, Fries, Krug und Friedrich Schlegel wurde der Traktat zustimmend aufgenommen. Als aber in Jena ein Seminar über die Schrift abgehalten werden sollte, da erzwangen Studenten mit den Rufen: „Kein Frieden, Krieg, Krieg!", daß es abgesetzt werden mußte. Die Stimmung begann umzuschlagen.

Sieht man von den Massengräbern der Gesamtausgaben ab, dann führte die Schrift ein Schattendasein. Erst 1863 kam wieder eine Einzelausgabe heraus, kennzeichnenderweise in der Schweiz, Bern. 1881 folgte die Ausgabe von Kehrbach, 1913, schon im Schatten des Krieges, die von Vorländer.

Im 1. Jahrgang der *Kantstudien*, 1897, setzte sich F. Staudinger mit der Aufnahme der Friedensschrift auseinander. Kein geringerer als der damalige Rektor der Universität Berlin, der Theologe Pfleiderer, hatte Professoren und Studenten klar gemacht, wie Kants Schrift zu lesen wäre. (Diese Rektoratsrede war zudem in der vielgelesenen *Deutschen Rundschau* erschienen). Die Selbständigkeit der nationalen Staaten, so Pfleiderer, sei mehr wert als der ewige Friede. Und anstatt zur Erhaltung des Friedens auf einen Völkerareopag zu vertrauen, sichere nur Kriegesbereitschaft den Frieden. Das lief auf eine Denunziation der Gedanken Kants hinaus.

Was verschlug es, daß sich Jean Paul in seiner *Friedenspredigt* zu Kant bekannte? Er war ein Außenseiter, wie der Schweizer Heinrich Kurz, der nach 1850 in seiner *Geschichte der deutschen Literatur* schrieb: „Das Vortrefflichste, was er über Politik geschrieben hat, ist der Aufsatz *Zum ewigen Frieden*, der die schönste und wahrste Grundlage zu einer künftigen Politik enthält."[7]

Die künftige Politik, wie man sie in Academia wünschte, sah anders aus. Nach Hegel, 1802, sind Völker, d.i. der Staat in „die Notwendigkeit des Krieges gesetzt... der ebenso die sittliche Gesundheit der Völker in ihrer Indifferenz gegen die Bestimmtheiten und gegen das Angewöhnen und Festwerden derselben erhält..."[8] Mit einem hübschen Naturbild fährt Hegel fort: Nur die Be-

7. Band 3 (Leipzig 1861, 3. Auflage) S. 740.

8. Hegel, ‚Über die wissenschaftlichen Behandlungsarten des Naturrechts...', in G.W.F. Hegel, *Werke in 20 Bänden. Werke 2: Jenaer Schriften (1801-1807)* (Frankfurt a.M. 1970) S. 482.

wegung der Winde bewahrt die Seen vor Fäulnis, so der Krieg die Staaten. In seiner *Deutschen Geschichte* doppelte Heinrich von Treitschke nach: „... so erwachte jetzt wieder der unmännliche Traum vom ewigen Frieden, dies sicherste Kennzeichen politisch ermatteter und gedankenarmer Epochen."[9] Kants ewiger Friede war zu „faulem Frieden" geronnen. So tönte es in den Universitäten, bis man bei Ausbruch des 1. Weltkrieges den faulen Frieden endlich los war.

— — —

Keineswegs waren Nationalismus und imperialistische Ansprüche im Europa des 19. Jahrhunderts nur ein deutsches Privileg. Als verspätete Nation erwies sich Deutschland für diese Entwicklung besonders anfällig. Es begann harmlos, als Patriotismus, der Liebe zu einem einigen deutschen Vaterland. Bald wurde der Hass gegen andere Völker geschürt, das einigende Band wurde ein aggressiver Nationalismus. Des eigenen Reichtums nicht mehr sicher, wertete man den der anderen ab. Und man kompensierte mit der herrischen Geste des Überlegenen.

Dieser Nationalismus fand an den Universitäten, in den Geisteswissenschaften bereiten Boden. Einzelne Wurzeln führten bis zur Herder, Humboldt und Fichte zurück. Bei ihnen bildete jedoch die Idee des Weltbürgertums ein Gegengewicht. In der Germanistik finden sich nationalistische Ansätze schon bei Jacob Grimm, wie Walter Boehlich[10] nachgewiesen hat. In der Geschichtswissenschaft in der Nachfolge von Ranke, in der preussischen Schule und im Historismus. Selbst Disziplinen, die nationalen Exzessen scheinbar so fern standen wie die klassische Philologie oder die Theologie, ließen sich in Dienst nehmen. Natürlich gab es dabei Nuancen. Und es gab Gegenstimmen. Entscheidend bleibt, daß der akademische Konsensus unaufhaltsam von einer nationalkonservativen Stimmung auf nationalistische Überspannung zusteuerte.

Aus den Werken deutscher Gelehrter bis zum 1. Weltkrieg und darüber hinaus läßt sich selten ihre Stellung zur Alternative Krieg/Frieden säuberlich herausdestillieren. Sie stand meist gar nicht im Vordergrund. Gewohnt den Krieg als immer wiederkehrendes Naturereignis zu sehen, wenn nicht als nötiges Stimulans, gab man dem Zustand des Friedens wenig Gedanken. Aber früh schon glimmt in den Zeilen wissenschaftlicher Texte da und dort der Funke nationaler Anmaßung auf. Was als Unterströmung latent auftaucht, kündigt uns heute eine gefährliche Richtung an.

So wenn kein Geringerer als Jacob Grimm die Verehrung der großen Italiener rügt und froh darüber ist, daß die französischen Klassiker in Deutschland nie wieder Fuß fassen würden — in seiner Besprechung von Gervinus' *Geschichte der poetischen Nationalliteratur*. Dantes *Commedia* nennt er zuerst ein „großartiges" Werk, um es dann gleich als „ein im Grund einförmiges, ermüdendes Werk unlesbarer und kaum leichter als Parzival" zu bezeichnen. „Petrarcas reizendste Sonette können sich mit unsern besten Minneliedern weder in Unschuld der Empfindung noch des Ausdrucks messen."[11] Philologische Grillen? Wir sehen das heute als Saatkörner einer nationalen Hybris, die besonders in der Germanistik festen Fuß fassen sollte.

Ein Nachfolger von Grimm, Gustav Roethe, Berliner Germanist, gab 1919 eine umfangreiche Untersuchung von Goethes *Campagne in Frankreich* heraus. Dem Text des verehrten Autors widerstrebend, kann Roethe seine Betroffenheit nicht verbergen: Daß Goethe den Nationalismus (camouflaged als Patriotismus) widerwärtig fand, den Krieg verabscheute und den Frieden hoch-

9. Heinrich von Treitschke. *Deutsche Geschichte im 19. Jahrhundert.* Erster Teil (Leipzig 1897, 6. Auflage) S. 601.

10. Walter Boehlich, ‚Aus dem Zeughaus der Germanistik. Die Brüder Grimm und der Nationalismus', in: *Der Monat*, 18. Jg. (1966) Heft 217, S. 56-68.

11. Jacob Grimm, *Kleinere Schriften*. Bd. 5 (Berlin 1871) S. 179.

hielt. Roethe ist ersichtlich anderer Meinung, und kein philologisches Kunststück kann den Zwiespalt überbrücken[12].

Mit Wilamowitz-Moellendorf (der sich in deutscher Tradition als unpolitischer Professor verstand) und Eduard Meyer wies die Altertumswissenschaft überragende Gelehrte auf. Beider Werke zielten immer wieder auf die Gegenwart ab. Deutlich wird das in der Festrede „Des attischen Reiches Herrlichkeit", die Wilamowitz 1877 anläßlich des Kaisergeburtstages an der Universität Greifswald hielt. Attika diente da als Folie der Reichsgründung Bismarcks und des Hohenzollernstaates. Für die Deutschen, wie für die Athener, sei es das schönste Recht, das Vaterland mit der Waffe in der Hand zu verteidigen. Die Athener waren aus zu feinem Stoff geformt, so mußte dieses erste politische Volk untergehen. „Dagegen sind wir gewiß von härterem Stoff geformt, das spröde aber dauerbare Geschlecht des Nordens."[13] Die Athener hätten Institutionen, Gesetzen, Ideen vertraut. Sie hätten einer Person, wie eben des deutschen Kaisers und preußischen Königs ermangelt...

Solche Staats-Ideologie durchsäuerte weithin das akademische Leben und die Geisteswissenschaften, die Festreden, Vorlesungen und viele wissenschaftliche Werke. Wie ein Spiegel zeigen sie, was damals in der Luft lag.

— — —

„Gleich einem Wilde sind wir von einer Welt von Feinden umkreist"[14] — so erfuhr der berühmte Assyrologe Delitzsch den Kriegsausbruch 1914, und mit ihm seine deutschen Zeitgenossen. England als Anstifter, Frankreich und Rußland als Teilhaber. Sie hatten das friedliche Österreich und Deutschland eingekreist und hinterrücks überfallen. Es war die offizielle Version, der man blindlings glaubte. (Die Dokumente sprechen eine andere Sprache, der Mythos von der Alleinschuld der Alliierten, an dem man zäh festhielt, ist unglaubwürdig geworden).

Von dieser Voraussetzung muß man die Empörung, die Erregung und den Zorn der Deutschen während der ersten Kriegsjahre verstehen. Geschlossen wie in keinem anderen Land, geeint durch den Geist der „Ideen von 1914" stellten sich die Professoren der psychologischen Kriegsführung zur Verfügung. In Berlin hielten 1914 und 1915 Vertreter verschiedener Disziplinen, darunter Gelehrte von Weltruf wie die Theologen Harnack und Seeberg, die Germanisten Litzmann und Roethe, die Historiker Delbrück und Meinecke, ferner Delitzsch, Gierke, Troeltsch, Wilamowitz *Reden in schwerer Zeit*. Diese Reden fanden als Broschüren weite Verbreitung, später als Buchausgabe.[15]

Vieles muß man dem Tag, der Stunde, dem Anlaß zugute halten. Dennoch ist es erschütternd zu sehen, daß angesehene Gelehrte die primitiven Feindbilder verwenden, die aus dem Bodensatz populärer Klischees kamen: Das perfide Albion, das zivilisationsmüde, seichte Frankreich, die

12. Gustav Roethe, *Goethes Campagne in Frankreich 1792*. Eine philologische Untersuchung aus dem Weltkriege (Leipzig 1919). In der 1918 vollendeten Studie schreibt Roethe: ‚Ihm (Goethe) war es damals nicht beschieden, das Positive, Schöpferische des Krieges zu schauen, das uns heute ergreift...' (S. 284). Auf S. 313 nennt er Goethe den ‚pacifistischen Jugendfreund(e)' Karl Augusts von Weimar.

13. Ulrich von Wilamowitz-Moellendorf, *Reden und Vorträge* (Berlin 1901) S. 63. 1871 hatte Du Bois-Reymont die Berliner Universität in einer Rektoratsrede als „das geistige Hausregiment der Hohenzollern" bezeichnet.

14. Friedrich Delitzsch, ‚Psalmenworte für die Gegenwart', in: *Reden in schwerer Zeit* (Berlin 1915) Bd. 2, S. 69.

15. *Reden in schwerer Zeit gehalten von den Professoren...* 3 Bände (Berlin 1915-1916). Hier sei auch auf die Sammlung *Deutsche Kriegsreden*. Hg. und eingel. von Kurt Pinthus (München 1916) hingewiesen, die als Anthologie aus einer ähnlichen Zeitstimmung entstand.

Knute Rußlands. (Unter den Nazis wird das: Bolschewistische Untermenschen, nach 1945, feiner, kommunistische Bedrohung). Diese kritiklose Übernahme gängiger Stereotypen zeigt, wie wenig gefeit diese Gelehrten gegen „jene verhängnisvollen Massensuggestionen" waren, von denen Einstein sprach. Als das neutrale Belgien von deutschen Truppen überrannt worden war, ließ sich Wilamowitz vernehmen: „Was ist herausgekommen aus der belgischen Seele? Wie hat sie sich offenbart als eine Seele der Feigheit und des Meuchelmordes... Sie (Die Belgier) haben die sittlichen Kräfte in sich nicht, darum greifen sie zu der Brandfackel, dem Dolche."[16] Im Krieg sah man ein willkommenes Vehikel, die Religion zu verjüngen. Professor Deissmann von der Universität Berlin, proklamierte den „heiligen Krieg" und rief aus: „Die Losung vom deutschen Gott symbolisiert nur jene Stählung, jene Heroisierung unserer Religion, die uns die harte Zeit gebracht hat, und in der Geschichte sind die Zeitalter solcher Religionsstählung immer Höhepunkte."[17] Diese Phrasen eines offenbar von Gott verlassenen Theologen markieren einen vitalistischen Irrationalismus, der sich jeder kritischen Einsicht begeben hatte.

Die Universitäten waren auch die Brutstätten abenteuerlicher Annexionspläne. Solche Sandkastenspiele waren weder in Deutschland noch auf der Gegenseite etwas neues. Selbst der liberale Gervinus hatte sich ihrer 1848 nicht entschlagen können. Neu war indessen die intensive Beteiligung der Universitäten.

Die sogenannte „Seeberg-Adresse", 1915 von einem Kreis um den Berliner Theologen entworfen, forderte nichts weniger als die Einverleibung Belgiens, Teile der Nordküste von Frankreich und weite russische Landstriche. In Österreich entwarf der Kreis um den Historiker Friedjung gleichlaufende Pläne mit einer Denkschrift: Grenze bis zur Türkei, die Ukraine.[18] Der einzige Friede, den diese Männer anerkennen wollten, war der Sieg-Friede. Der Widerspruch einer Minderheit — der Historiker Delbrück und Meinecke, später Harnack in Deutschland, in Österreich Lammasch und Pribram — fruchtete nichts. Sie wurden als Defaitisten denunziert. Bis zum Kriegsende, und darüber hinaus, behielt die bellikose Mehrheit die Oberhand.

Der Zusammenbruch, die Periode der Weimarer Republik hätte den Wissenschaftlern Gelegenheit geboten, ihre Prämissen zu überdenken. Nur wenige waren dazu bereit und fähig. Einer von ihnen war der Philosoph Max Scheler, der 1916 in einem fulminanten Essay *Der Genius des Krieges und der deutsche Krieg* eine metaphysische Rechtfertigung des Krieges gegeben hatte. Damals hatte er die Idee eines ewigen Friedens, unter Berufung auf Heinrich von Treitschke, als ultra-reaktionär bezeichnet. In dem Vortrag *Die Idee des Friedens und der Pazifismus*[19] von 1927 moderierte er seine frühere Position. Ebenso versuchte der Historiker Meinecke, nicht ohne Schwankungen, der neuen Realität gerecht zu werden. Aber an den Universitäten blieben selbst jetzt, auch unter dem Druck von radikalisierten Studenten, die alten Denkmuster übermächtig. Dolchstoßlegende, der Mythos von der Einkreisung, der Versailler Vertrag (zahm im Gegensatz zu den Annexionsphantasien deutscher Professoren) nährten das Gefühl, Opfer zu sein. Hass und Ressentiments überwogen; alte Feindbilder wurden ex cathedra neu aufgefrischt.

16. U. von Wilamowitz-Moellendorf, ‚Krieges Anfang', in: *Reden...*, Bd. 1, S. 6.

17. Adolf Deissmann, ‚Der Krieg und die Religion', in: *Reden...*, Bd. 1, S. 297.

18. Die ‚Seeberg-Adresse', mit der Gegenerklärung Delbrücks, nun in: *Aufrufe und Reden deutscher Professoren im Ersten Weltkrieg.* Hg. von Klaus Böhme. (Stuttgart 1975). Die *Denkschrift aus Deutsch-Österreich* wurde 1915 in Leipzig als vertrauliches Manuskript gedruckt. Siehe dazu Günther Ramhardter, *Geschichtswissenschaft und Patriotismus.* Österreichs Historiker im Weltkrieg 1914-1918 (München 1973) S. 73ff. (Österreich Archiv).

19. *Der Genius des Krieges...* nun in Max Scheler, *Gesammelte Werke.* Bd. 4: *Politisch-pädagogische Schriften.* Bern 1982. *Die Idee des Friedens...* erschien in Berlin 1974 in 2. Auflage. Dazu Iring Fetscher, ‚Max Schelers Auffassung von Krieg und Frieden' in: *Max Scheler im Gegenwartsgeschehen der Philosophie.* Hg. v. Paul Good (Bern 1975).

In seiner Rede *Die deutschen Universitäten und der Staat* charakterisierte Gustav Radbruch die Haltung der Universitäten: „Nur zu oft war vor und während des Krieges der Professor die Trompete, die von selbst zu tönen meinte und nicht wußte, daß und von wem sie geblasen wurde... Mit den Gesten der Führerschaft waren die Universitäten vielfach Geführte, wo nicht Angeführte des Zeitgeistes."[20] Nach der Machtübernahme durch die Nazis 1933 wurden die Gesten der Führerschaft gegen die der unbedingten Gefolgschaft eingetauscht. Willig nahm man die Entlassung von tausenden jüdischer Kollegen hin. Es hinterließ keine Narben. Das neue Gesetz des Berufsbeamtentums, das die Professoren der Willkür des neuen Staates auslieferte, wurde widerstandslos hingenommen. Im Gegenteil, tausende von ihnen versicherten gleich am Beginn dem neuen Regime ihre Ergebenheit. Angesehene Vertreter der Geisteswissenschaften wie der Theologe Althaus, die Historiker Haller und Müller, die Literaturwissenschaftler Bertram und Nadler, Martin Heidegger und Wilhelm Pinder erlagen hilflos dem Sog des Erfolges. Unter dem Vorantritt von Rektoren und Professoren fanden die akademischen Veranstaltungen der Bücherverbrennungen statt. Das kündigte an, wie man künftig mit Feinden umgehen wollte. Der Rest ist bekannt.

— — —

Nicht ein Gelehrter, ein Dichter, Franz Grillparzer, hat diese Entwicklung bereits 1849 vorausgeahnt und auf eine prägnante Formel gebracht: „Der Weg der neuern Bildung geht/ Von Humanität/ durch Nationalität/ Zur Bestialität." Nationalismus als pervertierter Patriotismus, ein Denken im Freund/Feind Schema — sie brachten Europa zwei Weltkriege und zahllose Bürgerkriege. Der Prozeß der Dehumanisierung begann langsam, unterschwellig, er speiste sich aus vielen Quellen. Wie ein Virus befiel er die Gesellschaft. Statt dieser Seuche entgegenzuwirken, trugen die deutschen Geisteswissenschaften entscheidend zu ihrer Verbreitung bei.

Während Naturwissenschaftler und Techniker neue Waffen entwickelten, besorgten namhafte Vertreter der Geisteswissenschaften ein subtileres, gleichwohl wirkungsvolles Geschäft. Sie bauten Feindbilder auf, heroisierten den Krieg. So wurden auch sie Teil des akademischen Komplexes, der den Monolith der Kriegsmaschinerie stützte. Und war die Universität bis zur Aufklärung eine *ancilla theologiae*, so ließ sie sich später als *ancilla imperii* allzu willfährig in Dienst nehmen.

Dabei entstand jene befremdliche Dichotomie, die bedeutende Werke neben gefährlichen politischen Irrationalismen sah — Heideggers *Sein und Zeit* neben seiner Freiburger Rektoratsrede. Hermann Kantorowicz hat es als Tragik des deutschen Geistes gesehen, daß wir „unserern größten Geistern oft nur zwiespältige Gefühle entgegenbringen können und dürfen." Wer sich von ihnen nicht angezogen fühle, wäre ein Philister, wer nicht abgestoßen wird, sei ein Barbar. „Die Zuneigung gilt ihrem Genie, die Abneigung dem Gebrauch, den sie davon gemacht haben."[21] Künftige Forschungen werden das auszuleuchten und zu differenzieren haben.

Zu den Abirrungen der deutschen Geisteswissenschaft hat vieles beigetragen: Eine blinde Autoritätsgläubigkeit und die Ausschaltung kritischer Stimmen; die Vermengung von Wissenschaft und Vaterlandsliebe; nicht zuletzt politische Naivität und Weltfremdheit. Statt mit fremden Völkern und ihrer Mentalität vertraut zu sein, überließ man sich primitiven Vorurteilen und Stereotypen, Emotionen verdrängten klares Denken. Das deutsche Beispiel sollte warnen.

Erst der Zusammenbruch des Dritten Reiches, als man das Ausmaß des Desasters und der Inhumanität wahrnehmen mußte, bewirkten eine Änderung der staatsgläubigen Einstellung. In der ‚Göttinger Erklärung' wandten sich 1957 18 deutsche Atomwissenschaftler gegen den Plan der

20. Zitiert nach Hans Peter Bleuel, *Deutschlands Bekenner.* Professoren zwischen Kaiserreich und Diktatur (Bern 1968). S. 174f.

21. Hermann Kantorowicz. *Der Geist der englischen Politik und das Gespenst der Einkreisung Deutschlands* (Berlin 1929), S. 38

Regierung Adenauer, die Bundeswehr mit taktischen Atomwaffen auszustatten. Die Professoren Born, Gerlach, Hahn, Heisenberg, Weizsäcker und andere machten klar, daß sie sich weigern würden, an militärischen Projekten mitzuarbeiten. An einigen Universitäten konnte sich Friedensforschung etablieren. Und auch die Geisteswissenschaften besannen sich auf ihren humanen Auftrag. Das geht nicht ohne Rückschläge ab. Die Debatte um Fischers *Griff nach der Weltmacht*, der jüngste Historikerstreit zeigen es. Dennoch: Zum ersten Mal in der Geschichte der modernen deutschen Universität ist es möglich geworden, in der Aula und dem Hörsaal nicht nur den Krieg zu glorifizieren, sondern Wege und Chancen des Friedens zu bedenken.

Bibliographische Hinweise: Weiterführende Literatur findet sich vor allem in den Bibliographien von *Aufrufe und Reden*... (siehe Anm. 18), bei Ramhardter (ebenda) und Bleuel (Anm. 20), weiters in *Die Friedensbewegung*, hg. von H. Donat und K. Holl (Düsseldorf 1983), für einzelne Historiker in *Deutsche Historiker*, hg. von H.-U. Wehler, 9 Bde. (Göttingen 1971-1982), für die Klassische Geschichte und Philologie in B. Näf, *Von Perikles zu Hitler?* (Bern 1986).

Mit Christian Graf von Krockow, *Scheiterhaufen: Größe und Elend des deutschen Geistes* (Berlin 1983) wurde ich leider erst nach dem Vortrag bekannt. Es berührt sich mit dem Thema meines Vortrages — freilich in weitem Rahmen und in eindringlicher Analyse. Literatur wird dort in den Anmerkungen zitiert. Ebenfalls zu spät lernte ich Rüdiger von Bruchs Beitrag kennen, „Krieg und Frieden. Zur Frage der Militarisierung deutscher Hochschullehrer und Universitäten im späten Kaiserreich", in *Bereit zum Krieg*! Kriegsmentalität im wilhelminischen Deutschland 1890-1914. Hrsg. v. J. Dülffer u. K. Holl (Göttingen 1986). Und soeben ist Stuart Wallace, *War and the Image of Germnay*. British Academics 1914-1918 (Edinburgh 1988) erschienen.

Der Beitrag ist die revidierte Fassung des Vortrages vom Internationalen Kongreß in Hannover 1987. Der Duktus des Vortrages wurde beibehalten.

Das Frauenprogramm der UNESCO — durch Meinungsstreit zur Verständigung

von Herta Kuhrig, Berlin, DDR

In unserer Sektion diskutieren wir das Thema: „UNESCO — ein Stück verwirklichter Friedenskultur". Ausgehend von der Verfassung der UNESCO verfolgen alle Programmaktivitäten in den Bereichen Erziehung, Wissenschaft und Kultur das Ziel, den friedlichen Dialog, die Zusammenarbeit und das gegenseitige Verständnis zu fördern. Ohne Zweifel tragen alle Programmaktivitäten des Frauenprogramms — unabhängig von der konkreten Thematik — zur Verwirklichung dieser Zielstellung bei.

Das gilt in vielerlei Hinsicht und unter den verschiedensten Aspekten. Darüber möchte ich einige Gedanken und Erfahrungen darlegen, die etwas von den spezifischen Möglichkeiten des Frauenprogramms sichtbar machen.

Eine Spezifik besteht darin, daß Frauen selbst in den Aktivitäten, die das Frauenprogramm umfaßt, die Akteure sind. Frauen sind nicht nur Gegenstand, nicht nur Objekt dieses Programms — sie sind in der Regel selbst parteiliches und betroffenes Subjekt. Das ist schon deshalb hervorhebenswert, weil Wissenschaftlerinnen in andere Programme durchaus noch nicht so häufig einbezogen sind, wie das wünschenswert und wohl auch möglich wäre. Damit erweitert sich das geistig-intellektuelle Potential — Frauen selbst haben die Möglichkeit, bei der Suche nach humanistischen Lösungen für dringende soziale Probleme ihr Wissen und ihre Erfahrungen einzubringen — im Interesse der Verbesserung der sozialen Lage der Frauen, der Hälfte der Menschheit.

Ein zweiter Aspekt sei genannt — der zunächst sehr subjektiv erscheinen mag: Die Teilnahme an Aktivitäten des Frauenprogramms bot mir die Möglichkeit, Frauen aus entfernten und nahen Regionen kennen und schätzen zu lernen, Frauen, die sich zu unterschiedlichen Weltreligionen bekennen, die verschiedene Wissenschaftsdisziplinen vertreten. Nur mit wenigen verband mich die gleiche Weltanschauung, die gleiche politische Position, und dennoch war fruchtbare Zusammenarbeit möglich, waren wir untereinander stets dialogfähig. Solche Erfahrungen bereichern, durch sie wird die Welt kleiner und reicher zugleich, es wird erlebbar, daß sich die wechselseitige Abhängigkeit der Welt verstärkt, daß eine wesentlich ganzheitliche Welt sich herausbildet. Die Teilnahme am UNESCO-Programm lehrt, die eigene Forschung im internationalen Licht zu sehen, sie wird zu einem stimulierenden Faktor der Arbeit, erhöht das Verantwortungsbewußtsein und die Verantwortungsbereitschaft. Es wäre müßig, vielleicht unzulässig, hier so subjektiv zu reflektieren, wenn es sich nur um eine individuelle Erfahrung handeln würde, wenn nicht die Diskussionspartnerinnen nach den Streitgesprächen während der Veranstaltungen in den persönlichen Gesprächen in den Pausen dasselbe Empfinden und Erkennen zum Ausdruck gebracht hätten: das beglückende Erlebnis, man kann miteinander reden, sich verständigen und verstehen — wenn man den guten Willen dazu hat, wenn das Interesse, zu positiven Lösungen zu kommen, überwiegt — auch wenn man nicht nur im Detail sondern durchaus auch in grundsätzlichen Fragen unterschiedliche Meinungen vertritt, man kann sich verständigen, achtungsvoll miteinander umgehen. Dabei braucht man die Gegensätze nicht zu verwischen.

Damit ist schon ein weiterer Aspekt angesprochen: in die Aktivitäten des Frauenprogramms sind in der Regel Wissenschaftlerinnen einbezogen, die mit der Frauenbewegung ihrer Länder aufs engste verbunden sind und aktiv an deren Arbeit teilnehmen. So wirken sie als Multiplikatoren, tragen zur Ausstrahlung und Verbreitung neuer Erkenntnisse, neu gewonnener Erfahrungen bei, helfen Vorurteile zu überwinden. Die enge Verbindung mit der Frauenbewegung und der Bezug zum Alltagsleben der Frauen machen das Frauenprogramm unzweifelhaft zu einem Forschungsprogramm, das gesellschaftlich äußerst wirksam ist. Es geht hier nicht um Wissenschaft allein um der Erkenntnis willen sondern um Einflußnahme auf soziale und kulturelle Prozesse. Problemlösungen sollen gefunden werden.

Zu nennen ist auch ein durchaus widersprüchlicher Aspekt. Die starke Eingebundenheit der Frau in Privates, in familiäre Pflichten — häufig beklagt als ein die berufliche Entwicklung der Frau hemmender Faktor — wirkt sich bei der Kontaktfindung und Verständigung positiv aus. Man kommt sich schnell nahe, weil man trotz vieler Unterschiede, die sich aus den sozialökonomischen Bedingungen des Herkunftslandes, den unterschiedlichen Traditionen, denen man verhaftet ist, usw. ergeben, dennoch viele Gemeinsamkeiten entdeckt. Man hat als Frau viele Probleme in der Bewältigung des Alltags, im Beruf, in der Partnerschaft, Probleme, die sich ähneln — und diese privaten Anknüpfungspunkte schaffen Vertrauen, gegenseitige menschliche Achtung — und das macht dann auch die kontroversesten Diskussionen zu Fachfragen in einem vertrauensvollen Dialog möglich und fruchtbar. „Die Dokumentation des Europäischen Regionalseminars beweist auf eindrucksvolle Weise den konstruktiven Erfahrungsaustausch und die gute Zusammenarbeit der Tagungsteilnehmerinnen aus 30 Ländern,“ heißt es in einem Bericht über ein UNESCO-Seminar — ähnliche Einschätzungen finden sich in vielen Berichten und Protokollen über Veranstaltungen des Frauenprogramms — und dabei gibt der Bericht auch Aufschluß über den geführten Meinungsstreit.

Die in zahlreichen Dokumenten der UNO und der UNESCO geforderte verstärkte Einbeziehung von Frauen in Delegationen, zu internationalen Konferenzen u.ä. ist in dem dargelegten Sinne nicht nur ein Gebot der Durchsetzung der Gleichberechtigung der Frau, ihrer intensiveren Teilnahme „an der Förderung des Weltfriedens und der internationalen Zusammenarbeit“ (vgl. UNO—Deklaration 1982) sehr dienlich. Sie ist der weiteren Gestaltung der notwendigen Zusammenarbeit insgesamt sehr förderlich.

„Der vergeudete Reichtum“ — so ist der Titel eines von der UNESCO-Kommission der BRD herausgegebenen Berichts von einem europäischen Regionalseminar (1982) „über die Partizipation von Frauen im öffentlichen Leben“. Der Untertitel läßt darauf schließen, welche Probleme mit dem „vergeudeten Reichtum“ im obigen Zusammenhang analysiert wurden.

Im Kontext mit dem Anliegen dieses Kongresses assoziiert jedoch der Titel viel vordergründiger einen anderen Zusammenhang: Materieller Reichtum wird für Hochrüstung vergeudet, die das Leben der Menschheit bedroht. Bedrohung des Lebens der Menschheit läßt sich auflösen: bedroht ist das Leben jedes Kindes, auch das der eigenen Töchter und Söhne, der eigenen Enkel, das Leben jeder Frau und jedes Mannes auf unserem Planeten...! Die für Rüstung verausgabten Mittel stehen nicht zur Verfügung für die Lösung der globalen Probleme der Menschheit, nicht für die Erhöhung und Mehrung der Kulturgüter, nicht für die Beseitigung des Analphabetentums...

Diese Liste ließe sich unendlich fortsetzen. Hervorheben muß ich, daß diese Mittel auch nicht für die Schaffung der objektiven Bedingungen zur Verfügung stehen, die für die Verwirklichung der Gleichberechtigung der Frau unerläßlich sind, wenn Gleichberechtigung nicht nur Grundsatz von Verfassungen bleiben soll. Ganz sicher sind ideologische Veränderungen, sind Veränderungen des geistig-kulturellen Lebens unerläßlich, wenn die traditionellen, die Entwicklung der Frau behindernden Geschlechterrollen im Geiste des Humanismus und des sozialen Fortschritts überwunden werden sollen. (Ein Problem, das im Frauenprogramm der UNESCO analysiert wird). Doch erwiesen ist, daß dieser Prozeß nicht allein über geistig-kulturelle Wandlungen realisierbar ist. Auch die Erfahrungen des Landes, aus dem ich komme, bestätigen, daß die Beseitung der Diskriminierung der Frau entsprechende Veränderungen in den objektiven, den materiellen Lebensbedingungen erforderlich macht. Wir haben gelernt, daß zum Beispiel die Vereinbarkeit von Berufstätigkeit der Frau und Mutterschaft wie die Akzeptanz der Mutterschaft als sozialer Funktion der Frau von seiten der Gesellschaft die Bereitstellung von Arbeitsplätzen und Aus- und Weiterbildungsmöglichkeiten ebenso erfordert, wie die Einrichtung von Kinderkrippen, Kindergärten und Schulhorten. In der DDR z.B. ist der hohe weibliche Beschäftigungsgrad von 91,3% nur möglich, weil eine entsprechende Zahl von Einrichtungen zur Kinderbetreuung, ein ausgebautes System zum Schutz von Mutter und Kind vorhanden sind. Das zu schaffen erfordert den Einsatz eines hohen Anteils des Nationaleinkommens. Doch das ist ein sinnvoller Einsatz aus dem gesellschaftlichen Reichtum, der dem Schutz des Lebens und nicht der Bedrohung dient, der Reichtum erschließen hilft: das schöpferische Potential der weiblichen Bevölkerung.

In der Realisierung des Frauenprogramms der UNESCO gibt es unzählige Anknüpfungspunkte für die internationale Zusammenarbeit. Trotz großer, nicht nur gradueller, sondern qualitativer Unterschiede in der Lage der Frau in den verschiedenen Ländern der Welt von heute, wirkt das Geschlecht noch immer als ein Determinationsfaktor für die individuelle Entwicklung und gesellschaftliche Stellung. In manchen Ländern ist die Gleichberechtigung des weiblichen Geschlechts noch nicht einmal durch Gesetz garantiert, in den Ländern, in denen dies bereits der Fall ist, geht es darum, die materiellen und geistig-kulturellen Bedingungen zu schaffen, die es den Frauen ermöglichen, die Rechte auch wahrnehmen zu können. Auch wenn die Diskussion nicht immer explizit bis zu diesem Punkt geführt wird: keines der sich daraus ergebenden Probleme ist lösbar ohne die Erhaltung des Friedens.

Frauen, die als Mütter das Leben jeder kommenden Generation reproduzieren, haben eine spezifische soziale Motivation, um die Erhaltung des Lebens zu ringen, für die Erhaltung des Friedens einzutreten. Das ist nicht eine biologisch vorprogrammierte Motivation, sondern sie wird von Verstand und Wissen, von Verantwortung und Gewissen geprägt. So beeinflußt Angst vor der Zukunft, Angst vor der Vernichtung der Menschheit die Realisierung des Wunsches nach Kindern.

Traditionsgemäß tragen überall in der Welt Frauen eine besondere Verantwortung für die Erziehung der Kinder. Ihre Einflußmöglichkeiten beschränken sich nicht nur auf die als Mutter für die Erziehung der eigenen Kinder in der Familie. Der Erzieher- und Lehrerberuf war einer der ersten für Frauen zugänglichen Berufe — und bis in die Gegenwart ist fast in allen Ländern der Welt der Anteil der Frauen in der institutionalisierten Bildung und Erziehung sehr hoch. Daraus allein erfolgt, daß die Aufgabenstellung der UNESCO, die Jugend im Geiste des Friedens und der Völkerverständigung zu erziehen, zu einem nicht geringen Teil von der Wirksamkeit und der bewußten Tätigkeit von Frauen abhängt. Hier gibt es ganz gewiß noch viele Möglichkeiten zu erschließen.

Gerade der zuletzt genannte Zusammenhang scheint mir eine überzeugende Bestätigung für die Richtigkeit der seit einigen Jahren von der UNESCO verfolgten Doppelstrategie bezüglich der Realisierung des Frauenprogramms. Sie besteht darin,

— daß spezifische „Frauenthemen“ ins Programm aufgenommen werden,
— und daß „the female dimension“ in alle anderen Programmpunkte integriert wird. Damit wird eine „geschlechtsneutrale“, den Realitäten des Lebens ohnehin nicht gerecht werdende Forschungsarbeit überwunden, wird eine spezifische zusätzliche, aber wichtige sozial-kulturelle Fragestellung in die Programme eingebracht, die eine humanistische Bereicherung der Arbeit zur Folge hat.

Auch die Einigung auf die Doppelstrategie ist in sachlichen, kritischen und durchaus kontrovers geführten Diskussionen von Ergebnissen wissenschaftlicher Arbeit im Rahmen des Frauenprogramms und in der Beratung der Thematik der anderen Hauptprogramme zustande gekommen.

So hilft die Zusammenarbeit in der UNESCO die geistige Welt anderer kennenzulernen, sie zu respektieren und zu tolerieren. Sie dient der Kultivierung des Denkens und ermöglicht in der Suche nach den konkreten Lösungswegen für konkrete Aufgaben einen kulturvollen Meinungsstreit. Sie dient der Verständigung und lehrt, daß Verständigung nicht notwendig die uneingeschränkte Akzeptanz anderer Meinungen einschließt, wohl aber das ehrliche Bemühen, die geistigen, die traditionellen, die nationalen oder regionalen Wurzeln und Ausgangspunkte für andere Positionen, für andere Sichtweisen verstehen zu wollen.

Nur das Ringen um Verständigung im Dialog ermöglicht es, auf dem Weg der Realisierung unseres großen Menschheitsideals eines erdumspannenden, vom freundschaftlichen Miteinander der Völker, der Rassen und Nationen, der Männer und Frauen getragenen sicheren Friedens voranzukommen.

Vertrauensbildende Maßnahmen — was sind das eigentlich?

von Michael Zielinski, Hamburg

Ich möchte beginnen mit einigen kritischen Bemerkungen zum ausufernden Gebrauch des Begriffs „Vertrauensbildende Maßnahmen" (VBM) in der politischen Alltagsphraseologie. Es gibt kaum einen Politiker oder Journalisten, zu dessen Wortschatz der Begriff „Vertrauensbildende Maßnahmen" inzwischen nicht gehört. Vertrauen soll gebildet werden zwischen Demonstranten und der Polizei (so kürzlich in der Presse anläßlich der Auseinandersetzungen um die Hamburger Hafenstraße gefordert; gemeint war der Verzicht auf gegenseitige Provokationen), zwischen Unternehmern und Gewerkschaften (hier bezeichneten Arbeitgebervertreter bei Tarifverhandlungen den Verzicht auf die Durchsetzung der 35-Stundenwoche seitens der Gewerkschaften als Vertrauensbildende Maßnahme), zwischen verschiedenen gesellschaftlichen Gruppen und Parteien (hier: Zurückhaltung im Wahlkampf, speziell nach den Kieler Machenschaften, als Vertrauensbildende Maßnahme), und zwischen entwickelten Industrieländern und Entwicklungsländern (Ein Minister bezeichnete das Akzeptieren von Weltbankauflagen durch 3. Welt Länder als VBM). Vor zwei Tagen erst bezeichnete ein Journalist die Vorlage einer Konjunkturprognose durch führende Wirtschaftswissenschaftler als VBM, die geeignet sei, den schwachen Dollar zu stützen. Den Gipfel der Sprachmanipulation stellt aber der Versuch eines Chemiekonzerns dar, mittels „Vertrauensbildender Maßnahmen" in Form von verstärkten Werbemaßnahmen, das Image der Branche in der Interimsphase zwischen zwei Unglücksfällen aufzupolieren.

Heute will ich nur auf das Problem der Vertrauensbildung zwischen den beiden Militärallianzen NATO und Warschauer Vertrag und hier ganz konkret auf die Vertrauensbildenden Maßnahmen, so wie sie sich im KSZE-Prozeß entwickelt haben, eingehen. Es liegt nicht in meinem Interesse, mich in den Kreis derer einzureihen, die politisches Handeln jeglicher Art durch die euphemistische Konnotation mit dem Adjektiv „vertrauensbildend" aufwerten wollen.

Vertrauen bedeutet, so lehrt uns die Sozialwissenschaft, eine riskante Vorleistung, eine überzogene Information, einen Wechsel auf die Zukunft. Die Funktion des Vertrauens besteht darin, Erfahrungsbestände gegenüber Ereignissen zu stärken, so daß man mit größerer Komplexität in bezug auf Ereignisse leben und handeln kann. Für die internationale Politik lassen sich dabei drei Voraussetzungen für Vertrauensverhältnisse feststellen:

1. das Vorhandensein von Vertrauen rechtfertigenden Zuständen,
2. die Ausweitung des Wissens darüber,
3. die Eingrenzung des Zerstörungspotentials.

Im Zusammenhang mit der Vertrauensbildung zwischen den Staaten Ost- und Westeuropas wurden in den letzten Jahren von unterschiedlichster Seite eine *Vielzahl von Vorschlägen* unterbreitet. Das Spektrum reicht von vermehrter wirtschaftlicher Kooperation über einen intensivierten Kulturaustausch zu den sogenannten militärischen Vertrauensbildenden Maßnahmen. Aber selbst im militärischen Bereich, der uns hier interessieren soll, werden heute die unterschiedlichsten Maßnahmen als VBM oder *VSBM* bezeichnet. (VSBM = Vertrauens- und sicherheitsbildende Maßnahme). Auf einer Konferenz, die Ende vergangenen Jahres in Wien zu Vertrauensbildenden

Maßnahmen stattfand, bezeichneten die teilnehmenden Friedensforscher u.a. das Folgende als Vertrauensbildende Maßnahmen:

— die Umstellung der Verteidigung auf defensive, nichtprovozierende Strukturen, das was heute — nicht nur in der SPD — als strukturelle Nichtangriffsfähigkeit bezeichnet wird,
— die Einrichtung atomwaffenfreier Zonen in Europa, eines atomwaffenfreien Korridors (Palme-Plan),
— einseitige, graduelle Abrüstungsmaßnahmen,
— Eingriffe in militärtechnologische Entwicklungen.

Aber auch Aktionen der Friedensbewegung und eine verbesserte Friedenserziehung in den Schulen wurden als VBM bezeichnet. Alle diese Maßnahmen beziehen sich zumeist auf Punkt 1.: das Vorhandensein von Vertrauen rechtfertigenden Zuständen, manchmal auch, wie beim Kulturaustausch, auf Punkt 2: die Ausweitung des Wissens. Viele Vorschläge, nämlich jene, die Veränderungen im militärischen Bereich vorsehen, beziehen sich jedoch auf Punkt 3.: die Eingrenzung des Zerstörungspotentials.

Einige dieser Vorschläge sind sicher ganz sinnvoll, um den Frieden in Europa und in der Welt sicherer zu machen und auch um, im Sinne der drei eben genannten Voraussetzungen, ein Vertrauensverhältnis zwischen Ost und West entstehen zu lassen. Doch durch eine derartige Ausweitung des Konzepts der VBM verliert man nur allzuleicht aus den Augen, was im *KSZE-Prozeß* seit Helsinki/Genf 1973-1975 als VBM verhandelt wird. Die dort beschlossenen, jedoch nicht unbedingt alle dort diskutierten, Maßnahmen wirken vertrauensbildend im Sinne des zweiten Aspekts, der Ausweitung des Wissens von einander, speziell im militärischen Bereich.

Der *Begriff „VBM"* ist zu dieser Zeit im Auswärtigen Amt in Bonn geprägt worden, um jene Maßnahmen zu bezeichnen, die als Zugeständnis an die *neutralen und nichtpaktgebundenen Staaten* (N & N-Staaten), die damals an den *Wiener Truppenreduzierungsgesprächen* nicht teilnehmen durften, in den KSZE-Kontext aufgenommen wurden. Auf der KSZE einigte man sich vor über zehn Jahren auf eine erste Generation von Vertrauensbildenden Maßnahmen. Nach der *Präambel* des Dokuments sollten die Maßnahmen dazu beitragen, die Stabilität zu erhöhen, Spannungen zu mindern, das Vertrauen zu stärken, den Frieden zu festigen, die Gefahr bewaffneter Konflikte zu reduzieren, Mißverständnisse oder Fehleinschätzungen im militärischen Bereich zu vermeiden, die Abrüstung zu fördern sowie gegenseitiges Verständnis zu begünstigen.

Die Maßnahmen, die diesen Zielen dienen sollten, waren alle mehr oder weniger *freiwillig*, d.h. wenn eine Seite den Bestimmungen nicht nachgekommen ist, so stellt das keine Vertragsverletzung dar. Die wichtigsten VBM sind in aller Kürze:

1. Vorausankündigungen von Manövern.

Größere militärische Manöver von Landstreitkräften, deren Umfang 25.000 Mann übersteigt (auch in Kombination mit amphibischen und Luftlandetruppen) sollen demnach 21 Tage vorher allen anderen 34 KSZE-Teilnehmerstaaten angekündigt werden. Dabei sollen Informationen gegeben werden über Benennung, beteiligte Staaten, Art und Stärke der eingesetzten Streitkräfte, Manövergebiet und zeitlichen Rahmen. Auch kleinere Manöver, die in Grenznähe stattfinden und damit im Nachbarstaat Besorgnisse auslösen, können angekündigt werden. Das gleiche gilt auch für militärische Truppenbewegungen.

Die Ankündigung militärischer Manöver dient der *Verhinderung von Überraschungsangriffen.* Denn es besteht immer die potentielle Möglichkeit, daß ein Angriff aus der Manöverlage heraus erfolgt, um den Gegner zu überraschen. Weiß man aber vorher, wann ein Manöver stattfinden wird, so kann man sich darauf vorbereiten. Weicht z.B. die Größe des Manövers von den zuvor gegebenen Informationen ab (was sich durch Spionagesatelliten leicht feststellen läßt), so wäre dies ein zusätzliches Alarmzeichen. Finden Manöver statt, die vorher nicht angekündigt wurden, so kann dies u.U. als eine eindeutige Drohgebärde interpretiert werden. Das war z.B. der Fall bei Sowjetischen Manövern an der Grenze zu Polen 1981. Heute wird, auch von polnischen Diplomaten, eher halbherzig vorgebracht, daß das Manöver Sojus 81 durch Aufsplittung in mehrere Teilmanöver die notwendigen Ankündigungsparameter unterschritten hätte.

2. *Beobachteraustausch*

Die KSZE-Teilnehmerstaaten einigten sich darauf, daß — auch hier lediglich freiwillig, aber als Geste guten Willens — jeder Staat, der die Schlußakte unterzeichnet hat, die anderen Unterzeichnerstaaten einläd, Beobachter zu militärischen Manövern zu entsenden. Durch diese Maßnahme soll den Beobachtern Gelegenheit gegeben werden, sich davon zu überzeugen, daß nicht etwa ein Angriff o.ä. geprobt wird. Die Beobachter verfolgen das Geschehen meist von vorbereiteten Ständen aus, haben Kartenmaterial und Ferngläser. Außerdem haben sie Gelegenheit mit Soldaten aller Dienstgrade zu sprechen und so ganz persönliche Eindrücke zu gewinnen. Die Möglichkeit, Beobachter zu Manövern des entgegengesetzten Militärpaktes oder auch nur des Nachbarstaates zu entsenden, kann dazu beitragen, *Befürchtungen* über heimliche Vorbereitungen zu einer Offensivhandlung zu *zerstreuen* (oder zu verstärken). Aber auch was die Frage der *Rüstungsproduktion* betrifft, können Manöverbeobachtungen wie alle Maßnahmen, die zu vermehrten Kenntnissen über die Gegenseite führen, dazu beitragen, eine übertriebene Furcht vor dem Gegner abzubauen (deren Grund auch in übertriebener Geheimhaltung im militärischen Bereich zu suchen ist). Denn wenn man mit eigenen Augen sieht, wie hoch das technische/militärische Niveau der anderen Seite wirklich ist, kann man sich realistisch darauf einstellen und muß nicht vom „*schlimmsten anzunehmenden Fall*" ausgehen. Auch unter diesem Aspekt mag man „*Glasnost*" begrüßen.

Auf der KSZE wurden diese Maßnahmen den Staaten des Warschauer Vertrages regelrecht abgerungen. Der Westen hatte ein viel größeres Interesse hieran als die Staaten des Ostens. Das liegt daran, daß die Staaten des Ostens und insbesondere die Großmacht Sowjetunion traditionell ein „geschlossenes System" haben, d.h., daß sie besonders im militärischen Bereich eine radikale Geheimhaltung betreiben. Erst in letzter Zeit zeigt sich auch hier eine erfreuliche Tendenz zu mehr Offenheit.

Im Westen werden schon lange detaillierte Statistiken veröffentlicht, können Besucher aus dem Osten ungehindert umherreisen und schon mal einen Blick auf die militärische Infrastruktur werfen. Diese Unterschiede im gesellschaftlichen/militärischen Bereich waren auch der Grund dafür, daß die Sowjetunion auf der KSZE 1974 einen Vorschlag des neutralen *Schwedens* abgelehnt hat, daß jeder Teilnehmerstaat den anderen Teilnehmerstaaten detaillierte Statistiken über sein militärisches Potential und seine Rüstungen übermitteln sollte. Hintergrund für diesen Vorschlag war die schwedische Überlegung, die von den NATO-Staaten geteilt wird, daß mehr Offenheit und Transparenz im Rüstungsbereich dazu führen könne, endlich die Rüstungsspirale zu durchbrechen. Denn ein wesentlicher Motor der Rüstungsdynamik des Wettrüstens besteht in der Unsicherheit, wieviel die andere Seite denn nun wirklich hat. Im Zweifelsfalle wird dann immer von der höheren Zahl oder der besseren Qualität ausgegangen.

Doch leider konnte sich der Gedanke, durch vermehrte Transparenz und Offenheit im militärischen Bereich zur Vertrauensbildung zwischen Ost und West in Europa beizutragen, lange Zeit nicht durchsetzen. Auch weisen Statistiken, auch des renommierten Stockholmer Friedensforschungsinstituts SIPRI, nach, daß die vorhin beschriebenen Maßnahmen der Manöverankündigung und Manöverbeobachtung bis zur Stockholmer Konferenz *nur mangelhaft durchgeführt wur-*

den, wobei die Erfüllung durch die NATO-Staaten und die neutralen und nichtpaktgebundenen Staaten sehr viel besser war als jene die der Warschauer Pakt Staaten. Doch bei aller Kritik: Es handelt sich bei der Schlußakte von Helsinki um kein völkerrechtlich bindendes Dokument; auch sind die Verpflichtungsgrade nur sehr vage formuliert. Allenfalls wäre es noch zulässig, von einem Verstoß gegen den „Geist von Helsinki" zu sprechen.

So war es kein Wunder, daß die westlichen und neutralen Staaten auf dem *Madrider* Folgetreffen der KSZE die östliche Nichterfüllung kritisierten und eine ganze Liste neuer Vorschläge vorlegten. In Madrid einigte man sich nach vielen Verhandlungsrunden auf die Einrichtung eines Expertentreffens über Vertrauensbildende Maßnahmen, die sog. Stockholmer Konferenz über Vertrauens- und sicherheitsbildende Maßnahmen und Abrüstung. Dem lag ein Vorschlag Frankreichs vom Ende der 70er Jahre zugrunde. Frankreich, das der *militärischen Integration der NATO* nicht mehr angehört und deshalb nicht an den MBFR-Verhandlungen teilnimmt, sah so eine Möglichkeit, wieder am europäischen Rüstungskontrolldialog zu partizipieren. In Madrid einigte man sich also auf der Grundlage des französischen Vorschlags (es gab auch einen polnischen) und stellte vier Kriterien auf, die Maßnahmen zu erfüllen hätten, um als VBM zu gelten. Danach müssen VBM

— politisch bindend,
— verifizierbar
— und militärisch signifikant sein,
— sowie vom Atlantik bis zum Ural gelten.

Gerade das letzte Kriterium — vom Atlantik bis zum Ural — bereitete den Diplomaten in Madrid große Schwierigkeiten. Denn noch bei der KSZE in Genf mußte die UdSSR lediglich 250 km ihres eigenen Territoriums miteinbeziehen. Jetzt wurde vom Westen gefordert, daß sie den ganzen europäischen Teil ihres Landes miteinbezieht. Die USA als die andere Supermacht, die an den Verhandlungen teilnahm, wäre von diesen Maßnahmen nicht betroffen gewesen. Deshalb forderte die Sowjetunion die Einbeziehung des Atlantiks, um Informationen über die Aktivitäten der „Schnellen Eingreiftruppe" und der *Reforger-Manöver* zu bekommen. Man einigte sich auf die Einbeziehung der „anliegenden Seegebiete", eine ganz vage Formulierung, die den Diplomaten in Stockholm viel Ärger bereitete.

Zu Beginn der Konferenz in *Stockholm* sah es so aus, als wolle jede Seite völlig verschiedene Dinge auf der Konferenz erreichen. Die Staaten des Ostens stellten sich vor, daß die Teilnehmer sich auf die folgenden Maßnahmen einigen sollten:

— Völkerrechtlich verbindlicher Verzicht auf den Ersteinsatz von Kernwaffen,
— Abschluß eines Gewaltverzichtsvertrages,
— Einfrieren der Nuklearrüstung,
— Kernwaffenfreie Zone in Europa,
— Abschaffen chemischer Waffen,
— Einfrieren und Reduzieren der Militärhaushalte, und an letzter Stelle die Ergänzung und der Ausbau solcher VBM, wie sie in der Schlußakte von Helsinki enthalten sind.

Schon die kurze Aufzählung macht deutlich, daß diese Staaten ganz andere Vorstellungen davon haben, wie man Vertrauen zwischen Ost und West bilden könne. Westliche Diplomaten bezeichneten die hier vorgeschlagenen Maßnahmen als *„deklaratorisch"*. Sie meinen damit, daß schönen Worten keine Taten folgen. Denn es ist ganz einfach, zu behaupten, daß man auf den Ersteinsatz von bestimmten Waffen verzichtet. Solange diese Waffen vorhanden sind, besteht auch immer die Gefahr, daß sie eingesetzt werden.

Das gleiche gilt aus westlicher Sicht auch für einen Gewaltverzichtsvertrag. Was nützt der schönste Vertrag, wenn die Waffen, mit denen Gewalt ausgeübt werden kann, nicht abgeschafft werden?

Das Einfrieren und Abschaffen bestimmter Waffensysteme ist ansich zwar eine schöne Sache, jedoch haben die Abrüstungsverhandlungen seit den 50er Jahren gezeigt, daß die Sowjetunion viel zu lange zur ernsthaften Verifikation nicht bereit war. Auch hier zeigen sich mit dem Abschluß der Verhandlungen über die doppelte Nullösung im Mittelstreckenbereich erfreuliche Tendenzen. Und zuletzt: was nützt das Einfrieren der Militärhaushalte, wenn man nicht bereit ist, Informationen hierüber auch zu veröffentlichen und damit kontrollierbar zu machen?

Die NATO-Staaten und auch die neutralen und nichtpaktgebundenen Staaten richteten ihr Interesse darauf, die Militärapparate durchsichtiger, *transparenter* zu machen. Auch in Stockholm, wie schon bei der ersten KSZE, ging es dem Westen darum, die Gefahr eines Überraschungsangriffes durch Offenheit im militärischen Bereich zu verringern. Zu diesem Zweck sollten die Planung und Durchführung von Manövern, Truppenbewegungen- und konzentrationen für alle 35 Staaten durchsichtiger werden. Die NATO-Staaten schlugen deshalb vor:
— den Austausch militärischer Informationen,
— Austausch vorausschauender Übersichten über im voraus anzukündigende Aktivitäten,
— die Ankündigung militärischer Aktivitäten schon ab einer Größenordnung von 6.000 Mann,
— die Beobachtung bestimmter Aktivitäten,
— die Verifikation der Maßnahmen,
— die Entwicklung von Kommunikationsmitteln.

Die meisten der neutralen und nicht paktgebundenen Staaten griffen in Stockholm Ideen wieder auf, die sie bereits während der KSZE-Verhandlungen von 1973-75 in die Debatte geworfen hatten. So forderten sie *„constraints“*, d.h. Maßnahmen, die die militärischen Möglichkeiten eines Staates effektiv einschränken. Doch damit stießen sie bis jetzt in Ost und West auf wenig Gegenliebe. Damals war es Jugoslawien, welches — noch unter dem starken Eindruck des Einmarsches von Warschauer-Pakt-Truppen in die CSSR und militärischen Manövern in der Nähe seiner eigenen Grenzen — gefordert hatte, sog. „Maßnahmen zur Vermeidung von Machtdemonstrationen“ zu vereinbaren. Dabei dachten die Jugoslawen an
— den Verzicht auf Manöver, die dem Umfang der eingesetzten Truppen nach die Grenzen der funktionalen Bedürfnisse normaler, moderner Armeen überschreiten,
— den Verzicht auf die Abhaltung von Manövern in den Grenzgebieten des eigenen Landes,
— den Verzicht auf die Abhaltung von Manövern multilateraler Streitkräfte in strategisch vorgeschobenen und politisch heiklen Gebieten, aber auch, was heute immer noch aktuell ist,
— die Schaffung einer rüstungsverdünnten Zone in Mitteleuropa.

In Stockholm kamen einige dieser Vorschläge, ergänzt durch die Festlegung von Höchstgrenzen, was die Anzahl der Manöver und der daran teilnehmenden Soldaten anbetrifft, in zwei Vorschlägen der N & N-Staaten wieder auf den Tisch.

Wenn wir uns an die eingangs erwähnten drei Voraussetzungen für eine auf Vertrauen gegründete Beziehung erinnern, fällt auf, daß diese „Constraints“ in die dritte Kategorie fallen, nämlich: die Eingrenzung des Zerstörungspotentials. Damit tendieren diese Maßnahmen deutlich zum Bereich der eigentlichen kooperativen Rüstungssteuerung.

„Constraints“ konnten, von einer kosmetischen Formulierung abgesehen, auch in Stockholm bis jetzt nicht vereinbart werden. Es stimmt wohl, daß die Großmächte sich nur ungern die Klaviatur moderner militärischer politischer Kanonenbootdiplomatie aus der Hand nehmen lassen. Doch gerade das wäre ein Schritt zur strukturellen Nichtangriffsfähigkeit.

Im Herbst 1986 kam es in Stockholm zu einem Durchbruch bei den Verhandlungen. Hatte der Osten bis dahin noch „gemauert“, so zeigte er sich nun kompromißbereiter und ließ sich darauf ein — wie es auch im Mandat von Madrid festgeschrieben war —, über konkrete Maßnahmen im westlichen Sinne zu sprechen. Im Gegenzug zeigte sich der Westen bereit, auch einen Passus über Gewaltverzicht in das Vertragswerk mitaufzunehmen.

Konkret einigte man sich u.a. auf die folgenden Maßnahmen:

— Manöver sind 42 Tage vorher anzukündigen, wenn mehr als 13.000 Soldaten oder mehr als 300 Panzer beteiligt sind.
— Alle der Ankündigung unterliegenden Manöver sind den Teilnehmerstaaten bis zum 15. November für das folgende Jahr in einem Jahreskalender schriftlich zu übermitteln.
— Manöver, an denen mehr als 40.000 Mann beteiligt sind, werden zwei Jahre im voraus angekündigt. Manöver mit mehr als *75.000 Mann* dürfen nicht stattfinden, wenn sie nicht in dieser Frist angemeldet wurden. (Hier kommt nun wieder die altbewährte Taktik von Rüstungskontrollverhandlungen, wie bei SALT, zum Tragen, Höchstgrenzen auf einem Niveau anzusetzen, das bisher noch von keiner Seite erreicht wurde.)
— Die Teilnehmerstaaten sind verpflichtet, Beobachter einzuladen, wenn bei Manövern die Schwelle von 17.000 Mann überschritten wird. Bei amphibischen Einsätzen und Luftlandungen beträgt die Schwelle 5.000 Mann.
— Jeder Teilnehmerstaat hat das Recht, bei einem anderen um *Inspektionen* nachzusuchen, wenn er Zweifel an der Einhaltung der Vereinbarungen hat. Kein Teilnehmerstaat muß auf seinem Gebiet mehr als drei Inspektionen pro Jahr zulassen. Eine Zurückweisung des Inspektionsgesuchs ist nicht möglich. Die Inspektion ist zu Lande, aus der Luft, oder auf beide Arten möglich.

Diese letzte Bestimmung ist nun die eigentliche *Sensation* der Stockholmer Verhandlungen. In der langen Geschichte der Abrüstungsverhandlungen war die Sowjetunion noch nie bereit, vor der Abrüstung Inspektionen zuzulassen. Bisher wurde dieses Ansinnen immer mit dem Vorwurf der legalisierten Spionage zurückgewiesen.

Wahrscheinlich hat diese Wende auch mit dem *„Neuen Denken"* in der Sowjetunion zu tun. Seit drei Jahren wird in der Sowjetunion, aber auch in der DDR von der Notwendigkeit eines neuen Denkens im Atomzeitalter geschrieben. Gorbatschow beispielsweise erklärte schon 1985 „Es ist eine ganz neue Situation, die einen Bruch mit den Traditionen, mit der Denk- und Handlungsweise bedeutet, die sich in Jahrhunderten, ja Jahrtausenden herausgebildet haben. Das menschliche Denken braucht Zeit, um sich allem Neuen anzupassen. Das trifft auf alle zu. Wir spüren das, wir haben begonnen, umzudenken, viele gewohnte Sachen, darunter auf *militärischem*, und natürlich auf politischem Gebiet, voll mit den neuen Realitäten in Einklang zu bringen."

Konkrete Auswirkung dieses neuen Denkens ist nun beispielsweise, daß der Warschauer Pakt seine sehr zurückhaltenden Positionen zur Kontrolle von Abrüstungsmaßnahmen völlig aufgegeben hat. Jetzt gilt (wie im Westen schon lange), daß die Kontrollmaßnahmen den Abrüstungsmaßnahmen entsprechen müssen. Ein erster Schritt war hier die Zustimmung zu Vor-Ort-Inspektionen auf der Stockholmer Konferenz.

Alles in allem eine ermutigende Entwicklung!

Widerstand in Südafrika: Befreiung unter Bedingungen von Repression und militärischer Gewalt, zur destruktiven Rolle westlicher Systemstabilisierung

von Helmut Bley, Hannover

Die Kongreßleitung hat in ihrer Einladung der Hoffnung Ausdruck gegeben, daß nur am Verhandlungstisch und mit vernünftigen Argumentationen eine Möglichkeit zur Konfliktlösung besteht. Offizielle Doktrin der Westmächte im Umgang mit dem Konflikt in Südafrika scheint dem zu entsprechen, sie empfiehlt „friedlichen Wandel", „constructive Engagement", verweigert die von den Befreiungsbewegungen, der Gewerkschaftsbewegung in Südafrika und von der UN-Generalversammlung geforderten umfassenden Sanktionen, mit dem Argument, daß sich unter dem Druck von Sanktionen die südafrikanische Regierung weiter verhärten und ein ökonomisches Chaos entstehen würde (so zuletzt der Bundeskanzler in Nairobi). Demgegenüber erwarten die Befreiungsbewegungen, die Gewerkschaften und die Mehrheit der Mitglieder der Vereinten Nationen, daß die notwendigen Schritte zur Einführung einer repräsentativen Mehrheitsherrschaft, der Abbau des umfassenden repressiven politischen Strafrechtes, die Abschaffung der die Mehrheit diskriminierenden Gesetze und die Freilassung der politischen Gefangenen nur durch Sanktionen in Verbindung mit dem bewaffneten Befreiungskampf durchgesetzt und die südafrikanische Regierung an den Verhandlungstisch gezwungen werden kann, an dem über eine die Apartheid überwindende Verfassung verhandelt werden würde.

Ich bin Anhänger der Sanktionsforderung und respektiere, obwohl ich mich als Mitglied der Friedensbewegung empfinde, die Bereitschaft der Befreiungsbewegungen, zu miliärischen Mitteln der Befreiung zu greifen. Die schwarze südafrikanische Bevölkerungsmehrheit hat 50 Jahre vergeblich versucht, ihre soziale Lage zu verbessern und die Diskriminierung zu beenden, ohne das Lebensrecht der weißen Herren als normale und gleichberechtigte Staatsbürger in Frage zu stellen. Diese Versuche, sowie jeder auch noch so friedliche Organisationsversuch der schwarzen Mehrheit ist nicht nur erst seit 1948, sondern seit jeher mit Gewalt beantwortet worden.

Wie kommt jemand, der nur deshalb von dem Recht auf Kriegsdienstverweigerung keinen Gebrauch machen mußte, weil er als weißer Jahrgang vom Kriegsdienst befreit wurde, zu einer solchen Forderung und Position, daß Sanktionen und auch bewaffneter Befreiungskampf im Laufe der Jahrzehnte die verbleibenden Möglichkeiten geblieben sind? Es gibt darauf, wie ich meine, zwei Antworten:

Ein Staatsbürger der Bundesrepublik Deutschland kann die Befreiungsbewegungen nicht mit dem pazifistischen Gebot konfrontieren, wenn die bundesrepublikanische Gesellschaft und der Staat (selbst hochgerüstet und mit dem Selbstverständnis einer „wehrhaften" Demokratie) das Gewalt und Diktatur ausübende System mit allen Mitteln geschützt hat und schützt, aller Rhetorik zum Trotz; auch den Mitteln legaler und illegaler Aufrüstungshilfe, der (andauernden) Lieferung der Polizeiwaffen, der Elektronik, der Kampffahrzeuge und der Hubschrauber, militärisch relevanter Atomtechnologie, Blaupausen für Kriegsschiffe, nicht zu reden von massiver Finanzhilfe und einem engen ökonomischen und ideologischen Netzwerk zwischen dem weißen Südafrika und wichtigen Gruppen unserer Gesellschaft.

Angesicht dieser Praxis erscheint mir die Duldung eines Widerstandsrechtes als Teil der Selbstbestimmung unabweisbar zu sein, zumindest als Anerkennung des Versagens, unser politisches System zur Vernunft zu bringen. Die friedliche Alternative seit Jahrzehnten war, massiven politischen und ökonomischen Druck auszuüben und die südafrikanische Regierung durch Erschöpfung ihrer Resourcen, Verhinderung ihrer durch uns ermöglichten relativen Autarkie in der Rüstung an der stetigen Eskalation der Repression zu hindern und verhandlungsbereit zu machen. Ohnehin handelt es sich z.Zt. eher um Maßnahmen zur Beendigung eines bereits ausgebrochenen und offensichtlich ungerechten Krieges der südafrikanischen Regierung gegen die Mehrheit ihres Volkes.

Es gibt einen zweiten, sozusagen „realpolitischen" Grund, Druck und Gegengewalt zu steigern. Ich möchte hier als Historiker und Sozialwissenschaftler argumentieren. Man kann aufgrund von Analogien über das Schicksal von Systemen mit struktureller Reformunfähigkeit, in diesem Fall die politische Ausschaltung der übergroßen Bevölkerungsmehrheit aus der Mitbestimmung und eine zugespitzte soziale Klassenherrschaft, sagen, daß, wenn erst einmal der politische Mobilisierungsprozeß dieser Mehrheit in Gang gekommen ist und die sozialen Forderungen organisiert artikuliert werden, das Systemende unabwendbar ist. Es ist dann nur eine Frage der Zeit, der Umstände und, darauf kommt es hier an, der Größenordnung von Gewalt und Zerstörung und der damit verbundenen Radikalisierung beider Seiten, wie das Ende aussieht; das Ende selbst steht nicht in Frage.

Dieser Organisationsprozeß ist — historisch gesehen — seit 1912 mit der Gründung des ANC und 1919 mit Gründung der ersten Massengewerkschaft dem ICU zu erkennen und der herrschenden Minderheit, insbesondere dem burischen Nationalismus auch als „Swarte Gevaar" bewußt geworden. Seit 1960, nach den Schüssen von Sharpville und der Bannung aller relevanten schwarzen Organisationen im Land wird von den meisten Beobachtern in der Welt das Ende der weißen Minderheitsherrschaft als unvermeidlich prognostiziert: Von den „Optimisten" als kapitalistisch naturnotwendiger Prozeß der Systemreform, von den „Pessimisten" als ausgekämpfte Systemkrise. Spätestens seit 1976, dem Jahr der „black consciousness" Proteste und des Massakers an den Schulkindern von SOWETO gehen auch die westeuropäischen Kabinette und das Weiße Haus von dem unabwendbaren Ende des Apartheidsystems aus. Sie analysieren außerdem, wie auch ich glaube, daß keine Lösung ohne Zustimmung der führenden Befreiungsbewegung — dem ANC — möglich sein wird. Diese Ansicht ist durch das Aufkommen der Gewerkschaftsbewegung seit 1978, auch diese im übrigen von den deutschen Konzernen nach Kräften behindert, bestärkt worden. Seit den Massenunruhen im Vaal Triangle und im ganzen Land seit 1984 und dem Aufkommen vielfältiger sozialer Bewegungen meist unter dem Dach der UdF, aber nach wie vor auch der „black consciousness"-Bewegung, im wachsenden Maße mit Forderungen in sozialistischer Sprache, haben die internationalen und sogar auch interne Bemühungen von Teilen der weißen Business-Comunity, weißen Politikern und Vertretern der Intelligenz und der Kirchen das Gespräch mit dem ANC gesucht, nun offensichtlich auch, weil dies die letzte Instanz zu sein scheint, die vor einer wirklichen sozialen Revolution bewahren könnte.

Diesen aufgeklärten Lagebeurteilungen zum Trotz lassen es die Westmächte nach wie vor zu, daß die südafrikanische Regierung das Ende mit einer ungeahnten Steigerung von Gewalt im Innern und gegen die Nachbarstaaten, vor allem Angolas und Mocambiques hinausgezögert.

Die südafrikanische Regierung hat an ihren Prinzipien der letzten Jahrzehnte festgehalten, daß jeder Versuch afrikanischer Selbstorganisation zerschlagen oder zumindest schwer gestört werden muß. Abgesehen davon, daß ANC und PAC immer noch verboten und die Führer im Gefängnis oder Exil sind, ist nach dem ersten und zweiten Ausnahmezustand praktisch der größte Teil der UdF Führung verhaftet, oft gefoltert und zum Teil durch von der Polizei gedeckte Aktionen ermordet worden. Die noch nicht Verhafteten befinden sich meist im Untergrund. Das gilt auch für viele Gewerkschaftsführer, deren Gewerkschaftszentrale von Bomben der Regierung zerstört wurde. Der Sinn ist, die Bevölkerungsmehrheit führungslos zu machen, um Zeit zur Fortführung der Herrschaft zu gewinnen. Diese destruktive Politik wird durch eine Strategie der totalen Kontrolle ergänzt. Die Verfassungsreform in Südafrika hat eine Präsidialdiktatur geschaffen, deren stärkster Verwaltungsarm auch auf der kommunalen Ebene mit Militärs besetzte Komitees sind, die neben der offiziellen Verwaltung eine Doppelherrschaft zur Durchsetzung der „total Strategy" darstellen. Ihr Ziel ist es, die Konfrontation mit System und Regierung in einen Bürgerkrieg zwischen der afrikanischen Bevölkerung umzuwandeln. Gegen die Selbstverwaltungskomitees der Stadtteile und Kleinstädte, die die afrikanische Bevölkerung gegen die Bantuadministration seit 1984 geschaffen hatte, wurden sogenannte Vigilante-Gruppen, bewaffnete und von der Polizei geschützte Gruppierungen von Geschäftsleuten, kleinen Bodenspekulanten, kriminelle Banden, aber auch von der Unruhe und den Übergriffen der Jugendlichen verunsicherte ältere Anwohner und natürlich die Angehörigen der Bantu-Bürokratie und schwarzer Angehörige der Polizei, aber auch ländliche und städtische Dauerarbeitslose eingesetzt. In Natal übernimmt die wie eine Einparteien-Staatspartei organisierte Inkatha des Homelandführers Buthelezi eine ähnliche Funktion: Zwangsmitgliedschaft, Zuweisung des Arbeitsplatzes durch die Organisation, Bewaffnung ihrer Mitglieder gewährleisten, daß Funktionäre der Gewerkschaften und der UdF in Natal verfolgt und ermordet werden. Und dies führte und führt zur Eskalation von wechselseitiger Verfolgung und Tötung. Der erst jüngst aus dem Gefängnis entlassene ANC-Führer Govan Mbeki wollte als erstes in den Natal fahren, um hier befriedend und einheitsstiftend einzugreifen, was ihm das Regime verweigerte.

Verfolgung, Vietnamisierung und Lateinamerikanisierung des Konfliktes und die Frustrationen der Niederlagen fördern die Polarisierung auch innerhalb der sozialen Bewegung Südafrikas. Eine Verschärfung des totalitären staatlichen Systems und seine Politik der Destabilisierung der schwarzen Opposition im Lande, aber auch in den Nachbarstaaten schafft Vorbilder, zusätzliche Konflikte und eine politische Kultur, die dem Frieden auf das äußerste abträglich ist. Die Funktionärssprache von Stalinisten, schwarzen sozialistischen Rassisten aber auch die faschistisch-chauvinistische Sprache der Inkatha ist unüberhörbar, die Besorgnis der führenden Schriftsteller und unabhängigen Demokraten auch innerhalb des ANC wächst.

Der totalitäre Staat in Südafrika und seine Kriegs- und Destabilisierungsmethoden trägt leider Früchte, je länger die Zukunftsperspektive unerfüllt bleibt.

Dies mit der Vokabel „friedlicher Wandel" zudecken zu wollen oder insgeheim die südafrikanische Regierung als Garanten für geordnete und friedliche Verhältnisse zu dulden und zu unterstützen ist mehr als zynisch, es begründet Mitschuld am Kriege und an der Steigerung der Friedensunfähigkeit.

Diese Entwicklung war vorhersehbar und ist von der sogenannten „pessimistischen" Schule der mit Südafrika befaßten Historikern und Sozialwissenschaftlern vorhergesagt worden, so wie es die führenden Stimmen in Südafrika angekündigt haben.

Die Antwort auf die zweite Frage ist deshalb: der Zeitfaktor wird von entscheidender friedensstiftender Bedeutung. Eile ist seit über einem Jahrzehnt das unbedingte Gebot der Stunde. Sanktionen sollen der Beschleunigung dienen. Das Chaos ist da, es muß beendet werden.

Aufgeklärte weiße Liberale, wie führende Vertreter des Black Sash weisen darauf hin, daß das totalitäre Instrumentarium, das das Apartheidsystem seit 1948, insbesondere aber seit 1983 geschaffen hat, noch vor dem Machtwechsel verschwinden muß, weil es sonst auch in der Postapartheid-Gesellschaft als Mittel der Machtbehauptung gegen enttäuschte Erwartungen eingesetzt werden könnte. Schwarze Führer in den Townships drücken ihre Sorge aus, daß Kinder und Jugendliche als eine verlorene Generation, durch Gefängnis, Folter und Straßenkämpfe gegangen und um ihre Bildungschancen gebracht einer politischen Kultur oder besser Unkultur verfallen könnten, die nicht dem Frieden und der Demokratie dient. Sie brauchen jetzt Perspektiven und Organisation. Die sozialen Bewegungen haben dementsprechend die Jugendorganisationen ausgebaut.

Warum haben die westlichen Systeme keine Eile?

1. Weil die kurzfristigen Wirtschaftsinteressen insbesondere in der Rohstoffversorgung Vorrang haben, und die Produktionsbedingungen z.Zt. aufgrund der Lohnstruktur immer noch günstig sind. Zugleich wird angenommen, daß der Zugriff auf die Rohstoffe auch nach dem Machtwechsel trotz feindseligem Verhaltens der Konzerne aufgrund der starken Position des Westens auf dem Weltmarkt zugänglich bleiben.

2. Vorrang vor einer schnellen Konfliktlösung hat, Einfluß auf die Konfliktlösung zu nehmen, also zu gewährleisten, daß entweder eine marktwirtschaftlich und westlich gezähmte Befreiungsbewegung an die Macht kommt, besser aber geschwächt und durch genehmere Organisationen, wie z.B. Inkatha oder regierungsnahe Bürokratien ersetzt werden. Traumziel ist, ausreichend Zeit zu gewinnen, um eine anpassungsbereite Mittelschicht für einen Herrschaftskompromiß in letzter Minute zu schaffen, die als Gegengewicht gegen die sozialen Forderungen der Gewerkschaften, der Arbeitslosen (um 40%), und der Landlosen eingesetzt werden kann. Da sich der nationale Befreiungskampf in Südafrika auch nach einem Urteil der katholischen Kirche sehr stark mit sozialistischen Umverteilungserwartungen verbunden hat, soll diese Entwicklung mit allen Mitteln, auch denen der Tolerierung und Unterstützung der Eskalation und Verlängerung des Krieges verhindert werden.

Die Prognose, die ich dagegen setzen muß, ist, daß Kriegsverlängerung langfristig Friedensfähigkeit auch nach dem unvermeidlichen Machtwechsel behindern wird, und die Voraussetzung für friedliche und demokratische Selbstbestimmung immer schwerer erreichbar sein werden. Leider habe ich das Vertrauen verloren, daß unser politisches und soziales System den so offenkundig notwendigen Druck auf die südafrikanische Regierung ausüben werden, weil Friedenssicherung immer dann zur Leerformel verkommt, wenn sich ökonomische und ideologische Interessen vermischen und anderen Völkern eine Gesellschaftsordnung aufgezwungen werden soll, mit der sie auch durch unser Mitwirken sehr schlechte Erfahrungen gemacht haben.

Die Entwicklungen in und um Südafrika seit Abfassung des Referates sollen mit wenigen Bemerkungen in die Analyse eingeordnet werden.

Die Organisationen des afrikanischen Widerstandes sind durch den südafrikanischen Staat inzwischen noch massiver verfolgt worden. U.a. wurde die Dachorganisation, die UdF verboten, die Pressezensur bis hin zu Zeitungsverboten verschärft. Mittlerweile haben die verdeckten Operationen bislang verschonte Institutionen erreicht. So wurden das Hauptgebäude des Gewerkschaftsdachverbandes und des Südafrikanischen Kirchenrates gesprengt und unter dem Vorwand feuerpolizeilicher Maßnahmen die Akten beschlagnahmt, auch das Sekretariat der katholischen Bischofskonferenz war Opfer eines Brandanschlages.

Dessen ungeachtet hat der Politisierungsgrad der schwarzafrikanischen Bevölkerung zugenommen. Der Wahlboykott der Kommunalwahlen beschränkte die Wahlbeteiligung auf knapp 20% der registrierten Wähler, d.h. 2% der Bevölkerung im Wahlalter. Die Autorität des ANC stieg, was durch zunehmende Kontakte auch der weißen Opposition und einen auf die interne Diskussion bezogenen neuen Verfassungsentwurf zum Ausdruck kam.

Allerdings, die Konfliktlagen innerhalb des afrikanischen Widerstandes haben sich nicht gemildert, der Frieden im Bereich Pietermaritzburg ist nicht hergestellt, der ANC hat Probleme, jugendliche Guerilla von Angriffen auf Zivilisten besuchte Ziele abzuhalten.

Die Reaktion des Westens ist nachwievor ambivalent. Trotz verbaler Proteste hielt die Bereitschaft z.B. der Bundesregierung an, technologisch hochsensible Teile von Waffensystemen durch deutsche Firmen liefern zu lassen, obwohl in diesem Bereich jüngst Kritik bis in die Regierungskoalition reicht.

Am auffälligsten war die diplomatische Entwicklung im Rahmen der Regulierung der Regionalkonflikte zwischen den beiden Supermächten, die Südafrika thematisieren. Südafrika konnte sich diesem Druck nicht entziehen. Insbesondere nachdem es im Krieg in Angola aufgrund der waffentechnischen Überlegenheit der sowjetischen Luftabwehrwaffen und der kubanischen Offensive die militärische Initiative verloren hatte, kamen Waffenstillstandsverhandlungen und die Wiederaufnahme der Unabhängigkeitsverhandlungen um Namibia in gang. Dieser Prozeß ist nicht abgeschlossen und wird dadurch entschieden werden, ob die Westmächte die technologische Erneuerung der veralteten südafrikanischen Armee zulassen und die Finanzkrise durch weitere milde Bedingungen in den Umschuldungsverhandlungen minimieren oder als Verhandlungshebel nutzen.

Rassismus, Vorurteile, Kommunikation Vorurteilsforschung als Beitrag zum Frieden

von Erika Dettmar, Hamburg

Einleitung

Vorurteile stehen immer in Beziehung zu Gruppenkonflikten. Der Vorurteilsforschung kommt daher eine besondere Relevanz bei der Lösung von Konflikten zu.

Ich möchte die Problematik der Vorurteile anhand der afrikanisch-europäischen Begegnung in Hamburg darstellen. Dabei beziehe ich mich auf eine Untersuchung, die ich 1984/1985 in Hamburg durchgeführt habe. Ich werde im wesentlichen auf drei zentrale Punkte eingehen:

1. Die Art der gegenseitigen Vorurteile bei Europäern und Afrikanern.
2. Der Bezug zu übergeordneten historischen und aktuellen Gruppenkonflikten.
3. Die Chancen für den Abbau der Vorurteile in der afrikanisch-europäischen Begegnung in Hamburg bzw. die Gründe für ihre Wiederbelebung und Verhärtung.

Bevor ich daran gehe, diese Punkte anhand von Beispielen näher zu erläutern, sollen zunächst einige theoretische Voraussetzungen geklärt werden.

1. Theoretische Voraussetzungen

— Vorurteile sind Elemente der Kultur[1]. Sie sind Teil des Kategorien- und Wertsystems, das die Orientierung in der natürlichen und sozialen Umwelt ermöglicht. Sie werden daher normalerweise nicht in Frage gestellt und sind tief in den Wahrnehmungsgewohnheiten der Menschen verwurzelt.

— Vorurteile können als Elemente der geistigen Kultur nicht losgelöst werden von der gesellschaftlichen Struktur[2]. Sie müssen in Verhältnis gesetzt werden mit realen Gruppenbeziehungen, deren ideologischer Ausdruck sie sind. Gleichzeitig reflektieren sie nicht immer unmittelbar solche Beziehungen. Elemente der geistigen Kultur haben auch die Eigenschaft, unabhängig von den materiellen Gegebenheiten tradiert zu werden und in einem gegebenen Kontext zur Wiedererschaffung bestimmter Strukturen beizutragen. In bezug auf die Vorurteile spricht man dann von einer „self fulfilling prophecy“[3].

1. Vgl. *B. Estel*, Soziale Vorurteile und soziale Urteile: Kritik und wissenssoziologische Grundlegung der Vorurteilsforschung (Opladen 1983) S. 212; *S. Bochner*, Cross-cultural interaction: Theories and definition. The social psychologiy of cross-cultural relations. In: S. Bochner (Hrsg.), Cultures in Contact. Studies in Cross-cultural interaction (Oxford, New York, 1982) S. 5.

2. Vgl. z.B. *U. Quasthoff*, Soziales Vorurteil und Kommunikation. Eine sprachwissenschaftliche Analyse des Stereotyps (Frankfurt/M. 1973) S. 287; *H. Tajfel*, Gruppenkonflikt und Vorurteil (Bern/Stuttgart/Wien 1982) S. 65.

3. Vgl. *R.K. Merton*, Intermarriage and the social structure: Fact and theory. In: Psychiatry 4, 1941, S. 361-374; *M. Snyder*, Warum Vorurteile sich immer bestätigen. In: Psychologie Heute, 2, 7, Juli 1983, S. 48-57.

— Beim Bemühen um Veränderung eines bestimmten gesellschaftlichen Beziehungsverhältnisses, zum Beispiel der ungleichen Beziehungen zwischen „erster“ und „dritter“ Welt, kommt der Bewußtmachung von nicht hinterfragten Bewußtseinsinhalten und ihres Bezugs zu den realen Gegebenheiten eine zentrale Rolle zu. Die Reflexion auf scheinbar selbstverständliche Einstellungen und Wertungen befreit die Menschen von der zwanghaften Reproduktion bestimmter gesellschaftlicher Gegebenheiten. Sie gibt ihnen die Freiheit zur Wahl von Alternativen für ihr Handeln.

Man könnte vermuten, daß die interkulturelle Begegnung den Impuls zu einer solchen Reflexion gibt. Sie konfrontiert beide Seiten mit Informationen, die von früheren Einstellungen und Werthaltungen über den anderen abweichen. Daher kann sie unter bestimmten Umständen zur Trennung von gewohnten Einstellen führen. Sie kann allerdings auch, wegen der engen Verknüpfung von kulturellen Werthaltungen und Identität, Krisen und Schockerlebnisse auslösen und Mechanismen zur Aufrechterhaltung gewohnter Konzepte in Gang setzen.

2. Die Art der gegenseitigen Vorurteile bei Europäern und Afrikanern

Damit wollen wir uns nun dem ersten der zu Anfang genannten Punkte zuwenden. Welcherart sind die gegenseitigen Vorurteile bei Europäern und Afrikanern? Es ist nötig, beide Gruppen gleichermaßen zu untersuchen, weil erst aus der Zusammenschau die Ideologie in ihrem Grundmuster deutlich wird. Die Aussagen widersprechen sich nur scheinbar, im Grunde lassen sie sich zu einem Gesamtbild zusammensetzen.

Bei den Deutschen sind zwei gegensätzliche Grundhaltungen gegenüber Afrikanern erkennbar. Die eine ist ablehnend und negativ. Sie kann mit folgendem Zitat charakterisiert werden:

„Ich hab die abgelehnt. Ich hab zwar immer so welche gesehen, aber ich hab dann immer gesagt, oh Gott, laß mich damit zufrieden. Ich weiß nicht warum...“

Die andere Haltung ist dagegen von einer ebenso unerklärlichen Anziehung geprägt. Sie mischt sich mit Vorstellungen von der vermeintlichen Erotik der Afrikaner, Emotionalität, Rythmik, „Ursprünglichkeit“ und Exotik. Folgendes Bild einer Deutschen von Afrika gibt einen Teil dieses Images wieder.

„Irgendwo hab' ich mir so Buschmenschen vorgestellt, Urwald, Tarzan, Abenteuer...toll einfach.“

Daneben wird oft geäußert, man stelle sich die Afrikaner als Menschen vor, die „von uns oft gelinkt worden sind“, die „mit unserer Technik nicht zurecht kommen“ und die in starker Armut leben, mit denen man also Mitleid haben und denen man helfen muß.

Die von mir befragten Deutschen waren sich fast alle in einem Punkt einig, ob sie nun eher das Image des Afrikaners als edlen und/oder barbarischen Wilden, als Onkel Tom oder als Entwicklungshilfeempfänger wiedergeben: In der Regel werden die Afrikaner als weit entfernt von der eigenen Gruppe empfunden und abgewertet. Man stellte sich Afrikaner als „sowas ganz Fremdes“ vor, „qua Hautfarbe eben andere Menschen“, die „ganz anders als wir“ leben würden und eine „ganz andere Kultur“ hätten.

Oberstes Kriterium für die Wahrnehmung von Afrikanern ist die Hautfarbe. Von 36 befragten Deutschen gaben 35 an, Afrikaner vor allem aufgrund der Hautfarbe wahrzunehmen. Ihre Andersartigkeit wird mit Andersartigkeit der Kultur gleichgesetzt. Der angenommenen Ferne der Afrikaner von der eigenen Gruppe entspricht die Annahme einer starken Nähe der Afrikaner untereinander. So wird oft die Ansicht geäußert, alle Schwarzen seien „Brüder“ oder würden sich kennen.

Die Empfindung der extremen Fremdheit im Verhältnis zur eigenen Gruppe bei gleichzeitiger Wahrnehmung einer Verwandtschaft aller Menschen schwarzer Hautfarbe untereinander entspricht dem sozialpsychologischen Mechanismus der extremen Kategorisierung, der Grundlage des Rassismus[4]. Menschen werden aufgrund bestimmter Charakteristika von der eigenen Gruppe abgesetzt und zu einer einheitlichen Kategorie zusammengefaßt. Unterschiede werden ausgemacht und verabsolutiert[5]. Der Rassismus postuliert eine Gleichsetzung von äußeren Merkmalen und kulturellen Unterschieden. Dabei wird eine Durchlässigkeit der Gruppengrenzen nahezu ausgeschlossen. Dies hatte in der kolonialen Situation die Funktion, soziale Vergleichsprozesse zwischen Kolonisatoren und Kolonisierten auszuschließen und eine menschliche Begegnung zu verhindern. Die Befragung zeigte, daß der Rassismus scheinbar noch immer als kulturelles Erbe tief im Bewußtsein der Deutschen verankert ist, auch wenn die angenommene Ferne nicht nur Ablehnung, sondern auch exotische Anziehung erzeugt.

Die Aussagen der Afrikaner lassen ebenfalls eine Zweiteilung in ablehnende und „positive" Haltungen erkennen. Positive Einstellungen äußerten vor allem Afrikaner aus unabhängigen Ländern. Sie schlossen auf bestimmte Charakteristiken von Europäern oder Amerikanern wegen der beobachteten Tätigkeiten und Positionen von Weißen in ihren Ländern, aufgrund von Medien, Produkten aus Europa und den Berichten der „Beentos", derjenigen, die „have been to Europe". Danach sah man oft Europäer als Vorbilder in Hinblick auf technische und z.T. moralische Entwicklung. Beispielhaft ist folgendes Zitat eines Nigerianers:

„Mostly I hear, white People are advanced. And of whom they say he is advanced, than he cannot be bad."

Europa bedeutet für viele die Verwirklichung von Demokratie, Meinungsfreiheit und Menschenrechten. Eine andere Gruppe sieht dagegen die Weißen zwar als reich an, verband mit ihrem Wohlstand jedoch Ausbeutung und Egoismus. Von neun befragten Afrikanern aus dem südlichen Afrika waren acht dieser Ansicht. So schildert ein Südafrikaner die Weißen als „Moskitos", die sich nur wohlfühlten, „when somebody is suffering for their interest."

3. Die Beziehung der Vorurteile zu übergeordneten historischen und aktuellen Gruppenkonflikten

Es ist unschwer zu erkennen, daß sich hinter den Aussagen sowohl historische als auch aktuelle Gruppenbeziehungen und -konflikte verbergen. Dabei kann man zwei Grundhaltungen ausmachen, die den zwei Seiten ein und derselben Medaille entsprechen. Grundlegend ist die gegenseitige Kategorisierung in „Schwarze" und „Weiße". Damit verbunden sind feindliche Einstellungen gegenüber den jeweils anderen oder deren Mystifizierung.

— Mystifizierende Einstellungen sind Exotismus und Paternalismus bei den Europäern und die Idealisierung der westlichen Kultur auf der Seite der Afrikaner.[6] Solche Einstellungen entstammen einerseits der tradierten Überlieferung aus vergangenen Epochen der afrikanisch-europäischen Begegnung, andererseits sind sie Teil einer Ideologie, die tagtäglich durch Medien und Schule sowohl in Afrika als auch in Europa verbreitet wird. Paternalismus auf der einen Seite, die Anerkennung der europäischen Werte als Maßstab der Entwicklung auf der anderen Seite entsprechen der Verinnerlichung der von Europa entworfenen Entwicklungsideologie. Sie hat den Zweck, die gegenwärtigen Beziehungen zwischen erster und dritter Welt zu rechtfertigen und zu mystifizieren und

4. Vgl. *H. Tajfel*, a.a.O., 90, 101, 114, 115.

5. Vgl. *A. Memmi*, Der Kolonisator und der Kolonialisierte. Zwei Portraits (Frankfurt/M. 1980 (1966)), S. 72.

6. Der Mythos „verwandelt Geschichte in Natur", *R. Barthes*, Mythen des Alltags, 1964, S. 95. Der Paternalismus ist Memmi zufolge die Einstellung des „Kolonisators von Gottes Gnaden." *A. Memmi* a.a.O.

dadurch, daß sie den Afrikanern ein Entwicklungsziel vorgibt, das sie niemals erreichen können, ihre wirtschaftliche Abhängigkeit zu zementieren.

— die ablehenden Haltungen auf der anderen Seite sind das, was man gemeinhin Rassismus (und Gegenrassismus) nennt. Hier soll der Begriff des Rassismus allerdings weitergefaßt werden (— nämlich als Kategorisierung und Beurteilung von Menschen aufgrund der Hauptfarbe und anderer äußerer Merkmale — s.o.). Die ablehnenden Haltungen entstehen auf dem Hintergrund der menschlichen Begegnung in einer kolonialen Situation (d.h. einer gesellschaftlichen Dominanz- und Ausbeutungssituation zwischen kulturell heterogenen Gruppen[7]), in der die Kolonisatoren darauf bedacht sind, ihre Interessen rücksichtslos gegenüber den Kolonialisierten durchzusetzen. In einer solchen Situation sind positive gegenseitige Einstellungen nicht aufrechtzuerhalten. In der menschlichen Begegnung offenbart sich der Antagonismus der Interessen und gibt Anlaß zur Entstehung von feindlichen Einstellungen auf beiden Seiten.

Die Deutschen, die offen ablehnende Äußerungen machten, führen ihre Einstellungen oft auf die Haltungen ihrer Eltern zurück. Man kann sie vor allem als Relikt des deutschen Kolonialismus werten, der in der kolonialen Siedler- und Soldatenliteratur seinen Niederschlag fand und durch den Hitlerfaschismus aufgewertet wurde.[8] Bei den Afrikanern können solche Einstellungen ebenfalls historische Quellen haben, sie reflektieren darüber hinaus aber auch eine aktuelle Begegnungssituation, vor allem in Südafrika.

Beide Haltungen, scheinbar positive wie offen negative, sind also koloniale Ideologien. Sie spiegeln ein koloniales Verhältnis, einmal im Zustand seiner unbewußten Anerkennung auf beiden Seiten, zum anderen im Zustand der menschlichen Konfrontation, die den Antagonismus der Interessen offen legt und dadurch feindliche gegenseitige Einstellungen erzeugt.

4. Chancen für den Abbau der Vorurteile, bzw. Gründe für ihre Wiederbelebung und Verhärtung

Der Prozess der Reflexion und Verhärtung der Vorurteile im Kontakt wurde von mir in Hamburg auf drei verschieden dichten Begegnungsebenen verfolgt. Die oberflächliche Ebene ist die der Konfrontationen. Es folgt die Ebene der Kontakte. Die intensivste Begegnungsebene ist die der Beziehungen.

Konfrontationen

Dies ist die Ebene der anonymen Begegnung auf der Straße, in Freizeiteinrichtungen, auf den Behörden usw. Es ist die Ebene, auf der man sich am wenigsten als Individuum, am meisten als Mitglied einer Gruppe gegenseitig wahrnimmt. Vorurteile treten hier offen zutage und werden neu erzeugt, ein profunder Interessengegensatz zeigt sich unverhüllt im Verhalten.

Deutsche, die auf der Straße und andernorts befragt wurden und die nur oberflächliche Begegnungen mit Afrikanern hatten, sahen in Afrikanern in Hamburg in erster Linie Asylbewerber, die den eigenen Lebensstandard bedrohten. Die Mehrheit war der Meinung, Afrika sei aus selbstver-

7. Vgl. zum Begriff der Kolonialen Situation in diesem Sinne *R. Hanisch*, Das Problem des internen Kolonialismus. In: Zeitschrift für Kulturaustausch 4, 1984, S. 4. Curtin definiert Kolonialismus als „cross-cultural political domination." *P.D. Curtin*, The black experience of colonialism and imperialism. In: S.W. Mintz (Hrsg.), Slavery, colonialism and racism (New York, 1974) S. 23.

8. Vgl. dazu *H. Bley*, Kolonialherrschaft und Sozialstruktur in Deutsch-Südwestafrika 1894-1914 (Hamburg 1968); *S. Benninghoff-Lühl*, Deutsche Kolonialromane 1884-1914 in ihrem Entstehungs- und Wirkungszusammenhang (Bremen 1983).

schuldeten Gründen (mangelnde Empfängnisverhütung, Unfähigkeit, zu regieren, Sozialismus) oder aufgrund der natürlichen Gegebenheiten (Trockenheit) ärmer als Europa und müsse sich selbst helfen, da man nicht alle Afrikaner aufnehmen könne. Obwohl die meisten nach eigenen Angaben bereit waren zu spenden, lehnten sie die Aufnahme von afrikanischen Asylbewerbern ab.

Am stärksten kommt die Wahrnehmung eines Interessenantagonismus in den Aussagen der Beamten der Ausländerbehörde zum Ausdruck. Typisch ist die Aussage eines Beamten, er würde sich über jeden Afrikaner freuen, der kommen und sagen würde „ich habe mein Studium beendet, ich will zurück" („In der Regel geht jeder zurück, das ist der Grundsatz"). Afrikanischen Studienbewerbern oder Asylsuchenden begegnet man grundsätzlich mit Mißtrauen. Will ein abgelehnter Bewerber nicht freiwillig gehen, wird er abgeschoben. Die Beamten geben offen zu, daß es bei Abschiebungen zur Gewaltanwendung kommt, und rechtfertigen sie damit, daß man die unterschiedlichen „Auffassungen und Standpunkte" der Behörde und der afrikanischen Klienten „nicht auf einen Nenner" bekommen könne. Die Ungleichheit in den Beziehungen, die Tatsachen z.B., daß Deutsche in Ghana ungehindert verschiedensten Tätigkeiten nachgehen, Ghanaer in Deutschland jedoch mit Gewalt abgeschoben werden, wird ganz im Sinne der gängigen Logik mit rassistischen Argumenten gerechtfertigt:

„Wenn ein Deutscher oder ein Weißer überhaupt dorthin geht, macht er dort was im Rahmen der Entwicklungshilfe. Selbst wenn er für eine Firma dort ist, unterstützt er in irgendeiner Form die Wirtschaft Ghanas. Und das ist natürlich bei den Ghanaern, die hier sind, genau umgekehrt."

Demgegenüber sehen sich Afrikaner oft mit Verhältnissen konfrontiert, die ihren ursprünglichen Annahmen entgegenstehen. Einige der Befragten hatten in ihren Heimatländern mit Europäern zusammengearbeitet und Freundschaften geschlossen, hatten sie z.T. als Gäste beherbergt. Sie kamen mit der Erwartung auf eine ebenso freundliche Aufnahme. Die feindliche Behandlung durch die Ausländerbehörde und die Zeichen deutlicher Ablehnung durch die deutsche Bevölkerung auf der Straße, in der U-Bahn, in Lokalen usw. stellen jedoch die früheren Werthaltungen gegenüber Europa und Europäern in Frage. Je positiver die frühere Einstellung, desto schockartiger das Erlebnis der Ausgrenzung. Die Ideologie von der Verwirklichung von Demokratie und Menschenrechten in Europa wird nicht selten infragegestellt, sobald man erkannt hat, daß die „Gleichheit" nur für Europäer und andere Angehörige des westlichen Kulturkreises bzw. der westlichen Industrienationen gilt. Ergebnis ist nicht selten das Gefühl der Täuschung und Wut. In einigen Fällen kommt es zur Reflexion auf die früheren Wertvorstellungen in Hinblick auf Europa und den Westen. So beschreibt ein ghanaischer Asylant, der wegen Unterstützung einer westlich orientierten Partei sein Land verlassen mußte, seine Identitätskrise und den darauffolgenden Erkenntnisprozeß mit folgenden Worten:

„I turned like a bat in the night. Now my mind is growing up and I have seen that I deceived myself. I was guided wrong ... because now I am here and I am testing the most pounches from the western people, the people I like. So I found myself misguided."

Vielleicht stärker noch als die Erlebnisse der Ausgrenzung wirken die Konfrontationen mit der fremden Kultur schockierend. Beobachtungen der sozialen Isolation von Alten und Schwachen in Deutschland, von Anonymität und Kälte im mitmenschlichen Umgang und dem starken Individualismus in den menschlichen Beziehungen führen zur Wahrnehmung von prinzipiellen Differenzen zwischen der europäischen und der afrikanischen Lebensweise, die alle Lebensbereiche durchziehen, und an deren Basis man eine unterschiedliche Haltung gegenüber dem Anderen wahrnimmt, verkörpert in Mensch und Natur. Eine solche Reflexion auf die positiven Werte in der eigenen Kultur bewirkt in manchen Fällen eine Ablösung von der Entwicklungsideologie und die Erkenntnis kultureller Relativität.

Es lassen sich auf der Ebene der Konfrontationen also bereits Erkenntnisprozesse, aber auch eine Hinwendung zu feindlichen gegenseitigen Einstellungen feststellen, die Resultat der menschlichen Begegnung in einem kolonialen Machtkontext sind und von einem grundlegenden Interessenantagonismus in den afrikanisch-europäischen Beziehungen zeugen. Solange die Afrikaner zuhause bleiben, läßt sich eine Ideologie aufrechterhalten, die sich hier als Paternalismus, dort als Anerkennung der Überlegenheit westlicher Zivilisation äußert. Sie bröckelt jedoch ab und macht feindlichen Einstellungen Platz, sobald es zu einer menschlichen Begegnung kommt, bei der Afrikaner ihren Anteil an der versprochenen „Entwicklung" einklagen. Ein afrikanischer Student, der zum Germanistikstudium nach Deutschland gekommen ist, meint:

„Das ist genauso wie in Südafrika, wo gesagt wird, daß die schönen Weiden nur zum Ansehen sind für die Schwarzen, nicht zum Weiden. Man versucht, Deutschland in Afrika positiv darzustellen, damit die Leute deutsch konsumieren. Aber wenn sie dann hierherkommen, werden sie als Belastung für den Arbeitsmarkt angesehen."

Aber bringt die Begegnung für die Deutschen die Chance, sich von tiefverwurzelten Vorurteilen zu befreien?

Die Untersuchung des Begegnungsprozesses auf der Ebene der Kontakte und Beziehungen zeigt, daß dies nur selten der Fall ist. In der Regel führt er zu einer Verhärtung von negativen, z.T. kolonialen Stereotypen, zu gegenseitigem Unverständnis und Feindschaft.

Kontakte

In staatlichen oder kirchlichen Institutionen existiert eine ungleiche Machtverteilung. Die Deutschen treten gewöhnlich in der Rolle der Helfer auf, den Afrikanern wird die Rolle der Hilfsbedürftigen und Opfer zugewiesen. Versuchen Afrikaner, das ungleiche Verhältnis zu durchbrechen, machen eigene Vorschläge oder bringen Forderungen vor, kommt es schnell zum offenen Eklat. Die Helfer fühlen sich nicht selten ausgenutzt, zeigen Unverständnis angesichts der afrikanischen Zielvorstellungen oder kehren zurück zu offen ablehnenden Einstellungen. Fügen sich die Afrikaner nur scheinbar in ihre Rolle, um auf diese Weise eigene Vorteile herauszuschinden, wähnen sich die Deutschen hintergangen und entwickeln Mißtrauen. Wird das Machtverhältnis jedoch nicht gebrochen, erzeugt es die kolonialen Stereotypen vom Weißen als omnipotenten guten Herrn und vom Schwarzen als dankbaren und kindlichen Onkel Tom neu.

Beziehungen

Auch in partnerschaftlichen Beziehungen werden Vorurteile eher bestärkt als abgebaut. Afrikaner beschuldigen ihre deutschen Partner, ihre gesellschaftliche Machtposition ihnen gegenüber auszunutzen, sie mit dem Druckmittel Ausländerbehörde zu dominieren und erneut zu kolonialisieren. Demgegenüber sind Anschuldigungen deutscher Frauen, der afrikanische Partner wolle eine weiße Frau als „Beute" nach Hause schleppen oder habe es nun in Reaktion auf den Kolonialismus auf Ausbeutung von Europäerinnen abgesehen, nicht selten. In diesen Fällen, wie auch auf der Ebene der institutionellen Kontakte, führen gesellschaftliche Macht- und Konfliktverhältnisse und bestehende Kategorisierungen zu einer Bestätigung und Verhärtung gegenseitiger Vorurteile.

Darüber hinaus bewirken psychologische Mechanismen der Wahrnehmung, daß Erfahrungen in ein bestehendes Schema eingeordnet werden und dadurch auch abweichende Informationen zur Bestätigung eines vorhandenen Bildes beitragen. So muß ein einzelner Afrikaner oft in seinen positiven wie negativen Taten für eine ganze Rasse gerade stehen. Eine 35jährige Lehrerin, die sich etwas enttäuscht darüber zeigt, daß ihr Kameruner Partner „nicht der Afrikaner mit den Trommeln", sondern ein rational denkender Chemiker ist, hält dennoch weiterhin an ihrem Bild vom „ursprünglichen" Afrikaner fest:

„Ich möchte ihn dazu kriegen, daß er mir tamtam zeigt, aus seinem Bauch oder so, einerseits weil ich das gerne lernen möchte, und andererseits weil ich denke, daß er an seine Wurzeln wieder rankommen soll."[9]

Auch unverstandene kulturelle Unterschiede bestätigen vorhandene Vorurteile. Fremde kulturelle Verhaltensweisen werden nach den eigenen Maßstäben bewertet und entsprechend den vorhandenen rassischen Kategorisierungen verarbeitet. Nur ein intensives Sicheinlassen auf die andere Kultur kann ein interkulturelles Verstehen herbeiführen und damit zum Abbau von Vorurteilen beitragen. Die Machtbeziehungen zwischen den Kulturen bewirken aber, daß eine Anpassung ausschließlich von den Afrikanern verlangt wird. Die Deutschen stellen demgegenüber ihre kulturellen Normen nur selten in Frage. Wenn dies dennoch geschah, war schon vorher eine kritische Haltung gegenüber der eigenen Kultur vorhanden, bzw. hatte durch äußere Umstände ein gewisser Zwang zu einer Anpassung an die afrikanische Kultur bestanden.

Aber auch dann, wenn die Höherwertigkeit der eigenen Kultur in bestimmten Punkten in Frage gestellt wurde und man die Relativität kultureller Normen erkannte, wurden die Vorurteile nicht notwendigerweise abgebaut. Einige Deutsche waren durch intensive Kontakte zu einer Wertschätzung von Elementen der anderen Kultur gelangt, hielten aber weiterhin mehr oder weniger bewußt an ihren Vorurteilen fest. In solchen Fällen entstand ein tiefer Zwiespalt in der Persönlichkeit — man sah sich in Widerspruch zur eigenen Kultur, hatte aber auch starke Vorbehalte gegenüber der fremden.

Dieser Widerspruch kann nur dann aufgelöst werden, wenn der historische und ideologische Charakter der Vorurteile erkannt wird, so daß eine vorbehaltlose Auseinandersetzung mit der eigenen und fremden Kultur stattfinden kann. Eine solche Auseinandersetzung führt zur kritischen Identifikation mit der eigenen Kultur bei gleichzeitigem Willen zu ihrer Veränderung.

So erkannte eine Deutsche, nachdem sie versucht hatte, im Land ihres afrikanischen Partners zu leben, ihre Gebundenheit an die eigene Kultur. Dies führte bei ihr jedoch nicht zu einer Abqualifizierung der Anderen. In der rassistischen Abwertung von Afrikanern in ihrer Heimat sah sie Hindernisse für ihre Reintegration in Deutschland. Da Rassismus für sie selbst zum Problem wurde, beschloß sie, in Deutschland aktiv auf einen Abbau der Vorurteile hinzuwirken.

Eine solche Anerkennung der Verschiedenheit setzt leider oft schon das Fehlen von Vorurteilen voraus. Sie ist das Ergebnis eines vorurteilsfreien interkulturellen Lernens. In ihr sind die ideologischen Wertungen der Kulturen, die den wirtschaftlichen Dependenzstrukturen entsprechen, überwunden. Die Kulturen erscheinen als unterschiedlich aber gleichwertig.

Immerhin gibt es eine kleine Chance, im Dialog, vor allem dann, wenn er zwischen annähernd Gleichgestellten stattfindet und Zwang zur Fortsetzung der Kontakte besteht, zu einer Infragestellung der Stereotypen und der ideologischen Wertungen zu gelangen.

Die Erkenntnis der Unterschiedlichkeit aber Gleichwertigkeit der Kulturen ist die bewußtseinsmäßige Grundlage, an der sich das konkrete Handeln für eine andere Zukunft der Beziehungen orientieren könnte. Die Gleichwertigkeit der Kulturen impliziert allerdings auch eine Gleichheit in den wirtschaftlichen und politischen Strukturen. Das afrikanisch-europäische Dominanzverhältnis äußert sich sowohl in einer Mißachtung der anderen Kultur als auch in einer Mißachtung der wirtschaftlichen Interessen der Afrikaner durch die Europäer. Beides kommt in der Ideologie — Entwicklungsideologie und Rassismus — zum Ausdruck.

Das Bemühen um Beseitigung der Vorurteile muß begleitet werden vom Einsatz für wirtschaftliche, politische und rechtliche Gleichstellung.

9. Mit Hilfe des Mechanismus der Attribution werden Vorurteile bestätigt, indem Eigenschaften, Meinungen u.a., die den Vorannahmen über eine Person entsprechen, auf deren Disposition zurückgeführt werden, während solche, die ihnen nicht entsprechen, Situationsfaktoren zugeschrieben werden. Vgl. zu diesem Mechanismus *Herkner*, Einführung in die Sozialpsychologie (Bern 1983) S. 410.

Vom inneren zum äußeren Frieden

von W.A. Frank, Bonn

Seit es die Menschheit gibt, streben die Weiseren der Spezies nach Frieden. Die sich klüger dünken, meinen immer noch, der sei nur zu erreichen, indem man potentielle Gegner mit Waffengewalt einschüchtert, aber über die Jahrhunderttausende hat diese Methode versagt — sonst hätten wir ja längst allgemeinen Frieden! Schon vor Zweieinhalbjahrtausenden aber haben asiatische Weise erkannt, daß wir nach außen immer nur das erreichen können, was wir vorher in uns selber verwirklicht haben. Wollen wir also Frieden, müssen wir ihn erst einmal mit uns selber und in uns selber finden. Dann erst können wir überhaupt von anderen erwarten, daß sie unserem Friedensbedürfnis Glauben schenken. Wir mögen uns äußerlich noch so sehr aufrüsten, die anderen werden hinter diesem Bemühen immer die Angst spüren und die innere Schwäche, aus der diese Angst gespeist wird. Überwindet man erst einmal die eigene Angst, gewinnt man die innere Stärke zu echter Sicherheit. Sie zeigt sich darin, daß man auch den anderen in seinen Bedürfnissen annehmen kann, und das läßt seinerseits Angst beim Gegenüber gar nicht erst aufkommen. Nur Angst gegen Angst ist die brisante Spannung, aus der tätliche Auseinandersetzungen entstehen, denn Aggressivität speist ihre Energie ja auch nur aus verdrängter Angst.

Solange wir aber diese Welt als materiell-mechanistisches Zufallsprodukt betrachten, solange wird zumindest die Angst vor dem Tod in uns bohren. Friedensfähig macht uns das nicht gerade. Dabei haben die fortschrittlicheren der Wissenschaften in ihren vordersten Rängen längst herausgefunden, daß der alte materialistische Aberglauben des 19. Jahrhunderts epistemologisch nicht mehr zu halten ist. Wenn etwa führende Physiker Materie als „wohl nur eine andere Form von Geist" bezeichnen und führende Biologen vom „Baum der Erkenntnis" sprechen, wenn sie beschreiben, was Leben bedeutet, und wenn führende Synergetiker hypersystematische Zusammenhänge so beschreiben: „Wenn in Peking ein Schmetterling die Flügel schlägt, ändert sich in Amerika das Wetter", dann ist es an der Zeit, daß auch Kultur- und Geisteswissenschaftler den ‚Geist' wieder beim Wort nehmen. Spiritualität ist nicht nur ein Modewort in esoterischen Zirkeln, sie ist angesagt als wahrscheinlich einziger Weg zu einer Erneuerung von innen heraus. Und daß es höchste Zeit ist für eine solche Erneuerung, das zeigt der beklagenswerte Zustand dieser unserer Welt nachgerade deutlich genug.

Und da wir selber offenkundig nicht recht weiterwissen, sollte es sich lohnen, bei anderen Kulturen und in anderen Zeiten Ausschau zu halten nach anderen Ansätzen, als den bereits vergeblich erprobten, diese Welt friedensfähiger zu gestalten. Da haben aber von jeher die Religionen ein Wort mitzureden, denn sie prägen zutiefst die Gesellschaften und ihre Verhaltensstrukturen, bis hinein in die Motivationen zu Gewalt und Krieg. Und hier gehören alle ‚großen' Religionen über Strecken ihrer Geschichte auch auf die Anklagebank; die jüngste, der Islam, ist gar immer noch im ‚Jihad' verhaftet, zumindest in seinen militanteren Richtungen. Aber eine Ausnahme gibt es auch: Den Buddhismus. In seiner gesamten zweieinhalbtausendjährigen Geschichte ist nicht ein einziger Krieg *in seinem Namen* geführt worden! Ganz im Gegenteil machte er ehemals wilde, kriegerische Völkerschaften zu friedfertigen Nachbarn der zuvor von diesen bedrohten Gebiete — man denke nur an die Tibeter, die Thai und gar die Mongolen! Darüber hinaus hat er aber auch noch die von ihm ganz friedlich ‚eroberten' Gemeinschaften auf einen kulturellen Hochstand geführt, den sie ohne diesen geistigen ‚Zuschuß' wohl kaum erreicht hätten.

Buddhismus und Naturwissenschaft

Als die Philosophen des frühen Mahayana-Buddhismus — etwa in der Madhyamika-Schule — das Wesen des Seienden diskutieren, hatten sie keine Laboratorien und keine Forschungsgeräte, wie unsere heutige Wissenschaft. Alles, was sie hatten, waren Methoden rein geistiger Art: Introspektion, Logik, Meditation, und als Richtschnur das Dhamma des Tathagata, die vom Buddha Sakyamuni als Erleuchtung empfangene Erkenntnis um das Wesen allen Seins. Das aber reichte ihnen, ein Weltbild zu entwickeln, um das die moderne westliche Physik, wie die moderne westliche Psychologie sie nur beneiden können. Erstere gar nähert sich diesem ehrwürdigen Weltbild immer mehr an, je tiefer sie in die elementaren Strukturen der Materie eindringt, mittels ihrer milliardenteuren Forschungshilfen, und auch die Psychologie entdeckt neuerdings immer mehr ein Menschenbild, wie es damals schon gezeichnet wurde. Nach rund 2000 Jahren schließt sich ein Kreis.

Sunyata, die elementare *Leere* alles Seienden, ist sozusagen die reine, nicht in Erscheinung tretende Raumzeit, aus der sich die Welt der Erscheinungen manifestiert, sobald sie in Schwingung gerät. Für die moderne Physik ist die Welt der energetischen und materiellen Erscheinungen ein an sich leeres Feld von Wahrscheinlichkeitswellen, aus dem sich erst durch die Beobachtung das manifestiert, was wir Realität nennen. Oder, wie Physiknobelpreisträger Finkelstein es ausdrückt: „Realität ist ein Tanz ohne Tänzer". Ein Gewebe von Prozessen also, ohne jede ‚materielle' Substanzialität. Wie im Buddhismus muß erst das Bewußtsein des Beobachters dazukommen, damit Realität überhaupt entsteht, das heißt, wahrnehmbar wird. Bewußtsein aber ist nichtmaterieller Natur, sogar innerhalb der Welt der materiellen Erscheinungen, denn es läßt sich nirgendwo lokalisieren und hat augenscheinlich Eigenschaften unter bestimmten Bedingungen, die unabhängig sind von Raum und Zeit. Oder, wie Nobelpreisträger Sir John Eccles mutig ausspricht: Bewußtsein sei *reiner Geist*, und seine neurophysiologischen Kollegen Sherrington, Penfield und Pribram, gleichfalls genobelt, stimmen energisch bei: Bewußtsein sei unabhängig von Raum und Zeit und mithin nichtmaterieller Natur — also Geist. Und in der Synergetik — dem neuesten Zweig der naturwissenschaftlichen Systemtheorien, ist gar vom *Weltgeist* die Rede, ohne den die gesetzmäßigen Zusammenhänge im Kosmos nicht zu erklären seien. Da ist es dann nur noch ein kleiner Schritt, statt ‚Weltgeist' auch ‚Gott' zu sagen, aber diesen Schritt überlassen die führenden Vertreter der Synergetik, wie Jantsch, Pagels, Haken u.a. dem geneigten Leser...

Gut und schön. Da sind sich also Buddhismus und die modernsten Zweige wissenschaftlicher Forschung in grundlegenden Dingen einig. Das kann man alles in Seminaren und auf Expertenkongressen diskutieren und sogar in gedulgige Bücher drucken; was bringt es aber in einer Welt, die nach wie vor von materialistischem Denken beherrscht wird, und die gerade dabei ist, von eben diesem Denken und Handeln zerstört zu werden?

Friedfertigkeit und Buddhismus

Es bringt eine ganze Menge. Zunächst einmal bringt es Erkenntnis von Grundzusammenhängen. Erkenntnis bringt aber auch Einsicht in Notwendigkeiten. Einsicht in Notwendigkeiten bringt Motivation zum rechten Handeln. Rechtes Handeln bringt Veränderung mit positiven Tendenzen. Veränderung mit positiven Tendenzen findet Nachahmung, weil die Menschheit nicht nur von einer fatalen Selbst*vernichtungs*manie, sondern auch von einer Selbst*erhaltungs*kraft gelenkt wird. Die kann man mit der Vermittlung der rechten Einsicht wecken, wo sie noch ruht, und verstärken, wo sie bereits erwacht. Und zur Zeit erleben wir eine Welle des Erwachens, wie nicht zu übersehen ist für den, der sich nur recht umschaut. Oder, wie der Physiker Fritjof Capra es darstellt: Die Kurve der materialistisch-destruktiven Tendenzen hat ihren Höhepunkt überschritten und neigt sich nach unten, während eine neue, spirituell-konstruktive Kurve sich bereits gebildet hat und im Aufstieg befindet; wo die beiden Kurven sich treffen, wird der Wendepunkt erreicht. Der Wendepunkt zum Besseren, versteht sich. Und wie dieses Bessere auszusehen hat und aussehen wird, zeichnet sich auch bereits ab: Das neue Weltbild wird viel gemein haben mit dem zentralen Weltbild des Buddhismus. *Yishin Norbu*, der Dalai Lama, sagte einmal, die Tibeter seien vertrieben worden, damit der Buddhismus in den Westen komme, denn der sei jetzt reif für das Dhamma, die Lehre. Und in der Tat erleben wird ja zur Zeit eine Art buddhistischer Renaissance hier im Westen. Nicht zuletzt die Friedfertigkeit des Buddhismus hat eine starke Anziehungskraft in einer materiell zwar hochentwickelten, nach dem allgemeinen Bewußtseinsstand aber erschreckend primitiven Gesellschaft. Freilich ist das eine sehr vordergründige, oberflächliche Ansicht über den Buddhismus, aber grundlegend falsch ist sie wiederum auch nicht; bloß wird meist an den äußeren Frieden dabei gedacht, während der Buddhismus ja gerade lehrt, daß der nur über den inneren Frieden zu erreichen ist. Und den gibt es wieder nur über eine dahingehende Entwicklung des Bewußtseins.

Das Bewußtsein aber ist der rein spirituelle Teil unserer Wirklichkeit als menschliche Person. Bewußtsein ist nicht zu verwechseln mit dem Ego, dem kleinen Ich, das uns so oft an der Nase herum- und in allerlei törichte Verstrickungen verführt. Das Ich ist sozusagen nur der vordergründigste, am engsten dem Materiellen zugewandte Aspekt unseres Bewußtseins, nur die Spitze des Eisbergs, wie Freud es einmal bezeichnete. Schon Jung entdeckte dahinter ein größeres, tieferes, weiseres Ich, das ‚Selbst', wie er es nannte. Das *Selbst* könnte man mit Mingdjang vergleichen, der Idealseele im tibetischen Buddhismus, der wir hier eigentlich nachleben sollten, und die uns den rechten Weg durchs Bardo, durchs Zwischenreich zeigt, wenn wir einmal abberufen werden und das fehlbare Ich den Körper verliert. Das Bewußtsein, von dem hier die Rede ist, verkörpert aber die Gesamtheit unserer spirituellen Entität. Wenn wir nur so gedankenlos vor uns hinleben, sind wir seiner kaum bewußt. Je mehr wir aber anfangen, über uns selber nachzudenken, umso mehr tritt es uns ins Bewußtsein, umso klarer lernen wir es erkennen. Und hier haben wir es schon, das klassische Paradox, mit dem man konfrontiert wird, sobald man sich in diesen Bewußtmachungsprozess einläßt: Das Bewußtsein tritt in sich selbst, es wird seiner selbst gewahr. Und am Ende dieses Wegs, so lang oder so kurz er sein mag, steht zu seiner Vollendung die Erleuchtung, die Erkenntnis über das eigentliche Wesen dieser Welt und unseres Seins in ihr als geistige Wesen von Fleisch und Blut. — Ein neues Paradox, aber nur ein scheinbares, denn selbst die moderne Physik spricht der Materie ja die selbstständige Existenz — unabhängig von unserem Bewußtsein — schlichtweg ab, und sieht sie als Sonderaspekt einer grundlegend geistigen Gesamtwirklichkeit.

Wirklichkeit und Bewußtsein

Die Außenwelt existiert *für uns* nur, soweit sie in unserem Bewußtsein existiert. Freilich ändert das nichts daran, daß es auch außerhalb unseres Bewußtseins noch Wirklichkeit gibt, aber die existiert ja zunächst nur für andere Bewußtseine, und wird erst dann für uns manifest, sobald sie in *unser* Bewußtsein tritt. Und das heißt ja, daß es einen Unterschied, eine Trennung zwischen Außen- und Innenwelt nicht gibt. Ist dem aber so, dann besteht eine unauflösbare Wechselbeziehung zwischen Außen- und Innenwelt auch da, wo wir sie als getrennte Wirklichkeiten erleben — und das ist wohl gemeinhin der übliche Alltagszustand unseres Bewußtseins. Dann aber ist die —

scheinbare — Außenwelt vom Bewußtsein her ebenso beeinflußbar, wie das Bewußtsein ständig von der Außenwelt her — scheinbar — beeinflußt wird. Oder, konkret in einem ganz einfachen, alltäglichen Beispiel, etwa aus unserem Lieblingsbereich, dem Straßenverkehr: Da fahren wir ganz friedfertig auf der Autobahn, aber doch recht zügig. Plötzlich schert vor uns einer raus und hindert uns am Überholen. Und nun gibt es für uns mehrere Möglichkeiten, die Situation zu bewältigen:

1. Wir ärgern uns über diese Rücksichtslosigkeit, schimpfen auf den Rüpel da vorne, fahren dicht auf und betätigen Licht- und auch noch Tonhupe, um ihn auf seinen Vorstoß gegen Paragraph 1 der StVO aufmerksam zu machen und zu belehren, daß er doch bitteschön schleunigst wieder in die nächste Lücke zu verschwinden habe, um uns die *uns* zustehende Vorfahrt zu gewähren.
2. Wir versetzen uns in die Lage des vor uns Fahrenden, billigen ihm nur gute Absichten zu und denken, er wird uns ja gleich Platz machen, sobald er merkt, daß wir überholen möchten.

Das ist ein ganz einfaches Experiment, jederzeit wiederholbar und mit nachdrücklich empirisch feststellbarem Ergebnis:

Im ersten Falle wird der den Teufel tun und uns überholen lassen; wir haben ihm in unserem Bewußtsein all die Aggressivität verliehen, deren wir im Moment habhaft werden konnten, und da er ja in unserem Bewußtsein existiert, wird er sich genau so auch verhalten.

Im zweiten Falle dagegen wird er das tun, was wir im positiven Sinn von ihm erwarten, denn auch jetzt ist er als erlebbare Realität Teil unseres Bewußtseins, und unser Bewußtsein wird sein Verhalten bestimmen. (— Bitte ausprobieren! Funktioniert immer!)

Auch Materie, im Prinzip geistiger Natur, ist nur über unser Bewußtsein für uns da und verhält sich so, wie unser Bewußtsein es weiß. Weiß ich, daß auch ein simpler Löffel nur aus Geist besteht, kann ich mit meinem Bewußtsein seine Atome dazu bringen, sich zu lockern; der Löffelstiel wird weich, und ich kann ihn verbiegen, wie es mir gefällt. Natürlich rede ich von dem Effekt, den man nach Uri den *Geller-Effekt* nennt. Auch das ist ein eindringliches Experiment zum Beweis der geistigen Natur alles Seienden, und der Tatsache, daß Wirklichkeit *für mich* nur als Inhalt meines Bewußtseins existiert, daß Wirklichkeit daher auch von *meinem Bewußtsein her* veränderbar ist.

Spiritualität und elementarer Frieden

Wenn also für uns Frieden einen so hohen Wert darstellt, dann liegt es alleine an uns, ob wir Frieden haben. Wir selber sind es ja, die unsere Wirklichkeit gestalten. Ein friedvolles Bewußtsein schafft eine friedfertige Welt. Der Weg zum Frieden führt nur über unser eigenes Bewußtsein — es gibt keinen anderen.

Und hier sind wir am Kern: Erkenntnis der grundsätzlichen Spiritualität dieser Welt und unseres Bewußtseins in ihr führt *zwangsläufig* in Richtung Harmonisierung von Innen- und Außenwelt (die ohnehin nur *scheinbar* verschieden sind, wie wir wissen), denn jede andere Haltung führt ja ebenso zwangsläufig zur Selbstverneinung und Selbstzerstörung. Harmonisierung heißt aber, ins Gleichgewicht kommen, heißt innere Ruhe gewinnen. Also Frieden mit sich selbst und der ganzen Welt in uns — und das ist die *ganze* Welt! Solcher Frieden ist nicht nur äußerlicher Frieden, der jederzeit wieder gebrochen werden kann. Solcher Frieden ist elementar. Gewinnt man ihn, wird er unzerstörbar.

— Ein Ziel, sehr erstrebenswert. Aber wie sieht es mit der Verwirklichung aus?

Ziele sind nicht dazu da, daß sie sofort und ohne jede Mühe erreichbar sind. Ziele sind dazu da, die Richtung zu weisen. Will man sich ihnen nähern, so muß man sich auf den Weg machen. Der Weg bringt einen dann Schritt für Schritt dem angestrebten Ziele näher. Und das schon heißt Gewinn, Schritt für Schritt. „Wer zu den Quellen will, muß gegen den Strom schwimmen“, heißt es bei Lao-tsü. Das mag gelegentlich mühsam sein, und da macht man es sich leichter, wenn man schon den Weg für das Ziel nimmt. Der Weg ist selber das Ziel, so heißt es im Zen. Da bleibt es dann zweitrangig, wie weit man kommt bei jedem Anlauf, den man nimmt; entscheidend ist, unterwegs zu bleiben …

Aber wie sollen wir wissen, wo es lang geht? Wer zeigt uns den richtigen Weg? Wo finden wir eine gute Karte mit Kompass und Wegweisern? Und der Lehren gibt es doch viele …

Eine davon ist zweifellos der Buddhismus. Es ist nicht die schlechteste, im Gegenteil, in einem Testbericht bekäme sie sicherlich das Prädikat ‚empfehlenswert'. — Als Mitteldding zwischen Philosophie und Religion bietet sie Manches, was bei anderen Lehrgebäuden nicht zu finden ist. Sie bietet ein umfassendes, offenes System, aber keine Dogmen. Sie ist rational, und trotzdem spirituell. Sie hat selbst keine ‚heiligen' Bücher, verehrt aber die heiligen Bücher aller anderen Lehren und Religionen. Sie verlangt keine Gottesanbetung, respektiert aber alle anderen Gottheiten. Sie kennt keine Offenbarung, lehrt aber Wege zur Erkenntnis, die jeder Chela, jeder Schüler, selber beschreiten kann. Eine Lehre, die Verstand wie innere, spirituelle Erfahrung gleichermaßen befriedigen kann, aber jeden *Glauben* unberührt läßt. Eine Lehre, die das Paradox ermöglicht, daß man von ihr völlig überzeugt werden, aber trotzdem gläubiger Anhänger einer anderen Religion bleiben kann. Eine Lehre, die sich eben als *ein* Weg unter vielen möglichen sieht. Eine solche Lehre kann wohl nicht der schlechteste Wegweiser sein.

Der Wege gibt es viele, und manche führen auch nach innen. Wer welchen wann beschreiten will, ist seine Sache. Hauptsache, man macht sich auf den Weg. Es sind heutzutage schon recht Viele unterwegs, und es werden immer mehr, fast von Tag zu Tag. Oder, wie die Trendforscher Naisbitt (USA) und Gerken (BRD) übereinstimmend feststellen: Der Großtrend geht hin zum Humanen und Spirituellen. Und dafür wird es auch langsam Zeit! Zu sehr hat das materialistische Paradigma seine Möglichkeiten überzogen; jetzt wächst der Bedarf nach anderen Antworten zu den Fragen unseres Seins.

Suchen wir also zuerst einmal den Frieden in uns. Es führen viele Wege dorthin, und es kommt nicht so sehr darauf an, welchen wir wählen. Entscheidend ist, daß wir ihn gehen. Wollen wir Frieden, müssen wir erst einmal die Welt heilen. Wollen wir die Welt heilen, müßen wir bei uns selber anfangen. Denn wir sind die Welt. Wir selber, oder niemand. Nur eine heile Welt aber kann Frieden haltbar machen. Der Frieden ist möglich, weil eine heile Welt möglich ist. Es gab sie schon und gibt sie stellenweise noch; die Hopi haben nie Krieg geführt in ihrer 20.000-jährigen Geschichte und es gibt sie trotzdem immer noch; ähnliches gilt auch für die Australier, Tasmanier, Ainu, Sherpa, Buschleute, Samen, Roma und Sindi. Es ist also Zeit für den oft beschworenen evolutionären Quantensprung des Bewußtseins, gleiche Friedensfähigkeit auch für Großnationen zu erreichen. Denn so, wie der Krieg im Bewußtsein entsteht, entsteht dort auch der Frieden. Nur dort!

— Solange wir den Frieden in uns suchen, ist auch der allgemeine Frieden nicht verloren. Denn seine elementare Wurzel liegt in uns selbst …

Ökonomische und gesellschaftliche Modernisierung – Ethnische Minderheiten in der VR China im Spannungsfeld von Fortschritt und Kultureller Tradition

von Thomas Heberer, Düsseldorf

1. Einleitung

Auseinandersetzungen zwischen Majoritäten und Minoritäten, die Konflikte zwischen Nationalitäten eines Landes sowie Nationalitätenkonflikte zwischen verschiedenen Ländern sind ein globales Phänomen. Nationalitätenprobleme werden daher in zunehmendem Maße wieder integraler Bestandteil sozialwissenschaftlicher Forschung. Das Problem ethnischer Minoritäten und das sich dahinter verbergende Konfliktpotential ist dabei ein wichtiger Faktor. Zahllose internationale Konflikte präsentieren sich vor dem Hintergrund nationaler Auseinandersetzungen. Nationale Minderheiten können für oder gegen die Interessen eines Landes eingesetzt oder ausgenutzt werden, und in Vielvölkerstaaten hängt die Stabilität des Landes nicht selten vom Beziehungsgefüge zwischen den Völkern dieses Landes ab.

In den meisten Ländern gibt es heute Nationalitätenprobleme und -konflikte. Sind größere ethnische Minoritäten oft noch in der Lage, sich politisch und nicht selten militärisch gegen Unterdrückung, Ausbeutung und Assimilation zur Wehr zu setzen, so sind kleine Völker, wie etwa die Indianer Südamerikas, vielfach der Vernichtung preisgegeben. Ihre Kultur wird zerstört, ihr Land konfisziert, Krankheiten, Hunger, Verfolgung und Analphabetismus zehren an ihren Kräften und bluten sie aus[1]. 200 Millionen sogenannte Jäger und Sammler stehen nach Schätzungen der UNO heute vor der Vernichtung durch Hunger, Krankheiten und Krieg. Nicht nur die Staatsregierungen der Heimatländer sorgen für die Vernichtung, multinationale Konzerne und christliche Missionen tragen ebenfalls dazu bei[2].

Dies betrifft sogenannte „moderne" Nationen wie die USA, die Sowjetunion, Kanada, Australien u.a. ebenso wie Länder der Dritten Welt.

Zur Zeit gibt es in China 56 anerkannte Nationalitäten, von denen die Han-Chinesen mit (1982) 937 Millionen die größte Gruppe bilden. Die 55 sogenannten „nationalen Minderheiten" stellen laut Stichprobenzensus von 1987 mit rund 80 Millionen Personen (etwa 8 Prozent der Gesamtbevölkerung) eine beachtliche Minoritätengruppe[3].

1. Zu dieser Frage siehe: Der Völkermord geht weiter, Hrsg.: Gesellschaft für Bedrohte Völker, Arbeitsgruppe Indianer (Reinbek 1982).

2. Siehe u.a. Newsweek Magazine vom 21.9.1981, S. 16 ff.

3. Zhongguo 1982 nian renkou pucha ziliao (Bevölkerungszählungsmaterial von 1982), (Peking 1985) S. 218 ff; Renmin Ribao (Volkszeitung) 12.11.1987, zur allgemeinen Problematik vgl. auch *T. Heberer*, Nationalitätenpolitik und Entwicklungspolitik in den Gebieten nationaler Minderheiten in China, Bremer Beiträge zur Geographie und Raumplanung (Universität Bremen 1984) und *T. Heberer*, China and Its National Minorities: Autonomy or Assimilation? (Armonk/New York 1988).

Diese Zahl sagt wenig über ihre Bedeutung aus. Dazu muß man wissen, daß sie 50-60 Prozent des chinesischen Territoriums bewohnen, vorwiegend die rohstoffreichen und verteidigungsstrategisch wichtigen Rand- und Grenzgebiete.

Da viele dieser Nationalitäten Verwandte auf der anderen Seite der Grenzen haben, hat die Nationalitätenpolitik Chinas wie die der angrenzenden Länder unmittelbare Auswirkungen auf alle betroffenen Länder. Dies zeigen Abwanderungen von Minoritäten in andere Länder in Zeiten politischer Repression und Zuwanderungen aus anderen Ländern in politischen Krisenzeiten dort (wie z.B. aus Vietnam, Laos oder Burma).

Diese Fakten und die obigen Zahlen verdeutlichen die Brisanz der Nationalitätenfrage in einem Land wie China. Die innere Stabilität und das Verteidigungsvermögen sind in erheblichem Maße an das Verhalten der Minoritäten gekoppelt. Gerade in einem etwaigen Kriegsfall könnte das Verhalten der Minderheiten den Ausschlag für einen raschen Erfolg des Gegners geben. Würde es einem solchen Gegner (etwa der Sowjetunion) gelingen, die Minderheiten in Xinjiang, Tibet und der Inneren Mongolei für sich zu gewinnen, ließen sich große Teile Chinas problemlos abtrennen, in etwaige Vasallenstaaten verwandeln oder in sowjetisches Territorium eingliedern, u.a. mit dem Hinweis auf „Zusammenführung der Nationalitäten"[4].

Über die Minoritäten in China und ihre tatsächliche Lage gab es in den 60er und 70er Jahren nur spärliche Informationen. Die chinesische Seite zeichnete ein Bild von „Eintracht und Harmonie", so daß der Eindruck entstand, China betreibe eine vorbildliche Nationalitätenpolitik.

Nach 1978 hat die chinesische Führung offen zugegeben, daß es in den Lebensverhältnissen in den Minderheitengebieten bis Ende der 70er Jahre seit langer Zeit keine oder nur geringe Veränderungen gegeben hat und es während der Kulturrevolution zu zum Teil gewaltigen Zerstörungen und drastischer Unterdrückung gekommen ist.

2. Probleme der Anerkennung

China hat seine gesamte Geschichte über eine Vielzahl von Völkern in seinen Grenzen beherbergt.[5] Die chinesische Geschichte ist zugleich auch eine Geschichte umfangreicher Migrationsbewegungen sowie von Untergang, Entstehung und Verschmelzung verschiedener Völker. Zwar waren die Han-Chinesen selbst aus der Vermischung vieler Völkerschaften auf dem Boden des heutigen China hervorgegangen. Aber die Ackerbau treibenden Han verachteten bereits in früher Zeit die sie umgebenden Völker, die im Gegensatz zu ihnen Jäger und Sammler oder Nomaden waren. Diese „Barbaren" teilten sie lediglich nach den Himmelsrichtungen ein, nach ihrer Entfernung vom Mittelpunkt der Welt, dem Sitz des Kaisers, oder nach dem Grad ihrer Unterwürfigkeit. Die Völker im Norden waren die Di-, die im Osten die Yi-, die im Westen die Rong- und die im Süden die Man-Barbaren[6].

4. So sagte der prominente sowjetische Journalist Victor Louis in den 70er Jahren den Zusammenbruch Chinas aufgrund innerer Konflikte zwischen den Nationalitäten voraus. Wenn Louis' Argumente auch unhaltbar waren, so verbarg sich dahinter doch der sowjetische Wunsch einer Schwächung Chinas durch seine ethnischen Minderheiten. Vgl. *V. Louis*, The Coming Decline of the Chinese Empire (New York 1977).

5. Eberhard hat festgestellt, daß in den chinesischen historischen Quellen 800 Stämme und Volksgruppen unter gesonderten Namen aufgeführt sind. Vgl. *W. Eberhard*, Kultur und Siedlung der Randvölker Chinas, T'oung Pao, Supplement to vol. 36 (Leiden 1942) S. 411. Zur allgemeinen Problematik siehe auch *O. Lattimore*, Inner Asian Frontiers of China (Boston 1962); *J.T. Dreyer*, China's Forty Millions (Cambridge/Mass. u. London 1976) S. 7 ff.; *W. Bauer* (Hrsg.), China und die Fremden (München 1980).

6. *Li Gi*, Das Buch der Riten, Sitten und Gebräuche (Hrsg. R. Wilhelm), (Köln/Düsseldorf 1981) S. 102.

Die Nicht-Han-Völker, die in alter Zeit Zentralchina bewohnten, wurden im Laufe der Jahrhunderte von den Han zunehmend in Randgebiete abgedrängt. Der Konfuzianismus, die staatstragende Ideologie über alle chinesischen Dynastien hinweg, verachtete die „Barbaren". Gleichwohl plädierte er nicht für eine Vernichtungspolitik, sondern für eine Politik gewaltfreier Assimilierung mittels Beeinflussung durch han-chinesische Werte. Diese konfuzianischen Vorstellungen durchziehen wie ein roter Faden die Geschichte der Nationalitätenbeziehungen in China.

Im Laufe der Geschichte gab es zugleich enge Verflechtungen und Beeinflußungen zwischen den verschiedenen Völkern auf chinesischem Boden. Es gab nicht nur kriegerische Auseinandersetzungen, sondern auch regen Austausch und gegenseitige Befruchtung. Ein Teil der Kaiserdynastien wurde von Nicht-Han-Völkern getragen. Diese vermochten sich auf Dauer dem übermächtigen kulturellen Einfluß der Han-Kultur nicht zu entziehen und wurden schließlich sinisiert.

Zur Zeit der Gründung der Volksrepublik wußte niemand genau, wieviele Nationalitäten in China lebten. Sun Yatsen, der Begründer der Republik China, hatte in den 20er Jahren China nur als „Republik von fünf Nationalitäten" anerkannt[7], die spätere Guomindang-Regierung die Existenz ethnischer Minoritäten schlichtweg geleugnet, sie vielmehr als „Zweige" der Han bezeichnet, was eine ethnische Identifikation bzw. Kategorisierung unmöglich machte[8].

Kurz nach Gründung der Volksrepublik nahm die neue Regierung erste Untersuchungen vor. 400 ethnische Gruppen meldeten sich nach einem ersten Aufruf zur Registrierung als „nationale Minderheit". Untersuchungen zeigten jedoch, daß ein Großteil Untergruppen ein und derselben Nationalität waren, andere zu einer Nationalität gehörten, aber verschiedene Namen trugen, wieder andere Han waren, die sich aus historischen Gründen unklar über ihre Herkunft waren.

Von 1953 an wurden dann ausführliche Untersuchungen und Feldforschungen vorgenommen. Bis 1957 waren, mit Zustimmung der Führer und Angehörigen der jeweiligen Nationalitäten, 54 ethnische Gruppen als eigenständige Nationalitäten anerkannt (als 55. wurden 1979 die Jinuo anerkannt), wobei die offizielle Anerkennung jeweils durch den Staatsrat erfolgte[9].

3. Autonomie und Selbstverwaltungsrechte

a. Was heißt Autonomie?

Seit den 50er Jahren gibt es für die Minderheiten Autonomie, die nach den Prinzipien Territorium und Nationalität durchgeführt wird, d.h. unter Berücksichtigung der Ansiedlungsverhältnisse der Minderheiten. Gebiete, die von einer Minorität oder mehreren Minoritäten bewohnt wurden, wurden zu einer Verwaltungseinheit (autonomes Gebiet, autonomer Bezirk, autonomer Kreis, autonome Gemeinde) zusammengeschlossen und Selbstverwaltungsorgane errichtet. Gegenwärtig gibt es 130 Regionen mit nationaler Gebietsautonomie (fünf autonome Gebiete auf der Provinzebene: Innere Mongolei, Xinjiang der Uiguren, Guangxi der Zhuang, Tibet und Ningxia der Hui; 31 autonome Bezirke und 99 autonome Kreise bzw. — in der Inneren Mongolei — Banner). Die autonomen Verwaltungsgebiete umfassen eine Gesamtfläche von 6,1 Mio. qkm, das sind über 60%

7. *Sun Yatsen*, Die Grundlehren von dem Volkstum (Berlin 1927) S. 24.; entsprechend auch L. Shilien Hsü (ed.), Sun Yatsen, His Political and Social Ideas (Los Angeles 1933) S. 168.

8. *Chiang Kai-shek*, China's Destiny (New York 1949) S. 39 f; *Chiang Kai-shek*, May Ling, Unser China (Zürich 1945) S. 84.

9. Dazu *T. Heberer*, Probleme der Nationalitätentheorie und des Nationsbegriffs, in: Internationales Asienforum 1-2/1985, S. 109-124.

der Landesfläche, mit über 130 Millionen Menschen, darunter über 55 Millionen Angehörige nationaler Minderheiten.

Autonomie heißt nicht, daß diese Gebiete ein Lostrennungsrecht vom Territorium der VR China hätten, sondern daß sie unter der „Leitung durch höhere Organe" bestimmte Sonderrechte gegenüber anderen Verwaltungseinheiten genießen. D.h., daß in diesen Gebieten Sprache(n) und Schrift(en) der entsprechenden Nationalität(en) benutzt, daß die Verwaltung von Funktionären aus den Minderheiten ausgeübt werden muß bzw. soll, daß eigene Gesetze und Vorschriften erlassen, eigene Produktionspläne (im Rahmen des zentralen Staatsplans) erstellt und ein eigener Weg wirtschaftlicher und kultureller Entwicklung (im Rahmen der Verfassung) gewählt werden kann; sie können im Rahmen der gesamtstaatlichen Finanzplanung ferner die örtlichen Finanzen selbst verwalten und örtliche Streitkräfte aufstellen.

In den 50er Jahren waren bereits einige allgemeine Rechte für die Minderheiten in Form von Verordnungen niedergelegt worden wie über die Durchführung der Gebietsautonomie, den Schutz der Rechte der verstreut lebenden Minoritäten, Finanzrechte, Gleichberechtigung aller Nationalitäten usw.[10] Doch da die Verfassung von 1954 diese Rechte verfassungsmäßig unzureichend bestätigte, [11] blieben sie im folgenden weitgehend auf dem Papier. Vor allem die Perioden politischer Radikalität (Großer Sprung nach Vorn 1958-60; Kulturrevolution 1966-76) zeigten, daß je nach politischer Wetterlage eine Politik mehr oder weniger starker Assimilation durchgeführt wurde, die primär aufgrund der Folgen der zehnjährigen Kulturrevolution erhebliche Unruhen in den Minderheitengebieten entstehen ließ.

Dieser Unmut entlud sich offen auf der 3. Tagung des Nationalen Volkskongresses (das chinesische Parlament) im September 1980, wo erstmals der Öffentlichkeit über die Tagespresse scharfe Kritiken, Vorschläge und Forderungen der Abgeordneten aus den Minderheiten vorgestellt wurden[12].

Die Minoritätenvertreter verlangten sofortige Realisierung und Ausweitung der Gebietsautonomie in allen Bereichen. Dabei stand die Frage der gesetzlichen Absicherung der Selbstverwaltung und Selbstverwaltungsrechte im Mittelpunkt der Autonomiediskussion. Den Minderheiten wurden Gesetze versprochen, die den gesamten Bereich ihrer wirtschaftlichen und kulturellen Entwicklung sowie weitgehende Selbstbestimmung über ihre Ressourcen und Entwicklung (allerdings im Rahmen der chinesischen Verfassung) absichern sollten[13].

Diese Zugeständnisse gegenüber den Minoritäten müssen vor dem Hintergrund gesehen werden, daß es für die Minderheiten seit den 50er Jahren Autonomie in keiner Form mehr gegeben hat bzw. diese Autonomie nur auf dem Papier stand. Noch in der Verfassung von 1978 wurden den Minderheiten nicht einmal mehr die Rechte eingeräumt, die ihnen noch die Verfassung von 1954 gegeben hatte. Die Verfassung von 1982 wertete dann die Rolle der Minderheiten auf und gab ihnen — in allgemeiner Form — mehr Rechte als je zuvor[14]. Die chinesische Führung versprach zugleich eine gesetzliche Konkretisierung und Spezifizierung der Verfassungsklauseln[15].

Das „Gesetz über die Gebietsautonomie der Nationalitäten der VR China" von 1984, das auf den entsprechenden Artikeln der Verfassung von 1982 basiert, soll Leitfaden der weiteren Gesetz-

10. Siehe Policy Towards Nationalities of the People's Republic of China (Peking 1953); Minzu gongzuo shiyong fagui shouce (Handbuch der Gesetze und Verordnungen zur Nationalitätenarbeit) (Peking 1958).

11. Constitution of the People's Republic of China (Peking 1954) S. 10 und 40-43.

12. Renmin Ribao 5.9. und 10.9.1980.

13. Renmin Ribao 13.9., 16.9. und 19.9.1980.

14. Renmin Ribao 5.12.1981; Beijing Rundschau 52/1982.

15. Vgl. Renmin Ribao 6.12.1982.

gebung für die ethnischen Minoritäten sein[16]. Gegenüber allen Bestimmungen seit 1949 bringt das neue Gesetz eine deutliche Ausweitung der Selbstverwaltungsrechte sowie eine Spezifizierung der Funktionen und Rechte der Selbstverwaltungsorgane und des Beziehungsgefüges zwischen Selbstverwaltungsorganen und Staatsorganen höherer Ebenen. So sollen Führungskader jetzt Angehörige der Nationalität(en) sein, die die Autonomie ausübt bzw. ausüben; Beschlüsse und Anweisungen höherer Organe, die nicht den konkreten Bedingungen in einer autonomen Region entsprechen, brauchen nicht unbedingt durchgeführt zu werden. Die autonomen Regionen erhalten u.a. weitgehendere Rechte bei der Planerstellung für ihre Gebiete, bei der Wirtschaftsentwicklung, bei Schutz und Verwaltung ihrer Ressourcen, im Außenhandel, im Finanz- und Steuersektor, im Erziehungswesen, Gesundheitswesen und in anderen Bereichen. Was die Beziehungen zwischen den autonomen Regionen und dem Staat anbelangt, so wurde der Staat konkret zu stärkerer Unterstützung und Hilfeleistung verpflichtet.

Das Autonomiegesetz von 1984 hat von allen bisherigen gesetzlichen Bestimmungen formell die weitestgehenden Rechte für die ethnischen Minoritäten festgelegt. Es stellt zweifellos eine schriftlich fixierte Aufwertung der Minoritäten, der Autonomie und der Selbstverwaltungsorgane dar. Die meisten Klauseln sind allerdings so allgemein gefaßt, daß sie ohne flankierende Gesetze wirkungslos bleiben müssen. Sie stellen eher einen Leitfaden für künftige gesetzliche Bestimmungen dar als ein Gesetz. Der Inhalt hat weitgehend Appellcharakter.

Die KPCh glaubt heute, ein gesetzliches Instrumentarium biete ausreichenden Schutz zur Sicherstellung der Rechte der Minoritäten. Doch die Erfahrung Chinas zeigt, daß in Phasen ideologischer und politischer Radikalisierung Gesetze und Rechtsverordnungen schnell hinfällig wurden. Eine tatsächliche Sicherheit bieten sie daher zumindest so lange nicht, wie die KPCh über das Recht gestellt wird. Der gegenwärtigen Führung ist zweifelsohne daran gelegen, solche Rechtsunsicherheit zu beseitigen; sie hat wiederholt betont, daß sich niemand (auch kein Parteiführer) über die Gesetze stellen dürfe und auch die Partei dem Gesetz unterworfen sei. Obwohl das sicher nicht immer der Fall ist, bemüht sie sich zur Zeit doch, ein Rechtssystem für China zu schaffen und allmählich demokratische Rechte einzuführen und juristisch abzusichern. Die juristische Absicherung von Rechten ist insofern notwendig, als solche Rechte sonst beliebig zugestanden oder entzogen werden können und (weil nur verbal zugestanden) sich niemand darauf berufen kann. Höhere Ebenen und Funktionäre könnten sonst auch bereits zugesicherte Rechte beliebig verletzen. Mit dieser Rechtsunsicherheit soll Schluß gemacht werden, betont die chinesische Führung, um der Willkür höherer Stellen oder einzelner Funktionäre Schranken zu setzen und der Bevölkerung (wie auch dem Ausland) Vertrauen in die Beständigkeit der gegenwärtigen Politik und in ihre Rechte zu geben.

Die autonomen Regionen sollen künftig nicht mehr nur einfache Verwaltungsbestimmungen erlassen können, sondern auch Gesetze. Außer an Wirtschaftsgesetze ist auch an die gesetzliche Absicherung der Sitten und Gebräuche, der Ausbildung, Sprachen und Schriften, an Ehegesetze u.a. gedacht. Selbst autonomen Bezirken und autonomen Kreisen sollen Gesetzgebungsrechte eingeräumt werden, die die Einhaltung dieser Gesetze überwachen und bei Gesetzesverstößen angerufen werden können.

16. Minzu Tuanjie (Einheit der Nationalitäten) 6/1984, S. 3 ff.; deutsch: *T. Heberer*, Übersetzung und Kommentar zum „Gesetz über die Gebietsautonomie der Nationalitäten der VR China“, in: China aktuell, Oktober 1984, S. 601 ff.

b. Autonomie und Wirtschaftsentwicklung

Die Minderheitengebiete gehören zu den ärmsten und am wenigsten entwickelten Gebieten Chinas. Dies hat weitgehend historische Gründe. Ein Großteil dieser Völker wurde im Laufe der Geschichte von den Han in die unwirtlichen Gebiete abgedrängt. Die Minoritäten schotteten sich nach außen hin ab, um nicht von der ständig wachsenden, an Bodenmangel leidenden Han-Bevölkerung überflutet zu werden.

Eine landesweit verfehlte Entwicklungspolitik in den 60er und 70er Jahren brachte auch für diese Gebiete nicht den erhofften Fortschritt. Heute bemüht sich die Zentralregierung um die Entwicklung der Minoritätengebiete. Die Angehörigen der Minderheiten in diesen Gebieten sehen dies mit gemischten Gefühlen. Einerseits wünschen sie sich Fortschritt und Modernität, andererseits fürchten sie sich vor den Konsequenzen eines solchen Fortschritts. Die Zeitschrift „Minzu Tuanjie" (Einheit der Nationalitäten) berichtete Ende 1986 über die Angst in vielen Minderheitengebieten vor der wirtschaftlichen „Öffnung"[17]. Die Furcht, die Minoritäten und ihre Gebiete könnten dadurch großen Schaden nehmen, ihre Ressourcen geplündert werden und die nationale und kulturelle Identität verlorengehen, ist groß. Uiguren beschweren sich über die Einwanderung unzähliger Han zur Erschließung der dortigen Rohstoffvorkommen, und die Demonstrationen in Xinjiang und der Inneren Mongolei in den letzten Jahren gegen Zuwanderungen und ökologische Zerstörungen durch Betriebe oder Einzelpersonen aus den Han-Gebieten weisen auf eine gewisse Protesthaltung vieler Minderheiten hin. Der Aufruhr in Tibet Ende 1987 zeigt, daß die Konflikte in den Minoritätengebieten zunehmen.

In der Tat sind höhere Behörden wenig einfühlsam, wenn es um wirtschaftliche „Entwicklung" geht. Es gibt bei regionalen und lokalen Behörden kaum Verständnis für das Interesse der Minderheiten, ihre Kultur, ihren Lebensstil und ihre Traditionen zu bewahren. Von daher besteht die Gefahr, daß die Kultur vor allem der kleineren Völker zerstört wird, die sich nicht zu wehren vermögen — eine Tatsache, um die sich bei Erschließungen in diesen Gebieten kaum jemand kümmert.

Im Zuge der gegenwärtigen Wirtschaftsreformen haben die unteren Ebenen (Provinzen, Kreise, Betriebe) größere Selbstentscheidungsrechte erhalten. Bei der wirtschaftlichen Entwicklung soll künftig von den konkreten örtlichen Bedingungen ausgegangen werden. Autonome Regionen sollen selbst über Erschließung und Ausbeutung ihrer Ressourcen entscheiden können, und letzteres soll der örtlichen Bevölkerung zugute kommen[18].

Gewiß haben die Minoritätengebiete in dieser Hinsicht mehr Mitspracherechte erhalten. Von der allgemeinen Wirtschaftsprosperität der letzten Jahre haben auch sie profitiert. Und allein 1986 hat der Staat 8,5 Milliarden Yuan für die Entwicklung der Wirtschaft in diesen Gebieten zur Verfügung gestellt. Doch noch immer war 1986 ein Fünftel der Minderheitenbevölkerung nicht ausreichend mit Nahrung und Kleidung versorgt. Die Kluft zwischen Minoritätengebieten und Han-Regionen ist im Wachsen begriffen[19]. Der ohnehin entwickeltere Ostteil Chinas hat die besseren Bedingungen für eine Wirtschaftsentwicklung (bessere Infrastruktur, Küstennähe, zum Teil relativ entwickelte Industriezentren, Technologie und Fachkräftepotential usw.). Er verfügt über die meisten Außenkontakte und erhält den Löwenanteil der Hilfe aus westlichen Ländern.

Der Staat hat ein berechtigtes Interesse an der Entwicklung der Minderheitengebiete und an der Nutzung ihrer Ressourcen. Die größeren Minoritäten haben das gleiche Interesse, fürchten

17. Minzu Tuanjie 11/1986, S. 1.

18. Dazu siehe: *T. Heberer*, Probleme chinesischer Regionalentwicklung, in: Geographische Rundschau 3/1986, S. 130-137.

19. Minzu Tuanjie 7/1986, S. 4 f.

sich allerdings vor Überfremdung durch die Han. Ein Teil der kleineren Volksgruppen möchte zurückgezogen seinen traditionellen Lebensstil pflegen. Die han-chinesischen Klagen, daß dort die „Warenwirtschaft" nicht entwickelt sei, die Bewohner nicht an einer „Produktion für den Markt" interessiert seien, rühren diese Gruppen wenig. Der Fortschritt wird daher von oben oft rigoros „eingeführt", wobei Minderheitenfunktionäre zum Teil Hilfestellung leisten. Wenn die Autonomie den Minderheiten künftig nicht weitgehende Eigenbestimmung bei der Wirtschaftsentwicklung sichert, bei *gleichzeitiger* Bewahrung ihrer kulturellen Identität, werden sich die Nationalitätenkonflikte auf Dauer zuspitzen.

c. *„Ungesundes" und „gesundes" Brauchtum*

Im Juni 1986 meldete die „Liangshan-Bao", die zweisprachige (Yi und Chinesisch) Tageszeitung im Autonomen Bezirk Liangshan der Yi, das Verbot einer Vortotenfeier für ein noch lebendes Elternpaar[20]. Bei dieser traditionellen Feier kommen alle Verwandten und Freunde zusammen, bringen Geschenke und feiern einige Tage ein gemeinsames Fest. Das Verbot wurde von der Bezirksregierung ausgesprochen, wegen „Verschwendung", obgleich die Bauern ja nur ihr eigenes Geld und ihre eigenen Dinge verkonsumierten. Man kann sich denken, welche Gefühle solche Verbote bei den Betroffenen hervorrufen.

Sitten, Gebräuche und Feste der Minderheiten sollen seit Anfang der 80er Jahre offiziell wieder respektiert werden. In der Verfassung heißt es ausdrücklich: „Es steht ihnen (allen Nationalitäten) frei, ihre Sitten und Gebräuche beizubehalten oder zu reformieren"[21]. Da sich die lokalen Behörden als Vertreter der örtlichen Minoritäten verstehen, gibt es für Angehörige dieser Minderheiten keine Möglichkeit, sich gegen solche Beschlüsse zu wehren.

Seit den 50er Jahren wird zwischen „gesunden" und „ungesunden" Sitten und Gebräuchen unterschieden. „Ungesunde" sollen abgeschafft, „gesunde" bewahrt werden. Da diese Begrifflichkeit nie präzise geklärt wurde, kam und kommt es lokal immer wieder zu Eingriffen in das Brauchtum. Die Behörden messen die Sitten und Bräuche meist an der Elle der han-chinesischen Vorstellungen. Initiationsriten, Jugendhäuser, in denen sich unverheiratete Jungen und Mädchen zu freier Liebe treffen können, Feste, die sich um Liebe drehen, wurden — weil sie den Moralvorstellungen der Han zuwiderliefen — immer wieder verboten[22].

1986 ließ ein hoher Funktionär der Nationalitätenkommission einen Tag vor der Eröffnung einer Ausstellung über die Li auf der Insel Hainan die Vitrine zum Thema „Religion" ausräumen, weil hier „abergläubische Dinge" ausgestellt worden seien. Am nächsten Tag fand sich in dieser Vitrine nur noch ein Foto, das den Ministerpräsidenten bei einem Besuch Hainans zeigte.

Die Unsicherheit und Furcht im Umgang mit dem Brauchtum der Minderheiten, die sich weitgehend auf konfuzianische Verachtung der früheren „Barbaren", Furcht vor möglichen politischen Fehltritten und geringes Bildungsniveau zurückführen läßt, pflanzt sich bis auf die unterste Funktionärsebene fort. So entschuldigte sich ein Kader der Wa, den ich über die frühere Kopfjagd bei den Wa befragte, bei mir mit den Worten, die Kopfjagd sei ihnen „früher von der Guomindang Tschiang Kai-schecks aufgezwungen worden". Dies zeigt, daß viele Minoritätenkader keine natürliche Haltung gegenüber den Sitten und Bräuchen ihrer Nationalität haben, deren Zweck und historischen Zusammenhang nicht begreifen. Nun ist das nicht ihre Schuld. Vielmehr

20. Liangshan Bao (Liangshan-Zeitung) 5.6.1986.

21. Renmin Ribao 5.12.1981.

22. Vgl. *T. Heberer*, Ethnic Minorities and Cultural Identity in the People's Republic of China, with special reference to the Yi nationality, in: T. Heberer (ed.), Ethnic Minorities in China: Tradition and Transform (Aachen 1987) S. 3-24.

wurde ihnen jahrzehntelang immer wieder gesagt, daß die Bräuche ihrer Nationalität etwas Rückständiges, Abzulehnendes und Reaktionäres seien.

Ohne gesetzliche Absicherung des Rechts und der Freiheit auf Bewahrung oder Reform der Sitten und Gebräuche in *konkreter* Form wird es für einzelne Kader immer wieder leicht sein, diese oder jene Sitte als „reaktionär", „obszön" oder „die Produktion behindernd" einzustufen und zu verbieten. Nach wie vor ist nicht präzise geklärt, welche Art von Sitten und Gebräuchen eigentlich reformiert werden sollen und welche nicht. Zu variabel sind die Definitionen, zu verschieden die einzelnen Interpretationen. Und welcher Maßstab ist anzulegen? Sicher nicht der moralische Maßstab der Han. Kriterien wie „zum Nutzen oder im Interesse der reaktionären herrschenden Klassen" oder „der Entwicklung von Wirtschaft und Kultur hinderlich" sind beliebig auslegbar. Die autonomen Verwaltungseinheiten sollten darüber selbst entscheiden und eigene gesetzliche Festlegungen treffen können, frei von äußerer Einmischung. Dies kann aber nicht Produkt behördlicher Entscheidung sein (entscheiden doch Behörden eher gegen als für ein Brauchtum), es müßte vielmehr Ergebnis offener und freimütiger demokratischer Diskussion innerhalb einer Nationalität selbst sein.

d. Probleme des Bildungswesens

In den letzten Jahren wurden in den Minoritätengebieten die sogenannten „Nationalitätenschulen" wiederhergestellt bzw. neue geschaffen. Kinder aus den ethnischen Minderheiten sollen dort auf Staatskosten bis zum Abschluß der oberen Mittelschule (der zur Teilnahme an den Hochschulaufnahmeprüfungen berechtigt) geführt werden. Unterrichtet werden soll in der Sprache der jeweiligen örtlichen Minorität(en). Da für den Wirtschaftsaufbau eine große Zahl von Fachkräften für die Minderheitengebiete benötigt wird, Han-Fachleute aber nur ungern in diese Gebiete gehen, sollen lokal Fachkräfte ausgebildet werden. Durch diese Schulausbildung soll zugleich der Anteil der Minderheiten an den Hochschulstudenten steigen. Dieser Anteil ist zwar von 4,2 Prozent 1978 auf 5,4 Prozent 1986 gestiegen, liegt damit aber immer noch unter dem Minderheitenanteil von 8,0 Prozent an der Gesamtbevölkerung[23].

In den höheren Klassen erfolgt der Unterricht häufig in Han-Chinesisch, weil es an Lehrbüchern in den Minderheitensprachen und an örtlichen Lehrkräften fehlt. Da Han-Chinesisch landesweit ein wichtiger Faktor für sozialen und beruflichen Aufstieg ist, entsteht überdies ein Widerspruch zwischen Minderheitenschriften und -sprachen und dem Han-Chinesischen. Vorwiegend die Funktionärs- und dünne Intellektuellenschicht aus den Minoritäten sieht es lieber, wenn ihre Kinder auf Han-Schulen gehen und Chinesisch sprechen. Letzteres hat durchaus eine materielle Grundlage, denn auf fast allen Hochschulen (mit Ausnahme einiger höherer Bildungseinrichtungen in Xinjiang, in der Inneren Mongolei, Tibet und einigen anderen Gebieten) ist Chinesisch Unterrichtssprache, ebenso in den Verwaltungszentren und Städten. Da es an Material und Geldmittel fehlt, gibt es nur eine beschränkte Anzahl von Büchern in den Minderheitensprachen. Fachliche Qualifikation und Fortbildung verlangen daher ein höheres Niveau in der Han- als in der eigenen Sprache.

Bei den Hochschulaufnahmeprüfungen erhalten Studienbewerber aus den Minoritäten einen Bonus gegenüber Han-Bewerbern, d.h., sie benötigen eine erheblich geringere Punktezahl. Viele Universitäten haben überdies Prüfungsvorbereitungskurse für Minderheitenbewerber eingerichtet. Elf Nationalitätenhochschulen (minzu xueyuan) bieten spezielle Fächer für Studenten aus Minoritätengebieten an, die nach ihrer Ausbildung dorthin zurückkehren sollen. Die Aufnahme erfolgt nach einem Schlüssel, der allen Nationalitäten eine bestimmte Personenanzahl zuweist.

23. Vgl. Zhongguo tongji nianjian 1986 (Statistisches Jahrbuch Chinas 1986), (Peking 1986) S. 82.

Bei der Hochschulausbildung werden Angehörige ethnischer Minderheiten nicht benachteiligt, sondern teilweise bevorzugt. Aber durch die Ausbildung in han-chinesischer Umgebung und han-chinesischer Sprache werden sie zum Teil sinisiert. Ein Großteil der nach 1966 ausgebildeten Minoritätenstudenten beherrscht die eigene Sprache und Schrift nicht oder nur sehr mangelhaft (mit Ausnahme derjenigen aus Großgruppen mit entwickelter Schriftsprache wie Uiguren, Tibeter, Mongolen und Koreaner). In der Vielnationalitätenprovinz Guizhou beispielsweise beherrschen 35 Prozent aller Angehörigen ethnischer Minderheiten die ursprüngliche Sprache nicht mehr bzw. sprechen ausschließlich Han-Chinesisch[24]. Es besteht die Gefahr, daß die künftige Oberschicht der Minoritäten die Sprache der eigenen Nationalität nicht mehr beherrscht und sich kulturell von der eigenen Volksgruppe abwendet. Kultur und Sprache wären dann nur noch in bäuerlichen Gebieten zu finden und könnten sich nicht mehr entwickeln. Mit der Hebung des Bildungsstandes würde dann die Sinisierung einhergehen.

e. Wie ist die Autonomie für die ethnischen Minoritäten zu bewerten?

Die Autonomie in China ist Autonomie in einem Einheitsstaat. Das Verhältnis zwischen Zentrale und unteren Ebenen richtet sich nach dem „Demokratischen Zentralismus". Laut Parteistatut versteht man unter dem Demokratischen Zentralismus: Unterordnung des Einzelnen unter die Organisation, Unterordnung der Minderheit unter die Mehrheit, Unterordnung der unteren Ebenen unter die höheren, Unterordnung der gesamten Partei unter das Zentralkomitee[25]. Die autonomen Regionen haben sich also in diesen Gesamtverband einzufügen, können nicht etwa ihren Austritt daraus erklären. Allerdings gelten die einzelnen Nationalitäten in diesem Verband formell als gleichberechtigt. Von dieser Konzeption her ist die Autonomie den Interessen des Gesamtstaates und auch der KPCh untergeordnet. Verfassung und gesamtstaatliche Konzeptionen (was u.a. auch das Festhalten am sozialistischen Gesellschaftssystem impliziert) sind für alle Nationalitäten bindend. In diesem Rahmen sollen sie allerdings (obgleich mit Billigung der höheren Organe) über ihr Entwicklungskonzept weitgehend selbst entscheiden können. Das Erfordernis der Zustimmung von oben ist quasi die Kontrolle darüber, daß einzelne Gebiete oder Minoritäten sich nicht in der einen oder anderen Weise aus dem Gesamtverband ausgliedern können. Die Autonomie ist so von vornherein sehr stark eingeschränkt.

Das Autonomiegesetz von 1984 gibt zwar eine generelle und enumerativ konkretisierte Zuständigkeitsabgrenzung zwischen Gesamtstaat und Untereinheiten. Doch die autonomen Verwaltungseinheiten werden von Verwaltungsorganen kontrolliert, die wiederum vollständig von Han beherrscht werden (weil sie der Zentrale in Peking oder Provinzen unterstehen, wo die Han die Mehrheit bilden). Dies schiene weniger problematisch, wenn es eine gesetzlich fundierte und funktionierende Regelung zwischen Gesamtstaat und den autonomen Einheiten gäbe.

Während autonome Gebiete direkt der Zentrale unterstehen, sind bei autonomen Bezirken und Kreisen bereits wieder Zwischenstellen eingeschaltet, da beide Provinzen bzw. autonomen Gebieten (autonome Kreise zum Teil auch autonomen Bezirken) unterstehen. In diesen Fällen wäre ebenfalls eine generelle und enumerative Zuständigkeitsabgrenzung notwendig. Zugleich bedürfte es rechtlicher Kontrollinstanzen (in Form unabhängiger Gerichte etwa für Kompetenzstreitigkeiten zwischen autonomen Regionen und höheren Ebenen) und politischer Kontrollinstanzen (etwa in Partei- und Regierungsorganen).

24. Guizhou Minzu Yanjiu (Nationalitätenforschung Guizhous) 3/1981, S. 70 f.
25. Vgl. Statut der KPCh in Beijing Rundschau 38/1982.

Ein größeres Maß an Autonomie erfordert zugleich eine stärkere Trennung von Partei und Staatsapparat. Solange die Kommunistische Partei einen Absolutheitsanspruch hat und Parteianweisungen Regierungsbeschlüsse aller Ebenen sowie gesetzliche Festlegungen brechen können, herrscht de facto Rechtsunsicherheit, läßt sich die Autonomie beliebig außer Kraft setzen. Es bedürfte daher m.E. auch konkreter Kompetenzabgrenzung zwischen Partei, Staat und Rechtsorganen. Daß es Schritte in diese Richtung gibt, zeigt die Tatsache, daß die Führungsrolle der Partei zunehmend dem ideologischen Bereich zugeordnet werden soll. Die Partei soll die „ideologische Führung" ausüben, nicht aber an die Stelle von Staat und Justizorganen treten. Nur wird es einige Zeit in Anspruch nehmen, dies tatsächlich durchzusetzen, denn zweifellos stößt dies innerhalb der Partei auf großen Widerstand, weil es Verlust von (zumeist persönlicher) Macht bedeutet.

Aufgrund der vergangenen Entwicklung arbeiten die örtlichen Regierungen autonomer Regionen häufig nur im Schlepptau der örtlichen Parteiorganisationen. Allein Gesetze genügen also noch nicht zur Durchsetzung eines hohen Grades an Selbstentscheidungsrecht. Dazu bedarf es weiterer Kontrollorgane und vor allem Änderungen in der politischen und Verwaltungsstruktur Chinas.

Auch die Frage der „zerstreut lebenden" Angehörigen ethnischer Minderheiten bedarf einer Lösung. Immerhin leben ca. 13 Millionen Angehörige nationaler Minderheiten (etwa 1/6) außerhalb der autonomen Gebiete ihrer Nationalitäten in sogenannten „Mischgebieten". Und 5,7 Millionen haben keine Autonomie, weil sie relativ verstreut leben. Da diese 18,7 Millionen außerhalb der Autonomie stehen, ist es für sie doppelt schwer, irgendwelche Rechte zu beanspruchen oder gar durchzusetzen.

4. Bevölkerungspolitik gegenüber den Minoritäten

a. Allgemeine Problematik

Die Volkszählung im Jahre 1982 ergab für China eine Bevölkerung von 1, 004 Milliarden Menschen[26]. 50% davon waren jünger als 21. Bis zum Ende des Jahrhunderts werden im Durchschnitt jährlich über 20 Millionen junger Leute ins Heiratsalter kommen und etwa 13 Millionen Kinder jedes Jahr zur Welt gebracht werden. 1986 betrug die natürliche Wachstumsrate der Bevölkerung 12,85 Promille, gegenüber 11,23 Promille im Jahre 1985[27]. Stiege die Bevölkerung in diesem Verhältnis weiter an, würde die Bevölkerungszahl am Ende dieses Jahrhunderts 1,3 Milliarden betragen, 100 Millionen mehr als geplant. Dies würde China vor das Problem stellen, 100 Millionen Menschen mehr versorgen zu müssen. Die Ernährung eines Kindes bis zum 16. Lebensjahr kostet offiziellen Angaben zufolge 2.200 Yuan. Die Ernährung von zusätzlichen 100 Millionen Menschen würde demnach 200 Milliarden Yuan betragen — annähernd die Hälfte der Anlagevermögen der bestehenden staatlichen Betriebe im Jahre 1985[28].

Die Bevölkerung Chinas wuchs seit 1949 um 538 Millionen Menschen, hat sich also innerhalb von etwas mehr als drei Jahrzehnten verdoppelt. Zwischen 1840 und 1949 war sie „nur" um 120 Millionen gewachsen.

26. Zhongguo 1982 nian renkou..., a.a.O., S. 16. Zur Bevölkerungsproblematik vgl. auch: *T. Heberer*, Wenn der Drache sich erhebt. China zwischen Gestern und Heute (Baden-Baden 1988) S. 122ff.
27. Renmin Ribao 9.7.1987.
28. Zhongguo Jihua Shengyu Bao (Chinesische Geburtenplanungszeitung) 14.8.1987.

Wäre das Wachstum von 1974 beibehalten worden (17,5 Promille), dann hätte China in den nächsten 100 Jahren den Umfang der gesamten Weltbevölkerung von 1979 erreicht[29].

b. Pro und Contra einer Geburtenplanung in Minoritätengebieten

Als Folge verbesserter Ernährung und Gesundheitsversorgung stiegen ab den 50er Jahren die Geburtenziffern in den Minderheitenregionen an. Die Minoritätenbevölkerung hat sich seitdem schneller entwickelt als die der Han. Der Anteil der ersteren an der Gesamtbevölkerung ist zwischen 1964 und 1982 von 5,8% auf 6,7% gestiegen[30] (vgl. Tab. 1 und 2), bis 1987 auf 8,0%.

Tabelle 1: *Die Bevölkerungsentwicklung entsprechend den drei Volkszählungen*

	1953		1964		1982	
	Personen (in Mio.)	%	Personen (in Mio.)	%	Personen (in Mio.)	%
China gesamt	582,603	100,0	691,19	100,0	1003,937	100,0
Han	547,283	93,9	651,30	94,2	936,704	93,3
Nationale Minderheiten	35,320	6,1	39,89	5,8	67,233	6,7

Quelle: Bejing Rundschau 25/1984, S. 24.

Tabelle 2: *Bevölkerungswachstumsrate zwischen den Volkszählungen* (in %)

	1964/1953	1982/1964
1. Bevölkerungswachstum zwischen zwei Volkszählungen		
Han	19,01	43,82
Nationale Minderheiten	12,95	68,57
2. Jährliches Durchschnittswachstum zwischen zwei Volkszählungen		
Han	1,59	2,04
Nationale Minderheiten	1,11	2,94

Quelle: Ebenda, S. 25.

Zunächst blieben die ethnischen Minoritäten von der Geburtenkontrolle weitgehend ausgenommen. 1980 setzte unter den Bevölkerungswissenschaftlern jedoch eine Diskussion über diese Frage ein. So hieß es 1980 in der Zeitschrift des Zentralen Nationalitäteninstituts, seit Beginn der 50er Jahre habe sich die Minderheitenbevölkerung rasch entwickelt. Bei den Yi im Autonomen Bezirk Liangshan z.B. habe das natürliche Wachstum in neun Kreisen in den letzten Jahren bei rund 23 Promille gelegen, erheblich über Landesdurchschnitt. Man dürfe nicht glauben, man brauche der Bevölkerungsentwicklung in den Minderheitengebieten keine Beachtung zu schenken, nur weil die ethnischen Gruppen zahlenmäßig nicht so groß seien. In manchen Gebieten

29. Vgl. Jingji Yanjiu (Wirtschaftsforschung) 3/1979, S. 55 ff.; 8/1979, S. 17 ff.; 12/1981, S. 32 ff.
30. Renmin Ribao 16.11.1982.

herrsche Bevölkerungsdruck, und einige Minoritätengebiete hätten bereits die Einführung der Geburtenkontrolle vorgeschlagen. Da keine bevölkerungspolitischen und -statistischen Untersuchungen vorlägen, sei dies schwer zu entscheiden. Mancherorts seien bereits Schritte zur Geburtenkontrolle unternommen worden, die denen in den Han-Gebieten glichen. So werde etwa in einer Yi-Volkskommune im Kreis Yanbian die Einkind-Familie propagiert. Die lokale Regierung glaube, die Minderheitenbevölkerung sei zwar zahlenmäßig gering, doch seien die Lebensbedingungen so schwierig, daß Geburtenkontrolle angebracht sei. Die Verfasser sind im Zweifel, ob dies richtig oder falsch ist. Sie konstatieren indessen, daß es in diesem Kreis „schwere Widersprüche zwischen Kadern und Massen" gebe[31], ein Zeichen, was die örtliche Minderheitenbevölkerung darüber denkt.

Zweifellos muß es zu solchen „schweren Widersprüchen" (d.h. Konflikten) kommen, wenn die Geburtenkontrolle über die Köpfe der betroffenen Minderheit hinweg eingeführt wird. Die frühere hohe Kindersterblichkeitsrate (nur wenige der geborenen Kinder überlebten), die Altersversorgung (die Dörfer sind finanziell noch nicht in der Lage, den Bauern eine Rente zu zahlen; die Kinder müssen daher für ihre betagten Eltern aufkommen), der Wunsch, viele Söhne zu haben (Söhne sind bisher die beste Altersversorgung, da Töchter in andere Familien heiraten und daher die Familie verlassen), und andere Gründe bedingen den Wunsch der Ängste,lassen in den Augen vieler Minderheiten die Geburtenkontrolle als Assimilationsversuch erscheinen. Dies macht die Brisanz einer Familienplanung in diesen Regionen aus.

Anfang der 80er Jahre gab es drei Auffassungen in der Frage der Geburtenkontrolle in den Minoritätengebieten: (a) Geburtenkontrolle auch in den Minderheitengebieten, Senkung (wie bei den Han) des natürlichen Wachstums auf unter null Promille bis Ende des Jahrhunderts; (b) keine Geburtenkontrolle, weil die Minoritätengebiete flächenmäßig groß, aber spärlich besiedelt sind; (c) geplante Bevölkerungsentwicklung in diesen Gebieten[32].

c. *Die gegenwärtige Praxis*

1982 beschloß die Zentrale in Peking, daß sich auch die Minderheiten an der Geburtenplanung beteiligen sollten. Die autonomen Regionen hätten das Recht, jeweils eine spezifische Geburtenplanung festzulegen[33]. Im Jahre 1984 wurde zentral die Richtlinie herausgegeben, daß bei Minoritäten mit mehr als 10 Millionen Angehörigen (dies betrifft bisher nur eine Gruppe, die Zhuang) die Einkind-Familie propagiert werden soll. Bei allen übrigen Nationalitäten dürften zwei Kinder je Ehepaar zur Welt gebracht werden, unter besonderen Umständen sogar drei. Vier Geburten und mehr seien nicht zulässig[34].

Im Rahmen des von der Zentrale zugebilligten Ermessensspielraumes haben die autonomen Regionen durchaus unterschiedliche Bestimmungen getroffen. So legte das Parteikomitee des Autonomen Gebietes Xinjiang im Oktober 1985 fest, daß Ehepaare aus den Minoritäten, die in Städten wohnen, zwei Kinder bekommen können, auf dem Land drei und in Ausnahmefällen vier. Die Einkind-Familie werde unter diesem Personenkreis nicht propagiert[35]. Im Autonomen Gebiet Tibet wurden zwei Kinder für städtische Tibeter, in Ausnahmefällen drei zugelassen. Für die ländlichen Regionen gibt es bisher keine Beschränkungen[36]. Abgesehen von mangelnden Kon-

31. Zhongyang Minzu Xueyuan Xuebao (Zeitschrift des Zentralen Nationalitäteninstituts) 2/1982, S. 34.
32. Renkou Yanjiu (Bevölkerungsstudien) 1/1981, S. 15.
33. Beijing Rundschau 3/1984, S. 20.
34. Vgl. Xinan Minzu Xueyuan Xuebao (Zeitschrift des Nationalitäteninstituts Südwest) 3/1985, S. 122.
35. Renkou Yanjiu 1/1987, S. 36 f.
36. Beijing Rundschau 33/1987.

trollmöglichkeiten in dem dünn besiedelten Tibet, ließen sich solche Beschränkungen mit Sicherheit nur mit vehementen Gewaltmaßnahmen durchsetzen.

Im Hulun Buir Bund (ein Bund in der Inneren Mongolei, entspricht einem Bezirk) im Autonomen Gebiet Innere Mongolei legte die Regierung fest, daß es für die kleinen ethnischen Gruppen der Dahuren, Ewenken, Orotschonen und Hezhe keine Geburtenbeschränkung geben solle. Zwischen jeder Geburt sollten allerdings drei Jahre liegen. Mongolen, Hui, Mandschuren, Koreaner und die Nachfahren von Russen chinesischer Staatsangehörigkeit könnten bis zu zwei Kindern bekommen, mongolische Viehhirten in Weidegebieten drei[37].

In der Vielnationalitätenprovinz Qinghai dürfen Beschäftigte in Staatsdiensten (ob Han oder Angehörige nationaler Minderheiten) nur ein Kind bekommen. Auf dem Land soll die Einkind-Familie gefördert werden, Problemhaushalte können nach „Genehmigung" zwei Kinder bekommen, aber keine drei. Die autonomen Regionen dieser Provinz können allerdings gesonderte Festlegungen treffen[38]. In Qinghai, mit 38,9 % Minoritätenanteil, sind die Bestimmungen besonders streng. Die dortigen autonomen Bezirke haben überwiegend andere Quoten festgelegt. Im Autonomen Bezirk Haibei der Tibeter ist zwar auch die Einkind-Familie für alle gleich festgelegt, im Rahmen der Planung (d.h. „mit Genehmigung") ist für Bauern ein zweites Kind möglich, Viehhirten stehen drei Kinder zu, wobei allerdings ein Abstand von vier Jahren eingehalten werden soll[39]. Gerade bei den nomadisierenden Viehhirten würde eine allzu rigide Geburtenplanungspolitik bewirken, daß sie in andere Provinzen oder autonome Gebiete mit weniger rigiden Bestimmungen abwandern.

Die Minderheiten in abgelegenen Regionen halten sich nur wenig an offizielle Bestimmungen. Selbst in den Städten, wo die sozialen Kontrollmöglichkeiten für die Behörden größer sind, verringert sich das Geburtenwachstum bei den Minoritäten nur langsam. Im Jahre 1983 hielten sich in Ürümqi, der Hauptstadt des Autonomen Gebietes Xinjiang, 94,5 % der Han an die Familienpolitik, aber nur 46,3 % der mohammedanischen Hui. 42,4 % der Kasachen und 36,2 % der Uiguren in der Stadt hatten mehr als drei Kinder in den letzten Jahren geboren, 14,7 % der Uiguren sogar mehr als fünf[40]. 1986 hatten sich offiziellen Angaben zufolge 99,7 % der Han, aber nur 66 % der Minoritäten an die jeweilige Familienplanungspolitik gehalten[41].

Gerade in Xinjiang spielt der Islam dabei eine große Rolle. Gläubige Mohammedaner sehen in Kinderreichtum den „Segen Allahs" und lehnen Geburtenplanung aus religiösen Gründen ab[42]. Die chinesische Führung läßt daher islamische Religionsführer öffentlich verkünden, daß der Koran nicht gegen Geburtenplanung sei. Schließlich würde dies auch in Pakistan, Malaysia oder Indonesien praktiziert[43].

d. Probleme der Bevölkerungsplanung in Minderheitengebieten

Nahezu überall übersteigen die Geburtenraten der Minderheiten die der Han. Die Han-Bevölkerung in Sichuan nahm zwischen 1964 und 1982 um 45 % zu, die der Minderheiten um 110 %.

37. Hulun Buir meng qing (Situationsbeschreibung im Bund Hulun Buir), Hohhot 1986, S. 12.
38. Qinghai minzu renkou wenti tantao (Debatte über das Bevölkerungsproblem der Nationalitäten in Qinghai), (Xining, 1984) S. 12.
39. Ebenda.
40. Renkou Yanjiu 1/1987, S. 37.
41. Renmin Ribao 3.5.1987.
42. Renkou Yanjiu, a.a.O., S. 38.
43. China Daily 6.5.1986.

1964 hatten sie einen Anteil von 2,6 % an der Bevölkerung dieser Provinz, 1982 von 3,7 %. Die natürlichen Zuwachsraten in den autonomen Bezirken liegen weit über denen der Provinz (vgl. Tab. 3)[44].

Tabelle 3: *Bevölkerungszuwachsraten in der Provinz Sichuan 1981* (in Promille)

Gebiet	Geburtenrate	Sterberate	natürliche Zuwachsrate
Provinz Sichuan	17,96	7,02	10,94
Aut. Bezirk Aba d. Tibeter	27,85	9,61	18,24
davon: Kreis Zoige[a]	33,95	12,37	21,58
Aut. Bezirk Garze d. Tibeter	29,93	12,11	17,82
davon: Kreis Dege[b]	33,21	10,94	22,27
Aut. Bezirk Liangshan d. Yi	32,71	11,34	21,37
davon: Kreis Zhaojue[c]	47,93	21,26	26,67

Anm.: a: 81% tibetische Bevölkerung; b: 96% tibetische Bevölkerung; c: 93% Yi-Bevölkerung

Quelle: Zhongguo Shaoshu Minzu 12/1985, S. 101.

Tab. 3 zeigt, daß die Sterblichkeit bei den Minderheiten weit über dem Provinzdurchschnitt liegt, aber durch die Geburtenrate aufgefangen wird. Dies belegt auch Tab. 4:

Tabelle 4: *Mehrfachgeburten in der Provinz Sichuan 1981* (in % aller Geburten)

Gebiet	1. Kind	2. Kind	3. Kind	4 Kinder und darüber
Provinz Sichuan	56,4	24,1	9,5	10,0
Autonomer Bezirk Garze	25,8	18,3	15,2	40,7
Autonomer Bezirk Aba	22,8	17,4	15,2	44,6
Autonomer Bezirk Liangshan	24,4	17,8	13,6	44,2

Quelle: Ebenda, S. 103

In der Vielnationalitätenprovinz Guizhou im Südwesten ergibt sich ein ähnliches Bild. Dort ist der Minderheitenanteil zwischen 1964 und 1982 um 85 % gestiegen (3,8 % jährlich), der der Han nur um 60,9 % (2,7 % jährlich)[45].

Es ist sicher richtig, daß sich Wirtschaftswachstum, Bildungs- und Gesundheitswesen, Arbeitsplätze, städtische Dienstleistungen und Wohnungsbau in den Minoritätengebieten nicht in dem Maße entwickelt haben wie das Bevölkerungswachstum und daß es zu entsprechenden Engpässen gekommen ist[46]. Daneben werden jedoch immer wieder Befürchtungen laut, die Minderheiten könnten auf Dauer zu einer Mehrheit werden. Die teilweise übertrieben rigide Geburtenplanungspolitik scheint zu einem erheblichen Teil auf diese Angst zurückzugehen. So hat ein Bevölke-

44. Zhongguo Shaoshu Minzu (Chinas nationale Minderheiten) 12/1985, S. 101.
45. Guizhou Shehui Kexue (Sozialwissenschaften Guizhous) 5/1987, S. 21.
46. Zhongguo Shehui Kexue (Sozialwissenschaften Chinas) 1/1986, S. 80.

rungswissenschaftler Berechnungen angestellt, nach denen die Han in knapp 100 Jahren keine oder nur noch eine knappe Mehrheit bilden (vgl. Tab. 5):

Tabelle 5: *Mögliche Minoritätenbevölkerungsentwicklung* (in Mio.)

Jahr	Wachstum wie bisher (20 Promille)	4 Kinder/Ehepaar	3 Kinder/Ehepaar
1990	70,0	79,2	72,5
2000	85,3	99,5	86,0
2010	104,0	131,0	110,0
2030	154,5	221,0	141,0
2050	229,7	378,0	193,0
2080	416,0	864,0	297,0

Quelle: Tian Xueyuan, Xin shiqi renkou lun, Harbin 1983, S. 147.

Gemessen an der Eingangsberechnung, daß bei Durchsetzung der Einkind-Familie im Jahre 2080 nur noch 370 Mio. Menschen in China leben würden, wären die Minderheiten nach der Berechnung von Tab. 5 dann tatsächlich zur Mehrheit geworden. Eine solche idealtypische Entwicklung dürfte allerdings weder für die Han noch für die Minoritäten zutreffen. Im Gegenteil, nach einer Zeit der Beschränkung wird auch die Kinderzahl bei den Han wieder zunehmen dürfen. Abgesehen davon wird sich in den ländlichen Regionen Chinas die Einkind-Familie kaum durchsetzen lassen. Andererseits wird in den nächsten einhundert Jahren mit Sicherheit ein Großteil der Minderheiten assimiliert worden und von Han kaum noch zu unterscheiden sein. Diese Entwicklung zeichnet sich schon seit Anfang dieses Jahrhunderts ab.

Ähnliche Befürchtungen gibt es auch in den autonomen Regionen und Vielnationalitätenprovinzen. Wenn, so heißt es aus Xinjiang, die Minoritäten weiter in den Städten im Durchschnitt 2,5, auf dem Land 3,5 Kinder bekämen, dann gäbe es im Jahr 2000 in Xinjiang 11,4 Millionen Minoritätenangehörige, 6,6 Millionen Han[47]. Die Zahl der täglich in Xinjiang eintreffenden Migranten aus Han-Gebieten wurden bei dieser Berechnung allerdings nicht berücksichtigt.

Vieles deutet darauf hin, daß die Minderheitenbevölkerung weiterhin rascher wachsen wird als die Han-Bevölkerung. Nahezu die Hälfte der Bevölkerung der ersteren ist jünger als 20. Die Geburten- und die natürliche Wachstumsrate dürften deshalb künftig noch ansteigen.

e. Das Dilemma der kleinen Minoritäten

Was die kleineren Minderheiten anbelangt, so dürften sie in nicht allzu langer Zeit aussterben oder assimiliert werden. Hauptsächlich bedroht sind die Jägervölker in Nordostchina. Infektionskrankheiten und Alkoholismus dezimieren diese Gruppen seit Ende des letzten Jahrhunderts. Dies hat sich nach der kommunistischen Machtübernahme nur wenig gebessert, obgleich die Bevölkerungszahlen wieder gestiegen sind (vgl. Tab. 6). Die Zerstörung der Lebens- und Wirtschaftsorganisation dieser Völker und der „Kulturschock" dürften diese Probleme, die weltweit bei kleinen Völkern zu beobachten sind, ausgelöst haben.

47. Renkou Yanjiu 1/1987, S. 38.

Tabelle 6: *Bevölkerungsentwicklung der Orotschonen im Großen Xing'anling-Gebirge* (1980-1982)

Jahr	Geburten	Todesfälle		
		Gesamt	Natürlicher Tod	Unnatürlicher Tod
1980	5	20	11	9
1981	7	13	6	7
1982	3	13	5	8
Gesamt	15	46	22	24

Quelle: Renkou Xuekan 1/1984, S. 15.

Die Sterbefälle übersteigen die Geburten bei weitem, die Zahl der „unnatürlichen Todesfälle" liegt bei über 50 %. Seit der Seßhaftmachung von 186 der als Jäger nomadisierenden Ewenken in Ergun Zuoqi (Innere Mongolei) im Jahre 1965 wurden fünf Ewenken von Stammesangehörigen im Rauschzustand totgeschlagen, zwei begingen nach Alkoholgenuß Selbstmord und 13 Säuglinge starben kurz nach der Geburt an Alkoholvergiftung. Darüber hinaus wurden acht Ewenken wegen Totschlags unter Alkoholeinfluß zu Gefängnisstrafen verurteilt[48].

Zur Erklärung dieses Phänomens wollen wir einen Beitrag in der „Beijing Rundschau" über den „Geburtenschutz" für Ewenken, Dahuren und Orotschonen in der Inneren Mongolei anführen. Dort wurden für diese ethnischen Gruppen folgende Maßnahmen beschlossen:
— Verbesserung der Lebensbedingungen durch Aufgabe des Nomadenlebens,
— Kostenlose medizinische Betreuung und Versorgung,
— Verbot von Verwandtschaftsehen, Förderung der Eheschließung zwischen Angehörigen verschiedener Nationalitäten,
— Alkoholverbot und
— Anwendung wissenschaftlicher Methoden zur Geburtenregelung[49].

Durch Seßhaftmachung, „Verbot von Verwandtschaftsehen", d.h. durch schwerwiegende Eingriffe in das Kultur- und Brauchtumsgefüge dieser Völker, wird deren Kultur und Sozialgefüge zerstört. Alkoholismus und Entwurzelung sind die Folgen der durchaus gut gemeinten Maßnahmen. Aus ihrer angestammten Kultur und Wirtschaftsweise herausgerissen, ihre Sitten und Bräuche mit Verbot belegt — solche Völker sind zum Untergang verurteilt, vor allem, wenn sie zahlenmäßig so schwach sind wie diese tungusischen Gruppen. Durch „Förderung der Eheschließung zwischen Angehörigen verschiedener Nationalitäten" werden diese Völker rasch assimiliert. Ansiedlung der Restgruppen in Dörfern mit überwiegendem Han-Anteil und Mischehen beschleunigen diesen Prozeß. Die Zeitschrift „Zhongguo Shehui Kexue" berichtet nicht ohne Stolz, durch Mischehen, deren Kinder den Status von Minderheitenangehörigen erhielten, würde die Zahl der Orotschonen und Ewenken wieder steigen[50]. Doch sind das tatsächlich noch Ewenken und Orotschonen? Die Kinder aus Mischehen werden nach Han-Brauchtum aufgezogen, sprechen nur noch Han-Chinesisch und fühlen sich in der Regel auch als Han. Sie sind nur noch auf dem Papier Angehörige „nationaler Minderheiten".

48. Zhongguo Shehui Kexue 1/1986, S. 84; Nei Menggu Shehui Kexue (Sozialwissenschaften der Inneren Mongolei) 5/1986, S. 50.

49. Beijing Rundschau 48/1986, S. 19.

50. Zhongguo Shehui Kexue 1/1986, S. 84 f.; Renkou Yanjiu 4/1987, S. 41 f.

5. Migration in die Minoritätengebiete

Zwischen 1958 und 1968 stieg der Anteil der Han in der Inneren Mongolei gegenüber den Mongolen von 6:1 auf 12:1[51]. In Xinjiang nahm der Han-Anteil von 6,2 % (1953) auf fast 40 % (1973) zu[52]. Hauptgrund ist die Migration in diese Regionen. Schätzungsweise 12,25 Millionen Han sollen zwischen 1953 und 1970 aus anderen Landesteilen allein in den Nordwesten umgezogen sein[53]. In anderen Minoritätengebieten verlief die Entwicklung ähnlich[54]. Tibet wurde bisher am wenigsten davon berührt. Dies hängt mit seiner geographischen Lage zusammen, die kaum Han anzieht.

Die Migration erfolgte vorwiegend durch Umsiedlung von Han aus den bevölkerungsdichten Zentren Ostchinas, Stationierung von Armee-Einheiten, Verschickung von städtischen Mittelschulabgängern in diese Gebiete und durch inoffizielle Einwanderung[55]. Ca. 25-30 Millionen Migranten wanderten seit 1949 in andere Landesteile, 15 Millionen davon in den Norden und Nordwesten, in die Innere Mongolei, nach Xinjiang, Ningxia, Qinghai und Heilongjiang.

Für diese Binnenwanderungspolitik gab es offiziell folgende Gründe:

(1) Durch Einwanderungen sollten das Rohstoffpotential dieser Gebiete erschlossen, Land urbar gemacht und eine Industrie aufgebaut werden. Die reichen Bodenschätze Nordwestchinas ließen sich durch die örtliche Bevölkerung allein nicht erschließen und abbauen. Han-Fachkräfte sollten zudem bei der Wirtschaftsentwicklung dieser Gebiete helfen.

(2) Umsiedlungen aus den dicht besiedelten in dünn besiedelte Gebiete würden die dicht bevölkerten Landesteile entlasten und beiden Seiten nutzen. Lange Zeit wurden arbeitslose Schulabgänger aus den Städten in die Minderheitengebiete verschickt. Sie sollten dort in der Landwirtschaft tätig werden, meist auf Staatsfarmen, und den urbanen Arbeitsmarkt entlasten. Zugleich sollten sie ihre erworbene Bildung nutzbringend in die bildungsmäßig rückständigen Gebiete einbringen (als Lehrer, Barfußärzte, Buchhalter usw.). Im Zuge der sogenannten „Xiafang-Bewegung" wurden zwischen 1966 und 1976 nach offiziellen Angaben 12 Millionen Jugendliche aus den Städten nach Absolvierung der Schule in die dünn besiedelten Gebiete Nordwestchinas geschickt.

51. China News Analysis 720/1986.
52. *Tien, Hung-mao*, Sinicization of National Minorities in China, in: Current Scene 11/1974.
53. Vgl. *L.A. Orleans*, Every Fifth Child: The Population of China (London 1972) S. 89.
54. Siehe z.B. China News Analysis 1052/1976; China aktuell 12/1975, S. 758.
55. *Du, Wenzhen*, Renkou zongheng tan (Über die Bevölkerung) (Peking 1985) S. 109.

Tabelle 7: *Bevölkerungsanteile von Minderheiten und Han in der Inneren Mongolei und Xinjiang (1947-75)* (absolute Zahlen in Millionen)

Gebiet	Gesamtbevölkerung	Minderheiten		Han	
		Absolut	%	Absolut	%
Innere Mongolei					
1947			25,0		75,0
1958	8,2	1,2	14,6	7,0	85,4
1959	9,7	1,3	13,4	8,4	86,6
1969	13,0	1,0	7,7	12,0	92,3
1976	8,6	0,4	4,7	8,2	95,3
Xinjiang					
1949	3,7	3,4	91,9	0,3	8,1
1953	4,9	4,6	93,9	0,3	6,1
1957	5,6	4,3	76,8	1,3	23,2
1960	7,0	5,0	71,4	2,0	28,6
1975	10,0	6,2	62,0	3,8	38,0

Quelle: T. Scharping, Umsiedlungsprogramme für Chinas Jugend 1955-80, Hamburg 1981, S. 436.

(3) Eine stärkere Han-Präsenz sollte die militärische Sicherheit der Grenzgebiete und die Integration der Minoritäten (und ihrer Regionen) erleichtern.

Die Neuankömmlinge, die nur ungern oder unwillig ihre Heimat verließen oder verlassen mußten, erwarteten zahllose Schwierigkeiten: schwierige klimatische Bedingungen, Krankheiten, nicht selten den Neuankömmlingen nicht gerade wohl gesonnene Minderheiten, Schwierigkeiten hinsichtlich der Lebensbedingungen, schlechte Versorgungs- und Verkehrslage, fehlendes kulturelles Angebot, fehlende Fortbildungsmöglichkeiten usw. All dies machte den Han das Leben in den Minoritätengebieten schwer. Die örtlichen Bewohner sahen in den Neuankömmlingen zumeist eine Bedrohung ihrer Wirtschaft und Kultur. Han-Siedler nahmen den Minderheiten-Hirten Weideland weg, um es urbar zu machen, die Jugendlichen aus den Städten galten meist als „unnütze Esser“, die die harte Arbeit auf dem Lande nicht gewohnt waren[56]. Die Neuankömmlinge verachteten vielfach die religiösen und kulturellen Sitten und Gebräuche der örtlichen Minderheiten und respektierten sie nicht. Angehörige örtlicher Minoritäten wurden zudem bei Einstellungen von den Betrieben benachteiligt. All dies wirkte sich auf ihre Beziehungen zu den Han-Zuwanderern aus.

Im Zuge der Lockerung nach 1977 strömten viele verschickte Han-Jugendliche aus den Minderheitengebieten wieder in die Städte zurück, und Delegationen kamen nach Peking, wo sie mit großen Wandzeitungen auf ihre katastrophalen Lebensbedingungen aufmerksam machten. Im November 1980 demonstrierten in Aksu (Xinjiang) Zigtausende von Jugendlichen (vorwiegend aus Shanghai) für das Recht auf Rückkehr in ihre Heimatorte. Die Unzufriedenheit und Ablehnung vieler Minoritäten gegenüber den Han-Zuwanderern führte dazu, daß die letzteren in Staatsfarmen zusammengefaßt wurden. Sie sollten von den Minderheiten abgesondert werden, um deren Leben nicht zu beeinträchtigen. Dennoch kam es speziell während der Kulturrevolution zu schweren Auseinandersetzungen zwischen Han-Beschäftigten der Staatsfarmen und Angehörigen ethnischer Minderheiten. Ein Katalog von Verboten für Han, die in Staatsfarmen in Minderhei-

56. Dazu u.a.: Eine große Schule für Chinas Jugend — ihr Leben auf dem Land (Peking 1976), wo u.a. solche Fälle geschildert werden.

tengebieten im Autonomen Bezirk Xishuangbanna der Dai arbeiten, zeigt, um welche Probleme sich diese Auseinandersetzungen drehten: mangelnde Respektierung der Sitten und Gebräuche der örtlichen Minderheiten, Wegnahme von Land, Zerstörung von Eigentum, Umweltverschmutzung, Abholzen von Waldbeständen, Abschlachten von Vieh der Minoritäten durch die Staatsfarmen usw.[57]. Oft waren die Beziehungen zwischen den Han-Beschäftigten der Staatsfarmen und den örtlichen Minoritäten vergiftet und voller Haß. Daher wird von Minoritätenvertretern heute die Einstellung solcher Zuwanderungen und (wie in Tibet) der Abzug der Han aus diesen Gebieten (mit Ausnahme bestimmter Fachkräfte) gefordert.

Die Mehrheit der Migranten wanderte allerdings ohne behördliche Genehmigung ein. Zwei Drittel der Migranten in Heilongjiang und 60 % derer in Xinjiang sollen „blind" (mangmu), d.h. von sich aus, eingewandert sein. Vor allem während der Hungersnot 1959-61 kamen große Scharen aus den Hungergebieten nach Xinjiang, das damals nicht davon betroffen war.[58]

Der Nordwesten, vorwiegend Viehzuchtgebiet, erlitt durch die Migranten, die Weidefläche urbar zu machen versuchten, schweren Schaden. Der Weidebestand ging zurück, die Wüstenbildung schritt voran, und das ökologische Gleichgewicht wurde in ernstem Maße gestört[59].

Auch sonst stellten die Zuwanderer für die Immigrationsgebiete eine große Belastung dar. In Qinghai ging die Pro-Kopf-Getreidemenge von 290 kg im Jahr 1952 auf 284 kg 1979 und 247 kg 1985 zurück. Der Viehbestand nahm von 7,07 Millionen Stück 1980 auf 5,89 Millionen Stück 1985 ab[60]. Xinjiang war 1966 mit 400 kg Getreide pro Kopf noch Getreideexporteur in andere Provinzen gewesen (175.000 Tonnen). 1980 waren es nur noch 301 kg, 100.000 Tonnen mußten aus anderen Provinzen importiert werden[61]. Wie landesweit ging auch in den Nordwestprovinzen die Anbaufläche drastisch zurück. Die Bevölkerung Zentralgansus hat sich seit 1949 verdoppelt, der Getreideertrag ist dagegen nur um 60 % gestiegen[62].

Die Zuwanderungspolitik stellte und stellt eine Verletzung der Autonomierechte der Minderheiten dar, auch wenn sie zur Schaffung einer industriellen Grundlage in diesen Regionen beigetragen hat. Die autonomen Verwaltungseinheiten hatten keinerlei Möglichkeiten oder Recht, irgend etwas dagegen zu unternehmen. Die Zuwanderung größerer Han-Bevölkerungsteile beeinträchtigt die Stellung der Minderheit, die die Autonomie in einem Gebiet ausübt. Sie kann überdies zu einer Beeinträchtigung der Wirtschaftsstruktur führen (etwa durch Zuwanderung von Bauern in Weide- und Forstgebiete) sowie zu kultureller Dominanz der Han. So können sich Han neben der politischen Vormachtstellung leicht auch bei der wirtschaftlichen Entwicklung die führende Stellung sichern und die kulturelle Entwicklung und Identität der örtlichen Minoritätenbevölkerung beeinträchtigen. Spannungen zwischen den Nationalitäten, wie sie in Xinjiang, in der Inneren Mongolei[63], in Tibet und in anderen Gebieten immer wieder zum Ausdruck kommen, sind die natürliche Folge dieser Zuwanderungspolitik. Diese Politik kann nicht allein mit der Unterstützung dieser Gebiete mit Fachkräften begründet werden. Da würde es genügen, solche Fachkräfte für eine bestimmte Zeit zur Aus- und Fortbildung örtlicher Kräfte in die Minderheitenge-

57. Minzu Gongzuo (Nationalitätenarbeit) 8/1981, S. 8.

58. Tian Fang/Lin Fatang (Hrsg.), Zhongguo renkou qianyi (Chinas Bevölkerungsmigration), (Peking 1986) S. 292.

59. Siehe Si, Ping (Hrsg.), Kaifa bianqu yu sanli zhibian, Hohot 1986, S. 351 f.; *O. Weggel*, Xinjiang, Das zentralasiatische China (Hamburg 1984) S. 110 ff.; Jingji Yanjiu 5/1983, S. 53 ff.; Jiankang Bao (Gesundheitszeitung) 6.12.1986.

60. Zhongguo tongji nianjian 1986, a.a.O.; Qinghai minzu renkou..., a.a.O., S. 29.

61. Minzu Yanjiu (Nationalitätenstudien) 4/1985, S. 3.

62. Jingji Ribao (Wirtschaftszeitung) 7.4.1984.

63. Zu den Spannungen in Xinjiang siehe u.a. Zhengming 43/1981, S. 24; in der Inneren Mongolei Nei Menggu Shehui Kexue 1/1982, S. 9.

biete zu schicken. Die bisherige Zuwanderungspolitik erklärt sich vielmehr daher, daß einerseits der Bevölkerungsüberschuß in den dicht besiedelten Gebieten reduziert und die reichen und vielfältigen Bodenschätze dieser Gebiete nutzbar gemacht werden sollen; andererseits ist sich die chinesische Führung der Loyalität der Minderheiten nicht sicher und empfindet die Durchsetzung der Minoritätengebiete mit einer Han-Mehrheit als natürlichen Schutz der Grenzen sowie als Schutz gegen eventuelle zukünftige sowjetisch unterstützte Appelle etwa an das uigurische Nationalgefühl[64].

Die Assimilierung ist dabei zwar nicht (wie während der Kulturrevolution) direkt intendiert, aber eine Majorisierung der Minderheiten durch die Han ist ihr zweifellos förderlich. Daß die Minderheiten es so empfinden, zeigt ihr Widerstand gegen Han-Zuzüge oder auch gegen Mischehen.

Tatsächliche Autonomie (die heute den Minoritäten gegeben werden soll) müßte gerade heißen, daß diese in ihren autonomen Regionen selbst über jeden Zuzug (und eventuell Abzug von Han-Kadern, die meist ohnehin nicht bleiben möchten) entscheiden können. Haben sie darüber keine tatsächliche Entscheidungsfreiheit, dann gibt es auch keine wirkliche Autonomie. Dabei kann es nicht um eine „Reinhaltung" der Gebiete der Minoritäten gehen. Aber wenn man schon von Autonomie spricht, dann muß man zulassen, daß die Minderheiten, die jahrhundertelang immer wieder von den Han abgedrängt wurden und Assimilierungsversuchen ausgesetzt waren, ihrem Willen gemäß über Zuzüge von Han entscheiden können. Die Frage, daß die Minderheiten sich mit dem chinesischen Staatsverband identifizieren, ist meines Erachtens nur durch eine Minderheiten- und Autonomiepolitik zu ermöglichen, die die Interessen der Minoritäten wahrt und ihnen weitgehende Selbstverwaltungs- und Selbstentscheidungsrechte einräumt. Durch verstärkten Zuzug von Han, der der Furcht der chinesischen Führung entspringt, Minderheiten könnten sich im Konfliktfall auf die Seite des Gegners stellen oder sich (wie Tibet) unter Umständen von China lostrennen, läßt sich das Problem nicht lösen. Die Furcht der Minoritäten vor Assimilierung wird nur wachsen. Konflikte zwischen Han und Minderheiten sind damit zwangsläufig vorprogrammiert.

Es gibt bereits konkrete Vorschläge über eine umfassende Umsiedlung von Han in die dünn besiedelten Gebiete, aus bevölkerungspolitischen Erwägungen heraus. Die ungleiche Bevölkerungsverteilung, so heißt es, mache solche Schritte notwendig.

Aus der Sicht der Han ist dies durchaus verständlich. In der östlichen Zone, die weniger als die Hälfte der Fläche des Landes ausmacht, wohnten 1985 96 % (vgl. Tab. 8), in der westlichen nur vier Prozent.

Tabelle 8: *Bevölkerungsverteilung Chinas nach Zonen* (1985)

Gebiet	Bevölkerung		Fläche		Bevölkerungsdichte (pro km²)
	Zahl (in Mio.)	%	in Mio. km²	%	
China	1045,32	100	9,6	100	109
Östliche Zone	1001,09	96	4,6	48	207
Westliche Zone[a]	44,23	4	5,0	52	6

Anmerkung: a: Zur westlichen Zone zählen hier: Xinjiang, Gansu, Qinghai, Ningxia, Tibet.

Quelle: Zhongguo tongji nianjian 1986, a.a.O.

64. So z.B. Hu, Huanyong u.a. (Hrsg.), Renkou yanjiu lunwenji (Aufsatzsammlung zur Bevölkerungsforschung), Bd. 3 (Shanghai 1985) S. 21 ff.

Die Anbaufläche ist im Osten wesentlich geringer als im Westen. Im Westen, so heißt es, gebe es noch ein riesiges Potential für die Urbarmachung von Land, während im Osten durch die Stadtentwicklung eher eine Abnahme der landwirtschaftlichen Nutzfläche zu erwarten sei. Neben der Förderung des natürlichen Bevölkerungszuwachses im Westen und der Geburtenbeschränkung im Osten müßten Umsiedlungsprojekte vom Ostteil in den Westteil ausgearbeitet und durchgeführt werden. Dies sei einer ausgewogenen Verteilung der Bevölkerung, der Verteilung der Produktivkräfte, der Erschließung und Ausbeutung von Rohstoffen und der wirtschaftlichen Entwicklung der Minderheiten in diesen Gebieten dienlich. Wenn die Bevölkerungsdichte von sechs Personen pro qkm in den westlichen Grenzregionen auf 20 erhöht werde, könnten 70 Millionen Menschen dorthin übersiedeln.[65].

Die Meinungen darüber gehen auseinander. Der Soziologe Fei Xiaotong meint, bei der Erschließung der Minoritätengebiete müsse man sich primär auf die örtliche Bevölkerung stützen. Fachkräfte müßten allerdings von außen dorthin gebracht werden. „Blinde" Migration müsse unterbunden werden, eine planmäßige sei notwendig[66]. Fei spricht von der Umsiedlung von 60 Millionen in drei Jahrzehnten[67]. Während ein Teil der Wissenschaftler Umsiedlungen in den Nordwesten in größerem Umfang befürwortet[68], warnen andere vor den Folgen für die Versorgung und die Ökologie. Die Anbaufläche sei gering, die Selbstversorgung dieser Gebiete mit Getreide nicht gewährleistet[69]. Die Wirtschaftsentwicklung habe mit der Bevölkerungsentwicklung nicht Schritt gehalten.[70]

Daß die Minoritäten durch Migration von Han zum Teil zu Minderheiten in ihren Gebieten geworden sind, hat kein chinesischer Wissenschaftler bisher problematisiert. Durch die Kursänderung in der Nationalitätenpolitik Anfang der 80er Jahre hat sich der Zustrom abgeschwächt, teilweise holen die Minoritäten auch durch die höhere Geburtenrate auf (vgl. Tab. 9):

Tabelle 9: *Anteil der Minoritäten in autonomen Gebieten* (1985) (in %)

Autonomes Gebiet	Anteil der Minderheiten (%)		Anteil der (1982)	(%)
	1982	1985		
Guangxi	38,3	39,0	Zhuang	33,9
Innere Mongolei	15,6	16,4	Mongolen	12,9
Ningxia	31,9	32,5	Hui	31,5
Tibet	95,1	96,4	Tibeter	94,7
Xinjiang	59,6	60,7	Uiguren	45,5

Quelle: Zhongguo 1982 nian renkou pucha ..., a.a.O., S. 218 f.;
Zhongguo tongji nianjian 1986, a.a.O., S. 79.

Noch gibt es Sonderrechte für die ethnischen Minderheiten bei der Geburtenplanung. Sie werden überschattet von Befürchtungen, die Han könnten eines Tages selbst zur Minderheit im Land werden. In den Minderheitengebieten lagern wichtige Rohstoffe. Ohne deren Erschließung und

65. Zhongguo Shehui Kexue 4/1981, S. 44.
66. Minzu Tuanjie 7/1985, S. 10.
67. Nei Menggu Shehui Kexue 4/1984, S. 19 f.
68. Renkou Yanjiu 6/1984, S. 57; Tian Fang/Lin Fatang, a.a.O., S. 106 ff. und 294; Jingji Yanjiu 3/1984, S. 58.
69. Jingji Ribao 7.4.1984.
70. In Qinghai stieg die Bevölkerung zwischen 1970 und 1980 z.B. um 31 %, der Viehbestand nur um 27 %, bei gleichzeitigem Rückgang der Weidefläche, vgl. Minzu Yanjiu 4/1985, S. 3.

ohne die Entwicklung auch dieser Regionen ist eine Wirtschaftsentwicklung Chinas nicht möglich. Diese Regionen sind zugleich Grenzgebiete und dünn besiedelt. Der Osten dagegen ist überbevölkert. So ist es nicht verwunderlich, daß große Umsiedlungsprojekte in Diskussion sind. Sie werden sich schwerlich ohne Widerstand der betroffenen Minderheiten durchsetzen lassen. Respektierung der Autonomie steht gegen bevölkerungspolitische Interessen und durchaus auch gegen gesamtstaatliche Entwicklungsinteressen. Die Handhabung dieses Problems wird von entscheidender Bedeutung auch für die künftige Minderheitenproblematik und das Verhältnis zwischen Han und ethnischen Minoritäten sein.

6. Fazit

Welche Bilanz läßt sich hinsichtlich der Nationalitätenpolitik der VR China ziehen?

Wichtigster Schritt war — erstmals in der chinesischen Geschichte — die Anerkennung der verschiedenen ethnischen Gruppen als eigenständige Nationalitäten. Zu Beginn der 50er Jahre und auch heute wieder gab bzw. gibt es Ansätze in Richtung Gleichstellung und Gleichberechtigung aller Nationalitäten. Für eine Reihe schriftloser Minoritäten wurden neue Schriften geschaffen. In manchen Gebieten entstand ansatzweise eine industrielle Grundlage, wurden Bildungs- und Gesundheitseinrichtungen errichtet.

Doch seit Ende der 50er Jahre gab es in den meisten Gebieten aufgrund einer politischen und wirtschaftlichen Fehlentwicklung, für die die Kommunistische Partei die Verantwortung trägt, keine großen Fortschritte mehr. Besonders in den Perioden politischer Kampagnen (Großer Sprung, Kulturrevolution u.a.) kam es zu massiver nationaler Unterdrückung bis hin zu versuchter Zwangsassimilierung.

Die Entwicklung in den Minoritätengebieten verlief dabei nicht anders als in den Han-Gebieten. Von den politischen Kampagnen, den wirtschafts- und sozialpolitischen Fehlgriffen und ihren Folgen waren alle Gebiete und Nationalitäten gleichermaßen betroffen. Doch vom nationalen Aspekt her gab es dennoch einen Unterschied. Die spürbaren Folgen (etwa der Kulturrevolution) wurden von den ethnischen Minoritäten als Folgen der Politik der Han gewertet, die Fehlgriffe der Kommunistischen Partei, die Unterdrückung, Diskriminierung und Zwangsmaßnahmen nach sich zogen, als nationale Unterdrückung. Was die Han-Chinesen der Kommunistischen Partei oder einer Fraktion der Parteiführung anlasten, bezogen und beziehen die Minderheiten auf die Han und „deren Partei". Von daher wiegen die politischen Fehler der KPCh in den Gebieten nationaler Minderheiten doppelt schwer, weil sie zu nationalen Widersprüchen und Konflikten führten bzw. diese verstärkten. Alten Ressentiments gegen die Han wurde wieder Raum gegeben, nationaler Widerstand verstärkte sich. Subjektiv zwar nicht intendiert, wurde objektiv lange Zeit eine Politik nationaler Unterdrückung verfolgt.

Das Mißtrauen der Minoritäten gegenüber den Han läßt sich nur schwer und langsam abbauen. Es hat sich historisch entwickelt, und während der politischen Bewegungen der letzten Jahrzehnte hat es neue Nahrung erhalten. Inzwischen ist die Zeit der scheinbar duldsamen Hinnahme von allem, was aus der Hauptstadt Peking kommt, vorbei. Die KPCh versucht heute, durch eine entsprechende Wirtschaftspolitik und eine gewisse Ausweitung der Autonomie wieder eine Vertrauensbasis herzustellen. Die neue Wirtschaftspolitik und die damit einhergehende Verbesserung der materiellen Lebensbedingungen (auch in den Minoritätengebieten) hat der Partei wieder einiges Prestige eingebracht.

Forderungen nach Lostrennung von China gibt es, schon aus Gründen der Nationalitätenstreuung, im wesentlichen nur in Tibet. Aber auch die bilden zur Zeit keine ernsthafte Bedrohung des Gesamtstaates. Sie könnten sich auf Dauer aber mehren, wenn die Forderungen der Minoritäten nach wirtschaftlicher und kultureller Entwicklung sowie nach mehr Autonomie nicht erfüllt werden. Die chinesische Führung versucht heute, einen entsprechenden Weg einzuschlagen. Zusagen in dieser Hinsicht hat sie bereits gemacht, teilweise auch schon entsprechende wirtschafts- und sozialpolitische Maßnahmen eingeleitet.

Es gibt heute im wesentlichen drei Faktoren, die die nationale und kulturelle Identität der Minderheiten beeinträchtigen. Zum einen behindern Funktionäre auf unterer Ebene die Durchführung der zentral beschlossenen Nationalitätenpolitik. Dabei handelt es sich nicht nur um Han-, sondern auch um Funktionäre aus den Minderheiten, die aufgrund von Erfahrungen der vergangenen Jahrzehnte besonders ängstlich, bürokratisch und orthodox-konservativ geworden sind. In kleinlicher Weise greifen sie immer wieder in das Leben der Minoritäten ein und erzeugen so Spannungen. Da sie die Interessen ihrer Nationalität nicht vertreten, werden sie als Repräsentanten der Han angesehen, nicht als Vertreter ihrer Volksgruppe.

Ein zweiter Faktor ist der sogenannte „Han-Chauvinismus“ (Hanzuzhuyi), der in der Verachtung und Diskriminierung der Sitten, Bräuche, ja, der Kultur der Minderheiten überhaupt, zum Ausdruck kommt. Am gravierendsten ist indessen der dritte Faktor. Dieser besteht im mangelnden Bewußtsein der Bürokratie von der Zentrale bis zur Gemeindeebene über das Verhältnis von Modernisierung und Entwicklung einerseits und der Rücksichtnahme auf nationales Brauchtum sowie nationale und kulturelle Identität der betroffenen Ethnien andererseits. Die Erschließung von Minoritätengebieten und deren Besiedlung mit Han-Chinesen ohne Rücksicht auf ethnische Besonderheiten bewirkt unter kleineren Gruppen eine Art Kulturschock, unter größeren Widerstand und Auflehnung. Obgleich nicht beabsichtigt, wird auf diese Weise Assimilierung gefördert.

Die Verfassung von 1982 und das Autonomiegesetz von 1984 erfüllen trotz des Zugestehens verbal weitgehender Rechte keineswegs die Forderungen vieler Minoritäten nach größerer Autonomie. Auf die Migration von Han-Einwanderern, die Selbstverwaltung im Sinne des Wortes und Eigenbestimmung über die wirtschaftliche und kulturelle Entwicklung (und dies durchaus im Rahmen der Verfassung) haben die örtlichen Minoritäten immer noch wenig Einfluß, auch wenn diese Gesetze die bisher weitgehendsten Rechte seit Gründung der Volksrepublik gegeben haben.

Das weitere Verhalten der Minderheiten wird letzten Endes davon abhängen, ob die Führung der KPCh den gegenwärtigen Reformkurs weiter verfolgt und ausbaut (wovon derzeit auszugehen ist), den Minoritäten zugleich aber die Möglichkeit zu mehr eigenständiger Entwicklung, Verbesserung ihrer Lebensbedingungen und Bewahrung ihrer kulturellen Identität gibt.

Die mit Entwicklung verbundene soziale Mobilisierung wird zweifelsohne eine potentielle Politisierung mit sich bringen, aber eine Politisierung entlang den Linien von Sprache und ethnischer Kultur, d.h. eines Nationalismus, in den Elemente steigender Erwartungen und Frustrationen eingehen. Soziale Unzufriedenheit bis hin zu separatistischen Tendenzen (bei den größeren Gruppen) könnten bei Nichteinlösung des Entwicklungsversprechens, bei nicht wesentlicher und nicht kontinuierlicher Verbesserung der Lebensbedingungen und Versuchen der Unterdrückung und Beschneidung der kulturellen Identität (u.a. auch bedingt durch verstärkte Zuwanderung von Han-Chinesen in Minderheitengebiete) in wachsendem Maße auftreten.

Durch gezielte linguistische und kulturelle Assimilierungsprozesse, die auf die Nivellierung der Bevölkerung hinwirken, d.h. die Minderheiten dazu bringen, Sprache und Kultur der Han anzunehmen und ihre eigene Sprache und Kultur aufzugeben, ließe sich langfristig die Zahl der Nationalitäten verringern. Vor allem die kleineren Nationalitäten und diejenigen Gruppen, die in Han-Gebiete eingebettet sind oder verstreut leben, könnten einer solchen Assimilierungspolitik, wie sie seit Ende der 50er Jahre und während der Kulturrevolution mehr oder weniger offen praktiziert wurde, wenig entgegensetzen. Trotz aller entgegengesetzten Beteuerungen scheint die gegenwärtige „sanfte“ Politik „nationaler Integration“ bei den kleineren Gruppen zum gleichen Ergebnis zu führen. Dabei läßt sich sicher darüber streiten, ob dies ein notwendiger Prozeß im Rahmen allgemeiner gesellschaftlicher Entwicklung ist oder generell vermieden werden sollte.

Vor allem gegenüber kleineren Völkern machen sich Mehrheiten gewöhnlich keine Gedanken über das letztere. Die Betroffenen werden meist auch nicht gefragt. Ihre scheinbare „Rückständigkeit“ soll im vermeintlichen Interesse der betroffenen Gruppe durch „Entwicklung“ asufgehoben und sie sollen auf das Niveau der Entwicklung der Mehrheitsgruppe gehoben werden. Kleine Gruppen zerbrechen im allgemeinen an dieser „Zivilisierung“, wie sich weltweit beobachten läßt.

Für eine abschließende Bewertung ist es noch zu früh. Der Fortgang der Reformen wird noch manche Wende und Überraschung mit sich bringen. Vielleicht fördert der Kurs weiterer Liberalisierung auch ein weiteres Nachdenken oder Umdenken in der Nationalitätenpolitik. Und vielleicht wird den Reformern bewußt, daß Entwicklung in den Han-Gebieten nicht identisch sein kann mit Entwicklung in den Minoritätengebieten.

„Entwicklungs-Hilfe" — Motive, Programme und Realität

von Helmut Ziegert, Hamburg

Gliederung

A. *Grundlagen*

„Entwicklungs-Hilfe" ist immer ein Eingriff — wenn nicht eine „Einmischung"? — in die inneren Verhältnisse anderer Staaten und müßte — wäre sie wirklich wirksam — entsprechend zum Wandel der Kulturen bis zu ihrer Zerstörung führen.

Die hinter der „Entwicklungs-Hilfe" stehenden eigentlichen politischen Ziele lassen sich aus einer offiziellen Definition ablesen: „Entwicklungshilfe".

Maßnahmen zur Unterstützung des wirtschaftlichen Wachstums und der sozialen Entwicklung der Länder, deren Entwicklungsstand durch Kapitalknappheit, Mangel an Arbeitsplätzen und Unternehmerinitiative, niedrigen Ausbildungsstand und geringeres technisches Wissen hinter dem der Industrieländer zurückgeblieben ist (Entwicklungsländer).

Die Entwicklungshilfe zielt auch auf eine Vergrößerung des internationalen Warenaustausches der Entwicklungsländer untereinander sowie der Industrieländer mit den Entwicklungsländern.

Die Entwicklungshilfe kann bilateral (von Staat zu Staat) oder multilateral (über internationale Organisationen) vergeben werden. Man unterscheidet
— Kapitalhilfe (Kredite und nicht zurückzahlbare Zuwendungen),
— Technische Hilfe (Ausbildung und Beratung) und
— Handelshilfe (Absatzgarantien und Zollvergünstigungen).
Daneben kommt der Übertragung von Technologie zunehmende Bedeutung zu."[1]

Motivation

Aus vorstehender Definition wird deutlich, daß für die BRD — wie auch allgemein — wirtschaftliche Interessen Motiv und Motor aller entwicklungspolitischen Aktivitäten waren und sind. Andere Aspekte werden nur diskutiert und berücksichtigt, soweit sie als Störfall Reibungsverluste verursachen.

Die Entwicklungs-Politik muß nach ihren Motiven und Maßstäben hinterfragt werden, nach ihren Wurzeln im europäozentrischen Denken und nach ihren Kriterien und Maßstäben: Entwicklung wohin? Und: wurden die Betroffenen gefragt?

In der Entwicklungs-Politik wird ein meßbarer „Lebensstandard" gleichgesetzt mit dem Maß an persönlichem „Glück", und dieses zu fördern ist ein unbezweifelbar hehres Ziel, und diejenigen erstrahlen im Lichte des Wohltäters, die mit der Verwirklichung dieser Politik — der Entwicklungshilfe — befaßt sind. Diese Gleichung „Lebensstandard = Glück" ist jedoch völlig unsinnig, da sie das Menschsein und menschliche Streben allein auf die Anhäufung und den Verbrauch materieller Güter reduziert. Das gleiche Maß an Zufriedenheit kann auf unterschiedlichsten Niveaus materieller Ausstattung erreicht werden, und menschliches „Glück" ist von ganz anderen emotionalen Faktoren bestimmt.

Bis heute wird die Diskussion um Motive, Programme und Realität der Entwicklungshilfe kontrovers diskutiert — und so wird es auch bleiben. Idealistische und ökonomische Ausgangspunkte sind unvereinbar und lassen die Begründungen für eine wie immer auch geartete „Entwicklungshilfe" kontrovers bleiben: zwischen abendländischem Sendungsbewußtsein und den politisch-ökonomischen Notwendigkeiten.

Nur in einem Punkt treffen sich alle entwicklungspolitischen Ansätze: in der Einschätzung der Menschen in den Ländern der sog. „Dritten Welt" als „Empfänger" unserer Entwicklungshilfe: sie sind allzumal dümmer!

Entwicklungs-Forschung

Begleitend zur Entwicklungs-Politik hat sich ein breitgefächertes Forschungs-Spektrum der Probleme der Entwicklungsländer angenommen z.B. zu Fragen der Übervölkerung, Ernährung, Rohstoffe, des Außenhandels, der Industrialisierung, Wissenschaft und Technik, Arbeitslosigkeit, Verstädterung, Umweltzerstörung und Rüstung.[2]

Diese Forschungen werden von Ministerien finanziell gefördert und — neben Einzelarbeiten — in speziellen Instituten betrieben.[3] Eine Erforschung der *Entwicklungshilfe* selbst als selbstkriti-

1. Wirtschaftsministerium, „Wirtschafts-ABC", Bonn 1976[5].

2. P.J. Opitz (Hg.), „Die Dritte Welt in der Krise, Grundprobleme der Entwicklungsländer", München 1984 (C.H. Beck). — Rezension von P.P. Waller, in: „Spektrum der Wissenschaft" H. 10/1985, 140/1.

3. Z.B. mit Wirtschaftsinteressen im „Institut für Afrika-Kunde" in Hamburg, oder im „Deutschen Institut für Entwicklungspolitik" in Berlin.

sche Reflexion gibt es kaum in Ansätzen. Forschungsgelder dafür wurden z.B. vom BMZ für das Haushaltsjahr 1980 ausgeschrieben,[4] die Ergebnisse wurden nur z.T. in Einzelbeiträgen publiziert.

Als Fachleute für Fragen der Dritte-Welt-Kulturen wären die Ethnologen gefragt, wie schon in früherer Zeit in den Kolonial-Instituten.[5] Diese bieten sich auch für Forschungen vor Ort und zum Einsatz in Projekten an,[6] kommen jedoch unter Berücksichtigung der Verflechtung der Lebensbereiche nicht zu den einfachen Lösungen mancher Soziologen und Ökonomen, die ihre Schlüsse aus wenigen meßbaren Parametern ziehen. — Einen direkten Anwendungsbezug ethnographischer Kenntnisse lassen Angebote erkennen wie „Ethno-Consulting. ‚Ethno-Newsletter‘. Wirtschaftlicher Erfolg durch kulturkundliche Informationen. Alle 14 Tage Aktuelles über Land, Leute und Kultur“.[7] Solche Anzeigen muten wie ein Rückfall in Kolonial-Verhältnisse an, sind aber unter rein wirtschaftlichen Eigeninteressen nur konsequent.

Statistische Zahlen des Brutto-Sozialprodukts beim Vergleich europäischer mit Ländern in subtropischen und tropischen Breiten geben eine *unzulässige Überhöhung zugunsten der Länder in gemäßigten und nördlichen Zonen*: z.B. ist durch Nachbarschaftshilfe in Darfur ein Haus von 8 Männern in ein bis drei Tagen errichtet, das Rohmaterial kostete dabei nichts; drei solcher Rundhäuser erfüllen den gleichen Zweck wie ein Einfamilienhaus in der BRD: letzteres wird in der Statistik jedoch mit 250.000,- DM ausgewiesen, das Haus der Fur-Familie aber mit 0 (Null)! —

Diese Beispiele lassen sich beliebig vermehren in den Bereichen Verkehr, Kleidung, Nahrung, etc. —

Darüber hinaus wird ein Großteil der Bevölkerung statistisch nicht erfaßt, wenn die Gruppen autark wirtschaften und z.T. ohne Geldverkehr Waren und Dienstleistungen tauschen. Das Pro-Kopf-Einkommen lag so z.B. in Ghana 1972 weit unter dem Existenzminimum, während in Wirklichkeit zu dieser Zeit die Bevölkerung ökonomisch gesichert und in breiteren Schichten in relativem Wohlstand lebte.

Entwicklungs- und Industrie-Länder

In früheren, den sog. Kolonial-Zeiten, wurden die jeweils „unterentwickelten“ von den technisch überlegenen Völkern besiegt, vertrieben, versklavt oder ausgerottet: ein Prozeß der „Völkerwanderungen“, „Auswanderung“ und „Kolonisierung“, der sich seit dem frühen Neolithikum bis nach dem Zweiten Weltkrieg nachweisen läßt, beendet erst durch die Welle der *Staatswerdung ehemaliger Kolonien. In dieser Situation mußten neue Formen des Umgangs miteinander* gefunden werden: ein Prozeß, der heute noch nicht abgeschlossen ist. Ein Teilaspekt darin ist die notwendige Umorientierung ökonomischer Bindungen von der Zwangs-Ausbeutung zur politisch erzwungenen Partnerschaft.

Es gibt Länder der Dritten Welt mit viel und solche mit wenig *Rohstoffen*, und es gibt Länder mit großer und solche mit geringer *geostrategischer Bedeutung*: diese Kategorien bestimmen wesentlich das Verhalten der Industrie-Länder in West und Ost gegenüber den Ländern der Dritten Welt, und entsprechend den daraus resultierenden Interessen werden diese als „Entwicklungs-Länder“ behandelt.

Wegen des technischen Vorsprungs und der notwendigen z.T. sehr hohen Primär-Investitionen werden die Rohstoffe (z.B. Öl, Erze, Nahrungsmittel, Fischereirechte) in den Entwicklungs-Län-

4. „FAZ“, 5.12.79, 14.
5. Vgl. auch in Hamburg als Vorläufer der Universität.
6. Vgl. F. Bliss, in „FAZ“, 11.12.85, 11.
7. Anzeige in der „FAZ“, 2.11.85, 31.

dern durch westliche und östliche Industrie-Staaten ausgebeutet[8], notwendigerweise im Zusammenspiel mit den im Westen oder Osten in unseren Denkweisen ausgebildeten Eliten, die als „kleine privilegierte Gruppen alle entscheidenden Machtpositionen in ihren Händen haben und zur Ausbeutung der Masse der Bevölkerung nutzen."[9]

Die Armut der Vielen garantiert die Macht der Wenigen: jeder Verhungernde ist käuflich zur Stützung der Macht korrupter Eliten.

In historischer Betrachtung der „Entwicklung" werden Bewertungs-Kriterien gesucht, als ein meßbares wird das nach Produktion und Umsatz berechnete sog. „Wirtschaftswachstum" zugrundegelegt. Nach neueren Untersuchungen ist dies Wirtschaftswachstum nicht abhängig von der mehr markt- oder mehr planwirtschaftlichen Orientierung der jeweiligen Wirtschafts-Politik[10], letztere wirkt sich aber aus auf das entwicklungspolitische Verhalten der Industrie- als Geber-Länder: über den Hebel wirtschaftlichen Druckes wird versucht, die eigenen wirtschaftspolitischen Theorien durchzusetzen; dabei wird nach der Wirksamkeit zum Wohle der breiten Bevölkerungsschichten nicht gefragt.

Die einseitigen Abhängigkeiten zeigen sich heute in sinkenden Rohstoffpreisen und steigenden Ölpreisen, so daß die langfristig geplanten Einfuhren nicht mehr durch die im Export erzielten Devisen gedeckt sind.[11] Rohstoff-Exporte und Fertigwaren-Import belassen den Mehrwert in den Industrie-Ländern, das Fehlen einheimischer Verarbeitung zwingt zum Re-Import der Fertigprodukte. So konnten Baumwolltuche in Khartoum noch 1981 und Kakao in Accra 1972 nur aus britischer Produktion gekauft werden.

Längere Zeit hoffte man, das Wirtschaftswachstum in Entwicklungsländern mit gezielten Industrie-Ansiedlungen zu fördern. In einzelnen Bereichen gelang dies auch tatsächlich, wie in südostasiatischen Standorten, die sich auf diese Weise aber schnell zur Konkurrenz auf den Weltmärkten entwickelten. In den meisten Fällen sind diese Versuche gescheitert. Voraussetzung einer Industrialisierung sind das Vorhandensein von Rohstoffen, Energie und entsprechendem Ausbildungsstand; diese Voraussetzung ist in den meisten Ländern der Dritten Welt nicht gegeben, und auch bei uns würde man kein Stahlwerk in die Lüneburger Heide setzen!

Diese wirtschaftlichen Probleme sind heute erkannt, Lösungen mit besserem Erfolg aber kaum in Sicht. Aufrufe zur „Verantwortlichen Weltgesellschaft"[12] oder ähnliche Worthülsen haben nicht weitergeholfen.

Ein wesentlicher Antrieb für Entwicklungshilfe heute ist die Schaffung von Bedürfnissen als Voraussetzung für die Märkte von morgen. Dieses Vorgehen entspringt der Notlage der gesättigten Märkte und Überkapazitäten in den Industrie-Ländern und ist vergleichbar den Investitionen vor einer Produkt-Einführung und entsprechend als Werbe-Aufwand abzuschreiben. Dieses Ziel ist aber rein Industrie-egoistisch ohne Rücksicht auf Wünsche und Bedürfnisse betroffener Bevölkerungen in der Dritten Welt. Schlagworte wie „Hilfe zur Selbsthilfe" und „Entstaatlichung der Entwicklungshilfe" verschleiern nur dieses Ziel und die Praxis heutiger Entwicklungs-Politik.

8. Vgl. J. Ziegler, „Gegen die Ordnung der Welt. Befreiungsbewegungen in Afrika und Lateinamerika", Wuppertal 1985 (P. Hammer).

9. Denkschrift d. ev. Kirchen über Entwicklungspolitik, in: „FR", 18.6.73, 16.

10. Deutsches Institut f. Wirtschaftsforschung (DIW) Berlin, Zusammenfassung e. Gutachtens z. Lage der Dritten Welt, publ. im Wochenbericht des DIW, zitiert n. „FR", 28.11.85, 6.

11. Vgl. die ähnliche Situation in der ersten Weltwirtschaftskrise, dargestellt in: D. Rothermund (Hg.), „Die Peripherie in der Weltwirtschaftskrise: Afrika, Asien und Lateinamerika 1929—1939", Paderborn 1983 (Schöningh).

12. Denkschrift d. ev. Kirchen über Entwicklungspolitik, in: „FR", 18.6.73, 16: „Verantwortliche Weltgesellschaft" *als Weiterentwicklung des Begriffs* „Verantwortliche Gesellschaft" der Weltkirchenkonferenz von Amsterdam 1948.

Das wirtschaftliche Nord-Süd-Gefälle wurde auch zum bedrohenden Nord-Süd-Konflikt umdefiniert.[13] Realistisch müssen wir einsehen, daß dafür jede Grundlage fehlt, weil die Länder der Dritten Welt immer die technologisch und ökonomisch Schwächeren sein werden und weil sich dieser Abstand laufend erhöht.

Welternährung

In diesem Jahrhundert haben sich die Produktionsverhältnisse in der Landwirtschaft durch Maschinisierung, Kunst-Düngung und den Einsatz von Pestiziden und Herbiziden sowie Hochleistungszucht grundlegend verändert, und haben vor allem in den gemäßigten Breiten zu einer Milliarden-teuren Überschußproduktion geführt.

Auch wenn man die entsprechende Maschinenbau- und chemische Industrie dem primären Agrarsektor zurechnet, sind aufgrund der Mechanisierung potenzierte Produktivitätssteigerungen erzielt worden, so daß immer weniger Menschen immer mehr Nahrungsmittel produzieren. Dazu kommt die Gunst tiefgründiger Böden ohne wesentliche Erosionsgefahr und derzeit noch beherrschbarer Nahrungsmittel-Schädlinge in Europa und Nordamerika.

Diese günstigen Voraussetzungen sind in den Subtropen und Tropen nicht gegeben, der Erhöhung der Nahrungsmittelproduktion sind enge Grenzen gesetzt. Bei der derzeit noch anhaltenden Bevölkerungs-Explosion in den Ländern der Dritten Welt werden sie in zunehmendem Maße von Nahrungsmittelimporten abhängig sein. Aktuelle Gründe sind auch

Ökologische Katastrophen (z.B. Sahel-Dürreperioden);

Kriege mit Störungen des Anbau-Zyklus und Zerstörung der Anbauflächen; Schädlinge (z.B. Heuschrecken, Vögel, Ratten);

Verstädterung und Transportprobleme; Anbau von Cash-crops wie Kaffee, Kakao, Tee, Bananen, Baumwolle;

Übervölkerung über die Grenze der Tragfähigkeit.

Auch wenn theoretisch noch genügend Nahrung für die gesamte Erdbevölkerung produziert werden kann: Nahrungsmittel unterliegen wie alle Industrie-Erzeugnisse den Marktgesetzen, und der Ankauf und die Verteilung in den Ländern der Dritten Welt sind nicht zu realisieren. Das heißt aber, daß diese Länder versuchen müssen, im Agrarsektor autark zu werden, um die eigenen Überlebensgrundlagen zu sichern.[14]

Störungen in diesen Bestrebungen stellen die für den Weltmarkt heruntersubventionierten Lebensmittel-Überschüsse der EG und der USA dar, die in Katastrophenfällen auch als „Geschenk" in die betroffenen Länder exportiert werden, obwohl der Transport teurer ist als der Aufkauf und die Verteilung regionaler Produkte. Sofern diese Lieferungen nicht zur Versorgung der Stadtbevölkerungen umgeleitet werden sondern — meist zu spät — tatsächlich die Hungernden erreichen, konkurrieren sie mit dem lokalen Markt und können zur Zerstörung des Agrarsektors führen, weil für die Mühen des Anbaus kein Anreiz mehr besteht.

13. Z.B. Brandt-Bericht zur Lage der Länder der Dritten Welt.

14. Vgl. die Diskussion um die „Grundbedarfs"-Strategie: N. Wagner — Chr. Rieger (Hg.), „Grundbedürfnisse als Gegenstand der Entwicklungspolitik. Interdisziplinäre Aspekte der Grundbedarfsstrategie", Wiesbaden 1982 (F. Steiner).

Bevölkerungs-Explosion

Jedes Land kann nur eine begrenzte Menge lebenswichtiger Rohstoffe liefern („carrying capacity", Tragfähigkeit): der Raum, die Bodenfruchtbarkeit, Wasser, Brennenergie, Baustoffe; diese Menge muß regenerieren können, um auf Dauer nutzbar zu bleiben; bei Übernutzung werden diese Ressourcen vernichtet. —

Durch die Bevölkerungs-Explosion werden diese Lebensgrundlagen immer mehr über-nutzt und zerstört, z.T. unwiederbringlich wie die Bodenfruchtbarkeit nach Erosion. Durch neue Agrar-Techniken wie z.B. Sortenwahl, Düngung, Maschineneinsatz und Lagertechniken kann dieser Prozeß nur zum Teil aufgefangen werden.

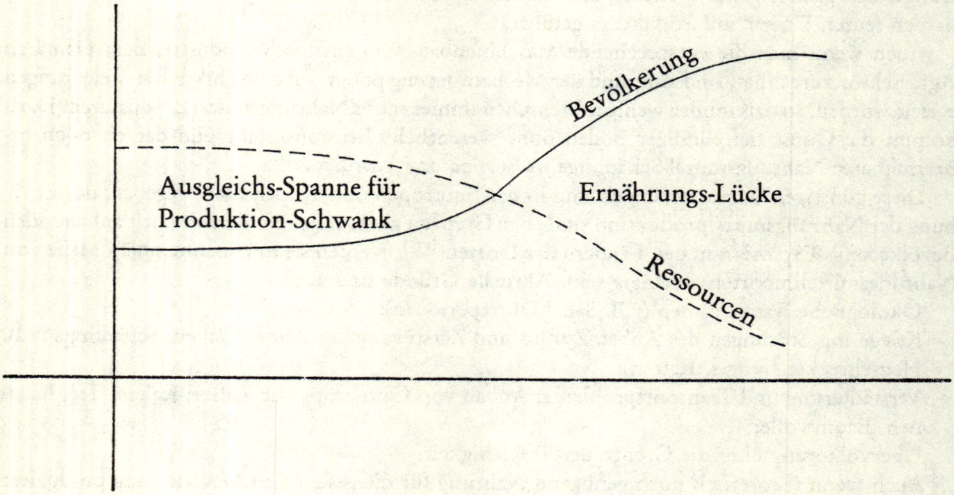

Man kann entweder — aufgrund besserer medizinischer Betreuung und geringerer Kindersterblichkeit — die Bevölkerungszahl alle 30 Jahre verdoppeln wie z.B. in Ghana seit der Selbständigkeit 1957, oder eine Verbesserung des Lebensstandards einleiten: beides zusammen geht nicht. Die Rohstoffe jedes Landes und der Erde sind begrenzt, und die Lebensgrundlagen werden durch den Raubbau an der Umwelt immer mehr eingeengt.

Es ist nicht einzusehen, daß fremde Länder die „Heiligen Kühe" anderer Länder mitfinanzieren sollen. Die Konsequenz könnte also lauten: Hilfe nur für die Länder, die ihre Bevölkerungs-Explosion stoppen und die Bevölkerungszahl auf das im Land vorhandene Ernährungs-Potential zurückführen.[15] Nur ein wichtiger Aspekt darf dabei nicht vergessen werden: „Solange die Altersversorgung von der Mildtätigkeit der eigenen Kinder abhängt, ist alles Gerede um Familienplanung blanker Hohn".[16] Eine Hoffnung bietet eine demographische Tendenz: Die Geburtenrate in Entwicklungsländern sinkt rapide mit einer bestimmten Einkommensschwelle, die in rein katholischen Ländern höher liegt als anderwärts.[17]

15. H. v. Dithfurth.

16. W. Brandt, Rede am 23.10.73 über Rundfunk und Fernsehen.

17. Diese Grenze lag n. „BBC" vom 18.11.73 in Brasilien bei 500 $ Familien-Einkommen, in Bangladesh bei 100 $.

Kapitalflucht

Einen entscheidenden Beitrag zur Unterentwicklung der Länder der Dritten Welt leisten Politiker und Wirtschafts-Eliten durch die Kapital-Verschiebung ins Ausland auf private Konten westlicher Banken. So wird Investitions-Kapital den Entwicklungsländern entzogen, den Ländern bleibt die steigende Auslands-Verschuldung. So wären Mexico und Argentinien 1986 ohne die Kapitalflucht fast schuldenfrei gewesen, wiesen aber eine Auslands-Verschuldung von fast 100 bzw. 50 Milliarden Dollar aus.[18] Exponierte Beispiele der jüngsten Geschichte sind die Privatkonten im Ausland von Mobutu aus Zaire, Duvalier aus Haiti und Marcos aus den Philippinen — Konten, die auch mit umgelenkten Entwicklungshilfe-Geldern gefüllt wurden.

Kreislauf eines Entwicklungslandes
in: „Hildesheimer Allg. Ztg.", 13.06.84, 2

Zeichnung: Peter Leger

B. *Hilfen*

In den Jahren 1985/86 wurde weltweit 17 mal so viel Geld für Rüstung ausgegeben wie für Entwicklungshilfe: 853 zu 49 Mrd. $.

Einen wesentlichen Anteil haben die Kapital-Hilfen als verlorene Zuschüsse zum Staatshaushalt oder — z.T. mit Lieferbindungen — für Projekt-Einkäufe, als z.T. oder ganz rückzahlbare Anleihen, mit Zinsaufschub und Tilgungs-Streckung, meist bei geringer Zinsbelastung. Trotzdem hat sich gezeigt, daß diese Schulden von den Entwicklungsländern nie mehr zurückgezahlt werden können.

18. n. Morgan Guaranty Trust Company, zitiert in „Der Spiegel", 16.6.86, 124.

Die Kapital-Hilfe und ihre Wirkung kann — verkürzt — so beschrieben werden: Exporte aus der Überproduktion der Industriestaaten werden durch eine Kreditgewährung an das Entwicklungsland begleitet; die Lieferfirmen erhalten dafür heute ihr Geld, das die nachfolgende Generation in den Industriestaaten bezahlen muß, weil diese Kredite als Verlust abgebucht werden müssen. Diese Exporte auf Kreditbasis täuschen wirtschaftliche Aktivitäten vor und sichern den Firmeneignern momentanen Gewinn, der volkswirtschaftlich aber abzuschreiben und von nachfolgenden Generationen zu bezahlen ist; d.h. eine echte volkswirtschaftliche Verflechtung besteht nur zwischen annähernd gleichwertigen Industrieräumen. —

Diese Art der Schaffung von Absatzmärkten für die industrielle Überproduktion in Drittwelt-Ländern auf Kreditbasis floriert ohne Netz; aus Selbsterhaltungstrieb werden diese Länder gezwungen sein, diese Schuldenberge zu boykottieren, und es ist zu erwarten, daß dann das ganze — nur noch auf dem Papier aber nicht im Warenwert existierende - weltwirtschaftliche Gleichgewicht zusammenbricht. Aufgeschoben wird dieser Zeitpunkt durch dauernde Umschuldungen, die den Entwicklungsländern nicht nützen, aber den Banken erlauben, die Kredite weiterhin als Außenstände zu bilanzieren.

Nahrungshilfe

Ein Mensch braucht nicht nur das Essen für heute, sondern auch die Gewißheit der Überlebenssicherheit für morgen, die soziale Sicherheit und Anerkennung, und die persönliche Fürsorge. Lebensmittel können anonym direkt oder indirekt durch Geld bereitgestellt werden, alles andere bedarf des ganz persönlichen Engagements. Nahrungsmittelhilfe darf nur in akuten Katastrophenfällen und dann im Soforteinsatz gewährt werden, sie darf aber kein humanitär verbrämtes Ventil für die EG-Agrarüberschüsse sein[19]. Die Einsicht in die schädlichen Folgen von Nahrungslieferungen zeigt erfreulicherweise politische Konsequenzen: so lehnten Papua-Neuguinea und Nordkorea derartige Hilfsangebote ab[20]; noch konsequenter folgte Burkina Faso (Obervolta), das mit der Förderung der eigenen Leistung beachtliche Erfolge erzielte.

Angepaßte Technologie

Die Wertberechnung für die in Entwicklungs-Länder exportierten technischen Geräte geschieht nach Erzeugerpreisen im Niveau der Industrie-Staaten. Diese Maschinen müssen mit Devisen bezahlt werden, die durch Arbeit und Export verdient werden müßten, was bei der kurzen Gebrauchsdauer in den Tropen und Subtropen gar nicht möglich ist. Diese Maschinen ersetzen aber auch Arbeitskräfte. Unter diesem Aspekt ist in jedem Einzelfall zu prüfen, ob eine Maschine vor allem im Agrar-und Straßenbau-Sektor wirklich einen Fortschritt bedeutet; solange ein Überangebot an Arbeitskraft herrscht, ist der Erhaltung oder Schaffung eines Arbeitsplatzes der Vorrang zu geben: diese Absicht richtet sich zwar gegen ungehemmten Maschinen-Export unseres eigenen Landes, kostet das Entwicklungsland aber keine Devisen und erhöht nicht die Auslands-Verschuldung.

19. R. Braumann, „Afrika wird totgefüttert. Plädoyer für eine neue Entwicklungspolitik", Hamburg 1986 (Rasch + Röhring).

20. „FAZ", 13.9.82, 13.

Beim Export in Drittwelt-Länder unterliegen Maschinen sofort einer Wertminderung durch
die Unangepaßtheit der Technik,
den ineffektiven Einsatz,
den nicht hinreichenden Ausbildungsstand,
die fehlende Infrastruktur (z.B. zu schlechte und lange Wege),
Folgekosten durch notwendige Treibstoffe, Reparaturen, Freisetzung von Arbeitskräften,
Störanfälligkeit durch Klima, Bedienungsfehler, fehlende Ersatzteile,
schnellen Verschleiß.

Entwicklungs-Länder sind nicht unter-, sondern anders-entwickelt und nur unter-technisiert. Wir müssen uns aber freimachen von der Vorstellung, daß wir aus unserer Sicht und ohne die jahrtausendelange Erfahrung und Experimentier-Möglichkeit der einheimischen Bevölkerungen erkennen und entscheiden könnten, was vor Ort wirklich nützt.

Beispiel: „Projects as on the moon"[21], ein FAO-Landwirtschaftsprojekt in Zalingei hinterm Jebel Marra, Sudan, das ohne Berücksichtigung der lokalen Gegebenheiten von 1963 bis 1972 über 100 Mill. DM kostete und nicht einen Sack Durra für die Bevölkerung produzierte, jedoch den vielen wechselnden sog. „Experten"-Gruppen ein angenehmes Leben im Kolonial-Stil ermöglichte. Kritische Berichte sudanesischer Mitarbeiter wurden durch Versetzung z.B. in die Bhutana erledigt, beendet wurde dies Projekt erst nach meinem Bericht, über Botschaft und Landwirtschaftsministerium als Anfrage an die FAO. Diskussionen mit zwei FAO-„Prüfern" kamen zu dem Ergebnis: ich hätte ja in der Sache Recht, aber ich hätte den Bericht vorher — wie intern üblich — mit der FAO „abstimmen" sollen!

Hacke statt Traktor, Kamele statt Auto sind Schlagworte, die vom Nutzen für die Bevölkerung und für die Erhaltung der Umwelt ausgehen und heute unter dem Begriff der „Angepaßten Technologie" neues Interesse finden[22]. Das Erfinden eines vom lokalen Schmied leicht herstellbaren Pfluges für ein Kamel oder eines geschlossenen Lehmherdes zur Verringerung des Brennholzbedarfs oder einer Wasser- und Dünger-sparenden Pflanzmethode (Kallidendron-Verfahren) bewirken mehr „Entwicklung" als ein ganzer Maschinenpark, und sie vermeiden Schäden an Mensch und Natur.

Pflanzbau und Tierhaltung

Pflanzbau und Viehhaltung sind in Entwicklungsländern extrem den örtlichen Gegebenheiten durch Experimente und Erfahrung angepaßt. Jeder Eingriff von außen führt unweigerlich zur Störung dieser Systeme. Vor allem befristete Landwirtschafts-Projekte mit Maschineneinsatz nutzten große Flächen nach Rodung des Baumbestandes; in der niederschlagsfreien Jahreszeit trockneten die Böden aus und waren offen für die Winderosion; die ersten Niederschläge konnten nicht versickern und spülten die Böden fort. Nach z.B. 5 — den Berichten selbstverständlich erfolgreichen — Projekt-Jahren ziehen die „Experten" weiter, zurück bleiben übernutzte und „ökologisch erschöpfte" Böden, auf denen, wie z.B. in Ghana, nur ein Sekundärwald aufwachsen kann, der einer weiter nördlich gelegenen trockeneren Vegetationszone entspricht. — Auf Höchsterträge abzielende Landwirtschaftsprojekte führen außerdem zur Abhängigkeit von importierten — und damit in Devisen zu zahlenden — Düngemitteln, Herbiziden und Pestiziden; eine langfristige Durchfüh-

21. H. Ziegert, Bericht an die Deutsche Botschaft in Khartoum über ein FAO-Projekt 1963ff. in Zalingei, 1972.

22. Vgl. E.F. Schumacher, „Small is Beautiful. A Study of economics as if people mattered", London 1973; 1980[10].

rung einer Intensiv-Landwirtschaft ist zu vertretbaren Kosten nicht möglich. — Positive Effekte hat sicher die Projekt-unabhängige Bauern-Beratung[23].

In den Randzonen möglichen Pflanzbaus ist häufig noch eine Herden-Viehhaltung möglich und kann zur Eiweißversorgung beitragen. Besonders die Wiederkäuer nutzen das Vegetationsangebot optimal aus, und Rinderhirten und Pflanzer leben — wie in Darfur — häufig in Symbiose. Ohne Eingriffe von außen wie z.B. durch Tiefbrunnenbohrungen und entsprechendes Ungleichgewicht zwischen Wasser-und Vegetationsangebot sind in Darfur auch in den Dürrejahren 1972ff. keine Menschen und Rinder verhungert. Wichtig erscheint auch die Förderung des Kamel-Nomadismus als beweglichste Form der Nutzung der Sahelzone bei unregelmäßigen Niederschlagsverhältnissen und entsprechend die Beendigung staatlicher Bestrebungen zur Seßhaftmachung der Nomaden.

Schulbildung und kulturelle Eigenständigkeit

Solange Landwirtschaft durch Übernahme der Erfahrungen im Erziehungsprozeß, aber ohne Schulbildung betrieben werden kann, ist letztere ein Bildungsluxus, und die Regierungen können nicht getadelt werden, wenn sie Schulen nur nach Maßgabe des Verwaltungsbedürfnisses nach qualifizierten Beamten (etc.) einrichten; denn unter den gegenwärtigen Verhältnissen kehrt kein Schulabgänger in den ländlichen Agrarsektor zurück; die Investition des Lernens wird nur in einem Prestige-Posten in den Verwaltungen amortisiert gesehen.

Andererseits gehen Erziehung und technologischer Standard in der Kulturgeschichte parallel. In den sog. Entwicklungs-Ländern — wie auch in den Industrie-Ländern — muß die Erziehung immer vorangehen, um nicht zwischen heute angebotener Technik und technologischem Verständnis zu große Lücken entstehen zu lassen.

Die Länder der sog. Dritten Welt haben mehrheitlich einen technologischen Nachholbedarf, diese Völker sind in ihrer Kultur jedoch eigenständig und nicht ab-wertend zu vergleichen. Ganz wichtig ist die klare Unterscheidung zwischen traditioneller Kultur und technischem Standard: Die Technologie ist übertragbar und hat sicher auch verändernde Wirkungen in anderen Lebensbereichen und Vorstellungen, Kultur dagegen ist nicht isolier- und übertragbar. — Dem stehen Vorstellungen gegenüber, die kulturelle Eigenständigkeit mit der Übernahme von Technologie aus den Industrieländern schwer vereinbar halten.[24] Die Tendenz würde also auf eine Welt-Einheitskultur zulaufen. Mit Sicherheit wird es aufgrund der engeren Kommunikation eine weiterverbreitete Kenntnis über andersartige Kultur-Verhaltensweisen geben und damit hoffentlich auch größere Toleranz. Aber die neu zu beobachtende Rückbesinnung auf die eigenen kulturellen Wurzeln zeigt, daß die Identifikation in der eigenen Kultur und Geschichte gesucht wird und nicht mehr in der kritiklosen Nachahmung westlicher Zivilisation.

Polizei- und Militär-Hilfe

Ein unrühmliches Kapitel fehlgeleiteter Entwicklungshilfe sind die neuerdings auch offen betriebenen Aktionen zur technischen Ausstattung und Ausbildung der Polizei und des Militärs, und das auch für Diktaturen mit Unterdrückung der Opposition. Geschäftssinn und geopolitische

23. Z.B. das Programm der Weltbank „Training and Visit" seit 1977.
24. Nach Uwe Simson, „Auswärtige Kulturpolitik als Entwicklungspolitik", Meisenheim 1975 (A. Hain), — M. Heidegger: „Europäisierung der Erde".

Machtüberlegungen sind Ausgang und Antrieb solcher Aktionen; bisher hat sich immer gezeigt, daß diese Waffen auch zur Konfliktlösung eingesetzt werden: schöne Aussichten auf unbegrenzte Folgeaufträge wie jetzt im Golfkrieg.[25]

C. Organisation

Entwicklungshilfe ist mittlerweile eine hauptamtliche Tätigkeit in vielen staatlichen, halbstaatlichen und privaten Organisationen geworden, die wichtigsten in der BRD sind:

Bundesministerium für Wirtschaftliche Zusammenarbeit (BMZ), Bonn;
Deutsche Gesellschaft für Technische Zusammenarbeit (GTZ), Eschborn;
Deutsche Entwicklungsgesellschaft (DEG), Köln;
Deutsche Stiftung für internationale Entwicklung (DSE), Berlin;
Carl-Duisburg-Gesellschaft (CDG), Köln;
Deutscher Entwicklungsdienst (DED), Berlin.

Nimmt man dazu die privaten und kirchlichen Einrichtungen und multipliziert diese Zahl mit den Entwicklungs-Hilfe leistenden Industrie-Ländern, dann kann man sich leicht vorstellen, was nach jeweils unterschiedlichen Zielen und Verfahrensweisen vor Ort „Entwicklungs-Hilfe“ heißt; aber auch, was nach dem Durchlauf durch diese Legion separater Bürokratien an wirksamen Mitteln in den betroffenen Ländern tatsächlich ankommt. Da ist der Schaden obskurer Spendensammelvereine kaum größer.

Erfolgs-Kontrolle

Die unbestreitbar größte Behörde dieser Art ist die „Food and Agricultural Organisation“ (FAO) der UNO in Rom, nach über 40jährigem Bestehen mit über 10.000 Beschäftigten und Vertretungen in etwa 80 Ländern der Dritten Welt. Diese Behörde ist von außen nicht mehr zu kontrollieren und verbraucht selbst bis zu zwei Drittel der eingesetzten Mittel.

Die ökonomische Entwicklung der Länder der Dritten Welt wird im — meist kurzzeitigen — positiven Fall voll den Aktivitäten der Entwicklungs-Hilfe zugeschrieben: mit welchem Recht? Wie wäre die Entwicklung verlaufen ohne staatliche Hilfe bei ausschließlich privatwirtschaftlichem Einsatz?

Eine Kontrolle der Projekte besteht nicht, oder die Akteure kontrollieren sich selbst; vor einigen Jahren begann das BMZ mit Ansätzen zu einer internen „Erfolgs-Kontrolle“ — nach ca. 30 Jahren geleisteter Entwicklungs-Hilfe! Von der Wirksamkeit einer solchen Kontrolle ist aber auch bis heute nichts bekannt. Die Kontrolle des Ausgangs abgeschlossener Entwicklungs-Projekte ist nicht über die beteiligten Institutionen zu erwarten: ein „Projekt“ schließt immer mit einer Abrechnung der Kosten und einem in der Regel geschönten Abschlußbericht, und damit schließen sich auch die Akten; die Nicht-Weiterführung des Projekts beruht erklärtermaßen auf der unterstellten Unfähigkeit der einheimischen Bevölkerung — und dies bleibt unwidersprochen, weil die Menschen nicht befragt werden. Daß die Ausgangslage nicht untersucht, Konzept und Durchführung des „Projekts“ vom Ansatz her unsinnig gewesen sein könnten, werden die Akteure nicht einsehen können. Und so wird man die abgeschlossenen Entwicklungshilfe-Projekte auch nicht durch das Studium der Berichte bewerten können, sondern nur durch Besichtigung der Projekt-

25. Vgl. auch „Entwicklung u. internationale wirtschaftliche Zusammenarbeit. Studie über den Zusammenhang zwischen Abrüstung und Entwicklung“, UN-Report A/36/356, Okt. 1981.

Leichen in der Landschaft: bei landwirtschaftlichen Projekten meist als Erosions-Flächen. — Und die Projekte ziehen weiter.

Staatliche oder staatlich finanzierte Organisationen können nicht sterben — und so wird es weiter eine Entwicklungs-Politik, einen Entwicklungs-Etat, Entwicklungs-Hilfe in Entwicklungs-Programmen und durchgeführt von einer Entwicklungs-Bürokratie und von Entwicklungs-Helfern geben: ein verselbständigter Regelkreis, der keiner Rechtfertigung mehr bedarf und jede Kritik als unmoralisch gegen die doch so selbstlose „Hilfe" abqualifiziert. — Und keiner untersucht, wievielen Menschen die „Maßnahme" langfristig zu einem besseren Leben verhilft. Wenn die sog. „Entwicklungs-Hilfe" schon nicht mehr abgeschafft werden kann, dann muß eine völlige Neuorientierung stattfinden mit Verlagerung der Entscheidungsprozesse in den Bereich der jeweils Betroffenen.

Entwicklungs-„Experten"

An der Nahtstelle zur betroffenen Bevölkerung wirken Entwicklungs-Helfer als „Experten". In der heutigen Arbeitsmarkt-Situation ist diese Tätigkeit eine Chance und wird auch häufig mit vielen guten Vorsätzen wahrgenommen. Entwicklungs-Helfer sind heute — im Unterschied zu früherer meist negativer Auslese — meist gut qualifizierte Kräfte. Experten in der Entwicklungs-Hilfe vor Ort oder als Dauer-Gutachter für staatliche Institutionen unterliegen aber unbemerkt einem schleichenden Qualitätsverfall: diese Dauer-Tätigkeiten schließen eine intensive Weiterbildung aus, die Qualifikation bleibt auf dem ursprünglichen Niveau und sinkt nach wenigen Jahren stark ab, die Gutachten werden flach und bieten häufig nur eine Klassifikation von Gemeinplätzen. — Diesem Kompetenz-Verfall der Experten steht eine „koloniale Mentalität des blinden Vertrauens in weiße Fachleute bei gleichzeitiger Unterbewertung der eigenen Leistungs- und Entwicklungsfähigkeit"[26] gegenüber in Unkenntnis der Auswahlkriterien in den Entsender-Ländern. —

Dazu kommt die relative Isolierung der Experten in ihrem neuen Lebensraum: sie fahren mit dem Auto an den Problemen vorbei und haben keine Möglichkeit, durch das Mit-Leben die Probleme der Bevölkerung selbst zu erfahren.

D. *Folgen und Perspektiven*

Empirische Untersuchungen vor Ort sind nötig, um eine Beurteilungsbasis aus der Perspektive und unter Einschluß der Betroffenen zu gewinnen, um einen Weg zwischen dem „Naturschutz-Gedanken" für diese Völker und der völligen Assimilation in die westliche Zivilisation zu finden, der den Völkern ihre Eigenständigkeit und Selbstachtung bewahrt und sie gleichzeitig fördert im Rahmen einer „*Weltinnenpolitik*"[27] mit nicht rückzahlbaren Hilfen entsprechend einem „*Länder-Struktur-Ausgleich*"[28].

Unsere zivilisatorische Überheblichkeit führt zur Geringschätzung anderen — auch heute noch häufig als „primitiv" bezeichneten — Kulturverhaltens, besonders in den Bereichen der Technologie und Ökonomie. Daraus ziehen wir die Rechtfertigung, „Entwicklungshilfe" als „Höherentwicklung" in Richtung auf unser eigenes Zivilisationsniveau zu verstehen, und in die-

26. W. Dolph, in: „Die Zeit", 15.6.73, 54.
27. W. Brandt.
28. Vgl. den Finanzausgleich in der BRD zur Förderung strukturschwacher Gebiete mit dem im Grundgesetz verankerten Auftrag, auf eine Gleichwertigkeit der Lebensverhältnisse in allen Regionen hinzuwirken.

sem Selbstverständnis sog. „Entwicklungs-Projekte“ in Ländern der Dritten Welt zu betreiben, die nur allzuhäufig in den betroffenen Gebieten selbst als „Projects as on the Moon“ angesehen werden: konzipiert am Grünen Tisch in Hinblick auf europäisch-zivilisatorische Bedürfnisse, durchgeführt von „Experten“ aus Europa oder Amerika — und ohne qualifizierte Grundlagen-Untersuchung vor Ort, um die ökologischen, ökonomischen und sozio-kulturellen Bedingungen zu erfassen, und ohne das Projekt in den Lebens-Prozeß der Bevölkerung zu integrieren. Wir müssen endlich begreifen, daß das Kulturverhalten der Menschen ganz unterschiedlich sein und bleiben kann, und daß diese Unterschiede als gleich-wertig anzusehen sind; und daß viele Züge im Kulturverhalten der Menschen eine Anpassung an unterschiedliche Umwelt-Anforderungen darstellen, und hierin in Jahrhunderte und Jahrtausende währender Experimentier-Möglichkeit und Tradition ein Optimum an Anpassung gefunden wurde.

Was liegt also näher, als die traditionellen Verhaltensweisen auf ihren Funktionswert zu überprüfen, und erst dann zu untersuchen, wieweit aufgrund neuerer wissenschaftlicher Erkenntnisse Verbesserungen möglich und nötig sind?

Versucht man, nach den bisherigen Erfahrungen Ziele für zwischenstaatliche Hilfen zu formulieren, so würde ich folgende und in dieser Bewertung nennen:

1. Förderung des *kulturellen Selbstbewußtseins* und der eigenständigen *kulturellen Entwicklung*;
2. *Vorlauf des Bildungs-Systems* als Voraussetzung für *Eigeninitiative* zur Verbesserung der Lebenssituation der Bevölkerung, mit eigenen Bildungs-Inhalten und Schul-Konzepten; Hilfen in der Berufs-Ausbildung;
3. *Beteiligung der ganzen Bevölkerung* an Entscheidungen, die Veränderungen in ihrem Leben bewirken;
4. *Stopp dem Bevölkerungs-Zuwachs*;
5. Sicherung der *Grundbedürfnisse* gerade auch der ländlichen Bevölkerungen;
6. Förderung des *Gesundheitswesens*;
7. Förderung von *Sozialversicherungs*-Systemen;
8. Förderung der *Agrar-Produktion* mit umweltschonenden Mitteln zur autarken Versorgung;
9. Förderung der *Infrastruktur* (Straßen, Kommunikation);
10. Förderung eigener *angepaßter Technologien*;
11. Förderung von Maßnahmen gegen die *Boden-Erosion* und andere *Umwelt-Zerstörungen*.

Es ist kein Kulturpessimismus, sondern eine Rückbesinnung auf menschliche Werte, wenn man den unbegrenzten technischen Fortschritt auf seine Möglichkeiten befragt, das Glück des Einzelnen zu fördern. Dies Glück kann nicht als das Glück der Wenigen bestimmt werden, die es mit Produktionszahlen gleichsetzen, sondern als — im gegebenen technologisch-sozialen Rahmen — weitmöglichste Selbstverwirklichung aufgrund freier und individueller Entscheidungen aller Menschen.

Und diese Selbstverwirklichung ist in jedem sozialen Verband und bei jedem technischen Standard möglich, sofern die lebensnotwendigen Güter regelmäßig und mit vertretbarem Energie-Aufwand erzeugt werden können.

Wir selbst sind aufgefordert, die durch Forschungen vor Ort gewonnenen Erkenntnisse zu verbreiten, um auf diese Weise Einfluß auf die politischen Entscheidungen zu nehmen, sowie durch unser Verhalten gegenüber den betroffenen Bevölkerungen anderer Kulturen ein Beispiel zu geben.

Schulbücher und Friedenserziehung in Solidarität mit der sogenannten Dritten Welt: „Education for Liberation!“

von Frank Thomas Gatter, Nienburg (Weser)

I.

Friedenserziehung in der Welt vor der Jahrtausendwende muß eine internationalistische Perspektive haben. Welche Trivialität! Ist nicht die Friedensfrage schon vom Begriff her eine internationale Frage? Das Gegenteil von Frieden ist doch eine Situation des Konfliktes zwischen zwei oder mehreren Staaten!? Zugegeben, das ist die landläufige Definition. Jedoch ist Frieden erstens weit mehr als die Abwesenheit von Krieg. Die aus dieser Erkenntnis abzuleitende Notwendigkeit einer Entmilitarisierung des Friedensbegriffs ist zwar ansatzweise in der Friedensbewegung formuliert worden, aber nicht Allgemeingut der Friedensdiskussion geworden.[1] Das öffentliche Bewußtsein ist nicht weit über Oswald Spenglers Diktum hinaus, demzufolge der Frieden nichts sei als die Fortsetzung des Krieges mit anderen Mitteln. Von der Philosophie verschiedentlich entworfene Modelle eines an sich friedlichen Menschen sind noch kaum im Alltagsdenken verankert. Die Friedensbewegung als Massenbewegung reibt sich an Symbolen; sie blockiert Raketen, aber nicht den Friedensverlust der gesellschaftlichen Psyche. Dabei mahnt das zynische Wort von der Verabsolutierung des Überlebens durchaus, nicht nur das nackte Überleben zu fordern, sondern sich zu sorgen, wie wir leben wollen, wenn wir überleben. Um mit Kardinal von Galen zu sprechen: wer den Frieden will, wehre nicht nur den Krieg ab, sondern bereite den Frieden.[2] Und diese Forderung ist keineswegs gleichzusetzen mit einer „Psychologisierung“ der Politik, wie sie Horst E. Richter vorschlägt.

1. Vgl. z.B. EKD, Frieden wahren, fördern und erneuern. Eine Denkschrift der Evangelischen Kirche in Deutschland, Herausgegeben von der Kirchenkanzlei der EKD (Gütersloh 1981); — *H. E. Richter*, Alle redeten vom Frieden, Versuch einer paradoxen Intervention (Reinbek 1981); — R. Kühnl, Karen Schönwälder (Hrsg.), Sie reden vom Frieden und rüsten zum Krieg. Friedensdemagogie und Kriegsvorbereitung in Geschichte und Gegenwart (Köln 1986). Dem als Idealzustand bzw. konkrete Utopie gedachten Frieden wird die durch Rüstung, Repression und kriegerische Handlungen verursachte Lebensgefahr gegenübergestellt; Ursachen des Krieges werden analysiert und kritisiert, *weil* sie den Krieg zum Ziel oder zur Folge haben. Dem Frieden stehen jedoch nicht nur militärische und paramilitärische Entwicklungen entgegen, sondern auch Lebensbedrohungen *diesseits* von Tod und Vernichtung: Folter, Hunger, Versklavung, soziale Unterdrückung und Ausbeutung.

2. Insofern theoretisierte Einstein, wenn er sagte, man müsse erst mal existieren, dann könne man sich fragen, welche Form man für diese Existenz vorziehe (zit. in *H. E. Richter*, Zur Psychologie des Friedens (Reinbek 1984) S. 185). Für die menschliche Praxis ist dieser Formalismus irrelevant: die Hoffnung aufs Überleben ist in eins zu setzen mit der Hoffnung auf ein glückliches Leben. Richters Buch ist im übrigen ein bedeutender Beitrag zu einem nicht militärischen Friedensbegriff; vgl. besonders Teil 3, „Zur Psychologie der Friedensfähigkeit“.

Zweitens orientiert sich die europäische Friedensdebatte einseitig an dem Problem des Ost-West-Konflikts, mehr noch: zumindest im Westen ist sie das getreue Schattenbild der Situation in den USA, deren derzeitiger Präsident nur über minimale Kenntnisse der außeramerikanischen Welt verfügt und deren Außenpolitik kaum auf wirklichen Sachverstand über die gesellschaftlichen Zustände außerhalb der USA zurückgreift. Was ist von Sicherheitsphilosophien zu halten, die — so zuletzt in Ernst Tugendhats „Überlegungen zum Dritten Weltkrieg" nachzulesen — fast ausschließlich Faktoren des militärindustriellen Komplexes bedenken und für die die nicht oder nur teilweise europäisierten Völker der Erde keine Gesprächspartner zu sein scheinen?[3] Anderswo in der Welt auftretende Konfliktsituationen werden hierzulande in der Schule, am Arbeitsplatz oder Stammtisch, in den Medien vornehmlich unter dem Aspekt erörtert, ob sie geeignet sind, einen uneingrenzbaren Zusammenstoß zwischen den beiden Machtblöcken auszulösen. Der Golfkrieg wird als bedrohlich empfunden, weil die Kriegführenden die USA oder die UdSSR hineinziehen könnten. „Nein", sagen andere, „wir sollten froh sein, daß es Stellvertreterkriege gibt; so können die beiden Großen Dampf ablassen und selbst außen vor bleiben." Demnach hätte sich nicht viel geändert, seit der Dichter das Unterhaltungs-Interesse des braven Bürgers kommentierte, wenn „hinten, weit in der Türkei, die Völker aufeinander schlagen". Wenn sie nur unter sich bleiben! lautet das Stoßgebet dieses europäischen Friedensverständnisses.

So gesehen, ist der Frieden, den die Mehrheit von uns meint, ein eurozentrisches Anliegen. Friedenserziehung, die dem nichts hinzufügt, kommt nicht über das Engagement zur Rettung der eigenen Haut hinaus. Die (deutschen) Opfer des Zweiten Weltkriegs nicht zu vergessen, halten uns die Gedenkredner am (deutschen) Volkstrauertag an. Während noch ihre Mahnungen nachhallen, brechen Kriege in unserem, obschon nicht selbst gewählten, Interesse über andere Weltgegenden herein. Unser Friedensverständnis ist nicht frei von Kolonialismus. „Vergessene Kriege" sind nicht Kriege der Vergangenheit, etwa, weil sie im Frühnebel unserer Geschichte verschwommen wären. Vergessene Kriege sind die Kriege der Gegenwart, die bloß zu unserem Glück anderswo toben und Opfer finden, die in unser Gedächtnis keinen Einlaß erlangen.

II.

„Kultur gegen Krieg — Wissenschaft für den Frieden" kann also nur heißen, den kulturellen Anspruch auf einen Frieden über die Abwesenheit von Krieg hinaus zu definieren und wissenschaftlich zu begründen, warum Friedenserziehung mehr sein muß als die Erziehung zur Friedensfähigkeit im eigenen Land. Wir leben in einem Scheinfrieden, solange Menschen anderswo nicht in Frieden leben.

Ein solches Anderswo ist Namibia. Dort herrscht heute Krieg. Die Menschen leiden unter Verhältnissen ausländischer Invasion und kolonialer Besetzung. Die südafrikanische Besatzungsmacht widersetzt sich unverblümt dem Völkerrecht und der öffentlichen Weltmeinung, die sich in einer schier endlosen Serie von Resolutionen und diplomatischen Initiativen geltend macht, mit denen das Regime gedrängt wird, seinen illegalen Anspruch auf die Kontrolle über Namibia aufzugeben. Die Geschichte des Krieges und der kolonialen Unterdrückung in Namibia ist auf mannigfaltige Weise mit der deutschen Geschichte vor und nach 1914 verquickt. Obgleich im Ersten Weltkrieg das Deutsche Reich die Herrschaft über die Kolonie Deutsch-Südwestafrika verlor, spielten Deutsche und Namibier deutscher Abkunft weiterhin eine entscheidende Rolle in der historischen Entwicklung des Landes. Von den etwa 1,3 Millionen der Bevölkerung Namibias sind noch rund 1,5 % Deutsch-Stämmige. Ökonomisch und politisch übersteigt ihr Anteil am Geschehen das nu-

3. Die Zeit Nr. 49, 27.11.1987.

merische Verhältnis bei weitem. Die Bundesrepublik ist eine der wesentlichen Handelspartnerinnen der von Weißen dominierten Wirtschaft Namibias, sowohl im Sinne direkter Verknüpfung als auch auf dem Umweg über Südafrika. Die westdeutschen Beziehungen zu Windhoek und Pretoria tragen erheblich zur Aufrechterhaltung von Kolonialismus und Apartheid im südlichen Afrika bei. Wir Deutschen sind dadurch — ob wir das als Individuen wünschen oder nicht — am Krieg in Namibia beteiligt.

Zwei Folgerungen ergeben sich aus diesem Befund. Erstens muß die Geschichte Namibias ein Thema für Geschichts- und Gemeinschaftskunde-Lehrpläne in der BRD sein. Und weil es sich bei den Beziehungen zwischen den ökonomischen und politischen Kräften in Westdeutschland und Namibia um koloniale handelt, ist zweitens die Kenntnis über sie und ihre Auswirkungen auf die Menschen hüben und drüben ein Desiderat der Friedenserziehung in westdeutschen Schulen.

Das öffentliche Bewußtsein in unserem Land weiß wenig über die Fakten. Während die ältere Generation, insbesondere im Falle von Familienbeziehungen zu der früheren deutschen Kolonie, Namibia nach wie vor als „Deutsch-Südwest" betrachtet, wissen viele Jüngere nichts über das Land als den Namen.[4] Der Presse ist Namibia kaum eine Schlagzeile wert. Selbst die sogenannte Solidaritätsbeweung hat Namibia erst spät entdeckt: lange Zeit wurde der Kampf gegen Apartheid allein auf Südafrika bezogen. Dem Desinteresse der Öffentlichkeit steht jedoch seit langem die aktive Politik der Bundesrepublik gegenüber, die mehr oder weniger bewußt auf die Beibehaltung der Herrschaftsverhältnisse hinwirkt. So unterhielt die Bundesregierung bis vor kurzem im Rahmen eines völkerrechtlich zweifelhaften Kulturabkommens mit Südafrika Kontakte mit Namibia zur Unterstützung deutscher Schulen. Erhebliche Geldbeträge werden aus Steuermitteln aufgewendet, um ein weißes elitäres Schulsystem mitzufinanzieren, an dem Schwarze so gut wie nicht partizipieren.[5] Während also eigentlich zu erwarten gewesen wäre,

> „daß die Bundesregierung mit ihrer beträchtlichen Finanzierung deutscher Schulen in einem Land, in dem nach wie vor die Gesetze der Apartheid herrschen, auch das Bemühen verbindet, orientiert am antirassistischen Charakter des Grundgesetzes, im Sinne einer Änderung der Verhältnisse Einfluß auszuüben",

wird mit bundesrepublikanischen Geldern in Namibia offenbar engagiert die rassistische Gesellschaftsordnung gestärkt[6] und somit eine Bildungspolitik betrieben, die unvereinbar mit den Grundsätzen einer Friedenserziehung sein dürfte.

Diese Einschätzung der Situation regte bereits 1980 ein Projekt der Bremer Universität dazu an, in Zusammenarbeit mit Fachkräften aus Namibia Unterrichtsmaterialien zu entwickeln, die

4. Eine private Umfrage unter einer nicht repräsentativen Auswahl von Schülerinnen und Schülern des Abiturjahrgangs meiner Tochter ergab, daß von 20 Befragten ganze drei Namibia auf Anhieb als das ehemalige Deutsch-Südwestafrika identifizierten, während der Rest es als „irgendwo in Afrika" liegend beschrieb. Immerhin zwölf erinnerten sich, im Unterricht oder bei der Zeitungslektüre etwas über einen Befreiungskampf des namibischen Volkes erfahren zu haben. Zur Schulbuchanalyse siehe *Helgard Patemann*, „Namibia in Schulbüchern. Eine Untersuchung zum Thema Kolonisation und Dekolonisierung oder: Ich und mein koloniales Verhältnis" in: diskurs, Bremer Beiträge zu Wissenschaft und Gesellschaft, 6/August 1982, Thema: Namibia: Die Aktualtiät des kolonialen Verhältnisses, S. 150-191.

5. *Helgard Patemann*, „Schulkontakte mit Namibia", Arbeitsgruppe 3: Kultur-, Schul-und Sportkontakte, Öffentliche Anhörung der Fraktion DIE GRÜNEN im Bundestag am 16. und 17. September 1985 in Bonn zum Thema „Die Bundesrepublik Deutschland und Namibia: Stand der Beziehungen und Perspektiven für die Unabhängigkeit", S. 4 f.

6. *W. Baßmann*, „Deutsche Schulen in Südwest — Stützen der Apartheid?", Ebenda, S. 3. Patemann nennt allein an Personalkosten für in Namibia eingesetzte westdeutsche Lehrer im Jahr 1982 3,5 Mio. DM. Baßmann geht von einer Summe von 4 Mio. DM Gesamtzuschuß allein für die Deutsche Höhere Privatschule Windhoek aus.

einer freiheitlichen und friedensbezogenen Erziehung und Bildung für schwarze Schülerinnen und Schüler Namibias dienen sollten, nicht zuletzt, um damit ein Gegengewicht zu den Aktivitäten der Bundesrepublik in Namibia zu schaffen.[7] Aufgrund der gesellschaftlichen Verhältnisse in Namibia war allerdings offenkundig, daß die Mehrheit der in Namibia selbst lebenden Schülerinnen und Schüler kaum in den Genuß des Lehrmaterials kommen würden. Vielmehr richtete sich das Projekt unter dem Titel „Politische Landeskunde Namibias" in erster Linie an namibische Schulen im Exil, so in den Flüchtlingslagern Cuanza Sul, Angola, und Nyango, Sambia. Projektpartner der Bremer „Forschungsgruppe Dritte Welt" waren die Abteilung für Erziehung und Kultur der Befreiungsbewegung *South West African People's Organisation (SWAPO)* und das *United Nations Institute for Namibia (UNIN)*. Der besondere Beitrag zum Aufbau eines künftig friedlichen Verhältnisses zwischen Europa und der außereuropäischen Welt, der von einem Projekt ausgeht, in dem Mitglieder der kulturellen Instanzen eines deutschen Bundeslandes mit Repräsentanten einer afrikanischen Befreiungsbewegung kooperieren, wurde anläßlich eines im August 1984 veranstalteten Symposiums unter dem Motto *Education for Liberation* von allen nicht europäischen Diskussionsrednern gewürdigt.[8] Bei der Zusammenkunft wurden die bis dahin vorliegenden Arbeitsresultate vorgelegt. Die „Politische Landeskunde Namibias" war von drei politisch-historischen Voraussetzungen ausgegangen.[9] Einmal sind das „koloniale Verhältnis" und die aus ihm erwachsenden und es absichernden Ideologien in der gegenwärtigen Epoche des Neokolonialismus so aktuell wie eh und je. Zum anderen zeigen die Erfahrungen mit der kolonialen Mentalität der europäischen Gesellschaften, daß Dekolonisierung als wechselseitiger Prozeß gedacht werden muß, der die kolonisierende wie die kolonisierte Gesellschaft erfaßt und Modi partnerschaftlicher, das heißt emanzipierender, Beziehungen zwischen beiden aktiviert. Zum dritten ist, global gesehen, die Orientierungsperiode abgeschlossen, in der es sinnvoll sein konnte, von einer „Dritten Welt" innerhalb der Völkerfamilie zu sprechen; stattdessen muß die Erkenntnis Raum greifen, daß wir in einer eins-seienden Welt interdependenter Gesellschaften agieren, daß deshalb konsequente Solidarität mit den um Unabhängigkeit ringenden afrikanischen Menschen auf der Grundlage eines Eine-Welt-Konzepts möglich ist.

Ziel des Projektes in der ersten Phase war die Produktion eines Schulbuches für namibische Landeskunde in der Primar- und unteren Sekundarstufe, zugeschnitten vor allem auf den Unterricht in den SWAPO-Exilschulen in Cuanza und Nyango. *Our Namibia* wurde das erste namibische Schulbuch überhaupt, dessen Inhalte im wesentlichen von schwarzen Namibiern für schwarze Namibier zusammengetragen und verarbeitet worden waren.[10] In einem zweiten Schritt sollten für die bundesrepublikanische Seite Unterrichtseinheiten über verschiedene, auf Namibia und seine deutsch-koloniale Vergangenheit bezogene Fragestellungen erstellt werden; daraus entstand das Lernbuch Namibia, ein Lese- und Arbeitsbuch für den gesellschafts-und politik-kundlichen Unterricht der Sekundarstufe I, orientiert an den Lehrplänen für bremische Schulen.[11]

7. Forschungsgruppe Dritte Welt an der Universität Bremen, Projektvorschlag. Namibia. Entkolonisierung und Entwicklung in der „Einen Welt", Materialien des Symposiums *Education for Liberation* — Bildung zur Befreiung, Bremen 24. — 27. April 1984, S. 4. Das Projekt wurde seit der Anfangsphase durch das Land Bremen gefördert. Enge Verbindungen bestehen in Bremen auch zur sahaurischen Befreiungsbewegung *Frente Polisario.*

8. Vgl. Nord-Süd Info-Dienst, Nr. 25, Neue Dokumente, 15.6.1984, Herausgeber: Gunther Hilliges, Prof. Dr. Manfred Hinz, Konrad Kunick, Dr. Henning Scherf.

9. Vgl. diskurs, 6/August 1982, a.a.O., vor allem die Beiträge von Manfred O. Hinz. Hinz ist Leiter der deutschen Projektgruppe.

10. Our Namibia. A Social Studies Textbook compiled by Henning Melber (Osnabrück 1983/84).

11. Lernbuch Namibia. Deutsche Kolonie 1884-1915. Ein Lese- und Arbeitsbuch (von) Helgard Patemann

Friedenserziehung und die Herstellung von Lehrmaterial, in dem positiv zur Teilnahme schwarzer Namibierinnen und Namibier am bewaffneten Kampf der Befreiungsbewegung Stellung genommen wird, bilden nur auf den ersten Blick einen Widerspruch. Die Auseinandersetzung mit den Lehrinhalten im Spannungsverhältnis zwischen Unterdrückung, Befreiungskampf und Friedenssehnsucht des namibischen Volkes erfordert einen Blick auf die Realität, mit der wir es hier zu tun haben. Angesichts wachsenden nationalen Widerstands bemüht sich das Apartheid-Regime seit einigen Jahren mit Mitteln der Reform und der Korrumpierung einzelner Bevölkerungsgruppen die in Richtung Unabhängigkeit wirkende gesellschaftliche Dynamik zu kanalisieren. Die pro-südafrikanische Demokratische Turnhalle-Allianz (DTA), die eine Art Marionettenregierung bildet, versucht, die alten Herrschaftsstrukturen durch punktuelle Reformen so zu modifizieren, daß ihre Aufrechterhaltung über die kommende Unabhängigkeit hinaus gewährleistet bleibt. Ziel ist, eine geringfügige Durchlässigkeit des Systems zu erreichen, die Wenigen innerhalb der schwarzen Mehrheit beschränkte Partizipations- und soziale Aufstiegsmöglichkeiten eröffnen würde. Eine koloniale Komparadorenklasse soll sich herausbilden.[12] Dies setzt nicht nur die schrittweise Beseitigung der sogenannten *petty apartheid* voraus, also derjenigen Gesetze und Verordnungen, die zwar diskriminierenden Charakter aufweisen, durch deren Wegfall das Regime aber keinen wesentlichen Machtverlust zu befürchten hat.[13] Auch eine relative Öffnung des Bildungswesens ist dafür nötig, jedoch nur so weit, wie in den Augen des Regimes die Balance zwischen Abhängigkeit und Anpassung nicht gefährdet wird. So wurde zwar die offen rassistische *Bantu education* formal abgeschafft, die Lehrtätigkeit an „schwarzen" Schulen erfolgt jedoch immer noch nach dem Raster kultureller Apartheid.

Folge dieser Entwicklung im namibischen Schulwesen im Laufe der vergangenen zwei Jahrzehnte war die Zunahme schwarzer Schülerinnen und Schüler im oberen Primar- und Sekundarbereich, die sich gleichwohl im Verhältnis zur Gesamtbevölkerung kaum über das Niveau der früheren europäischen Kolonialbildung in Afrika erhebt. Die gleiche Entwicklung ist auf dem Sektor der „Farbigen"-Bildung sichtbar; die Lehrplananalyse beider Sektoren erlaubt jedoch das Urteil, daß die vermittelte Bildung die Heranwachsenden für eine systemtragende gesellschaftliche Rolle zu konditionieren hat.[14] Für die Lehrerschaft gelten analoge Beobachtungen: es gibt mehr schwarze und farbige Lehrer, aber die durschschnittliche Qualifikation sinkt, weil das Gewicht auf der Vermittlung von Grundfertigkeiten und Anpassungswissen liegt. Die Exilschulen der SWAPO haben mit diesen Verhältnissen zu rechnen: dem Problem Bildung für die Menschen, die nie eine Schule von innen gesehen haben, gesellt sich das Problem der Umerziehung für diejenigen hinzu, die durch das Apartheidsystem kompromittiert wurden.

Auch auf bundesrepublikanischer Seite ging das Projekt neben den schulischen Rahmenbedingungen von einer Einschätzung der politisch-ideologischen Situation aus. Hervorgehoben wird in den Projektmaterialien das seit einigen Jahren bemerkbare Auftreten radikaler Kri-

(Osnabrück 1984). In den folgenden Phasen des Projekts wurden weitere Unterrichtsmaterialien erstellt, hier beschränkt sich die Erörterung auf die vorliegenden beiden Bücher.

12. Vgl. *M. Hinz, H. Melber, B. Modise, H. Patemann*, „The Namibia Project. Theoretical context and perspectives of a joint educational project", in: Bremen African Studies, Vol. 1, 100 Years of Colonialism, Neocolonialism, and Struggle for Freedom: Education for Liberation, Published for the Bremen African Archive by Manfred O. Hinz (Editor) (Bremen 1988; nach Ausarbeitung des Vortrags erschienen.), I. Education for Liberation, A Symposium at the Overseas Museum, Bremen, from 24th to 27th April, 1984, 2. Namibia: The Approach of the Project „A Political Geography of Namibia".

13. Vgl. *M. O. Hinz*, „Namibia between colonialism, neocolonialism and self-determination", Ebenda, II. Colonialism and Neocolonialism in 1984/1985, 1. The Neo-Colonialist Experience.

14. Vgl. *H. Melber*, Schule und Kolonialismus: Das formale Erziehungswesen Namibias. Arbeiten aus dem Institut für Afrika-Kunde. Nr. 19. Hamburg 1979. Zahlenmaterial auf S. 176.

tik an der Entwicklungspolitik Westdeutschlands.[15] Der deutsche Projektleiter Hinz und seine Mitarbeiter/innen unterscheiden Bewegungen und Tendenzen mit primär politischer und solche mit humanitärer, religiöser oder ökologischer Motivation. Für eine am Frieden orientierte Auffassung von Bildung für Befreiung sind diese Unterschiede zunächst nicht relevant. Entscheidend ist, welche Position innerhalb der weltweiten Auseinandersetzung um Frieden und Wohlfahrt, also gewissermaßen welchen „Klassenstandpunkt" die einzelne Gruppe oder Organisation einnimmt. Veröffentlichungen, Diskussionspapiere, Aufrufe etc. solcher Gruppen können, soweit sie eine Perspektive der Parteinahme für die unterdrückten Menschen und Opfer militärischer und struktureller Gewalt erkennen lassen, wertvolle Informationsquellen auch über friedenspolitische Zusammenhänge sein. Über engagierte Lehrer bestehen vielfältige Verbindungen zwischen der Debatte außerhalb der Schule und dem Unterrichtsgeschehen. Wie in den Projektmaterialien immer wieder betont wird, bildet das breite Spektrum innerschulischer Aktivitäten, das sich aus diesen Verknüpfungen ergibt — Vorträge entwicklungspolitisch tätiger Sachverständiger, Diskussionsveranstaltungen mit Parteien und Gewerkschaften, Konstituierung von Arbeitsgruppen für Projektwochen oder Ausstellungen — einen Hintergrund, der die Gegenüberstellung des Denkmodells der „Einen Welt" mit traditionellen Konzeptionen einer „Dritten Welt" begünstigt.

In dem somit zwar sehr rezeptiven Umfeld, in dem sich das Lehrmaterial entfalten soll, ist das Thema Namibia bisher noch wenig beachtet worden. Zu dem Zeitpunkt, als das Projekt „Politische Landeskunde Namibias " die Arbeit aufnahm, lag eine für die Schule geeignete, allgemeine Bearbeitung des Themas, gar eine, die die ehemalige deutsche Kolonie eingebunden in den weiteren entwicklungs- und machtpolitischen Kontext dargestellt hätte, nicht vor. Der Gedanke eines wechselseitigen Dekolonisierungsprozesses als konstruktive Herangehensweise an eine Aufarbeitung von Deutschlands kolonialer Vergangenheit und neokolonialer Gegenwart war außerhalb der Schule kaum, innerhalb der Schule so gut wie gar nicht verankert. Zugleich kann nur bekräftigt werden, was die Schulbuchautor(inn)en des Namibia-Projektes als Schlußfolgerung aus ihrer Situationseinschätzung in der Bundesrepublik formulieren:

> „Both inside and outside the classroom, however, the manifestation of attitudes not only of emotional solidarity but also of hard-core historical and political analysis are in urgent demand in view of the superabundance of neocolonialist and racist ideologies in our society."[16]

III.

Solcher emotionalen Solidarität Impulse zu verleihen und dabei wasserdichte politisch-historische Analyse abzuliefern, ist die Intention des Namibia-Projektes.

Obwohl also die beiden Bücher, *Our Namibia* und Lernbuch Namibia, auf gesellschaftlich ganz unterschiedliche Situationen treffen, ist ihnen ein essentieller Aspekt friedensphilosophischer Motivation gemeinsam: die Demontage von Feindbildern. Unter kolonialen und neokolonialen Verhältnissen, auf der historischen Stufe des Kampfes um Diktatur und Unterdrückung oder Demokratie und Emanzipation, ist das typische Kriterium, an dem sich das Feindbild festmacht, die Zugehörigkeit zur Gruppe mit der anderen Hautfarbe.

15. Vgl. diskurs 6/August 1982, a.a.O., und Bremer African Studies Vol. 1, a.a.O.

16. *Hinz, Melber, Modise, Patemann*, a.a.O. Daß die eindeutige Parteinahme bei bundesdeutschen Bildungsverwaltern nicht ungeteilte Begeisterung hervorruft, wird nicht überraschen; — s. *C. Kuhlmann*, Namibia im Schulunterricht. Eine Ergänzungsschrift zu Helgard Patemann, Lernbuch Namibia, Der Senator für Bildung, Wissenschaft und Kultur, Freie Hansestadt Bremen, Mai 1984, bes. S. 8, S. 12, S. 16 f., S. 22, S. 25 f. und S. 29 f.

Daß unter dem Aspekt der beiderseitigen Entkolonisierung dem Abbau verfestigter Feindbilder besondere Aufmerksamkeit zu schenken ist, wurde im September 1981 von Billy Modise, dem namibischen Projektleiter, auf einem Empfang der Hansestadt Bremen unterstrichen.[17] Modise hob hervor, daß die von der deutschen Seite als notwendig erkannte Aufklärungsarbeit über Vorurteile, feindbildhafte Denkkategorien und Rassismen auch das namibische Alltagsbewußtsein, obgleich in anderen Strukturen, bestimmen. Wenn von einem Repräsentanten eines Volkes, das wie das namibische unter der gewaltdurchdrungenen Herrschaft der weißen Gesellschaft leidet, eine solche Aussage gemacht wird, ist das ein eindrucksvolles Beispiel für den Friedenswillen der schwarzen Namibier. Wer mit Mitgliedern der namibischen Befreiungsbewegung gelebt oder gearbeitet hat, wer ihre Lieder kennt, weiß, von welcher Sehnsucht nach einer friedlichen Zukunft in ihrer Heimat diese Menschen erfüllt sind und wie sehr ihnen der gewaltsame Konflikt um die Freiheit ihres Volkes von den Apartheid-Verfechtern aufgezwungen wird.

Diese Haltung kommt durchgängig in dem für die Exilschulen der SWAPO bestimmten Buch zum Ausdruck, und es ist insofern kein Widerspruch, von Friedenserziehung zu sprechen, wenn in einem Schulbuch der bewaffnete Kampf gegen ein Unrechtssystem als Teil einer unheilvollen Realität, als konkrete Alltagserfahrung dargestellt wird.

Our Namibia unternimmt den Versuch, einen Querschnitt durch die gesellschaftliche Realität Namibias zu ziehen. Drei Blickwinkel werden dabei eingenommen, die drei Abschnitten des Buches entsprechen. „Our Country Namibia — A Political Geography" stellt die landeskundliche Perspektive vor; „Our Namibian Past — The History of Our People" präsentiert einen historischen Abriß; „Our Namibian Nation — Social Experiences of Today" beschreibt die Erfahrungen des namibischen Volkes im Ringen um nationale Unabhängigkeit und friedliche und selbstbestimmte soziale und wirtschaftliche Entwicklung und unter dem Druck des vom Machtblock der industriellen westlichen Länder unterstützten Apartheid-Regimes.

Die Betonung freundschaftlicher und solidarischer Beziehungen zwischen Menschen verschiedener Hautfarbe ist ein Anliegen, das gerade im Kontrast zu den ergreifenden Schilderungen des durch europäisches Herrenmenschentum verursachten Leids überzeugend wirkt. „We are [...] not alone in the world, but have many people with us", heißt es in der Einleitung von *Our Namibia* (S. 3) und:

> „SWAPO [...] has the support not only of the majority of the Namibian people, but also of the other independent African states and the United Nations, as well as many other organisations and countries all over the world." (S. 4)

Während in bezug auf Südafrika die Herrschaft der weißen Minderheit als widernatürliches Hindernis für den Einzug demokratischer Verhältnisse in der Region angeprangert wird, sind im gleichen Atemzug diejenigen weißen Südafrikaner herausgestellt, die sich dem Kampf für eine gerechte Gesellschaftsordnung angeschlossen haben (S. 5). In gleicher Weise wird unterstrichen, daß der Begriff „namibische Nation" eine Vielfalt von sozialen, kulturellen und ethnischen Kriterien umfaßt, unter denen die Hautfarbe keine ausgrenzende Rolle spielt:

> „The Namibian nation consists of:
> — people of various ages (young and old);
> — people of various sexes (girls and boys, women and men)
> — people of various origin and race (black and white, different ethnic or tribal descent and those not associated with any specific cultural background);
> — people of various social position or profession (poor and rich, peasants, workers and industrial managers, those with school education and those who have never had a chance to go to school, those with a good job or even a business of their own and the many people without any or with only little income)." (S. 11)

17. Forschungsgruppe Dritte Welt, Projektvorschlag, a.a.O., S. 48 f. Modise ist Leiter der Abteilung für Soziales und Erziehung und stellvertretender Direktor des UNIN.

Ausgeschlossen von der Nation sind nach dem Selbstverständnis von *Our Namibia* die, die sich mit dem rassistischen Regime identifizieren:

> „To be part of the Namibian nation, you have to be Namibian in your identity. This means that all those who come from Namibia or live there, who feel themselves to be Namibians, are part of the Namibian nation. Some people, on the other hand, have been born in Namibia or have lived there for a long time. But by what they do, what they think and how they define themselves, they are not Namibians." (S. 11)

Ein Bereich, in dem die Konstituierung und Bestärkung von Feindbildern naheläge, ist die Wirtschaft Namibias, in der ausländische Firmen — vornehmlich bei der Rohstoffextraktion — dominant sind. Unter der Überschrift „The Colonial Economy of Our Country" wird das Problem klar benannt. Die Darstellung des Gegensatzes zwischen ausbeutendem europäischem und südafrikanischem Kapital und ausgebeuteter namibischer Arbeit bleibt jedoch strikt deskriptiv und enthält sich jeder Polemik (S. 25 ff.). Ähnliches läßt sich über die Präsentation des Agrarsektors sagen, in der etwa der Part der weißen Farmer zurückhaltend beschrieben, ja fast beschönigt wird (S. 30 ff.).

Im Abschnitt „Our Namibian Past" stehen unvermeidlich die kolonialistischen Praktiken der Deutschen im Vordergrund (S. 45 ff.). Dennoch ist das Bemühen deutlich, Verständnis für die gesellschaftlichen Triebkräfte des Kolonialismus zu wecken, unter deren Auswirkungen das jeweilige Individuum stand und die durch dessen je eigentümlichen Charakter in den einzelnen Situationen verstärkt oder abgemildert werden konnten. Wichtig in diesem Zusammenhang ist das Kapital „White Opposition to Colonial Practices", in dem die Kolonialkritik im Deutschen Reich ebenso geschildert wird wie das Beispiel kritischer deutscher Kolonialbeamter in Afrika (S. 85f.). Daß Kolonialismus mit Klasseninteressen verknüpft ist, die nicht an die Hautfarbe gebunden sind, wird im letzten Abschnitt des Buches aufgegriffen. Er berichtet über den leidvollen Weg Namibias nach der Machtübernahme durch die Buren (S. 96 ff.). Es ist leicht vorstellbar, daß sich die Schülerinnen und Schüler in Nyango und Cuanza Sul in den Kapiteln unmittelbar wiederfinden, die von den Lebensbedingungen eines halbwüchsigen Kontraktarbeiters, von Streik, Verweigerung und Widerstand, Zwangsumsiedlung, Deportation und Flucht handeln. All dies sind ihre ureigenen Erfahrungen. Wäre es nicht einleuchtend, erwüchse daraus ein unbändiger, wütender Haß gegen alles Weiße. *Our Namibia* ist unmißverständlich: Haß gegen Ausbeutung und Menschenquälerei, Ablehnung herrschaftstragender Ideologien, Gegnerschaft gegen die Nutznießer und Helfershelfer des illegalen Systems — und Anerkennung für Weiße, die Partei für Menschlichkeit und Gerechtigkeit ergreifen.

> „Today, members of SWAPO come from all parts of the Namibian people. Members of the white community have also joined the struggle for national liberation under the leadership of SWAPO, although their number is still very limited. Even in the early years of SWAPO there were whites in Namibia supporting the cause of independence. But according to the circumstances, it was not easy to decide upon the problem of accepting whites within the ranks of SWAPO." (S. 118)

Am Ende ist sogar Versöhnung möglich, ein unabhängiges Namibia — so wird gelernt — braucht keine Rache gegen die Weißen, sondern die Gemeinsamkeit aller, die gewillt sind, einen Neuanfang zu wagen:

> „The saying „Old attitudes die hard" appears in the Political Programme of the national movement SWAPO. But in a free and independent society all Namibians, regardless of colour, origin, sex and social position should develop consciousness of self and personal pride. This allows communication with each other free from patterns of behaviour based on dominance and servitude. We have to believe in ourselves, in our personal ambitions and achievements, and in human rights based on equality with others." (S. 124)

Wenn diese pädagogische Wunschvorstellung nach der unausbleiblichen Unabhängigkeit Wirklichkeit wird, dann wird *Our Namibia*, das nicht nur Schülerinnen und Schüler, sondern über die

Erwachsenenbildungsprogramme der SWAPO auch die Erwachsenen erreicht, das Seinige dazu getan haben.

IV.

Friedenserziehung leistet hier also mehr als dem militärisch definierten Friedensbegriff entspricht. Rassenvorurteile, Gleichgültigkeit gegenüber sozialen Problemen, Verachtung und Haß sollen auf beiden Seiten abgebaut werden. Naturgemäß finden diese Gesichtspunkte ganz anderen Ausdruck in den Materialien, die für den deutschen Unterricht gedacht sind. Die Blickrichtung ist eine andere: wo die koloniale Mentalität der einen Seite den Komplex ethnischer und damit gesellschaftlicher Minderwertigkeit aufoktroiert, gibt sie der anderen den der Überlegenheit und Unberührbarkeit ein. Wo auf der namibischen Seite diesem Effekt durch die Rekonstruktion sozialer und historischer Identität entgegenzuwirken ist, müssen auf der deutschen Seite die koloniale Mitverantwortung und die ungewollte Beteiligung am Krieg gegen das namibische Volk bewußt gemacht werden.

Dabei kam es dem Namibia-Projekt nicht so sehr darauf an, wie in *Our Namibia*, einen breiten Informationszusammenhang über die gesellschaftliche Situation in der ehemaligen deutschen Kolonie herzustellen. Vielmehr sollten im Lernbuch Namibia bestimmte Bereiche, „deutsche Kolonialgeschichte, Nachwirken der Kolonialideologie in der Weimarer Republik, im Faschismus und danach, wirtschaftliche Verflechtungen zwischen der Bundesrepublik Deutschland und Südafrika" etc.,[18] herausgegriffen werden, jedoch so, daß sie für den Gesamtkomplex neokolonialistischer Beziehungen zu außereuropäischen Völkern beispielhaft bleiben. In den Worten von Hinz und Modise:

> „Die Geschichte des deutschen Kolonialismus muß zur Erklärung des Phänomens des Kolonialismus allgemein beitragen; aus den Wirtschaftsbeziehungen der Bundesrepublik zu Südafrika und deren Folgen für die Stabilisierung des Apartheidssystems müssen weiterführende Erkenntnisse zum Thema Abhängigkeit möglich sein; der Umgang mit der Nachwirkung der kolonialen Ideologie sollte dazu befähigen, mit den immer noch präsenten Formen dieser Fortwirkungen in unserer Gesellschaft praktisch umzugehen."

Aus pragmatischen Gründen kann hier keine ähnlich ausführliche Erörterung des Lernbuch Namibia zur Gegenüberstellung mit *Our Namibia* versucht werden, ein Vergleich, der jedoch interessant wäre, würde er doch mannigfaltige Unterschiede in der Annäherung an vergleichbare gesellschaftliche Phänomene verdeutlichen. Wie das Projektkollektiv selbst betont, wäre es gleichermaßen aufschlußreich, die der Auswahl der Unterrichtsinhalte unterliegenden Denkprozesse miteinander zu vergleichen, um die der Selektion innewohnenden andersartigen Kommunikationsraster und Formen der Auseinandersetzung freizulegen. So ist in der verhältnismäßig abgesicherten Lebenssituation, in der sich die westdeutsche Jugend im Durchschnitt befindet, die Diskussion des historischen Phänomens eines bewaffneten Befreiungskampfes in seiner Konkretion kaum nachzuvollziehen. Die speziell deutsche Entwicklung, das unverarbeitete Verhältnis der Bundesrepublik zu dem nationalsozialistischen Staat, dessen Rechtsnachfolge sie beansprucht, die Debatte um den Nachkriegsterrorismus bilden Barrieren, die kaum zulassen, sich der Frage von Gewalt und Gegengewalt in Namibia unbefangen zu nähern. Ein Disput über Gewaltlosigkeit, wie er im breiten Spektrum radikaler und gesellschaftskritischer Bewegungen in der Bundesrepublik heute stattfindet, wäre in den Flüchtlingslagern und Schulen der SWAPO in Sambia, der Volksrepublik Kongo und Angola unter der ständigen Bedrohung durch südafrikanische Bombenangriffe und Kommandoattacken kaum das gleiche. Im Lernbuch Namibia mußte er aufgegrifen werden, um ein Nachdenken über das Unvergleichbare im Vergleichbaren anzuregen. Dem Kapitel „Der

18. Ebenda, S. 42 f.

Krieg ohne Kriegserklärung" soll deshalb kurz — gleichsam exemplarisch für den Ansatz des Lernbuch Namibia insgesamt — Aufmerksamkeit geschenkt werden.

Das Kapitel verfolgt zunächst die Absicht, über die Militarisierung Namibias durch Südafrika zu informieren, Informationen und Eindrücke über den Terror an der Zivilbevölkerung zu vermitteln, Beispiele des Widerstands der Schwarzen zu geben und schließlich der Rolle der Nachbarländer Namibias als Exilländer für namibische Flüchtlinge nachzugehen (S. 227).

Der Text geht von der schlichten Tatsache aus, daß in Namibia Krieg herrscht. Nüchterne Angaben untermauern die Feststellung. Über 100.000 Soldaten des südafrikanischen Besatzungsheers im Land, wiederholter Bruch völkerrechtlich verbindlicher UN-Beschlüsse und Ignorieren des Urteils des Haager Internationalen Gerichtshofes von 1971, 1 Million Rand pro Tag an südafrikanischen Kriegskosten, Austausch der Kolonialpolizei durch reguläre Truppen, Anzettelung gewaltsamer Konflikte zwischen den verschiedenen ethnischen Gruppen Namibias, Terrorakte von als SWAPO-Anhänger getarnten schwarzen Kollaborateuren an der Zivilbevölkerung — die Reihe ließe sich verlängern (S. 228). Wie schon in *Our Namibia*, fällt auch im Lernbuch kein polemisches Wort. Die Fakten sprechen für sich; nicht Indoktrination haben die Autor(inn)en im Sinn, sondern Verstehen der Bedingungen einer Konfrontation, in der die Entscheidung zwischen Gewaltlosigkeit und Gewalt nicht mehr zur Disposition steht.

> „Sein Ziel, den namibischen Freiheitskampf mit militärischer Gewalt zu beenden, hat Südafrika nicht erreicht. Erreicht hat es das Gegenteil: SWAPO und PLAN können sich breiter Unterstützung durch die Menschen in den Reservaten und die Schwarzen im „weißen Gebiet" sicher sein. In den Erziehungs- und Gesundheitszentren, die SWAPO in Angola und Sambia eingerichtet hat, suchen seit vielen Jahren von Südafrika verfolgte Namibierinnen und Namibier Zuflucht, die von dort aus den Widerstand durch die SWAPO oder PLAN verstärken wollen." (S. 230)

Das Oshikuku-Massaker: im knappen Stil eines Polizeiberichtes wird der Überfall südafrikanischer Soldaten und Ovambo-Milizionäre auf ein kleines Dorf wiedergegeben (S. 231). Kassinga: Ausschnitt aus einem Genfer Report über den weltweit bestürzenden südafrikanischen Bombenangriff auf ein unbewaffnetes Flüchtlingslager in Angola (S. 231). „Kette von Terrorakten der Südafrikanischen Streitkräfte im Norden": die Resolution namibischer Kirchen, erschienen in der *Lutheran World Information* Nr. 7/83 (S. 232). Originaldokumente und Kommentare von Beteiligten wie Neutralen überbrücken die Distanz zwischen der Lage der betroffenen namibischen Menschen und dem Erfahrungshorizont westdeutscher Schülerinnen und Schüler. Um nur den geringsten Verdacht der Verharmlosung zu vermeiden, wird auch das „Gegengewalt" genannt, was angesichts der Kanonen, MGs und Bomber der Besatzungsmacht doch nicht mehr als ziviler Widerstand sein kann: Streiks, friedliche Demonstration, Wahlboykott, Verweigerung der Paßkontrolle, Schul- und Prüfungsstreiks (S. 234). Und doch: „Es ist dieser tägliche, stille und verborgene Widerstand insgesamt, der Widerstand ohne große Öffentlichkeitswirksamkeit, der dennoch und gerade deshalb von der Besatzungsmacht besonders gefürchtet wird" (S. 234).

Lernbuch Namibia ruft nicht zur unreflektierten Identifikation mit den leidenden und kämpfenden Schwarzen auf, sondern initiiert Nachdenken, regt an, sich ein Bild zu machen, appelliert, Partei zu nehmen gegen Unrecht und Gewalt. Daß eben diese Parteinahme im Nachhinein die Bedenken der Kultusbehörde hervorrief, die das Projekt mitfinanziert, wurde bereits erwähnt.[19] Zu Caspar Kuhlmanns „Ergänzungsschrift" liegt in den Materialien des Symposiums *Education for Liberation* die Replik Ludwig Helbigs vor, in der die Kurzsichtigkeit des behördlichen „Objektivitäts"-Anspruchs nachgewiesen wird und der kaum etwas hinzuzufügen ist.[20]

19. Siehe Anm. 16, *C. Kuhlmann* 1984.

20. *L. Helbig*, „Criticism of the Criticism of ‚Lernbuch Namibia'" in Bremen African Studies Vol. 1, a.a.O., I, 5. Voices in the Debate.

Kritik auf der Grundlage einer grundsätzlicheren (ihrerseits für Menschenrechte, Demokratie und Friedenserziehung parteinehmenden) Analyse würde dem Projekt und seinen Arbeitsergebnissen gerechter werden. Auf der Ebene weltweiter Friedenspolitik hätte sie zu fragen, inwieweit die Konzentration auf den Ost-West-Konflikt bei internationalen Abrüstungsgesprächen eine stillschweigende Interessengemeinschaft der Industriegesellschaften des Nordens gegen die Völker des Südens impliziert. Im gleichen Zusammenhang steht die Frage nach dem Anteil der Sowjetunion an der Verhinderung einer wahrhaft internationalistischen und nicht nur militärisch definierten Friedensperspektive. Auf der Ebene des friedenserziehenden Beitrags des Namibia-Projekts wäre zu überlegen, ob genügend Aufmerksamkeit auf die strukturelle Rolle eines der europäischen Aufklärung verpflichteten Bildungsbegriffs bei der Konstitution konfliktzeugender gesellschaftlicher Verhältnisse verwendet worden ist? Müssen Kriterien der Klassenanalyse, wie sie an die kolonisierende Gesellschaft angelegt werden, nicht in gleichem Maße auf die kolonisierte Gesellschaft, ja selbst auf die Befreiungsbewegung abzielen? In selbstdefinierter Solidarität handelnde Europäer scheinen zuweilen vor Kritik zurückzuschrecken, wo Kritik nicht nur angebracht, sondern sogar ein Element genuiner Solidarität wäre. Hat sich das Bewußtsein, daß Geschichte stets die Geschichte zweier Geschlechter ist, in ausreichendem Maße in Forschung und Erarbeitung des Unterrichtsmaterials durchgesetzt? Welche Prämissen der späteren Umweltpolitik eines befreiten Namibia müssen — bei allem Respekt vor der Priorität der politischen Befreiung — schon jetzt mit den jungen Menschen diskutiert werden, die dann den Aufbau zu leisten haben werden?

„Kreative Aneignung der Realität" ist ein Begriff, der gelegentlich in den Projektpapieren aufscheint und auf die Notwendigkeit hinweist, auch in der Wahrnehmung des eigenen Standorts im Streit um eine friedvolle Zukunft das Gegebene nicht als gegeben hinzunehmen. Die konsequente Anwendung dieser Kategorie wird es dem Namibia-Projekt ermöglichen, seinen Beitrag zu solcher Zukunft noch zu vergrößern.

Erziehung zum Krieg — Mädchenliteratur im Nationalsozialismus[1]

von Dagmar Grenz, Köln

Vorbemerkung

Beim Lesen des Titels mögen die einen sich in ihrer Erwartung bestätigt gesehen haben — daß nämlich nationalsozialistische Literatur gleich welcher Art beabsichtigt hat, ihre Leser und Leserinnen zum Krieg zu erziehen; andere mögen aber auch etwas erstaunt gewesen sein — erstaunt nicht über die Verbindung von Nationalsozialismus und Krieg, sondern über die Zusammenstellung von Mädchenliteratur und Krieg.

Daß auch Mädchen — z.B. durch eine an sie adressierte Literatur — zum Krieg erzogen werden sollten, ist erst einmal nicht so selbstverständlich, wie es vielleicht scheint, wenn man von der nationalsozialistischen Ideologie her denkt, die ja wesentlich eine auf kriegerische Expansion bedachte Politik miteinschloß. Uns allen ist bekannt, welche Eigenschaften den Frauen traditionellerweise zugeschrieben bzw. abverlangt wurden, und das sind Eigenschaften, die mit Krieg und Kämpfen erst einmal nichts zu tun haben: aufopfernde Liebe (vor allem für den Ehemann und die Kinder), Fürsorge, Einfühlungsvermögen, Rücksichtnahme, Geduld und Passivität. Die sozialgeschichtliche Familienforschung spricht in diesem Zusammenhang von dem Paradigma der Geschlechtscharaktere, das sich seit dem Ende des 18. Jahrhunderts in der bürgerlichen Gesellschaft herausgebildet hat und bis in unser Jahrhundert seine Wirkung gezeitigt hat.[2] Der Frau und dem Manne werden von hier aus *qua* Natur bestimmte Eigenschaften zugeschrieben; die Frau sei von Natur — aufgrund ihrer physiologischen Eigenschaften — mit bestimmten psychologischen Geschlechtsmerkmalen ausgestattet, die sich vorrangig um die Kategorien Emotionalität und Passivität gruppieren, der Mann aufgrund seiner Natur mit Geschlechtsmerkmalen, die sich mit Rationalität und Aktivität beschreiben lassen. In einem zweiten Schritt werden dann den Geschlechtern unterschiedliche Aufgabenbereiche — legitimiert durch die angeblich von Natur gegebenen Charaktereigenschaften — zugeteilt: den Frauen die Beschränkung auf den privaten Bereich der Familie, auf Ehe, Haushalt und Mutterschaft, den Männern der öffentliche Bereich des Erwerbslebens und des politischen Handelns.

Sieht man sich unter diesem Aspekt die Verbindung der Begriffe Mädchenerziehung/Mädchenliteratur und Krieg an, so wird, denke ich, deutlicher, was ich eingangs gemeint habe: In sich

1. Gekürzte und z.T. veränderte Fassung eines Beitrags, der im *Wirkenden Wort* 3/1986, S. 190-210 unter dem Titel: „Kämpfen und Arbeiten wie ein Mann — sich aufopfern wie eine Frau. Zu einigen zentralen Aspekten des Frauenbildes in der nationalsozialistischen Mädchenliteratur" erschienen ist. Näheres zur methodischen Vorgehensweise siehe dort.

2. Zur Polarisierung der „Geschlechtscharaktere" und der Entwicklung dieses Paradigmas im 18. Jahrhundert vgl. *K. Hausen:* Die Polarisierung der „Geschlechtscharaktere" — Eine Spiegelung der Dissoziation von Erwerbs- und Familienleben. In: Sozialgeschichte der Familie der Neuzeit. Neuere Forschungen. Hg. Werner Conze. (Stuttgart 1976) 363-393.

einsehbar und durch historische Erfahrung hinreichend belegt ist die Möglichkeit, daß die dem Manne zugeschriebene Aktivität — im Sinne von Ausgreifen in die Welt — mit einer Erziehung zu kriegerischer Aggression verbunden oder Rationalität (in ihrer reduzierten Form) eingesetzt werden kann, um Kriege zu führen und die Tötung von Menschen zu rechtfertigen. Wie aber ist es möglich, daß Liebe, die Sorge für den anderen, Mitleiden, Mitgefühl, schließlich die Beschränkung auf den privaten Bereich der Familie verändert werden können in Richtung auf eine Erziehung zum Krieg, wo es um die Vernichtung von Menschenleben geht? Werden die beiden seit dem 18. Jahrhundert dichotomisch sich gegenüberstehenden „weiblichen" und „männlichen" Bereiche hier etwa miteinander verbunden? Führt die Mädchenerziehung des Nationalsozialismus von hier aus etwa zu einer partiellen Aufhebung der traditionellen Geschlechterrollen? Ist die Erziehung zum Krieg vielleicht sogar als Fortschritt zu verstehen oder als Modernisierung, und wenn ja: unter welchem Vorzeichen? Oder bringt der Nationalsozialismus ein Residuum bürgerlich-liberaler Ideen, wie sie bisher noch im privaten Bereich der Familie aufbewahrt wurden, zum Verschwinden?

Das ist der Fragezusammenhang, in den die nachfolgende Untersuchung eingebettet ist. In einem abschließenden Teil werden ich auf die eingangs aufgeworfenen Fragen zurückkommen und eine Antwort zu geben versuchen.

1.

Auch der Nationalsozialismus hat nicht ausschließlich — an der Oberfläche gesehen noch nicht einmal überwiegend — die Erziehung des Mädchens zum Krieg propagiert. Hitler in *Mein Kampf*: „Das Ziel der weiblichen Erziehung hat unverrückbar die kommende Mutter zu sein."[3] Nicht die Erziehung zum Krieg, sondern das Ziel der Mutterschaft, wie Hitler es hier apodiktisch fordert, gehört zum expliziten Selbstverständnis des Nationalsozialismus. Und in der Tat: Niemals vorher ist die Frau so ausschließlich wie im Nationalsozialismus auf die Mutterschaft, auf ihre Aufgaben als Gebärerin und Erzieherin festgelegt worden. Berufstätigkeit sollte letztlich dem Manne vorbehalten bleiben; die Frau konnte nur durch ein Kind bzw. möglichst viele Kinder dem Volksganzen dienen; und nur über das Kind wurde ihr ein Recht auf Identität zugesprochen, ein eigenes Subjektsein ihr nicht gestattet.[4]

Dennoch ist die Rolle der Frau im Nationalsozialismus sehr viel widersprüchlicher, als daß sie sich mit dem Begriff vom „Fruchtschoß des 3. Reiches" hinreichend fassen ließe. An den Veränderungen in der Stellung und im Bewußtsein der Frau, wie sie sich seit dem Ende des 19. Jahrhunderts vollzogen und mit dem Frauenwahlrecht und der bürgerlich-rechtlichen Gleichstellung ihren vorläufigen Abschluß gefunden hatten, konnte auch der Nationalsozialismus nicht völlig vorbeisehen, wenn er die Frauen für sich gewinnen wollte. So war das Bewußtsein der Frauen, die sich dem Nationalsozialismus verpflichtet fühlten, alles andere als homogen; es läßt sich bei ihnen zwischen „Traditionalisten" und „Modernisten" unterscheiden, und manche Historiker sprechen (wenn auch in Anführungszeichen) sogar von den „,Feministinnen'" innerhalb der Partei.[5] Noch wichtiger waren jedoch politische und ökonomische Notwendigkeiten der NS-Politik, die der Mutterschaftsideologie teilweise völlig entgegenstanden. Frauenarbeit war ein Faktum geworden, das aus der kaptialistischen Wirtschaftsordnung nicht mehr wegzudenken war und deswegen im

3. A. Hitler, Mein Kampf (241.-245. Aufl. Berlin 1937.) 459f.

4. Vgl. *M. Klaus*, Mädchen in der Hitlerjugend. Die Erziehung zur „deutschen" Frau (Köln 1980) 25.

5. So *C. Koonz:* Nazi women before 1933: rebels against emancipation. In: Social Science Quarterly 56 (1976), S. 553-563, S. 558ff. und *Michael H. Kater:* Frauen in der NS-Bewegung. In: Vierteljahrshefte f. Zeitgeschichte 31 (1983), S. 202-241, S. 231.

wesentlichen auch noch nach 1933 bestehen blieb; und seit der Arbeitskräfteverknappung durch die gesteigerte Rüstungsindustrie und später den Kriegsbeginn gab es sogar starke Bestrebungen, die allgemeine Frauendienstpflicht einzuführen.

Diese ökonomischen, politischen und ideologischen Widersprüche drücken sich auch in der Mädchenliteratur des Nationalsozialismus aus. (Hierzu rechne ich nicht nur die spezifische NS-Mädchenliteratur, die von den Parteiorganen als empfehlenswert anerkannt wurde, sondern auch die Mädchenliteratur im Umkreis des Nationalsozialismus, d.h. auch die Bücher, die zentrale nationalsozialistiche Ideologeme aufnehmen oder sich an strukturell zentraler Stelle zum Nationalsozialismus bekennen, ohne jedoch auf Empfehlungslisten genannt zu sein.) „Erziehung zum Krieg“ ist zunächst lediglich *ein* Ziel der weiblichen Erziehung; daneben stehen jedoch andere Ziele wie vor allem die Erziehung zur Mutterschaft. Wie diese unterschiedlichen, ja gegensätzlichen Ziele in der Mädchenliteratur vermittelt werden, soll zunächst anhand eines Überblicks über die verschiedenen Phasen der nationalsozialistischen Mädchenliteratur dargestellt werden.

2.

Die nationalsozialistische Mädchenliteratur läßt sich im wesentlichen in drei Gruppen untergliedern, von denen jede durch ein anders akzentuiertes Mädchenbild gekennzeichnet ist und sich auch weitgehend einer bestimmten zeitlichen Phase zuordnen läßt. Die Phasen überlappen sich zwar, und nicht alle Bücher lassen sich auf eine einzige Gruppe festlegen bzw. gehen überhaupt in dieser Klassifizierung auf; insgesamt gesehen spiegeln diese drei Gruppen jedoch charakteristische Tendenzen der Mädchenliteratur der NS-Zeit wider und lassen sich gut als Orientierungsraster benutzen.

Die erste Gruppe wird von Mädchenbüchern gebildet, die das mutige Eintreten des Mädchens für den Nationalsozialismus während der sog. „Kampfzeit“ darstellen und meist zwischen 1933 und 1935 veröffentlicht wurden. Im Unterschied zum traditionellen Mädchenbuch und seiner Einschränkung des Mädchens auf den privaten Bereich sind die Bücher offen politisch; das Bekenntnis zum Nationalsozialismus steht an zentraler Stelle. Verzicht, Entsagung und Opferbereitschaft, die traditionell weiblichen und gerade auch mütterlichen Tugenden, spielen keine tragende Rolle. Vorherrschend ist der kämpferisch-aktive Grundtenor und das Bewußtsein einer Rebellion gegen eingefahrene bürgerliche Normen, das Gefühl, Teil einer revolutionären Bewegung zu sein, einer Zeit im Aufbruch, die im Gegensatz zu der ‚bürgerlichen‘ Welt und ihren Werten steht: Sich zum BDM bekennen hieß „sich in Gegensatz zu seiner gesamten Umgebung in Schule, Beruf und Familie [zu] setzen“.[6] Mitleidig wird herabgesehen auf die behüteten bürgerlichen Mädchen, die „ganz tief drin [stecken] in Kleinmädchensorgen, Schulbetrieb und Bürgerlichkeit“,[7] während man selbst die eigene mädchenhafte Angst überwindet, um durch den mitternächtlichen Wald zu einer NS-Feier zu gehen.[8] Bürgerliche Vorurteile werden — zumindest scheinbar — überwunden, indem „höhere Töchter“ sich mit Mädchenfiguren der Arbeiterklasse befreunden und damit signalisieren, daß der Nationalsozialismus keine Klassengegensätze mehr kennt: „So 'ne langweilige höhere Tochter ist lange nicht so viel wert, wie ein richtiges Arbeitermädel“.[8a]

Zentrales Thema ist schließlich, worauf bereits die Titel hinweisen, der Kampf — der Kampf für die Machtübernahme durch Hitler. Feinde, gegen die es zu kämpfen gilt, sind die Kommuni-

6. *M. Dargel*, Mädel im Kampf (1938) 38.
7. Ebd., S. 31.
8. Ebd., S. 25.
8a. *H. Knoepke-Joest*, Ulla ein Hitlermädel (1933) 28.

sten, außerdem die Sozialdemokraten und — weniger — die Juden. Im Kampf mit dem politischen Gegner dringt das Mädchen in eindeutig männliches Terrain vor; so nimmt es selbst an Straßenaktionen und Straßenkämpfen (z.T. in Männerkleidung)[9] teil. Besonders deutlich tritt der kämpferische Grundtenor in dem autobiographichen Bericht von Eva-Maria Wisser: *Kämpfen und glauben* (1933) hervor. Für die Icherzählerin, die einen temperamentvollen, aktiven Frauentypus verkörpert und begeisterte Nationalsozialistin ist, stellt das Schönste im Leben der Kampf dar, in dem sie ihre eigenen Kräfte bis zur Erschöpfung spürt.[10] Unerschrocken wehrt sie sich mit gekonnten Boxschlägen gegen Angriffe kommunistischer Jugendlicher,[11] und nur nach langem innerem Ringen kann sie akzeptieren, daß es für eine Frau doch besser sei, dem Führer Kinder zu gebären als wie ein Mann für ihn auf der Straße zu kämpfen.

Dieser Schluß findet sich bei allen Büchern der ersten Gruppe: Die aktiv-kämpferische Phase endet damit, daß sich das Mädchen am Ende (wenn nicht schon eher) mit einem Einsatz für den Nationalsozialismus begnügt, der doch dem traditionell weiblichen Wirkungskreis angehört. Die Jungenrolle und die mit ihr verknüpften Möglichkeiten werden als nur vorübergehend angesehen: „Den Hitlerjungen Max hat es nur für Stunden gegeben, denn das Hitlermädel Maxe ruft seine Pflicht!“[12]

Der Zusammenhang dieser Mädchenbuchphase mit den Merkmalen der NS-Politik bis 1933/34 ist offensichtlich: So wie sich der Nationalsozialismus, als er noch um die Macht bzw. die Konsolidierung seiner Macht kämpfte, den Anschein einer sozialistischen und antikapitalistischen Bewegung gab, um dann später den linken Flügel um Strasser zu liquidieren,[13] so brauchte oder zumindestens duldete er in dieser Phase der Mobilisierung auch die Kampfbegeisterung der Mädchen und Frauen bzw. ließ sie vorübergehend an mehr Versprechungen glauben, als mit seinem Frauenbild vereinbar waren.[14] Daß die sich revolutionär gebende NSDAP in der Tat gerade auch aktive Mädchen anzog, die dann später notwendigerweise enttäuscht wurden, wird an der latenten Unzufriedenheit deutlich, die in den oft autobiographisch gefärbten Mädchenbüchern dieser Zeit zum Ausdruck kommt; das Mädchen möchte neben den Männern als gleichberechtigte Kampfgenossin „ihren Mann“ stehen und nicht, nur weil sie Frau ist, ins zweite Glied zurücktreten müssen.[15] So fragen sich die Mädchen, was sie in der NSDAP überhaupt sollen: „Mitarbeiten und sorgen dürfen wir, aber wenn es heißt, in wirklicher Gefahr seinen Mann zu stehen, dann bleibt uns nichts als untätiges Warten.“[16] Diesen Aktivitätsdrang in die traditionell weiblichen Bahnen zurückzulenken war offensichtlich nicht so einfach, und schon bald sah man sich gezwungen, die Teilnahme der Frauen am Kampf als Ausnahmeerscheinung einer Übergangszeit abzutun. So wird das Buch *Kämpfen und glauben* der Leserin nur unter dem Schutzgeleit von zwei Vorwörtern — einem Vorwort des Verlags und einem Vorwort von Magda Goebbels — in die Hand gegeben:

9. So in *M. Möckel,* Hitlermädel kämpfen um Berlin (1935) 66ff.
10. *E.-M. Wisser,* Kämpfen und glauben (1933) 56f.
11. Ebd., S. 52f.
12. *M. Möckel,* a.a.O., (wie Anm. 9) 70.
13. Vgl. *R. Kühnl,* Formen bürgerlicher Herrschaft — Liberalismus, Faschismus (Hamburg 1971) 91f.
14. Vgl. zu diesem Aspekt insbes. *C. Koonz,* a.a.O. (Wie Anm 5): „Nazi women believed themselves to be revolutionaries“ (S. 556). Die NS-Frauen waren bis 1933 in einer besonderen Lage: Da die Partei sich wenig um sie kümmerte, hatten sie organisatorisch beträchtliche Autonomie (ebd., S. 558).
15. Diese Mädchen stammten z.T., wie die Rezeption von Motiven aus der Fahrtenromantik zeigt, aus der Jugendbewegung; von dort auch brachten sie — etwas ganz Ungewöhnliches für das sexuelle so prüde NS-Mädchenbuch — ein unbeschwerteres Verhältnis zum anderen Geschlecht mit (so in: *M. Möckel:* Hitlermädel kämpfen um Berlin).
16. *M. Dargel,* a.a.O. (wie Anm. 6) 18.

Die kämpferische, oft unweibliche Frau — so heißt es da — sei eine historische Erscheinung der Kampfzeit, die keineswegs der weiblichen Hitlerjugend als Vorbild dienen dürfe.[17]

Die Mädchenbücher, die der zweiten Gruppe angehören, erschienen zwischen 1935 und 1941, einer Zeit also, die im wesentlichen die Jahre der Stabilisierung der NS—Herrschaft umfaßt, freilich auch bis in die Kriegsjahre hineinreicht (wobei man die Verspätung berücksichtigen muß, mit der der ideologische Apparat jeweils auf Veränderungen reagiert). Im Gegensatz zu den Büchern der Kampfzeit sind sie häufig nicht direkt politisch; das Bekenntnis zum Nationalsozialismus wird eher als selbstverständlich vorausgesetzt. Das ist Ausdruck der Tatsache, daß der Nationalsozialismus inzwischen so weit etabliert war, daß nicht mehr direkt für ihn geworben werden mußte; statt dessen geht es um die Darstellung des Mädchens im nationalsozialistischen Alltag (das Mädchen als Jungmädel, im BDM, im Pflichtjahr, im Arbeitsdienst) und um die Propagierung einer bestimmten Grundhaltung, auf deren Basis dann der Nationalsozialismus seine politischen Zielvorstellungen durchsetzen konnte, ohne sie im einzelnen eigens ausweisen zu müssen.

Vorherrschend ist dabei nicht mehr (wie in der ersten Gruppe) der kämpferische Grundtenor, sondern die freudige Ein- und Unterordnung in die Gemeinschaft, die Einübung in (Selbst-)Disziplin und Selbstüberwindung und die Fähigkeit, auch in schwierigen Situationen Durchhaltevermögen zu zeigen. Nicht das verwöhnte, zimperliche Mädchen oder die junge Dame sind gefragt, sondern der „tüchtige Kerl", der fest zupacken kann.[18] In den Büchern für die jüngeren Mädchen (für ca. 8-12jährige Leserinnen) steht dabei die Einordnung in die Gemeinschaft der Jungmädel im Vordergrund; hier zeigt sich, ob man stark ist und „tapferen Mut zu allen Dingen und zu aller Arbeit" hat.[19] Was bei den jüngeren Mädchen noch wie Spiel aussieht, wird zum Ernst in den Büchern für die älteren Mädchen: Einordnung heißt jetzt Einordnung in die Volksgemeinschaft durch Dienen und ‚Mithelfen'; das Mädchen lernt, in der Arbeit an der Gemeinschaft zu sich selbst zu finden bzw. darin seine Lebenserfüllung zu finden. Bei der Arbeit handelt es sich freilich nicht um irgendeine berufliche Tätigkeit, sondern um die (unbezahlte) Arbeit auf dem Lande und im bäuerlichen Haushalt, wie sie von den Mädchen im Rahmen des Pflichtjahres und des Arbeitsdienstes geleistet wurde.

Grundtenor ist die Verherrlichung bäuerlichen Lebens und der Heimat im Sinne der Blut- und Bodenideologie; die meisten dieser Bücher gehören denn auch der Bauern- und Heimatliteratur an. Eine offensive Propagierung der Mutterschaftsideologie findet sich seltener, als man erwarten würde. Die Festschreibung der Frau auf ihre gebärende Funktion vollzieht sich indirekter: Dem Wesen der Frau wird nicht nur eine besondere Schollen- und Heimatverbundenheit zugeschrieben, sondern allgemein das Bedürfnis, „am Lebendigen" zu schaffen[20] — vor allem als Mutter, Bäuerin und Hausfrau; der Umfang mit toten Dingen oder gar Buchwissen ist ihren Wesen zutiefst fremd. So kommt es häufig vor, daß das Mädchen den Besuch der Schule abbricht, ihren städtischen Beruf aufgibt oder eine Lehre in der Stadt gar nicht erst antritt, um statt dessen Bäuerin zu werden.[21] — An die Stelle der Liebesehe des Backfischbuches tritt schließlich die Ehe als Arbeitskameradschaft, die aufgrund eines schicksalhaften Füreinanderbestimmtseins geschlossen wird; ihre Basis ist die gemeinsame bäuerliche Arbeit und ihr Ziel die Aufzucht von Kindern. Der

17. *E.-M. Wisser,* Kämpfen und glauben, „Geleitwort" und „Der Verlag zu diesem Buch".

18. *M. Kramarz,* Dies Mädel ist Hanne — später bist du es (1937) 99.

19. *E. Müller,* Ursel und ihre Mädel (1941) 23.

20. *G. Kunzemann,* Heim zum Land (1940) 128.

21. So in *K. Miethe:* Ein Stadtmädel wird Bäuerin; *I. Klamroth:* Auf zwei Straßen; *H. Kolberg:* Rotes Kopftuch — blaues Kleid; *K. Miethe:* Friedel im Pflichtjahr. Auch die Icherzählerin in *Kämpfen und glauben* geht — gegen die Wünsche ihres Vaters — in der Unterprima von der Schule ab.

auf dem Lande noch ungebrochener als in der Stadt herrschende Patriarchalismus verbürgt dabei die quasi natürliche Unterordnung der Frau unter den Mann.

Das Mädchen kämpft jetzt nicht mehr gegen einen politischen Gegner, sondern gegen sich selbst — gegen die eigene Schwäche und die Unbilden der Natur. Die Gesetze der Natur sind dabei demütig zu akzeptieren; dennoch nimmt der Mensch den Kampf gegen sie auf, indem er bis zur völligen psychischen Erschöpfung arbeitet: „Der menschliche Wille kommt erst in zweiter Linie, aber dann um so zäher".[22] Ein Tag von sechzehn Arbeitsstunden ist dabei keine Seltenheit;[23] und unter solchen Bedingungen spielt natürlich auch mädchenhaft-hübsches Aussehen keine Rolle mehr.[24]

Als Prototyp des heldischen Menschen gelten (in *Auf zwei Straßen* von I. Klamroth) die ostpreußischen Siedler, die wildes Land urbar machten und immer wieder von „wilden Kriegshorden" heimgesucht wurden, so daß jede Generation von neuem beginnen mußte; ihr Leben ist immer dasselbe: „Viel Arbeit und Mühe, viel Sorge und Last und nur wenig Freude und Lachen".[25] Dabei erscheint gerade das Durchhalten in einer ausweglosen Situation als heroisch; der Kampf wird zum Selbstzweck. „[Es wird immer so bleiben,] daß wir niemals zur Ruhe kommen. Es wird immer Kampf geben — wir werden uns immer einsetzen müssen. Aber ist das nicht ‚leben'?"[26]

Eine besondere Funktion kommt im Sinne der Blut- und Boden-Ideologie der Erde zu. Sie erscheint als eine Art mythischer Urmutter, die die wenigen Auserwählten, denen sie sich offenbart hat, nicht wieder losläßt; sie müssen — wie Waltraut, die Heldin von *Reife* und dem Fortsetzungsband *Heim zum Land* — trotz ihrer vorübergehenden Weigerung, ihr ganzes Leben der Landarbeit zu weihen, reumütig wieder zurückkehren, weil sie die Stimme der Erde nicht vergessen können.[27] Unter dieser Perspektive tritt die soziale und historische Dimension der Arbeit nicht in Erscheinung. Daß der Besitzer des Hofs in *Reife* — offensichtlich von dem erwirtschafteten Reinerlös — in der Stadt lebt, daß es also auch Menschen gibt, die weniger als die kärglich bezahlten Landarbeiter (oder gar nicht) arbeiten, wird durch den direkten Rückbezug der Arbeit auf die Natur und die zwischen den Landarbeitern dargestellte Arbeitskameradschaft ausgeblendet.

Wie in der ersten Gruppe der Mädchenbücher läßt sich auch hier eine direkte Verbindung zu den — wenn auch z.T. unterschiedlichen — Erfordernissen der NS-Politik ziehen. Die anachronistische Verklärung des Bauerntums — anachronistisch in einem hochindustrialisierten Staat wie Deutschland — hatte auf allgemeiner Ebene die Funktion, die Illusion von der Volksgemeinschaft zu nähren, die sich glaubhaft noch am ehesten am Leben des mittelständisch-patriarchalischen Bauerntums darstellen ließ.[28] Gleichzeitig war es ein Versuch, der Landflucht und dem Arbeitskräftemangel in der Landwirtschaft entgegenzuwirken, deren Sanierung für die neue Autarkiepolitik unerläßliche Voraussetzung war.[29] Im Hinblick auf die Stellung der Frau schließlich ging es jetzt darum, sie, wie von der Partei schon lange propagiert, endlich ihrer eigentlichen Bestimmung als Mutter zuzuführen. Dabei spielten zum einen bevölkerungspolitische Gesichtspunkte eine

22. *G. Kunzemann*, Reife (1939) 20.

23. Ebd., S. 118.

24. Ebd., S. 75 und *I. Klamroth*, Auf zwei Straßen (1940) 23, S. 43f.

25. *I. Klamroth*, a.a.O., S. 32f.

26. Ebd., S. 118.

27. *G. Kunzemann*, Reife, S. 143f. — Ähnlich in *I. Klamroth*, Auf zwei Straßen, wo die Erde (bzw. Hof oder Heimat) Peter und Liese nicht „freigeben" (S. 130f., S. 126).

28. Siehe *P. Zimmermann*, Kampf um Lebensraum. Ein Mythos der Kolonial- und der Blut-und-Boden-Literatur. In: Die deutsche Literatur im Dritten Reich. Themen — Traditionen — Wirkungen. Hg. Horst Denkler/Karl Prümm (Stuttgart 1976) 179. Hier werden auch andere Funktionen der Blut- und-Boden-Ideologie genannt.

29. *D. Winkler*, Frauenarbeit im „Dritten Reich" (Hamburg 1977) 53.

Rolle: Für ein Volk, das sich anschickte, seinen Lebensraum zu erweitern, das also sowohl Siedler brauchte als auch Soldaten, galt die von Mussolini aufgestellte Gleichung: „Zahl ist Macht = gebärt Kinder!"[30] 1933 waren ökonomische Gründe aber mindestens ebenso entscheidend: Die Frauen sollten von ihren Arbeitsplätzen an die Kochtöpfe zurückgebracht werden, um die Arbeitslosigkeit der Männer abzubauen. Ehestandsdarlehen wurden vergeben, die Kampagnen gegen „Doppelverdiener", die schon unter Brüning zu einem Gesetz gegen weibliche Beamte geführt hatten, verstärkt aufgenommen, diesem Gesetz (das die Entlassung der Beamtinnen vorsah) endgültige Gestalt gegeben und schließlich ein Numerus Clausus für Studentinnen eingeführt, nach dem nur 10% der Studierenden aller Fachrichtungen weiblich sein durfte.[31]

Ebenso handfeste ökonomische Gründe verhinderten aber einen weitergehenden Abbau der Frauenarbeit; ein so hochentwickeltes kapitalistisches Wirtschaftssystem, wie das deutsche es war, war angewiesen auf die Frau in Fabriken und Büros, sollte es nicht funktionsunfähig werden; die privatwirtschaftliche Ordnung war stärker als die NS-Ideologie.[32] So kommt es, daß — trotz großangelegter Propaganda gegen „Doppelverdiener" und Frauenarbeit — sich die Zahl der Industriearbeiterinnen zwischen 1933 und 1934 von 1,2 auf 1,4 Millionen erhöhte.[33]

Eine Gruppe wurde von der Kampagne gegen weibliche Berufstätigkeit allerdings tatsächlich getroffen, nämlich die Studentinnen, die Akademikerinnen und die Beamtinnen (unter ihnen in erster Linie wieder die Akademikerinnen), d.h. also die Frauen in gesellschaftlichen Führungspositionen. Ihre Zahl ging nach 1933 erheblich zurück.[34] Die Mädchenbücher spiegeln also nur einen Teil der Realität nach 1933 wider, vor allem den Teil, der der Ideologie der NSDAP entsprach — nämlich die Kampagne gegen die Berufstätigkeit der Frau und speziell gegen die akademische Ausbildung der Frauen. Die von den Nazis gern verdrängte Realität der Industriearbeiterin, aber auch die Arbeit der Verkäuferin oder Stenotypistin wird vom NS-Mädchenbuch dagegen ausgespart.

Die Propagierung und Verklärung der Frauenarbeit in der Landwirtschaft, wie sie sich im Mädchenbuch ausdrückt, ist dagegen wiederum wesentlicher Teil der NS-Ideologie. Muttersein bedeutete für den Nationalsozialismus nicht Beschränkung auf die Kindererziehung; darin eingeschlossen war vielmehr die Vorstellung von der Frau als (unbezahlter) Arbeitskameradin des Mannes — im Haushalt, im Familienbetrieb und auf dem bäuerlichen Hof (der aufgrund des Arbeitskräftemangels in besonderem Maße auf die Frauen angewiesen war).[35] Durch diese Betonung der Arbeitskraft der Frau unterscheidet sich das NS-Frauenbild nicht nur von dem Bild der untätigen Dame (das in der Mädchenliteratur uneingeschränkt, etwa ohne formale Verbindung mit dem der

30. Zit. nach: *Maria-Antoinetta Macciochi*, Jungfrauen, Mütter und ein Führer. Frauen im Faschismus (Berlin 1976) 56.

31. Vgl. *D. Winkler*, Frauenarbeit im 3. Reich, S. 42-52. Das Gesetz „zur Rechtsstellung weiblicher Beamter", das im Mai 1932 unter Brüning verabschiedet wurde, sah die Entlassung aller weiblicher Beamten vor; ihm stimmten SPD, Zentrum, DNVP und NSDAP zu. (*D. Winkler*, Frauenarbeit versus Frauenideologie. Probleme der weiblichen Erwerbstätigkeit in Deutschland 1930-1945. In: Archiv für Sozialgeschichte 17 (1977) 19-123. S. 104.)

32. „Das ökonomische System bewies [...] eine Eigendynamik, die weder durch Ideologien noch durch einen politischen Regimewechsel außer Kraft gesetzt werden konnte." (*D. Winkler*, Frauenarbeit versus Frauenideologie, S. 107).

33. Ebd.

34. *D. Winkler*, Frauenarbeit im 3. Reich, S. 49-52. Der Anteil der Studentinnen an der gesamten Studentenschaft sank von 15,8% im Jahre 1932 auf 11,2% im Sommer 1939. Die Zahl der Lehrerinnen an Mädchenschulen wurde von 1933 bis 1935 in ganz Deutschland von 11 370 auf 9 941 reduziert, Schulleiterinnen — z.B. in Hamburg — ihres Amtes enthoben.

35. Dem Nationalsozialismus, so läßt sich sagen, ging es nicht um eine Abschaffung der Arbeit, sondern um deren „Umschichtung" (ebd.).

Hausfrau, nie verherrlicht worden ist), sondern es geht auch hinaus über das Bild der bürgerlichen Hausfrau, deren Hausarbeit in der Mädchenliteratur als „schöne" oder „unsichtbare" dargestellt und damit ihres Arbeitscharakters entkleidet wurde.[36]

Die dritte Gruppe bilden Mädchenbücher, die vor allem zwischen 1937 und 1944 veröffentlicht wurden, in den Jahren der Kriegsvorbereitung und des Krieges also, und die in irgendeiner Form Kampf — jetzt wieder gegen einen äußeren Feind — oder Krieg zum Thema haben. Im Unterschied zu der zweiten und vor allem der ersten Gruppe sind die Mädchenbücher dieser Phase in Thematik und Frauenbild vielfältiger; Tendenzen beider vorhergehenden Phasen werden aufgenommen und weitergeführt. Im einzelnen lassen sich drei Untergruppen ausmachen. Die eine Gruppe schildert den Kampf von auslandsdeutschen Mädchen für die „Heimkehr" ihres Landes ins Deutsche Reich; sie ähneln in Motivik dem kämpferisch-aktiven Grundtenor, dem offenen politischen Bekenntnis zum Nationalsozialismus, dem starken Feindbilddenken und der z.T. autobiographischen Färbung den Büchern der Kampfzeit.[37] In *Ein Mädel erlebt den Führer* von Daisy Wolfram von Wolmar (1943) versucht z.B. die für die Rückkehr von „Sudetendeutschland" kämpfende Ingrid ihre Mitschülerinnen gegen die jüdisch-tschechischen Lehrer in ihrem Deutschtum zu stärken und zu einer Kampfgruppe zusammenzuschmieden; sie organisiert einen Schulstreik aus Protest gegen die Relegation einer deutschnational gesonnenen Mitschülerin; sie schleicht sich in Wälder, um versteckten Deserteuren zu helfen, oder sie geht nachts schwarz über die Grenze nach Deutschland.

Eine zweite (größere) Untergruppe stellt Mädchenfiguren im Geschehen des gegenwärtigen Krieges oder früherer Kriege dar, die aktiv-kämpferisch am Krieg teilnehmen — als Nachrichtenhelferin, als Übermittlerin von Kriegsdokumenten, als Soldat und als Krankenschwester; dabei schrecken die Mädchen auch nicht davor zurück, an vorderster Front zu arbeiten oder den Tod fürs Vaterland zu sterben. Mut, Entschlossenheit und Selbständigkeit kennzeichnen die Handlungen des Mädchens, selbst gefährliche Situationen werden von ihr gemeistert. In *Mädchen im Soldatenrock* von W. May setzt die Heldin es z.B. durch, am Krieg gegen Napoleon teilnehmen zu dürfen, und in *Ein Mädel in der Front* von Susanne von Hoerner-Heintze engagiert sich die Hauptfigur nicht nur als Krankenschwester im Lazarett und an der Front, sondern entlarvt auch Saboteure oder sucht auf eigene Verantwortung im fremden Land nach der verschwundenen Mutter.

Über den Aspekt des Dienens und der Opferbereitschaft wird freilich versucht, die kämpferisch-aktive Komponente in das traditionelle Frauenbild zu integrieren: Der Kriegseinsatz der Frau ist Dienst am Vaterland; er ist — wie schon das kämpferische Engagement der Mädchen vor 1933 — lediglich Ausnahmesituation in einem Ausnahmezustand. Wenn der Frieden wieder eintritt — so Ina Seidl in dem Vorwort zu dem von ihr und Hanns Grosser herausgegebenen Band: *Dienende Herzen — Kriegsbriefe von Nachrichtenhelferinnen des Heeres* — wird sich deswegen die „feste, kristalline Struktur", die sich auf die Mädchen durch ihre Eingliederung ins Heer gelegt hat, wieder in das den deutschen Frauen „angemessene bewegliche Element des strömenden Wassers zurückwandeln".[38] Entsprechend kehrt das „Mädchen im Soldatenrock", nachdem sie sieg-

36. Zur „unsichtbaren" Hausarbeit der bürgerlichen Frau allgemein vgl. *G. Bock/ B. Duden*, Arbeit aus Liebe — Liebe als Arbeit. Zur Entstehung der Hausarbeit im Kapitalismus. In: Frauen und Wissenschaft. Beiträge zur Berliner Sommeruniversität für Frauen (Berlin 1977) 118-199; zu ihrem Eingehen in die Mädchenliteratur des 18. Jahrhunderts vgl. *D. Grenz*, Mädchenliteratur. Von den moralisch-belehrenden Schriften im 18. Jahrhundert bis zur Herausbildung der Backfischliteratur im 19. Jahrhundert (Stuttgart 1981) 94f.

37. Vgl. z.B. den charakteristischen Untertitel von *H. Weber-Sturmfohl*, Ostmarkmädel. Ein Erlebnisbuch aus den Anfangsjahren und der illegalen Kampfzeit des BDM in der Ostmark.

38. I. Seidl/ H. Grosser (Hg.), Dienende Herzen (1942) 16.

reich als Soldat gekämpft hat, bei Kriegsende „zu dem heiligen Beruf der Frau" zurück, heiratet und bringt vier Kinder zur Welt.[39]

In die dritte Untergruppe — ihr Übergang zu der zweiten Untergruppe ist fließend — fallen Kriegsbücher, die weniger die aktive Komponente betonen als vielmehr die Opfer- und Leidensfähigkeit des Mädchens in Kriegs- und Notzeiten verherrlichen. So wie in der zweiten Gruppe die Mühsal der Arbeit wird jetzt das Leiden — häufig in Anlehnung an den germanischen Schicksalsglauben — zur unausweichlichen, tragischen Notwendigkeit heroisiert. In H.M. Tiedes *Ingeborg. Ein deutsches Mädchen im Großen Kriege* beschließt z.B. die Hauptfigur angesichts der Kriegsnot, sich zur Krankenschwester ausbilden zu lassen. Als Typhus und Grippe ausbrechen, arbeitet sie weiter, bis sie sich selbst ansteckt und stirbt; was sie tat, war aber nur ihre „Pflicht"[40] und ihr von Anfang an vorbestimmt, wie in einer Mischung aus Pathos und Sentimentalität leitmotivartig immer wieder versichert wird: „Die Krüge unseres Schicksals und unseres Lebens sind lange vor unserer Geburt gefüllt, und wir haben nichts anderes zu tun, als sie Zug um Zug auszuleeren".[41]

Die ideologische Funktion der Mädchenbücher dieser Phase ist wieder offensichtlich. Sie steht in engem Zusammenhang mit der NS-Kriegspolitik, den sich daraus ergebenden ökonomischen Notwendigkeiten, die z.T. wieder im Gegensatz zur nationalsozialistischen Ideologie standen, und dem Verlauf des Krieges selbst. Die Bücher der ersten Untergruppe bereiten die Annexion der ‚auslandsdeutschen' Gebiete vor, rechtfertigen sie ideologisch und wecken allgemein die Kriegsstimmung. Die Betonung der aktiv-kämpferischen Komponente im Frauenbild, wie sie sich in der ersten und zweiten Untergruppe findet, liefert eine Legitimation für die veränderte Arbeitsmarktpolitik, die nun in krassem Gegensatz zu der propagierten Mutterideologie steht: Jetzt, da die Arbeitskräfte durch die Rüstungsindustrie und die Einziehung der Männer in den Krieg äußerst knapp wurden, mußte auf die Mädchen und Frauen als Reservearmee zurückgegriffen werden; selbst in rein männlichen Bereichen wie dem der Schwerindustrie und der Wehrmacht wurden sie eingesetzt.[42] Entlassene Beamtinnen und Akademikerinnen wurden wieder eingestellt und auch zur Universität wieder mehr Frauen zugelassen, so daß sich vom Sommersemester 1939 bis zum Wintertrimester 1940 die Zahl der Studentinnen verdoppelte.[43]

Freilich waren die Parteiorgane in der Mobilisierung der Frauen längst nicht so erfolgreich, wie es angesichts des katastrophalen Arbeitskräftemangels in der Kriegswirtschaft notwendig gewesen wäre; ja, aufgrund der den Ehefrauen von Soldaten gewährten Familienunterstützung schieden sogar sehr viele Frauen aus dem Erwerbsleben aus.[44] Auch die von dem technokratischen Flügel innerhalb der Partei geplante Einführung einer allgemeinen Dienstpflicht für Frauen konnte nicht durchgesetzt werden, und zwar scheiterte sie an dem Widerstand der Ideologen, allen voran Hitlers. Sie konnten einen Arbeitszwang für alle Frauen nicht mit ihrem Frauenbild vereinbaren, wobei die Angst vor Mißstimmung in der Bevölkerung und die Rücksicht auf die Frauen der oberen Mittelschicht und der Oberschicht, denen eine Erwerbstätigkeit erspart werden sollte, eine entscheidende Rolle spielte.[45] So blieb es dabei, daß die bis dahin noch nicht erwerbstätigen Frauen lediglich durch verstärkte Appelle zur Arbeitsaufnahme motiviert werden sollten. Was sich in den

39. *W. May,* Mädchen im Soldatenrock (1940) 202.

40. *H.M. Tiede,* Ingeborg (1936) 60.

41. Ebd., S. 67.

42. *Klaus,* a.a.O. (wie Anm. 4), S. 116f.; *D. Winkler,* Frauenarbeit im 3. Reich, S. 122ff; *D. Winkler,* Frauenarbeit versus Frauenideologie, S. 112ff.

43. *D. Winkler,* Frauenarbeit im 3. Reich, S. 124f.; *Florence Herve,* Studentinnen in der BRD. Eine soziologische Untersuchung (Köln 1973) 17.

44. *D. Winkler,* Frauenarbeit versus Frauenideologie, S. 113. Zwischen Mai 1939 und Mai 1941 sank die Zahl der erwerbstätigen Frauen um fast eine halbe Million.

45. *D. Winkler,* Frauenarbeit im 3. Reich, S. 102ff.

Mädchenbüchern widerspiegelt, ist also wieder nur ein Teil der Realität und z.T. erst das, was durch die Propaganda durchgesetzt werden sollte. — Die Heroisierung des Leidens schließlich, wie sie vor allem in der dritten Untergruppe stattfindet, hatte offensichtlich die Funktion, den Opfern, die der Krieg verlangte, einen scheinbaren Sinn zu geben und zum Durchhalten bis zum Tod zu motivieren: Indem das vom Menschen erfahrene und auf konkrete individuelle und gesellschaftliche Ursachen rückführbare Leid mit der allumfassenden Aura des Schicksals umgeben wird, darf der Mensch sich wenigstens als ein vom Schicksal geschlagener tragischer Held betrachten; daß er sich auch gegen sein Schicksal zur Wehr setzen oder zumindest nach dessen Sinn fragen könnte, wird dadurch noch nicht einmal als Denkmöglichkeit hingestellt.

3.

Im folgenden versuche ich, die charakteristischen Merkmale des in der NS-Mädchenliteratur entworfenen Frauenbildes zusammenzufassen und zu interpretieren.

Auch wenn die drei Gruppen bzw. Phasen der NS-Mädchenliteratur sehr unterschiedlich sind, so ergeben sich doch — gerade im Vergleich mit der vorangegangenen Mädchenliteratur — Gemeinsamkeiten, die auf eine tendenzielle Auflösung der traditionellen weiblichen Rolle hinzuweisen scheinen. Das gilt nicht nur für die Mädchenbücher der sog. Kampfzeit und die der Kriegsphase, sondern auch für die Mädchenliteratur der Stabilisierungsphase, die noch am stärksten dem traditionellen weiblichen Bereich verhaftet bleibt. Folgende Eigenschaften werden den Mädchenbuchfiguren im positiven Sinne zugeschrieben: Gleichgültigkeit gegenüber dem eigenen Aussehen, Arbeit als Lebenserfüllung, Teilnahme am öffentlichen Geschehen, Härte gegenüber sich selbst und anderen, zäher Wille, Durchhaltevermögen oder (in den Mädchenbüchern der Kampfzeit und der Kriegsphase) kämpferische Aktivität. Das aber sind Eigenschaften, die seit dem 18. Jahrhundert dem männlichen „Geschlechtscharakter" zugeordnet werden und den Eigenschaften des weiblichen „Geschlechtscharakters" — Schönheit und Anmut, Ehe und Mutterschaft als Lebensbestimmung, Beschränkung auf den Raum der Familie, schließlich Weichheit, Nachgiebigkeit und Passivität — polar entgegengesetzt sind.

Läßt sich also anhand der Mädchenliteratur davon sprechen, daß der Nationalsozialismus, aus welchen Gründen auch immer, letztlich zur Emanzipation der Frau beitrug? Als oberster Maßstab für Emanzipation — ich halte diesen Begriff für umfassender als den der ‚Modernität' und lege deswegen im folgenden ihn zugrunde — kann sicherlich nicht die Übernahme von bisher männlichen Eigenschaften durch die Frau gelten, eher — und davon soll hier ausgegangen werden —, inwieweit den Frauen, gesehen in Relation zu dem, was bisher erreicht worden war, und zu dem, was historisch möglich war, ein breiteres Spektrum an Möglichkeiten der Selbstbestimmung und Selbstverwirklichung eingeräumt wurde als vorher. Von hier aus ergibt sich, daß zwar die Vorstellung von dem ausschließlich aufs Muttertum ausgerichteten NS-Frauenbild von der Mädchenliteratur widerlegt wird, daß aber auch die gegenteilige These von der Emanzipation, derer die Frauen im 3. Reich angeblich teilhaftig geworden sind, in keiner Weise zutrifft.

Gerade die unmittelbare Abhängigkeit des Frauenbildes der Mädchenliteratur von den jeweiligen ideologischen, politischen und ökonomischen Erfordernissen, wie sie sich in dem kurzen Zeitraum von nur zwölf Jahren auf so krasse Weise zeigt, macht deutlich, daß Frauen gerade nicht Selbstbestimmung zugestanden wurde, sondern sie als fungible, verfügbare Masse behandelt wurden, die jeweils dorthin geschoben wurde, wo sie gerade gebraucht wurde. Nur in Zeiten parteipolitischen oder gesellschaftlichen Notstands wird — wie schon in der Mädchenliteratur des 1. Weltkriegs — das ideologisch festgefügte Frauenbild gelockert und insoweit für andere, bisher als männlich tabuisierte Eigenschaften geöffnet, wie es politisch erforderlich scheint. Der Nationalsozialismus, so läßt sich anhand der untersuchten Mädchenliteratur deswegen sagen, legt die Frau auf der einen Seite stärker als vorher auf ihre Funktion der Gebärerin und Mutter fest, zugleich aber ist er die historische Phase, die die Vorstellung von einer angeblich naturgemäßen oder biologischen Bestimmung der Frauenrolle am deutlichsten Lügen straft: Das dargestellte Mädchenbild wird in einer Weise von den ideologischen Vorstellungen und den politisch-ökonomischen Notwendigkeiten abhängig gemacht, wie es sie so direkt in der Geschichte der Mädchenliteratur noch nicht gegeben hat. — Ein weiterer Aspekt tritt hinzu: Auch wenn das Mädchen traditionell männliche Eigenschaften annehmen darf, so bleibt in den Mädchenbüchern doch letztlich klar, daß der Platz der Frau dem des Mannes immer nachgeordnet ist.

Zusammenfassend kann man sagen, daß die nationalsozialistische Ideologie, wie sie sich im Mädchenbuch darstellt, der Frau zunächst durchaus ‚männliche' Anteile zugesteht, diese aber vorbehaltlos in das Rollenmuster der alten Abhängigkeit der Frau einbindet. Vermittlungsglied ist das Ideologem vom Dienst an der Volksgemeinschaft, in das traditionell als weiblich angesehene Eigenschaften wie Aufopferung und Fürsorge und, soweit politisch erforderlich, auch aktiv-kämpferische Eigenschaften eingebunden werden können. Die Frau ist im Nationalsozialismus eine doppelt Unterdrückte: Sie darf arbeiten und kämpfen wie ein Mann; sie darf sogar eindringen in den militärisch-soldatischen Bereich, der bis dahin dem Mann vorbehalten war; die Rechte des Mannes erhält sie jedoch nicht. Sie hat den Schonraum, den ihr die Weibchenrolle immerhin auch geboten hat, verloren, ohne dafür größere Freiheit und Selbständigkeit zu gewinnen. Statt von einer Gleichberechtigung kann man von einer Gleichbelastung bei unveränderter Benachteiligung der Frau spechen.

Selbst die zweite Gruppe der Mädchenbücher, die der Stabilisierungsphase angehört und dem traditionell weiblichen Bereich am stärksten verpflichtet bleibt, ist im weiteren Sinne eine Erziehung zum Krieg. Kennzeichend für sie (wie auch für einen Großteil der Bücher der beiden anderen Gruppen) ist der „Heroische Realismus", der Mühsal, Kampf und Leiden als ein notwendiges, unveränderbares Faktum darstellt, das der heroische Mensch als Schicksal auf sich nimmt.[46] Sozioökonomische Zusammenhänge werden ausgespart und statt dessen der gesellschaftliche *status quo* verherrlicht — nämlich die Mühsal der Vielen, damit sie nicht auf den Gedanken kommen, sich gegen ihre Unterdrückung zu wehren. Die Verbesserung der materiellen Verhältnisse soll durch eine bloß veränderte subjektive Haltung ersetzt werden: „Es kommt nicht darauf an, ... [die] Lebensführung zu verbessern, sondern darauf, ihr einen höchsten, entscheidenden Sinn zu verliehen."[47] Die „Erhebung" tritt an die Stelle der Veränderung.[48] Damit aber wird dem Menschen das Recht auf individuelles Glück, wozu auch immer materielles Glück gehört, abgesprochen.

An die Stelle der utopischen Vorstellung von Glück tritt die Kategorie des Kampfes, der sich zu einem allumfassenden Begriff ausweitet; darunter fällt die mühselige Landarbeit, der Kampf gegen einen wie immer gearteten äußeren Feind, der Einsatz für die nationalsozialistische Bewegung und der Kampf gegen die eigene Schwäche. Leben und mühevolles Kämpfen werden identisch; die Anstrengung um ihrer selbst willen — ohne ein für den einzelnen konkret ausweisbares Ziel — wird zum Selbstzweck. Ruhe, Genuß, Ankommen, bloßes Dasein und das, was in der bürgerlichen Kultur am engsten mit Glück verbunden ist, die Sehnsucht nach Liebe als Lebenserfüllung — das alles gehört zum Menschenbild des Nationalsozialismus nicht hinzu.

46. Bei der Verwendung des Begriffes des heroischen Realismus folge ich *H. Marcuse*, Der Kampf gegen den Liberalismus in der totalitären Staatsauffassung. In: *Ders.*, Kultur und Gesellschaft I. 8. Aufl. (Frankfurt/M. 1968) 17-55.

47. *E. Jünger*, Der Arbeiter. Herrschaft und Gestalt. 2. Aufl. (Hamburg 1932) S. 201. Zit. nach: *H. Marcuse*, Über den affirmativen Charakter der Kultur. In: *Ders.*: Kultur und Gesellschaft I. (8. Aufl. Frankfurt/M. 1968) 56-101, S. 97.

48. *Marcuse*, Affirmative Kultur, S. 97.

Freilich radikalisiert und verabsolutiert der Nationalsozialismus hier nur, was in dem bürgerlichen Liberalismus durch die Aufspaltung der bürgerlichen Gesellschaft in einen öffentlichen und einen privaten Bereich und der diesen Bereichen zugeschriebenen Attribute bereits angelegt ist: Indem in der außerhäuslichen Realität entgegen den emanzipatorischen Forderungen des Bürgertums nicht die Ideale von Gleichheit und Brüderlichkeit herrschten, sondern der Interessensgegensatz zwischen den Individuen, der Konkurrenzkampf jedes gegen jeden, wurden die bürgerlichen Ideale von Freundschaft, Solidarität und Liebe beschränkt auf den Bereich des Privaten, in erster Linie auf die Familie und — als deren Mittelpunkt — die Frau. Damit wurde diese zur Trägerin utopischer, über den *status quo* der bürgerlichen Gesellschaft hinausweisender Vorstellungen (nicht zufällig wird die Frau als schöne Seele zur Trägerin klassisch-idealistischer Humantitäsvorstellungen). Zugleich wurde von ihr und der Familie jedoch etwas Unmögliches verlangt: Die gesellschaftlichen Widersprüche sollten im privaten Bereich, sollten durch die Frau aufgehoben werden.[49] Daß das nicht möglich ist, ist oft genug herausgestellt worden; ich brauche darauf nicht näher einzugehen. Hier soll der Hinweis auf *einen* Aspekt genügen: Allein die Beschränkung der weiblich-liebenden Fürsorge auf die Familie schließt bereits eine Duldung der männlich-aggressiven Außenwelt — auch der kriegerischen Auseinandersetzungen — mit ein und ist damit schon eine Beschränkung von Humanität, die von ihrem Wesen her universalen Charakter hat.

49. Vgl. hierzu *D. Grenz:* Mädchenliteratur (wie Anm. 36) und dies.: „Das eine sein und das andere auch sein…" Über die Widersprüchlichkeit des Frauenbildes am Beispiel der Mädchenliteratur. In: I. Brehmer u.a. (Hg.): Frauen in der Geschichte IV. „Wissen heißt leben…" Beiträge zur Bildungsgeschichte von Frauen im 18. und 19. Jahrhundert (Düsseldorf 1983) 282-301.

Auswahlbibliographie

I.

Dargel, Margarete (Hg.): Mädel im Kampf. Erlebnisse und Erzählungen. 2. erw. Aufl. Wolfenbüttel, Berlin: Kallmeyer 1938. Teil I. (1. Aufl. 1937).
Grosch, Minni: Ein Mädel kämpft fürs neue Reich. Erzählung aus deutscher Sturmzeit. Stuttgart, Berlin, Leipzig: Union (1934).
— Grenzlandjugend. Erzählung aus deutscher Notzeit. Stuttgart, Berlin, Leipzig: Union (1934).*
Knoepke-Joest, Helga: Ulla, ein Hitlermädel. 72.-79. Tausend. Leipzig, Wien: Schneider (1933).
Möckel, Marga: Hitlermädel kämpfen um Berlin. Eine Erzählung aus der Kampfzeit. Stuttgart, Berlin Leipzig: Union (1935).
Müller-Hennig, Erika: Wolgakinder. Geschichte einer Flucht. 19.-27. Tausend. Berlin: Junge Generation o.J. (1. Aufl. 1934).*
Schenzinger, Karl Aloys: 1932. Das unruhige Jahr. Die Geschichte einer deutschen Familie. Berlin: Andermann (1937).*
Wisser, Eva Maria [d.i. Hilde-Maria Schwarz]: Kämpfen und glauben. Aus dem Leben eines Hitlermädels. Mit einem Geleitwort von Magda Goebbels. 16.-20. Tausend. Berlin: Steuben (1933).

II.

Barthel-Winkler, Lisa: Ich hol mir meinen Vater. Die Geschichte eines tapferen Mädels. Berlin: Weise (1936).
Gauger, Gerda (Hg.): Mädel im Freizeitlager. Potsdam: Voggenreiter (1936).
Harms, Suse: Sommertage in Heidersdorf. Eine fröhliche Lagergeschichte. 58.-75. Tausend. Berlin: Junge Generation o.J.]1942] (1. Aufl. 1939).
Keil, Hannelore: Erikas Landjahr. Die Geschichte eines Jungmädels. Stuttgart: Herold (1940)].
Klamroth, Inge: Auf zwei Straßen. Der Weg eines Mädels. 9. und 10. Aufl. Berlin: Junge Generation [1943] (1. Aufl. 1940).
Kolberg, Hildegard: Rotes Kopftuch — blaues Kleid. 2. Aufl. Königsberg: Pädagog. Verlagsgemeinschaft Ostpreußen [1942] [Die Arbeitsmaiden. Erzählungen.] (1. Aufl. 1941).
Kramarz, Maria: Dies Mädel ist Hanne — später bist du es. 51.-55. Tausend. Berlin: Junge Generation o.J. (1. Aufl. 1937).
Kunzemann, Gertrud: Reife. 24.-33. Tausend. Berlin: Junge Generation o.J. (Bücher der jungen Generation) (1. Aufl. 1939).
Kunzemann, Gertrud: Heim zum Land. 7.-16. Tausend. Berlin: Junge Generation o.J. [Bücher der jungen Generation] (1. Aufl. 1940).
Miethe, Käthe: Ein Stadtmädel wird Bäuerin. Ein Jungmädchenroman. Berlin: Weichert (1935).
Miethe, Käthe: Friedel im Pflichtjahr. 12.-16. Tausend. Köln: Schaffstein [1942] (1. Aufl. 1940).
Müller, Edith: Ursel und ihre Mädel. Reutlingen: Enßlin & Laiblin (1941).
Perzl, Irmgard: Jungmädel auf dem Köllingshof. Reutlingen: Enßlin & Laiblin (1941).
Prestel, Irmgard: Monika auf dem Wieserhof. Reutlingen: Enßlin & Laiblin (1941) (Weltkriegsbücherei).

* Streng genommen handelt es sich hier nicht um Mädchenliteratur, sondern um einen Familienroman (für Jugendliche).

Sand, Trude: Zicke-zacke Landjahr Heil. Leben, Treiben, Taten und Abenteuer der Jungen und Mädel im Landjahr. Von ihnen selber aufgeschrieben [...]. 8. Aufl. Stuttgart: Union [1938].**

Schürer-Stolle, Lydia: So sind wir. Jungmädel erzählen. 56.-75. Tausend. Berlin: Junge Generation (1937).

III.

Bars, Edda: Studentin im Fabrikeinsatz. Berlin, Leipzig: Schneider (1943).

Bauer, Franz: Ingrid aus der Pfalz. Die Geschichte eines Rückwandererkindes. Reutlingen: Enßlin & Laiblin (1941).

Becker, Karl Heinz (hg. und bearb.): Frontkämpferinnen erzählen. Düsseldorf: Bagel (1937).

Buchholtz, Hansgeorg: Nomas Opfer. Eine Erzählung aus der Zeit der Eroberung Preußens durch den deutschen Ritterorden. Köln: Schaffstein (1938).

Ettighoffer, Paul Coelestin: Die Lene beißt sich durch. Ein deutsches Mädel im Wirbel des Weltkrieges. Tatsachenbericht. Düsseldorf: Bagel (1936). (Bagels Bücherei für deutsche Mädel).

Ettighoffer, Paul Coelestin: Das Soldatentum der Schwester Kläre. Tatsachenbericht über eine deutsche Frau im Weltkriege. Düsseldorf: Bagel [1936] (Bagels Bücherei für deutsche Mädel).

Fahrenholtz, Ilse: Sabines Geheimnis. Eine Erzählung für junge Mädchen aus Preußens Notzeit 1806-07. Stuttgart: Herold (1937).

Froschauer-Rathmayer, Ida: Gotelind Torstenson. Reutlingen: Enßlin &Laiblin (1939).

Fürstenberg, Hilde: Das fremde Mädchen. Berlin: Vier Tannen (1944).

Grosch, Minni: Die große Kraft der kleinen Anna-Barb. Ein Roman für junge Mädchen. Stuttgart: Herold (1940) (Die Heroldbücher).

Hoerner-Heintze, Suse: Mädel im Kriegsdienst. [Ausz.] Eine Auswahl. Köln: Schaffstein (1937) (Blaue Bändchen 238).

Hoerner-Heintze, Suse: Ein Mädel in der Front. 19.-28. Tausend. Berlin: Junge Generation (1942) (Bücher der Jungen Generation) (1. Aufl. 1938).

Kath, Lydia: Aud. Geschichte einer Wikingerfrau. 10.-12. Tausend. Berlin: Junge Generation (1939) (1. Aufl. 1934).

Mahn von der Oste, Margarete: Ursula Theen. Eine Erzählung vom Niederrhein. Reutlingen: Enßlin & Laiblin (1940).

May, Werner: Mädchen im Soldatenrock. Die Geschichte des Unteroffiziers Friederike Auguste Krüger. Reutlingen: Enßlin & Laiblin (1940).

Menken, Hanne: Das stille Feuer. Aus dem Lebenstag einer Krankenschwester. 9.-15. Tausend. Stuttgart: Frankh (1942) (1. Aufl. 1941).

Miethe, Käthe: Das Soldatenkind. Ein Jungmädchenroman. Berlin: Weichert (1937).

Schaal-Doelker, Gude: Das Mädchen Agnete. Gütersloh: Bertelsmann (1943) (Feldpostausg.).

Seidl, Ina/ Grosser, Hanns (Hg.): Dienende Herzen — Kriegsbriefe von Nachrichtenhelferinnen des Heeres. Berlin: Limpert (1942).

Tiede, Heinrich Maria: Ingeborg. Ein deutsches Mädechen im Großen Kriege. Eine Erzählung für junge Mädchen. 26.-44. Tausend. Leipzig: Anton (1936).

Watzlik, Hans: Roswitha oder Die Flucht aus Böhmen. Köln: Schaffstein (1940).

Weber-Sturmfohl, Herta: Ostmarkmädel. Ein Erlebnisbuch aus den Anfangsjahren und der illegalen Kampfzeit des BDM in der Ostmark. 6.-10. Tausend. Berlin: Junge Generation (1940).

Wolfram von Wolmar, Daisy: Ein Mädel erlebt den Führer. Dresden: Franz Müller (1943).

** Zur Mädchenliteratur zu rechnen sind die Kapitel, die das Leben der Mädchen im Landjahr schildern.

Ein Märchen gegen den Krieg

von Günther Kapfhammer, Augsburg

Der Text von 1812 aus den Kinder- und Hausmärchen der Brüder Grimm:

Von der Serviette, dem Tornister, dem Kanonenhütlein und dem Horn.

Es waren drei Brüder aus dem Schwarzenfelsischen, von Haus sehr arm, die reisten nach Spanien, da kamen sie an einen Berg, der ganz von Silber umgeben war. Der älteste Bruder machte sich bezahlt, nahm so viel als er nur tragen konnte, und ging mit seiner Beute nach Haus. Die andern zwei reisten weiter fort und kamen zu einem Berg, wo nichts als Gold zu sehen war. Nun sprach der eine zu dem andern: „wie sollen wir es machen?" und der zweite nahm sich auch soviel Gold als er nur tragen konnte und ging nach Haus; der dritte aber wollte sein Glück noch besser versuchen und ging weiter fort. Nach drei Tagen kam er in einen ungeheuren Wald, da hatte er sich müd gegangen, Hunger und Durst plagten ihn, und er konnte nicht aus dem Wald heraus. Da stieg er auf einen hohen Baum und wollte sehen, ob er des Waldes Ende finden möge, er sah aber nichts als Baumspitzen; da wünschte er nur noch einmal seinen Leib zu sättigen und begab sich, von dem Baum herunter zu steigen. Als er herunter kam, erblickte er unter dem Baum einen Tisch mit vielerlei Speise besetzt, da ward er vergnügt, nahte sich dem Tisch und aß sich satt. Und als er fertig gegessen hatte, nahm er die Serviette mit sich und ging weiter, und wenn ihn wieder Hunger und Durst ankam, so deckte er die Serviette auf und was er wünschte, das stund darauf. Nach einer Tagreise kam er zu einem Köhler, der brannte Kohlen und kochte Kartoffeln. Der Köhler bat ihn zu Gast, er sagte aber: „ich will nicht bei dir essen, aber ich will dich zu Gast bitten," der Köhler fragte: „wie ist das möglich, ich sehe ja nicht, daß du etwas bei dir hast." — „Das thut nichts, setz' dich nur her" damit deckte er seine Serviette auf, da stand alles, was zu wünschen war. Der Köhler ließ sichs gut schmecken und hatte großen Gefallen an der Serviette und als sie abgegessen hatten sagte er: „tausch mit mir, ich geb dir für die Serviette einen alten Soldatentornister wenn du mit der Hand darauf klopfst, kommt jedesmal ein Gefreiter und sechs Mann Soldaten mit Ober- und Untergewehr heraus, die können mir im Wald nichts helfen, aber die Serviette wär mir lieb." Der Tausch ging vor sich, der Köhler behielt die Serviette, der Schwarzenfelser nahm den Tornister mit. Kaum war er aber ein Stück Wegs gegangen, so schlug er darauf, da kamen die Kriegshelden heraus: „was verlangt mein Herr?" — „Ihr marschirt hin und holet bei dem Köhler meine Serviette, die ich dort gelassen." Also gingen sie zurück und brachten ihm die Serviette wieder. Abends kam er zu einem andern Kohlenbrenner, der lud ihn wiederum zum Abendessen ein und hatte desgleichen Kartoffeln ohne Fett. Der Schwarzenfelser aber deckte seine Serviette auf und bat ihn zu Gast, da war alles nach Wunsch. Als die Mahlzeit vorbei war, hielt auch dieser Köhler um den Tausch an, er gab für die Serviette einen Hut, drehte man den auf dem Kopf herum, so gingen die Canonen, als stünd eine Batterie auf dem Flecken. Als der Schwarzenfelser ein Stück Wegs fort war, klopfte er wieder auf seinen alten Ranzen, und der Gefreite mit sechs Mann mußte ihm die Serviette wieder holen. Nun ging es weiter fort in dem nämlichen Wald und er kam Abends zu dem dritten Köhler, der lud ihn, wie die andern auf ungeschmelzte Kartoffel, erhielt aber von ihm die Serviette für ein Hörnchen, wenn man darauf blies, fielen alle

Städte und Dorfschaften, wie auch alle Festungswerke übern Haufen. Der Köhler behielt aber die Serviette nicht länger als die andern, denn der Gefreite mit sechs Mann kam bald und holte sie ab. Wie nun der Schwarzenfelser alles beisammen hatte, kehrte er um nach Hause, und wollt seine beiden Brüder besuchen. Diese waren reich von ihrem vielen Gold und Silber und wie er nun kam, einen alten zerrissenen Rock anhabend, da wollten sie ihn nicht für ihren Bruder erkennen. Alsobald schlug er auf seinen Tornister und ließ 150 Mann aufmarschiren, die mußten seinen Brüdern die Hucke (den Buckel) recht vollschlagen. Das ganze Dorf kam zu Hülfe, aber sie richteten wenig aus bei der Sache; da ward es dem König gemeldet, der schickte ein militärisch Commando ab, diese Soldaten gefangen zu nehmen; aber der Schwarzenfelser schlug in einem hin auf seinen Ranzen und ließ Infanterie und Cavallerie aufmarschiren, die schlugen das militärische Commando wieder zurück an seinen Ort. Am anderen Tag ließ der König noch viel mehr Volk aufmarschiren um den alten Kerl in Ruh zu setzen. Der aber schlug auf seinen Ranzen so lang bis eine ganze Armee herausgekommen, dazu drehte er seinen Hut ein paar mal auf dem Kopf herum, da gingen die Canonen und der Feind ward geschlagen und in die Flucht gejagt. Da ward Friede geschlossen und er zum Vicekönig gemacht, wie auch die Prinzessin ihm zur Gemahlin gegeben.

Der Prinzessin aber lag es beständig im Sinn, daß sie so einen alten Kerl zum Gemahl nehmen müssen und wünschte nichts mehr, als daß sie ihn wieder los werden könnte. Sie forschte täglich in welchen Vortheilen seine Macht bestehe, er war auch so treu und entdeckte ihr alles. Da schwäzte sie ihm seinen Ranzen ab und verstieß ihn, und als drauf Soldaten gegen ihn marschirten, war sein Volk verloren, aber noch hatte er sein Hütgen, da griff er daran und ließ die Kanonen gehen, so schlug er den Feind und ward wieder Friede gemacht. Darnach aber ließ er sich wieder betrügen und die Prinzessin schwäzte ihm sein Hütchen ab. Und als nun der Feind auf ihn eindrang, hatte er nichts als sein Hörnchen, da blies er darauf, alsbald fielen Dörfer, Städte und alle Festungswerke übern Haufen. Da war er König allein und blieb, bis er gestorben ist.

Bemerkungen zum Text:

Das als Nr. 37 in der ersten Auflage der Kinder- und Hausmärchen der Brüder Grimm abgedruckte Märchen führte ein fast vergessenes Dasein. Schon in der zweiten Auflage von 1819 wurde es gravierend verändert. In den meisten Auswahlsammlungen fehlte es, dies gilt vor allem für die Zeit des Dritten Reiches. Erst im Rahmen der Friedensdiskussion wurde dieses Märchen „wiederentdeckt", und zwar unabhängig von verschiedenen Wissenschaftlern, die an Textvarianten, der Lebensgeschichte des seit langem namentlich bekannten Erzählers oder der politischen Aussage dieses Märchens arbeiten. Das Märchen ist in ähnlichen Fassungen weit verbreitet. Schon die Brüder Grimm gingen in ihrem ausführlichen Kommentar auf die Geschichte dieses Märchens ein, ohne allerdings jene Fragen zu diskutieren, die uns gerade bei diesem Märchen heute beschäftigen. Sie interessierten sich fast ausschließlich für literaturhistorische Probleme. Vom Typus her gehört das Märchen zu den Drei-Brüder-Märchen. Bemerkenswert sind vor allem der Weg und die Handlungsweise des jüngsten Bruders, besonders bemerkenswert ist der originale Schluß des Märchens in der Fassung von 1812.

Das Märchen spricht zwar für sich selbst, aber die inzwischen gewonnenen Erkenntnisse über den Vermittler intensivieren noch zusätzlich das Lese- bzw. Hörerlebnis.

Erzähler bzw. Vermittler, die Forschung ist hier noch unentschieden, ist der pensionierte Dragonerwachtmeister Johann Friedrich Krause. Krause wird 1747 geboren und kommt aus einer offensichtlich angesehenen dörflichen Familie, also zunächst nicht aus der Unterschicht. 1779 heiratet Krause mit 31 Jahren eine 18jährige. 1795 wird er wegen Krankheit pensioniert. 1811, fünf Jahre nach dem Tod seiner Frau, schreibt er, inzwischen völlig verarmt, für die Brüder Grimm ein Heft mit Schwänken und Märchen voll, in einer abenteuerlichen Orthographie. Er bekommt dafür die Anerkennung der Brüder Grimm und alte Kleider als Honorar. Er nennt die Brüder in einem Brief vom 26. Juli 1823 seine „Libe-Herren-Wohldäter". Krause erzählt bzw. schreibt nieder die bekannten Märchen „Die drei Schlangenblätter", „Der alte Sultan", „Die Bienenkönigin" und „Der gelernte Jäger". Krause vermittelt sicher mündlich das hier zu diskutierende Märchen, eine schriftliche Fassung von Krause ist m.W. nicht bekannt. Wilhelm Grimm erkennt die Sonderleistungen von Krause, er empfindet dessen Märchen „eigentümlich soldatisch". Was er darunter versteht, ist schwer zu deuten. Meint Wilhelm Grimm die Resignation eines von seinem Beruf gezeichneten, ausgedienten Soldaten, die dem üblichen Märchenstil klar widerspricht? Krause hält weiter Kontakt zu den Grimms und bittet 1827 um eine weitere Kleiderspende — „meine aldage Beinkleider sein zerrißen..."

Details zum Leben von Krause sind jetzt erst zugänglich. Er stammt aus Hoof, heute ein Ortsteil von Schauenburg. Vater und Großvater waren Schulmeister, der Urgroßvater Pfarrer. Seine Ehefrau ist die Tochter eines Bürgermeisters. Er tritt 1767, also mit zwanzig Jahren, in den Dienst des Markgrafen von Hessen-Kassel, der seine Regimenter gegen Bezahlung an kriegführende Mächte verleiht. 1786 ist Krause Gardist zu Pferde bei der Garde du Corps. Er bringt es bis zum Dragonerwachtmeister. Dies entspricht im Rang einem heutigen Unteroffizier. Es war die höchsterreichbare militärische Rangstufe für einen Vertreter der Unterschicht. 1795 wird Krause, wie bereits erwähnt, wegen Krankheit „in Pension gesetzt." Die Rente war minimal. Die Erfahrungen, die Krause während der Militärzeit gemacht hat, finden Eingang in seine Märchen und bestimmen ihren Stil. Die Märchen Krauses sind anders, auf jeden Fall entsprechen sie nicht dem gewohnten biedermeierlichen Duktus der Grimmsammlung.

Zum Märchen selbst:

Erstaunlich für ein Märchen und ungewöhnlich ist die genaue Ortsangabe. Die Brüder kommen aus dem Schwarzenfelsischen, einer ehemaligen „Haunauischen Herrschafft und Schloß gegen das Stift Fulda zu gelegen"[1], heute Teil der Gemeinde Sinntal im Main-Künzig-Kreis.

Sie sind arm, „von Haus aus". Dieser Mangel zwingt sie zur (Aus-)Wanderung. Warum sie ihr Weg nach Spanien führt, kann man nur vermuten. Suchen sie Unterkommen beim Militär oder gehen sie auf die berühmte Wallfahrt nach Santiago di Compostella, wo sie jedoch nie ankommen? Wie zu erwarten, erweist sich der jüngste Bruder als der, der die höchsten Ziele sucht. Seine Tragik ist, daß er sie nicht erreicht. Der Älteste begnügt sich mit Silber, der Zweitälteste mit Gold, der Jüngste kommt nach der märchenüblichen Zeit, nach drei Tagen, in einen „ungeheuren Wald", in die moderne Umgangssprache übersetzt — er begegnet Problemen, die er alleine lösen soll. Die Herausforderung, die an ihn gestellt wird, scheint übermächtig. Das wird durch „ungeheuer" zum Ausdruck gebracht, auch dadurch, daß er einen hohen Baum besteigt und „Waldes Ende" nicht finden kann, er sieht „nichts als Baumspitzen". Die Formulierung „ob er Waldes Ende finden möge", ist kaum von Krause, sondern entspricht dem Stil Wilhelm Grimms und ist der Diktion der Bibel verpflichtet. Was nicht zu erwarten war, tritt ein und gibt der Erzählung ihre besondere, tragische Wende: Der Protagonist gibt auf, sieht keinen Ausweg, obwohl er sich immerhin bemüht, und will nun nur noch seinen „Leib sättigen". Vor ihm steht, als er den Baum

1. *J.H. Zedler*, Universal-Lexicon 35. Bd. 1743, Sp. 1989.

(der Erkenntnis) ohne Ergebnis verläßt, ein Tischleindeckdich. Ein altes Wunschbild wird für ihn Wirklichkeit. Er nimmt die Serviette mit, pars pro toto, mit der er immer wieder seine elementaren Bedürfnisse befriedigen kann. Er trifft auf dieser nicht zielgerichteten Reise einen Köhler, der ihn trotz seiner Not zu Gast bittet und vom Jüngsten betrogen wird. Der Köhler brennt Kohlen und bietet Kartoffeln an. Er trifft noch zweimal auf einen Köhler. Die Tauschgaben des Köhlers oder der Köhler steigern sich. Der Betrug macht sich offensichtlich für den Jüngsten bezahlt. Wer ist der oder wer sind die Köhler? Ihre Handlungen sind identisch, nur ihre Gaben sind, bei gleicher Grundstruktur, unterschiedlich in ihrer Qualität. Der oder die Köhler sind dunkel, verändern (Holz zu Kohle), bieten ein elementares Nahrungsmittel an, besitzen Gaben, die sie sicher beherrschen, aber im Tausch abgeben. Sie sind Versucher, die die Schwäche ihres Partners ahnen bzw. einkalkulieren. Angesichts der deutlichen christlichen Reminiszenzen könnte man in Köhler Gott sehen, einen dunklen, scheinbar gütigen Gott, der dem Menschen die Macht gibt, über deren Ausübung aber der Mensch selbst entscheidet, auch wenn er dabei zugrundegeht.

Der Jüngste kehrt zurück — der Text bietet deutliche Parallelen zur Geschichte vom Verlorenen Sohn, die Diktion verstärkt dies noch. „Einen alten zerrissenen Rock anhabend, da wollten sie ihn nicht für ihren Bruder erkennen.“ Als er bei seinen Brüdern nicht erkannt, d.h. angenommen und akzeptiert wird, kommt es zu Überreaktionen. Nicht einmal dem König gelingt es, dem Jüngsten Einhalt zu gebieten. Als man seine Übermacht erkennt, wird ihm der Vizekönig angetragen, nicht der Königstitel! Die Prinzessin wird ihm „zur Gemahlin gegeben“. Es findet keine der üblichen Werbungen statt, die Beziehung zwischen dem Jüngsten und der Prinzessin ist eine reine Vernunftehe. Auch hier handelt der Text märchenuntypisch. Bezeichnenderweise fühlt sich die Prinzessin nicht an die Vereinbarung gebunden. Der Jüngste wird als „alter Kerl“ geschildert, wo doch die Gestalten der Märchen, wenn sie Helden sind, alterslos sind! Als sie einen Teil seiner Macht gewinnt, überzieht er das Volk seiner Frau, also sein eigenes, mit Krieg und es wird wieder Frieden geschlossen, der nicht von Dauer sein kann. Nach dem weiteren Betrug der Prinzessin beginnt jenes verhängnisvolle Zerstörungswerk, das nur er überlebt. Der Jüngste bläst so lange die Trompete der Vernichtung, bis die Welt zerstört ist und damit am Ende er selbst.

Wie beurteilten die Grimms dieses Märchen? Diese Frage ist zuerst zu stellen. Sie liefern, wie bereits erwähnt, einen ausführlichen Kommentar in der Urfassung von 1812, wo sie Ähnlichkeiten mit dem Fortunat feststellen und eine dänische Variante abdrucken. Die von den Grimms vermittelte Variante und andere Varianten, die sich zu diesem Märchen nachweisen lassen, sind zwar in vielen Zügen ähnlich, aber sie unterscheiden sich wesentlich von diesem Märchen. Was der Vermittler/Erzähler/Gestalter Johann Friedrich Krause bietet, ist das Ergebnis der kritischen Auseinandersetzung mit dem Thema Krieg und Zerstörung. In keinem Märchen der Sammlung der Brüder Grimm ist die Wirklichkeit in so schonungsloser Weise beschrieben, wie in diesem Märchen aus dem Hessischen. Die Grimms müssen die Direktheit und Schonungslosigkeit des Textes spontan erkannt haben, denn sie lassen ihn zunächst unbearbeitet. Erst in weiteren Auflagen wird der Schluß abgemildert. Die Geschichte wird dadurch in ihrer ursprünglichen Aussage zerstört.

Es ist bemerkenswert, daß Märchen ihre Zeit kritisch reflektieren. Die jüngere Forschung hat darauf mehrfach hingewiesen. Märchen sind, und das erweist der vorliegende Text, keine Geschichten jenseits der Wirklichkeit, sondern eindeutige Zeitdokumente. Sie formulieren Kritik an den bestehenden Verhältnissen, sie sehen hellsichtig die Zerstörung der Welt durch den Menschen voraus. Im Gewand des Märchens wird hier ein beeindruckendes Dokument der Friedenssehnsucht und der Kriegsmüdigkeit geschaffen.[2]

2. Der Originaltext folgt der Ausgabe von 1812, und zwar nach dem Handexemplar der Brüder Grimm, Brüder Grimm-Museum Kassel.
Zu Krause vgl. *A. Schindelhütte*, Krauses Grimm'sche Märchen (Kassel 1985) bes. S. 46-51 (Märchentext) u. S.

100 ff. (Biographie Krauses v. Heinz Vonjahr); *H. Vonjahr*, Grimmsche Märchen aus Hoof: vermittelt von Johann Friedrich Krause, Dragonerwachtmeister a.D. Ein Beitrag zum Grimm-Jahr 1985, in: Jahrbuch '85. Landkreis Kassel, Kassel 1985, S. 155-160; — *ders.*, Die Wiederentdeckung des altern Dragonerwachtmeisters (Schauenburg-Hoof 1985). Nichtpaginiertes Typoskript d. Evangelischen Gemeindehauses Schauenburg-Hoof; — *D. Grieser*, Mit den Brüdern Grimm durch Hessen. Ein literarischer Lokalaugenschein zum 200. Geburtstag von Jacob, Wilhelm und Ludwig Emil Grimm (Frankfurt a.M. 1985) S. 82-101; zu danken ist dem Hessischen Staatsarchiv Marburg für einschlägige Recherchen. Ohne die Unterstützung von Pfarrer Heinz Vonjahr wäre dieser Beitrag kaum möglich gewesen!

Beschönigte Geschichte: Pax Romana im Museum

von Hans-Peter Kuhnen, München

Geschichtswissenschaft und Friedenserziehung — das Thema dieser Sektion — ist ein Programm, das nicht auf Schulbuchanalysen beschränkt bleiben sollte. Das Geschichtsbewußtsein, auf das die Erziehung zum Frieden hinwirken sollte, ist das Ergebnis von sehr komplexen Vorgängen, die sich wohl hauptsächlich außerhalb des Klassenzimmers vollziehen, etwa durch das persönliche Erfahren historischer Gegebenheiten, durch die Vermittlung solcher Erfahrungen in den Medien und in der Literatur, oder auch durch die direkte Konfrontation mit dinglichen Spuren der Geschichte an historischen Stätten oder in Museen.

In diesem letzteren Bereich spielen auch Ausstellungen über die Römerzeit eine gewisse Rolle: Den zuständigen Kulturbehörden erscheinen sie in der Regel harmlos genug, um finanziell gefördert und in den Schulunterricht integriert zu werden; Kommunal- und Landespolitiker nützen die Eröffnungen zumal im Wahlkampf zu publikumswirksamer Selbstdarstellung; die heimische Wirtschaft spekuliert auf Fremdenverkehrsförderung durch römische Groß- und Kleinaltertümer unter Schutzdächern oder Vitrinenglas. Von dieser „Wiederentdeckung" der Römerzeit profitieren Heimat-, Stadt- und Landesmuseen gleichermaßen und nehmen die Gelegenheit zu längst fälligen Neuaufstellungen oder Sonderausstellungen wahr, deren Bogen von „Ausgrabungen im römischen Gauting" bis hin zu pompös inszenierten, wenn auch bisweilen fragwürdig terminierten Jubiläumsausstellungen „2000 Jahre Augsburg", „1800 Jahre Regensburg", oder gar „1500. Todestag des Heiligen Severin" reicht[1].

Den pädagogischen und speziell friedenspädagogischen Gehalt solcher Präsentationen systematisch zu prüfen, wäre wohl ebenso aufschlußreich wie eine entsprechende Auswertung der zugehörigen Politikerreden, doch scheitert beides daran, daß eine solide Materialbasis nur unter erheblichem Zeitaufwand und nicht ohne langwierige Feldstudien zu gewinnen wäre[2]. Daher sei hier lediglich der Versuch gewagt, am Beispiel eines nicht ganz untypischen archäologischen Landesmuseums in Süddeutschland einige Tendenzen anzusprechen, die bei der Darstellung des römischen Deutschland im Museum spürbar werden, — ohne damit den Anspruch auf eine erschöpfende Bestandsaufnahme und auf entsprechend allgemein gültige Aussagen zu erheben[3].

1. Eine synoptische Bearbeitung des wiederauflebenden Interesses an der Römerzeit — das ein mittelfränkischer CSU — Politiker letzthin als „Römeritis" brandmarkte — liegt noch nicht vor. Reichhaltiges Material vor allem zur Restaurierung und Konservierung römischer Baudenkmäler bieten G. Ulbert und G. Weber (Hsg.), Konservierte Geschichte? — Antike Bauten und ihre Erhaltung (Stuttgart 1985) v.a. 295 ff; über Einzelprojekte informieren jeweils auf Landesebene „Das archäologische Jahr in Bayern" (seit 1980), „Denkmalpflege in Baden-Württemberg" (seit 1971), „Das Rheinische Landesmuseum Bonn — Berichte aus der Arbeit des Museums" (seit 1968), ferner übergreifend „Archäologie in Deutschland" (seit 1984).

2. Vgl. *D. Baatz* in Ulbert u. Weber (Hsg.) a.a.O. (Anm. 1) 125.

3. Bei den Vorarbeiten für diesen Vortrag ergab sich, daß die Präsentation einschlägiger Ausstellungen in aller Regel nicht so dokumentiert und publiziert ist, daß eine Analyse vom Schreibtisch aus, d.h. ohne eingehende Autopsie möglich ist. Dies gilt auch für das hier zugrunde liegende Fallbeispiel; wohl den besten Ein-

Inhaltlich läßt sich in diesem Rahmen das museale Bild der Römerzeit etwa folgendermaßen charakterisieren: Dominierendes Aufstellungsprinzip ist die chronologische Anordnung, d.h. die Fundstücke werden primär nach ihrer Entstehungszeit geordnet, soweit nicht gestalterische Erwägungen oder spätere Ankäufe Abweichungen erfordern. Als Block erscheint die Abteilung Römerzeit nach den Kelten und vor dem frühen Mittelalter; die Abteilung selbst beginnt mit den sog. frührömischen Funden, führt dann in die mittlere und über diese in die späte römische Kaiserzeit. Innerhalb dieser Abfolge wird nach thematischen Gesichtspunkten geordnet. Demgemäß gliedert sich die Geschichte der Römerzeit in die Abschnitte „Eroberung und Ausbau" — „Blüte" — „Alamannenstürme, Spätzeit und Ende" der römischen Herrschaft. Schwerpunkt innerhalb dieser Grundgliederung sind

— für die frühe Kaiserzeit die Errichtung der Militärstationen und das allmähliche Vorrücken der Grenze, die Ausrüstung des römischen Heeres, die Gründung der ältesten römischen Zivilsiedlungen und das archäologisch meist schwer greifbare Schicksal der einheimischen Bevölkerung;

— für die mittlere Kaiserzeit das tägliche Leben in den Kastellen und Zivilsiedlungen, Landwirtschaft, Handel, Handwerk und Verkehr, ferner Bestattungswesen und Götterglaube der Provinz;

— für die späte Kaiserzeit die Einfälle germanischer Stämme, die Neuorganisation der römischen Grenzwehr und der allmähliche Niedergang der römischen Besiedlung, frühes Christentum, schließlich das Einsickern der Germanen und das Ende römischer Herrschaft in der Provinz.

Schon die knappe Themenübersicht, erst recht aber die Auswahl der Ausstellungsstücke und das erläuternde Text- und Bildmaterial lassen erkennen, daß die militärischen Aspekte der Römerzeit breiten Raum einnehmen: Funde aus Wehranlagen stehen am Anfang und am Ende des Rundgangs und definieren die Grenzen der Epoche — obwohl „römische", d.h. im Herrschaftsgebiet Roms gefertigte Objekte sowohl vor als auch nach der Anwesenheit römischen Militärs ins Land gelangten. Waffen und militärische Ausrüstungsteile sind sortimentweise ausgelegt; hinzu kommen Inschriften auf Stein, Ton und Metall, mit denen sich hohe und niedere Dienstgrade oder ganze Truppenteile verewigt haben. Didaktisch ergänzt wird die Heerschau durch Kartenbilder von Okkupationslinien sowie durch Rekonstruktionen, Auf- und Ansichten militärischer Befestigungen. Trotz derart martialischer Züge erscheint die Welt der Römer insgesamt in keinem ungünstigen Licht: Der weitere Rundgang führt vor, wie im Schutz der Kastelle saubere Städte, Dörfer und Einzelhöfe gedeihen, Straßen, für deren Bau der Kaiser sorgt, die Provinz erschließen, wie Handwerker, Kaufleute, Beamte — und vermutlich sogar die Landwirte — ihr Auskommen finden, Prachtbauten errichten, geschmackvolle Kunstgewerbeartikel kaufen, Geld für einheimische Qualitätsprodukte und importierte Luxusgüter ausgeben und nach römischem Recht einträchtig miteinander leben — aber nur solange, als römisches Militär die Wacht an Rhein und Donau hält und die Nachbarn im Norden und Osten von Einfällen abschreckt. Unterstützt durch ei-

druck, jedoch längst keine umfassende Dokumentation, bietet der Kurzführer von *H.-J. Kellner*, Prähistorische Staatssammlung — Führer durch die Römische Abteilung (München 1976); mit mehr Hintergrundinformationen, allerdings ohne direkten Bezug auf die Ausstellungsgestaltung i.e.S. *ders.*., Die Römer in Bayern (München ²1976). — S.a. *H. Dannheimer*, Prähistorische Staatssammlung München, Museum für Vor- und Frühgeschichte: Die Funde aus Bayern (München-Zürich ²1978); — kurz *H.-P. Kuhnen*, Die Prähistorische Staatssammlung. Archäologie in Deutschland 1, 1985, 8 f. — Daß Ausstellungen über die Römerzeit je nach Veranstalter und Bearbeiter ein sehr unterschiedliches Erscheinungsbild annehmen können, versteht sich von selbst; insofern wird nachfolgend von Verallgemeinerungen Abstand genommen. Andererseits ist das hier behandelte Beispiel kein Einzelfall, sondern eher Ausdruck einer gewissen „*opinio communis*", was sich auch in der Diskussion des Referates am 27.11.1987 bestätigte.

ne ästhetisch gelungene Präsentation entsteht so ein harmonisches Bild einer echten „*Pax Romana*“, fast so, wie sie unlängst in der gleichnamigen Sonderausstellung eines westdeutschen Museums gepriesen — und als ein von der Reichsbevölkerung akzeptierter „Friede mit menschlichem Gesicht“ explizit einer nicht näher definierten, aber sperrig hervorgehobenen „*Pax Sovietica*“ gegenübergestellt wurde[4]. — Die Römerzeit Deutschlands also als Lehrbeispiel einer gesicherten Friedensordnung?

Andere Töne klingen an, wenn man die diesem Geschichtsbild zugrunde liegenden zentralen Begriffe und das ihnen zugeordnete Ausstellungsgut aus dem heute naheliegenden Sinnzusammenhang löst, um stattdessen nach ihrer realen Bedeutung für die Menschen jener Epoche zu fragen:

— Stadt bedeutet dann unter den Römern nicht nur Zentrum des politischen, kulturellen und wirtschaftlichen Lebens, sondern auch: Grundbesitz und politischen Einfluß nur für eine Minderheit, die Bürgerrecht und ausreichendes Vermögen besaß; die Dörfer — „vici“ — sind im Klartext Siedlungen ohne gesetzlich gesicherte Rechtsstellung, die oft nur so lange lebensfähig waren, als eine Garnison Mindesteinkünfte auf dem gewerblichen Sektor sicherte[5]. Die wohlhabenden Gutshöfe auf dem Land verlieren viel von ihrem Glanz, wenn nach der Lage derer gefragt wird, die um das Herrenhaus herum in Holzhäusern ohne Hypokaustheizung und Wandverputz hausten[6].

— Bronzene Militärdiplome, die einem Provinzialen nach zwanzig Dienstjahren und guter Führung im Heer römisches Bürgerrecht für sich, seine Nachkommen und eine (seiner) Frau(en) verliehen wurden, lassen erahnen, wie teuer dieses Privileg erkauft werden mußte, — und wie gering bei einer durchschnittlichen Lebenserwartung von etwa 35 Jahren die Zahl derer gewesen sein muß, die diese Auszeichnung überhaupt noch erlebten[7]. Selbst nach dem Jahr 212, als formal (fast) alle Reichseinwohner römisches Bürgerrecht erhielten, bestand die Ungleichheit fort, da es sich in der Justiz längst durchgesetzt hatte, einfache und vornehme Leute nach zweierlei Maß zu bestrafen. Das konnte für dasselbe Delikt bei den „honestiores“ Verbannung, bei den „humiliores“ „ad bestias“ bedeuten[8].

— Grabsteine arrivierter Sklaven oder Freigelassener stehen zwar einerseits als Beweis für eine gewisse gesellschaftliche Mobilität, andererseits aber auch als Denkmäler der unfreien Bevölkerung, die rein rechtlich zum Teil als Sachbesitz galt. Selbst Toga, Goldfingerringe, Lederschuhe oder Bleirohre von Hauswasserleitungen stellen nicht einfach Gebrauchsgüter gehobener Haushalte dar, sondern können je nach Ausführung auch konkrete Bevorrechtungen bezeichnen, also

4. Vgl. *T. Bechert*, *PAX ROMANA*. Friedenspolitik in römischer Zeit. Ausstellungskatalog Duisburg (1982) 3 ff.

5. Zu den rechtsgeschichtlichen Grundlagen *F. Vittinghoff*, Römische Kolonisation und Bürgerrechtspolitik unter Caesar und Augustus (Wiesbaden 1952) 7 ff.; *H. Galsterer*, Stadt und Territorium, in : F. Vittinghoff (Hsg.), Historische Zeitschrift Beiheft 7, 1982, 83 ff. Als allgemeine Einführung *F. Kolb*, Die Stadt im Altertum (München 1984) 180 ff.; *J. Wacher*, The Towns of Roman Britain (London 1974) 17 ff.

6. Einführend *D. Baatz* in H. Hinz (Hsg.), Germania Romana III. Römisches Leben auf germanischem Boden (Heidelberg 1970) 9 ff.; *N. Brockmeyer*, Antike Sklaverei (Darmstadt 1979) 206 ff. Mit reichem epigraphischen Material v.a. zu den Donauprovinzen *E.M. Schtajerman*, Die Krise der Sklavenhalterordnung (Berlin 1964) 26 ff.; mehr aus archäologischer Sicht *A.L.F. Rivet*, in: ders. (Hsg.), The Roman Villa in Britain (London 1969) 204 ff.

7. Zum römischen Bürgerrecht *Vittinghoff* a.a.O. (Anm.5) 20 ff.; zu Militärdiplomen *H. Nesselhauf*, Corpus Inscriptionum Latinarum XVI, (Berlin 1936) 158 ff.; s.a. H. Wolff (Hsg.), Heer und Integrationspolititk. Die römischen Militärdiplome als historische Quelle. Passauer Histor. Forschungen 2, 1985; kurz *D.B. Saddington*, The Development of the Roman auxiliary forces from Caesar to Vespasian (Harare 1982) 106.

8. Vgl. *P. Garnsey*, Legal Privilege in the Roman Empire. Past and Present 41, 1968, 13 ff.; — *ders.*, Social Status and Legal Privilege in the Roman Empire (Oxford 1970) 152 f.

wieder Ungleichheit vor dem Gesetz, deren Einhaltung von Staats wegen strikt überwacht wurde[9].

— Meilensteine, deren Inschriften die Leistungen von Kaisern für den Straßenbau rühmen, dokumentieren zwar einerseits erleichterte Fortbewegungsmöglichkeiten für Beamte, Kaufleute und Soldaten, ebenso aber Zwangsleistungen zum Bau und Unterhalt der Straße, die den Anrainern auferlegt wurden und unter anderem durch die Inanspruchnahme von Zugtieren gerade die Landbevölkerung hart treffen konnten[10]. Gleichzeitig vermochte der vom Straßenbau wohl profitierende „blühende Handel" zwar Luxusgüter aus anderen Reichsteilen und aus dem Ausland heranzuschaffen, nicht aber regionale Versorgungskrisen außerhalb der Hauptstadt zu meistern[11].

Auch sonst finden die wirtschaftlichen Unzulänglichkeiten der *Pax Romana*, die von Historikern unterschiedlichster Couleur als außerordentlich schwerwiegend eingeschätzt werden, in der Museumspräsentation nur geringe Beachtung, besonders im Vergleich zu der Aufmerksamkeit, die allen Aspekten des Militärwesens zuteil wird. Folgerichtig wird auch der Niedergang der römischen Herrschaft primär unter militärischen Gesichtspunkten gesehen und auf den Druck von außen zurückgeführt, was zugegebenermaßen mit musealen Mitteln — durch Herzeigen von Schatzfunden, gespaltenen Schädeln oder anderen dringlichen Zerstörungsspuren — leichter anschaulich zu machen ist als der Verfall eines Wirtschafts- und Rechtssystems, zu dessen entscheidenden Schwächen unter anderem gerade das Ausbleiben gewisser materieller oder immaterieller Güter in weiten Kreisen der Bevölkerung gehörte[12].

Indem die Ausstellung so die wirtschaftlichen Probleme der römischen Herrschaft vernachlässigt, die mit dieser verbundenen sozialen und rechtlichen Ungleichheiten verharmlost oder verschweigt und stattdessen alle historischen Veränderungen vordergründig auf militärisch-politische Ereignisse zurückführt, wird ein Geschichtsverständnis spürbar, das hauptsächlich von zwei forschungsgeschichtlichen Komponenten geprägt ist:

— Das auffallend starke archäologische Interesse an Fragen des römischen Heerwesens ist ein Erbe aus der zweiten Hälfte des 19. Jh., als Stellungskriege und der Bau bzw. Ausbau von Festungen an Bedeutung gewannen. In diesem Zusammenhang wurde die topographisch-archäologische Erforschung römischer Befestigungen zu einem Anliegen, für das sich nicht nur das traditionelle Bildungsbürgertum erwärmte: Um 1860 ließ Napoleon III. Caesars Belagerungswerke vor Alesia ausgraben, wobei zunächst neben zwei Fachgelehrten ein Oberst und ein General der Pioniertruppen federführend waren[13]. 1892 gründete Wilhelm II. die von dem früheren Generalstabschef Helmuth von Moltke favorisierte Reichslimeskommission zum länderübergreifenden systematischen

9. Zu Sklaven und anderen unfreien Bevölkerungsgruppen *G. Alföldy*, Römische Sozialgeschichte (Wiesbaden ²1984) 121 ff.; *G.E.M. de Ste. Croix*, The Class Struggle in the Ancient Greek World (London 1981) 226 ff; *Brockmeyer* a.a.O. (Anm.6), 178 ff. Zu dinglichen Statussymbolen *F. Kolb*, Zur Statussymbolik im antiken Rom. Chiron 7, 1977, 243 f.; — *M. Reinhold*, Usurpation of Status and Status Symbols in the Roman Empire. Historia 20, 1971, v.a. 282 ff. Privileg privater Wasseranschlüsse: *W. Eck*, Organisation und Administration der Wasserversorgung Roms, in: Frontinus-Gesellschaft (Hsg.), Wasserversorgung im antiken Rom (München²1983) 73 f.

10. Zur Funktion der Straßen *R. Chevallier*, Les voies romaines (Paris 1972) 203 ff; *H. Bender*, Römische Straßen und Straßenstationen. (Stuttgart 1975) 5 ff. Belastungen für die Anrainer *Th. Pekary*, Untersuchungen zu den römischen Reichsstraßen (Bonn 1968) 119 ff. (Baukosten) u. 135 ff. (Spanndienste).

11. Vgl. *M. Finley*, Die antike Wirtschaft (München 1977) 151f.; *F.De Martino*, Wirtschaftsgeschichte des alten Rom (München 1985) v.a. 373 f.

12. Geraffter Überblick *K. Christ*, in: Ders. (Hrsg.), Der Untergang des römischen Reiches (Darmstadt 1970) 13 ff.. Ausführlicher *A. Demandt*, Der Fall Roms. Die Auflösung des römischen Reiches im Urteil der Nachwelt (München 1984) 170 ff. v.a. 274 ff.

13. *J. LeGall*, Alésia. Archéologie et Histoire (Poitiers 1976) 42.

Studium des römischen Limes in Deutschland — nach Mommsens Formulierung aus dem Jahre 1889 zur „Lösung der recht schwierigen Frage, wie dieses Reich und seine geringe Militärmacht sich Jahrhunderte hat behaupten können ..."[14]; 1897 ordnete derselbe Mäzen den Wiederaufbau des Römerkastells Saalburg an und weihte es bei der Grundsteinlegung 1900 „.. zum dritten der Zukunft des deutschen Vaterlandes, dem es beschieden sein möge, in künftigen Zeiten durch das einheitliche Zusammenwirken von Fürsten und Völkern, ihren Heeren und ihren Bürgern so gewaltig, so fest geeint und so maßgebend zu werden, wie es einst das römische Weltreich war ..."[15]. Auch unterhalb der staatsmännischen Ebene kam es bis zum Ersten Weltkrieg immer wieder zu fruchtbarer Zusammenarbeit von Militär und Römerforschung, meist dergestalt, daß Offiziere wie Oberst Cohausen, Generalleutnant von Sarwey, Generalmajor von Popp, oder General Lammerer, teils dienstlich, teils privat namhafte Beiträge zur Erforschung des Limes und vergleichbarer römischer Militäranlagen leisteten, vereinzelt aber auch dadurch, daß umgekehrt Archäologen einschlägiges Wissen militärisch ausnützten, wofür der an Roms Ostgrenze interessierte T.E. Lawrence — „Lawrence von Arabien" — wohl das beste, wenngleich nicht einzige Beispiel abgeben dürfte[16].

— Zum zweiten spiegeln sich in der insgesamt wohlwollenden Beurteilung der *Pax Romana* Denkmuster wider, wie sie sich aus einem ‚modernistischen' Geschichtsverständnis ergeben. Diese in der Alten Geschichte vor allem von Eduard Meyer und Michael Rostovtzeff vertretene Richtung versteht — nicht frei von grundsätzlichen Kulturpessimismus — die Antike als einen in sich geschlossenen Zyklus wirtschaftlicher und gesellschaftlicher Entwicklung, der mit dem der Neuzeit parallelisierbar, insofern also modern ist. Daher werden selbst Einzelphänomene jener Zeit unbesehen mit Begriffen aus diesem uns vertrauteren Abschnitt der Geschichte gekennzeichnet, was dazu geführt hat, daß man im Alten Rom selbst so moderne Erscheinungen wie Industrie, Fabriken, Bourgeoisie und Proletariat entdeckt hat, so, als handele es sich um zeitlose Gebilde, die nicht an bestimmte historische Voraussetzungen gebunden sind[17]. Verzichtet man derart auf epochengerechte Begriffsbestimmungen, fällt es nicht schwer, in Stadtverfassungen und römischem Bürgerrecht ein Stück Demokratie, in der Ausbreitung römischer Städte und Gutshöfe zunehmenden Wohlstand, im Bau von Straßen und Aquaedukten schließlich ein Mehr an Lebensqualität auszumachen, ohne zu berücksichtigen, daß diese Errungenschaften aufgrund der Besonderheiten der römischen Gesellschaft jeweils nur einer Minderheit der Bevölkerung zugute kamen. Das Militär

14. Zitiert nach *J. Irmscher*, Die Begründung der Limesforschung in Deutschland. In: Corolla Memoriae E. Swoboda Dedicata (Graz 1966) 140 f. Ebenda, S. 137 ff. zum Zusammenwirken von Militärs, Politikern und Althistorikern bei der Limesforschung.

15. Vgl. *Baatz* a.a.O. (Anm.2), 123 f.

16. Zu den Verhältnissen in Deutschland *R. Braun*, Die Anfänge der Limesforschung in Bayern, Jahrbuch f. fränkische Landesforschung 42, 1982, 51 ff. (v.a. S. 57 „hat auch hier die Mitwirkung einzelner militärisch Geschulter die Fragestellungen beeinflußt ... Mit der Hereinnahme militärischen Denkens in die Limesforschung wurde noch auf der Vereinsebene und endgültig in der militärisch organisierten Arbeit der Reichslimeskommission dieser „Germanismus" überlagert und der Blickwinkel durch die Fragen nach der Geländeausnützung, den Stärkeverhältnissen, den Möglichkeiten der Verbindungsaufnahme, der rückwärtigen Organisation ergänzt"). S.a. *H.-U. Nuber*, Limesforschung in Baden-Württemberg. Denkmalpflege in Baden-Württemberg 12, 1983, 112 ff.. Zu Lawrence allg. *G.R.H. Wright*, Thomas Edward Lawrence. Mitteilungen der Deutschen Orient-Gesellschaft 117, 1985, 5 ff.; zu seiner militärischen Rolle vgl. *O. Graf*, Imperium Britannicum (Leipzig 1937) 35, der dem Zeitgeist folgend leider nicht prüft, inwieweit ähnliche Aktivitäten auch auf Seiten der Achsenmächte stattfanden, obwohl hier Namen wie A. Musil, R. Brünnow, A. von Domaszewski oder Th. Wiegand entsprechende Fragen durchaus rechtfertigen würden.

17. Als Überblick *H. Schneider* in ders. (Hsg.), Sozial- und Wirtschaftsgeschichte der römischen Kaiserzeit (Darmstadt 1981) 2 ff.

schließlich läßt sich aus solcher Perspektive mühelos als Garant des Friedens feiern, da es das Funktionieren dieser Ordnung sicherstellte, womit sich Anknüpfungspunkte an die von militärgeschichtlichen Interessen beeinflußte Römerforschung aus dem späten 19. Jh. ergeben.

Wie die beiden Traditionsstränge — der „modernistische" und der militärgeschichtliche — trotz ihrer scheinbaren Antiquiertheit selbst in der heutigen Friedensdiskussion noch ideologiebildend zu wirken vermögen, verdeutlicht ein kurzer Seitenblick auf die „Handreichungen zur Behandlung des Themas ‚Frieden' im Unterricht", die 1983 vom Bayerischen Staatsinstitut für Schulpädagogik herausgegeben wurden. In dem zentralen Kapitel „Was ist Friede" heißt es hier, daß in der Vorstellungswelt „der Römer" Recht, Gerichte und Sicherheit im Umkreis des Begriffes „Frieden" angesiedelt waren, ferner, daß sie „darin, nämlich in der Schaffung von Sicherheit durch die Ausdehnung des eigenen Herrschaftsbereiches, durch Verträge und Bündnisse ..., durch die Gründung von Kolonien und durch die Unterwerfung von Provinzen ... eine solche Kunst entwickelt" haben, „daß für sie Friede und Imperium zusammenwuchsen"[18]. Nachdem sich auf diese Weise römische Provinzialherrschaft als Mittel der Friedenssicherung zusammenfassen und rechtfertigen läßt, wird weiter hinten, unter dem Titel „Friede im Konflikt mit anderen Zielen", wohl als praktische Folgerung für Schüler und potentielle Kriegsdienstverweigerer nachgeschoben, daß „um des Friedens willen ... Rechtsansprüche begrenzt, Gerechtigkeitswünsche zurückgestellt werden" müssen[19].

Derart offenkundige tagespolitische Motivationen wird man gewiss keinem Museumsmann unterstellen können, der seine provinzialrömische Sammlung zur Ausstellung bringt, wenn auch die eingangs zitierte Gegenüberstellung der *Pax Romana* und der *Pax Sovietica* den Verdacht nährt, daß ein ähnlicher gedanklicher Hintergrund nicht immer und grundsätzlich ausgeschlossen werden kann. Auf keinen Fall darf aber die Anspielung auf gewisse feldgraue und olivgrüne Traditionen der provinzialrömischen Archäologie den Eindruck erwecken, als sei die Römerforschung in den Provinzen hauptsächlich von kulturpessimistischer Vergangenheitsschau und generalstäblerischen Interessen geleitet. Mindestens ebenso traditionsreich wie die organisierte Limesforschung ist die Tätigkeit bestimmter Museen — etwa des Römisch-Germanischen Zentralmuseums Mainz, der ehem. Provinzialmuseen in Trier und Bonn — sowie historischer Vereine, die schon in der zweiten Hälfte des 19. Jh. durch Ausgraben und Sammeln den Gesamtzusammenhang römischen Lebens in seinem gegebenen geographischen Rahmen zu erkunden suchten[20]. Ähnliches gilt für die 1902 gegründete Römisch-Germanische Kommission und die meist ebenfalls noch vor dem 1. Weltkrieg gegründeten archäologischen Abteilungen der Landesämter für Denkmalpflege[21]. Gerade diese Institutionen haben in den vergangenen Jahrzehnten durch neue Untersuchungsmethoden — Luftbilder, geophysikalische Prospektionen, chemische, paläobotanische und paläozoologi-

18. Staatsinstitut für Schulpädagogik (Hsg.), Was ist Frieden? Handreichung zur Behandlung des Themas ‚Frieden im Unterricht'. I (München 1983) 22.

19. A.a.O. (Anm.17) 60.

20. Zum Geist dieser frühen Forschungsansätze *L. Lindenschmitt*, Die Altertümer unserer heidnischen Vorzeit. Bd. I. (Mainz 1858) 3 ff. In größerem Rahmen *M. Tauch*, Zur Entwicklung der Historischen Museen in Deutschland unter besonderer Berücksichtigung der Geschichtsmuseen im Rheinland. In: D. Riesenberger u. M. Tauch (Hsg.), Geschichtsmuseum und Geschichtsunterricht (Düsseldorf 1980) 57 ff.

21. Zur Geschichte der Römisch-Germanischen Kommission *W. Krämer*, 75 Jahre Römisch-Germanische Kommission. Beih. 58. Bericht der Römisch-Germanischen Kommission 1977, 5 ff. Zur Geschichte der Denkmalämter etwa *E. Keller*, 75 Jahre archäologische Denkmalpflege in Bayern. In: Bayer. Landesamt für Denkmalpflege (Hsg.), Schätze aus Bayerns Erde. Führer durch die Jubiläumsausstellung Würzburg (1983) 10 ff.; *K. Schwarz*, Vom Werden und von den Aufgaben der Landesarchäologie, vornehmlich erläutert an Beispielen aus Bayern. Jahresber. Bayer. Bodendenkmalpflege 13/14, 1972/3, 99 ff.; ferner die Beiträge im Sonderheft Denkmalpflege in Baden-Württemberg 12, 1983.

sche Analysen — eine Fülle neuer Quellen erschlossen[22]. Diese heben gerade jene Bereiche aus dem Dunkel, die von den antiken Autoren weithin vernachlässigt oder ignoriert wurden — etwa durch demographische und pathologische Daten über die einfachen Leute, durch präzise Angaben über die Herkunft gewerblicher — und unter günstigen Umständen auch landwirtschaftlicher — Güter und damit über die näheren Modalitäten der Güterversorgung, über die Effizienz und über regionale Besonderheiten der landwirtschaftlichen und der gewerblichen Produktion, schließlich über das Verhältnis der antiken Siedlungen zu ihrer Umwelt und über die Veränderungen dieser Umwelt unter der Einwirkung des Menschen. Damit erscheint die von den antiken Autoren durch einseitige Darstellungsweise suggerierte, durch eine verharmlosende museale Präsentation der Kleinaltertümer beschönigte Realität der Pax Romana in einem wesentlich anderen, differenzierteren Licht, und erweist sich als ein überaus kompliziertes, störanfälliges Wirtschaftssystem, das vielerlei Abhängigkeiten umfaßte und auch ohne äußere Feinde leicht in Existenzkrisen geraten konnte.

Zu einer zeitgemäßeren, von überkommenen Forschungstraditionen weniger abhängigen Sicht der *Pax Romana* könnte es schließlich auch beitragen, wenn man versuchen würde, die für das klassische Geschichtsbild immer noch bestimmenden literarischen Quellen mehr aus der Sicht derer „von unten" zu verstehen. Welche Diskrepanzen sich hierbei zu dem herkömmlichen Rombild ergeben, hat letzthin aus der Sicht des Neutestamentlers Klaus Wengst in seinem Buch „*Pax Romana* — Anspruch und Wirklichkeit" eindrücklich dargelegt. Durch kritisches Lesen der romfreundlichen antiken Geschichtsschreiber und durch einfühlsame Auswertung dessen, was die von Rom unterworfenen Völker des Orients, besonders die Juden, an Aufzeichnungen hinterlassen haben, gelingt es ihm, die Kehrseite des römischen Friedens zu beleuchten, und — ähnlich wie es im Referat über Antijudaismen im Religionsunterricht (s.S. 204 ff.) zu hören war — die bis heute andauernde Macht einer Geschichtsschreibung anzuprangern, die im Nachhinein jeweils die Sichtweise des Siegers verherrlicht[23].

Daß die Darstellung der *Pax Romana* im Museum bisweilen in ganz ähnlicher Weise Gefahr läuft, durch die unkritische Darstellung nur der Glanzseiten der Kultur und durch die Bevorzugung der Militärgeschichte die Geschichtsschreibung der Sieger zu übernehmen, sollten die vorausgegangenen Ausführungen deutlich machen. Sie sollten aber auch zeigen, wie dieser Gefahr einer „beschönigten Geschichte" entgangen werden kann — durch die kritische Auseinandersetzung mit der „offiziellen" Überlieferung und durch die Erschließung alternativer Quellen, die auch die Lage der Opfer römischer Friedenspolitik zu erhellen vermögen. Die Archäologie besitzt die Mittel, auch die zu Wort kommen zu lassen, die in den Texten nicht erwähnt werden.

22. Als Überblick über die in Frage kommenden Methoden B. Hrouda (Hsg.), Methoden der Archäologie (München 1978) 18 ff.

23. *K. Wengst, PAX ROMANA*. Anspruch und Wirklichkeit (München 1986) 18.

Der Beitrag der deutschen UNESCO-Modellschulen zur Friedenserziehung

von Rainer Mallée, Berlin

I. *UNESCO-Modellschulen — Ziele und Arbeitsweisen*

In ihrer Effizienz müssen die Vereinten Nationen und ihre Sonderorganisationen sicher differenziert gesehen werden — insgesamt kann jedoch festgestellt werden, daß ohne das Vorhandensein dieser Weltorganisation die politischen, wirtschaftlichen und kulturellen Verhältnisse in vielen Teilen der Welt schlechter wären.

Zu den herausragenden Merkmalen der UNESCO (United Nations Educational, Scientific and Cultural Organization) ist das Bemühen zu zählen, nicht nur eindrucksvolle Empfehlungen und Beschlüsse zu fassen, sondern darüber hinaus konkrete Schritte einzuleiten, eben diese Empfehlungen und Beschlüsse auch praktisch umzusetzen.

Das genuine Anliegen der UNESCO ist, durch Förderung internationaler Zusammenarbeit in Erziehung, Wissenschaft, Kultur und Kommunikation zur Völkerverständigung sowie zur Sicherung der Menschenrechte und des Friedens beizutragen. In der Präambel zur UNESCO-Satzung heißt es: „Da Kriege im Geiste der Menschen entstehen, müssen auch die Bollwerke des Friedens im Geiste der Menschen errichtet werden."

Die erfolgreiche Einlösung dieser Verpflichtung, Vorurteile und Feindbilder abbauen zu helfen und damit die Voraussetzungen für eine friedliche Zusammenarbeit der Völker zu schaffen, kann nach Überzeugung der UNESCO aussichtsreich vor allem dort erreicht werden, wo Unterricht und Erziehung gezielt stattfinden — in der Schule.

So gehört zu den wohl erfolgreichsten Bemühungen einer konkreten Umsetzung der UNESCO-Empfehlungen ohne Zweifel das heute weltweit praktizierte UNESCO-Modellschulprogramm (Associated Schools Project in Education for International Understanding, Co-operation and Peace/ASPRO). Bereits 1952 riefen die Mitgliedstaaten der UNESCO auf ihrer 7. Generalkonferenz ein Modellschulprogramm ins Leben: ein Netzwerk von Schulen mit besonderem Interesse an einer Erziehung zur internationalen Verständigung und Zusammenarbeit. Vier Leitthemen bildeten den Ausgangspunkt für Unterrichtsvorhaben:

— Das Studium fremder Völker und Kulturen
— Die Allgemeine Erklärung der Menschenrechte
— Die Vereinten Nationen und ihre Sonderorganisationen
— Mensch und Umwelt

Aus kleinsten Anfängen hat sich bis heute ein Programm entwickelt, an dem über 2000 Schulen in rund 100 Staaten mitwirken. In der Bundesrepublik Deutschland einschließlich Berlin (West) haben von Anfang an 20 bis 25 Schulen teilgenommen; heute sind über 60 anerkannte oder mitarbeitende Schulen am UNESCO-Modellschulprogramm in der Bundesrepublik Deutschland beteiligt.

Eine Neuorientierung der deutschen UNESCO-Modellschulen erfolgte von 1975 an in der Weise, daß nunmehr Gemeinschaftsvorhaben eine engere Zusammenarbeit aller beteiligten Schulen bewirkten, deren Ergebnisse sich in mehreren Publikationen (vgl. Anhang) niedergeschlagen haben.

Aus Anlaß des 30jährigen Bestehens des UNESCO-Modellschulprogramms veranstaltete die UNESCO 1983 ihren ersten Weltkongreß der UNESCO-Modellschulen in Sofia, an dem 222 Delegierte aus 66 Nationen teilnahmen und eine ebenso eindrucks- wie hoffnungsvolle „Bestandsaufnahme“ ihrer bisherigen Arbeit vorlegten.

Die engeren Zielsetzungen für die Unterrichtsarbeit an UNESCO-Modellschulen ergeben sich aus der 1974 von den Mitgliedstaaten der UNESCO verabschiedeten „Empfehlung über die Erziehung zu internationaler Verständigung und Zusammenarbeit und zum Weltfrieden sowie die Erziehung im Hinblick auf die Menschenrechte und Grundfreiheiten“:

Didaktische Leitlinien sind hier

— die Begegnung und Auseinandersetzung mit anderen Völkern, ihrer Kultur, ihren Werten und Lebensweisen,
— die Information über die Allgemeinen Menschenrechte,
— die Förderung des internationalen Austauschs und der weltweiten Verbreitung von Informationen über Erziehung, Wissenschaft und Kultur,
— die Erkenntnis der wachsenden gegenseitigen Abhängigkeit der Nationen auf der ganzen Welt,
— die daraus resultierende Notwendigkeit zur Kommunikation, Solidarität und Zusammenarbeit mit anderen,
— die Erkenntnis der wechselseitigen Rechte und Pflichten des Einzelnen, der gesellschaftlichen Gruppen und Völker,
— die Beschäftigung mit den Vereinten Nationen und ihren Sonderorganisationen,
— die Bereitschaft des Einzelnen, zur Lösung der Probleme der Gemeinschaft, in der er steht, seines Landes und der Welt beizutragen.

Wie arbeiten nun UNESCO-Modellschulen?

— UNESCO-Modellschulen sind reguläre Schulen von der Grundschule bis zur Lehrerbildung;
— im Fachunterricht werden internationale Themen verstärkt behandelt;
— in der Regel einmal im Jahr werden fächerübergreifende Unterrichtsprojekte zu Schwerpunkten durchgeführt, die meist dem internationalen Jahresthema der Vereinten Nationen entsprechen. Grundsätzlich wird bei der Erarbeitung der Thematik von der eigenen (lokalen, regionalen, nationalen) Situation ausgegangen, um dann die internationalen Aspekte der Probleme zu erforschen.

Seit 1976 wurden die folgenden Gemeinschaftsprojekte der deutschen UNESCO-Modellschulen durchgeführt:

1976/77 — Ausländer in unserer Stadt
1978/79 — Kinder in unserer Welt
1980/81 — Wie wir morgen leben wollen
1982/83 — Der Islam
1984/85 — Internationales Jahr der Jugend
1986/87 — Internationales Jahr des Friedens
1987/88 — Menschen ohne Heimat — Internationales Jahr der Hilfe für Menschen in Wohnungsnot
1988/89 — Wir über uns/Ihr über uns/Wir über euch/Ihr über euch

— Diese Vorhaben, die in der Regel von einem aus Schülern, Lehrern und Eltern bestehenden Koordinationsausschuß geplant werden, schließen öffentliche Projekt-und Studientage ebenso ein wie Ausstellungen und thematisch orientierte Schulfeste. Finanzielle Erlöse kommen überwiegend dem UNESCO-Partnerschaftsprogramm (co-action programme) zugute;
— UNESCO-Modellschulen beteiligen sich an Schüleraustauschprogrammen, unterhalten Partnerschaften mit ausländischen Schulen und Patenschaften für Entwicklungsprojekte und organi-

sieren internationale Schülerseminare und Studienreisen für Lehrer und Schüler zu Einrichtungen der Vereinten Nationen;

— UNESCO-Modellschulen erproben innovative Arbeitsformen und geben Erfahrungen und Materialien an andere Schulen weiter, d.h. sie arbeiten „modellhaft“ und beeinflussen auch die Lehrplanentwicklung;

— Zugleich gehört die sich aus der Bezeichnung „Modellschule“ ergebende Verpflichtung, über den internen Kreis der UNESCO-Modellschulen hinaus wirkende Impulse zu vermitteln, gewiß zu den schwierigsten Aufgaben einer solchen Schule.

Zusammenfassend läßt sich feststellen, daß UNESCO-Modellschulen Bildungseinrichtungen aller Art — von der Grundschule bis zur Hochschule — sind, die in besonderem Maße versuchen, Ziele der UNESCO über Unterricht und Erziehung einzulösen. Bildung und Erziehung werden bereits in der „Allgemeinen Erklärung der Menschenrechte“ (1948) als zu den wichtigsten Rechten des Menschen gehörend anerkannt. Zudem sind UNESCO-Modellschulen Orte, an denen die Lernenden sowohl durch das Bildungsangebot als auch durch die Atmosphäre der Schulen darauf vorbereitet werden, daß sie in dieser Welt nicht isoliert, sondern nur als Teil einer internationalen Gemeinschaft leben und überleben können.

Festzustellen ist, daß der didaktische Ansatz einer bewußten Friedenserziehung auf der Grundlage der internationalen Bemühungen der Vereinten Nationen und besonders der UNESCO nicht auf die Intentionen der UNESCO-Modellschulen beschränkt bleiben darf. Vielmehr gehört die Erziehung zur Friedensfähigkeit heute zu den wichtigsten Herausforderungen für alle Schulen. Hier übertragbare innovative Unterrichtsmodelle zu antizipieren und zu erproben, gehört sicher zu den vordringlichen Aufgaben von UNESCO-Modellschulen.

Die Arbeit der UNESCO-Modellschulen wird getragen vom Engagement von Lehrern, Schülern und Eltern sowie der Kulturministerien und der Schulverwaltungen der Länder. Die Länder leisten darüber hinaus administrative und finanzielle Hilfe, oft auch durch Sonderzuwendungen für besondere Veranstaltungen und Projekte. Die Schulen arbeiten selbständig und erfahren weder von der UNESCO noch von der Deutschen UNESCO-Kommission finanzielle Hilfe. Allerdings wird die Arbeit der Modellschulen von der UNESCO/Paris wie auch von den nationalen UNESCO-Kommissionen durch (inter-)nationale Konferenzen und Seminare für Lehrer und durch die Herausgabe der Halbjahreszeitschrift „International Understanding at School“ unterstützt. Äußerst hilfreich für die Unterrichtsarbeit ist auch der in 36 Sprachen erscheinende „UNESCO-Kurier“.

Die Deutsche UNESCO-Kommission koordiniert das Modellschulprogramm durch

— Rundbriefe und Versendung von Informationsmaterial,

— Jahrestagungen und Planungstreffen,

— Veröffentlichung von Arbeitsberichten der Schulen,

— Verbreitung des „UNESCO-Kuriers“ und anderer UNESCO-Veröffentlichungen zum Unterrichtsgebrauch,

— Vermittlung von Lehrern und Schülern zur Teilnahme an internationalen Seminaren und Tagungen der UNESCO,

— Beratung und Vermittlung von Förderung beim Ausbau internationaler Kontakte.

Vor allem werden Schulen hilfreich unterstützt, die den Wunsch haben, sich dem UNESCO-Modellschulprogramm anzuschließen. UNESCO-Modellschule kann eine Schule werden, wenn

— Lehrer, Schüler und Eltern sich in den schulischen Gremien für eine Mitarbeit im UNESCO-Modellschulprogramm entscheiden,

— die Schulbehörde diesem Antrag stattgibt,

— die Deutsche UNESCO-Kommission (Colmantstr. 15, 5300 Bonn 1, Tel.: [0228] 631591) den Antrag prüft und nach einer Vorlaufzeit von ein bis zwei Jahren besonderer Aktivitäten im Bereich der UNESCO-Themen befürwortet,

— die UNESCO Paris der Bewerbung der Schule um den UNESCO-Modellschulstatus zustimmt.

II. *UNESCO-Modellschularbeit am Beispiel der Berliner Carl-Zeiss-Oberschule (Gesamtschule)*

Die Carl-Zeiss-Oberschule ist eine integrierte Gesamtschule der Sekundarstufe I (Jahrgangsstufen 7-10), die als Ganztagsschule in einem Bildungszentrum geführt wird, d.h. in einer Institution, in der die Gesamtschule um Einrichtungen wie Volkshochschule, Jugendfreizeitheim und Mediothek (mit über 30.000 Büchern, Schallplatten und Kassetten) erweitert wurde.

An der Gesamtschule (mit 5-Tage-Woche), die 32 Kerngruppen (= Klassen) mit über 860 Schülern aus allen Sozialschichten umfaßt, arbeiten z.Zt. etwa 90 Lehrer(innen) und 30 pädagogische Mitarbeiter(innen) und technische Kräfte in den Fachbereichen Arbeitslehre, Bildende Kunst, Deutsch, Fremdsprachen, Gesellschaftskunde, Mathematik, Musik, Naturwissenschaften und Sport.

Seit 1974 nimmt die Carl-Zeiss-Oberschule als einzige UNESCO-Modellschule Berlins am weltweiten Modellschulprogramm der UNESCO („Associated Schools Projekt/ASPRO“) teil.

Im Rahmen des in Teil I beschriebenen UNESCO-Modellschulprogramms wurden jedes Jahr (vgl. Projektübersicht) Unterrichtsprojekte, Projekttage und thematisch orientierte Schulfeste durchgeführt, deren Erlös Organisationen wie amnesty international, UNICEF oder dem coaction programme der UNESCO zugute kamen. Gezielte Hilfeleistungen bezogen sich auf Afrika, S-Amerika und Polen. Darüber hinaus pflegt die Schule Kontakte mit Japan (Hiroshima), England, Frankreich, Finnland, Dänemark und Österreich.

Schwerpunkte der UNESCO-Arbeit an der Carl-Zeiss-Oberschule finden sich in den Fachbereichen Fremdsprachen und Bildende Kunst, vor allem aber im Gesellschaftskundeunterricht, der die Fächer Geschichte, Erdkunde und Sozialkunde umfaßt. Hier beschäftigen sich die Schüler besonders in den Wahlpflichtkursen mit UNESCO-spezifischen Bereichen, wobei dem in den herkömmlichen Lehrplänen noch sehr vernachlässigten Gebiet der „Futurologie“ eine besondere Rolle zukommt. Insgesamt hängt die wechselnde Beteiligung der verschiedenen Fachbereiche (so z.B. gerade auch der Naturwissenschaften) und der Schüler, Lehrer und Eltern jeweils von den Themen und Projekten ab, die im Rahmen des Gemeinschaftsprogramms erarbeitet werden sollen.

1981-1983 nahm die Carl-Zeiss-Oberschule an einer internationalen Studie zur Darstellung von Weltproblemen im Unterricht der Sekundarstufe I teil und gewann den deutschen ersten Preis im Schülerwettbewerb um ein UNESCO-Modellschulemblem.

Besondere Aktivitäten wurden zum „Internationalen Jahr des Friedens“ 1986 entfaltet. Am 1. September 1986 konnte in der Carl-Zeiss-Oberschule die Ausstellung „Hiroshima/Nagasaki — eine Erklärung gegen den Krieg“ eröffnet werden, die in einem Unterrichtsprojekt (einschließlich Freizeitarbeit) gemeinsam von Schülern und Lehrern der Carl-Zeiss-Oberschule erstellt worden war.

Den Anstoß zu der Ausstellung gab der Verfasser unter dem Eindruck eines Besuchs der Stadt Hiroshima und der Gespräche mit Überlebenden dieser ersten und hoffentlich einzigen Atombombenabwürfe. Nach intensivem Sachstudium erarbeiteten die Schüler von zwei Wahlpflichtkursen Gesellschaftskunde (10. Jg.) innerhalb eines Jahres die Konzeption der Ausstellung und setzten diese auf der Grundlage zuvor gesammelter Materialien zum Thema grafisch in 30 Ausstellungselemente um. Die Ausstellung versteht sich als Erklärung gegen jeden Krieg, jede Form von Gewalt und täglicher Verletzung der Menschenrechte und möchte ein Bewußtsein über unsere heutige Situation anstoßen. Daher beschränkt sich die Ausstellung nicht auf die dokumentarische

Wiedergabe des schrecklichen Geschehens am 6. und 9. August 1945 in Hiroshima und Nagasaki; nachhaltig und ohne viel Text wird über die historische Situation hinaus vor allem auf die Situation aufmerksam gemacht, in die sich die Menschheit mit über 160 bewaffneten Aufständen, Konflikten und Kriegen seit dem Kriegsende 1945 gebracht hat. Im Mittelpunkt der Darstellung steht hierbei das unverantwortliche Mißverhältnis zwischen den schwindelnden Höhen an Rüstungsausgaben und den Mitteln, die dringend benötigt werden, um dem weitaus größten Teil der Menschheit wenigstens zu einem Existenzminimum zu verhelfen.

Die Ausstellung versteht sich als Spiegel heutiger Realitäten und bleibt in der Deutlichkeit ihrer Aussagekraft nichts schuldig. Dennoch — und darin liegt neben der Aufklärung eine weitere pädagogisch-didaktische Absicht — wird der Betrachter nicht in spürbarer Hoffnungslosigkeit belassen, sondern auch das Prinzip Hoffnung wird trotz aller mahnenden und warnenden Hinweise verdeutlicht, wobei der Arbeit der Vereinten Nationen und den Erziehungsbemühungen von Schulen besonderer Raum eingeräumt wird.

Die Mediothek im Bildungszentrum hat dem Thema entsprechende Literatur in Ausstellungsvitrinen zusammengestellt; Zeichnungen von Schülern des 7. Jahrgangs zum Thema Frieden (Fach: Bildende Kunst) runden die Ausstellung ab, von der neben einer Dia-Reihe auch ein Videofilm für Unterrichtszwecke entstand.

Für das Jahr 1987 beschlossen die schulischen Gremien der Carl-Zeiss-Oberschule, dem „Europäischen Umweltjahr“ mit zwei Projekttagen Rechnung zu tragen. Die Aktivitäten, an denen alle 32 Kerngruppen beteiligt waren, mündeten in ein großes Schulfest (März 1987), auf dem die Ergebnisse der vielfach außerhalb des Schulgebäudes recherchierten Fakten zur Berliner Umweltsituation vorgestellt wurden (Dokumentationen, Wandzeitungen, Dias, Videofilme, Sketche ...). Mit ihrem Beitrag zur Bewußtmachung von alarmierenden Umweltproblemen hat die Carl-Zeiss-Oberschule zugleich den Umweltpreis 1987 des Senators für Stadtentwicklung und Umweltschutz wie auch den Umweltpreis des Bezirkes Tempelhof gewonnen.

Anläßlich des von den Vereinten Nationen für 1987 ausgerufenen „Internationalen Jahres der Hilfe für Menschen in Wohnungsnot“ haben sich Schüler der Carl-Zeiss-Oberschule in Wahlpflichtkursen der Fächer Gesellschaftskunde und Bildende Kunst ausführlich mit diesem Gemeinschaftsthema der deutschen UNESCO-Modellschulen („Menschen ohne Heimat“) beschäftigt und in Form von Wandzeitung und Ausstellungstafeln verdeutlicht.

Darüber hinaus hat im Oktober 1987 ein einwöchiges UNESCO-Schülerseminar in der „Internationalen Begegnungsstätte Jagdschloß Glienicke“ (Berlin) stattgefunden, zu dem auch Schüler aus bundesdeutschen und europäischen UNESCO-Modellschulen eingeladen waren. Das UNESCO-Modellschul-Jahresthema „Menschen ohne Heimat“ wurde auf diesem Schülerseminar mit Hilfe von Referenten, Betroffenen und in Form von Medien, Gruppenarbeit, des Besuchs des Berliner „Fluchtmuseums“ (Gelbes Haus am Checkpoint Charlie) und dem Erstellen einer in Gruppenarbeit gefertigten Wandzeitung erarbeitet. Es wurde versucht, die Komplexität des Themas durch ein breites Spektrum an Einzelthemen und Schwerpunkten aufzuzeigen: nach dem Studium der historischen Situation („Verfolgt — verschleppt — vertrieben — geflohen“) mit Hilfe einer Zeitzeugin wurde das Thema „Flüchtlingsströme im 20. Jahrhundert — was es heißt, Flüchtling zu sein“ untersucht. Dabei galt der deutsch-deutschen Situation („Flucht in den Westen“) ein besonderes Interesse. Hier — wie auch zu dem Bereich „Asylrecht“ — konnten Betroffene aus der DDR, Sri Lanka und dem Iran gleichsam „life“ vor den jungen Seminarteilnehmern berichten. Auch dem von der UNO gesetzten Schwerpunkt „Menschen in Wohnungsnot“ wurde mit der Analyse „Millionen Menschen haben kein Dach über dem Kopf“ Rechnung getragen. Eine in Gruppenarbeit erstellte Wandzeitung hat die Ergebnisse der bearbeiteten Einzelthemen dokumentiert. Der Jugendhörfunk des Senders Freies Berlin berichtete in einer einstündigen Sendung über das Berliner UNESCO-Schülerseminar — das 15. seiner Art und damit in der Tradition, die UNESCO-Gemeinschaftsthemen in dieser Form vertieft zu erarbeiten.

Die Bemühungen der Carl-Zeiss-Oberschule, im Rahmen ihrer UNESCO-Aktivitäten einen Beitrag einer Erziehung zur Friedensfähigkeit zu leisten, beziehen sich nicht nur auf Schüler, sondern auch auf Erwachsene. Um die Institutionen genauer kennen- und einschätzen zu lernen, die sich im großen um den Frieden in dieser Welt bemühen, veranstaltet das „Berliner Komitee für UNESCO-Arbeit e.V." (in Verbindung mit der „Deutschen Gesellschaft für die Vereinten Nationen/ LV Berlin" und der Carl-Zeiss-Oberschule) Studienfahrten zu Einrichtungen der Vereinten Nationen. Diese Studienfahrten, an denen bereits zahlreiche Kollegen der Carl-Zeiss-Oberschule teilgenommen haben, dauern meist acht Tage und vermitteln in Form eines Seminares interessante Einblicke in die Aufgabenbereiche und Arbeitsweisen (und so manchen Blick „hinter die Kulissen") der Vereinten Nationen.

Diese freiwillige Weiterbildung (auf eigene Kosten und meist in den Herbstferien) hat bisher ein sehr positives Echo gefunden; denn das Studieren der UN-Einrichtungen „vor Ort" vermittelt deutlich mehr Motivationen, Informationen und Erkenntnisse als Lehrbücher (was letztlich auch wieder den Schülern zugute kommt). Die Studienfahrten zu den Hilfs- und Sonderorganisationen der Vereinten Nationen (wie UNESCO, WHO, ILO, UNICEF, UNIDO, IAEA u.a.) führten bisher (z.T. mehrfach) in folgende Städte: Paris, Genf, London, Wien, Bonn, Straßburg, New York; die Studienreise 1988 führt für drei Wochen nach Israel, eine UNESCO-Schülerfahrt in die Türkei. —

Stellvertretend für viele UNESCO-Modellschulen wurden hier Aktivitäten umrissen, die charakteristisch für diese Schulen sind. Andere Schulen arbeiten — und dies ist hoffnungsvoll — mit ähnlichem Ansatz, ohne den Status einer UNESCO-Modellschule innezuhaben. Sollten die Bemühungen von Lehrern, Schülern und Eltern an UNESCO-Modellschulen, die weitreichenden Ziele der UNESCO praktisch verwirklichen zu helfen, auch wirksame didaktische Impulse auf weitere Schulen einschließen, wäre der Auftrag, „modellhaft" zu arbeiten, tatsächlich erfüllt.

Publizierte Arbeitsberichte aus dem Modellschulprogramm der UNESCO

— Ausländer in unserer Stadt. Bericht über das erste Gemeinschaftsvorhaben der deutschen UNESCO-Modellschulen. Hg. von der Deutschen UNESCO-Kommission, 2. Aufl., Bonn 1979.
— Ein Kinderbuch. Geschrieben von Schülern der Bismarckschule Hannover unter Leitung von Inga Kurlbaum-Goy. Hg. von der Deutschen UNESCO-Kommission, Bonn 1980.
— Kinder in unserer Welt. Bericht über das zweite Gemeinschaftsvorhaben der deutschen UNESCO-Modellschulen. Hg. von der Deutschen UNESCO-Kommission, Bonn 1981.
— Zukunftsmodelle in der französischen Literatur (— von Rabelais bis Triolet —). Bericht über einen Halbjahreskurs in der Jahrgangsstufe 13 an der Albert-Schweitzer-Schule, Hofgeismar (vorgelegt von L. Hochgeschwender). Hg. von der Deutschen UNESCO-Kommission, Bonn 1982.
— Sahelzone — Wie Menschen leben. Dokumentation über ein Unterrichts- und Exkursionsprojekt der Robert-Bosch-Gesamtschule Hildesheim, bearbeitet von Jos Schnurer. Hg. von der Deutschen UNESCO-Kommission, Bonn 1982.
— The planning and implemantation of school peace days. Contribution of the Federal Republic of Germany to the Interregional Experimental Project on the Study of Contemporary World Problems at the Secondary Level (compiled by B. Reich, R. Mallée, H.-W. Rissom). Hg. von der Deutschen UNESCO-Kommission, Bonn 1983.
— 30 Jahre UNESCO-Modellschulen in der Bundesrepublik Deutschland. Hg. von der Deutschen UNESCO-Kommission, Bonn 1984.

UNESCO-Modellschulen in der Bundesrepublik Deutschland

Stand März 1988

1. Carl-Zeiss-Oberschule (Gesamtschule)
   Barnetstraße 12-14, 1000 Berlin 49, Tel.: 030/7455088
2. Helene-Lange-Gymnasium
   Bogenstraße 32, 2000 Hamburg 13, Tel.: 040/4102015
3. Hochschule Lüneburg Abt. für vergleichende Erziehungswissenschaften
   Wilschenbrucher Weg 84, 2120 Lüneburg, Tel.: 04131/714-291
4. Integrierte Gesamtschule Friedrichsort
   Steenbarg 10, 2300 Kiel 17, Tel.: 0431/39816
5. Schule Flensburg-Weiche (Grund- und Hauptschule)
   Bahnstraße 20, 2309 Flensburg-Weiche, Tel.: 0461/852553
6. Gymnasium Kleine Helle
   Kleine Helle 7-8, 2800 Bremen 1, Tel.: 0421/170495 (ab 1.8.88 aufgelöst)
7. Schule an der Oderstraße (Grundschule)
   Oderstraße 75, 2800 Bremen 1, Tel.: 0421/397-8228
8. Dom-Gymnasium
   Grüne Straße 32, 2810 Verden, Tel.: 04231/2781
9. Bismarck-Schule (Gymnasium)
   An der Bismarck-Schule 5, 3000 Hannover 1, Tel.: 0511/168-3456
10. Robert-Bosch-Gesamtschule (Integrierte Gesamtschule)
    Richthofenstraße 37, 3200 Hildesheim, Tel.: 05121/570 61
11. Albert-Schweitzer-Schule (Gymnasiale Oberstufe)
    Magazinstraße, 3520 Hofgeismar, Tel.: 05671/2312
12. Hermann-Gmeiner-Schule (Hauptschule)
    Bahnhofstraße 67, 4047 Dormagen 1, Tel.: 02106/41761
13. Petersschule (Grundschule) integriert in Concordia-Schule
    Alleestraße 137, 4200 Oberhausen
14. Paul-Gerhardt-Schule (Städtische Gemeinschaftsgrundschule)
    Joseph-Görres-Straße 20, 4510 Krefeld-Uerdingen, Tel.: 02151/481977
15. Gesamtschule Gelsenkirchen-Ückendorf (mit Oberstufe)
    Bochumer Straße 190, 4650 Gelsenkirchen-Ückendorf, Tel.: 0209/1699612
16. Städtisches Ricarda-Huch-Gymnasium
    Schultestraße 50, 4650 Gelsenkirchen, Tel.: 0209/1692497
17. Oberstufenkolleg des Landes Nordrhein-Westfalen an der Universität Bielefeld
    Universitätsstraße 23, 4800 Bielefeld 1, Tel.: 0521/1062860
18. Städtische Realschule Heiligenhaus
    Hülsbecker Straße, 5628 Heiligenhaus, Tel.: 02056/6211
19. Anna-Schmidt-Schule (Kindergarten, Grundschule, Gymnasium)
    Gärtnerweg 13-29, 6000 Frankfurt 1, Tel.: 069/553652
20. Heinrich-von-Stephan-Schule (Berufsschule)
    Oppenheimer Landstraße 15, 6000 Frankfurt 70, Tel.: 069/2123020

21. Odenwaldschule (Gesamtschule mit Oberstufe)
Ober-Hambach, 6148 Heppenheim 4, Tel.: 06252/71077

22. Helene-Lange-Schule (Gymnasium/Sekundarstufe I; in Zukunft: Integrierte Gesamtschule)
Langenbeckplatz, 6200 Wiesbaden, Tel.: 06121/313671

23. Altkönigschule Kronberg (Additive Gesamtschule mit Förderstufe und gymnasialer Oberstufe)
Le-Lavandou-Straße, 6242 Kronberg im Taunus, Tel.: 06173/63018 und 63019

24. August-Bebel-Gesamtschule (Integrierte Gesamtschule, mit Oberstufe)
Am Sportfeld, 6330 Wetzlar, Tel.: 06441/32074-75

25. Chemisches Institut Dr. Flad (Staatlich anerkanntes Berufskolleg für Chemisch-technische Assistenten/innen)
Breitscheidstraße 127, 7000 Stuttgart, Tel.: 0711/6347430

26. Schillerschule Karlsruhe (Grund- und Hauptschule)
Kapellenstraße 11, 7500 Karlsruhe 1, Tel.: 0721/1333430

27. Pestalozzi-Schule (Grund- und Hauptschule)
Hauptstraße 100, 7513 Stutensee-Blankenloch, Tel.: 07244/91149

28. Hans-Wilsdorf-Schule (Berufsschule)
Georg-Hagen-Straße 35, 8650 Kulmbach, Tel.: 09221/7747-49

29. Johann-Vießmann-Schule (Berufsschule)
Pestalozziplatz 1, 8670 Hof, Tel.: 09281/40062

Schulbücher und Friedenserziehung

von M. Moissonnier, Lyon, Frankreich

Vor zwei Wochen befand ich mich in einer kleinen Stadt der Provence, um einer traditionellen Zeremonie zum 11. November beizuwohnen, die dem Gedenken des Krieges 1914 bis 1918 gewidmet war.

Die Schulkinder waren hinter dem Denkmal der Gefallenen aufgeteilt, der Bürgermeister trug zwei Botschaften vor. Die erste war vom Präsidenten der Nationalen Vereinigung ehemaliger Mitkämpfer. Er widmete sich dem Gedenken der Soldaten und dem Schrecken des Krieges. Zu meiner Zufriedenheit schrieb er von der Hoffnung, die durch die Unterzeichnung des Abkommens zur teilweisen Abrüstung von Kernwaffen zwischen den Vereinigten Staaten und der UdSSR geweckt werde. Er formulierte den Wunsch, daß von nun an ein Weg zu schnellen Fortschritten gefunden werden möge. In der zweiten Botschaft des Staatssekretärs des Verbandes Ehemaliger Soldaten hörten wir ganz andere Gedanken. In einem sehr viel längeren Text bestand er darauf, daß Frankreich ausschließlich Kriege „für die Freiheit" ausgetragen hätte. Passend zum Jahrestag von 1917 schimpfte er über den „Defaitismus" und lobte die Inhalte, die Georges Clemenceau und den Präsidenten der Republik, Raymond Poincaré, vereinigte: Die Veranlassung der Unterdrückung und Bedrohung der Pazifisten und der Militäraufstände an der französischen Front.

Beim Hören dieser beiden Botschaften versuchte ich die bleibenden Eindrücke für die Kinder dieser Schule nachzuvollziehen, die um das Denkmal versammelt waren. Sehnsucht nach dem Frieden mischte sich mit der Abstreitung der französischen Mitverantwortung am Ausbruch des Krieges von 1914 und an den Kolonialkriegen sowie im Mißtrauen allen Friedensaktionen gegenüber.

Eine ähnliche Erfahrung macht man, wenn man die französischen Schulbücher auf ihre Inhalte hin untersucht, wovon ich einige Beispiele geben möchte. Ich beschränke mich dabei auf die Schulbücher der Oberstufe, die Schüler zwischen 16 und 19 Jahren besuchen. Die Themen der ersteren Klassen beinhalten die erste Hälfte des 20. Jahrhundert (bis 1939), das Thema der späteren Klassen bezieht sich auf die Zeit von 1939 bis heute.

Die Schulbücher der ersten Klassen beinhalten eine Zusammenfassung der wichtigsten Ereignisse des Jahrhunderts sowie ihrer Problematik. Meine Analyse bezieht sich auf zwanzig der gebräuchlichen Schulbücher, herausgegeben von zehn Verlagen. Ich werde mich hier auf die Zusammenfassung der Ergebnisse beschränken.

1. Alle Schulbücher stellen den Schrecken der beiden Weltkriege ausführlich dar: den Leidensweg der Soldaten, die Völkermorde, die Opfer in der Zivilbevölkerung wie die materiellen Verluste, ebenso den moralischen Schock und die Zerstörung Europas. Einige der Schulbücher vernachlässigen die Darstellung der Kolonialkriege, die auf den 2. Weltkrieg folgten.
2. Es gibt sehr große Unterschiede in der Ausführlichkeit, mit der die Friedensbewegung nach dem 1. Weltkrieg beschrieben wird, wie in ihrer Bewertung. Die Versuche der II. Internationale werden immer sehr verkürzt dargestellt, oft nur in einem kleinen Abschnitt. Einige Bände, zum Beispiel die des Verlages *Belin*, sind ausführlicher durch Quellentexte (z.B. von R. Rolland, Auszug aus „Über Verschiedenes" oder aus dem „Appell von Zimmerwald") und durch

eine Analyse der Demonstrationen, die 1914 von der C.G.T. (Arbeitergewerkschaft) organisiert wurden, belegt.

Aber über die Debatten des Stuttgarter oder Baseler Kongresses findet man nichts. Oft wird von „Friedensbewegung" nur im Zusammenhang ihrer Lähmung durch die „Aufspaltung der Bürgerschaft" und den „unsicheren Internationalismus" gesprochen, oft gibt es nur eine Andeutung über die Friedensbewegung durch ein Bild (Photo von Jaures, z.B. vom internationalen Meeting in Pré St. Gervais). Doch ist dies weder eine ausreichende Darstellung noch eine Analyse der Friedensbewegung.

Das alles spielt sich ab, als würden Verleger und Autoren, von kommerzieller Vorsicht besessen, alle Verantwortung der Geschichtslehre den Lehrern überlassen. Sie ziehen sich zurück auf die bloße Beschreibung der Militäroperationen. Es gibt z.B. ein Schulbuch, welches die Rolle der öffentlichen Meinung völlig vernachlässigt und nur von den Spielen der Staatskanzleien spricht.

Beim Thema der Aufstände von 1917 und der Welle von Pazifismus, die durch Europa strömte, findet man die gleiche Vorsicht und Zurückhaltung. Streiks, Aufstände und Demonstrationen sind bloße Ereignisse, die in aller Kürze erwähnt werden: ein Dutzend Zeilen auf 16 Seiten in einem Nachschlagwerk von Hachette — eine Seite und zwei Quellentexte auf elf Seiten im Verlag Hatier und zweieinhalb Seiten bei Colin, aus einem Dossier „Männer und Frauen im Krieg". Die Illustration ist noch dürftiger. Keines von elf Bilddokumenten ist über die Friedensbewegung bzw. Widerstände in einem Buch des Verlages Nathan, der gleichzeitig sechs Bilder Militäroperationen widmet. Ebenso keines von 38 Bildern in einer Ausgabe von Scodel.

Die Friedensbewegung ist meist im Zusammenhang mit „Kriegsmüdigkeit der Öffentlichkeit" und „Ungeschicklichkeiten der Großmächte" dargestellt, ohne daß die Bedeutung des organisierten Widerstandes im Krieg oder (mit Ausnahmen von zwei bis drei Werken) die des Einflusses des russischen Vorbildes erwähnt wird. Über diesen Themenkreis findet man (ohne meine nähere Prüfung) einige Einblicke in einem Buch von Herrn Guy Pedroncini, der die Aufstände von 1917 behandelt.

In der Darstellung unserer heutigen Zeit bleiben die gleichen Lücken. Im Zusammenhang mit den Kolonialkriegen wird die Opposition nur sehr zurückhaltend behandelt. Der „Schmutzige Krieg" in Vietman wird fast ganz ausgespart, ebenso die Affaire Henri Martin oder Raymonde Dien. Ebenfalls findet man nichts über die Repressionen gegen die Demonstrationen zur Verhinderung der Kriegsmateriallieferungen nach Indochina. Ein Abdruck verschiedener Textanzeigen der Kommunistischen Partei oder pazifistischer Positionen geschieht ohne weitere Erklärung. Die tragische Demonstration von Charonne ist zum Teil erwähnt — doch alle Materialien, die den Algerischen Krieg betreffen, sind auf eine Sichtweise verkürzt: „Die Unterstützung der Hauptstadt durch de Gaulle".

Der Kalte Krieg ist mit genau soviel, wenn nicht mit noch mehr Vorsicht dargestellt. Mit Ausnahme der Schulbücher der *Edition Sociales* herrscht völliges Schweigen über ein so wichtiges Weltgeschehen wie das des Stockholmer Appells. Die -zig Millionen seiner Unterzeichner, zu denen auch der heutige Premierminister gehörte, sind aus der Geschichte gestrichen. Ein Werk (Verlag Bordas) macht eine Ausnahme, in dem es Beiträge des Weltfriedenskongresses (mit der berühmten Taube von Picasso) in Paris 1949 abdruckt. Doch wird die große Breite dieser Bewegung zu einer ausschließlich kommunistischen reduziert mit Hilfe eines Textes eines alten, ernüchterten Kommunisten.

Die Entwicklung der Friedensbewegung neben dem Kalten Krieg ist ewig nur mit „Ausgleich des Terrors" begründet, zusammenhängend mit den inneren Spannungen in Frankreich, ohne daß die Rolle der öffentlichen Meinung und die der organisierten Aktionen der Bürger in ihrer wahren Bedeutung dargestellt werden.

Insgesamt wird auch die Friedensbewegung außerhalb von Frankreich mehr erwähnt. Man findet in den Ausgaben von *Bordas, Istra* und *Scodel* Fotografien der Friedensdemonstration in der

Bundesrepublik und in letzterer Ausgabe den Text „Die Friedensbewegung (auch wenn sie vor dem Mißbrauch durch Manipulation nicht sicher ist) macht große Fortschritte. Ihre Anhänger vereinigten sich 1982 zu Hunderttausenden in Deutschland und in den Vereinigten Staaten“. Dieses Zitat, einzigartig in einem französischen Schulbuch, ist nichtsdestoweniger charakteristisch. Was die Friedensfrage betrifft, geschieht alles mit Hintergedanken im Sinne von vorgeplanten Staatsaktionen — das eigentliche Phänomen wird überdeckt: der bewußte Eingriff organisierter Staatsbürger, die ihre Zukunft schützen wollen.

Wird hier übertrieben? Kein Stück, wie es an anderen Beispielen zu sehen ist. Die Schulbücher geben detaillierte Berichte über große Themenkreise wie Menschenrecht, Feminismus, Ökologie, Öffentlichkeit, Entkolonialisierung, Hunger in der Welt, Rolle der nichtstaatlichen Organisationen usw., alles Probleme, die „vor dem Mißbrauch durch Manipulation nicht sicher“ sind.

Diese Themenkreise behandeln Schuldumwandlungen, die zum Nachdenken über gesellschaftspolitische Umstände führen, niemals umfassen sie aber eine so dringende Reflexion der Friedensbewegung. Ist das nicht ein Hinweis auf eine sehr schädliche Blockierung? Sicher, die geschichtliche Kenntnis der Friedensbewegung und ihrer Problematik kann durch die Eigeninitiative des Lehrers in den Unterricht eingeflochten werden. Die Institution Schule selbst eröffnet Zwischenräume, die eine gewisse Wahlfreiheit zulassen, wie z.B. Projekte der A.E. (Action Educative), Ausstellungen oder Besuche von ehemaligen Mitgliedern der Resistance — das kann sehr wohl von Lehrern veranlaßt werden, mit Unterstützung bestimmter UNESCO-Abteilungen. Doch bleiben diese Aktivitäten oft außerhalb der offiziellen Programme. *Louis Weber*, Generalsekretär der Internationalen Vereinigung von Oberstufenlehrern, bemerkte auf dem ersten internationalen Symposion über die Friedenserziehung im Oktober 1987: „Man kann sagen, daß ein Tabu über die Begriffe „Frieden“ und „Friedenserziehung“ verhängt ist, abhängig vom Niveau des Lehrprogrammes. Im Geiste vieler steht es in direktem Zusammenhang mit dem Tabu, das den Bereich „Politik“ umfaßt, dabei sei verwiesen auf den Begriff der „sujets controversés“, um einen Ausdruck von R. Haby (nationaler Erziehungsminister von 1974 bis 1978) aufzunehmen. Man muß sich über den Einfluß klar werden, den ein solch armseliges Weltbild haben kann, um die Bedeutung dieser Tabus zu erfassen“.

Es ist sehr zu beklagen, daß durch die Boykottmanöver gegen die UNESCO-Vereinigung dieses politische Tabu erweitert wurde, besonders was die Programme zur Friedenserziehung angeht. Dieser Boykott wird von den Vereinigten Staaten und dem United Kingdom durchgeführt. So muß man sich über die Hindernisse klar werden, die es zu überwinden gilt, wenn eine Friedenserziehung verbreitet werden soll, die der Lehre der Menschenrechte gleichkommt.

Über das Symposion, das in Paris von der Internationalen Liga für Erziehung organisiert wurde, schreibt ein Journalist der Monde am 15. Oktober 1986.: „Die Aktivisten des Berufszweiges Erziehung bestätigen zahlreich die Zurückhaltung der Behörden bei der Unterstützung der pädagogischen Forschung zum Thema „Frieden“ wie bei der Sensibilisierung der Lehrkräfte — besonders in Frankreich, wo die Friedensfrage stark mit der „nationalen Verteidigung“ verbunden ist und dem Militär überlassen bleibt. Der Erziehungsminister hat keinen Repräsentanten zu diesem Kolloquium entsandt, dessen Organisatoren von den Schwierigkeiten berichten, mit denen das Thema „Frieden“ in den Unterricht eingebracht wird.“ „Wenn man dieses Wort erwähnt“, sagte ein Teilnehmer, „sehen die Leute rot.“

Das weitgehende Tabu, das die Friedensbewegung betrifft, hängt ohne Zweifel mit dem Fehlen von großen Überblicken über die Beteiligung der Bevölkerung zusammen. Das gesamte Thema wird in der Lehrerausbildung der Universität ausgelassen. Damit ist die Desinformation der Lehrer zu erklären, zusammenhängend mit dem Mangel an Materialien wie Schulbücher, Abhandlungen, audiovisuelle Produktionen usw.

Unser Kongreß kann auf diesem Gebiet Empfehlungen zur Verbesserung des Problems geben. So können wir die Worte Albert Einsteins (l'Express, 27.11.1954) nachvollziehen: „Die entfesselte

Kraft des Atoms hat alles verändert außer unserer Denkweise, und so gleiten wir unaufhaltsam auf eine nie dagewesene Katastrophe zu. Ein neues Denken ist erforderlich, wenn die Menschheit überleben soll." Nur indem wir die bekannten Tabus bekämpfen, können wir dieses „Neue Denken" umsetzen!

Frieden — Internationale Verständigung — Abrüstung: (K)ein Thema in Schulbüchern ?

von Brigitte Reich, Berlin

1. *Internationale Bemühungen zur Schulbuchrevision*

Schule als staatliche Institution war und ist stets der Ort, an dem nicht nur Kenntnisse und Wissen vermittelt, sondern stets auch Bewertungen, Urteile, Einstellungen und Verhaltensweisen weitergegeben werden, die Kinder und Jugendliche in die bestehenden politischen und ökonomischen Verhältnisse und die normativen (Vor-)Urteilsstrukturen anpassen sollen. Ein Blick in die Geschichte der Erziehung zeigt, daß Schule allzu häufig daran mitgewirkt hat, Kriege zu legitimieren, Kriegsbereitschaft zu erzeugen und Bilder vom „Feind" zu errichten, den es mit allen Mitteln zu bekämpfen gilt[1].

Aber neben der häufig dominanten „Kriegspädagogik" gab es auch Bemühungen, wenn auch nur von Minderheiten propagiert, Ideen der Völkerverständigung und der Erziehung zum Frieden zu verbreiten und zu realisieren. Vor dem 1. Weltkrieg waren es überwiegend private nationale oder internationale (religiöse und/oder pazifistische) Gruppen und Organisationen, die immer wieder auf Vorurteile und Feindbilder und chauvinistische Darstellungen in Schulbüchern hinwiesen und z.B. nach den Erfahrungen des 1. Weltkrieges zum Boykott oder zum Verbrennen dieser Bücher aufriefen[2].

Besonderes Augenmerk wurde stets auf die Schulbücher gelegt, weil sie erstens als ein wesentliches Medium im institutionalisierten Erziehungsprozeß eingeschätzt wurden, und weil sie zweitens den Jugendlichen spezifische Interpretationsmuster über „Wirklichkeit" und zusammenhängende „Weltbilder" vorstellen. Schon der Völkerbund und unter seiner Obhut der Internationale Ausschuß für Geistige Zusammenarbeit befaßten sich mit der Notwendigkeit von Schulbuchverbesserungen. Besonderes Gewicht erhielt die im Jahre 1925 angenommene „Casares-Resolution", die ein Verfahren vorsah, durch das Änderungswünsche für Schulbuchtexte dem jeweils anderen Staat vorgetragen werden konnten, dieser dann allerdings selbst über die Anträge entschied und darauf einging oder sie unbeachtet ließ. Eine revidierte Fassung dieser Resolution und eine „Deklaration über den Geschichtsunterricht", in der stärkere Einflußmöglichkeiten auf die Überprüfung von Schulbüchern vorgesehen waren, wurden von den Großmächten nicht akzeptiert und blieben damit wirkungslos. So gelang es zwar, zu einer Reihe von Übereinkommen zwischen Nord- und Südamerika, zwischen nord- und osteuropäischen Staaten zu kommen, im Kulturabkommen zwischen Italien und Deutschland von 1938 wurden diese Bestrebungen geradezu in ihr

1. Vgl. hierzu: B. Reich, N.H. Weber, (Hrsg.): Unterricht im Dienste des Friedens (Düsseldorf 1984) und: Lehrer helfen siegen. Kriegspädagogik im Kaiserreich mit Beiträgen zur NS-Kriegspädagogik. Diesterweg-Hochschule (Berlin 1987).

2. Vgl. hierzu *C.A. Schröder*, Die Schulbuchverbesserung durch geistige internationale Zusammenarbeit (Braunschweig 1961) S. 40-79.

Gegenteil verkehrt. Die dort getroffenen Vereinbarungen dienten ausschließlich der Abwehr unerwünschter Kritik am Faschismus und den Vorbereitungen zum Krieg.

Während des Zweiten Weltkrieges wurden diese Bemühungen jäh unterbrochen, aber noch vor Kriegsende trafen sich Bildungspolitiker, Wissenschaftler und Pädagogen aus europäischen Ländern und den USA in London, um darüber zu beraten, wie es möglich gewesen war, daß der Faschismus Widerhall und Zustimmung im Denken der Bevölkerung gefunden hatte. "The crisis of our age is first of all a moral crisis"[3] wurde in dem Abschlußbericht konstatiert und ein Gegenprogramm für eine zukünftige moralische Erziehung konzipiert, das mit den Grundstein für die UNESCO legte: „Da Kriege in den Köpfen der Menschen beginnen, müssen auch die Bollwerke des Friedens in den Köpfen der Menschen errichtet werden", lautete die programmatische Forderung in der Präambel der Charta der UNESCO, die 1945 gegründet wurde und ihre Arbeit aufnahm. Schon auf der 1. Generalkonferenz in Paris 1946 wurde die Konzeption einer Erziehung zur internationalen Verständigung präzisiert, die einerseits Kenntnisse über andere Völker, ihre Kultur und Lebensweisen vermitteln sollte, andererseits Gewissensbildung war und an die Friedensliebe aller Menschen appellierte. Jeder sollte künftig lernen, „Achtung vor Recht und Gerechtigkeit, vor den Menschenrechten zu entwickeln, die den Völkern der Erde ohne Ansehen von Rasse, Geschlecht, Sprache, Religion .. zustehen." (UNESCO-Charta, Art. 1)

Ein neuer Meilenstein in der Geschichte der UNESCO stellte die 1974 verabschiedete „Empfehlung über die Erziehung zu internationaler Verständigung und Zusammenarbeit und zum Weltfrieden sowie die Erziehung im Hinblick auf die Menschenrechte und Grundfreiheiten"[4] dar. Neben den noch einmal bestätigten Zielen einer Erziehung zur internationalen Verständigung wurde die Aufnahme der Erkenntnisse der internationalen Friedens- und Konfliktforschung deutlich. Diese hatte darauf hingewiesen, daß Kriegsursachen weniger in Einstellungen und Haltungen einzelner Menschen als in den politischen, militärischen, ökonomischen und ideologischen Strukturen zu suchen seien. Diese Empfehlung nahm wesentliche Gedanken der Diskussion über einen erweiterten Friedensbegriff auf und verknüpfte Ziele der Kriegsverhütung (Friede als Abwesenheit von direkter, personaler Gewalt) mit denen eines positiven Friedens als Prozeß zunehmender sozialer Gerechtigkeit und der Achtung vor den Menschenrechten. Darüber hinaus war der Ton der Empfehlung politisch präzise in der Aussage, wenn formuliert wurde, daß „die Erziehung (soll) auf die Unzulässigkeit der Kriegsführung zum Zwecke der Eroberung, des Angriffs oder der Beherrschung sowie der Gewaltanwendung zum Zwecke der Unterdrückung hinweisen" soll. „Sie soll beitragen ... zur Festigung des Weltfriedens und zum Kampf gegen jeden wie immer gearteten oder geäußerten Kolonialismus und Neokolonialismus und gegen jede Form und jede Art von Rassenhaß, Faschismus und Rassentrennung ..." (Art. 6 der Empfehlung). In diesen Aussagen machte sich auch der erweiterte Problemhorizont in der Arbeit der UNESCO und genereller in allen Gremien des Systems der Vereinten Nationen bemerkbar. Der Nord-Süd-Konflikt, die Erkenntnisse vom Zusammenhang zwischen Rüstung und Unterentwicklung, von der Notwendigkeit einer allgemeinen und vollständigen Abrüstung, von einer Änderung der Weltwirtschafts- und Finanzstrukturen gewannen an Gewicht in den Verhandlungen der internationalen Staatengemeinschaft. Die 1. Sondertagung der Generalversammlung für Abrüstung 1978 forderte in ihrem Schlußdokument die UNESCO auf, „ihr Programm zum Ausbau der Abrüstungserziehung zu einem besonderen Studienfach" (Art. 107 des Schlußdokuments) voranzutreiben und einen Weltkongreß über Abrüstungserziehung zu initiieren. Dieser fand 1980 in Paris statt und formu-

3. Siehe: *D. Heater*, Peace Through Education (London 1984) S. 80.

4. Siehe: Deutsche UNESCO-Kommision, Empfehlung über die Erziehung zu internationaler Verständigung und Zusammenarbeit und zum Weltfrieden sowie die Erziehung im Hinblick auf die Menschenrechte und Grundfreiheiten. Englisch-deutsche Fassung (Köln 1975).

lierte 10 Leitlinien zur Abrüstungserziehung[5], denen westliche und östliche, nördliche und südliche Ländervertreter zustimmten. In ihnen kam deutlich die Besorgnis über den zunehmenden Rüstungswettlauf und seine negativen Folgen zum Vorschein.

Damit ist in groben Umrissen skizziert, auf welche normativen Grundlagen sich die folgende Schulbuchanalyse stützt.

2. *Analyse von Geschichts- und Sozialkundebüchern der Sek. II aus Frankreich, Großbritannien und der Bundesrepublik Deutschland — einige Fragestellungen und Ergebnisse**

Einerseits ist die „klassische Periode der internationalen Schulbuchrevision zu Ende gegangen“[6], d.h. die Überzeugung, daß das Schulbuch ein bestimmendes Medium im Unterricht sei und daß Änderungen in Schulbuchtexten auch die Gewähr für Einstellungs- und Verhaltensänderungen bieten, mußte fallen gelassen werden. Andererseits sind Schulbücher aber dennoch Ausdruck eines staatlich legitimierten „Weltbildes“, in dem sich jeweils historisch geprägte Deutungen widerspiegeln und Bedürfnisse von Staaten nach Identifikation und Legitimation, nach Probleminterpretationen sichtbar werden. Hinzu kommt, daß Schulbücher auf privatwirtschaftlich organisierten Märkten als Waren auftreten, die Gewinne erzielen sollen und von daher das Interesse von Verlagen darin bestehen wird, Schulbücher mit solchen „Weltbildern“ und Deutungen anzubieten, die bestehende (Vor-)Urteilsstrukturen von (Bildungs-)Politikern, Eltern und Lehrern widergeben und damit auch empfohlen, angeschafft und benutzt werden. Dadurch können Schulbuchinhalte, manifeste und latente, als Ausdruck des herrschenden Zeitgeistes gewertet werden und legitimieren eine Beschäftigung mit den Inhalten und Interpretationen von Texten, die jedoch nicht gleich zusetzen oder zu verwechseln ist mit Wirkungsforschung, in der nach den Vorstellungen bei Schülern/innen gefragt wird.

In der vorliegenden Schulbuchanalyse wurden französische, englische und bundesdeutsche Schulbücher auf die Frage hin untersucht, ob sie einige Forderungen der UNESCO-Empfehlung und der Abrüstungserziehung bereits aufgenommen und umgesetzt haben oder diese eher nicht zur Kenntnis nehmen.

Ausgewählt wurden Geschichts- und Sozialkundebücher für die Sekundarstufe II, in der in allen drei Ländern die Behandlung von Weltproblemen, Problemen der Friedenssicherung gefordert wird (Liste der Schulbuchtitel, siehe Anhang).

Aus dem breiten Spektrum von Forderungen der UNESCO für eine internationale Erziehung wurden vier Fragestellungen herausgenommen, die hier von besonderem Interesse sind:

1. Welche Weltprobleme werden (in welchem Umfang) in den Schulbüchern behandelt (und welche nicht)?

Diese Fragestellung geht von der Hypothese aus, daß sich durch Selektion von bestimmten Weltproblemen — unter Vernachlässigung anderer — spezifische Sichtweisen auf unsere Welt ermitteln

5. Vgl. hierzu die 10 Thesen, abgedruckt in: *R. Mallée*, u.a., Lernziel Frieden (Berlin 1982) sowie *B. Reich, R. Mallée*: Internationale Perspektiven der UNESCO. In: Dick, Lutz van (Hrsg.): Lernen in der Friedensbewegung, 2. Aufl. (Weinheim 1987) S. 62-71.

6. Siehe: *K.E. Jeismann*, Internationale Schulbuchforschung. In: Internationale Schulbuchforschung (1979), Heft 1, S. 8.

* Die ausführliche Schulbuchanalyse unter dem Titel: „Erziehung zur Völkerverständigung und zum Frieden — Ein internationaler Vergleich zur Umsetzung der UNESCO-Empfehlung in Geschichts- und Sozialkundebüchern der Sek. II“ ist als Dissertation im Fachbereich 22 der Technischen Universität Berlin eingereicht., März 1988.

lassen, die jeweils durch nationalbedingte oder eurozentristische „Verzerrungen" geprägt sind (siehe hierzu: Übersicht 1).

2. Vermitteln Schulbücher Weltbilder, in denen Schuldzuschreibungen über die Ursachen von Kriegen und Konflikten eindeutig am politischen „Gegner" oder „Feind" festgemacht werden oder solche, in denen politische Entwicklungen als wechselseitige Wirkungszusammenhänge mit der Möglichkeit von friedlichen Lösungen gedeutet werden? (siehe hierzu: Übersicht 2).

Diese Frage geht von der Annahme aus, daß die Ursachen von Konflikten weniger im eigenen „Lager" als in Defiziten beim politischen „Feind" gesehen werden und damit zur Stabilisierung von „Feindbildern" beitragen.

3. Werden andere Länder, ihre Kultur und Lebensweisen vorgestellt? Diese Frage bezieht sich auf die Forderungen der UNESCO-Empfehlung zur internationalen Verständigung durch die Vermittlung von Kenntnissen über andere Kulturen und durch die Sensibilisierung und Solidarisierung mit den Problemen und Problemlösungen in allen Teilen der Welt. Es ist davon auszugehen, daß die Schulbücher eher auf Entwicklungen in Europa und denen ihrer politisch Verbündeten ausgerichtet sind und damit ein sehr beschränktes Weltbild vermitteln (siehe hierzu: Übersicht 3).

4. In welcher Weise beschäftigen sich Schulbücher mit dem Problem der Friedenssicherung: Legitimieren sie den Status quo der Hochrüstung und des Rüstungswettlaufs oder diskutieren sie alternative Friedensstrategien und Abrüstungsmöglichkeiten? Vermutet wird, daß Schulbuchtexte eher den augenblicklichen Status quo und die offizielle Position zur Sicherheitspolitik ihrer jeweiligen Regierungen affirmieren und nicht konsequent für die Abkehr vom Rüstungswettlauf und alternative Friedensstrategien votieren (siehe hierzu Übersicht 4).

Die Methoden zur Beantwortung der Fragen variieren zwischen der Präsenz- und Raumanalyse (Frage 1 und 3) und der typisierenden Strukturierung (Frage 2 und 4), bei denen die An- und Abwesenheit und typische Argumentationen erhoben werden. Die Ergebnisse werden hier nur knapp in Thesenform formuliert, zur Veranschaulichung dienen dazu die Übersichten.

3. *Einige Ergebnisse der Schulbuchanalyse — Thesen*

1. Entsprechend nationalbedingter Deutungen und eines nationalen Selbstverständnisses nimmt für die Bundesrepublik Deutschland die Frage der Friedenssicherung im Ost-West-Konflikt eine zentrale Position ein, für Frankreich und Großbritannien — als Kolonialmächte — ist die Geschichte der Entkolonialisierung mindestens ebenso wichtig wie die Behandlung des Ost-West-Konflikts.

2. In bundesdeutschen Schulbüchern ist die Debatte über Friedenssicherung — stärker als in französischen und englischen — mit der Rüstungsproblematik verknüpft, alternative Vorstellungen und einige Ergebnisse der Friedensforschung werden von bundesdeutschen Autoren ansatzweise aufgenommen, fehlen jedoch fast ganz in französischen und englischen Büchern.

3. In keinem Buch werden in systematischer Form die Bemühungen zur Abrüstung gewürdigt, während die Geschichte der Aufrüstung bei fast allen Autoren behandelt wird.

4. Französische Schulbuchautoren sind im Vergleich am sensibelsten für die Auswirkungen der „Kapitalisierung der Welt". Welthandel und Weltwirtschaft werden sowohl in ihren problematischen Auswirkungen auf die soziale Situation unterschiedlicher Bevölkerungsgruppen als auch auf die ungleiche Verteilung der „Früchte des Wachstums" zwischen Nord und Süd hin untersucht. Englische Geschichtsbücher thematisieren das Nord-Süd-Verhältnis ausschließlich in der historischen Dimension (Entkolonialisierung), bundesdeutsche diskutieren es unter politisch-pragmatischen Gesichtspunkten von Entwicklungshilfe und Entwicklungspolitik.

5. Menschenrechte als universale Leitidee werden in englischen und französischen Schulbüchern

nur marginal, in bundesdeutschen Schulbüchern in ihrer westlich orientierten Genese und als Mittel zur Kritik vor allem an der DDR und der UdSSR gesehen. Sie werden aber nicht in ihrer heutigen weltweiten Dimension und Dynamik charakterisiert oder ebenso selbstkritisch auf Zustände im eigenen Land angewandt. Ausgeblendet bleiben Diskussionen über eine neue Generation von Menschenrechten als „Rechte der Völker" und die Thematisierung des „Selbstbestimmungsrechtes" vor allem für die „Dritte Welt".

6. Etwa die Hälfte der untersuchten Schulbücher interpretieren den Ost-West-Konflikt unter der westlich-ideologisch geprägten Perspektive des Kampfes der „freien Welt" gegen den „aggressiven Kommunismus", während die andere Hälfte der Autoren sich um eine „liberale" Deutung bemühen und Interessen und Motive beider Seiten schildern. Es fehlt allerdings bei Schulbüchern der Versuch, den Ost-West-Konflikt in eine globale Sichtweise zu integrieren und nach Ansätzen zu fragen, die eine Chance für friedliche Lösungen von Konflikten und gesellschaftliche Weiterentwicklungen bieten könnten.

7. Ein Hauptkennzeichen der Darstellung der Staatengesellschaft ist ihre Schichtung in unterschiedlich wichtige und einflußreiche Staaten, während die Länder der „Peripherie" überwiegend nur in summarischer Form und anhand aggregierter statistischer Daten charakterisiert werden. Ein Verständnis für ihre Kultur und Lebensweisen kann damit nicht vermittelt werden.

8. Während die Hälfte der untersuchten Schulbücher unreflektiert und unkritisch die Geschichte des Rüstungswettlaufes nachzeichnet und die andere Hälfte immerhin warnend den Finger vor der Möglichkeit eines Atomkrieges erhebt, fehlen jedoch völlig solche Autoren, die eindeutig Stellung beziehen für eine allgemeine und vollständige Abrüstung, die Visionen von einer atomwaffenfreien Welt vorstellen oder gar für einseitige Abrüstungsschritte plädieren, alles Positionen, die von den Regierungen im Schlußdokument der Sondertagung der Generalversammlung für Abrüstung von 1978 bereits für sinnvoll und wünschenswert formuliert wurden.

Anhang

Übersicht 1:
Weltprobleme in Geschichts- und Sozialkundebüchern
Zusammengefaßte Präsenz- und Raumanalyse
(Die Auswahl der Weltprobleme orientiert sich an der Auflistung in Artikel 18 der UNESCO-Empfehlung)

Weltprobleme / Land-/Schulbücher	Frankreich						Großbritannien					BR Deutschland							
	F1	F2	F3	F4	F5	F6	G1	G2	G3	G4	G5	B1	B2	B3	B4	B5	B6	B7	B8
Friedenssicherung	2	3	3	2	2	2	3	2	2	2	2	4	2	2	4	4	4	4	3
Ursachen, Arten, Auswirkungen von Kriegen	2	2	2	2	2	2	2	2	2	3	3	2	2	2	2	0	3	0	2
Abrüstung	1	1	1	2	2	1	1	2	1	0	2	3	1	1	3	3	3	3	0
Unzulässigkeit der Nutzung v. Wiss./Technik für Krieg	2	1	2	1	0	2	0	1	1	0	0	0	1	0	1	1	0	2	0
Wirtschaftswachstum und soziale Gerechtigkeit	2	2	3	3	2	3	1	0	0	0	1	3	1	1	1	2	2	3	1
Kolonialismus/Entkolonialisierung	4	4	3	4	3	4	3	4	4	4	1	3	2	2	1	1	0	0	1
Entwicklungsländer: Kampf für bessere Lebensverhältnisse	2	2	2	3	3	3	2	0	1	1	0	3	2	2	3	3	4	1	3
Entwicklungspolitik Entwicklungshilfe	2	2	2	3	0	2	0	0	0	0	0	2	2	0	3	3	4	2	3
Nutzung der Weltressourcen/Umweltschutz	1	1	2	2	1	1	1	0	0	0	0	1	0	0	2	1	2	0	0
Erhaltung des kulturellen Erbes	0	0	0	1	0	0	0	0	0	0	0	0	0	0	0	0	0	0	0
Achtung der Menschenrechte	1	1	2	1	3	2	1	2	1	1	2	2	1	1	3	0	3	2	1
Bedeutung des Völkerrechts	0	0	0	0	0	0	0	0	0	0	0	1	0	0	3	0	2	0	4
Gleichberechtigung/Selbstbestimmungsrecht	0	1	1	1	0	0	0	0	0	0	0	1	0	0	1	0	0	0	0
Vereinte Nationen	2	2	2	4	3	3	2	4	4	4	1	2	2	1	4	2	4	1	4

Legende: 0 = nicht vorhanden
1 = kurze Erwähnung im Text
2 = Darstellung in mindestens einem Abschnitt (ca. 1 Buchseite)
3 = ausführliche Schilderung (mehr als 2 Buchseiten)
4 = eigenes Schulbuchkapitel (mehrere Buchseiten)

Übersicht 2:
Die Darstellung des Ost-West-Konflikts: Typische Argumentationsmuster (Schulbuchzitate)

Prototyp 1: Der Ost-West-Konflikt als Ergebnis des aggressiven Sowjetkommunismus

G1: Russia had gained enormous territory during the war though it still had not covered all the land that the Tsar had ruled before the Ist World War. It continued this westward expansion after 1945, for whatever Soviet troops had liberated a country, that country went over to communism. The main reason, however, was Russian control throughout eastern Europe and the Balkans of the army and the police. This control enabled the Russians to make sure that communists were elected to power in the new governments or even to establish communism by force. (S. 201f.)

G3: During the two years after the Potsdam conference, communism strenghtened its grip on eastern Europe... The change from alliance to bitter and frustrated opposition in the immediate postwar years was very sudden... A divided Europe and mutual hostility between East and West reluctantly came to be accepted... Gradually the point of view developed that Truman put it, unless Russia is faced with an iron fist and strong language, another war is in the making. (S. 70ff.)

G4: (a) Stalins foreign policies contributes to the tensions: his aim was to take advantage of the military situation to strengthen Russian influence in Europe... The motives behind Stalin's aims are still a subject of controversy among historians:
(i) many western historians still believe... that Stalin was either continuing the traditional expansionist policies of the tsars or, worse still, was determined to spread communism over as much of the world as possible.
(ii)... he wanted a buffer zone to protect Russia from any further invasion from the capitalist west... Unfortunately it is impossible to be sure what motive was uppermost in Stalin's mind. (S. 199)

B1: Ihren Höhepunkt erreichte diese von Stalin immer mit dem Argument einer notwendigen Festigung der russischen Sicherheitszone gerechtfertigte Sowjetisierungspolitik im Januar 1947, als die Wahlen zur verfassungsgebenden Versammlung behindert und gefälscht, nichtkommunistische Politiker verfolgt sowie eine zentrale Planwirtschaft nach sowjetischem Muster eingeführt wurden. Unter Druck, mit Versprechungen und Täuschungen wurden dann auch in der Tschechoslowakei, in Ungarn, Rumänien und Bulgarien „sowjetfreundliche" Regierungen an die Macht gebracht. Diese Politik des ‚fait accompli' unter dem Schild der Roten Armee wurde in den westalliierten Ländern als Bruch von Jalta gebrandmarkt. (S. 318f.)

B2: Die Sowjetunion beherrscht seit 1945 nicht nur Asien bis zum Pazifik, sondern auch Europa bis zur Elbe. Sie war der eigentliche Gewinner des 2. Weltkrieges... Truman und Stalin waren erfüllt von gegenseitigem Mißtrauen. Der neue Präsident und seine Berater sahen mit Sorgen das Streben der Kommunisten nach Weltherrschaft und waren nicht gewillt, die Fehler einer Appeasement-Politik zu wiederholen. Sie kannten die auf Lenin zurückgehende Zwei-Lager-Vorstellung Stalins, nach der die Welt in zwei naturnotwendige antagonistische Blöcke gespalten ist... Stalins imperialistische Machtpolitik: Die expansive Politik der Sowjetunion in Europa. Die „demokratische Mission" der USA (Kapitelüberschriften).
... Die Amerikaner waren nun bereit, die Welt gegen den kommunistischen Herrschaftsanspruch zu verteidigen und jedes weitere sowjetische Vordringen unmöglich zu machen. (S. 27ff.)

B3: ... Die Sowjetunion füllte das Machtvakuum in Europa, das durch das Ausscheiden Deutschlands entstanden war. Sie erschien den meisten Menschen als bedrohlich: Wirtschaftlich war sie immer noch schwach, stark aber als politische und militärische Kraft mit einer expansiven Ideologie. (S. 132)

B6: ... Für die SU war auch nach Kriegsende die Vorstellung vom Klassenkampf zwischen Kapitalismus und Kommunismus als Grundprinzip der marxistisch-leninistischen Lehre Ausgangspunkt der Politik geblieben... Dieses Vorgehen Stalins war sowohl ideologisch (im Sinne der Weltrevolution) wie machtpolitisch (im Sinne eines klassischen Imperialismus) motiviert... Um Deutschland nicht zum ‚Armenhaus Europas' werden zu lassen, orientierte Washington allmählich seine Außenpolitik um... Die Außenpolitik der Vereinigten Staaten zielte seit 1947 auf die Eindämmung der Ausbreitung des sowjetischen Einflusses. Die SU hatte seit 1945 versucht — jeweils unterhalb der Schwelle eines

Kriegsrisikos —, jede schwache Stelle in Europa zur Ausweitung ihres Machtbereichs zu nutzen. Die Amerikaner verglichen das sowjetische Vorgehen mit einer Flutwelle, die jede Ritze, jede schwache Stelle ausnutzt, um weiter vorzudringen... Nur mit Festigkeit, die auf eigener Stärke beruhte, konnte eine weitere Ausdehnung des sowjetischen Machtbereichs verhindert werden. (S. 499ff).

Prototyp 2:
Der Ost-West-Konflikt als Auseinandersetzung zwischen zwei kontradiktorischen Systemen (liberale Deutung)

F1: Des buts de guerre divergents: Staline redoute que ses alliés ne profitent de la ruine économique dans laquelle est plongé son pays pour imposer leurs vues. Aussi entend-il profiter de ses atouts militaires stratégiques et psychologiques dont il dispose, pour atteindre deux objectifs vitaux: la reconstruction et la securité de l'URSS... et de constituer un glacis défensif avec les pays voisins... Churchill tient à ce que son pays garde son rang de grande puissance coloniale; pour assurer la sécurité des liaisons maritimes avec l'empire, il espère assurer la suprématie britannique en Méditerranée orientale... Le nouveau président des Etats-Unis ne partage pas l'admiration de son prédecesseur pour l'héroisme de l'URSS pendant la guerre: il entend parler le langage de la fermeté. En mai 1945... il interrompt brutalement l'aide américaine à l'URSS; Staline le soupçonne de vouloir étrangler économiquement son pays, déjà dévasté et meurtri, et d'exercer là un chantage financier... Chaque camp défend désormais avec acharnement sa zone d'influence et tend à croire qu'elle est menacée par l'autre. (S. 108ff.)

F2: Ils offrent deux systèmes de pensée, deux modes d'organisation politique et sociale inconciliables... Les appréciation des historiens divergent sur les origines de la guerre froide. Pourquoi les Etats-Unis décident-ils en 1947 d'étendre à l'Europe et au Pacifique l'influence qu'ils exercaient jusqu'alors dans l'hémisphère occidentale, c'est-à-dire dans le continent américain?... L'attitude de l'URSS est également diversement appréciée: sa politique est-elle expansionniste dès 1945?... De 1945 à 1947, l'URSS ne cherche pas à imposer son système économique et social auy pays libérés par l'armée rouge. Les représentants des partis libéraux collaborent avec les partis communistes dans des coalitions de ‚front national'. (S. 80ff.)

G5: There is a general agreement about what happened in the Cold War, but when we asked why Russia or America did this or that, there are different answers... Did the Cold War really start in the way we have been taught?... Their conclusion was that Truman and others on ‚our side' should share the blame with Stalin, and that American motives were not so ‚innocent' as she had pretended... The Soviet View — — The American View. (S. 237ff.)

B7: Die unterschiedlichen Standorte hängen sehr von einer generellen Einschätzung des Ost-West-Konfliktes ab, also von der Frage nach den Ursachen... Ist der Ost-West-Konflikt nur Folge eines ständigen Machtstrebens des Kommunismus?... Kommt man zu einer derartigen Einschätzung, so muß eine eindeutige Schuldzuweisung erfolgen. Sicherheitsinteressen der ‚anderen Seite' bleiben unberücksichtigt, da eigenes Handeln niemals als aggressiv und bedrohlich gedeutet werden dürfte. Die eigenen sicherheitspolitischen Optionen ... sind immer nur ‚Verteidigung'... (S. 5/5).

Übersicht 3:
Andere Länder, ihre Kultur und Lebensweisen — Politik und Wirtschaft
Zusammengefaßte Präsenz- und Raumanalyse (nach Erdteilen)

ET	Afrika		Asien		Europa		Nord-Amerika		Süd-Amerika	
SB	(A)	(B)	(A)	(B)	(A)	(B)	(A)	(B)	(A)	(B)
F1	1	3	2	3	4	4	3	4	0	1
F2	2	3	3	4	4	4	3	4	1	1
F3	1	2	3	4	4	4	3	4	1	2
F4	1	2	3	4	4	4	3	4	1	1
F5	1	2	3	4	4	4	3	4	1	1
F6	1	2	3	4	4	4	3	4	1	2
G1	1	2	1	3	2	3	1	3	1	2
G2	2	4	1	4	2	4	1	4	1	4
G3	1	4	2	4	2	4	2	4	1	4
G4	1	4	2	4	2	4	2	4	1	2
G5	0	1	3	4	2	4	3	4	0	1
B1	2	2	1	1	2	4	0	1	0	1
B2	2	2	2	2	2	4	1	2	1	1
B3	2	2	2	2	2	4	0	1	1	1
B4	2	2	1	2	2	4	1	4	1	1
B5	1	1	1	1	1	2	0	1	1	1
B6	1	1	1	1	0	3	0	1	1	1
B7	1	1	1	1	1	3	0	1	1	1
B8	1	4	2	4	1	3	0	0	0	1

Legende: 0 = nicht vorhanden
1 = kurze Erwähnung
2 = Darstellung in mindestens einem Abschnitt
3 = ausführliche Darstellung
4 = eigenes Schulbuchkapitel

(A) = Kultur, Lebensweisen
(B) = Politik, Wirtschaft

Übersicht 4:
Legitimationen der Hochrüstung versus alternative Friedensstrategien (Schulbuchzitate)

1. Legitimationen des Status quo der Hochrüstung und des Rüstungswettlaufs

F2: „A partir de 1977 les Soviétiques installent en Europe de l'Est des fusées SS20: quasiment invulnérables, elles permettent le lancement de plusieurs ogives nucléaires à 4000 km avec une précision d'impact comprise entre 150 et 250 m. En riposte, les Américains envisagent d'implanter en Europe les fusées Pershing 2 dont les performances sont comparables." (S. 130)

F3: „... avec l'URSS et les Etats-Unis, la France, le Royaume-Uni, la Tchécoslovaquie, la Pologne, la Chine sont marchand d'armes ... Un peu partout, les armes trouvent preneur: les jeunes Etats, jaloux de leur fraîche indépendance, soucieux de protéger leurs frontières ou d'affirmer leur souveraineté en achètent; les mouvement des guérilla, en Amérique latine, en Afrique ou en Asie, s'apprivisionnent; le terrorisme régional et international en profite." (S. 324)

F6: „Le Pacte Atlantique: ... Conclusion: Malgré ses imperfections — elle est adaptée à une stratégie „frontale" en Europe, non à la stratégie „périphérique" que les Soviétiques vont developper dans le Tiers Monde à partir de 1955 — et ces incertitudes ... l'Alliance Atlantique a, depuis sa création en 1949, atteint l'objectif majeur exposé par ses promoteurs dans le préambule du traité. A savoir, la „préservation de la paix et de la sécurité" dans la zone couverte par le pacte." (F6, S. 165)

G1: „As the 1980s opened the balance of power remained uncertain and insecure. The Cold War had briefly thawed in the years of détente and had lost some of its sharpness, but the optimism had not lasted. The United States had seen the steady advance of communism in Asia, Africa and Central America and the Republicans under President Reagan were calling for a firm stand in the defence of democracy." (S. 295)

G3: „In the immediate postwar years Western European countries, despite the friendship of the United States, felt dangerously insecure. Russia had been very successful in imposing Communism on eastern Europe, her latest conquest being Tzechoslovakia in February 1948. Russia condently predicted the victory of Communism, and possessed an army of 4 million to give weight to her claim. Moreover, Russia said that she had the knowledge to make nuclear weapons, and in September 1949 she exploded her first atomic bomb. Then the Berlin blockade raised tension. As a result of this apparent threat, Britain, France and the Benelux countries met in Brussels ... and there signed a treaty which provided for military, political, economic and cultural collaboration ... It was clear, however, that the Brussels Pact was not strong enough for the defense of Western Europe, and that the US must be brought in." (S. 77)

„During the next ten years (1968-78) it was widely held that Russia had no conceivable motive for starting a war, that Russia was too concerned about her east European empire ... above all, it was considered that no country, including Russia, would risk a nuclear war. Consequently the conventional weapons strength of NATO did not keep pace with that of the Warsaw Pact, and the military balance in Europe shifted in favour of the east: American forces decreased, Russian forces increased." (S. 85)

B1: „Die Weltpolitik im Atomzeitalter beherrschen zwei Staaten — die USA und die Sowjetunion. Der Gegensatz zwischen diesen beiden Weltmächten ... und den von ihnen angeführten Machtblöcken durchzieht die gesamte Weltgesellschaft. Interkontinentalraketen, die in Minutenschnelle Atombomben von unvorstellbarer Zerstörungskraft über riesige Entfernungen ins Ziel bringen können, zwingen die USA und die Sowjetunion in eine unauflösliche und spannungsreiche ‚Nachbarschaft'. Die von ihnen geschaffenen und kontrollierten atomaren Vernichtungswaffen liefern einerseits das wichtigste Instrument der weltpolitischen Stärke der beiden Supermächte, andererseits liegt darin auch ihre besondere Verantwortung begründet, eine wirksame Schwelle vor dem Einsatz von Atomwaffen aufrechtzuerhalten." (S. 315)

B2: „Als sich die Weltlage durch den Umsturz in der Tschechoslowakei, den Sieg Maos in China, die Berliner Blockade und durch den kommunistischen Angriff auf Südkorea zugespitzt hatte, bauten die

USA ein die ganze Welt umfassendes defensives Vertragssystem auf, in der Meinung, daß nur feste Bündnisse die weitere Expansion des Kommunismus verhindern könnten". (B2, S. 279)

B2: „Angesichts der Möglichkeit einer beispiellosen Zerstörung durch die Massenvernichtungswaffen (A-und H-Bomben) hat der Krieg aufgehört, ein Mittel der großen Politik zu sein. — Im Grunde können die Weltmächte außenpolitisch nur noch versuchen, einen modus vivendi zu erhalten. — um so wichtiger ist die Bewahrung des atomaren Gleichgewichts." (S. 296)

B4: „Wie immer der Einzelne die Machtpolitik der Staaten beurteilt, er muß hinnehmen, daß sie in den außenpolitischen Entscheidungen eine wichtige Rolle spielt und nicht auszuschließen sein wird ... Die Beschränkung der Macht durch andere Macht ist die sicherste und zuverlässigste Gewähr gegen Gewaltpolitik in den internationalen Beziehungen.
Eine sinnvolle Rüstung der Staaten schafft solche Gegenkräfte gegen fremdes Machtstreben." (S. 415)

B8: „Das Mißverhältnis der militärischen Kräfte: Als die Bundesrepublik Deutschland 1949 gegründet wurde, standen im westlichen Europa 14 Divisionen ... Sie waren nach den Gesichtspunkten der Besatzung, nicht der Verteidigung stationiert. Die Amerikaner verfügten insgesamt nur noch über ein Landheer von etwa 600 000 Mann. Die Sowjetunion dagegen hatte nicht abgerüstet und ihre Streitkräfte laufend modernisiert ... Seit die Sowjetunion im Jahre 1948 die erste Atombombe gezündet hatte, nahm auch das ausgleichende Gewicht eines amerikanischen Atomschildes von Monat zu Monat ab." (S. 265)

2. Vorstellung alternativer Friedensstrategien, Friedensbewegung, Kritik an der Hochrüstung

F3: „Autre fléau de cette fin de siècle, mais á une tout autre échelle: le péril nucléaire. Les explosions atomiques d'août 1945 sur deux villes japonaises ont marqué le début d'une ère nouvelle dans l'histoire de l'humanité. Au fil des décennies, l'armement nucléaire n'est pas un simple jeu de l'esprit: les populations civiles sont devenues les cibles privilégiées de la guerre moderne." (S. 348)

F5: „Vers l'apocalypse nucléaire? ...
Les monopoles responsables?
Ce sont les milieux impérialistes américains qui donnent le ton dans cette politique lourd de conséquences extrêmement dangereuses ... L'augmentation constante des dépenses militaires est une caractéristique de tous les pays de l'OTAN ... (Etudes soviétique)
Les inquiétudes occidentales:
La puissance soviétique a commencé de croître après la crise des missiles de Cuba. Durant la décennie 60, nous avions l'avantage tant pour l'arsenal stratégique que pour des armes nucléaire de théatre ... Quant aux armes classiques, nous avons toujours été surpassés en nombre et nous pensions que nous puvions effacer la disparition grâce à la qualité de nos systèmes d'armes." (General Rogers, forces américaines) (S. 235)

G5: „The nuclear age:
In the nuclear age, political leaders face the prospect that to go to war no longer risks thousands of lives but tens of millions; not merely the loss of a province, but the survival of human society. Any ‚little' war may escalate to a nuclear level, especially if a nuclear state has an interest in it ...
The main aim of the superpowers has been to avoid a nuclear conflict. They have had to recognize that:
(i) adequate defence can no longer be achieved by building overwhelming military superiority ...
(iii) the super-powers have something in common — the wish to survive!
... Both sides say that these weapons will never be used to start a war, but can we be sure of that?" (S. 271 ff)

„Anti-nuclear protest movements, such as Britain's Campaign for Nuclear Disarmament, began in Western Europe in the 1950s. ... The New Cold War of the 1980s, with its perilous nuclear dimension, brought increased support for CND ... Mounting public protest kept the debate in the news, and now included threats of civil disobedience by militant groups like the ‚Greenham Common women' ... In fact many sober and ‚responsible' voices have also questioned the West's reliance on a nuclear defence system. In 1979 Lord Mountbatten, a retired Admiral and a member of the British Royal family, stated his view that nuclear weapons serve ‚no military purpose' and that their existence ‚only adds to our perils …" (S. 272 f)

B5: „Der Ost-West-Konflikt und das Problem der Friedenssicherung.
Die militärischen Sicherheitssysteme des Westens und des Ostens — ein Überblick Rüstungskontrolle, Rüstungsbegrenzung und Abrüstungsverhandlungen:
Zur Entwicklung der Entspannungspolitik seit den 60er Jahren
Truppenverminderung in Europa — MBFR
Die Begrenzung der strategischen Waffen — SALT — II — START
Symmetrische oder asymmetrische Reduzierung?
Einfrieren oder abrüsten?
Alternative Vorschläge zur Friedens- und Sicherheitspolitik:
Eine atomwaffenfreie Zone in Europa (Olaf Palme-Plan)
Defensive Verteidigung durch kleine Kommandoeinheiten (Afheldt)
Gewaltfreier Widerstand als Instrument der Sozialen Verteidigung (Th. Ebert)
Frieden — ohne Waffen? Pax-Christi-Bewegung, Ohne-Rüstung-leben"
(Kapitel- und Abschnittüberschriften in B5)

B6 „Kritik der Abschreckung:
Die Paradoxie der Abschreckungspolitik, nämlich immer kostspieligere und wirksamere Waffensysteme bereitzustellen, um sie nicht zu gebrauchen, fordert die Kritik geradezu heraus. Dabei werden im Wesentlichen folgende … Einwände gegen die Abschreckungs- und Rüstungspolitik vorgebracht:
… desto leichter kann es zu technischem und menschlichem Versagen kommen, zu einem unbeabsichtigten, kriegsauslösenden Zufall …
… Geldmittel würden sinnvoller zur Bewältigung der dringenden sozialen Probleme in den Gesellschaften der Industrie- und Entwicklungsländer verwandt,
… Wettrüsten und Abschreckungspolitik sichern den Supermächten ihre Vormachtstellung im Bündnis …
… Rüstungsdynamik wirkt destabilisierend auf das internationale System …
…" (S. 485 f.)

B7: „Friedenssicherung durch Abschreckung?
— Kriegsschauplatz Bundesrepublik?
— Wenn es bei uns geschehen wäre (Szenario eines Atombombenabwurfs über Köln)
— Autismus-Modell / Erklärungsversuche für die Rüstungsdynamik
— Militärisch-industrieller Komplex
Modelle zur Reform der praktizierten Sicherheitspolitik
— Kooperative Rüstungssteuerung
— Der Gradualismus
— Der Unilateralismus
— Soziale Verteidigung
— Entspannungspolitik"
(Kapitel- und Abschnittüberschriften in B7)

Liste der untersuchten Schulbücher (Sek. II)

I. Frankreich

F1 F. Lebrun / V. Zanghellini: Histoire. Terminales. Belin 1983.
F2 J. Bouillon et al.: Le temps présent. Histoire Terminale. Bordas 1984.
F3 J.-P. Azéma et al: Histoire. Classe de Terminale. Collection A. Prost, Colin 1983.
F4 J. Sentou / J.Aldebert / B.Phan: Histoire. Terminales. Aujourd'hui le monde. Collection J. Aldebert, Delagrave 1983.
F5 Alexandre et al.: Histoire. Le monde de 1939 à nos jours. Terminales A,B,C,D. Collection Gregh, Hachette 1983.
F6 G. Berstein et al.: Histoire. Classe Terminale. De 1939 à nos jours. Collection Berstein/Milza, Hatier 1983.

II. Großbritannien

G1 M.N. Duffy: The 20th Century. Blackwell Publishers 1983.
G2 J. Martell: World History in the Twentieth Century. Harrap 1983.
G3 R.D. Cornwell: World History in the Twentieth Century. Longman 1983.
G4 N. Lowe: Mastering Modern World History. Macmillan Press 1984.
G5 H. Ward. World Powers in the Twentieth Century. Heinemann 1980.

III. Bundesrepublik Deutschland

B1 P. Alter et al.: Neuzeit seit 1789. Grundriß der Geschichte. Bd. 2, Tempora. Klett 1984.
B2 J.Dittrich / E.Dittrich-Gallmeister: Die moderne Welt. II. Grundriß der Geschichte für die Oberstufe der Höheren Schulen. Klett 1983.
B3 R.H.Tenbrock / E.Görlitz / W.Grütter: Die geschichtlichen Grundlagen der Gegenwart. 1776 bis heute. Schöningh-Schrödel 1983.
B4 H.-H.Hartwich / Horn / Grosser / Scheffler: Politik im 20. Jahrhundert. Westermann 1980.
B5 F.J. Behet et al.: Sozialwissenschaftliche Aspekte. Klett 1984.
B6 B. Sutor (Hrsg.): Politik. Schöningh 1979.
B7 Kühnert et al.: Dimensionen der Politik. II. Teil 3, 4 und 5, Hirschgraben 1984.
B8 Mickel / Kampmann / Wiegand: Politik und Gesellschaft. 1917 bis heute. Hirschgraben 1981.

Die deutsch-polnische Schulbucharbeit 1972-1987

von Wolfgang Jacobmeyer/ Rainer Riemenschneider,
Braunschweig

Dem Andenken an Walter Mertineit (1926-1987)

Als die beiden nationalen UNESCO-Kommissionen der Bundesrepublik Deutschland und der Volksrepublik Polen am 17. Oktober 1972 ihre künftige Zusammenarbeit hinsichtlich der Schulbücher beider Länder vertraglich vereinbarten, war dieser Vorgang schon in sich bedeutungsvoll. Denn internationale Schulbucharbeit, wie sie uns aus dem 19. Jahrhundert bekannt ist, die jedoch nach den Katastrophen der beiden Weltkriege des 20. Jahrhunderts bedeutende neue Antriebe, also Sinnzuweisung aus dem Schrecken erhalten hatte, kannte bis dahin diese förmlichen gegenseitigen Bindungen nicht. In diesem Vertrag fassen die beiden nationalen UNESCO-Kommissionen ihre Aufgabe sehr grundsätzlich auf und greifen in den Bemerkungen zur Zielsetzung ihres gemeinsamen Vorhabens auch über das hinaus, was zwei Vertragspartner für sich beschließen können. Gleich zu Beginn weisen sie auf „den Geist der Verfassung der UNESCO" hin — zweifellos auf jene Passage der Präambel, in der es heißt, daß Kriege in den Köpfen der Menschen entstehen und daß daher „die Bollwerke des Friedens" ebenfalls in den Köpfen der Menschen aufzurichten seien. Denn der letzte Satz dieser Vereinbarung von 1972 lautet: „Es gilt, die Jugend für eine friedliche Zukunft und eine gute Nachbarschaft zu gewinnen".

Freilich hatte diese Vereinbarung zur Revision der Schulbücher schon eine Vorgeschichte, griff ältere Vorarbeiten auf, die nun, nach dem Warschauer Vertrag von 1970 auf das Gleis einer kontinuierlichen Zusammenarbeit gestellt werden konnten. Schon 1956 hatte der Oldenburger Studienrat Dr. Enno Meyer 47 Thesen über die Darstellung der deutsch-polnischen Beziehungen in Lehrbüchern höherer Schulen veröffentlicht, hatte jedoch in seinem Vorwort skeptisch bemerkt: „Hinter dem Eisernen Vorhang gibt es keine Historiker und keine Verbände, die mit denen der freien Welt sachlich und unabhängig diskutieren könnten. Wie soll man zu einer deutsch-polnischen Verständigung über den Inhalt der Lehrbücher kommen? An deutsch-polnische Tagungen ist nicht zu denken."

Es gehört zu den großen Überraschungen, daß eben daran doch zu denken war, wenn auch erst eine halbe Generation später; und am bemerkenswertesten ist vielleicht, daß Meyers Sorge, daß sich bei solchen Gesprächen die Historiker nicht nur nach nationaler Zugehörigkeit, sondern nach ideologischen Blockbindungen getrennt gegenübersitzen würden, als unberechtigt erwiesen hat. Die Wirklichkeit der deutsch-polnischen Schulbucharbeit hat ein ganz anderes Gesicht angenommen. Am wichtigsten ist, schon jetzt festzuhalten, daß es jeweils wechselnde Fraktionsbildungen zwischen beiden Gruppen gegeben hat und gibt, für die nicht Nationalität, politisches Bekenntnis oder anderes bestimmend ist, sondern vielmehr wissenschaftliche Auffassungen, Forschungskompetenz und das wissenschaftliche Argument angesichts von Forschungsfragen. Dieser Befund aus der Beobachtung von mehr als 25 gemeinsamen Konferenzen und über 40 Gesprächen zur Steuerung der Arbeit der Gemeinsamen deutsch-polnischen Schulbuchkommission erklärt vielleicht die Dauerhaftigkeit der gemeinsamen Arbeit. Er erklärt aber auch, und nicht nur zu einem Teil, weshalb polnische und deutsche Wissenschaftler es überhaupt wagen konnten, sich an die Aufgabe zu setzen, höchst komplexe Themen der Beziehungsproblematik zu bearbeiten, denen Fragen der moralischen Schuld und heikle Probleme politischer Natur beigegeben waren. Was immer an Dissens in diesen Gesprächen aufgetreten ist, war nicht das platte Konfrontationsschema von marxistischer gegen bürgerliche Geschichtswissenschaft, sondern das Problem miteinander konkurrierender Begründungen und wissenschaftlich-empirisch abzusichernder Erklärungen für die Einbettung von Einzelfakten in die Linie einer Beziehungs- und Wirkungsgeschichte. Das aber ist normaler wissenschaftlicher Alltag.

In der ersten Phase konkreter Schulbuchgespräche der Jahre 1972-1976 zeigte es sich, wie sehr die Schulbücher beider Seiten noch immer von der Überlieferung national gefärbter Denkweisen geprägt waren. Der Nationalismus als die im 19. Jahrhundert erfolgte Zuspitzung eines natürlichen patriotischen Empfindens hatte sich ja beiden Nationen unmittelbar mitgeteilt, hatte in den deutsch-polnischen Grenz- und Mischgebieten zu erbitterten völkischen Auseinandersetzungen geführt, in denen der Respekt vor der Unantastbarkeit des individuellen Rechtsanspruchs dahingeschmolzen und durch nationalistische Heilserwartungen und unbedenkliche Superioritätsgefühle ersetzt worden war. Beide Gesellschaften waren nationalistisch „aufgeladen" worden.

Daneben gab es beträchtliche systemabhängige Unterschiede zwischen den Schulbüchern, die man kaum je wird ändern können, solange Schulbücher den Charakter und die Funktion „nationaler Autobiographien" haben, wie einer der Konferenzteilnehmer einmal formuliert hat. Einige dieser Unterschiede seien hier genannt:

In Polen erfolgt die Schulbuchproduktion im Rahmen eines staatlichen Monopols; in der Bundesrepublik herrscht eine marktwirtschaftliche Ordnung vor.

In Polen werden Schulbücher zentral zugelassen; in der Bundesrepublik ist die Zulassung in die ausschließliche Zuständigkeit der elf Länder gestellt. Diese Tatsache ist vor allem für die politisch motivierte Kritik aus Polen an deutschen Schulbüchern nur schwer zu begreifen.

Die Vorstellungen der Geschichtsdidaktik unterscheiden sich sehr stark. In polnischen Lehrbüchern stehen Fragen nach der Nationalgeschichte, nach den „hervorragenden Errungenschaften", nach Vaterlandsliebe und nach der Verbundenheit mit den reichen revolutionären Traditionen im Vordergrund. In der Bundesrepublik sind die Lehrbücher viel stärker inhaltszentriert; ihre Didaktik fragt nach den Gegenständen, nach den Zielen, die dem Unterricht vorgegeben sind, nach den Methoden, mit denen sie unterrichtet werden. Diese Unterschiede zeigen sich schon allein am bloßen Druckbild: wo polnische Lehrbücher Geschichte noch „erzählen", also einen homogenen Text darbieten, zerfällt in der Bunderepublik die Druckseite in die verschiedensten Aggregatszustände von Text, manchmal mehr als fünf Textsorten auf einer einzigen Seite. Das polnische Geschichtsbuch gehört dem Typus des Lernbuchs an, das bundesdeutsche mehr dem Typus des Arbeitsbuches.

Der Stellenwert des Geschichtsunterrichts in Polen ist völlig unstrittig. In der Bundesrepublik unterliegt er vielfältigen Einflüssen wissenschaftlicher, politischer und gesellschaftlicher Wünsche; die Zeit ist noch nicht allzu fern, als das Lehrfach Geschichte sogar ernsthaft in Frage gestellt wurde.

Angesichts dieser Voraussetzungen muß die 1976 erfolgte Veröffentlichung der gemeinsamen Empfehlungen für die Schulbuchdarstellungen beider Länder als eine bedeutende Leistung gewertet werden. Daß diese Schulbuchempfehlungen eine Zäsur in den Beziehungen beider Länder gesetzt haben, wird allerdings nicht nur aus dem reichen positiven Zuspruch deutlich, den sie gefunden haben, sondern auch aus der Schärfe der Auseinandersetzungen mit diesem gemeinsam erarbeiteten Text. Wir werden uns in der Skizze dieser Einwendungen ausschließlich auf die in der Bundesrepublik geäußerte Kritik beschränken, möchten jedoch anmerken, daß die in der Volksrepublik Polen geäußerte Kritik nahezu spiegelbildlich war. Schon allein deshalb können wir uns auf eine Seite beschränken. — Daß die Auswahl der Experten auf deutscher Seite angeblich fragwürdig gewesen sei, ist leicht zu entkräften; denn teilgenommen haben u.a. zwei Vorstandsmitglieder des Herder-Forschungsrats, drei weitere Mitglieder dieses Rats und zwei Vorsitzende ostdeutscher historischer Kommissionen. Ebenso wenig verschlägt der zudem falsche Vorwurf, es hätten die deutschen Teilnehmer keine polnischen Sprachkenntnisse besessen; überdies ist Verhandlungssprache der deutsch-polnischen Schulbuchkonferenzen nach wie vor Deutsch.

Gewichtiger waren solche Einwendungen, die konkrete Inhalte zum Gegenstand hatten. Dabei ist es auffällig, daß die Kritik sich nahezu ausschließlich auf die Empfehlungen zur Zeitgeschichte bezog. Offenbar eignet sich die jüngste Geschichte besser zur Selbstdeutung. — Es wurde vorgetragen, die Empfehlungen stünden im Widerspruch zu den Entscheidungen des Bundesverfassungsgerichts bezüglich der Rechtslage der Bundesrepublik Deutschland. Indessen ist der Vorwurf durch den Text nicht belegbar. Vielmehr machen die Empfehlungen auf die unterschiedliche Auslegung der Potsdamer Beschlüsse von 1945 durch die Siegermächte aufmerksam und stellen lediglich einen völkerrechtlichen Dissens fest. — Der Vorwurf, die Empfehlungen verharmlosten die Vertreibung, ist ernstzunehmen, kann aber ebenfalls zurückgewiesen werden. Prägend für die Formulierung in den Empfehlungen war ja der Vorsatz, auf die Verwendung von Reizwörtern zu verzichten und statt dessen genaue wissenschaftliche Deskription vorzutragen. „Vertreibung" ist angesichts der Tatsache, daß sich im realgeschichtlichen Vorgang des Kriegsendes so unterschiedliche Phänomene wie Flucht, Evakuierung, Ausweisung, Zwangsumsiedlung, Ausreise usw. mischten, ein viel zu ungenauer Begriff. Auch haben die Kritiker mit der Lektüre der Empfehlungen zu früh aufgehört. Denn was sie lesen wollten, steht in der Empfehlung 22, wo über das Schicksal der Deutschen ausgeführt wird: „wurden evakuiert", „flüchteten unter großen Verlusten", „wurden ausgewiesen bzw. zwangsumgesiedelt". Diese Formulierungen tragen dem realhistorischen Vorgang besser Rechnung als der abstrakte Begriff „Vertreibung", der in der Bundesrepublik zwar eine innerstaatliche emotional-politische Kraft besitzt, aber eben keine wissenschaftlich-deskriptive. Nach wie vor wird der Begriff in der politisch-sozialen Sprache der Bundesrepublik gebraucht.

Insgesamt ist unschwer zu sehen, wie sich in dieser Debatte, die sich erfreulicherweise in den letzten Jahren beruhigt hat, alte, von der Kommissionsarbeit zu überwindende nationale Rechtfertigungen und fremdnationale Schuldzuweisungen noch einmal in sehr stereotyper Form zu Wort gemeldet hatten. Diese sind ein Indiz dafür, daß sich in Schulbüchern konkret ausdrückt, was in einer Gesellschaft mental am Werke ist, was die Wertvorstellungen und den Erwartungshorizont von Gesellschaften ausmacht.

Die Kritik innerhalb beider Gesellschaften war heftig und besaß deutliche politische Unterströmungen; aber sie hat den Fortgang der gemeinsamen deutsch-polnischen Arbeit nicht gefährden können. Zu deutlich war, daß es für beide Seiten Gewinn bringt, aus der Enge der eigenen Perspektive herauszutreten und die auf der anderen Seite bestehende Wahrnehmung in die eigenen Erklärungsmuster und Urteilsvoraussetzungen einzufügen.

Seit 1977 haben jährliche Fachkonferenzen zu Einzelaspekten des von den Empfehlungen gegliederten Themenfeldes stattgefunden, zehn Fachkonferenzen der Historiker und fünf der Geographen. Vielleicht am bedeutendsten ist der Versuch der Historiker, die mit der Warschauer Konferenz von 1984 begonnen haben, die deutsch-polnische Beziehungsgeschichte des 20. Jahrhunderts aufzuarbeiten. Ende 1987 erschien der letzte Tagungsband dieser Serie, in dem die Erörterung dieser Beziehungsgeschichte bis zur KSZE-Konferenz von 1975 vorangetrieben wurde. Diese in Schule wie Wissenschaft gut beachteten Arbeitsergebnisse haben sich von der Ausgangslage des Schulbuchs im übrigen nicht gelöst. Vielmehr wurde jeweils in einem polnischen Referat die Darstellung des Tagungsthemas in deutschen Lehrbüchern, von einem deutschen Referat die in polnischen Lehrbüchern analysiert. Und dabei wurden Befunde erhoben, die nun allerdings über den eher abstrakten Text der Empfehlungen von 1976 hinausgehen und die vor allem ein zentrales Merkmal internationaler Schulbuchforschung erfüllen — nämlich, daß es mit einem einmaligen Ansatz nicht getan ist. Vielmehr muß internationale Schulbuchforschung, wenn sie wirklich effektiv werden soll, in eine Form der Dauerbeobachtung münden, da ja die Schulbücher in einem steten Prozeß der Veränderung, Revision und Neukonzipierung begriffen sind - wie auch der Erkenntnisprozeß des Historikers.

1987 wurde eine erste Bilanz über den wissenschaftlichen Ertrag der deutsch-polnischen Schulbucharbeit seit 1972 auf der Konferenz von Posen (Poznań) gezogen. Sie war nötig, damit neue Arbeitsansätze sich vergewissern können, an welchem Ort des Erfolges und der Problematik die gemeinsamen Bemühungen sich befinden. Auf dieser Konferenz wurde, um einmal eine Zahl zu nennen, u.a. erhoben, daß in der bisherigen Arbeit rd. 290 verschiedene Wissenschaftlerinnen und Wissenschaftler mitgewirkt haben. Die deutsch-polnische Schulbucharbeit ist also allein von Umfang und Dauer her ein wissenschaftlich-pädagogisches Großunternehmen, das ein intensives Geflecht persönlicher Begegnungen, konkreter wissenschaftlicher Arbeitsergebnisse und einen tief wirkenden Einfluß auf die Schulbücher wie auch auf die Wahrnehmung des anderen Landes hervorgebracht hat, in der Bundesrepublik so gut wie in der Volksrepublik.

Für 1988 ist eine weitere Konferenz vereinbart, auf der die pädagogischen Ergebnisse bilanziert werden sollen. Auch dafür kann man schon jetzt voraussagen, daß die Bilanz positiv ausfallen wird. Denn die Änderungen in der Schulbuchdarstellung auf beiden Seiten sind beträchtlich; sie sind vielleicht nicht so umfangreich, wie manche Politiker beider Länder sie wünschen mögen, aber sie haben die Unterrichtung polnischer wie deutscher Schüler nachhaltig geprägt.

Wenn Sie uns fragen, was denn „eigentlich“ bemerkenswert an der gemeinsamen Schulbucharbeit ist, dann möchten wir uns nicht darauf beschränken zu sagen, daß kein kluges Volk sich in seiner Politik von der Pflege eines Feindbildes leiten lassen kann, und daß daher die Aufarbeitung des deutsch-polnischen Verhältnisses so dringlich wie lohnend ist. Vielmehr sei Professor Aleksander Gieysztor zitiert, der auf der 17. Konferenz von 1979 in Allenstein (Olsztyn) die folgende Verfahrensregel vorgetragen hat:

in omnibus caritas (in allem herrsche die fürsorgliche Wahrnehmung des Anderen)
in necessariis unitas (in notwendigen Dingen stehe man zusammen)
in dubiis libertas (wo Zweifel ist, herrsche Freiheit).

Bibliographie der deutsch-polnischen Schulbucharbeit 1972-1987*

Veröffentlichungen des Internationalen Schulbuchinstituts/Georg-Eckert-Instituts für internationale Schulbuchforschung im Rahmen oder im Umkreis der Arbeit der deutsch-polnischen Schulbuchkommission

zusammengestellt von Rainer Riemenschneider, seit 1983 fortgeführt von Wolfgang Jacobmeyer

Abkürzungen
Jahrbuch = Internationales Jahrbuch für Geschichts- und Geographieunterricht
Internationale Schulbuchforschung = Internationale Schulbuchforschung. Zeitschrift des Georg-Eckert-Instituts (als Fortsetzung des Jahrbuchs)
Schriftenreihe = Schriftenreihe des Internationalen Schulbuchinstituts/Georg-Eckert-Instituts

I. Empfehlungen

Empfehlungen für Schulbücher der Geschichte und Geographie in der Bundesrepublik Deutschland und in der Volksrepublik Polen, hrsg. von der Gemeinsamen deutsch-polnischen Schulbuchkommission (Schriftenreihe Bd. 22) Braunschweig 1977 (zweisprachig); deutsche Ausgabe
— in: Jahrbuch XVII/1976, S. 158-184;
— als Sonderdruck des Jahrbuchs.

II. Fachkonferenzen

a) Geschichte
— Deutsch-polnische Schulbuchkonferenz in Thorn/Toruń zum Deutschen Orden, in: Jahrbuch XVI/1975, S. 255-314.
— Deutschland, Polen und der Deutsche Orden (Sonderdruck in Ergänzung zu Jahrbuch XVI/1975, Braunschweig).
— Widerstandsbewegungen im nationalsozialistischen Deutschland und in Polen während des Zweiten Weltkrieges. X. deutsch-polnische Schulbuchkonferenz der Historiker. Łańcut 1977, in Jahrbuch XVII/1977-78, S. 271-384; Neuauflage unter dem Titel:
— Widerstandsbewegungen in Deutschland und in Polen während des zweiten Weltkrieges (Schriftenreihe Bd. 22/I) Braunschweig 1979, 2. erw. Aufl. 1983.
— Die deutsch-polnischen Beziehungen 1831-1848: Vormärz und Völkerfrühling. XI. deutsch-polnische Schulbuchkonferenz der Historiker, Deidesheim 1978 (Schriftenreihe Bd. 22/II) Braunschweig 1979.
— Die Rolle Schlesiens und Pommerns in der Geschichte der deutsch-polnischen Beziehungen im Mittelalter. XII. deutsch-polnische Schulbuchkonferenz der Historiker, Allenstein/Olsztyn 1979 (Schriftenreihe Bd. 22/III) Braunschweig 1980.
— Polen und Deutschland im Zeitalter der Aufklärung. Reformen im Bereich des politischen Lebens, der Verfassung und der Bildung. XIII. deutsch-polnische Schulbuchkonferenz der Historiker, Münster/W. 1980 (Schriftenreihe Bd. 22/IV) Braunschweig 1981.
— Schlesien und Pommern in den deutsch-polnischen Beziehungen vom 16. bis 18. Jahrhundert. XIV. deutsch-polnische Schulbuchkonferenz der Historiker, Zamość 1981 (Schriftenreihe Bd. 22/V) Braunschweig 1982.

* Die hier aufgeführten Veröffentlichungen werden (mit Ausnahme der *gekennzeichneten Titel) beim Georg-Eckert-Institut, Celler Straße 3, 3300 Braunschweig, auf Anfrage kostenlos abgegeben.

- Nationalgeschichte als Problem der deutschen und der polnischen Geschichtsschreibung. XV. deutsch-polnische Schulbuchkonferenz der Historiker, Braunschweig 1982 (Schriftenreihe Bd. 22/VI) Braunschweig 1983.
- Industrialisierung, sozialer Wandel und Arbeiterbewegung in Deutschland und Polen bis 1914. XVI. deutsch-polnische Schulbuchkonferenz der Historiker, Warschau 1983 (Schriftenreihe Bd. 22/VII) Braunschweig 1983.
- Die deutsch-polnischen Beziehungen 1919-1932. XVII. deutsch-polnische Schulbuchkonferenz der Historiker, Augsburg 1984 (Schriftenreihe Bd. 22/VIII) Braunschweig 1985.
- Deutschland und Polen von der nationalsozialistischen Machtergreifung bis zum Ende des Zweiten Weltkrieges. XVIII. deutsch-polnische Schulbuchkonferenz der Historiker, Nowogard (Naugard) 1985 (Schriftenreihe Bd. 22/IX) Braunschweig 1986.
- Die Beziehungen zwischen der Bundesrepublik Deutschland und der Volksrepublik Polen bis zur Konferenz über Sicherheit und Zusammenarbeit in Europa (Helsinki 1975). XIX. deutsch-polnische Schulbuchkonferenz der Historiker vom 20. bis 25. Mai 1986 in Saarbrücken (Schriftenreihe Bd. 22/X) Braunschweig 1987.

b) Geographie

- Strukturwandel der Landwirtschft und soziale Erosion im Raum Eschwege. Symposium der Arbeitsgruppe Geographie im Rahmen der VI. deutsch-polnischen Schulbuchkonferenz, Braunschweig/Eschwege 1974, in: Jahrbuch XVI/1975, S. 315-371.
- Natürliches Milieu und ökonomische Entwicklung der Küstenregion am Beispiel der Dreistadt und ihrer Umgebung. Deutsch-polnisches Geographie-Symposium im Rahmen der IX. deutsch-polnischen Schulbuchkonferenz, Zoppot/Sopot 1976, in: Jahrbuch XVII/1976, S. 205-225.
- Kultur- und wirtschaftsgeographische Probleme in Grenzräumen. Deutsch-polnisches Geographie-Symposium im Rahmen der X. deutsch-polnischen Schulbuchkonferenz, Münstereifel 1977, in: Jahrbuch XVIII/1977-78, S. 385-415.

Einzelveröffentlichungen und Abhandlungen in chronologischer Reihenfolge ihres Erscheinens

Geschichte und Geographie

- *Gerard Labuda*, Umstrittene Fragen der deutsch-polnischen Beziehungen. Zehn Thesen über Polen und Deutschland bis 1939, in: Jahrbuch XIV/1972-73, S. 166-177.
- *Maria Wawrykowa*, Revolutionäre Demokraten in Deutschland und Polen 1815-1848. Ein Beitrag zur Geschichte des Vormärz (Schriftenreihe Bd. 19) Braunschweig 1974.
- *Dies.*, Deutsche Geschichte aus polnischer Sicht 1815-1848 (Schriftenreihe Bd. 21) Braunschweig 1974.
- *Enno Meyer*, Stereotypen über Russen, Polen und die Bedeutung der Deutschen im östlichen Europa, in: Jahrbuch XV/1974, S. 62-78 (Auswertung deutscher Geschichts- und Geographielehrbücher vom Kaiserreich zur Bundesrepublik).
- *Franciszek Ryszka*, Deutsch-polnische Problematik nach 1945 in Schulbüchern, in: Jahrbuch XV/1974, S. 79-86 (vergleichende Analyse von je zwei deutschen und polnischen Geschichtslehrbüchern).
- *Hans-Heinrich Nolte*, Die Empfehlungen zur Behandlung der deutsch-polnischen Beziehungen in Schulbüchern im Lichte der Lehrpläne für Geschichte in den Ländern der Bundesrepublik, in: Jahrbuch XV/1974, S. 87-96.
- *Wilhelm Wöhlke*, Die Behandlung der Bundesrepublik Deutschland in den Erdkundebüchern der VR Polen, In: Jahrbuch XV/1974. S. 357-372.
- *Wilhelm Wöhlke*, Die Bundesrepublik Deutschland: Staat und Wirtschaft. Wirtschaftsgeographische Selbstdarstellung der Bundesrepublik Deutschland, vorgetragen auf der VII. deutsch-polnischen Schulbuchkonferenz, Braunschweig 1975, in: Jahrbuch XVI/1975. S. 242-254.
- *Irmgard Hantsche*, Die Rolle der Kirche bei der mittelalterlichen deutschen Ostsiedlung und ihre Darstellung in deutschen Schulgeschichtsbüchern der letzten Jahre, in: Jahrbuch XVI/1975, S. 35-49.
- *Hagen Schneider*, Die Darstellung Polens in Schulgeschichtsbüchern des Kaiserreichs, in: Jahrbuch XVI/1975, S. 164-241.

— *Wilhelm Wöhlke*, Über die Behandlung der Bundesrepublik Deutschland in den Erdkundebüchern der VR Polen, in: Jahrbuch XVI/1975, S. 396-407.

— *Armin Dross*, Die Darstellung der polnisch-deutschen Beziehungen und der Bundesrepublik Deutschland in polnischen Geschichtsbüchern, in: Jahrbuch XVII/1976. S. 185-204.

— *Jürgen Vietig*. Die deutsche Geschichte in den polnischen Geschichtsbüchern der Hauptschule bei Beginn der UNESCO-Schulbuchkonferenzen 1972, in: Jahrbuch XVII/1977-78, S. 103-161.

* *Wolfgang Jacobmeyer*, Die deutsch-polnischen Bemühungen zur Verständigung auf dem Gebiet der historischen und geographischen Unterrichtswerke, in: Internationale Schulbuchforschung, 1. Jg. 1979, H. 1, S. 23-31.

* *Enno Meyer*, Die Geschichte des südlichen Ostpreußens in polnischen Reiseführern, in: Internationale Schulbuchforschung, 1. Jg. 1979, H. 2, S. 5-17.

* *Walter Sperling*, Die kartographische Behandlung der Grenzen der historischen deutschen Ostgebiete — mit den Ergebnissen einer Befragung, in: Ebenda, S. 18-36.

* Forum zur Darstellung der deutschen Ostgrenzen in Schulbüchern und Schulatlanten (mit Beiträgen von *Gottfried Schramm*, *Jochen Abr. Frowein* und *Ingo v. Münch*), in: Ebenda, S. 78-91.

* Die deutsch-polnischen Schulbuchempfehlungen in der öffentlichen Diskussion der Bundesrepublik Deutschland. Eine Dokumentation eingeleitet und ausgewählt von *Wolfgang Jacobmeyer* (Schriftenreihe Bd. 26) Braunschweig 1979.

* *Rudolf Benl*, Die Darstellung der deutsch-polnischen Beziehungen im Zeitraum der mittelalterlichen deutschen Ostsiedlung in deutschen und polnischen Schulgeschichtsbüchern, in: Internationale Schulbuchforschung, 2. Jg. 1980, H. 2, S. 30-49.

* *Dieter Richter*, Geographische Bildung durch lernziel-thematisch-orientierten Geographieunterricht in der Bundesrepublik Deutschland und Intensivierung der Behandlung Polens, in: Internationale Schulbuchforschung, 2. Jg. 1980, H. 3, S. 26-45.

* Forum: „Deutsch-polnische Nachbarschaft im Schulbuch". Zur Kontroverse um die deutsch-polnischen Schulbuchempfehlungen (mit Beiträgen von *Josef Joachim Menzel* und *Klaus Zernack*), in: Ebenda, S. 60-66.

* *Karl-Ernst Jeismann*, Zur Problematik der Kritik internationaler Schulbuchempfehlungen, in: Geschichte in Wissenschaft und Unterricht, 32. Jg. 1981, H. 3, S. 147-161.

* *Karl-Ernst Jeismann*, Politische Determinanten der deutsch-polnischen Schulbuchempfehlungen und ihre Aufnahme in der Öffentlichkeit, in: Geschichtsdarstellung (hrsg. v. K.-E. Jeismann und S. Quandt), Göttingen 1982, S. 102-122.

* *Jürgen Girgensohn*, Nordrhein-Westfalen und die Umsetzung der deutsch-polnischen Schulbuchempfehlungen, in: Internationale Schulbuchforschung, 4. Jg. 1982, H. 1, S. 62-69.

* *Enno Meyer*, Deutschland, die Deutschen und die deutsch-polnischen Beziehungen in den polnischen Geschichtslehrbüchern seit 1972, in: Internationale Schulbuchforschung, 4. Jg. 1982, H. 4, S. 261-274.

* *Ders.*, Die Festigung der Vaterlandsliebe als Lernziel in den Richtlinien für den Geschichtsunterricht der Volksrepublik Polen (1970, 1976, 1981), in: Ebenda, S. 275-279.

* *Rainer Riemenschneider*, Die Darstellung des deutsch-polnischen Verhältnisses in Geschichtslehrbüchern der Sekundarstufe I in der Bundesrepublik Deutschland, in: Ebenda, S. 280-301.

* Forum: Die Verkrampfung des deutschen Bewußtseins überwinden. Anmerkungen zum Beitrag von *Jürgen Girgensohn (Christoph Stollenwerk)*; Die Verwirklichung der Empfehlungen in der Bundesrepublik Deutschland und in der Volksrepublik Polen *(Manfred Mack)*, in: Ebenda, S. 302-312.

* Polnische Geschichtsbücher der Hauptschule über die Nord- und Westgebiete des Landes (ehemalige deutsche Ostgebiete). Dokumentation, zusammengestellt und eingeleitet von *Jürgen Vietig*, in: Ebenda, S. 345-363.

* *Georg W. Strobel*, Die deutsch-polnischen Schulbuchempfehlungen in der Auseinandersetzung um „Deutsche und Polen im Kaiserreich und in der Industrialisierung", in: Internationale Schulbuchforschung, 6. Jg. 1984, H. 1, S. 73-80.

* *Rudolf Jaworski*, Deutsch-polnische Feindbilder 1919-1932, in: Ebenda, H. 2, S. 140-156.

* *Enno Meyer*, Wie ich dazu gekommen bin: Die Vorgeschichte der deutsch-polnischen Schulbuchgespräche, 1948-1971. (Schriftenreihe Bd. 56) Braunschweig 1988.

Gewerkschaftliche Vorstellungen über Friedenserziehung in Schulbüchern des gesellschaftlichen Bereichs

von Hartmut Ring, Hamburg

1. Einleitung

Die GEW hat sich schon verschiedene Male zu unterschiedlichen Anlässen geäußert, wie Friedenserziehung aussehen kann. In fast allen Landesverbänden unserer Gewerkschaft gibt es inzwischen Ausschüsse für Friedenserziehung. Die bisher geäußerten Vorstellungen zur Friedenserziehung beziehen sich auf die unterschiedlichen Bereiche (Schule, Freizeit, Elternhaus etc.), Themen (Krieg, Frieden, Feindbild etc.) und Zielgruppen (Jugendliche, Erwachsene, Kinder, Lehrerinnen und Lehrer etc.).

Ich beschränke mich im Rahmen meines Statements auf *ein* Gebiet und *ein* Thema.

2. Vorbemerkung zur Rolle von Schulbüchern im Schulunterricht

Schulbücher haben im Unterricht u.a. die Funktion, zu vermittelnde Sachverhalte zu ergänzen, zu vertiefen und zu erweitern. Sie dienen der häuslichen Vor-, Nachbereitung, sowie der unterrichtlichen Unterstützung. Die Bedeutung von Schulbüchern für Schülerinnen und Schüler ist fachspezifisch und jahrgangsspezifisch recht unterschiedlich. Allgemein ist es m.E. so, daß sie in den höheren Jahrgangsstufen, insbesondere in der Sek II, eine abnehmende Bedeutung haben. Sie treten zurück zugunsten der von den Lehrer(inne)n erarbeiteten aktuellen Materialien. Es mag auch ein Nord-Süd-Gefälle geben: in Bayern werden beispielsweise Schulbücher häufiger und durchgehender als etwa in Hamburg benutzt.

Schulbücher haben ungeachtet dieser Differenzierungen gegenüber anderen im Unterricht verwendeten Materialien den „psychologischen" Vorteil größerer „Dauerhaftigkeit" und „Authentizität". Sie können größere Zusammenhänge übersichtlich und graphisch ansprechend bieten. Die „Ästhetik des Schulbuches" nimmt in den Vermarktungsstrategien der teilweise einem harten Konkurrenzkampf ausgesetzten Schulbuchverlage einen immer größeren Stellenwert ein — nicht immer verbunden mit didaktisch-methodischen Überlegungen. Zunehmend gewinnen Geschichts- und Sozialkundebücher auch den Charakter von Nachschlagewerken durch die Ausweitung der Register und Glossare und machen somit die Handhabbarkeit leichter. Für die Schulsenator(inn)en und Kultusminister/innen bzw. die ihnen nachgeordneten Stellen haben Schulbücher den „Vorteil", daß sie ihrem inhaltlichen Zugriff und ihrer Vorkontrolle und damit dem jeweils herrschenden ideologischen Einfluß direkt unterliegen. So widerspiegeln sie das jeweils inhaltlich Gewollte und Akzeptierte, keineswegs (zum Glück) das im Unterricht real Vermittelte.

Mit den sich aus diesen Vorbemerkungen ergebenden Einschränkungen hinsichtlich der Bedeutung und Wirksamkeit gewerkschaftlicher Forderungen, sollten sie sich niederschlagen, unterliegen Schulbücher gleichwohl einer konstruktiven Kritik.

Die zunehmende Beschäftigung mit dem Thema „Feindbilder" auf Tagungen berufsspezifischer Friedensinitiativen und auch Kongressen der friedenspädagogisch engagierten Kolleginnen und Kollegen spiegeln wider, daß es sich um ein Schlüsselproblem handelt, dessen Lösung vieles ermöglicht, was Friedenserziehung anstrebt.

Im Rahmen dieses Statements kann auf das Thema „Freundbilder" nicht eingegangen werden.

3. Skizze einer Bestandsaufnahme gewerkschaftlicher Positionen

Die angestellten Recherchen ergaben ein unvollständiges und heterogenes Bild.

Auf dem außerordentlichen Gewerkschaftstag der GEW v. 3.-4.10.1981 wurden einige Grundsätze formuliert, die die Friedenserziehung in Schulbüchern betreffen bzw. auf sie beziehen lassen und die sich thematisch auf das Problem Feindbild(er) anwenden lassen.

Auf der Ebene Methodik/Pädagogik wird bspw. gefordert, daß

> die Kolleginnen und Kollegen „die heranwachsende Generation im Geist der Toleranz und Völkerverständigung erziehen" sollen.[1]

Damit gekoppelt ist die Inhalts-/Stoffseite, für die gefordert wird, daß

> „die Geschichte und Funktion kriegerischer Konflikte, die Kriegsursachen und -folgen dargestellt werden"[2] sollten.

Die Kultusminister werden daher aufgefordert, u.a.

> „von der Vereinbarung der Grundsätze für die Darstellung Deutschlands in den Schulbüchern und kartographischen Werken für den Schulunterricht zurückzutreten."[3]

Auf den Int. Friedenspädagogischen Konferenz der GEW v. 13.-14.6.86 in Frankfurt/M. wurde u.a. gefordert,

> „die Anerkennung der Ergebnisse des Zweiten Weltkrieges, die Anerkennung der Grenze zwischen der DDR und Polen"[4],

und in Erweiterung der schon 1981 geforderten Inhalte,

> „die Darstellung der Ursachen, Funktionen und Folgen von Abschreckungs- und Entspannungspolitik die Rolle, die einzelne Gruppen und Bewegungen, Parteien, Wirtschaft und Gewerkschaften, sowie internationale Organisationen dabei spielen".[5]

Allgemein wurde auf dieser Konferenz der Abbau von Vorurteilen und Feindbildern gefordert[6]. In diesem Zusammenhang wurde immer wieder positiv Bezug genommen auf die UNESCO-Empfehlungen von 1974 und die UNESCO-Thesen von 1980 und ihre Umsetzung gefordert.

Im Teil VIII der Empfehlungen v. 19.11.1974 der UNESCO heißt es, daß empfohlen wird,

> „geeignete Maßnahmen zu fördern, damit die Lehrmittel, insbesondere die Lehrbücher, nichts enthalten, was Mißverständnisse, Mißtrauen, rassistische Reaktionen, Verachtung oder Haß gegenüber anderen Gruppen oder Völkern hervorrufen könnte."[7]

1. Abgedruckt in: Erziehung für den Frieden, Internationale Friedenspädagogische Konferenz, Tagungs-Dokumentation (Frankfurt/M. 1987) S. 207.
2. Ebd.
3. Ebd., S. 209.
4. Ebd.
5. Ebd.
6. Ebd., S. 184.
7. Abgedruckt in: Freie- und Hansestadt Hamburg, Behörde f. Schule und Berufsbildung, Amt f. Schule (Hrsg.), Grundsätze zur Friedenserziehung für Hamburger Schulen (Hamburg 1983) S. 13.

Dies sollte u.a. bewirken, daß

> „die Lernenden leichter die von den Massenmedien verbreiteten Informationen und Ideen beurteilen können, die den Zielen dieser Empfehlung zu widersprechen scheinen.".[8]

In den UNESCO-Thesen von 1980, auf die sich die GEW positiv bezieht, heißt es in These 9,

> daß sich Abrüstungserziehung „auf die Werte der internationalen Verständigung, Toleranz der ideologischen und kulturellen Verschiedenheit und Bindung an soziale Gerechtigkeit und menschliche Solidarität gründen" soll.[9]

GEW-Forderungen sind zum großen Teil eingegangen in die (sich ebenfalls ausdrücklich auf die UNESCO-Empfehlungen beziehenden) „Grundsätze für Friedenserziehung an Hamburger Schulen"[10], die aus gemeinsamen Beratungen der Kultusminister der Länder NRW, Hessen, Bremen und Hamburg hervorgegangen sind. Hier wird im Teil III.5. als didaktisch-methodischer Grundsatz formuliert, daß

> „die Erziehung zum Frieden (...) die Fähigkeit zum Wechsel der Perspektive, zum sich Hineinversetzen in die historische, politische und psychische Situation des jeweils anderen und zum Denken aus dessen Sicht, zum Erkennen der wechselseitigen Bedrohtheitsvorstellungen, zum Abbau von Stereotypen, Vorurteilen und Feindbildern anstreben" soll[11],

und es wird konstatiert, daß

> „Schulbücher in der Vergangenheit bei der Ausprägung und Pflege von gesellschaftlichen Klischees, Vorurteilen und Feindbildern eine zentrale Rolle gespielt" haben, weshalb „der internationalen Verständigung über Schulbücher große Bedeutung beizumessen" ist.[12]

4. *Thesen — Forderungen aus gewerkschaftlicher Sicht*

Es wäre ein eigenes Thema, das spezifisch Gewerkschaftliche an Forderungen zum Thema herauszuarbeiten. Daher nur aspekthaft einige Überlegungen hierzu:

Die Gewerkschaften haben eine historische Erfahrung in Sachen Frieden und Friedenserziehung. Sie resultiert aus ihrer gesellschaftlichen und politischen Rolle, die objektiv immer gegen die am Unfrieden, Krieg und Feindbildern interessierten Kräfte gerichtet war.

Spezifisch gewerkschaftlich bei Forderungen zum Thema mag auch der Merkpunkt sein, daß Feindbilder abbauen keineswegs heißt, den innergesellschaftlichen Gegner (z.B. Arbeitgeberverbände) als ‚Sozialpartner' aus den Auseinandersetzungen herauszunehmen, nicht heißt, den Gegensatz von Kapital und Arbeit zu verschweigen, nicht bedeutet, den ideologischen Gegensatz zwischen Kommunismus/Sozialismus und Kapitalismus und die jeweilige gesellschaftliche Realität der Systeme zu verschleiern.[13]

Ich gehe in meinen Überlegungen und den daraus abgeleiteten Forderungen und Thesen von

8. Ebd.
9. Ebd.
10. Ebd.
11. Ebd.
12. Ebd.
13. Vgl. hierzu: Der Streit der Ideologie und die gemeinsame Sicherheit, Positionspapier der SPD-Grundwertekommission und der Akademie für Gesellschaftswissenschaften beim ZK der SED v. 27.8.87. Wendet man die dort entwickelten Positionen für den Bereich Schulbücher an, so könnten sich einige Forderungen ergeben; vgl. ebd. IV 3., 4. und V. 3.-7..

einer vorläufigen Feindbilddefinition aus, die sich anlehnt an die Feindbildanalysen des Berliner Historikers Peter Jahn und des Marburger Psychologen Gerhard Bohn.[14]

Folgende Definitionselemente bestimmen das Wesen[15] eines Feindbildes:

Inhalt/e — Gegenstand von Feindbildern

— Feindbilder beziehen sich in der Regel auf eine (bzw. mehrere) Menschengruppe(n) als Ganzes oder, stellvertretend für diese Gruppe/n, auf einzelne, die für die eigene Gruppe/Gesellschaft als Bedrohung angesehen wird:[16]

— Feindbilder spiegeln stark verzerrt Aspekte der Realität des Feindes bzw. seiner Gesellschaft wider.

Je nach historischem Standort sind die konkreten Ausformungen von Feindbildern außerordentlich variantenreich und anpassungsfähig (s.u.), wobei bestimmte Elemente (z.B. wesentliche ‚Charakteristika' des Feindes) größtenteils erhalten bleiben.

Materielle und ideelle Voraussetzungen

— Es muß Gruppen/Kreise geben, die die Feindbilderzeugung bzw. ihre Stabilisierung materiell bewerkstelligen können und wollen; das setzt wieder voraus, daß Feindbilder nicht zufällig entstehen sondern Produkte bewußten Denkens sind;

— es muß auf der Seite der Feindbildträger einen realen Erfahrungshintergrund als scheinbare Bestätigung bzw. Rechtfertigung für das Feindbild geben;

— es muß ein aus den gesellschaftlichen Zuständen herrührendes psychisches Bedürfnis nach einem kollektiven Feindbild geben bzw. die Möglichkeit ein solches Bedürfnis zu erzeugen gegeben sein;

— es muß eine historische Tradition eines bereits formulierten und bewährten Erklärungsangebots für bestimmte mit dem Feind zusammenhängende oder in Verbindung mit ihm gebrachte Sachverhalte geben.

Funktion/en

— Feindbilder werden in der Regel als manipulatives Herrschaftsinstrument privilegierter Minderheiten zur Aufrechterhaltung ihrer Privilegien entworfen bzw. benutzt;

— als sozialer Heterostereotyp haben Feindbilder in den meisten Fällen die spezielle Aufgabe, den Herrschaftsanspruch privilegierter Minderheiten ideologisch abzusichern;

— Feindbilder sollen in der Regel bei den Feindbildträgern Denkblockaden errichten, die durch rationale Argumentation nicht mehr zu überwinden sind; insofern beziehungsweise in jedem Falle sichern Feindbilder zusätzlich die von ihnen Profitierenden vor unliebsamer Opposition in der eigenen Gesellschaft ab.

Methoden — Regeln

Die Methoden, mit denen Feindbilder geschaffen, stabilisiert bzw. verbreitet werden, sind vielfäl-

14. Bleuel/Engelmann/Spoo/Werner (Hrsg.), Feindbilder (Göttingen 1985).

15. Ich verwende den Terminus im Sinne der Definition des Philos. Wörterbuches, hrsg. v. Klaus/Buhr (Westberlin [11]1975) 1295 ff..

16. Feindbilder können sich auch auf Gruppen innerhalb einer Gesellschaft beziehen, wenn sie mit einem äußeren Feindbild korrespondieren (Ausländer, Kommunisten etc.). Dazu kommt, daß oft in Feindbildern methodisch differenziert wird zwischen Regierung und Volk des Feindes. Diese Differenzierung ist objektiv taktisch, andererseits basiert sie häufig auf mangelnder Akzeptanz des Feindbildes durch die Feinbildträger. Je mehr Feindbilder solche Differenzierungen benötigen, desto schwächer sind tendentiell ihre Wirkungen.

tig, können den historischen und ideologischen Verhältnissen angepaßt werden. Stellvertretend für die zahlreichen Varianten seien einige wichtige aufgeführt:

— Feindbilder operieren mit einer undifferenzierten bzw. verzerrten Betrachtungsweise ihrer Gegenstände;
— Feindbilder verfälschen historische Tatsachen, insbesondere solche über die Ursachen von Kriegen;
— Feindbilder unterstellen dem Feind Aggressionsabsichten, mitunter auch „ideologische Agressionsabsichten", die dann in militärische münden sollen;
— Feindbilder operieren oft mit der Zuordnung ethnologischer Merkmale zu negativen Verhaltens- oder Charaktereigenschaften; dies wird insbesondere im visuellen Bereich der Feindbilderzeugung (z.B. Karrikaturen), weniger im sprachlichen Bereich praktiziert.

Besonderheiten — Schwachstellen
Im Vergleich mit anderen Ideologemen haben Feindbilder neben Gemeinsamkeiten auch einige Besonderheiten.

Die m.E. wichtigste liegt in der Struktur ihres Inhaltes:

Feindbilder haben, wie jede Ideologie oder jedes Ideologem, die objektive Funktion, Realität oder Teile der eigenen von einer anderen Gesellschaft hiervon zu erfassen, zu beschreiben und zu bewerten.

Das Besondere eines Feindbildes besteht darin, daß es, soll es funktionieren, fragmentiert sein muß. Der Grad der Fragmentiertheit ist bedeutsam. Aus der Tatsache der Fragmentiertheit ergibt sich nun ein dialektischer Widerspruch: je größer die Fragmentiertheit, desto weniger erfaßt es Zusammenhänge der Realität, um so mehr drückt es die psychische Dynamik ihrer Träger/Erzeuger aus. Dies wiederum stellt tendentiell seine objektive Funktion infrage.

Thesen — Forderungen

1. Die mittels Feindbildern hervorgerufenen und dann wieder für ihre Stabilisierung als Voraussetzung geltenden Denkblockaden sind in einem komplexen und dialektischen Prozeß zu brechen.

   Der Anteil der Schulbücher an der Errichtung von Denkblockaden ist sehr unterschiedlich (in der Regel wird er überbewertet, die Massenmedien wirken z.B. viel stärker) und wäre genauer zu untersuchen (Feldforschung).

1.1. Die Rolle, die die Lehrer/innen in diesem Prozeß spielen, ist entscheidend. Sie sind dafür verantwortlich, daß die wesentlichen Elemente der gegenwärtigen Friedenserziehung zum Tragen gebracht werden:

1.1.1. Solche Elemente sind u.a.:
— Handlungsorientierung („Lernen in der Friedensbewegung") in Verbindung mit Projektorientierung;
— empirisches Lernen;
— interkulturelles Lernen (Schüler/innen-Austausch, -Begegnungen, vor allem aus „Feind"-Ländern; Integration ausländischer Schüler/innen ohne „kulturelle Vereinnahmung" etc.);
— demokratische Vermittlungs- und Umgangsformen im Unterricht (z.B. Einüben in rationales Konfliktlösungsverhalten; Achtung der Persönlichkeit der Schüler/innen durch die Lehrer/innen);
Vorbild der Lehrer/innen in der Frage des sichtbaren Friedensengagements;

2. Differenzierte Darstellung des im Feindbild erfaßten Gegenstandes in Verbindung mit differenzierter Darstellung der eigenen Gesellschaft/des eigenen Gesellschaftssystems, ihrer Geschichte und Probleme;

2.1. die in bundesdeutschen Schulbüchern bisher überwiegend ausgeblendeten gesellschaftlichen Gruppen und Kräfte, die objektiv an der Überwindung von Denkblockaden und am Feindbildabbau wirken (Gewerkschaften, oppositionelle Parteien/Organisationen, die Friedensbewegung, die sie tragenden Kräfte),müssen endlich angemessen berücksichtigt werden; das gilt selbstverständlich auch für ihre Forderungen;[17]

2.2 völkerrechtlich gültige Grenzen müssen kartographisch korrekt dargestellt werden, ebenso müssen entsprechende Verträge und ihr Zustandekommen in diesen Zusammenhang gestellt werden (Potsdamer Abkommen, KSZE-Schlußakte, Ostverträge etc.);

2.3. die sich (nicht nur) in Schulbüchern in Form von Feindbildstabilisierung und -tradierung niederschlagenden KMK-,Beschlüsse', (die ja formalrechtlich gesehen keine Bindungswirkung haben), müssen aufgekündigt werden;

2.4. beim Vergleich von Wertesystemen sollten nicht die des eigenen zum Maßstab des Vergleichs erhoben werden, sondern die des zu vergleichenden aus seinem Selbstverständis;[18]

2.4.1. über diese Forderung hinaus sollten solche Maßstäbe gelten, die von beiden Seiten durch internationale oder bilaterale Verträge, Abkommen oder Empfehlungen anerkannt wurden (KSZE-Schlußakte, UNO/UNESCO-Konventionen/Empfehlungen, Ergebnisse/Empfehlungen gemeinsamer Symposien, friedenspädagogische Tagungen, Ergebnisse/Empfehlungen gemeinsamer Schulbuchkommissionen etc.);[18]

3. auf der didaktischen Ebene sollten Schulbücher bei der Darstellung anderer Staaten, Völker, Ideologien und Wertesysteme die Möglichkeit „zum Wechsel der Perspektive, zum sich Hineinversetzen in die historische, politische und psychische Situation des jeweils anderen ermöglichen" (vgl. Anm. 11);

3.1. insgesamt müßten Schulbücher mehr Anlaß und Material zu diskussivem, dialektischem Lernen bieten, welches Denkblockaden den Nährboden entzieht; sie sollten auf Ergänzung hin angelegt sein, einen quasi offenen Charakter haben;

4. Feindbilder sollten in Schulbüchern thematisiert werden;[19]

5. jegliche nationalistische, rassistische oder chauvinistische Darstellungsweise muß unterbunden werden;[20]

6. Systematik sollte Vorrang vor Ausführlichkeit haben; jede als Fragmentierung des Wissens sich auswirkende Darstellung sollte unterbleiben.

5. Schlußbemerkung

Zur Dialektik der Friedenserziehung gehört auch: je wirksamer die Friedenskräfte (Friedensbewegung) national und weltweit sind, desto günstiger werden auch die unterrichtlichen/schulischen und außerschulischen Rahmenbedingungen zur Realisierung von Friedenserziehung.

In dialektischem Widerspruch zu dieser Auswirkung ist die andere zu sehen, daß sich die die Friedenserziehung tragenden Kräfte und die, die sie in ihren Auswirkungen für das politische Be-

17. Das gilt auch für die Rolle der Friedensbewegung für die Bewußtseinsänderung und für das praktische politische Handeln.

18. Vgl. Anm. 13.

19. Diese Forderung erscheint angesichts der unter Punkt 2 gemachten Bemerkungen unrealistisch: vgl. Anm. 20; realistisch durchsetzbar ist zumindest die Thematisierung historischer Feindbilder.

20. So könnten bei der Konzipierung von Schulbüchern — je nach Thema — UNESCO-Einrichtungen der BRD, die GEW, Schülervertretungen, Vertreter der Friedensbewegung, von nationalen anerkannten Befreiungsbewegungen (ANC, SWAPO etc.) beteiligt werden. Hierzu gibt es auch schon regionale Beispiele (Hamburg, Bremen).

wußtsein und Handeln neutralisieren, zumindest aber behindern oder begrenzen wollen, sich polarisieren.

Letztere praktizieren (regional unterschiedlich) eine schärfere Gangart: Berufsverbote, Disziplinierungen, Einschüchterungen, administrative Beschränkungen der pädagogisch-didaktischen Freiheit etc..

Zwei Beispiele aus jüngster Zeit:

> 1. Weil er seiner Lokalzeitung einen kritischen Leserbrief schrieb, in dem er anläßlich der Propagierung einer Baden-Württembergischen Landeshymne durch die CDU-Landesregierung eine satirische Ergänzung vorschlug, die auf das antidemokratische und freiheitsfeindliche Klima unter dieser Regierung Bezug nimmt, ist ein Lehrer aus Heilbronn auf persönliche Anweisung des Kultusministers Mayer-Vorfelder durch eine Art Rollkommando des Oberschulamtes einem 5-stündigen Unterrichtsbesuch unterzogen worden. Um belastende Momente gegen den Lehrer zu finden, wurden Klassentagebücher, Schülerhefte, Klassenarbeiten und Unterrichtsmaterial überprüft, sowie Gespräche mit einzelnen Schülerinnen und Schülern geführt.[21]
>
> 2. Der Rheinlandpfälzische Lehrer Ulrich Foltz erhielt Berufsverbot, weil er sich — so das Koblenzer Verwaltungsgericht in der mündlichen Urteilsverkündung — als Christ „nicht genügend von den Kommunisten distanziert hat".

21. Vgl. DVZ/die tat Nr. 42, 1987, 6.

Antijudaismen in der christlichen Erziehung

von Christiane Schmelzkopf, Laichingen

I.

Lassen Sie mich mit einer Geschichte beginnen:
Im August 1987 kommt auf Einladung der Stadt Tübingen eine Gruppe von während des 3. Reichs in die Flucht getriebenen Juden zu einem Besuch nach Tübingen, dem zweiten bereits. Es ist jedoch nur ein Teil der Eingeladenen; manche hatte Alter oder Krankheit abgehalten, und für manche würde die Wiederbegegnung mit dem Land, aus dem sie einst vor unsäglichen Diffamierungen und Entwürdigungen und der Drohung von weit Schlimmerem geflohen waren, auch noch nach 50 Jahren zu schmerzhaft geworden sein. Doch auch die, die gekommen sind, sind zwiespältigen Gefühlen ausgeliefert, und über aller Begegnung, auch für die, die bereits zum zweiten Mal da sind, steht die unausweichliche Frage, ob denn wirklich etwas grundlegend anders geworden ist in diesem Land, das sich heute um sie bemüht, oder ob nicht jenseits aller Bemühung von Einzelnen versteckt der alte Ungeist überdauert hat.

Und sie haben Gelegenheit, einiges zu erleben, was ihnen zu denken geben muß. Gerade in diesen Tagen ist in einem Supermarkt ein junger iranischer Asylant wegen angeblichen Ladendiebstahls von einem Angestellten niedergeschlagen und vor den Augen anderer Kunden erwürgt worden — doch allseitige Empörung und Demonstrationen gegen Ausländerfeindlichkeit beherrschen das Tagesgespräch. Die Besucher erfahren von den beschämenden antisemitischen Verbal-Entgleisungen einiger bundesdeutscher Politiker und von offen ausbrechenden antisemitischen Flegeleien gegen einzelne jüdische Bürger in Hamburg und im hessischen Geldern — doch der Oberbürgermeister erwähnt sie in seiner Festrede und stellt sich bewußt allem Habitus des Verschweigens und Vergessens entgegen, indem er nach den Ursachen fragt und dabei unter anderem von der Mitschuld des Christentums spricht, dessen Unwissen über die jüdische Religion und die gemeinsamen Ursprünge er „tragisch" nennt.[1]

Und sie erleben, wie ein zurückgekehrter und seit 40 Jahren wieder auf deutschem Boden lebender jüdischer Emigrant, der Literaturwissenschaftler Hans Mayer, der die Bürgermedaille der Stadt überreicht bekommt, ebenfalls bestätigt, dieses Deutschland sei ein anderes als das, das man einst verlassen habe, und es sei auch ein anderes als noch in den 50er und 60er Jahren, und es habe sich manches zum Besseren gewandelt, und dennoch, so seine Worte „Der Boden ist nach wie vor undicht, auf dem wir alle miteinander agieren."[2]

Was sie jedoch nicht erfahren, was aber mit den Ursachen für diesen zweispältigen Eindruck zu tun hat, spielt sich weit hinter den Kulissen ab, und davon soll *hier* die Rede sein: Da haben zum Beispiel nur wenige Monate zuvor, in der Weihnachtszeit, in einer Tübinger Schule die gerade eingeschulten 6jährigen Kinder im christlichen Religionsunterricht das folgende Lied gelernt:

1. Südwest-Presse/Schwäbisches Tagblatt vom 22. 8. 87.
2. Südwest-Presse/Schwäbisches Tagblatt vom 22. 8. 87.

An Weihnachten in Jerusalem
da ist etwas geschehn:
Jesus nannte sich Gottes Sohn
das wollten die Juden nicht verstehen.

An Weihnachten in Jerusalem
da ist etwas geschehn:
Da wollten die Juden ihn steinigen.
Ja, das wär um ein Haar gescheh'n.

Nach Weihnachten in Jerusalem,
da ist etwas geschehn:
Da versteckte Jesus vor den Juden sich.
Ja, das ist dort gescheh'n.

Nun folgen ein paar Strophen über die Auferweckung des Lazarus, und es geht weiter:

In Bethanien bei Jerusalem,
da ist etwas gescheh'n.
Daß Lazarus gab ein großes Fest,
das wollten die Juden nicht verstehn.

Vor Ostern in Jerusalem,
da ist etwas gescheh'n.
Die Juden erfuhren von seiner Macht
und wollten das Wunder nicht seh'n.

Vor Ostern in Jerusalem,
da ist etwas gescheh'n.
Da beschloß der ganze Hohe Rat den Tod Jesu,
das werden wir noch seh'n.

Vor Ostern in Jerusalem,
da ist etwas gescheh'n.
Jesus zog in die Stadt als König ein,
das wollten die Juden nicht versteh'n.

Vor Ostern in Jerusalem,
da ist etwas gescheh'n.
Da verriet Judas seinen Herrn.
Das ist furchtbar. Wir können's nicht versteh'n.

Vor Ostern in Jerusalem,
da ist etwas gescheh'n.
Jesus ward zum Tod verdammt.
Wie kann so was Schlimmes gescheh'n!

Nach Ostern in Jerusalem,
da ist etwas gescheh'n.
Jesus erstand aus seinem Grab.
Die Jünger haben ihn lebend geseh'n.

Zu jeder Zeit, in jedem Land,
da kann etwas gescheh'n,
das zeigt, daß Jesus Gottes Sohn ist,
das können wir mit dem Verstand nicht versteh'n.

Zu deiner Zeit, in deinem Land,
da kann etwas gescheh'n.
So glaube, daß Gott der Herr dich liebt
und daß du gerettet bist.[3]

3. Ein im katholischen Religionsunterricht ausgeteiltes Hektogramm ohne Verfasserangabe. Die folgen-

Es braucht wohl kaum erwähnt zu werden, daß sich niemand von den Eltern darüber beschwerte, wie hier mit derartig perfidem Schwachsinn antijüdische Gefühle in die gerade erwachten Kinderköpfe der nachwachsenden Generation gehämmert wurden, denn schließlich ist das, was hier in verkürzter, „kindgemäßer" Form geboten wurde, durchaus im Johannes-Evangelium, und damit einer heiligen Schrift des Christentums, enthalten.

Von hier aus rückt die oben erwähnte Festreden-Bemerkung über das „tragische Unwissen" des Christentums über das Judentum in ein anderes Licht und erweist sich seinerseits als Halbwahrheit, die etwas anderes verhüllt. Es ist nämlich keineswegs in erster Linie die Unkenntnis des Judentums, welche zum christlichen Judenhaß geführt hat und weiter führt, sondern es ist die bereits in der frühesten Kindheit einsetzende, durch die entsprechenden Bibeltexte bedingte antijüdische Verhetzung in der christlichen Erziehung, welche den Nährboden für die spätere christliche Judenfeindschaft abgibt. Es ist das Unwissen oder das Schweigen über diesen Zusammenhang zwischen christlicher Kindererziehung und antijüdischer Grundeinstellung, das bis heute unheilvolle Konsequenzen hat.

II

Und hier bin ich beim eigentlichen Thema angelangt. Man hat sich nach 1945 in Deutschland auf Seiten derer, die für ein neues, besseres Deutschland einstehen wollten, zwar wieder und wieder mit der Frage nach den politischen, soziologischen und psychologischen Bedingungsfaktoren für das furchtbare Geschehen der zurückliegenden Zeit beschäftigt und sich entsprechend bemüht, durch Aufzeigen dieser Bedingungsfaktoren der möglicherweise weiterwirkenden Kraft der nationalsozialistischen Ideologie, vor allem des Rassenwahns, entgegenzutreten. Den unheilvollen Anteil des christlichen Antijudaismus als Wegbereiter für eine allgemeine Judenfeindlichkeit im Volk, auf den dann der nationalsozialistische Rassenwahn aufbauen konnte, überging man oft. (Ein eindrucksvolles Beispiel dafür dürfte der Vortrag „Zur Bekämpfung des Antisemitismus heute" sein, den der Philosoph Theodor W. Adorno 1962 auf der Ersten Europäischen Pädagogen-Konferenz des Deutschen Koordinierungsrates der Gesellschaften für christlich-jüdische Zusammenarbeit hielt: Viel über den autoritären Charakter, über Erziehungsatmosphäre, die dem Nachwirken der faschistischen Ideologie entgegensteuern könnte — kein Wort über das Problem des christlichen Antijudaismus.)[4] Nur so ist es erklärlich, daß, während man die rassische, antichristliche Ideologie des Nationalsozialismus in Erziehung und Schule stets als Ungeist zu brandmarken suchte, in der christlichen Erziehung die nachwachsende Jugend weiter mit offen oder versteckt antijüdischen Glaubensinhalten indoktriniert wurde und wird.

III

Diese Glaubensinhalte seien nun hier für die Nicht-Theologen einmal in der hier notwendigen Kürze umrissen:

Das Auseinanderklaffen von Judentum und Christentum, das an der Frage nach Jesu Messianität eingesetzt hatte, mündete in den ersten Jahrzehnten nach Jesu Tod, vor allem aufgrund der Missionstätigkeit des Paulus, der Jesus als „Christus", also Messias und Auferstandenen predigte,

den Überlegungen beziehen sich jedoch durchweg auf den Bereich evangelischer Theologie und Kirche.

4. *T.W. Adorno*, Zur Bekämpfung des Antisemitismus heute, in: Kritik. Kleine Schriften zur Gesellschaft (2. Aufl. 1973, Frankfurt) S. 105-142.

in die vollständige Loslösung des Christentums vom Judentum und bald in deutliche Feindseligkeit, da das Judentum seine Lehre bewahren wollte, Paulus es jedoch mit großem inneren Engagement für die neue Lehre zu gewinnen suchte. Hier liegt bereits die Wurzel für einen immer klarer sich profilierenden antijüdischen Glaubensinhalt: Die von Paulus im Römerbrief Kap. 9-11 vertretene Lehre, daß Gott eigentlich ganz Israel für die neue Lehre habe gewinnen wollen, es aber vorerst noch verstockt habe, so daß es diese ablehnte, während die Christen nun das neue Gottesvolk seien. (Auch das Stichwort der „Verwerfung Israels" taucht hier bereits auf, ebenso wie sinngemäß im 1. Thess. 2,14-16, wird jedoch noch entschärft durch die Versicherung der jüdischen Einbeziehung in das Heil der Endzeit.)

Die erst später niedergeschriebenen Evangelien sind bereits von einer Reihe weiterer Momente der Gegnerschaft zwischen Christen und Juden durchdrungen: Jesus erscheint hier deutlich von vorne herein als der Messias, auf den schon die Propheten hingewiesen hätten, und entsprechend werden die jüdischen Zeitgenossen Jesu, vor allem die Pharisäer, als besonders blind, verstockt und gehässig dargestellt, da sie ihn ja nicht als Messias anerkannt hatten und da sie weiter an der Tora festhielten, obwohl Jesus angeblich die Freiheit von ihr gebracht habe. Zu dieser Zeichnung der bösartigen Verstocktheit gehört dann weiter, daß ihnen in den neutestamentlichen Schriften die Hauptschuld am Tode Jesu zugewiesen wird, während der Procurator Pilatus als wahres Unschuldslamm erscheint, das Jesus eigentlich retten wollte und nur dem Drängen „der Juden" nachgab, und ein Höhepunkt der haßerfüllten Verzeichnung ist erreicht im Matth. Evangelium mit der berühmten „Selbstverfluchung" des Volkes Israel „Sein Blut komme über uns und unsere Kinder" Mt. 27,25. (Die tatsächliche Realität des Prozesses und der Hinrichtung Jesu zu rekonstruieren, haben sich bis in die jüngste Zeit immer wieder Wissenschaftler bemüht, was bereits zeigt, wie schwierig aufgrund der mangelhaften Quellenlage eine befriedigende Lösung zu finden ist — das meiste bleibt Vermutung. Das einzige, was mit Sicherheit als Faktum dasteht, ist die Tatsache, daß die Kreuzigung die römische Todesstrafe für politische Aufrührer war, und daß alles, was die neutestamentlichen Schriften über den angeblichen Prozeß vor dem Hohen Rat berichten, den sonstigen Rechtsgepflogenheiten, den Zeit- und Geschichtsverhältnissen widerspricht und in sich sehr widersprüchlich ist.)[5]

Als weiterer Beitrag zum Aufbau des Feindbildes der Juden als Gegner Jesu ist sodann die Theologie des Johannes zu sehen, in der durch Rückgriff auf gnostische Denkvorstellungen ein betonter Gegensatz zwischen der Welt des Lichts und der Wahrheit auf der einen Seite und der Welt der Finsternis auf der anderen evoziert wird, wobei die Juden allgemein als Kinder des Teufels (Joh. 8,44) und speziell der Verräter Judas der Welt der Finsternis zugeordnet werden.[6]

Diese bereits das Neue Testament durchziehenden Glaubensinhalte erhielten nun in den folgenden Jahrhunderten, vor allem durch die Theologie der Kirchenväter, immer mehr den Charakter dogmatischer Lehrsätze, so vom Gottesmord, der Verwerfung Israels und der Konstituierung des neuen Gottesvolks. Nach der Konstantinischen Wende, als die Kirche sich mit der Macht verbündete, wurde diese grundsätzliche judenfeindliche Einstellung angereichert durch weitere antijüdische Diffamierungen aller Art (die es in der Antike bereits vor dem Christentum gegeben hatte), sodaß im Mittelalter mit den Hetzlegenden von Ritualmord, Brunnenvergiftung, Hostienschändung und der kreuzritterlichen Haßlohe gegen alles Andersgläubige ein gewisser Höhepunkt der judenfeindlichen Ausschreitungen im Namen der Kirche erreicht wurde.

Auch die lutherische Reformation als bewußte Rückwendung vom mittelalterlichen Ideenspuk zur biblischen Überlieferung konnte zwangsläufig nur wieder bei der neutestamentlichen

5. Vgl. z.B. *D. Flusser*, Die letzten Tage Jesu in Jerusalem (Stuttgart 1982).

6. Zur Deutung der Judas-Gestalt als Vertreter „der Juden" vgl. *H. Levin Goldschmidt*, Judas — heilvoller Verrat? (München 1976).

Variation der Judengegnerschaft landen — hier sei erinnert an Luthers Schrift „Von den Juden und ihren Lügen“ (1543), in der bereits der Rat erteilt wird „Man soll ihre Synagogen mit Feuer anstecken, Schwefel und Pech dazu werfen, und was nicht brennen will, mit Erde überschütten, damit kein Stein mehr zu sehen sei ewiglich. Man soll ihre Häuser zerstören... Man soll ihnen ihre Gebetbücher, den Talmud und die Bibel wegnehmen, damit sie nicht mehr Gott und Christus zu verfluchen die Macht hätten.“[7] Als dieses Programm fast vierhundert Jahre später in großem Stil in die Tat umgesetzt wurde, war es dann kaum erstaunlich, daß diese Tradition des Judenhasses, zusammen mit der auf lutherischer Zwei-Reiche-Lehre basierenden Tradition der Anerkennung von staatlicher Obrigkeit, zum kirchlichen Stillschweigen gegenüber der vom rassischen Antisemitismus bestimmten antijüdischen Hetze, Diffamierungs- und Mordpolitik gegen Juden unter dem Nationalsozialismus führte, einem Stillschweigen der offiziellen kirchlichen Stimmen, das bis heute nur zögernd aufgearbeitet wird.[8] Denn der Widerstand auch der Bekennenden Kirche gegen das nationalsozialistische Regime galt zwar der Wahrung des Bekenntnisses gegenüber der rassistisch-völkischen Ideologie sowie der Verwahrung gegen staatliche Übergriffe ins kirchliche Leben,[9] später einem deutlichen — und erfolgreichen — Protest gegen das Euthanasieprogramm, ansatzweise auch einem Eintreten für Christen jüdischer Herkunft — ein klares Wort der Solidarität zur Wahrung von Würde, Recht und Leben der jüdischen Menschenbrüder fehlte.[10] Es dürfte ein bezeichnendes Licht auf die Situation werfen, daß die Breslauer Bekenntnissynode der altpreußischen Union 1943, als die Züge nach Auschwitz seit einem Jahr gerollt waren und die Ausrottungspraktiken der Mordmaschinerie dem Rat der altpreußischen Bekennenden Kirche durch ein dort subversiv tätiges Mitglied, SS-Sturmführer Kurt Gerstein, bekannt geworden waren, sich schließlich zu einer Erklärung zum 5. Gebot durchrang, in der sie sich zwar vorsichtig dahingehend äußerte, daß „auch das Leben des Volkes Israel“ Gott heilig sei, jedoch diese Äußerung gleich durch den entsprechenden Nachsatz ins rechte christlich-antijudaistische Licht rückte: „Gewiß hat Israel den Christus Gottes verworfen, aber nicht wir Menschen oder gar wir Christen sind gerufen, Israels Unglauben zu strafen.“[11] Da es zu diesem Zeitpunkt ohnehin nicht mehr so viel Gelegenheit gab, das mahnende Wort zum Schutz „auch“ jüdischen Lebens auch noch in die Tat umzusetzen, reagierten die Machthaber kaum drauf, zumal es von vielen Kanzeln gar nicht mehr verlesen wurde.[12]

Wer nun meinen würde, daß wenigstens nach 1945 Erschrecken und Buße, ein grundsätzliches Umdenken eingesetzt habe, wird eines Besseren belehrt beim Blick auf das „Wort zur Judenfrage“, das der „Reichsbruderrat“ am 8. 4. 48 in Darmstadt verabschiedete, in dem es in unglaublicher Unverfrorenheit christlich-antijudaistischer Verblendung heißt, „daß Gottes Gericht Israel in der Verwerfung bis heute nachfolgt“.[13] Auschwitz als Strafe für die Verworfenheit des jüdischen Volks!

So wird es niemanden wundernehmen, daß auch die Erziehung der Kinder, der nachfolgenden Jugend, nach 1945 von vorne herein unter keinem anderen Vorzeichen stand, wie sich bereits in

7. Zit. nach: *E.L. Ehrlich*, Luther und die Juden, in: Antisemitismus. Hrsgg. v. Herbert Strauss u. Norbert Kampe (Frankfurt/New York 1985) S. 59.

8. Über die Parallelisierung von völkisch-deutschchristlichem und jüdischem Denken im Feindbild der Bekenntnistheologie vgl. *Uriel Tal*, On Modern Lutheranism and the Jews, in: Leo Baeck Year Book XXX, 1985, S. 203-213.

9. So erwähnen die Barmer Bekenntnisthesen die staatliche Hetze gegen die Juden mit keinem Wort.

10. Vgl. *H. Prolingheuer*, Wir sind in die Irre gegangen (Köln 1987) S. 122-158.

11. Kirchliches Jahrbuch für die Ev. K.i.D. 1933-44, hrsgg. v. Joachim Beckmann (2. Aufl. Gütersloh 1976) S. 385f.

12. Vgl. *H. Prolingheuer*, a.a.O., S. 147f.

13. Abgedruckt bei *K. Kupisch*, Das Volk der Geschichte (Berlin/Stuttgart, 3. Aufl. 1961) S. 219-226.

einem 1947 unter amerikanischer Lizenz-Nr. erschienenen Handbüchlein für die religiöse Erziehung zeigt, wo die 6 - 8jährigen lernen:

> „Kamen die falschen Juden gegangen
> haben den Heiland im Garten gefangen
> und hab'n ihn gegeißelt und gehöhnt,
> sein heilig Haupt mit Dorn gekrönt,
> Führten ihn nach des Richters Haus,
> mit scharfen Streichen wieder hinaus,
> und hingen ihn an ein hohes Kreuz;
> Maria war ihr Herz voll Leids."[14]

(Gegenüber diesem Machwerk der Judenfeindlichkeit, das selbst die neutestamentlichen Texte noch überbietet, erscheint das anfangs zitierte Lied geradezu noch als milde, da es nur die im Neuen Testament vorhandenen Antijudaismen präsentiert — so etwas bezeichnet man heute gelegentlich gerne als „relativen Fortschritt"...)

Nun ist es allerdings keineswegs so, daß diese ganze Problematik von christlicher Seite selbst überhaupt nicht gesehen worden wäre. Doch wie es schon in der Zeit des National-Sozialismus stets Einzelne waren, die gegen die offiziellen Kirchenleitungen ihre Stimme erhoben oder auch unter Lebensgefahr jüdischen Mitbürgern halfen, so waren es nach dem Kriegsende zunächst Einzelne, die sich der Schuld am Geschehenen bewußt waren und Initiativen ergriffen, die auf ein neues Verhältnis des Christentums zum Judentum hinzielten. In diesem Zusammenhang muß an die Gründung der Gesellschaften für christlich-jüdische Zusammenarbeit erinnert werden, dann in den 60er Jahren die Gründung der AG Juden und Christen beim Deutschen Evangelischen Kirchentag sowie der Studienkommission der EKiD für Fragen des Verhältnisses zum Judentum. Diese Initiativen bemühten sich vor allem wohl um ein Kennenlernen des Judentums, seiner Traditionen und Perspektiven. Mit einer dabei unbedingt wichtigen Überlegung war man allerdings recht zurückhaltend, nämlich der Einsicht, daß ein Christentum, das vom Judentum noch nach 1945 als glaubwürdiger Gesprächspartner angenommen werden sollte, zuerst und vor allem den Schuldanteil der eigenen antijudaistischen Tradition hätte zugeben und ihr in einem radikalen Neuanfang absagen müssen. Dieser radikale Neuanfang ist bis heute nicht überall gemacht worden,[15] denn wer sich ihm zu nähern versuchte, landete meistens wieder bei der Feststellung, daß das Christentum von seinen ersten schriftlichen Zeugnissen an so durch und durch von antijüdischem Geist beseelt ist, daß ein nicht-antijüdisches Christentum kaum als denkbar erscheint (die Frage, ob und wie ein Christentum ohne Judenfeindschaft denkbar wäre, bleibt also bei vielen Autoren, die sich ernsthaft um die Sache bemühen, als große ungelöste Frage bestehen)[16].

14. Gottbüchlein — Erster Unterricht im christlichen Glauben. Hrsgg. vom Landeskirchenrat der Ev.Luth.Kirche in Bayern, 4. Aufl. 1949, S. 115.

15. Auch die 1975 erschienene Studie des Rates der EKiD „Christen und Juden" (Gütersloh 1975) umreißt nur allgemein die anliegenden Fragen, distanziert sich aber nicht klar von der antijüdischen Tradition. So heißt es dort, a.a.O., S. 24: „Diese Vergangenheit belastet bis heute das Verhältnis von Juden und Christen zueinander. Wenn auch die Gewalttätigkeiten weitgehend aufgehört haben, so gelten die Juden für viele Christen doch immer noch als Fremde oder sogar als Feinde: als Feinde Christi und damit auch als Feinde der Christen." Bezeichnenderweise wird sodann eine Verpflichtung nur im Blick auf die Abwehr *anderer* judenfeindlicher Tendenzen gesehen: „Aus den schuldhaften Versäumnissen dieser Vergangenheit erwächst uns Christen in Deutschland die besondere Verpflichtung, die aufkommende Judenfeindschaft, auch in Gestalt des politisch und sozial motivierten ‚Antizionismus' zu bekämpfen und an der Neugestaltung des Verhältnisses zu den Juden zu arbeiten" (a.a.O., S. 31).

16. Vgl. z.B. *L. Siegele-Wenschkewitz*, Neutestamentliche Wissenschaft vor der Judenfrage (München 1980) S. 119f: „Die Tradition des Antijudaismus in der christlichen Kirche hat eine latente Orientierungslosigkeit

Die einzige Alternative zu dieser Sackgasse dürfte eine Theologie sein, für die der Wille zum Neuanfang zwischen Christen und Juden aus dem Eingeständnis des Schuldanteils an dem Furchtbaren der Vergangenheit wichtiger ist als das Beharren auf der eigenen antijüdischen Tradition — und damit auch den Antijudaismen im Neuen Testament. Solche theologischen Ansätze sehen sich natürlich heftigen Angriffen aus den Reihen derer ausgesetzt, denen in protestantischer Tradition die Schrifttreue das oberste Gebot ist (das für sie dann leicht auch über der Menschenliebe zu stehen kommt). Der Konflikt zwischen diesen theologisch unvereinbaren Positionen ist beispielhaft aufgebrochen in der Auseinandersetzung um die 1980 gegebene Erklärung der Rheinischen Landessynode zum Thema Christen und Juden: In ihr wurde eine Verhältnisbestimmung gesucht, die zuerst vom Eingeständnis der Schuld und Mitverantwortung am Holocaust und dem Wunsch nach Neuanfang bestimmt ist. Dabei ist besonders bemerkenswert, daß hier zum ersten Mal eine klare Absage auch an jede grundsätzliche Überlegenheit des Christentums über das Judentum erteilt wird, so daß allererst ein jüdisch-christlicher Dialog ermöglicht wird, in dem das Selbstverständnis des Judentums vom Christentum anerkannt und geachtet wird. Diese Erklärung erfuhr prompte Kritik aus den Reihen derer, denen die Treue zum Christentum mit aller antijudaistischen Tradition wichtiger ist als ein neues Verhältnis zum Judentum, und die konsequenterweise den Schuldanteil des Christentums am nationalsozialistischen Völkermord leugneten — hier exponierte sich eine Gruppe von 13 Bonner Theologieprofessoren gegen den Rheinischen Synodalbeschluß.[17] Aus den gleichen Gründen ist auch an eine vergleichbare Erklärung in anderen Landessynoden nicht zu denken — eine weitere Ausnahme stellen nur die Beschlüsse der Ev. Landeskirche Baden zum Thema „Christen und Juden" vom 3. 5. 84 und der Provinzialsynode der Ev. Kirche Berlin Brandenburg (Berlin West) vom 20. 5. 84 dar.[18]

IV

Diese innertheologische Kontroverse spiegelt sich nun direkt auch in den Richtlinien und Materialien für den Religionsunterricht: So gibt es durchaus Bemühungen von Religionspädagogen und Schulbuchautoren, die über das Judentum freundlich informieren und die problematischen Elemente des christlichen Antijudaismus wenigstens etwas hinter unbestimmten Formulierungen zu verhüllen suchen; jedoch ist dies nur ein alibihaftes Versteckspiel, wenn in denselben Schulbüchern durch andere Autoren der ganze antijüdische Geist des Christentums wieder erscheint.

Um nun ein paar Beispiele zu nennen: Im „Neuen Kursbuch Religion" einem der verbreitetsten Religionslehrwerke, findet sich im Band für Kl. 5 und 6, also für 10 - 12jährige, eine Einheit über das frühe Christentum, in der ein Bibeltext aus der Apostelgeschichte gebracht wird, mit der folgenden Einleitung:

gegenüber einem Rassenantisemitismus geschaffen, die — als der Rassenantisemitismus zur verpflichtenden Weltanschauung wurde — verderblich werden konnte. Das stellt unser christliches Selbstverständnis vor zentrale Fragen: Gehört Antijudaismus essentiell zum Christentum? Ist eine christliche Theologie ohne Antijudaismus möglich?"

17. Vgl. B. Klappert/H. Starck (Hrsg.), Umkehr und Erneuerung. Erläuterungen zum Synodalbeschluß der Rheinischen Landessynode 1980 „Zur Erneuerung des Verhältnisses von Christen und Juden" (Neukirchen 1980) und die Stellungnahme von 13 Theologieprofessoren der Universität Bonn „Erwägungen zur kirchlichen Handreichung zur Erneuerung des Verhältnisses von Christen und Juden", in: epd Dokumentation Nr. 42/80.

18. Abgedruckt in: entwurf 3/86, S. 73 und in: Berliner Theol. Zeitschrift, 1. Jahrg. Heft 2, 1984, S. 367-370.

> Nach Jesu Tod
> So begann es
> Nach der Kreuzigung Jesu flohen seine Jünger, Frauen und Männer aus Jerusalem. Sie versammelten sich wieder in Jerusalem, nachdem ihnen der auferstandene Jesus erschienen war. Sie bildeten die erste christliche Gemeinde.
> Mit Sorge blickten die Hohenpriester und die Schriftgelehrten auf die Jesusanhänger. Immer wieder ermahnten sie die Christengemeinde, vor allem Petrus und Johannes, nicht öffentlich im Tempel für Unruhe zu sorgen.

Die Wiedergabe des biblischen Textes lautet sodann:

> Die Apostelgeschichte berichtet:
> Die Tempelwache brachte die Apostel vor den jüdischen Rat, und der Oberste Priester warf ihnen vor: „Wir haben euch deutlich genug befohlen, nicht mehr öffentlich von diesem Mann zu sprechen. Und was macht ihr? Ganz Jerusalem ist voll von euren Reden, und uns wollt ihr für seinen Tod verantwortlich machen!" Aber Petrus und die anderen Apostel antworteten: „Man muß Gott mehr gehorchen als den Menschen. Ihr habt Jesus ans Kreuz geschlagen; doch der Gott unserer Vorfahren hat ihn vom Tod erweckt und als Herrscher und Retter an seine Seite gerufen. Auf diese Weise gibt er dem Volk Israel Gelegenheit, sich zu ändern und Vergebung für seine Schuld zu erhalten. Wir können es bezeugen und auch der heilige Geist, den Gott allen gegeben hat, die ihm gehorchen."[19]
> nach Apostelgeschichte 5,27-32

Dies ist ein Text, in dem eine ganze Reihe der antijüdischen Elemente enthalten sind: Der Gegensatz von repressivem jüdischen Rat auf der einen Seite, den unschuldig verfolgten Christen, die doch nur Gott gehorchen, auf der anderen. Die jüdische Seite ist schuld am Tod Jesu (Ihr habt ihn ans Kreuz geschlagen), Gott selbst ist deshalb auf der Seite der Christen, denn er hat Jesus vom Tod auferweckt und als Herrscher und Retter an seine Seite gerufen. Die Juden sollen diese ihre Schuld endlich einsehen und sich ändern, d.h. an Jesus als den Messias glauben, nur dann wird ihnen ihre Schuld vergeben. Noch unausgesprochen, aber deutlich im Hintergrund die Verwerfungsthese: Von denjenigen Juden, die Jesus nicht anerkennen, hat Gott sich abgewandt, ihre Schuld am Tod Jesu lastet auf ihnen. Indem solche Bibeltexte Kindern in diesem Alter dargeboten werden, vermittelt man das ganze altbekannte Arsenal von antijüdischen Gefühlen weiter.

Ein anderes Beispiel: Krasser noch als in diesem Text wird der Gegensatz zwischen den verstockten, bösartigen Juden und dem aufrechten, guten Jesus noch an anderer Stelle durch ein Bild gezeigt: und zwar das 1917 von Max Beckmann gemalte Bild „Christus und die Sünderin", wo die haßverzerrten, krummnasigen Visagen von Juden mit Spitzhut, mit geballten Fäusten und Hellebarden dem heldenhaft herausragenden, schützenden Jesus gegenüberstehen (man darf sich ja wohl fragen, ob die erste Begegnung mit expressionistischer Kunst für 10 - 12jährige ausgerechnet im Religionsbuch an diesem Beispiel erfolgen muß!).[20]

Oder ein paar Seiten weiter wieder in vereinfachender, knallharter Form der Gegensatz zwischen den bösartigen Menschen (der Schüler weiß natürlich längst, es sind die Juden) und dem unschuldigen Jesus:

> Das Kreuz ist ein Symbol, denn das Zeichen des Kreuzes weckt die Erinnerung an den Tod Jesu. Jesus wurde wie ein Verbrecher gekreuzigt, obwohl er kein Verbrecher war, nur weil viele Menschen seine Botschaft nicht ertragen konnten. Seine Botschaft lautete: Gott liebt alle Menschen. Das ging vielen zu weit.[21]

In engem Zusammenhang mit dieser Zeichnung der verstockten, bösen Juden, die am Tod Jesu schuldig sind, muß die Begründung dafür gesehen werden. Die Begründung ist: Jesus vertritt eine

19. Das neue Kursbuch Religion 5/6 (Stuttgart 1984) S. 80.
20. Das neue Kursbuch Religion 5/6, a.a.O., S. 101.
21. Das neue Kursbuch Religion 5/6, a.a.O., S. 134.

andere Lehre, deshalb wollen die Pharisäer ihn umbringen. Die Verzeichnung der Pharisäer als engstirnig, heuchlerisch, gehässig, die bereits das Neue Testament durchzieht, begegnet denn auch in Schulbüchern und Unterrichtsmaterialien. Hier sei als Beispiel ein Film von Jörg Zink genannt: „Das Land, aus dem Jesus kam".[22] Die Pharisäer erscheinen hier als die, die eine Leistungsideologie der Gesetzeserfüllung aufbauen, an der die Kranken und Armen scheitern müssen, und für die ist dann Jesus da und befreit sie vom Gesetz. Wirft man dagegen einen Blick auf die jüdischen Überlieferungen, die von der Pharisäerbewegung sprechen, so zeichnen sie da ein ganz anderes und differenzierteres Bild, und es stünde einem so einflußreichen christlichen Theologen hier wohl an, nach der Herkunft seines einseitig-verzerrten Pharisäerbildes zu fragen sowie nach dessen fragwürdiger Wirksamkeit.[23]

Diese Beispiele ließen sich beliebig vermehren, doch müssen sie im Rahmen dieses Vortrags genügen. Was sie insgesamt zeigen, ist, daß hier und da Bemühungen um ein Verständnis des Judentums da sind — so bringt z.B. auch das „Neue Kursbuch 7/8" eine durchaus größtenteils korrekte, allerdings die Kinder dieser Altersstufe überfordernde, Unterrichtseinheit zum Thema Israel —, daß durchweg aber die Schulbücher und Unterrichtsmaterialien noch viel zu viel von jenem antijüdischen Geist enthalten, in dessen Tradition die christliche Theologie bis heute steht. Am entlarvendsten wird dies vielleicht deutlich in einem Text aus dem „Neuen Kursbuch 5/6", wo innerhalb der Unterrichtseinheit „Symbole" ein sogenannter Judenstern der Nazizeit samt Hetzplakat gezeigt wird, sodaß die Kinder den Davidstern von vorne herein nicht als das mit Stolz getragene Zeichen des Judentums kennenlernen, sondern als den diffamierenden „Schandstern", wobei dann zur Erklärung im Text steht: „Jeder sollte sehen, wer die minderwertigen Menschen sind."[24]

Aber der Ausdruck „minderwertigen Menschen", den die 10 - 12jährigen Kinder hier wohl zum ersten Mal in ihrem Leben sehen, steht keinesfalls in Anführungszeichen, und das Fehlen des Konjunktivs der indirekten Rede spricht für sich. (Ich möchte nicht schonenderweise annehmen, daß die Schulbuchautoren einfach die deutsche Sprache nicht beherrschen, denn schon die Kinder dieser Altersstufe lernen die Regel, daß bei der indirekten Wiedergabe wörtlicher Rede nur dann der Indikativ steht, wenn eine zeitlose, allgemeingültige und vom Sprecher unabhängige Wahrheit ausgedrückt wird.) Aber genauso wird es offenbar von einigen Theologen aufgrund der 1900 Jahre alten antijudaistischen Tradition gesehen: daß die Juden die minderwertigen Menschen *sind*. (Bezeichnend ist wohl, daß der Verlag dieses Lehrbuchs auf meine Kritik hin nicht einmal an diesem Punkt eine Rechtfertigung für nötig hielt.)

Schlußfolgerungen:

Es darf wohl unerträglich genannt werden, daß in bundesdeutschen staatlichen Schulen ein Schulfach gelehrt wird, das in dieser Weise eine antijudaistische Tradition perpetuiert. Aufgrund der vertraglich geregelten Kooperation zwischen Kirche und Staat nach Art. 7,1 GG hat jedoch der Staat derzeit keinen Einfluß auf die Inhalte des Religionsunterrichts, doch im Blick auf die deutsche Vergangenheit und die besondere Verpflichtung zur Bekämpfung jeder Form von Antisemi-

22. Film „Das Land, aus dem Jesus kam", Buch und Regie: Jörg Zink, als Video-Cassette erschienen im Calwer Verlag (Stuttgart 1984).

23. Wie selbstverständlich dieses verzerrte Pharisäerbild allgemein übernommen wurde, mag man daran ersehen, daß beim Baden-Württembergischen Zentralabitur 1988 im Fach Religion ein Text angeboten wurde, der von Jesus behauptet: „aus der Synagoge wurde er exkommuniziert und als Gotteslästerer zum Tode der Ehrlosen verurteilt"! (aus: *K. Marti*, O Gott!, Essays und Meditationen (Stuttgart 1986) S. 92f.).

24. Das neue Kursbuch Religion 5/6, a.a.O., S. 137.

tismus und Antijudaismus müßte der Staat von einer Wissenschaft, die als ordentliches Schulfach an Schulen gelehrt wird, ein klares Konzept verlangen, wie dieses Lehrfach ohne die Vermittlung einer antijüdischen Grundhaltung auskommt. Daß in einem an staatlichen Schulen in der BRD 1984 zugelassenen Buch der zuletzt erörterte Satz über die minderwertigen Menschen steht, geht einfach nicht an, und im Blick auf diese Thematik sollte gefragt werden, ob die Autonomie des Religionsunterrichts uneingeschränkt tolerierbar ist. Die wichtigere Frage ist natürlich, wie ein grundsätzliches Gegenkonzept ausgearbeitet werden könnte, wenn die Vertreter der entsprechenden Wissenschaft selbst zu einem großen Teil so tief in der antijudaistischen Tradition verhaftet sind, daß das entgegenlenkende Bemühen einiger weniger wie der Versuch einer Selbstrettung am eigenen Schopf aus dem Sumpf der antijüdischen Tradition wirken muß. Deshalb scheint mir die wichtigste Konsequenz die Forderung nach Gründung einer christlich-jüdischen Schulbuchkommission zu sein, analog zu den bereits bestehenden deutsch-polnischen und deutsch-israelischen für Geschichtsbücher. In einer solchen Schulbuchkommission könnten die jüdischen Vertreter die christlichen immer wieder auf Texte und Unterrichtsmaterialien aufmerksam machen, die zu einer antijüdischen Einstellung bei den Schülern beitragen könnten, und die christlichen Vertreter könnten im steten Hören auf die jüdischen Stimmen vielleicht ein wenig von jener Sensibilität entwickeln, die den Schulbuchautoren bis jetzt zum größten Teil fehlt. Die Gründung einer solchen Schulbuchkonferenz wurde kürzlich von einem jüdischen Vertreter in der Studienkommission des Rates der EKiD in Anbetracht der Schulbuchmisere gefordert.[25] Es bleibt zu hoffen, daß es der Arbeit dieser Kommission gelingen möge, ein Konzept dafür zu entwickeln, wie künftig der Religionsunterricht einen Ausweg aus seiner derzeit traurigen Rolle bei der Vermittlung antijüdischer Gefühle an die nachwachsende Jugend finden könnte — ein Konzept, das von jedem dringend gefordert werden muß, der den Blick von der deutschen Vergangenheit und dem Andenken der Ermordeten wie auch von der Verantwortung gegenüber Überlebenden und Nachgeborenen nicht abwendet.

25. Am 26./27. 10. 1987.

Antijudaismen im christlichen Religionsunterricht
Kurzer Überblick und Thesen für die Praxis

Geschichtlicher Rückblick:

Seit der Trennung von jüdischer und christlicher Gemeinde nach dem Tod Jesu ist das Verhältnis des Christentums zum Judentum von Haß und Überlegenheitsgefühl bestimmt gewesen. Dies schlug sich bereits in den erst danach entstehenden *neutestamentlichen Schriften* nieder, und zwar

a) — in den Evangelien durch die *haßerfüllte Darstellung „der Juden"* oder *„der Pharisäer"* als Gegner Jesu (hinsichtlich der Lehrmeinung), die ihn dann als Andersdenkenden bei der römischen Besatzungsmacht angeklagt und seinen Tod verschuldet hätten — wobei der *„Verräter Judas als Prototyp „des verräterischen Juden"* erscheint;

b) — durch die *Darstellung des Lebens Jesu* als des *von Geburt an offenbaren Messias* (entsprechend den Verheißungen der jüdischen prophetischen Tradition), so daß das Judentum, das Jesus nicht als Messias anerkannt hat, als besonders blind, verstockt und bösartig erscheinen konnte;

c) — durch die Verwendung *gnostisch-dualistischer* Termini und Bilder in der *Theologie des Johannes*, wobei die *Christen der Seite des Lichts, „die Juden" der Seite der Finsternis* und des „Satans" zugeordnet wurden;

d) — durch die Theologie des Paulus (Römer 9-11), nach der die *Christen zum neuen Gottesvolk* geworden seien, während die Juden vorerst noch verstockt und blind gegenüber dem von Gott gesandten Messias geblieben seien — wobei die Hoffnung auf ihre spätere Bekehrung festgehalten wird.

Diese schon die Schriften des NT bestimmende antijudaistische Haltung steigerte sich in der Theologie der *Kirchenväter* und wuchs bis zum *Mittelalter* zu einem immensen Komplex von Diffamierung, Haß und Hetze gegen das Judentum, dessen Auswüchsen der *Ritualmordlüge, des Brunnenvergiftungs- und Hostienfrevelwahns* die Zeit der im Namen Jesu durchgeführten Judenpogrome, Scheiterhaufen und Judenvertreibungen begann. Auch *Luther*, in seiner Hoffnung auf Bekehrung der Juden zu seiner Lehre enttäuscht, stellte sich mit seiner Schrift *„Von den Jüden und ihren Lügen"* ganz in die alte Tradition der christlichen Judenhetze.

Im 20. Jahrhundert konnte daher die *nationalsozialistische Rassenideologie* bei den breiten Volksmassen bereits auf ein festes Fundement von tiefsitzendem Antijudaismus christlicher Tradition aufbauen, so daß sich weder breitenwirksamer Widerstand gegen die antijüdischen Maßnahmen und Ausschreitungen nach 1933 noch späterer Protest gegen Deportationen und Vorbereitungen zum Völkermord regte. Auch der *Widerstand der Bekennenden Kirche* gegen den Nationalsozialismus galt der Wahrung des Bekenntnisses und später der Einstellung des Euthanasieprogramms, *nicht aber von vorne herein einer Solidarität mit den entwürdigten Juden* — da das Bekenntnis sich eben auf das NT mit all seinen antijüdischen Grundzügen berief. So haben getaufte Christen beider Konfessionen, ihr Erlöstsein durch den Messias Christus Jesus behauptend, den Völkermord an Juden aus ihrer Mitte geschehen lassen oder waren sogar an seiner Durchführung beteiligt, so daß ein Jude heute im Blick auf die stets vom Christentum beanspruchte „Nächstenliebe" sagen kann: *„Auschwitz ist zum Bankrott des Christentums geworden" (Schalom Ben-Chorin).*

Bestandsaufnahme der Gegenwart:

Nach 1945 begann zwar zwischen einzelnen Vertretern von Judentum und Christentum ein *„Dialog"* mit vielfältigen Aktivitäten, bei dem sich vor allem *die christliche Seite über die jüdische Glaubenswelt informieren wollte. Auf die eigene antijudaistische Tradition wagte man jedoch nur vorsichtige Blicke.* Ein wirklicher Neuanfang dagegen, der hinter alle christliche Judenfeindschaft zurückfragen müßte nach dem Anliegen Jesu als Jude im jüdischen Volk, hätte zuallererst die Zeitbedingtheit der (angeblich vom heiligen Geist inspirierten) neutest. Schriften klar herausstellen und ihren antijüdischen Charakter kritisieren und verurteilen müssen. Dies wurde nur vereinzelt und zu zaghaft gewagt, vor allem im Blick auf die Bekenntnistradition und ihr fundamentalistisches Bibelverständnis.

Dieser Zwiespalt spiegelt sich bis heute auch in den Schulbüchern und Unterrichtsmaterialien für den Religionsunterricht. Dort finden sich einerseits judenfreundliche informierende Materialien über das Judentum, andererseits begegnen innerhalb der anderen Unterrichtseinheiten sämtliche der traditionellen antijüdischen Klischees, nämlich

— *negative Verzeichnung der Pharisäer* als einheitliche Gruppe, die insgesamt starrsinnig, engstirnig, scheinheilig die Menschen unter das Joch einer lebensfeindlichen Gesetzlichkeit zwingen will,
— Betonung der *Schuld „der Juden" am Tod Jesu*, wobei als Motiv der Haß gegen den Andersdenkenden, Anderslehrenden erscheint,
— teuflische Ausmalung der *Judas-Gestalt*,
— eine so eindeutig-suggestive Darstellung *Jesu als des verheißenen Messias*, daß das ihn nicht anerkennende Judentum als verblendet und bösartig erscheint,
— eine Geschichtssicht, die die *Geschichte Gottes mit seinem Volk* um 70 n.Chr. mit der Tempelzerstörung *zu Ende gehen läßt*, da danach die Christen das *„neue Gottesvolk"* sind. In diesem von M. Noth vertretenen Ideologem der alttestamentlichen „Wissenschaft", das bis heute die Schulbücher durchgeistert, besteht keine Kontinuität zwischen dem „alten Israel" und dem Judentum der Gegenwart!,
— die Benutzung des *Gottesnamens „Jahwe"* bei der Wiedergabe von alttestamentlichen Geschichten, was das gemeinsame Sprechen von Gott zwischen Juden und Christen erschwert und den Eindruck erwecken soll, daß der Gott des Judentums ein anderer sei als der des Christentums!

Um jedoch den Anschein einer geschichtsvergessenen Haltung gegenüber dem nationalsozialistischen Verbrechen abzuwehren, erinnern dieselben Religionsbücher — gleichsam alibihaft — öfters mahnend an sie: allerdings meist nicht altersgemäß und behutsam informierend, sondern eher schlagwortartig, so daß gelegentlich mal nebenbei in ganz anderen Zusammenhängen mit erhobenem Zeigefinger an Judenverfolgung und Auschwitz erinnert wird, z.T. in einem Alter, in dem die Kinder damit überfordert sind. Der Effekt solcher „Überfütterung" (bei gleichzeitiger Erziehung in allen antijüdischen Klischees) mit Andeutungen, die sie nicht verarbeiten können und deren leicht moralisierenden Ton sie deshalb ablehnen, ist, daß sie eine innere Abwehrhaltung aufbauen, so daß sie in dem Alter, in dem tatsächlich genauere Information stattfinden müßte, nichts mehr davon hören wollen.

Schlußfolgerungen:

Die christlichen Religionsbücher von heute können wesentlich zu einer Reproduktion von antijüdischer Einstellung bei der nachwachsenden Generation beitragen. Das sollte unbedingt künftig verhindert werden. Deshalb wäre eine *christlich-jüdische Schulbuchkommission* zu fordern, deren jüdische Vertreter Einspruch erheben gegen alles, was ihnen geeignet erscheint, antijüdische Gefühle zu bewirken. Die Empfehlungen dieser Schulbuchkommission sollten von staatlicher Seite durchgesetzt werden, da eine Erziehung, die bewußt der christlich-antijüdischen Feindbildtradition entgegenarbeitet, als besondere deutsche Verpflichtung angesehen werden sollte.

Bevor jedoch eine solche Schulbuchkommission wirksam den Antijudaismen in den Schulbüchern Einhalt gebietet, sollte der *einzelne Religionslehrer* diese Bücher nicht benutzen und stattdessen seinen Unterricht nach folgenden Gesichtspunkten gestalten:

1) *Neutestamentl. Texte* sollten, soweit sie die Auseinandersetzung mit den Pharisäern, Jesu Prozeß und Tod sowie das gespannte Verhältnis zwischen Urgemeinde und Vertretern des Judentums betreffen, erst dann im Original gelesen werden, wenn die zum Verständnis nötigen Erklärungen historisch-kritischer Art mitgegeben werden können — *etwa ab Klasse 11.*
2) Gegenüber Jüngeren sollte der Lehrer *erzählend darstellen*, was heutigem *wissenschaftlichen Forschungsstand* entspricht, nämlich daß
   a) Jesus *selbst den Pharisäern* zuzuordnen ist, die ihm ständig als Gesprächspartner nahe waren, wobei die Gegenüberstellung unterschiedlicher Meinungen über die Auslegung der Schrift etwas durchaus Übliches in dieser sehr inhomogenen Gruppe war, was nie zu einer Auslieferung eines Gegners an die feindliche Besatzungsmacht geführt hätte.
   b) *Jesus als Aufrührer vom römischen Statthalter gekreuzigt wurde*, wobei man aber weder über das Motiv noch über Einzelheiten des Hergangs Gesichertes weiß (und daß möglicherweise die Mithilfe der sadduzäischen Gruppe um den Hohenpriester angenommen werden kann, wobei möglicherweise durch die Auslieferung Jesu weiteres Blutvergießen durch die römische Besatzungsmacht, die zu Festzeiten stets mit Unruhen und zelotischen Aktionen rechnete und zu Überreaktionen neigte, vermieden werden sollte).

c) daß Jesus die *jüdische Messiashoffnung* in wichtigen Grundzügen, nämlich im Blick auf Weltfrieden und politische Freiheit, *nicht erfüllt* hat und das Judentum mit Recht Jesus als „Messias" abgelehnt hat, daß dagegen die Anwendung des Messiastitels auf Jesus eine *Umdeutung der jüdischen Hoffnung* verlangte, zu der sich das *Christentum die Freiheit* genommen hat. Die damit auseinandergegangenen Wege der Gemeinden sollten aus heutiger Sicht ohne christliche Behauptung einer Alleingültigkeit der eigenen Perspektive akzeptiert und als Chance zum Dialog gesehen werden.

3) Bei der Behandlung der Entstehung der Bibel sollte auch in unteren Klassen immer wieder betont werden, daß die *biblischen Texte von Menschen* geschrieben sind, die ihre persönliche Meinung in ihnen ausgedrückt haben, und daß man Bibeltexte, die eine so unheilvolle Wirkungsgeschichte erfahren haben wie z.B. Mt. 27,25 einfach ablehnen muß, da sie sich als das Gegenteil von „Guter Botschaft" — Evangelium — erwiesen haben.

4) Bei der *Behandlung von Judentum und jüdischer Geschichte* sollte unbedingt eine informierende *positive Bekanntmachung mit jüdischer Glaubens- und Lebenswelt* vor jeder Thematisierung von Judenverfolgung und judenfeindlichen Klischees stehen (z.B. anhand der Jugendbücher von Sydney Taylor über „Die Mädchenfamilie" in Klasse 5/6).

5) Bei der *Thematisierung geschichtlicher Judenfeindschaft* sollte man die Kinder *nicht überfordern*, um keine innere Abwehrhaltung aufzubauen. Für 10 - 12jährige gibt es schon eine Reihe geeigneter Jugendbücher zum Thema (z.B. Richter, Damals war es Friedrich). Wo irgend möglich, sollte man Darstellungen von *jüdischen Autoren oder Filmemachern* solchen von nichtjüdischen vorziehen (z.B. Janina David, „Ein Stück Himmel" und „Ein Stück Erde", Film „David" von Peter Lilienthal für Klasse 9/10).

Literatur:

Zur christlich-antijudaistischen Tradition:
— *Rosemary R. Ruether*, Nächstenliebe und Brudermord. — Die theologischen Wurzeln des Antisemitismus (München 1978).
— *Charlotte Klein*, Theologie und Anti-Judaismus. Eine Studie zur deutschen theologischen Literatur der Gegenwart (München 1975).
Zu den Antijudaismen in den Schulbüchern:
— Herbert Jochum / Heinz Kremers (Hrsg.), Juden, Judentum und Staat Israel im christlichen Religionsunterricht in der BRD (Paderborn/München 1980).
— *Ruth Kastning-Olmesdahl*, Die Juden und der Tod Jesu. Antijüdische Motive in den evangelischen Religionsbüchern für die Grundschule (Neukirchen-Vluyn 1981).
Zur historischen Information über Jesu Zeit:
— *C. Schneider*, Geistesgeschichte der christlichen Antike (München 1978).
— *D. Flusser*, Die letzten Tage Jesu in Jerusalem (Stuttgart 1982).
Zur innertheologischen Kontroverse:
— Edna Brocke / J. Seim (Hrsg.), Beiträge zur Erneuerung des Verhältnisses von Christen und Juden (Neukirchen 1986).
— *B. Klappert / H. Stark*, Umkehr und Erneuerung (Neukirchen 1980).
— *Leonore Siegele-Wenschkewitz*, Neutestamentliche Wissenschaft vor der Judenfrage (München 1980).

Zur eigenen Orientierung für die Praxis:
— Christen — Juden. Anregungen und Kriterien zu einem sachgemäßen Sprechen von der jüdischen Tradition, vom Judentum und vom Verhältnis Christen — Juden in Verkündigung, Katechese und Religionsunterricht mit Literaturempfehlungen, hrsg. v. Peter Fiedler, Bischöfliches Generalvikariat Aachen, Postfach 210, 5100 Aachen 1988.

Friedensforschung an den Hochschulen — Geschichte und Aufgaben

von Reiner Braun, Köln

Friedensforschung ist bei uns eine junge Wissenschaft. Sie blickt auf eine kaum 15-jährige Geschichte zurück. Sie ist aber nicht nur eine junge Wissenschaft, sondern auch eine Wissenschaft mit ungewisser Zukunft. Sie fristet ein bescheidenes Dasein. Das Interesse an der Friedensforschung hat zugenommen mit dem Aufschwung der Friedensbewegung in vielen Ländern. Erst da trat die Friedensforschung aus einem langjährigen Schattendasein heraus und erneuerte sich.

Was ist überhaupt Friedensforschung? Ausgangspunkt der Arbeit ist das Wissen um die hohe Bedeutung der Wissenschaft vom Frieden. Der Wissenschaftsrat definierte die Friedensforschung im Jahre 1970 so (zitiert aus der Dokumentation zur Tätigkeit der Deutschen Gesellschaft für Friedens- und Konfliktforschung):

„Zunächst geht es um Methoden der Verhütung des bewaffneten Austrags internationaler Konflikte, insbesondere der Verhinderung eines Krieges mit Atomwaffen. Der Frieden ist aber nicht lediglich ein Problem der internationalen Beziehungen, sondern auch der inneren Verhältnisse in den Staaten; hier handelt es sich einmal um die Probleme der Umweltveränderung durch die Entwicklung von Wissenschaft und Technik und ihre sozialen Folgen, zum anderen um die Probleme von Macht und Herrschaft sowie sozialer und politischer Ungleichheiten. Zu den Problemkreisen, denen sich die Friedensforschung widmen muß, gehört auch der Gegensatz zwischen reichen und armen Ländern."

Auf einen wichtigen Gedanken für die Friedensforschung weist Senghars in seinem Buch „Friedensforschung und Gesellschaftskritik" hin, in dem er verdeutlicht, daß die Friedensforschung unvermeidlichen Konflikten nicht ausweichen darf. Zitat: „Es ist nicht schwer zu erraten, daß eine solche Friedens- und Konfliktforschung auch eine Neubestimmung des Verhältnisses von Wissenschaft und Politik erforderlich macht. Sobald eine Wissenschaft sich nicht mehr ohne weiteres dem überkommenen *Status quo* einfügen läßt, wird sie, ob sie will oder nicht, Gegenstand nicht nur wissenschaftlicher sondern auch politischer Kontroversen. Wenn nicht alles trügt, so wird die Friedens- und eine neu orientierte Konfliktforschung in den kommenden Jahren mehr als zuvor ihre Standfestigkeit in solchen Kontroversen zu beweisen haben." Wie recht Senghars mit dieser 1971 formulierten Bemerkung hat, darauf ist noch einzugehen. Der Friedensforscher Peter Lock formulierte die Aufgabe der Friedensforschung folgendermaßen: „Die Friedensforschung lehnt es ab, sich der Maxime, daß der Sieg im Krieg das wichtigste ist, zu beugen. Sie erforscht nicht, wie man siegt, sondern wie man Frieden erreichen kann und bewahrt. Friedensforschung ist somit nicht nur als Kritik aus einem bestimmten Verhältnis von Politik und Wissenschaft entstanden, sie ist auch Ideologiekritik, nämlich Reaktion auf das Versagen der traditionellen wissenschaftlichen Arbeitsteilung und überkommener universitärer Strukturen vor allem, und anfänglich Kritik am Versagen der Sozialwissenschaften gegenüber der Herausforderung der atomaren Aufrüstung." Krippendorf ergänzt diesen Gedanken, daß Friedensforschung „als Orientierung verschiedenster wissenschaftlicher Disziplinen auf eine gemeinsame Fragestellung hin zu verstehen ist" (aus dem Buch Krippendorfs, „Friedensforschung".). Deutlich wird also, daß Friedensforschung nicht über, sondern für den Frieden forschen will. Friedensforschung enthält also Elemente einer politischen Bewegung und eines moralischen Anspruchs, ist also mehr als nur eine friedensrelevante Strategieforschung.

Oft wird dann in der Literatur diskutiert, von welch einem Friedensbegriff, einem „negativen Frieden" oder einem „positiven Frieden", auszugehen ist. Negativer Frieden wird als Abwesenheit vom Krieg, positiver Frieden wird in Verbindung zur sozialen Gerechtigkeit formuliert. Ich zitiere Johann Galtung, der sagt: „Ich würde positiven Frieden in erster Linie mit sozialer Gerechtigkeit gleichsetzen." Diese Problematik könnten wir sicher auch in eine Diskussion aufnehmen und sie verbinden mit konkreten Projekten für die Realisierung des positiven Friedens.

Einige Bemerkungen zur historischen Entwicklung:
In den USA gründete sich Mitte der fünfziger Jahre das „Center for Research Conflict Resolution" an der Michigan Universität. Anfang der sechziger Jahre gründete Johann Galtung das internationale „Peace Research Institute Oslo". 1966 wurde auf Initiative von Alva und Gunnar Myrdal das heute sicher weltberühmte „Stockholmer Institut für Peace Research" (SIPRI) gegründet. In der BRD geschah auf diesem Gebiet aufgrund der antikommunistischen Grundstimmung in unserem Lande weniger. Allererste Anfänge einer Friedensforschungsdiskussion sind Resultate des Engagements der „Göttinger 18". So gründete sich 1959 die Vereinigung deutscher Wissenschaftler, die der bundesdeutsche Zweig der 1957 gegründeten Pugwahs-Bewegung wurde. 1958 entstanden in der BRD zwei Friedensforschungsinstitute:

1. die „Forschungsstätte evangelischer Studien" (FEST) in Heidelberg, die im Rahmen der evangelischen Kirche wirkte, und
2. die deutsche Sektion der „Forschungsgesellschaft für Friedenswissenschaft" in München, die sich auf Probleme der Friedenspädagogik konzentrierte.

Weitere Anstöße gab es dann 1963 durch Carl Friedrich von Weizsäcker anläßlich der Verleihung des Friedenspreises des deutschen Buchhandels und von Gustav Heinemann, zu dessen Amtszeit im Jahre 1970 die „Deutsche Gesellschaft für Friedens- und Konfliktforschung" (DGFK) gegründet wurde. Damit kam es zum ersten Mal zu einer staatlich geförderten Friedensforschung. Ich will jetzt keine Ausführungen zu den Schwerpunkten inhaltlicher Arbeit der Friedensforschung in den siebziger Jahren machen, die sich meiner Meinung nach sehr stark auf die Rüstungskontrollabkommen der siebziger Jahre und um die Frage der Realisierung der Entspannungspolitik, mit ihren politischen und ideologischen Problemen, beschränkte, sondern einen Überblick geben, was es heute an Friedensforschungsinstitutionen in der BRD gibt.

Bis zu ihrer Auflösung am 31.12.1983 war fast 13 Jahre lang die „Deutsche Gesellschaft für Friedens- und Konfliktforschung" eine Art Dachorganisation der Friedensforschung. Sie arbeitete immer mit sehr bescheidenen Mitteln. Die heute bestehenden wichtigsten Friedenforschungsinstitute sind die „Hessische Stiftung für Friedens- und Konfliktforschung" (HFSK), das „Institut für Friedensforschung und Sicherheitspolitik" an der Universität Hamburg, die „Forschungsstätte der evangelischen Studiengemeinschaft Heidelberg", die „Arbeitsgruppe Friedensforschung" am Institut für Politikwissenschaft der Universität Tübingen, seit 1976 Cooperation mit der „Vereinigung der Friedenspädagogik Tübingen". Mit gewissen Einschränkungen ist die Studiengruppe „Sicherheit und Abrüstung" am Forschungsinstitut der Friedrich-Ebert Stiftung zu nennen. Seit neuester Zeit existiert auch ein marxistisches Friedensforschungsinstitut. Soweit einige Bemerkungen zu Institutionen der Friedensforschung.

Friedensforschung heute ist undenkbar ohne Friedensbewegung, insbesondere die Wissenschaftler-Friedensbewegung.

Friedensforschung ist heute also wesentlich allgemeiner und ich will auch sagen „populärer" zu verstehen, als dieses in dem von mir gegebenen Bericht über die Entwicklung der letzten Jahre war, der sicher nicht vollständig ist. Ich meine, daß Friedensforschung heute folgende Überlegungen umfassen muß:

1. Die Analyse von Rüstungsprojekten und ihre Destabilität sowie die damit verbundene Aufklärung im Kollegenkreis und in der Bevölkerung. Aufklärung z.B. über folgende Fragen: SDI — ist dies ein Schutzschild, gibt es hundertprozentige Sicherheit, über die Destabilisierung durch kurze Vorwarnzeiten und über die Legende, daß neuartige Waffensysteme zu immer mehr Sicherheit führen. Mir scheint diese Analyse, die in Arbeitsgruppen und von Initiativen immer wieder entwickelt werden kann, deswegen so ungeheuer notwendig, weil sie meiner Ansicht nach der Kontrapunkt ist zu dem, was Ronald Reagan in seiner berüchtigten Rede am 31. März formuliert hat: „Ich fordere die Wissenschaftler auf, die uns die Kernwaffen an die Hand gegeben haben, uns die Mittel an die Hand zu geben, um diese Kernwaffen unwirksam und überflüssig zu machen." Er meint damit keinen Prozeß der Abrüstung, sondern die SDI-Entwicklung.

2. Zur Friedensforschung gehören für mich heute im weitesten Sinne Symposien und Ringvorlesungen an den Hochschulen und zwar möglichst kontinuierlich.

3. Ein sehr wichtiges Instrument friedenspolitischer Aktivitäten ist die Durchführung von Friedenswochen an den Hochschulen, zusammen mit Initiativen außerhalb der Hochschulen.

Für die Entwicklung der Friedensforschung etwas völlig Neues und sicher auch ein sehr starker Impulsgeber, war die Entwicklung der Wissenschaftler-Friedensbewegung, die sich in der Auseinandersetzung um die Stationierung von Pershing II und Cruise Missiles entwickelte, und für die Naturwissenschaftler ihren ersten großen Höhepunkt in dem Mainzer Kongreß im Juli 1983 fand. Unterschiedliche Fachrichtungen und Disziplinen brachten ihre spezifisch wissenschaftlichen Fertigkeiten in die Friedensdiskussionen ein. Dabei ist die relative Zurückhaltung der Geisteswissenschaften auffallend, sowie nach wie vor das weitgehende Fehlen der historischen Disziplin. Die zunehmenden Versuche der Militarisierung der Wissenschaft, und als Gegenentwicklung die Entwicklung der Friedensbewegung im Bereich Wissenschaft, hatten entscheidenden Einfluß auf die Friedensforschung. Dabei sind Impulse der Friedensbewegung für die Arbeit der Friedensforscher entscheidend. Die Herausbildung der Wissenschaftler-Friedensbewegung ist Ausdruck des sich verschärfenden Konfliktes zwischen den humanistischen Interessen und Wertorientierungen zahlreicher Wissenschaftler und Angehöriger der wissenschaftlichen Intelligenz und den Militärstrategien, die den Atomkrieg beinhalten. Die weiteren Aktivitäten der Wissenschaftler von 1983 bis 1986 zeigen, daß die Wissenschaftler-Friedensbewegung ein kontinuierliches Element von Aktivitäten an den Hochschulen ist. Die Tatsache, daß sich vor allem Naturwissenschaftler in Friedensforschung und Friedensbewegung neu engagieren, hängt offenbar damit zusammen, daß die wissenschaftlich-technischen Veränderungen, vor allem im naturwissenschaftlichen Bereich, besonders brisant sind, und hier Konflikte um die zukünftige Orientierung deutlich werden. Es herrscht eine Sensibilität zunehmend breiterer und neuerer Kreise dieser Wissenschaftler für zugespitzte Fragen u.a. für die Friedensforschung.

4. Die Realisierung von Gremienbeschlüssen, siehe die Senatsablehnung von SDI bzw. Rüstungsforschung.

5. Die Institutionalisierung des Friedensthemas im ordentlichen Hochschulstudium durch Seminare z.B. zu chemischen und biologischen Waffen oder auch auf Jahrestagungen wissenschaftlicher Fachgesellschaften.

6. Die Vergabe von Diplomarbeiten und wissenschaftlicher Arbeiten zu friedenspolitischen Themen sollte gefordert und gefördert werden.

7. Dazu gehört auch die Forderung nach Friedensforschung an den Hochschulen bis hin zu Projekten und Instituten (West-Berlin, Albert-Einstein-Institut, Marburg).

8. Notwendig ist ein Netzwerk der Projekte und die gegenseitige Information (Fachtagungen, auch im Fachhochschulbereich).

9. Wichtig ist, daß die Friedensforschung dazu beiträgt, ein Klima und eine Diskussionsmöglichkeit an den Hochschulen zu schaffen, daß das, was so oft als Schere im Kopf des Wissenschaftlers formuliert wird, ausbleibt. Schere im Kopf heißt für mich:

1. daß mit Blick auf entsprechende Geldquellen der mögliche militärische Nutzen, der das Ziel von Forschungsprojekten ist, durch die Wissenschaftler selbst herausgestellt wird,

2. daß eine offene Diskussion über die zunehmende militärische Beeinflussung der Wissenschaft nicht vermieden wird,

3. daß der persönliche Konflikt der Wissenschaftler, die sich aus der Vereinnahmung durch zusätzliche Rüstungsforschung ergeben, weder verdrängt, noch nicht ausgesprochen werden. Dieses sind sicher sehr hohe moralische Ansprüche. Wir alle tragen Verantwortung für die Schaffung eines entsprechenden Klimas an den Hochschulen. Der letzte Punkt, der für mich zur Friedensforschung gehört, und damit möchte ich das Projekt von Hans-Peter Dürr mindestens schon einmal mit Namen vorstellen, ist die sogenannte „World Peace Initiative“, die wissenschaftliche Arbeit an sinnlich vorstellbaren Projekten für eine friedliche Welt. Es handelt sich hierbei um die Ausarbeitung konkreter Pläne gegen Hunger und Ungerechtigkeit sowie für die Wiederherstellung der Umwelt und der Gesundheit.

Dies waren sicher nur einige erste Überlegungen, die jetzt vertieft werden sollen. Es kann bei dieser Diskussion nur darum gehen, das Thema Friedensforschung als Alternative zur zunehmenden Militarisierung verstärkt zu diskutieren, mit dem Ziel, Anregungen zu erarbeiten und möglichst praktische Schritte mitzunehmen, gleichzeitig aber auch dieses Problem theoretisch insgesamt stärker zu fundieren. Mit dem Plädoyer für einen sogenannten umfassenden Friedensforschungsbegriff möchte ich meine einleitenden Worte beenden.

Zur Friedensarbeit katholischer Theologen

von Dieter Riesenberger, Paderborn

Für den deutschen Katholizismus vor dem Ersten Weltkrieg war die „Sicherung des Friedens ... praktisch kein Thema."[1] Diese distanzierte Haltung gegenüber der Krieg — Frieden — Problematik und damit auch der organisierten Friedensbewegung hat verschieden Ursachen:

— das christliche Gebot der Nächstenliebe wurde auf das Verhalten im zwischenmenschlichen Bereich reduziert und damit „privatisiert";
— die deutschen Katholiken waren bestrebt, jeden Konflikt mit den tragenden Schichten des Kaiserreichs und ihrer Politik zu vermeiden, um ihre nationale Zuverlässigkeit nicht anzweifeln zu lassen;
— die organisierte Friedensbewegung — konkret: die „Deutsche Friedensgesellschaft" war als eine aufklärerisch-liberale Bewegung für den deutschen Katholizismus nicht akzeptabel.

Es ist also nicht erstaunlich, daß man vor dem Ersten Weltkrieg keine katholische Wissenschaftler nennen kann, die sich aktiv für eine Überwindung des Krieges eingesetzt hätten. Etwas anders waren die Verhältnisse in Österreich — Ungarn. Während es im deutschen Kaiserreich undenkbar schien, an Universitäten eine Friedensgesellschaft zu gründen, konnte sich im Mai 1892 in Wien der „Wiener akademische Friedensverein" konstituieren, der sich zum Ziel setzte, daß „wir alle Nationalitäten zu gemeinsamer friedlicher Arbeit vereinigen sollten, und eine gedeihliche Entwicklung des Hochschul-Vereins nur im engen Zusammenwirken aller akademischen Bürger sehen."[2] Wenn auch dieser akademische Friedensverein in Wien nicht mehr als 40 Mitglieder zählte und immer wieder neu belebt werden mußte, so scheinen die katholischen Akademiker in Österreich — Ungarn dem Friedensgedanken doch aufgeschlossener gegenüber gestanden zu haben als die katholischen Akademiker im Deutschen Reich.

Anders als die deutschen Katholiken hatte Papst Leo XIII. keine Berührungsscheu mit dem organisierten Pazifismus. Leo XIII. ging es darum, an „die päpstliche Tradition der Friedensstiftung im Mittelalter anzuknüpfen und die Säkularisierung des modernen Staates durch eine innere Erneuerung rückgängig zu machen."[3] Vor allem durch das Schreiben des Zaren Nikolaus II. anläßlich der Einberufung der Haager Friedenskonferenz vom 30. August 1898 gewann bei Leo XIII. die „Idee einer päpstlichen Friedensmission zunehmend an Boden."[4] Der Zar hatte den Papst darum gebeten, er möge „mit aller Macht seiner moralischen Autorität die Sicherung des Friedens unterstützen in Ausführung der Befehle des Herrgotts, der Liebe und Frieden befohlen hat."[5] Bereits im Jahre 1894 hatte der Papst in einem Sendschreiben „an alle Fürsten und Völker" erklärt:

1. *A.-H. Leugers*, Einstellungen zu Krieg und Frieden im deutschen Katholizismus, in: J. Dülffer/K. Holl (Hrsg.), Bereit zum Krieg (Göttingen 1986) S. 56.

2. *Chr. Gütermann*, Die Geschichte der österreichischen Friedensbewegung 1891-1985, in: M. Rauschensteiner (Hg.), Überlegungen zum Frieden (Wien 1987) S. 30.

3. *J. Dülffer*, Regeln gegen den Krieg? Die Haager-Friedenskonferenz 1899 und 1907 in der internationalen Politik (Berlin/Frankfurt/Wien 1981) S. 56.

4. *A.-H. Leugers*, a.a.O., S. 59.

5. Zitiert nach *J. Dülffer*, a.a.O., S. 55 f.

„Schon seit vielen Jahren haben wir vom Frieden nicht viel mehr als den Schein. Da das gegenseitige Vertrauen geschwunden ist, und dem Argwohn Platz gemacht hat, sind fast alle Nationen um die Wette damit beschäftigt, sich zum Krieg zu rüsten … Daher ist auch infolge von ungeheuren Ausgaben der Staatsschatz erschöpft, der Reichtum der Länder zusammengeschmolzen, das Vermögen der einzelnen schwer geschädigt. Wir sind bereits so weit gekommen, daß der bewaffnete Friede länger nicht zu ertragen ist. Sollte ein derartiger Zustand der natürliche der bürgerlichen Gesellschaft sein? Im Gegenteil, wir können dem nur entrinnen und einen Frieden erreichen, der seinen Namen wahrhaft verdient, durch die Gnade Jesu Christi."[6] Aus anderen Verlautbarungen des Papstes und seines Kardinalstaatssekretärs Rampolla aus den neunziger Jahren wird deutlich, daß der Vatikan sich für die Ausarbeitung eines internationalen Rechtes und die Einrichtung einer internationalen Schlichtungsstelle einsetzte. In seinem Antwortschreiben an den russischen Zaren vom 11. Januar 1899 erklärte Leo XIII.: „In der internationalen Gesellschaft der Staaten fehlt ein System gesetzlicher und moralischer Mittel, die geeignet wären, das Recht eines jeden zu bestimmen und zur Geltung zu bringen; es bleibt demnach nichts anderes übrig, als unmittelbar zur Gewalt seine Zuflucht zu nehmen. Daher rührt auch das Wetteifern der Staaten im Aufbau ihrer militärischen Macht … Angesichts einer so unheilvollen Sachlage erscheint die Einrichtung einer Vermittlung und eines Schiedsgerichts als das geeignetste Hilfsmittel."[7]
Die Stellungnahmen des Papstes und seines Kardinalstaatssekretärs Rampolla sind aus folgenden Gründen interessant:
— Die Verurteilung des Wettrüstens und die Einschätzung der sozialen und materiellen Folgen des Wettrüstens stimmen überein mit den Aussagen des Zarenmanifests und den Positionen des organisierten Pazifismus;
— Die Charakterisierung des bestehenden Friedens als eines Scheinfriedens, als eines bewaffneten Friedens, entspricht der Analyse, die A.H. Fried, der Mitbegründer der „Deutschen Friedensgesellschaft", in mehreren Publikationen vorgetragen hat;
— Die Forderung nach Wiederherstellung des Vertrauens in der internationalen Politik, nach Einrichtung einer internationalen Schiedsinstitution und Einführung völkerrechtlicher Regelungen entspricht der von A. H. Fried entwickelten Theorie des Organisatorischen Pazifismus;
— Dem Festhalten an der Lehre vom „gerechten Krieg" entspricht die Anerkennung des Verteidigungskrieges durch die Friedensbewegung vor dem Ersten Weltkrieg.

Es gab also durchaus gemeinsame Positionen zwischen katholischer Lehrmeinung und Friedensbewegung. Die Friedensbewegung würdigte das Interesse der Päpste; der Weltfriedenskongreß in Budapest (1896) und der Weltfriedenskongreß in Mailand (1906) richteten Gruß- und Dankadressen an Leo XIII. bzw. an Pius X.[8] Auf die deutschen Katholiken übten weder die päpstlichen Ausführungen zur Friedensproblematik noch die Kontakte zwischen Friedensbewegung und Papsttum irgendwelchen Einfluß aus. In Österreich — Ungarn dagegen wirkten katholische Völkerrechtswissenschaftler an exponierten Stellen im pazifistischen Sinn: Sandor Gießwein (1856-1933) und Heinrich Lammasch (1853-1920).

Sandor Gießwein, Doktor der Theologie, Päpstlicher Prälat und seit 1905 Abgeordneter der Katholischen Volkspartei, kam über den christlichen Sozialismus zum Engagement für den Frieden. Als Mitglied der ungarischen Interparlamentariergruppe nahm er 1905, 1906 und 1908 an den Kongressen der Interparlamentarischen Union teil. Er war Vorsitzender der Ungarischen Friedensgesellschaft und Gründer mehrerer Ortsgruppen der Friedensgesellschaft in ungarischen Städ-

6. Ebd., S. 56.
7. Zitiert bei *P. Tischleder,* Die Staatslehre Leos XIII. (Mönchengladbach 1925) S. 400.
8. *A.-H. Leugers,* a.a.O., S. 61.

ten. S. Gießwein trat für die Schaffung völkerrechtlicher Regelungen als Grundlage einer friedlichen Weltordnung ein und begrüßte die Haager Konferenzen. Im Jahre 1913 veröffentlichte er seine Broschüre „Christentum und Friedensbewegung", in der er die Mission des Christentums für die Verbreitung des Friedensgedankens betonte. Während des Ersten Weltkrieges verstärkte er seine pazifistischen Aktivitäten.[9] Noch beeindruckender ist die Karriere des österreichischen Professors für Strafrecht, Rechtsphilosophie und Völkerrecht an der Wiener Universität, Heinrich Lammasch. Er war Mitglied des bekannten „Institut de Droit International" in Genf. Die Tatsache, daß H. Lammasch wissenschaftlicher Berater der österreichisch — ungarischen Delegation bei beiden Haager Friedenskonferenzen war, wirft ein bezeichnendes Licht auf die Verhältnisse im Deutschen Reich; der Sachverständige der deutschen Delegation war der Völkerrechtler Professor von Stengel, ein heftiger Kritiker der Friedensbewegung. Zweimal war H. Lammasch als Kandidat für das Amt des Ministerpräsidenten vorgesehen; seine Ernennung scheiterte am Widerstand des deutschen Militärs. Als Mitglied der österreichischen Delegation bei den Verhandlungen in St. Germain setzte er sich für den Völkerbund und eine internationale Schiedsgerichtsbarkeit ein. Die Friedensfrage war für ihn „primär eine Frage des Völkerrechts, wobei dessen ethische Verantwortung mit seiner tiefen katholischen Gläubigkeit harmonisierte. Nicht zuletzt seine strenge katholische, allgemein als klerikal empfundene Lebenshaltung machte Lammasch in der österreichischen politischen Szene zum Außenseiter, der wegen seiner fachlichen Qualitäten internationaler Wertschätzung sicher war, in seiner Heimat aber politisch wirkungslos geblieben ist."[10] Festzuhalten aber bleibt, daß in Österreich — Ungarn vor dem Ersten Weltkrieg überzeugte Katholiken sowohl propagandistisch als auch wissenschaftlich die Grundsätze der Friedensbewegung vertreten konnten.

Während des Ersten Weltkrieges identifizierten sich die deutschen Katholiken ohne Vorbehalt mit der deutschen Kriegspolitik; auch mit dem protestantischen Königshaus der Hohenzollern. Man sah in Kaiser Wilhelm II. einen „König und Kaiser, den die Vorsehung uns gab. In der äußersten Gefahr, die unser Volk durchmachte, war Wilhelm ihm Dolmetsch des göttlichen Willens, so wie jede weltliche Obrigkeit es sein sollte."[11] In der begeisterten Zustimmung zum Krieg gab es keinen Unterschied zwischen Bischöfen und Theologieprofessoren, zwischen Pfarrern und Kirchenbesuchern. Typisch für den Kriegsenthusiasmus ist der vom Paderborner Theologieprofessor Pfeilschifter herausgegebene Sammelband „Deutsche Kultur, Katholizismus und Weltkrieg" (1915), eine Antwort auf die französische Kriegsschrift „La Guerre Allemande et le Catholicisme". Für den katholischen Philosophen Max Scheler war der Krieg das „erste Gesamterlebnis der Menschheit", das vor allem zur Wiedergewinnung der „europäischen Würde führen (muß). Daß das jetzt einsame europäische Mittelvolk, daß der zum Feinde Europas erklärten deutschen Nation im Gefolge dieses Krieges einmal die Rolle zufalle, der Quellpunkt dieser europäischen Wiedergeburt zu sein — mit diesem Glauben lebt und stirbt Deutschland."[12] Dieses mit dem Krieg ausbrechende und vom Krieg sich nährende Sendungsbewußtsein des deutschen Katholizismus hat seine Wurzel in der vergleichsweise starken Position der katholischen Kirche schon in der Vorkriegszeit; sie fand ihren Ausdruck in der bekannten Formulierung „Germania docet" — ausgesprochen auf dem Kölner Katholikentag im Jahre 1903: „Auf ihre Stärke waren die deutschen Katholiken stolz, so daß sie gegenüber anderen, besonders den romanischen Länern, sich

9. Vgl. die Kurzbiographie von *G. Vermes* über S. Gießwein, in: Biographical Dictionary of modern Peace Leaders (Greenwood Press 1985) S. 322 f.

10. Vgl. die Kurzbiographie von *F. Fallner* über H. Lammasch, in: H. Donat/K. Holl (Hg.), Die Friedensbewegung (Düsseldorf 1983) S. 243 ff.

11. Zitiert bei *R. van Dülmen*, Der deutsche Katholizismus und der Erste Weltkrieg, in: Francia 2/1974, S. 354, Anm. 27.

12. Ebd., S. 359.

überlegen dünkten. Allerdings, wenn man nur hinschaut auf die blühenden Organisationen, auf die zahlreichen Neubauten und Neuausstattungen von Kirchen des letzten halben Jahrhunderts, auf die trotz der von Regierungsseite bereiteten Hemmungen sich an Zahl und Umfang der Aufgaben mehrenden klösterlichen Niederlassungen, auf das äußere kirchliche Leben ..., auf die Zusammenfassung fast aller Stände und Berufe in religiösen Vereinen, so könnte man in der Tat glauben, darin einen handgreiflichen Beweis für den Hochstand des kirchlich-religiösen Lebens bei den deutschen Katholiken zu erkennen."[13]

Die Enzyklika „Ubi arcano" Benedikts XV. vom 1.8.1917 betonte erneut die Bedeutung des Völkerrechts und machte sowohl grundsätzliche als auch konkrete Vorschläge zur Beendigung des Krieges und zur Sicherung eines künftigen Friedens.[14] Der deutsche Katholizismus hielt jedoch weiterhin an der „kaiserlichen Politik der Erfolge" fest. Dennoch setzte ein Nachdenken darüber ein, ob nicht eine neue Politik erforderlich sei: „Unter dem Druck des Krieges und der Ideologisierung und Theologisierung bildete sich ein neuer von der Kriegsgeneration geprägter Katholizismus heran, der den Gedanken der religiösen Erneuerung Deutschlands mit dem einer gleichzeitigen Demokratisierung verband."[15] Damit und mit der Erneuerung der völkerrechtlichen Prinzipien durch Benedikt XV. waren — wenn auch nur für einen sehr kleinen Teil des Katholizismus — die Voraussetzungen für einen katholischen Pazifismus gegeben. Die Dauer und die Intensität des Ersten Weltkrieges führten zunächst zu einer veränderten Beurteilung des Krieges überhaupt; die bisherige Verklärung des Krieges wich einer eher nüchternen Einschätzung. Die Einordnung des Krieges in die göttliche Weltordnung „wurde den Beteiligten um so schwerer, je länger er dauerte und je furchtbarer die Kriegsmethoden wurden, und da, wo die religiöse Wertung sich behauptete, blieb fast nur noch der Gedanke des Strafgerichtes übrig. Das ist freilich eine wenig erleuchtete Auffassung vom Wesen des Krieges. Der Krieg ist keine Strafe Gottes, sondern eine Selbstbestrafung der Menschen und nur insofern diese von Gott zugelassene ist, auch ein göttliches Strafgericht. Die Selbstbestrafung besteht in der Heraufbeschwörung der Konflikte und Übel, welche durch den Willen der Völker, der sich aus dem Kollektivwillen der einzelnen Bürger zusammensetzt, verschuldet worden sind. Die Völker haben sich selbst die Geißel gebunden, die sie schlägt."[16]

Noch radikaler waren die Konsequenzen, die der Dominikanerpater und Theologe Fr. M. Stratmann in seinem Buch „Weltkirche und Weltfriede" (1924) zog. Er wandte sich vehement gegen die Auffassung von der angeblich segensreichen Wirkung des Krieges. Die Frage, ob der Krieg für das „sittliche Leben der Menschheit" einen Gewinn bedeute, könne nur mit einem „zweifelsfreien Nein" beantwortet werden.[17] Fr. M. Stratmann widerlegte die Vorstellung, daß der Krieg eine „Einrichtung der göttlichen Weltordnung" oder auch „innerhalb der durch die Erbsünde gefallenen Natur ... eine Notwendigkeit" sei.[18] Von zentraler Bedeutung in Stratmanns Argumentation gegen den Krieg war die strenge Interpretation der überkommenen Lehre vom „Gerechten Krieg". Der Theologe hielt zwar weiterhin grundsätzlich an der Berechtigung eines „Gerechten Krieges" fest, stellte zugleich aber aus der augustinisch-thomistisch-viktorianischen Tradition einen Bedingungskatalog zusammen, dessen Forderungen praktisch einem Kriegsverbot gleichka-

13. *A. Rademacher,* Die Stellung der katholischen Kirche, in: Geistige und sittliche Wirkungen des Krieges in Deutschland (Veröffentlichungen der Carnegie-Stiftung für internationalen Frieden) (Stuttgart/Berlin/Leipzig 1927) S. 158 f.

14. Vgl. den Artikel von *D. Riesenberger* über den „Friedensbund Deutscher Katholiken", in: H. Donat/K. Holl (Hg.), a.a.O., S. 140 ff.

15. *R. van Dülmen,* a.a.O., S. 355.

16. *A. Rademacher,* a.a.O., S. 176.

17. *Fr. M. Stratmann,* Weltkirche und Weltfriede (Augsburg 1924) S. 61.

18. Ebd., S. 71.

men. Stratmann wollte vor allem zeigen, daß „der moderne Krieg prinzipiell nicht mehr unter diese Bedingungen gefaßt werden kann und somit unerlaubt ist.“[19] Im Jahre 1931 kam eine internationale theologische Kommission zu einem gleichlautenden Urteil. Mitglieder dieser Kommission waren schweizerische, französische und deutsche Theologen, darunter Fr. M. Stratmann und Prof. Dr. Franz Keller (Freiburg/Brg.): Ein moderner Krieg ziehe nach sich „durch seine Technisierung und kraft der ihm eigenen Hemmungslosigkeit solch gewaltige materielle und geistige Schäden, für den einzelnen, die Familie und sogar für die Religion, der moderne Krieg wird eine so furchtbare Weltkatastrophe, daß er aufhört, ein seinem Zwecke, der Erreichung von Ordnung und Frieden, angemessenes Mittel zu sein.“[20]

Diese entschiedene Stellungnahme katholischer Theologen zu der Frage, ob angesichts der modernen Kriegsmittel ein „gerechter Krieg“ noch zu rechtfertigen sei, ist mit ihrer eindeutigen Aussage bis heute nicht überholt, wenn auch päpstliche Verlautbarungen nach dem Zweiten Weltkrieg — vor allem Johannes XXIII. in seiner Enzyklika „pacem in terris“ (1963) — den Krieg als „geeignetes Mittel“ zur Wiedereherstellung verletzter Rechte ablehnten und verurteilten.[21]

Mit der „Lehre vom gerechten Krieg als Notwehrrecht des Staates“ setzte sich der Freiburger Moraltheologe Professor Keller auseinander. Grundsätzlich erkannte Franz Keller an, daß „nicht bloß die einzelne physische Person, sondern ebenso auch die moralische Person (Staat, Kirche etc.) das Recht und gegebenenfalls auch die Pflicht haben, sich der Notwehr zu bedienen“.[22] Es ging ihm vielmehr um die Frage „nach der Notwehrtechnik, d.h. nach den besten Mitteln und Methoden der Notwehr … Diese Frage ist für den Ethiker, für den Juristen, für den Strategen, ja schließlich für das ganze Volk doch nicht gelöst mit dem Hinweis auf das Notwehrrecht, wenn es sich gar nicht mehr wehren kann, oder wenn die ihm zur Verfügung stehenden Verteidigungsmittel seinen eigenen Untergang herbeiführen.“[23] Der moderne Krieg der Zukunft kann „nicht mehr in den erlaubten Grenzen der Notwehr bleiben, sondern wird alle sittlichen Schranken zwangsläufig niedertreten. Der Zukunftskrieg wird mit Gift gefeiert werden und sein Ziel wird nicht Kapitulation oder Niederkämpfung der feindlichen Front sein — sondern Ausrottung der feindlichen Nation. Er wird über die Front hinweg durch Giftbomben die Frauen und Kinder der Soldaten töten, um einen künftigen Rachekrieg zu verhindern … Auf Ausrottungspolitik würde jeder Krieg hinauslaufen und einen Kulturzusammenbruch größten Ausmaßes zur Folge haben.“[24] Die Diskussion über den modernen Zukunftskrieg, den man sich als einen kombinierten Gas-Luftkrieg vorstellte, nahm viele Argumente vorweg, die nach dem Zweiten Weltkrieg im Zusammenhang mit der Diskussion über den atomaren Krieg wieder auftauchten.[25]

Aus der Unsittlichkeit der modernen Massenvernichtungsmittel, die jede Grenze der Notwehr übersteigen, konnte der Krieg als Akt der Notwehr nicht mehr anerkannt werden. Franz Keller zog daraus den Schluß, daß Kriegsdienstverweigerung „fürderhin nicht mehr zu einer Sünde der Empörung gestempelt und im Namen der Gerechtigkeit als ein Verbrechen gegen Staat und Nation bestraft werden kann.“ Wichtig ist die Differenzierung zwischen „allgemeiner Wehrpflicht“

19. *P. Engelhardt,* Die Lehre vom „Gerechten Krieg“ in der katholischen Kirche, in: R. Steinweg (Red.), Der gerechte Krieg: Christentum, Islam, Marxismus (Friedensanalysen Bd. 12) (Frankfurt 1980) S. 110.

20. S. Theologisches Gutachten über die sittliche Erlaubtheit des Krieges, in: Der Friedenskämpfer 8/1932, S. 49.

21. *P. Engelhardt,* a.a.O., S. 110.

22. *Fr. Keller,* Notwehrrecht und Notwehrtechnik, in: *ders.,* Kriegsächtung und Friedensrüstung (Freiburg 1931) S. 56.

23. Ebd., S. 57.

24. *Ders.,* Moderne Martyrer. Kriegsdienstverweigerung und christliche Moral, in: a.a.O., S. 8.

25. Vgl. demnächst: *D. Riesenberger,* Die Bewegung gegen den Gas- und Luftkrieg, in: R. Steinweg (Red.), Historische Friedensforschung (Friedensanalysen) (Frankfurt 1989).

und „Kriegsdienst", da „Wehrpflicht sich nicht deckt mit Kriegsdienst".[26] „Wehrpflicht" als Pflicht zur Notwehr kann sich zwar nicht mehr auf den Krieg als „ultima ratio" berufen; sie kann und darf sich nicht mehr als „Kriegsdienst" verstehen, da der moderne Krieg unsittlich und nicht mehr erlaubt ist. „Wehrpflicht" aber ist deshalb nicht aufgehoben, weil sie in der „Organisation des passiven Widerstandes" oder im Boykott erlaubte und sinnvolle Formen der Notwehr vorfindet. Diese neuen Techniken der Notwehr bezeichnete Franz Keller als „moralische Mittel, die ganz anders als der Krieg gegen Unrecht angewandt werden können."[27] Hiermit stimmte Franz Keller mit Fr. M. Stratmann überein. Das Sicherheitsproblem gilt mit Recht als neuralgischer Punkt des internationalen Systems. Entsprechend werden Sicherheit, Sicherung durch Selbstschutz und Selbstbehauptung durch die verschiedensten Sicherheitsmaßnahmen angestrebt. Sicherheit durch Kriegsausrüstung aber ist nach Franz Keller nicht mehr möglich, da es „keinen wirksamen Schutz gegen diese modernen Kriegsmittel mehr gibt und da sie ja nicht einseitig bloß angewandt werden. Denn ihre Anwendung ist infolge der übernationalen Rüstungsindustrie allgemein."[28] Wenn aber militärische Sicherung nicht mehr denkbar ist, dann muß man nach Franz Keller „um so eindringlicher auf das Sicherungsmittel der Caritas auch im internationalen Leben hinweisen." Es geht um die „internationale Pflicht der Caritas, der gegenseitigen Hilfe, des gegenseitigen Dienstes als der Rettung aus Not und Gefahr, als der vorzüglichsten Sicherung gegen Unterdrückung und Untergang."[29] Diese neue Bedeutung der Caritas bezeichnete Franz Keller als „Internationalliebe"; Möglichkeiten konkreter Umsetzung dieser internationalen Caritas sah er dort, wo „Völker unmittelbar sich begegnen und sich spendend verschenken, wo Volkheit zu Volkheit sich findet ... Diese Begegnung der Völker ist das große gewaltige Ereignis, was wir eben mit internationaler Caritas bezeichnen."[30] Franz Keller, der im Jahre 1925 gemeinsam mit den Caritas-Verbänden das „Institut für Caritaswissenschaft" an der Freiburger Universität gegründet hatte, dem er auch bis 1934 als Direktor vorstand, bemühte sich, die Caritas-Organisation — zunächst in Deutschland, dann aber auch in internationalem Rahmen — für diese völkerverbindende und kriegsverhütende Aufgabe zu gewinnen. Das überkommene Tätigkeitsfeld der sozialen Fürsorge sollte dahingehend erweitert und ergänzt werden, daß die Caritas „den sittlichen Hochwert und den fürsorglichen Nutzwert der Bestrebungen für Kriegsächtung und Friedensrüstung" nicht nur verteidigt, sondern „geradezu als eine ihre Hauptaufgaben" auch fordert; parallel dazu gelte es, „zur Verwirklichung der christlichen Ökumene neue Wege zu weisen durch schrittweise Bekämpfung und Verhinderung neuer Kriege, die zweifellos sowohl dem Geist des Christentums als auch den Aufgaben der die bedrängende Not verhütenden Fürsorge entgegen sind."[31] Der internationale Zusammenschluß der Caritas zur „Caritas catholica" (1928) übernahm allerdings Forderungen wie Kriegsverhütung und Völkerversöhnung nicht in das offizielle Programm, es stand noch ganz in der Tradition der sozialen Fürsorge. Gleichwohl hoffte Franz Keller, daß die „Caritas catholica" sich künftig für die Verwirklichung der Völkergemeinschaft einsetzen werde und damit für „die Überwindung des anarchistischen Zustandes des Krieges aller gegen alle. Unter diesem Gesichtspunkt hat die Caritas im internationalen Leben ihre höchsten Aufgaben zu erfüllen durch Mithilfe zur Völkerversöhnung und Völkerverständigung als Caritas catholica."[32]

Pater Fr. M. Stratmann und Professor Franz Keller haben für die katholische Friedensbewegung eine theologische Grundlage geschaffen, die praktische pazifistische Betätigung im Rahmen

26. *Fr. Keller,* Moderne Martyrer, a.a.O., S. 9.
27. *Ders.,* Moralische Initiative zur Friedensrüstung, a.a.O., S. 35.
28. *Ders.,* Nationale Sicherheit durch internationalen Hilfsdienst, Freiburg 1931, S. 3.
29. Ebd., S. 9.
30. Ebd., S. 7.
31. *Ders.,* Die völkerverbindende Aufgabe der Caritas, in: Jb. der Caritaswissenschaft 1930, S. 87.
32. Ebd., S. 91.

— und auch im Namen — der katholischen Kirche überhaupt erst ermöglichte. Darüber hinaus hat Pater Stratmann zahlreiche Versammlungen des „Friedensbundes Deutscher Katholiken" abgehalten; Professor Keller hat sich mehr in der „Deutschen Friedensgesellschaft" betätigt. Von Theologen, die der Friedensbewegung nahe standen, wäre noch Theodor Steinbüchel zu nennen, der sich intensiv mit dem Sozialismus auseinandersetzte und in seinem Buch über die Staatslehre Leos XIII. die Bedeutung des Papsttums für die Wiederbelebung des Völkerrechts würdigte. Man müßte vor allem auf Professor Ernst Michel verweisen, den Leiter der gewerkschaftlichen „Akademie der Arbeit" in der Universität Frankfurt; ihn bezeichnete Walter Dirks als „Begründer dessen, was man heute politische Theologie progressiver Richtung nennt."[33] Er setzte sich vor allem für die Emanzipation der katholischen Laien ein und stärkte damit mittelbar auch das Selbstbewußtsein des „Friedensbundes Deutscher Katholiken" gegenüber der kirchlichen Hierarchie.[34] Den pazifistischen katholischen Theologen ist es nicht gelungen, den deutschen Katholizismus davon zu überzeugen, daß man den Krieg überwinden könne und müsse „durch die Macht der Liebe und eines an den ewigen Gesetzen der Wahrheit und des Rechtes orientierten Völkerbundes."[35] Sie haben aber pazifistisches Handeln „aus dem Glauben" (E. Michel) begründet und auch praktiziert.

33. *B. Lowitsch,* Der Kreis um die Rhein-Mainische Volkszeitung (Wiesbaden/Frankfurt 1980) S. 37.

34. *D. Riesenberger,* Die katholische Friedensbewegung in der Weimarer Republik (Düsseldorf 1976) S. 136.

35. *A. Rademacher,* a.a.O., S. 212 f.

Friedensgedanken in antiker Mythologie und Dichtung. EIRENE und PAX

von Peter Wülfing, Köln

Was kann ein Altphilologe über den Frieden sagen — womöglich mit dem Anspruch, zur heutigen Diskussion etwas beizutragen?

Ein Altphilologe beschäftigt sich doch mit den alten Griechen und Römern und vertritt ein Fach, dessen Traditionen, mindestens am Gymnasium, eher auf Wehrtüchtigkeit hindeuten: Es hat es vermocht, daß sich als abgesunkenes Kulturgut in manchen Köpfen solche Sprüche herumtreiben wie

— πόλεμος πατὴρ πάντων
„Krieg ist Vater aller Dinge"
— *dulce et decorum est pro patria mori*
„süß und ehrenvoll ist es, fürs Vaterland zu sterben"
— *sis vis pacem para bellum*
„willst Du Frieden, rüste zum Krieg" und so weiter.

Also könnte es scheinen, daß ein Altphilologe sachlich wenig zu bieten hat und ideologisch nicht gerade vertrauenswürdig ist. Ideologisch ? — Jede Wissenschaft ist ausgeliefert an ihre „Verwerter". Die Klassische Philologie hat damit ihre schmerzlichen Erfahrungen gemacht, steht aber damit nicht allein.

Die eben zitierten Sätze geben ja auch nicht Charakteristisches *der* Antike. Sie wurden von interessierten Verwertern aus ihrem Zusammenhang gerissen, und wenn man sie in ihren Kontext zurückversetzte, leisteten sie überhaupt nicht, was man ihnen abverlangt hat. *Si vis pacem* ... z.B. ist, jedenfalls in dieser Formulierung, gar nicht antik. Solche Weisheiten wurden oft erst in der Neuzeit formuliert und nutzen die Autorität der lateinischen Sprache aus. Aber das ist nicht das heutige Thema.

Sachlich aber kann der Altphilologe immerhin auf Gedankengänge hinweisen, welche die heutige Diskussion um den Frieden fördern. Denn es gibt mythische Vorstellungen, die bei Griechen und Römern wirksam waren, und die Frieden in ganz bestimmten Bildern beschrieben und Wünsche der damaligen Menschen anschaulich ausdrückten.

Es gibt auch illusionistische Ausmalungen von Friedensbildern, die aus vitalem Überschwang die alte griechische Komödie geschaffen hat — auf dem Hintergrund von Kriegsnot übrigens.

Und es gibt drittens den römischen Friedensbegriff der *pax*, der so realistisch und so pragmatisch ist, daß er uns einiges zu überdenken aufgeben wird.

Es gibt natürlich noch viel mehr, aber wenn die drei genannten Aspekte auch nur einigermaßen beschrieben und mit unserer Situation in Zusammenhang gebracht werden sollen, so haben wir genug zu tun. — Zwangsläufig werden Lücken bleiben.

Der Altphilologe hat also einen Beitrag zu leisten. Das liegt daran, daß auf seinem Arbeitsfeld einer der Pfeiler steht, auf denen unser heutiges Europa ruht. Es ist nur einer von mindestens dreien, die beiden anderen sind die jüdisch-christliche Tradition und der naturwissenschaftlich-technologische Komplex. Also ist es nur einer von dreien, nicht mehr.

Die Effektivität der Erkenntnisse, welche die Altphilologie anbieten kann, wird allerdings durch einen Umstand erhöht: nämlich, daß sie stets mit *zwei* kontrastierenden Kulturen zu tun hat, mit der griechischen und der römischen, immer aufeinander bezogen. Das wird auch in den heutigen Ausführungen eine Rolle spielen; deshalb der Untertitel „EIRENE und PAX".

Ich beginne mit mythischen Vorstellungen vom Frieden.

Es gibt ja Frieden in so vielen Bedeutungen und Konstellationen und die aktuelle Friedensbewegung faßt davon zweifellos viele zusammen, aber vielleicht unterscheidet sie sie nicht genug. Im Mythos suchen wir eine Vorstellung, die eine Grundbefindlichkeit des Menschen, ein condition humaine, abbildet — nicht ein Friedensprogramm zur Sicherung dieser oder jener Interessen, Einflußsphären, Eroberungen — auch nicht die Friedenssehnsucht, welche die Menschen befällt, wenn sie sich in einen langen und/oder erfolglosen Krieg verrannt haben, sondern etwas viel allgemeineres. Wir finden das auch wirklich in dem Mythos von den Weltaltern bei Hesiod. Er steht in dem einen der beiden vollständig erhaltenen Epen dieses Dichters: den „Werken und Tagen", wie es meist zitiert wird. Was ist das für ein Epos? — Eines, das mit der bäuerlichen Arbeit zu tun hat, aber mehr noch mit einer Ethik, wie sie für den Landmann unabdingbar ist.

— Im Vorbeigehen wollen wir uns merken:

Die Friedensproblematik ist immer für den Bauern am brennendsten gewesen. Keiner konnte wie er durch Krieg in seiner Existenz vernichtet werden —.

Und Hesiod, vielleicht um 700 v. Chr. lebend, hat viel ganz Persönliches in dieses Gedicht eingebracht:

Sein Bruder Perses hatte ihn bei der Erbteilung übervorteilt und hatte bei dem anschließenden Gerichtsverfahren durch Bestechungen obgesiegt. So wollte Hesiod hier seine Grundvorstellungen von Gerechtigkeit verkünden, welche durch die Herrschaft des Gottes Zeus über die anderen Götter und über die Menschen geschaffen worden sei.

In mehreren Ansätzen wird zunächst erzählt, wie das Böse in die Welt kam. Eine dieser Erzählungen handelt von den fünf Geschlechtern, die nach Metallen benannt sind: Es folgt auf ein goldenes, das silberne, das bronzene und nach dem Zwischenzeitalter der Heroen, das jetzige, das eiserne Geschlecht.

Uns interessiert jetzt nur das goldene. Hesiod spricht übrigens nicht von „Zeitaltern", sondern von „Geschlechtern", „Arten", manche übersetzen auch mit „Rassen", griechisch heißt es γένη.

Erst die Römer haben diese Abfolge mit Zeitbegriffen beschrieben: mit *aetas, saeculum, tempora, anni.*

Das goldene Geschlecht führt die Serie an, von der ein jedes Glied schlechter sein wird als das vorangehende. Das goldene war also der Höhepunkt, von dem der Abstieg ausgegangen war.

Es war eine Zeit *vor* der Herrschaft des Zeus, die Zeit des Kronos. Im Zusammenhang mit Hesiods Anschauung von der Gerechtigkeit des Zeus muß das bedeuten, daß es einer Rechtspflege damals noch nicht bedurfte.

Was waren die Merkmale des ‚Goldenen Geschlechts?'

Es lebte den Göttern gleich, hatte den Sinn ohne Sorgen, lebte fern von Mühe und Not. Kein elendes Alter: „Füße und Hände blieben immer gleich," — so heißt es wörtlich. Man erfreute sich des Wohlstandes, getrennt von allem Bösen. Die Menschen starben vom Schlaf überwältigt. Alle Glücksgüter standen ihnen zur Verfügung.

Frucht trug der fruchtbare Acker von selbst, viel und großzügig. Die Bauern lebten, nach ihrem Willen, ruhig vom Ertrag ihrer Felder, mit vielen Gütern ausgestattet (Verse 109-119).

Zunächst fällt auf, daß der Friede nicht ausdrücklich genannt wird,[1] aber er ist unzweifelhaft

1. In Hesiods genealogischer Darstellung von Abhängigkeiten und Beziehungen tritt Eirene erst als Toch-

eingeschlossen in die Prädikate des Fehlens von Sorgen und Not und Bösem, in das Sterben im Schlaf, und — jetzt kommt der entscheidende Zug — in der Gewaltlosigkeit des Lebens auf und aus dem Lande. Dies ist eines der beständigsten Elemente des goldenen Zeitalters, daß die Früchte von selbst kommen — wir kennen dies auch, in der etwas märchenhaft-unernsten Schlaraffenland-Vorstellung, „die gebratenen Tauben fliegen und die Trauben wachsen einem in den Mund". Im Grunde handelt es sich aber um das viel ernstere Empfinden des Landmannes, daß er Gewalt anwendet, um Pflanzen und Tiere zum „Liefern" zu zwingen. Dieser mythische Friede hatte den Naturfrieden eingeschlossen. Der Mensch war einmal in paradiesischer Natur *nicht* auf Gewalt angewiesen, die Ausgangspunkt für seine tiefverwurzelte Unfriedlichkeit ist.

Hesiod hat aber dieses Thema noch einmal aufgenommen. 100 Verse weiter stellt er seinem ungerechten Bruder einen harmonischen Zustand der Welt vor, in dem Gerechtigkeit sich durchgesetzt hat, nun unter der Herrschaft des Zeus. Dieser Zustand fügt noch weitere Elemente in das Bild, und beide Stellen, so verschieden sie im Text motiviert sind, haben zusammen spätere Entwürfe von Goldenen Zeitaltern beeinflußt: Einheimischen wie *Fremden* (!) werden korrekte Richtersprüche zuteil, die Stadt blüht deshalb im Wohlstand, ebenso das Volk. Friede, εἰρήνη breitet sich über das Land aus, sie ist Nachwuchs ernährend wie eine Amme, und Zeus regt niemals mehr Krieg als Lösung von Problemen an. Hunger gibt es bei gerechten Menschen nicht (da sie richtig teilen. — Wohin sind wir gekommen!). Und dann kommen wieder die Hinweise auf den reichen Ertrag der Felder, des Viehs, der Menschen an Nachkommenschaft, mit einem auffallenden Zug: es gibt keine Seefahrt!

Wieso das? Hier ist das archaisch bäuerliche Mißtrauen gegen das Nicht-Bodenständige wirksam, konkret auch die Furcht vor den Störungen, die Import und Export im Fernhandel in das stets prekäre Preisgefüge für den Bauern bringen.

Die Seefahrt ist Merkmal des Handels, des Städtischen, des Unfriedlichen. Transportmittel sind ja immer Mittel der Herrschaft, der Ausbeutung, der Ausbeutung ganzer Erdteile. Wenn man es verallgemeinert, zeigt sich hier die Furcht vor technischen Errungenschaften, welche die mühsam bewahrten Gleichgewichte zerstören.

Ich sagte, diese beiden Partien haben auf die Tradition vom Goldenen Zeitalter gewirkt, obwohl sie offensichtlich voneinander getrennt werden müssen.

In der ersten Stelle fassen wir einen mythischen Urzustand, „noch unter Kronos", sozusagen *vor* den Problemen, die sich die Menschen gegenseitig bereiten, bevor Güter verteilt werden müssen und so weiter, wodurch dann die schlechteren Arten von Menschen entstehen.

Noch herrscht Ur-Frieden. Wenn wir uns für einen Augenblick von Hesiod trennen — der ja nicht einen Mythos im eigentlichen Sinn schreibt, sondern ein persönliches Erklärungsmodell unter Benutzung mythischer Elemente — so gilt folgende Überlegung: Mythische Ur-Zeit bedeutet, nach den Gesetzen des Mythos, daß sie wiederkehrt. Mythische Zeit ist zyklisch (jedes Jahr ist Christi Geburt, jedes Jahr Auferstehung); historische Zeit dagegen verläuft linear. Diese Wiederkehr vermag es, daß von dem Goldenen Zeitalter ebenso als von einer längst vergangenen Zeit, wie von einer künftigen gesprochen werden kann.

Wir werden dem noch begegnen. Aber ich möchte schon hier einflechten, daß der Weltaltermythos Parallelen in Persischer, Indischer und Jüdischer Mythologie besitzt, daß Hesiods Fassung zwar die früheste erhaltene Textfassung ist und auf sie die griechischen und römischen Nachfahren allein zurückgreifen, daß ihr Ursprung aber mit Sicherheit außer-griechisch ist und wahrscheinlich nach Mesopotamien gehört.[2]

ter von Zeus (Herrschergott) und Themis (Satzung) auf, sie ist Schwester von Dike (Gerechtigkeit) und Eunomia (Gesetzlichkeit), Theogonie 901f.

2. Vgl. *M.L. West* im Kommentar zu Hesiod, Works and Days, Seite 172ff. Es sei betont, daß sich bei Hesiod keine zyklische Vorstellung nachweisen läßt. Bei ihm tritt überhaupt die Zeitkomponente zurück.

Die 2. Stelle, auf die ich hinwies, in welcher Eirene und Polemos, der Krieg, wirklich genannt werden, gehört nun in eine Situation, in der die Probleme bereits aufgebrochen sind, Gerechtigkeit ist die einzige Lösung für sie. Ihre Möglichkeit wird nicht als sicher, sondern als utopisch beschrieben, bis hin zum Verzicht auf Seefahrt. Deshalb rückt die zweite Hesiod-Stelle auch so nahe an die erste. Ein Goldenes Zeitalter, das vorher als Ur-Zustand beschrieben war, ist nun Lohn für Gerechtigkeit.

Wir konstatieren: Ein vielleicht aus Mesopotamien stammender Mythos hat im 8. Jh. v. Chr. bei Hesiod eine Gestalt bekommen, die für Griechenland und später für den lateinischen Westen einflußreich wurde. Der darin enthaltene Friedensgedanke ist naturgemäß utopisch. Das wird auch in historischer Zeit so bleiben und ist ein Gesetz der Begegnung zwischen Mythos und Realität. Von der Realität her gesehen ist Mythisches utopisch. Wir müssen das in uns aushalten. Ich werde darüber noch zu sprechen haben.

Nun ist Hesiods Ausmalung sehr knapp: 24 Hexameter für beide Passagen, das ist kein langer Text. Auf höchst komplizierte Weise sind in der nachfolgenden Zeit, in der eigentlichen griechischen Klassik, und bei den Römern mehr Elemente hinzugekommen, die z.T., obwohl später bezeugt, doch ein hohes Alter besitzen dürften. Hier soll es genügen, das Inventar von Vorstellungen zusammenzustellen, das zum großen Teil via Hesiod, aber auch aus anderen Quellen in die europäische Denktradition eingetreten ist.

Dieses friedliche, goldene Menschengeschlecht

- lebt mit den Göttern zusammen,
- erhält seinen Lebensunterhalt von einer freiwillig spendenden Pflanzenwelt,
- einer ebensolchen Tierwelt,
- es herrscht Überfluß,
- Quellen oder Flüsse fließen von Wein, Milch, Honig, Nektar,
- es herrscht gemäßigtes Klima,
- ewiger Frühling.
- Zur Gewaltlosigkeit des Daseins gehört auch der Tierfriede: d.h. Raubtiere existieren nicht oder reißen nicht,
- dem entspricht bei den Menschen zuweilen Vegetarismus.

Negative Bestimmungen für das Goldene Geschlecht:

- es gibt keine Krankheiten,
- kein Alter,
- keine Schiffe,
- keinen Privatbesitz, besonders nicht an Grund und Boden,
- keine Sklaven

  und vor allem
- keinen Krieg.

Das bis hierher Erörterte wird noch eine Rolle spielen. Ich gehe schnell über zu einem ganz anderen Standort, an dem sich in anderer Form der Friedensgedanke zeigt, nicht in der Form des „Es war einmal ...." oder des „Einst wird kommen ....", sondern auf dem harten Boden des peloponnesischen Krieges, jenes fatalen Kampfes am Ende des 5. vorchristlichen Jahrhunderts zwischen dem demokratischen Athen und Sparta, das die kriegerischen Tugenden für sich gepachtet hatte.

Da gab es in Athen die scharfe und vor Imaginationskraft sich manchmal überschlagende Stimme des Aristophanes. Der dachte sich so diese und jene Szene aus, die zugleich konkret und illusionistisch mit der Stimmung des Volkes zu tun hatte, mit dessen Träumen von großen Siegen, aber auch mit dessen Besorgnis, der Friede dürfe nicht aus den Augen gelassen werden; er könnte sonst gar für immer verloren sein.

Ich beschränke mich auf die Erwähnung dreier solcher Szenen:

1.) In dem frühesten erhaltenen Aristophanes-Stück, den Acharnern, 425 v. Chr. aufgeführt, ist folgende Situation vorauszusetzen[3]: Athen befindet sich seit sechs Jahren im Krieg, zwei Pestepidemien hat es überstanden, vier Invasionen der Spartaner bis vor die Mauern der Stadt. Die Bevölkerung Attikas ist hinter den Stadtmauern zusammengepfercht. Ihr Land verbrannte Erde, gefällte Bäume, meist Oliven (die erst nach vielen Jahren Früchte tragen). In der Stadt die Etappe, Drückeberger, Kriegsgewinnler, egoistische Politiker, gewissenlose Kriegspropagandisten. Aristophanes hat das zum Szenario seines Stückes gemacht. Dazu erfand er den Einzelnen, der ‚spinnt', und der eigentlich der einzige Vernünftige ist: Dikaiopolis („rechtschaffener Bürger") macht nicht mehr mit. Er schließt einen Separatfrieden und erklärt seinen Hof zum Friedensgebiet und zur Freihandelszone. Sofort stellt sich großer Wohlstand ein. Es geht dem ‚spinneten' Bürger Dikaiopolis und seiner Familie prächtig und die Auseinandersetzung mit kriegsbereiten Köhlern, eben den Acharnern des Titels, gewinnt er ebenso, wie die mit dem General Lamachos, der von den prallen Vorräten des Dikaipolis angelockt wird.

Zwei Einzelheiten wollen wir bemerken:
Die illusionistische Welt der Komödie gibt dem Friedensgedanken Raum, wo die Machtverhältnisse alle Bewegungsfreiheit des Individuums abgeschnitten haben. Der Gedanke bleibt noch frei und das wird ausgeschöpft. So schöpfen auch unsere Friedensfreunde heute wenigstens den Denkraum aus, ihre Straße, ihr Viertel, ihre Stadt atomwaffenfrei zu erklären. Aristophanes hat das schon einmal vorgedacht und sich dabei auch noch erlaubt, die offizielle Kriegsschuldthese „Die Spartaner (immer ist es der jeweilige Gegner) tragen die alleinige Kriegsschuld", in Zweifel zu ziehen.

2.) Dieselben illusionistischen Züge trägt jene berühmte Komödie des Aristophanes, die im Titel sogar „Eirene", Frieden, führt. Hier arbeitet Aristophanes stärker mit Allegorien: Polemos der Krieg und Kydoimos, das Kriegsgetümmel, treten personifiziert auf. Eirene ist entsprechend ein verschüchtertes, aber hübsches und schließlich höchst-fröhliches Mädchen; wieder ist der Athener, der zu ihr vordringt und sie schließlich befreit, ein Bauer, diesmal ein Weinbauer. Ich kann mich nicht länger aufhalten, Sie müssen diese Stücke lesen und werden Ihr Vergnügen dabei haben.

3.) Eine verbreitete Illusion wird in dem berühmtesten Stück des Aristophanes in Szene gesetzt, der Lysistrate; die Illusion, die Frauen könnten mit den Mitteln des Ehestreiks erreichen, was Männer offenbar zu bewerkstelligen unfähig sind. Aristophanes' Szenario ist aber etwas mehr als nur ein Spaß mit einem undurchführbaren und deshalb ungefährlichen Einfall. Aristophanes gibt seiner Utopie einige ganz realistische Züge: An der Durchführung wird von Anfang an eine Frau des gegnerischen Lagers, die Spartanerin Lampito, beteiligt. Auch wird sehr umsichtig, gleich als erster Schritt, der Parthenon und damit die Staats- und Kriegskasse besetzt. Den Witz bezieht die Komödie aus zahlreichen Nebenhandlungen: Männer, die versuchen, an ihre Frauen auf der Burg heranzukommen. Frauen, die unter hanebüchenen Vorwänden versuchen, Urlaub nach Hause zu bekommen.

Am Ende stehen aber ganz vernünftige, sachliche Verhandlungen, die den Friedensschluß herbeiführen.

Ein französischer Kritiker hat das Stück ein Monument des gesunden Menschenverstandes *und* des Patriotismus genannt[4]. Also kein folgenloser Illusionismus, sondern ein sich Aufbäumen des gesunden Menschenverstandes gegen sture, zerstörerische, militaristische Rechthaberei. Die Wirk-

3. Vgl. die Einleitung *O. Weinreichs* zu L. Seegers Aristophanes-Übersetzung (Zürich und Stuttgart 1968) S. LXX.

4. *A. Willems*, zitiert bei O. Weinreich a.a.O., S. CXIV, nach Wilamowitz' Kommentar zur Lysistrate (1927) S. 8: „Lysistrate n'est pas seulement un chef d'œuvre d'esprit et de verve, elle est avant tout un monument de patriotisme et de bon sens".

lichkeit nahm natürlich den anderen Weg: Wenige Monate nach der Lysistrate übernahm 411 v. Chr. eine nach innen terroristische Junta die Macht in Athen, die Demokratie wurde durch eine Diktatur von 400 anerkannten Bürgern ersetzt und, obwohl dies in der Tendenz ein spartafreundlicher Akt war, kam es nicht zum Friedensschluß. Der peloponnesische Krieg schleppte sich über weitere sieben Jahre hin.

Fazit: Es ist eine Illusion, von denjenigen die befreienden Handlungen zu erwarten, die bisher besonders rechtlos waren. Die Frauen damals hatten nicht viel mehr Persönlichkeitsrechte als die Sklaven. Weder von diesen noch von jenen sind nachhaltige Impulse zur Änderung der Verhältnisse ausgegangen. Aber mag es auch eine Illusion sein, heute ist die Friedensproblematik sicher auch nicht von den Frauen allein zu lösen, aber *ohne* die Frauen ist sie noch nicht einmal erst anzugehen. Aristophanes vor fast 2500 Jahren hat da etwas vorausentworfen.

Ich muß von Aristophanes Abschied nehmen. Viel wäre im einzelnen zu interpretieren und mehr Stücke wären in die Überlegungen einzubeziehen.

Zu den Römern führt die bei Aristophanes beginnende Linie nicht, diese helle, gescheite, vitale, auch etwas verzweifelte Komik treffen wir nicht wieder. Vielmehr treffen wir ein neues Wort: *pax*. Das soll Anlaß sein, uns dem griechischen Wort εἰρήνη kurz zuzuwenden. Wir haben gesehen, daß es bei Hesiod und bei Aristophanes den Inhalt von prangender, festlicher Freude hat. Überfluß und Lust scheinen damit verbunden. Etymologisch ist es nicht deutbar. Es könnte vorgriechisches Erbe sein. Die Endung — éne deutet darauf hin. Ähnlich wie das deutsche Wort Friede ist es deshalb verfügbar für ganz verschiedene Vorstellungen. Sie werden alle von dem einen Wort abgedeckt. Das ist — was die aktuelle Friedensbewegung betrifft — eins ihrer Probleme ....!

Anders steht es bei *pax*. Hier ist der etymologische Zusammenhang deutlich. *pango* und *paciscor* heißen „ein Abkommen schließen"; Perfektform ist *pactum*, was wir im Fremdwort Pakt benutzen. Im lateinischen Wort steht also *eine* Bedeutung des Friedens ganz im Vordergrund: der Frieden als Abkommen, wodurch kriegerische Konflikte beendet und Besitzveränderungen besiegelt werden. Es meint also praktisch den *Frieden nach dem Sieg*.

Die personifizierte *Pax* als Friedensgöttin wird auf römischen Münzen übrigens auch mit den Symbolen der Victoria, der Göttin des Sieges, ausgestattet: Lorbeer, Lanze, Helm, Schild. (Eirene wurde bei den Griechen eher als üppige Frau mit dem Knaben Plutos, dem Reichtum, zusammen dargestellt).

Für den Römer steht also nicht Fülle und Glück im Vordergrund, sondern eine erreichte Rechtsordnung zwischen auswärtigen Völkern und Rom. Das reicht von der Dedition, also Kapitulation, dem Klientelvertrag bis zum Freundschafts- und Bündnisvertrag.

Diese römische Friedensauffassung erscheint bedrückend. Aber sie ist zunächst einmal nur eindeutig. Der griechische und unser Friedensbegriff sind dagegen vieldeutig. Er umfaßt — darüber dürfen wir uns nicht täuschen — auch den römischen mit, den „Siegfrieden", von dem man im 1. Weltkrieg sprach.

Und zweitens ist das auch sehr römisch und ist dann auch europäisch geworden, daß die Dinge durchgeführt und durchgehalten, nicht im surrealen Raum gelassen werden. Der römische ist ein praktikabler Begriff von Friede, beruhend auf den Instrumenten zur Konfliktlösung, welche die im Innern wirksamen römischen Rechtssatzungen anboten. Es darf nicht verkannt werden, daß die Römer zugleich mit ihrem harten und eigennützigen Imperium auch die Instrumente schufen, diese Härte und diesen Eigennutz zu überwinden[5] durch eine Friedens*ordnung*. Heute hoffen wir immer noch auf eine Welt-Friedensordnung. Die Römer haben sie nicht, oder höchstens zeitweise auf beschränktem Raum erreicht; aber überhaupt denkbar ist sie durch die Römer geworden!

5. Für den Kenner antiker Geschichte sei hinzugefügt: Römer hätten niemals die eiskalten Argumente des Melier-Dialogs (Thukydides, Buch V 84ff.) gedacht und ausgesprochen. Ihnen war Dauer der Herrschaft zu wichtig; nicht den Athenern während einer Pause des peloponnesischen Krieges im Jahre 416 v. Chr.

Doch zurück in die historischen Bedingungen der augusteischen Zeit: Lassen Sie mich hier ein paar Zeilen aus Friedlich Klingners Abhandlung, „Virgil und die römische Friedensidee" zitieren (S. 615f.): „In ihrem Rechtssinn haben sich die Römer den anderen Völkern überlegen gefühlt. Die römische *pax*, dem Gedanken nach ein Rechtsverhältnis zwischen zwei Partnern, ist in Wirklichkeit eine Herrschaftsordnung, Rom ist der Partner, der von sich aus das Verhältnis ordnet, die Bedingungen festsetzt". Und weiter: „... Am Anfang steht ein Sieg Roms oder die freiwillige Unterwerfung eines Gegners. *Pacare* (das Denominativum von *pax*) heißt bekanntlich unterwerfen! ..." (Amerikaner haben im Vietnamkrieg ihre Operationen *pacification* genannt; weiter Klingner:) „Dabei haben die Römer immer an dem Glauben festgehalten, daß sie in allen Auseinandersetzungen und Kriegen im Recht gewesen sind, Kriege nur geführt haben, um ein ihnen oder ihren Bündnern angetanes Unrecht rückgängig zu machen ... — daß sie sich den Erdkreis botmäßig gemacht haben, nicht in der Absicht zu erobern, sondern fast wider Willen... Eine lange Erfahrung hat schließlich den Anspruch hervorgebracht, eigentlich dürfte ihnen niemand widerstreben ohne sich ins Unrecht zu setzen". (Man kann kaum besser das mangelnde Unrechtsbewußtsein von Großmächten beschreiben, das auch in unserer Zeit so gefährlich ist; Klingner fügt hinzu:) „Und als der *orbis terrarum* wirklich gehorchte, von der Zeit des Augustus an, da ist *pax, pax Augusta, pax Romana* sachlich kaum mehr zu unterscheiden von *imperium Romanum*."

Die Gegner, oder Opfer, Roms haben diesen Sprachgebrauch durchschaut — jedenfalls wenn man die Formulierungen ernst nehmen darf, die bei römischen Historikern zu lesen sind. Berühmt ist der Aufschrei des Britannierherzogs Calgacus in Tacitus' Lebensbeschreibung des Julius Agricola: „Plündern, Morden, Rauben, nennen sie mit gefälschtem Wort *imperium*, und wo sie Wüstenei schaffen, nennen sie es *pax*."

Tacitus hat an anderer Stelle sogar den Begriff der *saeva pax* „des mörderischen Friedens" geprägt (Historien I 50.2). Soweit die brutale Realität.

Was ist aus dem griechischen Mythos vom goldenen Menschengeschlecht geworden?

Auch er ist von römischen Dichtern mit leidenschaftlichem Interesse aufgegriffen worden. Für uns ein Lehrstück dafür, wie der sozusagen unschuldigste, unparteiischste Gedanke usurpiert, verändert und verwertet werden kann — und das wiederum, wenn ich so sagen darf, in aller Unschuld.

Zunächst waren es Römer, die an die Stelle der vier Menschengeschlechter, also Arten von Menschen, mit größerer Deutlichkeit den Zeitbegriff setzten. Sie erst reden vom goldenen *Zeitalter*, dem andere Zeitalter folgen oder vorausgehen. Diese Tendenz hat sicherlich mit der römischen Geschichtsauffassung zu tun, die eine starke Komponente des Intentionalen hat: Geschichte hat ein Ziel, Vergangenheit ist Vorgeschichte, es gibt einen Plan der Geschichte.

Deshalb versuchen die Römer, die zyklischen Zeitalter in der linearen Geschichte wiederzufinden, was un-mythisch gedacht ist; aber das ist die europäische Leistung der Römer, das Utopische ans Mögliche heranzuführen. Es stören *uns* zwar die Verbiegungen und Leugnungen der Realität, die damit verbunden sein können, aber daß ungeheure Antriebe von einer solchen Auffassung ausgehen können, leuchtet jedem ein.

Die Römer verwandelten hauptsächlich das goldene Zeitalter in eine unmittelbar bevorstehende oder sogar bereits eingetretene Epoche. Seit der augusteischen Zeit (also merkwürdigerweise zeitgleich mit der Geburt des christlichen Heilands) ist diese unmittelbare Erwartung der *aetas aurea* immer wieder formuliert worden. Sie ist zum Cliché der Kaiserpanegyrik geworden. Augustus mitgezählt, ist von 16 (!) verschiedenen römischen Kaisern behauptet worden — und das sorgfältig vor ihren Ohren —, daß sie die Wiederkehr des Goldenen Zeitalters bringen würden.

Hier wäre ein komplizierter Prozeß der Rezeption darzustellen, wie sich das anbahnt; aber das ist in dieser Stunde nicht möglich[6]. Ich greife also nur ein Beispiel heraus, das mir vielsagend zu

6. Einen Überblick verschafft *B. Gatz*, Weltalter, goldene Zeit und sinnverwandte Vorstellungen (Spudas-

sein scheint. Einen entscheidenden Anteil an der beschriebenen römischen Entwicklung hat Vergil. An mehreren Stellen seines großen Werkes, von den sogenannten Hirtengedichten oder Eklogen über das Lehrgedicht über den Landbau, die Georgica, bis zur Aeneis, finden sich Aussagen über den Frieden des goldenen Zeitalters. Sie lassen sich auf vier Kernaussagen konzentrieren[7]:

1. der Friede ist ein paradiesischer Zustand (Eklogen I und IV),
2. dieser paradiesische Zustand wird beschrieben als Wiederkehr der in den Anfängen der Menschheit unter Saturn herrschenden Goldenen Zeit.

Die Punkte 1. und 2. sind klare Aufnahmen des Mythos, der von Hesiod her tradiert ist.

3. Spuren dieser Goldenen paradiesischen Zeit finden sich noch heute, und zwar im Leben der italischen Bauern! (Georgica II 136-176; 458-542).

Hesiod hätte das von seinen böotischen Landsleuten sicher nicht gesagt; aber auch er hatte einen Grund für das Ende der goldenen Generation im Eindringen des anti-agrarischen Fernhandels gesehen, der nun für den italischen Landbau so katastrophale Folgen hatte.

4. diese goldene paradiesische Zeit wird als Erfüllung der Zeiten kommen nach der Geburt eines wunderbaren Kindes (Ekloge IV); ja diese Goldene Zeit ist da (!) als Werk des Augustus. (Aeneis I, 278f., 286-96; VI, 791-807; VIII, 123-327).

Damit wäre ich am Ende dessen, was ich aus antiken Quellen Ihnen mitteilen wollte. Die Römer haben also einen harten realistischen Friedensbegriff in unsere Welt gebracht. In ihrer Dichtung verbrämen sie ihn jedoch mit Elementen griechischer Vorstellungen, nicht ohne diese zu verändern.

Aber ich kann es mir nicht versagen, noch ein kleines Stück philologischer Textanalyse vorzulegen, wenn ich auch zugeben muß, daß die Idee zu dieser spezifischen Analyse dem Theologen Jürgen Ebach gekommen ist.

Vergils 4. Ekloge habe ich eben erwähnt. Ein merkwürdiges Gedicht, zumal im Rahmen der sog. Hirtengedichte, merkwürdig durch sein prophetisches Pathos. Nur ein Punkt unter den vielen Problemen, die alle nur annäherungsweise gelöst worden sind und werden können, sei hier erörtert: Der paradiesische Friedenszustand ist, wie in vielen anderen Zeugnissen, illustriert durch den Tierfrieden. Zwischen den Tieren herrscht Harmonie sowie zwischen Tieren und Menschen.

Die Ausmalung des Bildes stimmt in erstaunlichem Maße mit derjenigen überein, die beim Propheten Jesaia am Alten Testament gegeben wird, Jes. 11. Kapitel.

Das hat schon immer die Gemüter bewegt. Philologen haben daran Quellenhypothesen geknüpft: Vergil habe Jesaia gekannt, habe die Aussagen von dort übernommen (was übrigens nicht so unwahrscheinlich ist, wie es sich anhört). Dabei wurden allerdings feine, aber bedeutende Unterschiede übersehen. Der Tierfriede bei Jesaia ist so geschildert:

„Da wird Gast sein der Wolf beim Lamm
und der Leopard wird beim Böcklein lagern,
Kalb und Löwe werden zusammen fett werden
und ein kleiner Junge kann sie miteinander
zur Weide führen ....
Der Löwe wird wie das Vieh Stroh fressen.
Da wird der Säugling vergnügt an der Höhle
der Schlange spielen
und nach der Viper hat schon das Kleinkind
die Hand ausgestreckt".

mata, Band 16) (Hildesheim 1967) insbesondere durch seine Indices.

7. Vgl. *W. Suerbaum*, Vergil und der Friede des Augustus, in: „Der du von dem Himmel bist" Über Friedensgedichte, hrsg. von Wolfgang Böhme (Herrenalber Texte 53) (Karlsruhe 1984) S. 26-44, hier S. 28.

Wichtige Beteiligte sind also die Kinder (dreimal erwähnt), an sich wehrlos, sind sie in Harmonie mit den gefährlichsten Tieren vereint.

Bei Vergil gibt es Anklänge daran auch, aber, um nur diese beiden Äußerungen herauszustellen: der neugeborene Knabe ist deshalb sicher, weil es Löwen nicht oder nicht mehr gibt und weil die Schlange eingehen wird!

Auch in dieser Einzelheit verrät sich eine Friedensauffassung als Sicherheitsstreben, das nur durch die Ausschaltung des gefährlichen Gegners zu garantieren ist! Friede kann eben auch Vernichtungsfriede sein.

Lassen Sie mich hier erwähnen, daß wir von den Römern nicht nur die offizielle, staatstragende Friedensideologie kennen. Das schönste Beispiel eines römischen Friedensgedichtes ist Tibulls 10. Elegie im 1. Buch: Friede in Verbindung mit Liebe, mit menschlicher jugendlicher Liebe. Wäre die heutige Formel „Make love, not war" nicht so vulgär, man könnte sie zu Tibulls Gedicht in Beziehung setzen.

Die Formel erschöpft aber auch den Inhalt des Gedichts bei weitem nicht. Tibull geht mit einigen Bestandteilen des griechischen Mythos kritisch, originell und realistisch um. Sein „goldenes Zeitalter" ist jenes, wo alle nach Gold streben und dies die grausamsten Kriege hervorbringt. Dann wiederum wird die Todesnähe der jetzigen eisernen Zeit gerade dafür ins Feld geführt, daß es doch des Krieges nicht mehr bedarf, um das Leben zu beenden. Kampf sei überhaupt nur als Liebeskampf zu rechtfertigen, Gewalt soll nur gebraucht werden, um der Geliebten das Gewand vom Leibe zu reißen, sie wird also einzig durch Liebesleidenschaft gerechtfertigt.

Dem feministisch verantwortungsbewußten Betrachter wird allerdings nicht entgehen, daß Tibull seinen eigenen, den männlichen Horizont nicht zu überschreiten vermag.

Doch wollten wir — und wohl auch die Frauen — schon zufrieden sein wenn alle Männer, wie Tibull es empfahl, handelten[8].

Was kann uns die Antike also lehren?

Vorsicht ist am Platze. Es ist Mißbrauch und Überschätzung meiner Wissenschaft, ihr zuzumuten, sie führe zu irgendwelchen zwingenden Konsequenzen für die aktuelle Lebensführung.

Nein, sie bietet Denkmuster an und die sind interessant genug. Z.B. lehrt sie uns, daß man sich unter Frieden, εἰρήνη, *pax* sehr verschiedene Dinge vorstellen kann, insbesondere, daß es eine römisch-lateinisch-westeuropäische Tradition gibt, in welcher Friede ein Zustand nach dem Kriege ist, gesehen vom Überlegenen als eine Friedensordnung, vom Unterlegenen als Stillhalte-Verpflichtung: „Sei friedlich", d.h. „halt den Mund und gehorche!"

Sich auf einen solchen Begriff von Frieden zu einigen, ist kein Kunststück. Ein jeder kennt diese bedingte Friedfertigkeit aus seinem eigenen Denken. Ein jeder verlangt nach Frieden und Harmonie in seiner Umwelt, aber oft bestimmt er dafür ganz naiv einen Preis:

„Aber erst möchte ich noch

— Geld

— Stellung

— irgendein Glücksgut

— zuerst möchte ich frei sein von der und der Angst, z.B. möchte ich überhaupt frei sein.

Bis ich das habe, will ich und kann ich nicht friedlich sein."

Wir müssen erkennen, daß sich die Friedensbewegung zu diesem Preis selten oder nie äußert. Ebensowenig übrigens wie der militärisch denkende und handelnde Teil der Menschheit seinen Preis namhaft macht. Es ist uns klar, daß der letztere den Frieden zu hohem Preis einschätzt. Er will ihn nur unter schwierig zu erfüllenden Bedingungen gewähren.

8. Durch diese wenigen Worte kann nicht die eindringende Studie von *F.F. Schwarz*, Sehnsucht und Wirklichkeit (zu Tibull I 10) in: Der altsprachliche Unterricht 1/1980, S. 40-58, ersetzt werden.

Ist darauf „Frieden um jeden Preis“ eine Antwort?

Kann man bei weitgehender Ungeklärtheit stehen bleiben?

Unsere lateinisch bestimmten Nachbarn, deren Wörter für Frieden sich von *pax* herleiten, betrachten das verständnislos bis mißtrauisch!

Wo jedoch ein unbedingter Friedenswille vertreten wird, steht er in der Tradition der Friedensutopien, des Goldenen Menschengeschlechts oder der absolut gerechten Menschen bei Hesiod.

Wir sollten aus dieser zwiespältigen europäischen Tradition lernen, daß uns eine doppelte Aufgabe gestellt ist:
Wir müssen ebenso bereit sein, das augenblicklich Machbare für den Frieden zu tun, wie uns an fundamentalen utopischen Denkmodellen orientieren. Wir haben kein Recht, um eines absoluten Ziels willen den prekären Frieden von Menschenhand, d.i. in der Regel der von der Hand der Machthaber, zurückzuweisen. Wir haben die Zeit nicht, auf den „Gerechten Menschen“ zu warten, oder auf den Aufstand der Frauen, oder der Armen, oder auf eine neue, zum Frieden erzogene Generation von Kindern (als ob es Erziehung von der *tabula rasa* aus gäbe).

Wenn ein Militär, einfacher Soldat oder Offizier, oder ein Polizist heute an irgendeiner Grenze, in irgendeiner Spannung durch sein umsichtiges Handeln einen bewaffneten Konflikt, das Ausbrechen von Gewalt verhindert, dann tut er etwas für den Frieden, und zwar nicht weniger als der leidenschaftliche und überzeugende Friedenspreisträger oder -forscher, der längerfristige Lösungen ausarbeitet. Die Situation ist so zugespitzt, daß wir nicht mehr zu wählen haben, was uns jeweils am besten gefällt.

Zugleich aber ist der Blick ständig auf das Utopische Modell zu halten. Sonst bleiben Einzelhandlungen schließlich folgenlos ... und bleiben letztlich ziellos.

Aus der mythischen Überlieferung kommen dafür die Elemente. Radikaler gedacht bei Jesaia als bei Vergil. Mehr interessenfrei bei Hesiod und Aristophanes als bei den Römern. Dafür bei den Römern auf irdisches Maß gebracht und mit der Tendenz und den Instrumenten zur Humanisierung ausgestattet.

Das sind die Denkmuster, welche die Antike anbietet.

Wir müssen die christlichen Traditionen dazunehmen und die naturwissenschaftlich-technologischen Mittel benutzen, um jene Friedenswelt, die wir wünschen und brauchen, zu erbauen.

Sie alle stehen aber unter dem Gesetz, daß Fundamentalisten und Pragmatiker je für sich immer unrecht haben.

Das ständige Wechseln zwischen beiden Positionen wird uns offensichtlich abverlangt und muß durchgehalten werden. Das steckt voller Risiken.

Eirene und pax könnten uns leiten, von der notwendigerweise zuerst nur ängstlichen Konfliktvermeidung zu einem lebendigen Friedenszustand voranzuschreiten; sie könnten uns leiten, das nicht geringe Risiko zu bestehen.

Literaturhinweise (Auswahl)

D. Arnould, Guerre et paix dans la poésie grecque. De Callinos à Pindare, Arno Press (New York/NY 1981).

Autori vari, I santuari e la guerra nel mondo classico, a cura di Marta Sordi, Contributi dell'Istituto di storia antica, vol. decimo Pubblicazioni della Università Cattolica del Sacro Cuore (Milano 1984).

Autori vari, La pace nel mondo antico, a cura di Marta Sordi, Contributi dell'Istituto di storia antica, vol. undicesimo, Pubbl. della Università Cattolica del Sacro Cuore (Milano 1985).

H. Cancik, Disziplin und Rationalität. Zur Analyse militärischer Intelligenz am Beispiel von Caesars „Gallischem Krieg", Saeculum-Jahrbuch für Universalgeschichte, 37, 1986, S. 166-181.

S. Clavadetscher, Polemos dikaios und bellum iustum, Versuch einer Ideengeschichte (Zürich 1985).

W. Dahlheim, Struktur und Entwicklung des römischen Völkerrechts im 3. und 2. Jahrhundert v. Chr. (München 1968).

J. Ebach, Konversion oder Vertilgung. Utopie und Politik im Motiv des Tierfriedens bei Jesaja und Vergil in: Spiegel und Gleichnis, Festschrift für J. Taubes (Würzburg 1983), S. 23-39.

H. Fuchs, Augustin und der antike Friedensgedanke. Neue philologische Untersuchungen, Heft 3 (Berlin 1926).

W.V. Harris, War and Imperialism in Republican Rome (Oxford 1979).

Hesiod, Works and Days, edited with Prolegomena and Commentary by M.L. West (Oxford 1978).

W. Foerster, Art. EIPHNH in: Theologisches Wörterbuch zum NT, Bd. 2, Stuttgart 1935; engl. tr. Theological Dictionary of the New Testament, vol. 2 (Grand Rapids/Mich. 1964).

B. Keil, EIPHNH. Eine philologisch-antiquarische Untersuchung, Berichte von den Verhandlungen der kgl. sächsischen Gesellschaft der Wissenschaften, phil.-hist. Klasse, 68, 4 (Leipzig 1916).

C.D. Kernig, Artk. Frieden in: Sowjetsystem und demokratische Gesellschaft. Eine vergleichende Enzyklopädie, Band II 1968, 712-740 (Herder Verlag, Freiburg-Basel-Wien); engl. tr. Marxism, Communism and Western Society. A Comparative Encyclopedia, vol. VI (Herder and Herder) 1973, p. 210-224.

K. Kubusch, Aurea Saecula: Mythos und Geschichte, Untersuchung eines Motivs in der antiken Literatur bis Ovid (Frankfurt/Main-Bern-New York 1986) (= Studien zur klassischen Philologie, Bd. 28).

F. Klingner, Virgil und die römische Idee des Friedens, in: F.K. Römische Geisteswelt, 5. Aufl. (München 1965) (Nachdruck Stuttgart 1979).

D.N. Levin, War and Peace in Early Roman Elegy, ANRW (= Aufstieg und Niedergang der römischen Welt) II 30,1, 1982, S. 418-538.

W. Nestle, Der Friedensgedanke in der antiken Welt. Philologus, Supplementband 31.1 (Leipzig 1938).

Peace and War in Antiquity. A Selection of Passages from Ancient Greek and Latin Authors presented in English, with the Originals appended, by Augustine Fitz-Gerald, The Scholartis Press, 30, Museum Street, London 1931 (eine Art Privatdruck; ich habe eine Photokopie davon).

K.J. Pratt, Roman Antimilitarism, Classical Journal 51, 1955, 21-25.

G. von Rad, EIPHNH salom im AT, ebenda.; engl. tr. ebenda.

W. Vogt und *U. Prutscher,* Pax. Vertrag, Herrschaft, Ordnung, Hoffnung, für den Unterricht bearbeitet von W.V. und U.P. (Modelle für den altsprachlichen Unterricht) (Frankfurt/M. 1977).

G. Zampaglione, L'idea della pace nel mondo antico, Torino, ERI (Edizioni RAI Radiotelevisione italiana) 1967; engl. tr. The Idea of Peace in Antiquity, tr. by Richard Dunn (Notre Dame/Ind. 1973).

Pax Dei. Anmerkungen zu einer Friedensbewegung des Mittelalters

von Horst Zettel, Erlangen

Wenn man von der Gottesfriedensbewegung des 10. und 11. Jahrhunderts spricht, sollte man tunlichst alle modernen Assoziationen vermeiden. Ihr Ziel war weder eine generelle Absage an den Krieg als Mittel zwischenstaatlicher Konfliktaustragung noch ging es ihr um das, was wir heute Aufrüstung oder Abrüstung nennen würden.

Wie das renommierte Lexikon für Theologie und Kirche in Band 4, Sp. 1106 feststellt, schlossen sich Frieden und Krieg im Mittelalter nicht aus. Frieden bedeutete demnach zunächst den inneren, persönlichen, geistig-seelischen Frieden der Menschen, die sich auf Christus beriefen, zu seiner Gemeinde gehörten und die diesen Frieden nur durch Christus empfangen konnten.

Freilich blieb der Friedensbegriff nicht auf diese personale Bedeutung begrenzt. Frieden bedeutete auch Sicherheit und Schutz der christlichen Völker vor allen und gegen alle, die angebliche, potentielle oder auch tatsächliche feindselige Absichten hegten. Kaiser und Papst verstanden sich als Garanten einer übernationalen Friedensordnung im weltlichen bzw. geistlichen Bereich. Weiterhin begriff man Frieden als Sicherung und Bewahrung einer letztlich von Gott gesetzten politischen und gesellschaftlichen Ordnung im Rahmen bestimmter Herrschaftsgebiete.

Krieg konnte also ein legitimes Mittel sein, das man anwenden durfte wenn es galt, einen christlichen Personenverband zu schützen. Freilich: der Begriff „Schutz" wurde oft sehr flexibel interpretiert. Er konnte auch die Form eines Angriffs haben, der vor allem dann vorgetragen werden durfte, wenn es sich um einen Kampf gegen heidnische Völlker handelte: wilde, heidnische Sachsen hätten die Grenzen des fränkischen Reiches bedroht: auf diesen Tenor lassen sich die affirmativen Begründungen zeitgenössischer Quellen für die systematische Eroberung Sachsens durch Karl den Großen reduzieren. Dabei gingen politische Unterwerfung und Christianisierung Hand in Hand. Die Etablierung der eigenen politischen und religiösen Ordnung in einem — ungewollt — „befreiten" Gebiet ergänzten sich gegenseitig und sollten die eigene Herrschaft sichern, von der man überzeugt war, daß sie Gottes Willen entspräche. Ähnliche Begründungen und Vorgänge finden wir bei der Unterwerfung heidnischer elbslawischer Stämme durch das ottonische Deutschland, von denen keinerlei wirkliche Bedrohung für das Reich ausging.

Die fränkische und deutsche Kirche standen in beiden hier als Beispiel angedeuteten Fällen voll auf der Seite der Machtelite, zu der viele ihrer Bischöfe und manche ihrer Äbte selbst gehörten. In der Tat: Krieg und Frieden schlossen einander nicht aus.

Dabei stand man ursprünglich, in der Phase des frühen Christentums, zu der auch die langsame Ausformung der kirchlichen Organisationsstrukturen gehörte, dem Krieg skeptisch gegenüber, ohne eine eindeutige Antwort zu finden. Die urchristlichen Gemeinden fragen sich, ob eine Beteiligung von Christen am Krieg überhaupt zulässig sei, folgten sie doch einer Botschaft, die brüderliche Liebe verkündete, ohne daß der Krieg in den Evangelien expressis verbis verdammt worden wäre. Auf der einen Seite also Skepsis, auf der anderen Seite sollte jeder Christ in seinem, ihm durch Geburt von Gott zugewiesenem Stand bleiben — und gab es nicht den Stand der pugnatores, der Kämpfer?

Großen Einfluß hatte auch hier der Kirchenvater Aurelius Augustinus, der zwischen einem gerechten und einem ungerechten Krieg unterschied: ein gerechter Krieg war ein Verteidigungskrieg gegen — siehe oben — angebliche oder tatsächliche Gefahren. Er lag auch vor, wenn man der Christenheit geraubtes Gut zurückerobern wollte: mit dieser Begründung wurde der erste Kreuzzug geführt. Jerusalem betrachtete man als Heilige Stadt, als Erbgut des Herrn. Auch die Einfälle heidnischer Wikinger oder Ungarn beschleunigten die oft diskutierte Annäherung von Kirche und Krieg.

Wie bereits gesagt, führte auch die Gottesfriedensbewegung keinen prinzipiellen Krieg gegen den Krieg. Ihr Widerstand wurde dadurch evoziert, daß christliche Waffen gegen Christen gerichtet wurden, daß die innere Rechts- und Friedensordnung immer mehr als gefährdet erschien.

Zur historischen Situation. Das Ende der karolingischen Herrschaft über das heutige Frankreich und der Aufstieg einer neuen Königssippe, der Kapetinger, im Jahr 987 vollzog sich in gegenseitiger Wechselwirkung als krisenhafter Umwandlungsprozeß: das neue Königtum war noch viel zu schwach, um allseits respektiert zu werden. Nun gut, es war ein Königtum von Gottes Gnaden, aber dabei beließ man es auch zunächst mal. Anders als im ottonischen Deutschland, in dem sich bereits festgefügte, teils traditionelle, teils neue Herrschaftsstrukturen entwickelt hatten, kümmerten sich in Frankreich viele nicht um die Gerichtsverfassung und ihre institutionellen oder normativen Vorkehrungen zur Regelung von Rechtskonflikten. Immer mehr griff die Fehde um sich, die Fehde als Privatkrieg adeliger Sippen unter Mißachtung des Rechtsweges. Dahinter standen nicht zuletzt auch ökonomische Probleme. In Frankreich war fast jeder Meter bebaubaren Bodens unter irgendjemandes Herrschaft. Vermehrte sich eine Familie, wurde es prekär, nachdem eine Ausweitung von Grund und Boden kaum möglich war. Anders als in Deutschland war auch eine Gebietserweiterung nach Osten hin nicht möglich. Beides, eine noch sehr schwache staatliche Zentralgewalt und eine angespannte ökonomische Sitution führten dazu, daß adelige Sippen einer Art Faustrecht huldigten, daß sie ihre Ansprüche mit der Waffe in der Hand durchzusetzen versuchten, und dies keinesfalls in den Formen ritterlichen Zweikampfes: die Folgen der Fehden waren oft verheerend, Menschen kamen zu Schaden, es gab viele Übergriffe auf klösterliches und kirchliches Gut, das man ebensowenig schonte wie die Bauern und die Besitzungen eines weltlichen Gegners.

Dagegen begann die französiche Kirche einen bemerkenswerten und konsequenten Widerstand zu leisten, quasi stellvertretend für den funktionsunfähigen Staat und gegen Mitglieder der sozialen Schicht, aus der auch die meisten Bischöfe, Äbtissinnen und Äbte stammten, gegen den Adel also, soweit er die Fehde dem Rechtsweg vorzog.

Die erste Phase dieser aktiven kirchlichen Friedensbewegung, die mit der Losung Pax Dei antrat, war von dem Ziel bestimmt, bestimmte Personengruppen vor der Fehde zu schützen, natürlich die Mitglieder des Klerus selbst, aber auch, soweit man dies den Quellen entnehmen kann, die Bauern, ihre Frauen und Kinder.

Die Friedensbewegung konkretisierte sich in verschiedenen Synoden, wo entsprechende Beschlüsse gefaßt wurden, erstmals — jedenfalls erstmals quellenmäßig dokumentiert — im Jahre 989 in Charroux bei Bordeaux, dann 990 in le Puy, 994 in Limoges, in der Zeit zwischen 1000 und 1014 in Poitiers.

Es wurde dabei verboten, Besitzstreitigkeiten in Form der Fehde auszutragen, es wurde auf den Rechtsweg verwiesen und — wie gesagt —, auf jeden Fall sollten bestimmte Personengruppen verschont bleiben. Um kein einseitiges Bild zu vermitteln: nicht der *gesamte* Adel stellte sich gegen diese Friedensbemühungen, manche Mitglieder der Aristokratie unterstützen die Pax-Dei-Bewegung, so der Herzog von Aquitanien, der an der Synode von Limoges im Jahre 1031 teilnahm.

Es stellt sich die Frage, welche Sanktionsmöglichkeiten eine kirchliche Friedensbewegung hatte, die über lange Zeit hinweg fast ohne staatliche Unterstützung blieb. Es gab einmal die Möglichkeit des sog. Interdikts, d.h. das fast völlige oder völlige Verbot von Gottesdiensten, kirchlichen Begräbnissen oder kirchlichen Eheschließungen im Gebiet von fehdeführenden Adelsgeschlechtern. In einer von den Dogmen und Sakramenten der Kirche bestimmten Gesellschaft führte dies zur Unruhe bei der von Interdikt betroffenen Bevölkerung und eben dies war beabsichtigt: man wollte auf diese Weise Druck auf Friedensbrecher ausüben, nicht immer, aber oft eben doch mit Erfolg.

Es kam weiterhin zu einer sehr interessanten Erscheinung, nämlich zur Aufstellung von Friedensmilizen, die notfalls mit Gewalt das Ende einer Fehde erzwingen sollten. Dazu gehörten friedensorientierte Ritter, aber offensichtlich auch Mitglieder der halbfreien oder unfreien Bevölkerungsschichten, ja sogar Kleriker, denen das Führen einer Waffe untersagt war. Ein berühmtes Beispiel ist die Schlacht an der Chèr im Jahre 1038, wo die Miliz des Erzbischofs von Bourges, mit Hunderten von Klerikern in ihren Reihen, kämpfte, freilich eine schwere Niederlage erlitt.

Doch sollte man solche Einzelvorgänge nicht überinterpretieren oder gar als Versuch einer Revolution deuten: es ging auch der kirchlichen Friedensbewegung nicht um eine Änderung der gottgewollten sozialen und politischen Ordnung, es kam nicht zu einem umfassenden Bündnis zwischen Volk und Kirche, die sich hier in einem Zwiespalt befand: auf der einen Seite kämpfte sie mit aller Macht gegen die Fehden an, auf der anderen Seite war letztlich auch eine fehdeführende Obrigkeit doch auch eine von Gott gesetzte Obrigkeit. So blieb es, wie Hoffmann es treffend bezeichnet hat, bei einem „halben Aufruhr".

Bei prinzipieller Beibehaltung der Ziele aus der ersten können wir ab etwa 1040 eine zweite Phase der Friedensbewegung feststellen, die sich Treuga Dei nannte: ein Waffenstillstand im Namen Gottes war das Ziel. Man versuchte durchzusetzen, daß an manchen, vor allem den kirchlich geheiligten Tagen, überhaupt keine Fehde geführt werde. Die Ausweitung der Treuga Dei auf das ganze Jahr blieb das ersehnte, freilich nie ganz erreichte Ziel.

Auf der Synode von Roussillon im Jahre 1027 war es bereits zu einer Art richtungsweisendem Modellbeschluß gekommen: von Donnerstag bis Sonntag sollte keine Fehde geführt werden.

Die Situation entspannte sich im 11. Jahrhundert, um dies hier noch kurz anzusprechen, aus zweierlei Gründen. Einmal propagiert nicht zuletzt die französiche Kirche immer stärker den Gedanken der militia Christi, rückgreifend auf die oben angesprochenen Gedanken vom gerechten Krieg: die Ritterschaft im Dienste Christi, die Ritterschaft im Dienste der Kirche: dann, aber auch nur dann, war ihr Kampf gut. Auf diese Weise versuchte man auch, die Aggressivität der Fehde zu kanalisieren, für einen guten Zweck zu funktionalisieren und, wenn möglich, nach außen abzulenken: es ist kein Zufall, daß es vor allem französische Ritter waren, die den ersten Kreuzzug führten, an dessen Spitze ein päpstlicher Legat stand, im Auftrag Urbans II., der 1095 in Frankreich die Befreiung Jerusalems propagiert hatte.

Und weiterhin: mti dem Erstarken der staatlichen Gewalt gesellten sich den kirchlichen Strafandrohungen auch staatliche Sanktionen hinzu: die Ziele der kirchlichen Friedensbewegung wurden vom Königtum aufgegriffen, in Form der Landfriedensbewegung, die wir auch in Deutschland finden: dort kam es z.B. 1083 in Köln und 1085 in Mainz zu Landfriedensbeschlüssen.

Fassen wir zusammen, was hier nur skizzenhaft notiert werden konnte: der kirchlichen Friedensbewegung des 10. und 11. Jahrhunderts mit dem Kernbereich im südlichen Frankreich ging es nicht um eine revolutionäre Veränderung der allgemeinen Ordnung, es ging ihr auch nicht um einen Kampf gegen den Krieg als solchen, sondern um eine Wiederherstellung des Rechtsfriedens im Inneren des Landes. Dieses Ziel verfolgte sie freilich mit großer Energie: Gewalt sollte als Mittel von Konfliktreglung ausgeschlossen werden. Und immerhin: die Kirche der Gottesfriedensbewegung stand da, wo Kirche — und nicht nur im 10. Jahrundert — stehen sollte: auf der Seite der Wehrlosen.

Im thematischen Zusammenhang möchte ich vor allem auf das Buch von Hartmut Hoffmann verweisen, auf das ich mich bei meinem Referat passagenweise stützte:

H. Hoffmann, Gottesfriede und Treuga Dei. Schriften der Monumenta Germaniae Historica, 20 (Stuttgart 1964).

Die ewige Schlacht oder der Erbfeind aus dem Osten

Eine Dokumentation von Richard Faber, Berlin

„Es ist ein Erdgesetz, daß der Osten sich gegen den Westen stellt."
A. Moeller van den Bruck

Für die Ideologen, die ich in ihrer differenten Identität präsentieren möchte, existiert — mit einem Wort von G. von Le Forts aus dem Jahre 1932 — eine „ew'ge Schlacht"[1]: von Troja, Salamis, Aktium oder den Katalaunischen Feldern an bis in eine unabsehbare Zukunft hinein. Es existiert für sie — nur konsequent — ein „*Erb*feind des Abendlandes aus dem Osten", wie S. Hunke 1965 formuliert hat, in einem Buch mit dem sprechenden Titel „Das Reich ist tot — Es lebe Europa".

1. „Abendländische" Kontinuität der „Konservativen Revolution"

Dieser Titel verweist unverhohlen auf eine *zeit*geschichtliche Kontinuität: zwischen dem deutschen Imperialismus des II. *wie* des III. Reichs und den Bemühungen um die „*Welt*macht Europa"[2] bis heute. Gemeinsame Bezugspunkte sind dabei das „augusteische Kaiserreich der Antike" und das „römisch-deutsche des christlichen Mittelalters", um mich Formulierungen W. Bergengruens zu bedienen.[3] — Warum er seinen Gedichtzyklus „Der ewige *Kaiser*" von 1937 dreizehn Jahre später wieder hat auflegen lassen, begründet der wohl repräsentativste Dichter der Adenauerschen Restauration mit diesen Worten: „Was mich bewogen hat, ... den Zyklus von neuem und unverändert vor die Öffentlichkeit zu stellen, das ist nicht zuletzt die gewaltige geschichtliche Aufgabe, die heute vor den abendländischen Völkern, ja, vor denen der Erde steht: die Pflicht, das Widerstrebende in höheren Zusammenfassungen zu einen, *wie* sie im augusteischen Kaiserreich der Antike, im römisch-deutschen des christlichen Mittelalters ihre Vorformen gehabt haben."[4]

Bergengruens Sprache ist und bleibt die der Reichstheologie bzw. -mythologie der Zwischenkriegszeit.[5] Und diese präfaschistische Ideologie einer „Konservativen Revolution" definiert sich — politisch im Sinne Carl Schmitts[6] — durch ihre Feindschaft gegenüber „dem" Osten. Verse aus Bergengruens Titelgedicht „Der ewige Kaiser" lassen daran keinen Zweifel:

1. *G. von Le Fort*, Hymnen an Deutschland (1932) S. 44.
2. Vgl. *R. Graf Coudenhove-Kalergi*, Weltmacht Europa (1971).
3. *W. Bergengruen*, Der ewige Kaiser (1950, 2. Aufl.) S. 76.
4. Ebd.
5. Vgl. *R. Faber*, Die Verkündigung Vergils: Reich — Kirche — Staat. Zur Kritik der „Politischen Theologie" (Hildesheim 1975) Kap. III, 4.
6. Vgl. *C. Schmitt*, Der Begriff des Politischen. Text von 1932 mit einem Vorwort und drei Corollarien (Berlin 1963).

„Schon gärt's im Schlammgrund der Gezeiten,
schon drohn durch Nebel durch Geröll
der *Steppen* unermessne Weiten,
der Tiefen brodelndes Gewöll.

...schon kündigt sich in Vorgesichten
Europas letzte Hunnenschlacht.

Erhebe Konstantins Standarte,
entblöße Karls geweihten Stahl!"[7]

Diese Verse passen in den kalten Krieg ab 1947 ebenso gut wie in den — zeitweise auch heißen — vor '45. Bergengruen nennt drei wesentliche Gedanken *jeder* militanten Abendlandideologie, und kaum eine, die „pazifistisch" wäre: die asiatische „Steppen"-Barbarei, die immerwährende „Schlacht" mit deren „Hunnen" und die (konstantinisch-karolingische) Kreuzzugsform dieser Schlacht.

2. Römisches Kriterium der „Ost"-Bestimmung

Th. Haecker, dem der „Hunnen"-Topos gleichfalls nicht fremd ist, geht hinter die Katalaunischen Felder nach Aktium zurück, das Vergil „durchaus klar ... als ... Entscheidung zwischen dem Geist des Westens und dessen Idee der Ordnung und des Lichts und des Maßes und des Vertrauens und dem des Ostens mit seiner Maßlosigkeit und Verzweiflung, Chaos und Grauen" gesehen habe, als Entscheidung „*gegen* den Osten, der angeführt war von einem zügellosen Verräter des eigenen westlichen Geistes, eine Möglichkeit, die immer von neuem wieder und heute und künftig furchtbarer denn je aufstehen kann".[8]

Die Schwierigkeit, daß die Fronten nicht eindeutig verlaufen, ergibt sich stets von neuem — Haecker umgeht sie in seinem Fall nur scheinbar, wenn er den *römischen Konsul* Marcus Antonius einen „Verräter der westlichen Kultur" nennt. — Es bleibt die Frage, wie sich „der" Osten definiert oder „der" Westen ihn. Und: Der Wechsel im Subjekt der Definition impliziert keineswegs, daß der Westen sich selbst definiert, als Voraussetzung seiner Ost-Definition; der „Osten" ist vielmehr der jeweilige *Feind*. Ideologisches Kriterium bleibt freilich die „römische" Tradition oder wenigstens Analogie. In den Augen eines französischen Nationalisten kann — vom „äußersten" Westen her — Preußen-Deutschland, das sich von je als „Bollwerk gegen den Osten"[9] empfand, selber östlich erscheinen, gleichsam als Vorwerk *Asiens*; M. Barrès fragt am Vorabend des ersten Weltkriegs: „Wenn ich mich an Corneille, an Racine halte, spürt ihr dabei nicht, daß ich wie andere, vielleicht sogar stärker, jenen Strom von Nihilismus und jene schwarzen Delirien über mich habe ergehen lassen, den das tiefe Asien über Deutschland hinweg zu uns sendet?"[10] — Barrès kann, auch nach dem Krieg und in Deutschland selbst — was den Widerstand gegen das Deutsch-„Asiatische" angeht —, mit Unterstützung rechnen: bei jenem entschieden *römisch*-katholischen Deutschland Th. Haeckers und seiner Freunde.

Der nicht zuletzt Carl Schmitt verpflichtete H. Hefele gelangt „gern und leicht zu der Meinung, daß gerade heute, wo in Deutschland, dem alten Kreuzungspunkt geistigen und kulturellen Lebens, ... das asiatische Lebensgefühl mit seinem Element des Grenzenlosen und der Auflösung so breiten Raum gewonnen hat, der im Katholizismus verkörperten wesentlich römischen Form

7. *W. Bergengruen*, a.a.O., S. 11.

8. *Th. Haecker*, Werke 5 (1967) S. 40.

9. Vgl. z.B. *R. A. Schröder*, Die Aufsätze und Reden 1 (1952) S. 1115.

10. Zit. nach *E. R. Curtius*, Maurice Barrès und die geistigen Grundlagen des französischen Nationalismus (1921) S. 235.

europäischen Geistes die große Aufgabe der Klärung und Festigung des deutschen Wesens zukomme, seine Wiederannäherung an die formbestimmte und objektiv gehaltene Art Roms."[11]

Mit abendländischer Verallgemeinerung und antibolschewistisch-anti*preußischer* Zuspitzung zugleich schreibt auch der bayerische Katholik Georg Moenius: „Die abendländische Kultur hat sich dank der ihr innewohnenden römischen Substanz dem preußisch-asiatischen Bolschewismus entgegengestellt, und sie wird auch weiterhin die starke Mauer bilden, an deren Quadern sich die Hengste aus dem Stalle Attilas die Schädel zerschmettern. Der Katholizismus" — offensichtlich synonym mit der „abendländischen Kultur" — „bietet aber auch jenen Schutz dar, der gegen die feineren Vergasungen durch den asiatischen Geist notwendig ist, wie er durch alle Ritzen und Fugen eines geistig nicht mehr festgefügten Europas dringt."[12] Moenius glaubt — obwohl siegesgewiß — selbst im geographischen und eigentlich romanischen Westen asiatische Miasmen zu wittern. Aber Deutschlands und Europas Osten, auch im geographischen Sinne, bleibt der primäre Feind, d.h. jene Welt, die nicht römisch(-katholisch) ist.

3. Telos des anti-orientalischen Affekts: Anti-Kommunismus

Das Katholische ist nicht unabdingbar. Selbst Moenius, der — obwohl katholischer Geistlicher — ein Verehrer Charles Maurras' und seiner „Action française"[13] war, entgeht bei seiner Rom-Beschwörung einem bloßen Kultur-Katholizismus nur schwer. Erst recht nimmt A. Hitler — ein „vulgärer" Ch. Maurras[14] — Rom allein zum Kriterium Europas, und damit die „Kultur". Aber auch für ihn war das antike Germanien „asiatisch"; in einem seiner „Tischgespräche" erklärt er: „Die Versetzung nach Germanien war für den Römer etwas ähnliches wie für uns eine Zeitlang die Versetzung nach Posen."[14a] Andererseits läßt dieses Zitat keinen Zweifel, wo *heute* Asien beginnt. Im Bunkermonolog des 23. 9. 1941 heißt es ausdrücklich: „Die wirkliche Grenze zwischen Asien und Europa ist die, ‚die die germanische von der slawischen Welt trennt' ".[14b] Asiatisch ist ‚heute' alles Nicht-Germanische. „,... darum" — so fährt Hitler fort — „ ‚ist es unsere Pflicht, sie dorthin zu legen, wo wir sie haben wollen' ".[15]

Das ist die nackte, eingestandenermaßen aggressive Stimme des völkisch-rassistischen Nationalsozialismus. Mehr konservativ-abendländisch formuliert Generalfeldmarschall von Reichenau in seinem Armeebefehl vom 10. 10. 1941: „Das wesentlichste Ziel des (Rußland-)Feldzuges ist die Ausrottung des asiatischen Einflusses im europäischen Kulturkreis."[16] Bei Reichenau mag noch eine subjektive Disposition dazukommen, aber sein Befehl spricht die Sprache der offiziellen *Propaganda*, wie sie in einer vertraulichen Mitteilung vom 30. 6. 1941 festgelegt wurde; dort wird der „Aufbruch *Gesamt*europas gegen den Bolschewismus" gepriesen und „Hitler als ... (der) Heerführer Europas, seiner gemeinsamen Kultur und Zivilisation".[17]

Die Mitteilung spricht vom „Unternehmen Barbarossa" als der „Geburtsstunde des neuen Europa".[17] Und daß dieses „Europa" werde, will z.B. auch der Außenpolitiker des Goerdeler-

11. *H.Hefele*, Der Katholizismus in Deutschland (1919) S. 50.

12. *G. Moenius*, Zur Psychologie des abdenländischen Geistes, in: Allgemeine Rundschau XXVI, 1929, S. 778.

13. Zur „Action Française" vgl. *E. Nolte*, Der Faschismus in seiner Epoche ... (1965, 2. Aufl.).

14.a Zit. nach *F. Heer*, Der Glaube des Adolf Hitler. Anatomie einer politischen Religiosität (1968) S. 393.

14.b *P. Kluke*, Nationalsozialistische Europaideologie, in: Vierteljahreshefte für Zeitgeschichte II, 1955, S. 260.

15. Ebd.; vgl. auch *A. Speer*, Erinnerungen (1969) S. 108.

16. Zit. nach PUBLIK, 1971, Nr. 25, S. 24.

17. *P. Kluke*, a.a.O., S. 259.

Kreises, von Hassell, wenn er fragt, welche Politik Deutschland, „das Herz Europas, gegenüber dem russischen Osten treiben muß, wenn es unter seiner Fahne statt des Unterganges den Aufstieg des Abendlandes heraufführen will".[18] Hitler selbst spricht den Abendland-Jargon in der Stunde von *Stalingrad*; sein Telegramm an den deutschen Oberkommandierenden Paulus vom 24. 1. 1943 lautet: „Die Armee ... leistet durch ihr heldenhaftes Ausharren einen unvergeßlichen Beitrag zum Aufbau der Abwehrfront und der Rettung des *Abendlandes*."[19]

Für bare Münze genommen wurde die abendländische Sprachregelung der nationalsozialistischen Propaganda vor allem im katholischen Europa — sie war die ihm eigene. — Schon in ihrem Hirtenbrief vom 24. 12. 1936 hatten es die deutschen Bischöfe für ihre Pflicht gehalten, Hitler „in diesem Abwehrkampf (gegen den Bolschewismus, der sich auf dem Vormarsch nach Europa befindet) mit allen Mitteln zu unterstützen, die ihnen aus dem Heiligtum zur Verfügung stehen".[20] Und post festum, eine Woche nach der deutschen Invasion in Rußland, erklärte Pius XII. in einer Rundfunkansprache, es fehle jetzt „nicht an Lichtblicken, die das Herz zu großen heiligen Erwartungen erheben". Er benannte „großmütige Tapferkeit zur Verteidigung der Grundlagen der christlichen Kultur und zuversichtliche Hoffnung auf ihren Triumph".[21]

Pius XII. führte konsequent fort, was ‚spirituell' mit dem Aufruf Pius' XI. zu einem „Gebetskreuzzug gegen die UdSSR" am 10. 2. 1930 begonnen hatte.[22] Und der Bamberger Erzbischof Kolb affirmierte noch am 31. 1. 1944: „Wenn Armeen von Soldaten kämpfen, dann muß eine Armee von Betern hinter der Front stehen."[23]

Haecker schrieb 1932 in seinen „Betrachtungen über Vergil. Vater des Abendlands", in denen er zugleich einen *polemischen* Anti-Nationalismus dokumentierte: „Wir leben nicht unter der Herrschaft des personalen Antichrist, wenn wir auch weithin unter der Herrschaft seiner Ideen leben, ja wahrscheinlich die Welt seit Julian Apostata *politisch* keinen so antichristlichen Willen erlebt hat wie heute in Rußland unter dem Bolschewismus".[24]

Antinationalsozialismus und Anti-Bolschewismus schließen sich keineswegs aus. Am 10. 5. 1940 wird sich Haecker notieren: „Nicht jeder Krieg ist ein Gottesgericht. Aber zum Beispiel kann man so nennen: Griechen gegen Perser, Rom gegen Karthago, Abendland gegen Hunnen und Türken. Was sind heute die Deutschen — nach ihrer Apostasie? Sind sie nicht ...?[25]

Antinationalsozialistische Abendländer erkannten gerade auch im NS asiatische Barbarei, indem sie ihn — wie die Vertreter des konservativen Widerstands generell — in engste Nähe zum Bolschewismus rückten.[26] So, schon vor der „Machtergreifung", E.R. Curtius in „Deutscher Geist in Gefahr"; dort heißt es: „Nur aus eigener Substanz kann der deutsche Geist nicht leben. Wer ihn vom Westen und vom Süden löst, treibt ihn in den Osten und das heißt, in den Untergang. Die Geistfeindschaft unseres Nationalismus würde unter normalen geschichtlichen Verhältnissen nur zur Barbarei führen — was schon nicht wenig ist. Aber in der heutigen Schicksalsstunde Europas bedeutet Barbarei nur die Vorstufe des Bolschewismus. Eine Bewegung, die den Geist leichtfertig preisgibt, muß von dem Materialismus verschlungen werden, der heute nicht mehr ei-

18. *U. von Hassell*, Untergang des Abendlandes?, in: Monatshefte für Auswärtige Politik 8, 1941, S. 604; erschien unter dem Pseudonym C. Augustin.

19. Zit. nach *F. Heer*, a.a.O., S. 425.

20. *F. Heer*, Kreuzzüge — gestern, heute, morgen? (1969) S. 194.

21. Zit. nach ebd., S. 204.

22. Vgl. *H. Stehle*, Die Ostpolitik des Vatikans 1917-1975 (1975) S. 156-58.

23. Zit. nach *F. Heer*, a.a.O., S. 196.

24. *Th. Haecker*, Werke 1 (1958) S. 451.

25. Th. Haecker, Werke 2 (1959, 3. Aufl.) S. 83.

26. Vgl. W. Schmitthenner/H. Buchheim (Hg.), Der deutsche Widerstand gegen Hitler. Vier historisch-kritische Studien ... (1966).

ne harmlose Liebhaberei von Freidenkervereinen, sondern eine bis an die Zähne bewaffnete Weltmacht ist."[27] Curtius' Ausführungen sind sehr aufschlußreich: Der Bolschewismus ist östlichster Osten, barbarischste Barbarei und der sehr negativ eingeschätzte deutsche Nationalismus *deswegen* so negativ, weil er dem Bolschewismus den Weg bereitet, oder er tut das, *da* er so negativ ist.

Solcher Anti-Nationalismus kann sich unverändert über 1945 hinaus halten; gerade auch *gewesenen* National(sozial)isten bietet er sich als „Bewältigung der Vergangenheit" an — den traditionellen Anti-Bolschewismus noch verstärkend: ‚Auch die Nazis waren (im Grunde) Bolschewiken'. — R. Pannwitz, ein Jünger Nietzsches, Georges und Hofmannsthals, gibt 1954 ein Beispiel hierfür; bis in die anti-orientalische Mystifikation hinein handelt es sich um die Diktion der Konservativen Revolution: „In der Aera von Hitler, dem Nachfolger Lenins und Vorgänger Stalins, hat die westeuropäische Politik sich bereits der asiatischen genähert, der die osteuropäische vollkommen verfallen ist" — einschließlich von „mehr als einem Drittel" Deutschlands, das „heute ... vom Osten" besetzt ist.[28]

„Wir werden durch Rußland" — schreibt Pannwitz — „vielleicht ein *mongolisches* Ostdeutschland bekommen".[29] Und am rassistischen Charakter dieser Aussage keinen Zweifel lassend, warnt er — immanent konsequent — vor jeder Verhandlung mit Osteuropa, obwohl er es nur als „*Vorland Asiens*" erachtet: „Jedes Mal, wo man (mit ihm) ... zu Einigungen zu gelangen hoffte, tat sich alsbald das Bodenlose auf. Es ist ein ohnmächtiges und lebensgefährliches Anempfinden und ein dekadenter Kontinental-Exotismus, wenn unsere Menschen der dominanten Hochkultur in jene der dominanten Primitivität sich mehr oder weniger vermischen wollen."[30]

Ch. Steding schrieb 1937/38, die „asiatischen" Kommunisten im Deutschland der Weimarer Republik in „Erinnerung": „Mit dem Zerfall des Reichs" im 16. Jh. „und das heißt auch derjenigen *Rassen*, die Europa bis dahin getragen hatten, mit dem Siegeszug der erst ‚demokratischen', heute demokratisch-bolschewistischen *Rassen* ist der Feind plötzlich mitten unter uns. Er versucht in jedem Einzelnen aufzustehen und in ihm das europäische geschichtliche Bewußtsein auszulöschen, zugunsten eines Unterbewußtseins, das längst überlagerten, gefesselten, vorgeschichtlichen, seit Jahrtausenden nicht mehr virulent gewordenen Erbanlagen und *rassischen* Komponenten zugehört. Wie weit der Appell an diese Erbanlage jedes Mitteleuropäers, die unserer geschichtlichen Welt gegenüber nur zerstörend wirken kann, gehört wurde, zeigt die Stimmenzahl, die in Deutschland und Europa die kommunistische Partei gewonnen hatte und die sie außerhalb Deutschlands noch gewinnt. Es zeigt sich in Deutschland vor allem daran, daß die Physiognomie der kommunistisch verhetzten Arbeiter und Intellektuellen *tatarisiert* wurde oder allgemeiner gesprochen die Züge von geschichtslosen Unter*rassen* annahm."[31]

Steding gab sich einem „rassekundlichen" Exzeß hin, aber — „geistesgeschichtlich" — heißt es z.B. auch in Hofmannsthals „Turm" von 1925 (über ins 16. Jh. reprojizierte Revolutionäre): „... mit den Narren und Verbrechern, den Gottesfeinden und Schwarmgeistern brach Asien herein und wollte Herr sein in unserem Hause".[32] Was sich durchhält — auch nach 1945 —, ist die *europäisch*-gegenrevolutionäre Emphase, wenn sich auch allenfalls ein Emigrant wie Pannwitz noch rassistische Töne erlauben darf. Aber am Anti-Kommunismus eines Sprechers des BDI wie W. Hermann kann es ebenfalls keinen Zweifel geben, wenn er 1954 betont: „Die gesamte westdeutsche Industrie fühlt sich der westlichen Welt engstens verbunden und ihr verpflichtet. Aus der abendländischen Kultur und ihren überkommenen Gesetzen leitet sie die beschwingenden Kräfte allen

27. *E. R. Curtius*, Deutscher Geist in Gefahr (1932) S. 50.
28. *R. Pannwitz*, Beiträge zu einer europäischen Kultur (1954) S. 12.
29. Ebd.
30. Ebd., S. 17.
31. *C. Steding*, Das Reich und die Krankheit der europäischen Kultur (1938) S. 12.
32. *H. von Hofmannsthal*. Der Turm (1925), in: Dramen IV, 1958, S. 195.

Widerstandes gegen eine asiatische Überflutung her. Sie wird diesen Kampf bis zum Ende führen und hofft ihn zu bestehen!"[33] Noch dieser — nun *zentral* ökonomische — Anti-Kommunismus, diese Außenpolitik als (klassenkämpferische) Innenpolitik, bedient sich des okzidental-antiorientalischen Jargons.

4. Ost-West-Auseinandersetzung als „ew'ge Schlacht"

Unter der Überschrift „Traditionen verpflichten" schreibt A.H. Vogel, Präsident der Industrie- und Handelskammer Augsburg, in der offiziellen Festschrift zur Tausendjahrfeier der Lechfeldschlacht 1955: „Heute wie vor tausend Jahren haben wir uns im politischen und religiösen Raum zu bewähren. Aber untergangsdrohender noch als damals steht heute der dialektische Materialismus Moskauer Prägung, der schon fast ganz Asien in seine Knechtschaft gezwungen hat, vor der Freiheit des Westens, auch vor den Toren Augsburgs. Eine ‚Lechfeldschlacht' wird diesmal nicht die Entscheidung bedeuten. Ein größeres Ringen um Seele und Bestand des westlichen Kulturlebens steht uns bevor. Europäische Ideologien des 19. Jhs. haben den längst ausgehöhlten russischen Chiliasmus überwuchert, westlicher Erfindergeist hat Asien die modernsten Mordwaffen zu gebrauchen gelehrt, nachdem wir schon mit für den Orient wenig geeigneten Industrialisierungsmethoden diese ihren alten Kulturen religiös verhafteten Völker ihren Penaten entfremdet und damit ihrem ethischen Kraftstrom entzogen hatten. Mit von uns gelieferten Giften verseucht, treten die von totalitären Machtwahn-Tyrannen geknechteten und angetriebenen Völker Asiens gegen unsere westliche Welt an".[34]

Ein Gedanke, den C. Schmitt in seinem ersten Aufsatz nach dem Krieg, bereits sechs Jahre vor Vogel, so formulierte, „daß die historische Parallele der physischen und seelischen Regeneration, die das Römische Imperium durch die germanischen Stämme der Völkerwanderung erfuhr, für unser Jahrhundert nicht zutrifft, weil auch die angeblich neuen und jungen Völker das Gift der Zivilisation in ihren Adern tragen … Ebensowenig können wir uns damit trösten, daß Europa zu allen Zeiten von Osten und Westen, Süden und Norden überflutet ist. Denn die Besonderheit der gegenwärtigen Lage besteht gerade darin, daß heute nicht fremde Zivilisation, sondern Ergebnisse und Ausgeburten des eigenen europäischen Geistes auf uns eindringen. Die geschichtlichen Parallelen zergehen, und uns erprobt jetzt der präsente Gott."[35] Die uns bevorstehende „Lechfeldschlacht", sagt der (Anti-)Apokalyptiker Schmitt, ist die Schlacht aller Schlachten: „Europas *letzte* Hunnenschlacht",[36] ja der Krieg *Jahwes*.

Vogel schreibt im weiteren Verlauf seiner Darlegungen: „Die alte Auseinandersetzung Ost-West, die über Jahrtausende hin das Wagnis Europa immer wieder bedroht hat, ist neu in geradezu gigantischen Ausmaßen aufgerufen zu einer *Menschheits*-Entscheidung."[37] Und Vogel fragt, die Parallelität zu früher nicht so entschieden wie Schmitt negierend, indem er nur ein *quantitatives* Auf-die-Spitze-Treiben konstatiert: „Wird die geheimnisvolle Hand wieder in den Lauf der Geschichte eingreifen, um den Sinn des Abendlandes trotz des Versagens bis in führende Schichten hinein noch einmal weiterzuführen?"[38] Auf keinen Fall „durch Angebote von Neutralität und

33. Zit. nach „Der CDU-Staat 1", edit. suhrkamp 370-72, S. 401.
34. *A. H. Vogel*, Traditionen verpflichten, in: Augusta 955-1955, 1955, S. 449-50.
35. *C. Schmitt*, Donoso Cortés in gesamteuropäischer Interpretation. Vier Aufsätze (1950) S. 114.
36. *W. Bergengruen*, a.a.O., S. 11.
37. *A. H. Vogel*, a.a.O.
38. Ebd.

friedlichem Verhalten", wie Bundesaußenminister von Brentano Vogels Frage ‚beantwortet'; auch „der heilige Ulrich hat das nicht getan".[39]

Indem Vogel die Lechfeldschlacht zur „alten" Ost-West-Auseinandersetzung verallgemeinert, die nach R. Schneider „unserer Kultur" überhaupt „Thema und Inhalt gegeben hat",[40] beschwört er die von Le Fort 1932 so genannte „ew'ge Schlacht"[41] — für sie symbolisiert in der der Katalaunischen Felder. — In ihrem „Reich des Kindes" von 1934 läßt sie einen Mönch im Regensburger Kloster St. Emmeran prophezeien: „... immerdar, wenn die Völker des Abendlandes wanken und untereinander zerfallen, so erhebt sich der Sturm aus Asia, — also war es, als das Reich der Römer versank, und also wird es sein bis an das Ende der Zeiten."[42] ‚So ist es auch *heute*', will die im Verborgenen bleibende Autorin sagen; Steding macht die Reprojektion ausdrücklich: „Heute treten die Kosaken oder Türken oder ‚Hunnen' aus der Zeit Heinrichs I. auf in der Verkleidung der Bolschewisten und Marxisten, die die Tatarisierung Europas in der Weise erstreben, daß einmal die Direktiven für die Erhaltung unserer Welt vom tatarisierten Moskau gegeben werden".[43]

Umgekehrt — dementsprechend ist die „Bekämpfung des Bolschewismus", die das Dritte Reich als „seinen vorzüglichen Beruf erblickt", „die Fortführung des alten *Welt*kampfes, den das Reich und Europa führt, seitdem seine Staatenwelt als Erbe Roms in das Licht der Geschichte trat. Es ist der Kampf, den Pippin und Karl der Große und die Goten gegen Sarazenen, die Sachsenkönige und -kaiser und der schlesische Herzog Heinrich der Fromme gegen die Ungarn und die ostelbischen Vorposten Asiens, die späteren Kaiser gegen die Türken und die mit diesen verbündeten Franzosen geführt haben."[44]

Moenius formuliert noch 1948: „Karl Martell setzte dem Vormarsch der Sarazenen 732 bei Poitiers ein Ende, in einer Schlacht, die zu den Entscheidungsschlachten des Westens gehört wie Actium, die Besiegung Hannibals, die Schlacht auf den Katalaunischen Feldern oder 1685 Wiens Rettung aus der Türkennot."[45] Und Aktium umgekehrt mit Tours und Poitiers parallelisierend, schreibt O. Spengler, ganz im Sinne von Moenius' Lehrer Haecker, bereits nach dem *ersten* Weltkrieg: „Der Ausgang (zugunsten des Antonius) würde den Folgen der Schlacht von Tours und Poitiers 732 vergleichbar sein, wenn dort die Araber gesiegt und ‚Frankistan' zu einem Khalifat des Nordostens gemacht hätten."[46] Und Spengler war auch — schon *im* ersten Weltkrieg — vom römischen Sieg über Hannibal beeindruckt; sein Buch „Untergang des Abendlandes" ging von der Erwartung eines deutschen Sieges aus, bei dem die Rolle Preußen-Deutschlands mit der Roms nach den punischen Kriegen (dem Analogon des Weltkriegs) gleichgesetzt wurde. Den zivilisatorischen Aufstieg dieses siegreichen, harten, imperialistisch expandierenden Deutschlands sah Spengler als die Aufgabe der kommenden Jahrhunderte.[47] Nur konsequent sollte sein Buch ursprünglich „*Erfüllung* des Abendlandes" heißen.[48] Diese und eine weltumspannende deutsche Hegemonie waren für ihn eins.

39. Zit. nach *G. D. Heidingsfelder*, Der Weg ins Reich. Christliche Hoffnung im zerstörten Reich und in der Drangsal der Widerreiche. Unveröffentlichtes Manuskript aus dem Jahre 1956 (vom Nachlaßverwalter M. Stankoswki freundlicherweise zur Verfügung gestellt), S. 52.

40. *R. Schneider*, Erfüllte Einsamkeit (1963) S. 81.

41. *G. von Le Fort*, a.a.O.

42. *G. von Le Fort*, Das Reich des Kindes (1952) S. 49.

43. *C. Steding*, a.a.O., S. 644.

44. Ebd., S. 12.

45. *G. Moenius*, Der neue Weltmonarch (1948) S. 143.

46. *O. Spengler*, Der Untergang des Abendlandes ..., Bd. 2 (1922) S. 231.

47. Vgl. *M. Schröter*, Der Streit um Spengler. Kritik seiner Kritiker (1922) S. 5.

48. Vgl. *H. Petriconi*, Das Reich des Untergangs — Bemerkungen über ein mythologisches Thema (1958) S. 127, Fn. 81 u. S. 140.

‚Noch' Hitler steht in Spenglers Nachfolge, wie der Alldeutschen generell. ‚Dennoch' beschwört auch er, wie die Abendländer des Jahres '55, die Schlacht auf dem Lechfeld als eine „Abwehrschlacht gegen den Osten"[49]. Er tut es im Rahmen der Reichtagsrede vom 11.12.1941, die ein einziges Zitieren der „ew'gen Schlacht" ist und ihrer Stationen von den Griechen und Römern an: ein geballtes Stück Abendland-Ideologie im Dienst des imperialistischen Eroberungskrieges im „Osten". — Dies hindert Pius XII. nicht, auch 1955 noch die Lechfeldschlacht zu feiern — in einer Linie mit der von Tours/Poitiers und Wien, und in Worten, die aus Hitlers Reichstagsrede des Jahres 1941 stammen könnten; mit seltener Ausdrücklichkeit wird der Zitat-Charakter der Lechfeldschlachtfeier offenbar: „In Tagen abendländischen Bekenntnisses — heute, wo die abendländische Kultur unter schwerster Bedrohung steht, ist die Erinnerung an die Schlacht auf dem Lechfeld wie geschaffen. — Der Sieg des Königs und nachmaligen Kaisers Otto des Großen über die Ungarn ... hat das christliche Abendland vor einer unheimlichen Gefahr aus dem heidnischen Osten gerettet."[50] Und es gab Zeiten, in denen die Päpste auch *militärisch* gegen den Osten kämpften; der Mariane Pacelli selbst beschwört bei anderen Gelegenheiten die Seeschlacht von Lepanto, in der eine päpstlich-spanisch-venezianische Koalition die Türken entscheidend schlug.

Über die Errichtung eines lateinischen Kaisertums in Konstantinopel im Jahre 1204 schreibt O. Westphal, dieses Kaisertum habe, „auch wenn die Venezianer, die die treibende Kraft waren, nicht in allem nach den Wünschen des Papstes handelten, die immer beanspruchte Herrschaft der römischen über die griechische Hemisphäre des Christentums verwirklicht und den weströmischen über den oströmischen Gedanken — Augustus über Antonius — zum ersten Mal wieder zum Siege" geführt.[51] Und E. Niekisch weist, von der Gegenwart nach rückwärts schauend, darauf hin, daß Rußland nach 1453, als Konstantinopel von den Türken erobert wurde, „die Funktion des Gegenpols gegen Rom" übernommen habe, „die einst Byzanz erfüllt hatte".[52]

Ich habe zum Schluß mit Vorzug zwei nichtkatholische Autoren zitiert; die gezogenen Linien und Parallelen sind nämlich in vatikanischen Köpfen eine Realität (gewesen), was die massive Unterstützung der kroatischen Ustascha in ihrem Vernichtungsfeldzug gegen die orthodoxen Serben exemplifizieren kann: Im Schatten der großen „abendländischen" Auseinandersetzung mit dem „Dritten (Gegen-)Rom" begleichen klerikal-faschistische Kommandos alte Rechnungen mit den „Byzantinern", und der Papst gibt seinen Segen dazu.[53]

5. *Permanenter Kreuzzug*

Was sich im Terror der mit Hitler verbündeten Ustascha äußerte, war eine *einfache* Fortsetzung der mittelalterlich-barocken Kreuzzüge. Die übrigen Faschisten säkularisierten ihre Methoden gleichsam. Selbst ein Neo*paganer* wie der italienische Kulturphilosoph J. Evola verstand sich auf sie zu berufen, als er die Züge der Kreuzfahrer „Züge ... des Westens gegen das *semitische* Asien" nannte.[54] Und zweifellos hatte der Kreuzzug das Juden-Pogrom impliziert, vor allem aber trug jede Schlacht des Westens gegen den Osten den Charakter des *Kreuz*zugs; Le Fort nennt die „ew'ge Schlacht" — immanent richtig — die „Schlacht des Christ". Um zu präzisieren, jenes „Christus *Imperator* Maximus", von dem ein L. Derleth dichtete. In seinen „Proklamationen" erscheint

49. Zit. nach *F. Heer*, Der Glaube des Adolf Hitler ..., S. 386-87.

50. Zit. nach ebd., S. 541-42.

51. *O. Westphal*, Das Reich. Aufgang und Vollendung, Bd. I: Germanentum und Kaisertum (1941) S. 381.

52. *E. Niekisch*, Ost — West. Unsystematische Betrachtungen (1947) S. 7-8.

53. Vgl. auch *H. Schleicher*, Den Papst zur Beichte gebeten, in: Frankfurter Rundschau, 22.5.1984, S. 2, Sp. 4-5.

54. *J. Evola*, Erhebung wider die moderne Welt (1935) S. 294.

„zusammengeballt das Pathos all jener in der Geschichte immer wieder auftretenden Gemeinschaften, die versuchten, … ‚Kreuz und Schwert' zu vereinen".[55]

Weltgeschichtlich als erster — und mit nachhaltigem „Erfolg" — versuchte das Konstantin, den man deswegen den „Großen" nannte. Er wird explizit oder wenigstens implizit immer berufen, wenn das Kreuz zum Schlagen oder Stechen benutzt wird: ‚„In hoc signo vinces". — Um noch einmal aus Bergengruens Titelgedicht „Der ewige Kaiser" zu zitieren: „… schon kündigt sich in Vorgesichten / Europas letzte Hunnenschlacht. // Erhebe Konstantins Standarte, / entblöße Karls geweihten Stahl!"[56]

Die „ew'ge Schlacht" ist — als die „Schlacht des Christ" — eine konstantinisch-karolingisch-ottonische, eine römisch-abendländisch-deutsch-österreichisch-wilhelminisch-faschistisch-europäisch-atlantische und insofern eine tatsächlich andauernde. — Die Gefahr einer wirklich „letzten", alles vernichtenden „Schlacht" ist noch nicht gebannt. Nur deswegen habe ich diesen Rückblick unternommen: damit es keiner in die *Zukunft* sei.

Das Vorstehende ist weithin identisch mit Kap. I, 1 meines Buches „Abendland. Ein politischer Kampfbegriff" (Hildesheim 1979).

55. *D. Jost*, Ludwig Derleth. Gestalt und Leistung (1965) S. 57.
56. *W. Bergengruen*, a.a.O., S. 11.

Parlamentarier für den Frieden
Die Interparlamentarische Union (gegründet 1889)
Ein Experiment und seine Folgen

von Ralph Uhlig, Kiel

Der „Arbitrator", das Organ des pazifistischen Zweiges der englischen Arbeiterbewegung, stellte in seiner Ausgabe von Juli/August 1889 fest: „Before many years have passed the Parliamentary Conference which is about to assemble will be regarded as an event of great historical importance."[1] Um eine „parlamentarische Konferenz" geht es hier, von der in kühner Prognose behauptet wird, sie werde Geschichte machen. Der Begriff „parlamentarische Konferenz" indessen ist mißverständlich, handelte es sich doch — und dies war in der Tat historisch bisher einmalig — um ein Vorhaben internationalen Zuschnitts. Mit der Konzeption, Parlamentarier verschiedener Länder an den Konferenztisch zu bringen, verband sich das Bemühen, die Sicherung des Friedens durch die konsequente Anwendung der Schiedsgerichtsbarkeit und durch die Weiterentwicklung bzw. Kodifizierung des Völkerrechts zu fördern. „Friede durch Recht" war mithin die Losung einer Bewegung, die die Risiken übersteigerter und damit verantwortungsloser nationaler Machtpolitik nicht länger hinzunehmen bereit war. Die Parlamente sollten in die Pflicht genommen werden, für den Frieden einzutreten.

Die Initiative für diese „parlamentarische Internationale" ging von dem Mutterland des Parlamentarismus und dem der Revolution aus: von England bzw. Frankreich. Die führende Persönlichkeit auf englischer Seite war der Unterhausabgeordnete und Gewerkschafter William Randal Cremer; sein Mitstreiter jenseits des Kanals war Frédéric Passy, ein typischer Vertreter des französischen Liberalismus. Cremer und Passy war es letztlich zu verdanken, daß es am 29./30. Juni 1889 zu eben jener Konferenz kam, aus der sich schließlich die noch heute bestehende Interparlamentarische Union (IPU) entwickeln sollte. Damit war im Vergleich zu allen früheren Ansätzen eines parlamentarisch fundierten Pazifismus eine neue Phase der nichtstaatlichen Friedensinitiativen eingeleitet. Dieser qualitative Sprung wird bei einem Rückblick auf eben jene Ansätze deutlich sichtbar.

Seit Mitte des 19. Jahrhunderts hatte es in verschiedenen europäischen Parlamenten durchaus Initiativen für Frieden und Abrüstung gegeben, die jedoch als Vorstöße Einzelner keine nachhaltige Wirkung zeitigten: In Großbritannien verband sich ein solches Engagement mit den Namen Cobden und Richard, in Österreich mit Fischhof und von Walterskirchen, in Deutschland mit Virchow und von Dücker, in Italien mit Pandolfi und in Spanien etwa mit Marcoartu. Immerhin: Die Frage um Krieg und Frieden wurde nicht mehr in philosophischer Abgeschiedenheit reflektiert, wie Kant dies in seiner Schrift „Zum ewigen Frieden" von 1795 getan hatte. Er blieb gleichwohl ein verpflichtendes Vorbild auch für die Parlamentarier, die sich nun allerdings — versehen mit einem wie auch immer definierten Wählerauftrag — daranmachten, die Forderung nach einem friedlichen Zusammenleben der Völker in konkrete politische Maßnahmen umzusetzen. Die

1. The Arbitrator No 209/210 (Juli/August 1889) S. 4.

neue und zukunftsweisende Komponente in der Konzeption Cremers und Passys bestand nun darin, die pazifistischen Einzelkämpfer in den Parlamenten durch eine Organisation miteinander gleichsam zu verbinden. Nur mit einer starken Organisation im Rücken glaubte man, seinen Argumenten den nötigen Nachdruck verleihen, zu einem politischen Faktor werden zu können und dadurch wiederum Sympathisanten für die Bewegung und neue Anhänger zu gewinnen.

Gegenüber den Friedensbekundungen der leitenden Staatsmänner, die auch nur Repräsentanten ihres nationalen politischen Systems waren, empfand man eine tiefe Skepsis, von ihrer Friedensfähigkeit war man nicht unbedingt überzeugt, zu sehr nämlich klafften verbale Friedensbeteuerungen und militärisches Gebaren auseinander. Militärischer Handlungsbedarf schien je nach Opportunität neu definierbar. Die jeweilige Legitimierung nationaler Macht orientierte sich an einer abstrakten und letztlich nicht zu kontrollierenden Staatsräson und nicht an der Idee einer Völkerwohlfahrt, wie sie Interparlamentarier als *die* entscheidende Voraussetzung für den Völkerfrieden verstanden.

Nicht zuletzt die zeitgenössische Erfahrung mit der gewaltigen Zerstörungskraft moderner Kriegstechnologie verstärkte das Bewußtsein von der Notwendigkeit, der bedrohlichen Staatenanarchie durch die Schaffung einer internationalen Friedensordnung Einhalt zu gebieten. Das in Friedenszeiten produzierte Vernichtungspotential — nicht nur ein Symptom unserer Tage — bedrohte nicht mehr nur die jeweils kämpfende gegnerische Truppe, sondern in zunehmendem Maße auch die Zivilbevölkerung, ja ganze Kulturen. Es galt, das herrschende Selbstverständnis politischer Systeme zu erschüttern, wonach der Krieg als ein völkerrechtlich anerkanntes Instrument der Politik seinen festen Platz im Repertoire der Regierungsadministrationen hatte. Der alten römischen Doktrin: „Si vis pacem, para bellum" setzten die Interparlamentarier ihr „Si vis pacem para pacem /bzw. iustitiam" entgegen und stellten dadurch eine moralische Norm auf, die sie in den Augen nationalistischer Kreise verdächtig werden ließ, keine wahren Patrioten zu sein. Gegen solche Diffamierungen verwahrten sich wiederum die Interparlamentarier, fühlten sie sich doch als aufgeklärte Patrioten den wahren Interessen ihres Vaterlandes verpflichtet — und dies in ganz pragmatischem Sinne.

Der traditionellen Glorifizierung des Krieges als eines Stahlbades der Nation, das zur Entwicklung der letzten Kräfte eines Volkes führe, setzten die Interparlamentarier ebenso ihre politische Fachkompetenz entgegen wie der allzu blauäugigen Friedensschwärmerei. Ohnehin gezwungen, aus einer Position der Schwäche heraus zu argumentieren, erwiesen sich die Mitglieder der IPU in mindestens zweifacher Hinsicht als „pressure group", zum einen für die Friedenssicherung durch Schiedsgerichtsbarkeit, zum anderen für eine zunehmende Demokratisierung mittels Parlamentarisierung. Dahinter verbarg sich das Bestreben, das Ansehen der Volksvertretungen, in denen das Volk letztlich immer noch unzulänglich vertreten war, zu heben und ihr politisches Gewicht dadurch zu stärken.

Angesichts der politischen Kultur des ausgehenden 19. Jahrhunderts mochten diese Ideen immer noch eher utopisch denn realisierbar anmuten, zu sehr prägte der Zeitgeist des Imperialismus die Szene. Die Interparlamentarier hingegen verfochten eine ihrer Meinung nach konkrete Utopie. Denn was war der Fortschritt anderes als eine Abfolge realisierter Utopien? So stellte schon der Gründungsvater Frédéric Passy auf der Jahreskonferenz der IPU 1897 fest[2], tief durchdrungen von der Gewißheit, daß die unheilvolle Logik der europäischen Bündnisse durch ein System der kollektiven Sicherheit durchbrochen und schließlich ersetzt werden müsse.

Diese Überzeugung teilten auch die Repräsentanten aus jenen neun Staaten, die an der Gründungskonferenz des Jahres 1889 teilnahmen. Neben England und Frankreich waren folgende Län-

2. Vgl. Archiv der Interparlamentarischen Union. Karton 1: Union Interparlamentaire pour l'arbitrage. Session de 1897. Compte Rendu de la VIIIe Conférence [Brüssel 1897], (Braine-Le-Comte 1898) S. 123.

der vertreten: Italien, Belgien, Ungarn, Spanien, Dänemark, die USA und Liberia. Diese Aufzählung darf nicht darüber hinwegtäuschen, daß die insgesamt 95 Abgeordneten nicht etwa ihre nationalen Parlamente geschweige denn ihre Länder vertraten, auch wenn sie dies subjektiv so empfunden habe mochten. Sie waren unter ihren Abgeordnetenkollegen zunächst die absoluten Außenseiter, vielfach belächelt, wenn nicht gar mißtrauisch beäugt. Das konnte die Verfechter der interparlamentarischen Idee und der organisierten Völkerverständigung nicht davon abhalten, für eine Parlamentarisierung der Außenpolitik einzutreten. Die Uhr der Geheimdiplomatie war ihrer Meinung nach längst abgelaufen, Hoheitsakte des Staates — vor allem eben auch in äußeren Angelegenheiten — sollten parlamentarisch legitimiert werden. Für manche Staaten, vor allem in Mitteleuropa, waren dies in der Tat revolutionäre Forderungen, galten doch die Parlamente an sich dort schon als unliebsame Störfaktoren. Wenn diese nun mit dem Anspruch auf eine Beteiligung an außenpolitischen Entscheidungen auftraten und damit in eine bisher unangetastete Domäne staatlichen, teilweise nur wenigen Familien vorbehaltenen Machtmonopols einzubrechen drohten, witterte so manches Staatsministerium die Unterminierung seiner eifersüchtig gehüteten Souveränität. Als Teil einer in ihrem Ansatz emanzipatorischen Friedensbewegung großbürgerlichen Charakters zeichnete sich der Interparlamentarismus durch einen ideengeschichtlichen Idealismus aus, der sich mit einem nüchternen und illusionslosen Sinn für das politisch Machbare verband. In eben dieser Kombination lag ein gehöriges Maß an Sprengkraft, denn dahinter stand die Vorstellung, man sei als Volksvertreter berechtigt, ja geradezu verpflichtet, die Ausübung staatlicher Hoheitsakte auch an naturrechtlichen Normen zu messen. Die Bewahrung des Friedens sollte — so die Idealkonzeption — allen politischen Entscheidungen der Staaten übergeordnet sein.

Zwischenstaatliche Streitigkeiten sollten daher — und dies war die Konsequenz dieser idealtypischen Überlegungen — ausschließlich durch Schiedsgerichte beigelegt werden. Ein Krieg war dann nur noch gegen einen Staat denkbar, der sich bewußt außerhalb der Völkergemeinschaft gestellt hatte und gemeinsam bekämpft werden mußte. Zu diesem Zweck sollte eine Art internationale Miliz eingesetzt werden. Das hochgehaltene Prinzip der Nichteinmischung in die inneren Angelegenheiten eines Staates sah man dadurch keineswegs gefährdet. Im Gegenteil: Durch die Rüstung auf nationaler Ebene — so argumentierten die Interparlamentarier — finde eine solche Einmischung bereits permanent statt. Daher war es nur konsequent, daß die IPU auch die sporadischen Abrüstungsvorschläge aufnahm, die in den Parlamenten seit geraumer Zeit immer wieder vorgebracht worden waren.

Um diese Forderungen aber nicht ins Unverbindliche abgleiten zu lassen, mußten die Initiatoren der IPU darangehen, den Inhalten ihrer Friedensvorstellungen jenen organisatorischen Rückhalt zu geben, dessen sie zu ihrer Durchsetzung bedurften. Aus den bescheidenen Anfängen des Jahres 1889 entwickelte sich bis zum Ersten Weltkrieg eine Institution, d.h. ein internationales parlamentarisches Kollektiv, eine interparlamentarische Bürgerinitiative mit Repräsentanten aus insgesamt 24 Ländern, darunter auch das Deutsche Reich, Österreich, Japan, die Türkei und zeitweise Rußland. Im Unterschied zu heute, wo die Parlamente in corpore Mitglieder der IPU sind, lag es seinerzeit in der Entscheidung des einzelnen Abgeordneten, der jeweiligen nationalen IPU-Gruppe beizutreten und damit gleichsam ein Bekenntnis abzulegen. Der prozentuale Anteil der Abgeordneten in den 24 Mitgliedsländern, die sich zu einem solchen Schritt entschlossen, war denn auch höchst unterschiedlich: Er schwankte etwa 1914 zwischen 4% in der Türkei und 100% in Dänemark. Im Durchschnitt lag die Mitgliedschaft in diesem Jahr bei etwa 34% und entsprach einer Gesamtzahl an Mitgliedern von 3433. In der politischen Zusammensetzung dominierten die sogenannten Fortschrittlich-Liberalen. Während in den übrigen europäischen Ländern die sozialistischen Parteien einer Mitarbeit durchaus aufgeschlossen gegenüberstanden — so zählte etwa der französische Radikalsozialist Jean Jaurès zu den Gründungsmitgliedern der IPU —, lehnten die deutschen Sozialdemokraten bis zum Ersten Weltkrieg eine Mitgliedschaft ab. Sie waren der Auffassung, daß es einer bürgerlichen Friedensbewegung nicht bedürfe, und glaubten, in der Programmatik der Sozialistischen Internationale die einzig wahre Friedenskonzeption entwickelt zu haben. Es sollte sich als die große Schwäche der organisierten Friedensbewegung erweisen, daß sie kein Bewußtsein für die Notwendigkeit einer zumindest partiellen Kooperation entwickelte. Dies galt in besonderem Maße — unabhängig von der Situation im Deutschen Reich — für die parlamentarische und die sozialistische Internationale. Beide waren derartig von der Fixierung des jeweils originären Standortes im politischen System absorbiert, daß die Abgrenzung von Bewegungen mit gleichartigen Zielen den Willen zur Zusammenarbeit überwog, ja in eine Konkurrenz einzumünden drohte. Auch die vielfältigen Spielarten des außerparlamentarischen Pazifismus vermochten keine Front der prinzipiellen Gegner von Krieg und Gewalt herzustellen.

Schon die unterschiedliche gesellschaftliche Herkunft der Verfechter der Friedensidee führte zu Mentalitätssperren und Berührungsängsten. Erschwert wurde ein mögliches Zusammengehen durch die divergierende Auffassung über den einzuschlagenden Weg. Während die Arbeiterbewegung auch das Mittel der Revolution zur Veränderung des gesellschaftlichen Status quo in den Katalog ihrer theoretischen Grundannahmen einbezog, setzten die Interparlamentarier auf eine evolutionäre, ausschließlich mit friedlichen Mitteln zu erreichende Weiterentwicklung der nationalen und internationalen Verhältnisse. Diese Grundhaltung wiederum hatte zur Folge, daß die Interparlamentarier, gerade weil sie sich an den gesellschaftlichen Normen der damaligen Zeit orientierten und diese gar mittrugen, ihrerseits den Sozialisten suspekt erschienen, waren sie doch ein Teil des Systems, das diese revolutionieren wollten. Den Herrschaftseliten wiederum waren die Interparlamentarier ein Dorn im eigenen Fleisch, den man nicht einfach entfernen konnte. Wenn diese Bewegung mithin nicht totzuschweigen war, weil sie zunehmend eine Eigendynamik entwickelte, dann galt es, sie in das bestehende System zu inkorporieren, sie gleichsam zu funktionalisieren und dadurch zu entschärfen.

Die Interparlamentarier ihrerseits waren partiell durchaus bereit, dieses Spiel mitzuspielen, versprachen sie sich doch davon die Möglichkeit, einen größeren Einfluß auf die Regierungsentscheidungen ausüben zu können. Symptomatisch für diesen Integrationsprozeß, der von den IPU-Aktivisten keineswegs als ein fauler Kompromiß, sondern als die Bestätigung ihres Konzepts verstanden wurde, war die Tatsache, daß ihre seit 1889 regelmäßig stattfindenden Jahreskonferenzen schon bald in den Parlamentsräumen des jeweiligen Gastgeberlandes abgehalten werden konnten. Trotz ihrer zum Teil massiven Kritik an der Friedensverträglichkeit bestimmter Regierungsmaßnahmen erfreuten sich die Interparlamentarier immer wieder der protokollarischen Aufmerksamkeit derjenigen, die eben diese Maßnahmen vertraten.

Ein Blick auf die Resolutionen der Jahreskonferenzen zeigt, wie sehr sich die zunächst noch recht allgemein gehaltenen Forderungen immer stärker spezifizieren und konkretisieren. Ausgehend von dem Prinzip der Schiedsgerichtsbarkeit wurden die Regierungen von der Gründungskonferenz 1889 nachdrücklich dazu aufgerufen, im Falle auftretender zwischenstaatlicher Differenzen Schiedsverträge abzuschließen. Neben dieser friedlichen Form der Streitschlichtung empfahl man die Aufnahme besonderer Schiedsklauseln in Handels-, Kultur- oder sonstige Abkommen. Auf der Jahreskonferenz 1912 in Genf umfaßte die Tagesordnung dagegen auch Punkte wie das Verbot des Luftkrieges; die Begrenzung der Rüstungsausgaben zu Wasser und zu Lande; die Einrichtung und die Organisation einer Vermittlung zwischen den Staaten; Anerkennung des territorialen Status quo; Forderung nach einem ständigen Prisengerichtshof. Immer wieder wurden auch die Frage einer Neutralisierung von Meerengen und Ozeanen und vor allem die Einführung der obligatorischen Schiedsgerichtsbarkeit diskutiert. Eine beeindruckende Fülle von Expertisen, die die Debatten auf den Jahreskonferenzen begleiteten bzw. aus ihnen hervorgingen, sowie ein organisationseigenes Publikationsorgan und Jahresberichte belegten das relativ hohe Niveau der Verbandsarbeit und den Grad der Organisation, der allmählich erreicht wurde. Am Ende dieser Entwicklung stand mit einem funktionsfähigen Büro, einem hauptamtlichen Generalsekretär, dem Exekutivkomitee und dem Rat ein Apparat zur Verfügung, der die Gewähr für eine reibungslose Durchführung der Jahreskonferenzen bot und neue Mitglieder warb. Neben der Zentralorganisation, in der die einzelnen Länder paritätisch vertreten waren, wirkten die nationalen IPU-Gruppen als die treibende Kraft vor Ort und bemühten sich um die Verbreitung der interparlamentarischen Programmatik in ihren Parlamenten.

Bei allem Engagement: Es sollte der IPU nicht gelingen, die politischen Entwicklungen in ihrem Sinne nachhaltig zu beeinflussen. Wer nun allerdings den Ausbruch des Ersten Weltkrieges auf das Versagen der organisierten Friedensbewegung und damit auch der IPU zurückführt, macht es sich zu einfach. Abgesehen davon, daß die Weltgeschichte ohnehin mehr von stattgefundenen als von verhinderten Kriegen berichtet, wäre dies ein völlig inadäquater Maßstab für den Erfolgsquotienten einer solchen Bewegung. Um diesen nämlich faßbar zu machen, bedarf es der Orientierung an anderen Koordinaten.

Die IPU trug durchaus ambivalente Züge. Den Höhenflügen ihrer Erwartungen hinsichtlich einer friedenssichernden Völkerzusammenarbeit setzte die Schwerkraft der real existierenden Machtverhältnisse immer wieder enge Grenzen. Der Experimentalcharakter des interparlamentarischen Bemühens wird daran deutlich, daß die Anhänger der IPU trotz des von ihnen wahrgenommenen begrenzten Handlungsspielraums es immer wieder wagten, die Praktikabilität ihrer Idee durch ungewöhnliche Wege zu einer politischen Mitsprache zu erweisen. Der trügerische bewaffnete Friede sollte durch ein internationales Vertragssystem mit effektiven Kontrollen und Sanktionen ersetzt werden, das sorglose Umgehen mit dem Kalkül eines Krieges abgeschafft und erpresserische Drohungen mittels eines Kriegsultimatums ausgeschlossen werden. Die Errichtung eines neuen politischen Koordinatensystems hieß für die Union, den Symptomen einer durch wechselseitiges Mißtrauen gestörten internationalen Ordnung und der daraus folgenden Aufrüstung dadurch entgegenzuwirken, daß die internationalen Rahmenbedingungen der Politik zum Positiven verändert werden mußten.

Ein solcher unter den damaligen Verhältnissen bahnbrechender Schritt war die Einberufung der beiden Haager Friedenskonferenzen von 1899 und 1907, die letztlich — und dies ist bisher weitgehend unbekannt geblieben — auf das Wirken der IPU zurückzuführen sind. Ein gleiches gilt, wenn auch in geringerem Maße, für die 1904 zustande gekommene Entente cordiale zwischen England und Frankreich. Das interparlamentarische Experiment zeitigte mithin durchaus Folgen, wenngleich das Idealziel, Kriege zu verhindern und letztlich abzuschaffen, dabei immer noch in weiter Ferne lag. Auch ein von der IPU ausgearbeiteter und propagierter sogenannter Weltschiedsvertrag blieb im Versuchsstadium stecken, da es nicht gelang, eine Veränderung der Denkstrukturen, Einstellungen und Reaktionsmuster im Bereich von Außen- und Militärpolitik herbeizuführen. Nach wie vor nämlich wurde das politische Geschehen durch den Grundsatz „Macht geht vor Recht" bestimmt. Zu einer idealtypischen Umkehrung dieser Devise kam es nicht, da die Ausgangspositionen beider Systemkonstanten zu ungleich waren: Im historischen System von 1889 bis 1914 wurde die Systemkonstante Macht durch den fast alles überlagernden Imperialismus, die Systemkonstante Recht im Sinne von Völkerrecht durch den Interparlamentarismus besetzt, der sich letztlich als die unterlegene Position erweisen sollte.

Aufgrund ihrer ehrgeizigen, die damaligen Zeitgenossen vielfach überfordernden politischen Ziele gelang es der Union auch nicht, einen propagandistischen Zugang zu den Massen zu gewinnen. Obwohl sie durchaus auf eine Popularisierung ihrer Ideen bedacht war, fielen ihre Anliegen publizistisch auf einen insgesamt wenig fruchtbaren Boden, sieht man einmal von ausgesprochenen Friedensorganen ab. Dem historischen Selbstverständnis jener Epoche war eine konsequente Friedenssicherung — unter Umständen auch auf Kosten nationalen Prestiges — im Sinne einer global verstandenen Kulturpolitik fremd. Und dabei blieb es.

In dem Maße, in dem die Anregungen der IPU in den Maßnahmenkatalog der Staaten aufgenommen wurden, verwischte sich das Profil der Union. Ihr zunächst fast revolutionärer Ansatz bedurfte einer neuen inhaltlichen Verankerung in einem stark veränderten politischen Umfeld.

Das Erfordernis einer solchen Neuorientierung war spätestens nach dem Ende des Ersten Weltkrieges evident, als mit dem Völkerbund eine Institution geschaffen war, die die IPU zwar seit langem gefordert hatte, mit deren konkreten Ausgestaltung sie indessen nicht einverstanden sein konnte: Der Völkerbund war ein Organ der Regierungsvertreter, kein Forum für Parlamentarier gemäß der Programmatik der Union.

Auf der anderen Seite erwuchs der IPU — vor allem in Deutschland — mit dem organisatorisch erstarkten außerparlamentarischen Pazifismus ein ernst zu nehmender Konkurrent, wenn es etwa um die Verbalisierung einer Friedenspolitik ging. Die außerparlamentarischen Friedensfreunde nämlich banden immerhin ein intellektuelles Potential, das nicht zu unterschätzen war. Ihre gesellschaftspolitischen Vorstellungen waren notwendigerweise vielgestaltiger, in grundsätzlichen Fragen vergleichsweise kompromißlos, ihre Artikulation spektakulärer. Bis Anfang der 1930er Jahre kam es in Deutschland gar zu einem temporären Zusammengehen von Arbeiterbewegung und Pazifismus, womit hier erst nach Kriegsende eine Entwicklung einsetzte, die in anderen Staaten längst Platz gegriffen hatte. In dieser Konstellation der polarisierten pazifistischen Kräfte mußte sich die IPU — obwohl ihrer Programmatik nach wie vor treu — den Vorwurf gefallen lassen, ihre Forderungen nach einer Friedenssicherung allzu betulich vorzutragen. Im Extremfall ging die Kritik sogar so weit, die Union — und dies war nun in der Tat unzutreffend — als Systemteil der politischen Machtapparate zu betrachten.

Die abschließend zu stellende Frage nach dem Erfolg oder Mißerfolg des interparlamentarischen Experiments bedarf einer differenzierten Antwort: Im Unterschied zu naturwissenschaftlichen Experimenten, die jederzeit wiederholbar und durch Modifikation der Versuchsanordnung manipulierbar sind, sind historische Prozesse mit Experimentalcharakter irreversibel. Was vor nunmehr knapp 100 Jahren mit der Gründung der IPU versucht wurde, nämlich die internationale Politik durch eine globale Zusammenarbeit der Volksvertretungen friedlicher zu gestalten, erfüllt zweifelsohne den Tatbestand eines Experiments: Es sollten die auf klassische Machtpolitik ausgerichteten staatlichen Energien in friedenssicherndes Potential umgewandelt werden. Militarismus als Geisteshaltung, aus der immer schon Kriege erwachsen waren, sollte, so das Ideal, ein für allemal aus dem Bewußtsein der Menschen getilgt werden. Diesem Ziel konnte der Interparlamentarismus gemäß seinem Programm nur zum Teil entsprechen. Pädagogik, Theologie, Völkerrecht hatten hier komplementäre Aufgaben zu erfüllen.

Die Tatsache, daß es auch nach Gründung der IPU zu kriegerischen Auseinandersetzungen gekommen ist, ist kein hinreichendes Kriterium für den Beweis eines Scheiterns der interparlamentarischen Bestrebungen. Wer die historische Leistung einer pazifistischen Institution nämlich nur daran mißt, welche Kriege sie *nicht* verhindert hat, verfehlt den Kern des Problems. Die Frage sollte vielmehr lauten: Welche Kriege vermochte diese Institution zu verhindern und vor allem: Welchen Einfluß nahm sie auf die Denkstrukturen ihrer Zeit? Die historische Friedensforschung ist jedenfalls aufgefordert, sich auch einmal mit der *Fixierung* der Bewertung von Erfolg und Mißerfolg pazifistischen Bemühens in der Geschichte eingehend zu beschäftigen.

Die 1889 ins Leben gerufene Interparlamentarische Union kann mit allem Vorbehalt als ein erfolgreiches Experiment begriffen werden, dessen Folgen auch heute noch spürbar sind. Sie hat als Organisation für Frieden und Völkerverständigung beinahe 100 Jahre unter schwierigsten Bedingungen überlebt. Vor allem aber hat sie vor mehr als drei Generationen Normen entwickelt, die im Laufe der Zeit weltpolitisch betrachtet verbindlich geworden sind.

Bürgerliche Friedensbewegung am Rande der Wilhelminischen Gesellschaft

von Adelheid von Saldern, Hannover

„Die Friedenskämpfer beharren also auf ihren Grundsätzen" — so verkündete im Jahre 1912 Bertha von Suttner, die damals wohl bekannteste Pazifistin im deutschsprachigen Raum. Und sie fuhr fort:

„Unsere Zuversicht ist unerschüttert, denn was wir kommen sehen, das ist der Anbruch einer durch das Entwicklungsgesetz verbürgten neuen Zivilisationsepoche — es ist wie ein langsamer, meist majestätischer Sonnenaufgang, der durch die aus den Niederungen noch immer aufsteigenden Nebeldünsten verfinstert, aber nicht ausgelöscht werden kann"[1].

Nach Bertha v. Suttners Auffassung seien die Friedenskämpfer überzeugt, „daß die Linie des Fortschritts nicht gerade, sondern spiralförmig" sich erhebe und daß „Augenblicke des Stillstandes, mitunter auch des Rückfalles eintreten, wonach aber ein desto kräftigeres Emporschnellen" erfolgen würde[2].

Ein solcher Optimismus zwei Jahre vor dem Ersten Weltkrieg läßt sich für uns heute nur mehr schwer nachvollziehen. Denn wir haben ein anderes Bild von jener wilhelminischen Gesellschaft vor uns, für die bereits standardisierte Begriffe geprägt wurden: Militarismus und Chauvinismus, Kolonialismus und Imperialismus, Bonarpartismus und Autokratismus und anderes mehr.

An diesem Zeitbild ändert sich durch die folgenden Ausführungen nichts wesentliches. Das schließt jedoch nicht aus, daß man sich auch der kleinen bürgerlichen Friedensbewegung erinnert. Denn gerade ihr Mißerfolg (der kleine Teilerfolge nicht ausschließt) ist aus zwei Gründen für uns heute wichtig:

a) Die bürgerliche Friedensbewegung jener Zeit beweist, daß selbst innerhalb des wilhelminischen Bürgertums Friedensideen existierten. Das ist wichtig. Denn wenn es Leute gab, die damals pazifistisch dachten, dann kann aus der Feststellung, daß pazifistisches Gedankengut in der deutschen bürgerlichen Gesellschaft nur wenig Anklang gefunden hat, eine negative Bewertung erfolgen, die nicht als ahistorische abqualifiziert werden kann.

b) Durch die Beschäftigung mit den Mißerfolgen der bürgerlichen Friedensbewegung lassen sich wiederum interessante Aufschlüsse über den Charakter der wilhelminischen Gesellschaft gewinnen.

Im folgenden wird auf die Organisation und auf die führenden Persönlichkeiten eingegangen, ferner auf Konzeption und Zielsetzung. Daran soll sich eine kurze Analyse des Mißerfolges der Friedensbewegung anschließen.[3]

1. Gisela Brinker-Gabler (Hrsg.), Bertha von Suttner. Kämpferin für den Frieden (Frankfurt 1986).

2. Brinker-Gabler, a.a.O.

3. Auf marxistische Theorien (z.B. von Rosa Luxemburg) über die strukturbedingte gesellschaftliche und politische Aggressivität nationaler und internationaler Kapitale kann hier nicht näher eingegangen werden. Für unser Thema ist jedoch die Erkenntnis wichtig, daß durch die systemimmanente Aggressivität des Kapi-

1. Die Gründung der Deutschen Friedensgesellschaft im Jahre 1892 erfolgte im Kontext der ersten positiven Auswirkungen der internationalen Friedensbewegung. Gemeint ist die Einführung von Weltfriedenskongressen und das Zustandekommen einer Interparlamentarischen Union.

Die Deutsche Friedensgesellschaft konnte bis zum Jahre 1910 83 Ortsgruppen aufbauen, davon befanden sich die meisten in (Groß-)Städten. Sie war in Süddeutschland stärker als im preußisch-militaristischen Norden vertreten. Insgesamt zählte sie im Jahre 1910 zehntausend Mitglieder, darunter viele Frauen. Dabei überwogen Volks- und Mittelschullehrer, kleine Angestellte und Beamte der Kommunalverwaltungen sowie Angehörige der freien Berufe (vor allem Schriftsteller und Journalisten); es fehlten weitgehend Arbeiter, Bauern und Unternehmer. Auch waren die Universitäten so gut wie gar nicht vertreten: Professoren und Studenten suchte man vergebens. Das gehobene Bildungsbürgertum entzog sich bekanntlich weitgehend einem pazifistischen Engagement.

2. Die deutsche bürgerliche Friedensbewegung betrachtete sich als Vollstreckerin der Aufklärung, wobei vor allem humanitäre und kosmopolitische Ideen zum Tragen kamen.[4] Kant und seine Idee einer Universalgeschichte sowie eines ‚ewigen Friedens' war beispielsweise für Bertha v. Suttner ein großes Vorbild.

Aus rationalistischem aufklärerischem Fortschrittsglauben heraus wollte man die Menschen überzeugen: Die Friedensbewegung vertraute auf die Wirkung des Wortes; manche Ortsgruppe der Deutschen Friedensgesellschaft ähnelte deshalb mehr einem Lesezirkel als einer politischen Aktionsgruppe.

Die führenden Persönlichkeiten in der deutschsprachigen Friedensbewegung waren die Österreicherin Bertha v. Suttner und der Wiener Journalist Alfred Fried. Sie übten auch auf die deutsche Friedensbewegung maßgeblichen Einfluß aus. Suttner veröffentlichte im Jahre 1898 einen alsbald weltberühmt gewordenen Roman mit dem Titel „Die Waffen nieder". Die Stärke ihrer Argumentation lag weniger im analytischen Zugriff, sondern mehr in ihrer vielseitigen aufrüttelnden Aktivität, wobei moralische und ethische Grundsätze zum Tragen kamen. Suttner's Grundhaltung galt als humanitär-appellativ. Man unterstellte ihr eine gute Portion Naivität. Gleichwohl hatten ihre Gedanken einen bestimmten theoretischen Unterbau. Dieser bestand vor allem in der Evolutionstheorie: Für Suttner war der kulturelle Fortschritt naturgesetzlich verankert und der Krieg wurde zum Anachronismus erklärt. Dieser Fortschrittsglaube verband sich mit einem kosmopolitischen Weltbild.

Alfred Fried tendierte mehr als Bertha v. Suttner zu einer Verwissenschaftlichung der Friedensfrage. Auch er versuchte darzulegen, daß Militarismus und Chauvinismus rückschrittlich seien, gesellschaftliche Atavismen darstellten, und daß im Gegensatz dazu, das Sich-Einsetzen für den Frieden objektiv fortschrittlichen Charakter trüge. Sein Fortschrittsglaube erhielt durch die technische Entwicklung weiteren Auftrieb. Hier läge die Triebkraft des gesellschaftlichen Fortschritts. Dabei dachte er vor allem an den Welthandel, den internationalen Verkehr sowie den Ausbau der Kommunikationsmöglichkeiten. Es ist vielleicht kein Zufall, daß internationale Friedenskongresse mit Weltausstellungen zeitlich zusammenfielen. Seine zutreffende Analyse über die zunehmende internationale Verflechtung übersah, daß diese durchaus auch in einem imperialistisch-offensiven Machtkontext ‚gedeihen', also (auf Erscheinungsebene) polyvalente politische Verbindungen eingehen konnte.

Fried glaubte außerdem an die relativ zwangsläufige Bildung von Staatengesellschaften. Er war so stark vom Entwicklungsfortschritt überzeugt, daß er sogar Abrüstungsforderungen als zweit-

tals politische Entwicklungen nicht determiniert sind. Gerade die Geschichte im zwanzigsten Jahrhundert zeigt die Handlungsmöglichkeiten (aber auch die Handlungsgrenzen!) einer Gegensteuerung durch politische Maßnahmen auf.

4. Charakteristisch für die frühe bürgerliche Friedensbewegung ist dagegen, daß sie noch recht europazentriert dachte und auch nicht frei von kulturellem Chauvinismus war.

rangig betrachtete. Hier kommt sein Hang zu einer mehr mechanistisch-technokratischen Begründung des Pazifismus zum Tragen, während die ethisch-normative Seite eher in den Hintergrund trat.

Doch Fried suchte auch nach Gründen für den damaligen „Keinen-Krieg-Zustand". (Analog der Terminologie moderner Friedensforschung sprach schon Fried damals nicht von einer Friedenszeit — vor allem mit Blick auf die wilhelminische Gesellschaft!) Fried sah einen wichtigen Grund für die friedensfeindliche Realität in dem ungeordneten Zustand zwischenstaatlicher Beziehungen.[5] Außerdem setzte er seine Hoffnungen auf die Demokratisierung der politischen Strukturen.

Dahinter stand die Auffassung, daß die Massen im Grunde friedlich gesinnt seien. Vor seinen Augen erhob sich eine zukünftige friedvolle Welt von kapitalistischen und gleichzeitig demokratischen Nationen. Er neigte demnach dazu, die politische Demokratie als Friedensgarantie zu idealisieren.

3. Die Deutsche Friedensgesellschaft verfolgte verschiedene konkrete Nahziele. Hierbei konnte sie Teilerfolge verbuchen. Sie wollte insbesondere die zwischenstaatlichen Organisationen weiter ausbauen. Vor allem sollte eine internationale Schiedsgerichtsbarkeit eingerichtet werden. Entsprechende Regelungen, wie sie auf der ersten Haager Friedenskonferenz im Jahre 1899 zustande kamen, bezeichnete sie deshalb als einen wesentlichen Fortschritt.[6] Zweimal wurde in Deutschland der Weltfriedenskongreß abgehalten (1897 und 1907), Ereignisse, die der Friedensbewegung auch Schwung und Hoffnung gaben.

Die Deutsche Friedensbewegung versuchte ferner, internationale Treffen zu arrangieren, vor allem zwischen Parlamentariern verschiedener Nationen. Tatsächlich kam es zu deutsch-französischen Parlamentariertreffen in den Jahren 1913 und 1914. — Die wichtigste Aufgabe sah die Deutsche Friedensgesellschaft in der Beeinflussung der Öffentlichkeit. Dabei waren ihr durchaus kleine Erfolge vergönnt: So kam es zur Gründung eines Verbandes für internationale Verständigung, in welchem auch bekannte Wissenschaftler und Politiker, wie Max Weber, Friedrich Naumann, Adolf Harnack, Karl Lamprecht, Ernst Troeltsch mitwirkten. — Es gelang der Deutschen Friedensgesellschaft ferner, einen Fuß in die Redaktionen bestimmter Tageszeitungen zu setzen, so beispielsweise beim Berliner Tageblatt oder auch bei der Fankfurter Zeitung. Hier war man wenigstens für die Idee eines internationalen Schiedsgerichts aufgeschlossen.

4. Diese kleinen Teilerfolge dürfen zwar nicht vergessen werden, aber sie können auch nicht darüber hinwegtäuschen, daß der Mißerfolg das eigentlich hervorstechende Resultat der Bemühungen und Aktivitäten der Deutschen Friedensgesellschaft war. Worin lagen die Gründe?

a) Zunächst die inneren Gründe: Die bürgerliche Friedensbewegung war in sich widerspruchsvoll bzw. wies Bruchstellen auf. Erinnert sei z.B. an ein bestimmtes Ausmaß von Kulturchauvinismus gegenüber den Kolonialländern auch in den Reihen der Friedensgesellschaft. Darüber hinaus vertraten die Pazifisten in bestimmten Fragen einen eher pragmatisch-opportunistischen Status-Quo-Standpunkt. Beispielsweise sollte Frankreich auf Elsaß-Lothringen für immer verzichten.

5. Die Gründe für den ungeordneten Zustand zwischenstaatlicher Beziehungen blieben weitgehend offen.

6. Auf der ersten Haager Friedenskonferenz im Jahre 1899 ging es um Fragen des Rüstungsstillstandes, um die Regelung des Kriegsrechtes und um die Einführung einer internationalen Schiedsgerichtsbarkeit als Kriegsvorbeuge. Beim letzten Punkt war die Hauptstreitfrage, ob eine solche Schiedsgerichtsbarkeit obligatorisch sein sollte oder nicht. Die Staaten sahen darin eine Einschränkung ihrer Souveränität. Schließlich kam es zur Einrichtung eines ständigen Schiedsgerichtshofes, seine Anrufung blieb jedoch freiwillig (fakultative Schiedsgerichtsbarkeit). Auf der zweiten Haager Friedenskonferenz von 1907 machte England den Vorschlag allseitiger Rüstungsbeschränkung; Deutschland und Österreich-Ungarn lehnten dies ab. Die Konferenz verlief erfolglos.

Hier — an diesem wunden friedenspolitischen Punkt — wollte man offenbar keine Tätigkeit eines wie immer gearteten internationalen Schiedsgerichtshofes dulden.

Ferner blockierte sich die deutsche bürgerliche Friedensbewegung selbst durch ihre ablehnende Haltung gegenüber der großen Sozialdemokratischen Partei. Gewiß hatte auch die damalige SPD weder eine einheitliche noch eine widerspruchslose Friedenssicherungskonzeption; auch traten Vorbehalte gegenüber der bürgerlichen Friedensbewegung zutage. Doch war die SPD insgesamt gesehen eine friedliebende gesellschaftliche Kraft ersten Ranges, ja man kann sagen, eine systemoppositionelle Großbewegung, an der keine Pazifistin, die auf Massenwirksamkeit aus war, vorbei gehen konnte. Einflußlos in ihren eigenen bürgerlichen Parteien hätte die Deutsche Friedensgesellschaft die Chancen für ein Aktionsbündnis mit der SPD genauer ausloten müssen, in der Hoffnung, daß dadurch ein breitenwirksames Signal gesetzt werden könne.

Schließlich herrschte innerhalb der Friedensbewegung die Tendenz vor, jeden punktuellen Erfolg zu überschätzen. Dies ging dann leicht zu Lasten einer realistischen Standortbestimmung. Gewiß ist es verständlich, daß die mühsam erreichten kleinen Veränderungen aus taktischen Gründen als beachtenswerte Erfolge der Friedensgesellschaft ausgegeben wurden — (denn keine Organisation kann ja mit nur Mißerfolgen leben) — doch lief die Friedensbewegung dabei Gefahr, die Erarbeitung einer kritischen Gesellschaftanalyse zu vernachlässigen, einer Gesellschaftanalyse, die vorrangig das komplexe Phänomen des Imperialismus in seinen ökonomischen, sozialen und kulturellen Begründungszusammenhängen hätte aufklären und offenlegen müssen.

b) Hinzu kamen äußere Gründe, die zu dem Mißerfolg der Friedensorganisation führten. (Sie sind zweifelsohne gewichtiger als die inneren Gründe.) Hier sind vor allem die großen Konkurrenzvereine zu nennen, die der kleinen Friedensgesellschaft gegenüber standen. Man denke an die vielen militaristischen und imperialistischen Verbände, wie beispielsweise an den berühmt-berüchtigten Alldeutschen Verband. Diese sogenannten Agitationsvereine entwickelten zur Verbreitung ihrer reaktionären politischen Kultur moderne Methoden, um so die öffentliche Meinung zu beeinflussen (z.B. durch die Anstellung von bezahlten Wanderrednern. Anders die finanziell arm gebliebene Deutsche Friedensgesellschaft. Hier fehlten solche publikumswirksamen Mobilisierungsmöglichkeiten.

Den Agitationsvereinen gelang es, große Teile der Mittelschichten anzusprechen.[7] Im Umfeld der Agitationsvereine wurde ein wirksamer Antipazifismus entwickelt, unterstützt durch die massive Indoktrination militärischen und chauvinistischen Geistes im Elternhaus, in der Schule, beim Militär, durch Presse und Literatur. Dadurch wurde mit Erfolg eine Gedankenblockade gegenüber pazifistischen Ideen geschaffen. Zwei Aspekte dieses Antipazifismus sollen hier besonders hervorgehoben werden, der Antifeminismus und der Antisemitismus.

Die antifeministischen Komponenten des Antipazifismus kommen im folgenden Gedicht treffend zum Ausdruck:

„Die Waffen hoch! Das Schwert ist Mannes eigen!
Wo Männer fechten, hat das Weib zu schweigen.
Doch freilich, Männer gibt's in diesen Tagen —
die sollten lieber Unterröcke tragen".[8]

Der Vergleich der Friedensgesellschaft mit Unterröcken tragenden Frauen zeigt deutlich, daß die Friedenskultur als ‚weibische Kultur' betrachtet wurde und negativ besetzt war.

7. Auf die Frage, weswegen große Teile der Mittelschichten auf den Antipazifismus ansprachen, kann hier nicht näher eingegangen werden. Es muß der Hinweis genügen, daß eine erfolgreiche imperialistisch-offensive Politik neue scheinbare Identifikationsmöglichkeiten bot.

8. *E. Dahn*, 1892, in D. Riesenberger (Hrsg.), Geschichte der Friedensbewegung in Deutschland: von den Anfängen bis 1933 (Göttingen 1985).

Der Antipazifismus war auch mit einem Antisemitismus verbunden. So heißt es einmal:

„Jener Eifer und Groll, der neuerdings zwischen militärischen Einrichtungen verspritzt wird, stammt nicht von deutscher Seite, sondern von jener hämischen, frech spöttelnden jüdischen Seite her, die alles Hohe und Ideale in den Staub zieht ...“[9].

Zu den äußeren Gründen, die für den Mißerfolg angeführt werden können, gehörte auch das Verhalten der bürgerlichen Parteien und Organisationen. Die deutschen Pazifisten tendierten zu verschiedenen bürgerlichen Parteien hin. Ein Teil galt als sozialkonservativ, die Minderheit neigte jedoch wohl dem (Links-)Liberalismus zu. (Wenige — wie Fried — waren Demokraten.)

Es gelang der Deutschen Friedensgesellschaft jedoch nicht, sich mit einer der bürgerlichen Parteien kurzzuschließen. Der Linksliberalismus, der als potentieller Ansprechpartner primär in Frage kam, lag selbst am Boden, weil innerlich ausgehöhlt und voller Widersprüche.[10] Relativ gute Beziehungen konnte die Friedensgesellschaft nur mit der Deutschen Volkspartei im Südwesten Deutschlands knüpfen, aber diese war selbst recht klein und machtlos.

Es kam auch nicht zu einer Zusammenarbeit mit der bürgerlichen Frauenbewegung. Das hing vor allem daran, daß die bürgerliche Frauenbewegung ihrerseits auf politische Forderungen verzichtete und deshalb auch nichts von einem politisch agierenden Pazifismus wissen wollte. (Eine Ausnahme bildeten die Kontakte zur aufgeschlosseneren radikalen Frauenbewegung).

Zusammenfassend kann man sagen, daß der Deutschen Friedensbewegung in Wilhelminischer Zeit der parteipolitische Transmissionsriemen fehlte und die friedensfeindliche politische Kultur in den bürgerlichen Parteien weiterhin dominierte. Dazu gehörte eine immer stärker werdende Ausprägung eines Phänomens, das heute als Autismus bezeichnet wird. Der Begriff wird in der historischen Friedensforschung dann verwendet, wenn man Beobachtungen an Individuen mit entsprechenden Beobachtungen an Gesellschaften in Parallele setzt. Gemeint ist mit dem Begriff Autismus ein gesellschaftlicher Zustand, bei dem der größte Teil der Menschen nicht mehr in der Lage bzw. nicht mehr willens ist, Informationen mit unbequemen Inhalten wahrzunehmen, geschweige denn zu verarbeiten. Vor allem wurde von der wilhelminischen Gesellschaft der Gedanke zurückgewiesen, daß diese sich infolge ihrer massiven Aufrüstung und ihrer Kriegsbereitschaft — selbst zunehmend gefährde. Stattdessen nahm man — umgekehrt — das Verhalten der anderen europäischen Mächte nur mehr als Bedrohung wahr. Der Begriff der ‚Einkreisung Deutschlands‘ (von außen her) grub sich tief in den Verstand und in die Mentalität der Menschen von damals ein und transformierte die im Grunde sehr aggressive eigene Außenpolitik (z.B. gegenüber Marokko) in eine scheinbar defensive Abwehr. Diese Umdrehung von Bewertungen gelang vor allem wegen einer bestimmten Grundannahme, die darauf hinaus lief, daß das deutsche Weltmachtsstreben politisch und ethisch gerechtfertigt sei. Unter solchen Bedingungen blieb der Deutschen Friedensgesellschaft nur übrig, am Rande der Gesellschaft zu agieren.

5. Kommen wir zum Schluß zu der Frage: ist der Mißerfolg der Deutschen Friedensbewegung jener Jahre ein typisch deutsches Phänomen, ist er nicht genauso auch ein Phänomen anderer Länder? Bei einem Vergleich mit der französischen Friedensbewegung zeigt sich jedoch, daß diese größere Erfolge verbuchen konnte als die Deutsche Friedensbewegung. Die Mitgliederzahl lag in Frankreich zehnmal höher als in Deutschland. Die französische Friedensbewegung fand bei politisch wichtigen Gruppierungen Unterstützung und konnte sogar auf die politische Erziehung einigen Einfluß ausüben. Sie verstand sich im Unterschied zur Deutschen Friedensbewegung als ei-

9. *Riesenberger*, a.a.O., S. 90.

10. Als ein äußeres Zeichen für die Zerrissenheit des Liberalismus muß die Spaltung der Deutschen Freisinnigen Partei (1893) angesehen werden. Die Gründung der Deutschen Fortschrittspartei (1912) kann zwar als Signal für eine erneute linksliberale Sammlungsbewegung gedeutet werden, aber ihr Erfolg hielt sich in Grenzen.

ne radikale Bewegung. Französische Pazifisten scheuten deshalb auch nicht davor zurück, mit der Arbeiterbewegung zusammenzuarbeiten. Sie erreichten sogar, daß die französische Regierung den pazifistischen Tendenzen in der öffentlichen Meinung gewisse Beachtung schenkte, vor allem bei Fragen der Schiedsgerichtsbarkeit. Der Pazifismus wurde also aus der politischen Kultur des Landes nicht gleichermaßen ausgegrenzt wie dies in Deutschland der Fall war. (Allerdings waren die Franzosen genausowenig wie die Deutschen bereit, wichtige Interessen ihres Landes auf der Friedenskonferenz in Haag zur Diskussion zu stellen.)

Natürlich war auch der Erfolg der französischen Friedensbewegung letztlich sehr begrenzt, doch zeigen die erwähnten Unterschiede zwischen der deutschen und der französischen Friedensbewegung exemplarisch die Unterschiede der politischen Kultur beider Länder auf. Dabei spielte sicherlich eine Rolle, daß in Frankreich ja die Außenpolitik Gegenstand parlamentarischer Kontrolle war — ebenfalls im Unterschied zu Deutschland. Deshalb zeigte sich in Frankreich die öffentliche Meinung auch mehr an der Mitgestaltung der Außenpolitik interessiert, was sich die französische Friedensbewegung zunutze machen konnte.

Die unterschiedlichen Verfassungen und die unterschiedlichen politischen Kulturen in Frankreich und Deutschland haben also doch auf den Grad des (Erfolges bzw.) Mißerfolges der bürgerlichen Friedensbewegung beider Länder eingewirkt: Der vergleichsweise überdimensional große Mißerfolg der Deutschen Friedensbewegung resultierte — so muß zusammenfassend geschlossen werden — vorrangig aus dem spezifischen Profil der politischen Verfassungsstruktur und der politischen Kultur des wilhelminischen Deutschlands.[11]

Weitere Literaturhinweise

R. Chickering, Imperial Germany and a World Without War. The Peace Movement and German Society 1892-1914 (Princeton 1975).

F. Dülffer und K. Holl, (Hrsg.), Bereit zum Krieg. Kriegsmentalität im wilhelminischen Deutschland, 1890-1914 (Göttingen 1986).

Dorothee Stiewe, Die bürgerliche deutsche Friedensbewegung als soziale Bewegung bis zum Ende des Ersten Weltkrieges (Freiburg 1972).

K. Wernecke, Der Wille zur Weltgeltung. Außenpolitik und Öffentlichkeit im Kaiserreich am Vorabend des Ersten Weltkrieges (Düsseldorf 1970).

11. Auf die Frage, inwieweit die unterschiedliche Ausprägung des Kapitalismus in beiden Ländern (und der dadurch bestimmte Grad von politisch-ökonomischer Aggressivität) hierbei eine Rolle spielte, kann nicht näher eingegangen werden.

Pazifismus und Marxismus
Frühwarnungen vor dem Ersten Weltkrieg

von Helmut Bock, Berlin, DDR

Schon vor einem Jahrhundert sehen wir in den fortgeschrittenen Ländern Europas eine stürmische Entwicklung der Produktivkräfte, der Fabrikproduktion, des Verkehrs- und Nachrichtenwesens, der Wissenschaften und Technologie: ein Wachstum der Industriegesellschaft, deren Basis durch die weitgehend vollzogene Industrielle Revolution bestimmt war. Es herrschte die Hoch- und Endzeit des Kapitalismus der freien Konkurrenz, in der das große Kapital bereits begann, sich in Monopolvereinigungen der Industrie und Banken zu konzentrieren.

Mit dem Fortschreiten der Konstituierung und Festigung der bürgerlichen Nationalstaaten wuchsen aber auch ihre gewaltsam ausgetragenen Gegensätze: die militärischen Regionalkonflikte. Seit dem Beginn des Krimkrieges, der Rußland (das letzte Bollwerk des Feudalismus) aus der Arena der führenden Großmächte warf, erschütterten siebenmalige Heerzüge und schwere Blutstürze das Staatensystem Europas (1853/56, 1859, 1864, 1866, 1870/71, 1877/78, 1885/86) — ganz zu schweigen von jenen Metzeleien, die, wie die englischen und französischen Kononialkriege in Asien und Afrika, der ungemein verlustreiche Sezessionskrieg in den USA, andere Erdteile mitsamt ihren Bevölkerungen heimsuchten. Viele Jahrzehnte nach den napoleonischen Kriegen wurde somit die Alternativfrage „Krieg oder Frieden" wieder zum dauernden Alpdruck all derer, die den humanen Geist der Aufklärung empfangen, eine bürgerliche Gesellschaft des Fortschritts und des Friedens erhofft hatten.

Da nun die Große Französische Revolution zum hundertsten Male sich jährte und die von ihr ausgehende Herrschaft der Bourgeoisie sich mit der Pariser Weltausstellung ein schillerndes Fest gab, erinnerten bürgerliche Friedensfreunde daran, daß 1789 durch die Deklaration der Menschen- und Bürgerrechte eine neue, friedvolle Menschheitsära verheißen worden war. Vom 23. bis zum 27. Juni 1889 tagte in Paris der erste Weltfriedenskongreß. Hier leiteten pazifistische Einzelkämpfer und Abgesandte von rund hundert Zirkeln, Vereinen, Interessengruppen die mehr oder weniger zerstreuten Rinnsale des Pazifismus Europas und der USA in ein aufnahmefähiges Strombett hinüber. Zählen die älteren Bemühungen um eine internationale Friedenspropaganda und -kommunikation wohl zur Frühgeschichte des Pazifismus[1], so begründete sich mit dem Pariser Weltfriedenskongreß die moderne bürgerliche Friedensbewegung, die für die Menschheitsprobleme des kommenden 20. Jahrhunderts nach humanen Lösungen suchte. Sie begann freilich nicht am Punkte Null. Vermeidung von Kriegen und interstaatliche Schiedsverträge zwecks friedlicher Schlichtung jeglicher Konflikte — dies war der deutliche Kerngedanke, den die Friedensagitatoren fortsetzten, nun aber zielstrebiger organisierten: durch die Veranstaltung periodischer Kongresse, den Aufbau internationaler Zentralbüros und nationaler Organisationen, die Veröf-

1. Zur Geschichte der pazifistischen Bestrebungen bis zum ersten Weltfriedenskongreß in Paris (1889) vgl. *Alfred H. Fried:* Handbuch der Friedensbewegung, Teil 2: Geschichte, Umfang und Organisation der Friedensbewegung, 2. Aufl. (Berlin-Leipzig 1913).

fentlichung wirksamer Friedensschriften. Diese allgemeine Antikriegs- und Kongreßbewegung verstärkte sich durch eine gleichzeitige Interparlamentarische Konferenz, auf der in Paris insgesamt 97 Abgeordnete der Nationalparlamente Frankreichs (55), Englands (30), Italiens (5), Spaniens, Belgiens, Dänemarks, Ungarns, Griechenlands, Liberias und der USA (je 1) vertreten waren.[2]

Wie sehr diese Bewegung ein geistiges Dynamit sammelte, das die Enge der Staatsinteressen und die Beschränktheit der patriotisch verkleideten Chauvinismen aufzusprengen vermochte, offenbarte schon im folgenden Jahr der zweite Weltfriedenskongreß in London. Die Überlieferung seiner Beschlüsse vermittelt die programmatischen Umrisse einer gewünschten Erneuerung der Staatenpolitik.[3]

Abermals finden wir die deklarierten Verheißungen von 1789 zum Maßstab der internationalen Politik erhoben: „Die Brüderlichkeit zwischen den Menschen bedingt die Brüderlichkeit zwischen den Völkern." Gemäß dieser ethischen Prämisse sollten die Friedensorganisationen als Endziel eine gesicherte Rechtsordnung aller Staaten und Völker anstreben — und dies mit einer solchen Konsequenz, daß nicht nur der Krieg zwischen den „Kulturvölkern", sondern auch die Anmaßung der Kolonialmächte zurückgewiesen, der Schutz „eingeborner und unentwickelter Rassen gegen jeden Mißbrauch der Gewalt und gegen die Laster der sogenannten fortgeschrittenen Nationen" proklamiert wurde. Als erste Schritte auf dem Weg zu einer solchen Friedensordnung galten: staatliche Neutralitätserklärungen, gleichberechtigte Handelsbeziehungen, internationale Vereinheitlichung der Maße und Gewichte, der Tarife und Währungen, der Transportwege, des Post- und Telegrafenverkehrs zur Förderung eines „völkerverbindenden Freihandels" — vor allem wiederum Schiedsverträge zwischen den Staaten und Schaffung von unabhängigen Gerichten, denen die Aufgabe obliegen sollte, politische Streitigkeiten, die zum Krieg führen konnten, zu schlichten. Kein internationaler Vertrag sollte von den Nationalparlamenten gebilligt werden, der nicht die Schiedsklausel enthielt. Weil aber diese idealen Entwürfe und Resolutionen, die auf gewaltfreie Konfliktlösungen und Weltfrieden gerichtet waren, vor dem düster-realen Hintergrund unablässiger Rüstungen erfolgten, konnte auch der Abrüstungsgedanke nicht fehlen: Die „Kulturwelt" erwarte ungeduldig ein Aufhören der Rüstungen, die eine Gefährdung des Friedens und die Ursache der wirtschaftlichen Bedrückung sei. Die Vertreter aller Staaten Europas sollten daher auf einem Kongreß zusammentreffen, um Maßnahmen für eine allgemeine und allmähliche Abrüstung zu beraten.

Der Londoner Friedenskongreß rief alle Friedensgesellschaften Europas und Amerikas zu gemeinsamen Aktionen auf. Sie sollten eine aktive Propaganda gegen das militaristische Denken betreiben, das „häufig die indirekte Ursache der Kriege" sei. Sie sollten bei den nationalen Parlamentswahlen dafür wirken, daß die Wähler nur für Anhänger des Friedens, der Abrüstung und des Schiedsgerichts stimmten. Und abgesehen davon, daß insbesondere die Frauen und die Lehrer des Religionsunterrichts angesprochen wurden, für die „Prinzipien des Friedens und des Wohlwollens unter den Menschen" einzutreten, richtete sich eine unmittelbare Aufforderung an die Geschichtslehrer: Diese sollten die Jugend über die Übel aufklären, die der Menschheit zu allen Zeiten durch den Krieg zugefügt wurden, und lehren, die Friedensaktionen zu achten. Statt „militärischer" Zurichtung wurden für die Schuljugend „physische und friedliche Übungen" verlangt.

2. Ebenda, S. 95ff.
3. Ebenda, S. 97ff.

I.

Mitten hinein in diese internationale Formierung der bürgerlichen Friedensfreunde, die ein Bedürfnis nach hochwirksamen Mitteln trugen, um den Geist des Militarismus, die Politik des Wettrüstens und des Kriegsrisikos zu bekämpfen, trat ein Buch, das für den damaligen Pazifismus von epochemachender Bedeutung wurde. Dem Denken der Aufklärung verpflichtet und die menschheitliche Losung „Liberté! Égalité! Fraternité!" beim Wort nehmend, veröffentlichte die Österreicherin Bertha von Suttner im Dresdner Verlag E. Pierson gerade zum Jubiläumsjahr 1889 ihr Welterfolgsbuch: „Die Waffen nieder!"[4] Sie verlieh dem Pazifismus seinen bündigsten und wirksamsten Streitruf.

Mit diesem Buch wagte eine Frau den geistigen Aufstand gegen Nationalismus und Chauvinismus, gegen die herrschenden militaristischen Ideologien der Staaten Europas. Hier galt der Krieg nicht als „Vater aller Dinge", auch nicht als „Erwecker der schönsten menschlichen Tugenden" und „wichtigster Faktor der Kulturentwicklung".[5] Was die sogenannte öffentliche Meinung wie eine geheiligte Institution behandelte, wurde demaskiert als die „gräßlichste Form des Menschenjammers", als Völkermord und politisches Verbrechen. Hier verblaßte die Glorie der Heerführer und der Schlachtengewinner, die von zahllosen Literaten als die „vorzüglichen Träger der Geschichte, die Lenker der Länderschicksale"[5a] verherrlicht waren. Diese Schriftstellerin, die von humanem Ethos und rigorosem Mut durchdrungen war, appellierte mit allen Mitteln der rationalen Argumentation und der emotionalen Erregung an die Zeitgenossen, damit sie ihre Regierungen in die Pflicht nähmen und „des Volkes Willen" zur Geltung brächten. „... Das Volk will die produktive Arbeit, will die Entlastung, will den Frieden", heißt es im „Epilog".[6]

Obwohl Bertha von Suttner ihr zweibändiges Werk als fiktive „Lebensgeschichte", in der Form eines Romans schrieb, war sie durch das Studium philosophischer und historischer, naturwissenschaftlicher und technologischer Literatur nicht ohne wissenschaftlich gegründete Erkenntnis. Zur längst erfahrenen humanistischen Bildung waren insbesondere die Ideen Darwins, Haeckels, des englischen Geschichtsphilosophen Henry Thomas Buckle gekommen — es waren Bildungsquellen, aus denen sie den Gedanken der „Evolution", der stetigen Entwicklung in Natur und Gesellschaft schöpfte. Den Aufstieg der Menschheit sah sie als einen Kulturfortschritt, der vornehmlich dem Entdeckergeist der Wissenschaft und seiner technischen Nutzanwendung entsprang. „Maschinenalter", gedacht als Gegenbegriff zum „Mittelalter", so nannte sie ihre Epoche, bezeichnete sie zugleich eine größere populärwissenschaftliche Abhandlung, die sie ihrem Friedensbuch noch im selben Jahr 1889 in der Schweiz vorausschickte.[7] Auf dem Gebiet der Maschinen, überhaupt der technischen Erfindungen, erschien ihr „kein Gedankenflug zu hoch", erblickte sie die Menschheit „an der Schwelle neuer Umwälzungen": schon jetzt deutlich gekennzeichnet durch Elektrizität, Telegraf und Television.[8] Sie glaubte bei alledem an eine Ratio in der Geschichte, weil sie die Überzeugung hegte, daß sich diese Vernunft über alle Widerstände hinweg durch das Denken und Handeln bedeutender Persönlichkeiten im Volke, schließlich in der ganzen Menschheit durchsetzen werde: „Alle Ungerechtigkeiten, alle Mißbräuche in den sozialen Verhältnissen — als da sind: Sklaventum, Arbeiterelend u. dgl. — beruhten auf irgendeiner fundamen-

4. *Bertha von Suttner:* Die Waffen nieder! Eine Lebensgeschichte (Dresden 1889).

5. Zitiert wird hier und im folgenden nach der Auflage bei E. Pierson (Dresden-Leipzig 1892) S. 111.

5a. Ebenda, S. 5.

6. Ebenda, S. 320.

7. *Jemand* (d.i. Bertha von Suttner): Das Maschinenalter. Zukunftsvorlesungen über unsere Zeit (Zürich 1889).

8. Vgl. ebenda, S. 295.

talen Ungerechtigkeit, auf irgendeinem von den Menschen — nicht von der Natur — begangenen Fehler. Und Fehler lassen sich gutmachen, Irrtümer lassen sich berichtigen."[9]

Doch sie sah auch die großen Gefahren, die daraus erwuchsen, daß „alle Errungenschaften des neuen Geistes" von den barbarischen Elementen in der modernen Gesellschaft ausgenutzt, „alle Fortschritte der Technik sogleich für Mord- oder Vertilgungszwecke" mißbraucht wurden. Kriegsdrohung und Kriegsvorbereitung bildeten für die Suttner das Hauptproblem der bürgerlichen Gesellschaft, die sie vom Standpunkte der rationalistischen Aufklärung mit der Feudalgesellschaft verglich und kritisierte: „Der *Militarismus* hatte im Maschinenalter eine solche Höhe und Blüte erreicht, wie im Mittelalter die Kirchenmacht."[10] Im Klima der Staatsrivalitäten, der Wehrhaftmachung und Verhetzung der Völker sah sie ein Militärwesen und eine Waffentechnik wuchern, die bereits jetzt alles Bisherige übertrafen, bald aber mit geradezu sinnwidriger und verheerender Zerstörungskraft wirken konnte.

Den europäischen Krieg, den die Verfasserin gleich anderen Zeitgenossen am politischen Horizont gewahrte, skizzierte sie in warnenden Visionen: „...Jedes Dorf eine Brandstätte, jede Stadt ein Trümmerhaufen, jedes Feld ein Leichenfeld und noch immer tobt der Kampf: unter den Meereswellen schießen die Torpedoboote, um mächtige Dampfer in den Grund zu ziehen, in die Wolken steigen bewaffnete und bemannte Luftschiffe einer zweiten äronautischen Truppe entgegen..."[11] Dies würde, so urteilte die Schreiberin, der herandrohende „nächste", der „große", der „*letzte* Krieg des zivilisierten Europa" sein. Käme er aber erst später, so könnte ein Mißbrauch des wissenschaftlich-technischen Fortschritts zu noch schlimmeren, nämlich totalen Vernichtungsmitteln führen: zu weittragenden Schnellfeuergeschützen mit „500 Schuß in der Minute", elektrischen Mordmaschinen, die „mit *einem* Schlage ein ganzes Heer vertilgen", „Sprengstoffpillen, die, aus Wolkenhöhen herunterregnend, in ein paar Minuten eine Stadt zertrümmern".[12]

Streift solcherart Warnphantasie auch die zuweilen fragwürdigen Konstruktionen des Sciencefiktion, so wissen wir Heutigen doch, daß diese Freundin Alfred Nobels die tendenzielle Entwicklung der Kriegstechnik damals keineswegs falsch einschätzte. Vor allem stimmte die welthistorische Folgerung: „...Ein Zusammenbruch des anwachsenden Wehrwahnsinnes in kurzer Frist war unvermeidlich. Jener Punkt, wo alles, was ist, aufhören muß — der Punkt der Unerträglichkeit nämlich —, von dem war die Waffenbelastung der Welt nicht mehr fern. Aller Reichtum, alle Volkskraft, alles *Leben* nur auf Ein Ziel — Vernichtung — hingelenkt: ein solches System muß endlich entweder die Menschheit oder sich selber vernichten."[13]

Erst als Suttner diese entscheidende Alternative der Menschheit erkannte und nach humanen Konfliktlösungen suchte, hörte sie von der Existenz zweier Frühbewegungen des Pazifismus: der seit 1867 bestehenden „Ligue internationale de la Paix et de la Liberté" mit dem Hauptsitz in Genf und der jüngeren, 1880 gegründeten „International Arbitration and Peace Association", die neben dem Hauptsitz in London auch nationale Zweigvereine in Großbritannien, Frankreich, Deutschland, Italien, Ungarn, Norwegen, Schweden, Dänemark und den USA unterhielt. Die Suttner übernahm diese Information noch in die Druckfahnen ihres „Maschinenalters". Sie vertrat dort ebenfalls die aktuellen Vorschläge des Pazifismus: Abrüstung und Bildung internationaler Schiedsgerichte.[14] Und da sie die Menschheitsgefährdung einmal erkannt hatte, verschrieb sie sich dem Lager der Friedenskämpfer, die von ihren militaristischen Gegnern als „Vaterlandsverräter" und „Friedensbestien" verleumdet wurden. „Der Friedensliga wollte ich einen Dienst leisten —

9. Ebenda, S. 260.
10. Ebenda, S. 274 (Hervorhebung — H.B.).
11. Ebenda, S. 277.
12. Ebenda, S. 275.
13. Ebenda, S. 274.
14. Ebenda, S. 278ff.

wie konnte ich das besser tun, als indem ich ein Buch zu schreiben versuchte, das ihre Ideen verbreiten sollte? Und am wirksamsten, so dachte ich, konnte ich das in Form einer Erzählung tun. Dafür würde ich sicherlich ein größeres Publikum finden als für eine Abhandlung."[15] Also schrieb Bertha von Suttner „Die Waffen nieder!"

Der Roman ist die erdachte Autobiographie einer österreichischen Gräfin Martha Althaus, die in Böhmen lebt und in die Militärkonflikte ihrer Zeit hineingerät: in die vier Kriege der Jahre 1859 bis 1871. Wie das adlige Fräulein in einer Generalsfamilie reaktionär und kriegsgläubig erzogen wird, zweimal heiratet, beide Männer in den Kriegswirren verliert und die Frage stellt: wofür, wenn sie soviel Leid und Zerstörung bringen, sind Kriege gut? — und wie sie aus einer Kriegsbefürworterin zur Kriegsgegnerin wird, das ist der Hergang des Buches.

Kühle oder vernünftelnde Kritiker, im Lager des Fortschritts selbst Carl von Ossietzky[16], haben gerügt, daß hier nicht ohne Sentimentalität, phantasievolles Mitleiden, schmerzhafte Gefühlserregung erzählt wird. Aber die Grundhaltung der Suttner ist unverbrüchlich dem Rationalismus verbunden. Rational ist die stetige Argumentation gegen militaristisch gefärbte Zeitphrasen, Traditionsbilder, Geschichtsdeutungen. Rational ist das Arrangement des Ganzen, vor allem die Verflechtung des Fiktiven mit den authentischen Zeugnissen des erzählten Weltausschnitts. Denn auch diesmal hatte die Suttner ziemlich genaue Studien betrieben, Archive und Zeitungen gesichtet, Kriegsberichte und Geschichtswerke ausgewertet, Augenzeugen befragt, bevor sie deren pseudopatriotische Phraseologie wider den Strich bürstete, um gegen die Kriegsverherrlichung die Kriegsverneinung zu errichten. Geschult am literarischen Naturalismus, insbesondere an den Elendsschilderungen Emile Zolas, konfrontierte sie die schönfärbende Staatsräson und Kriegsromantik mit dem Leiden und Sterben der Individuen, die nur ein einziges Leben haben und unwiederbringlich zugrunde gehen. Damit nahm die Erzählerin Elemente einer Schreibweise vorweg, die sich in der französischen und deutschen Antikriegsliteratur nach dem Ersten Weltkrieg von Henri Barbusse bis zu Arnold Zweig, Ludwig Renn und Erich Maria Remarque auf der höheren Stufe persönlicher Kriegserfahrung und literarischer Umsetzung ausbilden sollte. Aber die sensitive Radikalität der Antikriegshaltung im Roman der Suttner resultiert vor allem aus der bis heute seltenen, bei Christa Wolfs „Kassandra" wiedererscheinenden Erzählperspektive — nämlich der einer vom Krieg betroffenen, am Krieg leidenden Frau.[17] Eben diese entmystifizierte den Krieg als ein von den Herrschenden gemachtes und zu verantwortendes Unheil.

Freilich sah sie sich neben den hochorganisierten Staatsgewalten auch den weltweit verbreiteten Bibliotheken gegenüber, angefüllt mit Werken kriegerischen Inhalts: den nationalen Kriegsgeschichten und Heldenleben, der nationalistischen Erbauungsliteratur und Traditionspflege, den Lehrbüchern der Militärwissenschaft und Militärtechnik, den Leitfäden für Rekrutenausbildung und Truppenführung, Waffengebrauch und Ballistik, den Generalstabsberichten und Schlachtchroniken, den Sammlungen der Soldatenlieder und Kriegsbräuche. Gegen diese Massenhaftigkeit von Schriften des Krieges erinnerte die Suttner an das Friedenserbe in der Geschichte[18] — zumeist wertvollstes Gut der Weltliteratur, aber in ein „paar Heftchen" zu sammeln, so daß ein Friedensfreund kleinmütig werden könnte, besonders wenn man die Kraft und die Zukunftsträchtigkeit nur nach literarischen Quantitäten bemessen wollte. Um nun den Leser mit Ideen und Konzeptionen des Friedens bekannt zu machen, ließ die Suttner ihre Romangestalt an Aristophanes, Sokra-

15. *Dieselbe:* Lebenserinnerungen, hg. von Fritz Böttger, 3. Aufl. (Berlin/DDR 1970) S. 215.

16. *Carl von Ossietzky:* Die Pazifisten (Oktober 1924), in: Rechenschaft. Publizistik aus den Jahren 1913-1933 (Berlin/DDR 1982) S. 45ff.

17. Vgl. *Sigrid Bock:* Ein Roman gibt Anlaß, sich politisch zu organisieren. Vom Zusammenhang zwischen literarischer Arbeit und organisierter Friedensarbeit, in: Weimarer Beiträge (Berlin/DDR), 8/1987, S. 1313ff.

18. *Suttner:* Die Waffen nieder!, a.a.O., S. 218ff.

tes, Terenz, Cicero, Virgil denken, an Größen der Antike, die auf Humanität und friedliches Leben gerichtet gewesen waren. Sie nannte Projekte friedenstiftender Fürsten- und Staatenbünde, entworfen von dem Hussitenkönig Georg Podiebrad, von den Franzosen Henry Quatre und Sully. Sie erkannte die Linie des Fortschrittsdenkens und der Friedensutopien, die von dem Abbé de Saint-Pierre über Voltaire zu Kants Traktat „Zum ewigen Frieden", dann weiter zu den Sozialisten Saint-Simon und Fourier führt; sie sah daneben auch die nordamerikanischen Quäker und Kriegsdienstverweigerer seit William Penn, die englischen Völkerrechtler und Freihandelspropagandisten seit Jeremy Bentham. In sehr bewußtem Kontrast zu Moltkes berüchtigter Sentenz, wonach der „ewige Frieden" nur ein „Traum" sei „und nicht einmal ein schöner", finden wir bei Schilderung der Krisen- und Kriegssituation von 1870 „ein aus Volkskreisen" stammendes, von Wilhelm Liebknecht unterzeichnetes Manifest, das den „bloßen Gedanken an einen deutsch-französischen Krieg" als ein „Verbrechen" bezeichnet.[19] Und der „Epilog" schließlich informiert über die Friedensgesellschaften des Jahres 1889, ihre aktuellen Bestrebungen und Vorschläge, wobei ein offizielles Dokument der „International Arbitration and Peace Association" fiktiv an die Romanheldin gerichtet wird.[20]

So suchte das neue, pazifistische Denken sein ihm angemessenes historisches Erbe. Es stellte die humane Tradition des Friedens und des Fortschritts gegen die Tradition des Militarismus und der Bedrückung des Volkes, von dem die Suttner stets hochsinnig dachte. „Aber das Volk? Man frage es nur, bei ihm ist der Friedenswunsch glühend und wahr, während die Friedensbeteuerungen, die von den Regierungen ausgehen, häufig Lüge, gleißnerische Lüge sind — oder wenigstens von den anderen Regierungen grundsätzlich als solche aufgefaßt werden. Das heißt ja eben ‚Diplomatie'. Und immer mehr und mehr werden die Völker nach Frieden rufen."[21]

Leo Tolstoi hat Suttners Buch „Die Waffen nieder!" mit Harriet Beecher-Stoves Roman „Onkel Toms Hütte" (1852) verglichen, weil es wie jener, der die Abschaffung der Sklaverei propagierte, ein literarisch-politisches Epochensignal setzte.[22] In Preußisch-Deutschland freilich waren die nationalistischen Parteien, die Rüstungstreiber, Kolonialvereine, Kriegshetzer und deren Gazetten sogleich als giftende Gegner auf dem Plan, und sie entblödeten sich nicht, in der streitbaren Humanistin auch die Frau herabzuwürdigen, die sich als „Friedensbertha", als ein unbefugtes, hirnloses Geschlecht in die Politik einmische. Aber aus den zögerlichen tausend Exemplaren der Erstauflage wuchsen mehrere hunderttausend in zwölf Sprachen Europas. Die Persönlichkeit dieser ungewöhnlichen Frau erwies sich hinfort als eine Integrationsgestalt des internationalen Pazifismus.

II.

Wilhelm Liebknecht, Chefredakteur des Zentralorgans der deutschen Sozialisten, erkannte das Buch „Die Waffen nieder!" als massenwirksame Antikriegsliteratur. Er bat die Verfasserin am 11. April 1892 um Einverständnis für einen Nachdruck im „Vorwärts"[23] und quittierte ihr Jawort

19. Ebenda, S. 246, 306.

20. Ebenda, S. 306ff.

21. Ebenda, S. 206.

22. Leo Tolstoi an Bertha von Suttner, 10./22. Oktober 1891, abgedruckt in: *Beatrix Kempf:* Bertha von Suttner. Das Lebensbild einer großen Frau (Wien 1964) S. 32.

23. Wilhelm Liebknecht an Bertha von Suttner, Charlottenburg, 11. April 1892. Die Bitte um Nachdruck des Romans im „Vorwärts" wurde mit folgenden Worten begründet: „Unser Blatt hat wohl von allen deutschen Zeitungen den größten Leserkreis und das für Ihre (und meine) Ideen empfänglichste Publikum. Und

mit dem bündigen Versprechen: „... In der Saat, die aufgehen wird, werden Sie Ihren Lohn haben. Was *Sie* erstreben, den Frieden auf Erden, *wir* werden es durchführen — ich meine die Sozialdemokratie, welche in Wahrheit eine große internationale Friedensliga ist."[24]

Liebknecht wünschte, daß die Suttner selbst einige Zeilen dem Abdruck vorsetzte. Die Friedenskämpferin erfüllte auch dieses Erwarten. Sie schrieb als Nicht-Revolutionärin an die Mitglieder und Leser der bedeutensten nationalen Arbeiterorganisation: „Die Partei, welche als einen Hauptpunkt ihres Programms den internationalen Frieden hinstellt, ist wohl am geeignetsten, dem genannten Buch ihre Sympathie entgegenzubringen, und wird auf diese Weise vielleicht dieselbe Sympathie auch auf die bestehende Friedensliga erstrecken, die das gleiche Ziel — internationale Gerechtigkeit — als *einzigen* Punkt ihres Programms erwählt hat."[25] So wurde Suttners Roman zum Medium einer kurzzeitigen Partnerschaft zwischen der bürgerlichen Friedensbewegung und der proletarischen Arbeiterpartei. Er erschien im „Vorwärts" von August bis November 1892.[25a]

Zu dieser Zeit war Karl Marx, der „große Alte in London", schon neun Jahre tot. Er hatte jenen Staatenkonflikt längst vorausgesehen, der objektiv weit in das 20. Jahrhundert wirkte, den aber die damalige subjektive Befürchtung bis zum Ende des 19. Jahrhunderts erwartete. Zusammen mit Friedrich Engels hatte Marx bereits im Kriegssommer 1870 die deutschen Arbeiterführer dazu angehalten, unbedingt gegen einen Raubfrieden zu wirken: Eine Annexion Elsaß-Lothringens wäre das „unfehlbarste Mittel, Deutschland und Frankreich durch wechselseitige Selbstzerfleischung zu ruinieren"[26]. Der Brief an den Ausschuß der Sozialdemokratischen Arbeiterpartei, veröffentlicht am 5. September 1870, enthielt die zeitigste Voraussage einer gesamteuropäischen Katastrophe in der Form eines deutschen Zweifrontenkrieges, bei dem sich Frankreich mit Rußland verbünden werde. „Es ist überflüssig, die unheilvollen Folgen zu deuten", lautete der Kommentar.

Als nach dem Sieg bei Sedan (1./2. September 1870) die deutschen Pläne zur Annexion Elsaß-Lothringen dreist hervortraten, wiederholte Marx seinen Warnruf in der zweiten Generalsratsadresse der Internationalen Arbeiterassoziation vor aller Welt: Im Falle eines räuberischen Friedensdiktats müsse sich Deutschland „nach kurzer Rast für einen neuen ‚defensiven' Krieg rüsten, nicht für einen jener neugebackenen ‚lokalisierten' Kriege, sondern zu einem *Racenkrieg* gegen die verbündeten Racen der Slawen und Romanen"[27]. Das eben sei die „Friedensperpektive", die von den „hirnkranken Patrioten der Mittelklasse Deutschlands" garantiert werde. Die richtige Losung hingegen müsse lauten: „ehrenvoller Frieden für Frankreich" und „Anerkennung der französischen Republik". Würde dies vom deutschen Proletariat nicht durchgesetzt, so müsse sich der Sieg über die Armeen Napoleons III. in eine Niederlage der Arbeiterinteressen verwandeln: Und

nicht bloß das empfänglichste, sondern auch das, welches diese Ideen einst verwirklichen wird." Der volle Wortlaut der Briefe Wilhelm Liebknechts an die Suttner — insgesamt drei — ist in der von Fritz Böttger verfaßten Einleitung abgedruckt bei: Suttner: Lebenserinnerungen, S. 18f. Die Suttner hatte ihr Buch mit einer Widmung persönlich an Liebknecht geschickt.

24. Wilhelm Liebknecht an Bertha von Suttner, Berlin, 2. Mai 1892, ebenda, S. 19.

25. Ebenda, S. 22. Zur Interpretation vgl. *Sigrid Bock:* Ein Roman gibt Anlaß, sich politisch zu organisieren, a.a.O., S. 1320f.

25a. „Vorwärts". Berliner Volksblatt. — Der Roman erschien dort vom 20. August (Nr. 194) bis zum 22. November (Nr. 274) des Jahrgangs 1892. Ein Nachdruck aus der von Bertha von Suttner herausgegebenen Zeitschrift „Die Waffen nieder!" erschien am 3. Juli 1892; Berichte über den vierten Weltfriedenskongreß zu Bern ebenda, am 2. und 20. September 1892.

26. *K. Marx und F. Engels*: Brief an den Ausschuß der Sozialdemokratischen Arbeiterpartei, in: Werke, Bd. 17 (Berlin/DDR 1962) S. 268 (im folgenden: MEW).

27. *Marx:* Zweite Adresse des Generalrats über den Deutsch-Französischen Krieg, ebenda, S. 276.

insbesondere der zukünftige Krieg werde „in jedem Lande ... zu neuen Niederlagen der Arbeiter durch die Herren vom Degen, vom Grundbesitz und vom Kapital"[28] führen.

Der Annexionsfriede von 1871 war das Schlangenei, das Bismarck dem deutschen Nationalstaat im Namen der Junker und der Bourgeoisie in die Wiege legte. Sowohl Marx als auch Engels sahen das Unheil wachsen. Der große Krieg Europas werde früher oder später kommen, urteilte Marx wiederholt im Jahre 1874, und vor dessen Beendigung könnten größere revolutionäre Volksbewegungen schwerlich erwartet werden.[29] Im Brief vom 9. September 1879 schrieb Engels an Marx: Der drohende Krieg werde die sozialistische Bewegung „auf Jahre zugrunde" richten.[30] Die beiden Dioskuren waren sich in der Auffassung einig, daß Krieg „unser größtes Unglück" sei.[31]

Weil aber namhafte deutsche Sozialisten die Last dieser Befürchtungen nicht mittrugen, vielmehr aus den Konflikten auf dem Balkan, diesem weiteren Schwelbrand Europas, einen revolutionären Gewinn ziehen wollten, übte Engels noch zu Lebzeiten von Marx herbe Kritik. An Eduard Bernstein schrieb er im Februar 1881: Die Unabhängigkeit der Balkanvölker sei keinen Krieg wert — er fordere ungleich mehr Menschenleben als diese Völker zählen und werde vor allem die europäische Arbeiterbewegung schädigen. „Daß dabei Deutschland in einen Kampf um die Existenz gerät und damit auch dort der patriotische Chauvinismus wieder vollständig Oberwasser bekommt, scheint mir evident. Soweit also alles Aussichten gegen uns. Ist der Krieg aber einmal im Gang, so wird der Ausgang eines solchen europäischen Kampfs, des ersten seit 1813-15, ganz unberechenbar, und ich möchte ihn um keinen Preis herbeiwünschen."[32] Im Brief an August Bebel vom 22. Dezember desselben Jahres, in dem Engels einräumt, daß ein großer Krieg Europas zur proletarischen Revolution führen könnte, lautet das Antikriegsurteil nicht minder klar: „Einen europäischen Krieg würde ich für ein Unglück halten, diesmal würde er furchtbar ernst werden, überall den Chauvinismus entflammen auf Jahre hinaus, da jedes Volk um die Existenz kämpfen würde. Die ganze Arbeit der Revolutionäre in Rußland, die am Vorabend des Siegs stehen, wäre nutzlos, vernichtet; unsre Partei in Deutschland würde momentan von der Flut des Chauvinismus überschwemmt und gesprengt, und ebenso ging's in Frankreich."[33]

Nachdem Marx gestorben war, sah Engels mit Genugtuung, wie die nationalen Arbeiterparteien und ihr Wählerpotential wuchsen, in Deutschland sogar einen Bismarck zum Rücktritt zwangen. Mit steigender Sorge aber beobachtete er auch, wie mit dem Eilmarsch der Technik und Industrie eine verhängnisvolle Entwicklung begonnen hatte: eine „nie endende Revolution der Waffentechnik"[34] und ein darauf basierendes Wettrüsten aller großen Nationalstaaten Europas. Preußens allgemeine Wehrpflicht, die selbst im Frieden die besten Lebensjahre von vielen Millionen und Steuern in Masse verschlang, war weithin auf dem Kontinent eingeführt. Und es gab Kriegswerkzeuge, deren Zerstörungskraft die Welt bislang nicht gekannt hatte: Magazingewehre mit fliegenden Projektilen von Kanonenschußweite, von unerhörter Zielgenauigkeit und Durchschlagskraft, dazu Artillerie mit Explosivgeschossen, obendrein Nobels rauchloses Pulver, das jede Rekognoszierung feindlicher Feuerstellungen erschwerte.

Wohl erzeuge der brisante Rüstungswettlauf eine Kriegsfurcht selbst in den Regierungskreisen.

28. Ebenda, S. 278.

29. *Marx* an Ludwig Kugelmann, London, 18. Mai 1874, in: MEW, Bd. 33 (Berlin/DDR 1966) S. 628; Marx an Friedrich Adolph Sorge, London, 4. August 1874, ebenda, S. 635.

30. *Engels* an Marx, London, 9. September 1879, in: MEW, Bd. 34 (Berlin/DDR 1966) S. 105.

31. *Engels* an August Bebel, London, 16. Dezember 1879, ebenda, S. 431; Marx an N.F. Danielson, Ramsgate, 12. September 1880, ebenda, S. 464.

32. *Engels* an Eduard Bernstein, London, 22. Februar 1882, in: MEW, Bd. 35 (Berlin/DDR 1967) S. 283.

33. *Engels* an August Bebel, London, 22. Dezember 1882, ebenda, S. 415.

34. *Engels:* Was nun?, in: MEW, Bd. 22 (Berlin/DDR 1963) S. 9.

Aber dieser Friede sei trügerisch, und jeder militärische Konflikt könne allzubald in das ungeheuerliche Novum eines „Weltkrieges" umschlagen. Aus dieser Gewißheit erwuchs auch hier — zwei Jahre vor Suttners Kriegsvisionen — eine prophetische Voraussage, die Engels 1887 in der Einleitung zu Borkheims „Deutsche Mordspatrioten" veröffentlichte: „... Ein Weltkrieg von einer bisher nie geahnten Ausdehnung und Heftigkeit. Acht bis zehn Millionen Soldaten werden sich untereinander abwürgen und dabei ganz Europa so kahlfressen, wie noch nie ein Heuschreckenschwarm. Die Verwüstungen des Dreißigjährigen Kriegs zusammengedrängt in drei bis vier Jahre und über den ganzen Kontinent verbreitet; Hungersnot, Seuchen, ... Verwilderung der Heere wie der Volksmassen; rettungslose Verwirrung unsres künstlichen Getriebs in Handel, Industrie und Kredit, endend im allgemeinen Bankerott; Zusammenbruch der alten Staaten und ihrer traditionellen Staatsweisheit, derart, daß die Kronen zu Dutzenden über das Straßenpflaster rollen und niemand sich findet, der sie aufhebt; absolute Unmöglichkeit, vorherzusehn, wie das alles enden und wer als Sieger aus dem Kampf hervorgehen wird; nur ein Resultat absolut sicher: die allgemeine Erschöpfung und die Herstellung der Bedingungen des schließlichen Siegs der Arbeiterklasse."[35] Das also sei die Aussicht, wenn das auf die Spitze getriebene System des Rüstungswettlaufes seine „unvermeidlichen Früchte" trage.

Angesichts dieser Weltsituation müßten die „Sozialisten in allen Ländern für den Frieden" sein[36] — denn sonst würden die Proletarier von den herrschenden Klassen gezwungen, „sich gegenseitig abzuschlachten"[37]. Gerade sie seien es doch, die den größten Blutzoll und überhaupt „sämtliche Kriegskosten zu bezahlen" hätten[38]. Der Frieden ermögliche den Sozialisten in ihren Ländern einen Reifungsprozeß der proletarischen Emanzipation. Der Weltkrieg hingegen, schrieb Engels 1891, werde die Arbeiterklasse infolge seiner totalen Erschütterungen entweder in wenigen Jahren an die Macht bringen oder — was ebenso wahrscheinlich sei — in den „vollständigen Ruin" stürzen, wodurch sich die Revolution um Jahrzehnte verzögere.[39] Gewiß bleibe nur, daß die kapitalistische Gesellschaft durch den Krieg „unmöglicher würde als je".

In der Konsequenz solcher Erwägungen publizierte Engels zwei Monate nach dem Abdruck von Suttners Friedensbuch, ebenfalls im „Vorwärts", eine besondere Schrift gegen den Krieg: „Kann Europa abrüsten?"[40] Titel und Absichten müssen uns Heutigen ungemein aktuell erscheinen.

Die herrschenden Regime und die bestehenden Staatenverhältnisse einstweilen akzeptierend, jedoch den Weltkrieg, den „allgemeinen Vernichtungskrieg", als voraussehbare Folge des Wettrüstens prinzipiell ablehnend, versetzte sich Engels gewissermaßen in den Kopf eines rationalistisch amtierenden Staatsmannes, um Politik gemäß Gründen „der Vernunft und des Realismus" zu konzipieren. Er analysierte das Militärwesen Deutschlands, Österreichs, Italiens, Frankreichs, Rußlands und machte das Angebot eines Reformprogramms. Dieses hätte helfen können, den gordischen Knoten der Weltkriegsgefahr zu durchschlagen: Auf der Basis internationaler Verträge sollten die Militärdienstzeiten gesenkt, die stehenden Armeen schrittweise abgeschafft und das Prinzip der allgemeinen Volksbewaffnung durch die demokratische Institution der Miliz verwirklicht werden. Die Funktionen der bewaffneten Staatsorgane sollten sich demnach beschränken auf

35. *Derselbe:* Einleitung (zu Sigismund Borkheims Broschüre „Zur Erinnerung für die deutschen Mordspatrioten. 1806-1807), in MEW, Bd. 21 (Berlin/DDR 1962) S. 350f.

36. *Derselbe:* Der Sozialismus in Deutschland, in: MEW, Bd. 22, S. 256.

37. *Derselbe:* (Brief an das Organisationskomitee des internationalen Festes in Paris) London, 13. Februar 1887, in: MEW, Bd. 21, S. 344.

38. *Derselbe:* Die politische Lage Europas, ebenda, S. 318.

39. *Derselbe:* Der Sozialismus in Deutschland, In: MEW, Bd. 22, S. 256.

40. *Derselbe:* Kann Europa abrüsten?, in: ebenda, S. 371ff. Diese achtteilige Artikelserie erschien im „Vorwärts" vom 1. bis 10. März 1893, außerdem als Separatabdruck in Nürnberg 1893.

innere Sicherheit und bloße Landesverteidigung — eine deutliche Vorwegnahme der heutigen militärpolitischen Defensivkonzeption und Ablehnung eines jeden Angriffskrieges, wie sie von den Staaten des Warschauer Bündnisvertrags auf ihrer Berliner Beratung am 29. Mai 1987 erklärt worden sind.[41] „*Abrüstung und damit die Garantie des Friedens* ist möglich", schrieb Engels vor rund hundert Jahren, „sie ist sogar verhältnismäßig leicht durchführbar, und Deutschland, mehr als ein andrer zivilisierter Staat, hat zu ihrer Durchführung die Macht wie den Beruf."[42]

Engels verfaßte seine Schriften auf Wunsch August Bebels, im Namen der damaligen Sozialdemokratie. Er tat dies gegen eine abermalige Erhöhung des Rüstungsetats im deutschen Kaiserreich, wodurch sich der Rüstungswettlauf verschärfen mußte. Dabei wagte er den politischen, sogar moralischen Appell an Volk und Regierung eines Landes, das durch die „siebenundzwanzig Jahre Bismarckwirtschaft" im ganzen Ausland „für die Ursache der gegenwärtigen Kriegsgefahr" gehalten wurde.[43] Welch ein Gewinn, so argumentierte Engels in einer für heute bedeutsamen Denkhaltung, wenn Deutschland sich gegenüber den anderen Staaten für diesen Antrag entschließen würde: „Es träte als Friedensstifter auf in einer Weise, die keinen Zweifel zuläßt. Es erklärte sich bereit, *voranzugehn im Werk der Abrüstung, wie dies von Rechts wegen dem Lande zukommt, das das Signal zur Rüstung gegeben hat* ... Die ganze öffentliche Meinung Europas und Amerikas träte auf Seiten Deutschlands."[44] Und das wäre eine allein würdige, nämlich „moralische" Eroberung.

III.

Indem ich abschließend meine Gesichtspunkte zusammenfasse, gilt die Prämisse, daß die geschichtliche Vergangenheit heute aus einer nie dagewesenen Entscheidungssituation der Menschheit befragt werden muß: Denn alles Leben und Kämpfen, jede Art von Politik, erfolgt seit Hiroshima und Nagasaki unter jener wachsenden Vernichtungsgewalt, die mit dem allegorischen Begriff der „Bombe" längst unzureichend benannt ist.

Der von dieser Aktualität ausgehende Rückblick auf die letzte Jahrhundertwende erweist nun die Tatsache, daß ein rund hundertjähriger Entwicklungsprozeß unseres heutigen menschheitlichen Existenzproblems dortselbst in Gestalt des beginnenden Imperialismus, der permanenten Revolution der Waffentechnik und der realen Weltkriegsgefahr seinen spezifischen Anfang nahm. Dem entsprechend offenbart sich zu dieser Zeit auch das Vorhandensein eines spezifischen Friedenserbes: Pazifisten und Marxisten, obgleich Träger von klassenmäßig verschiedenen Überzeugungen, waren schon damals der Idee des Weltfriedens, dem Fortschritt des Gesellschaftslebens und der Staatenbeziehungen verpflichtet. Ihr Bündnis in der Gegenwart erscheint mir als ein unabweisliches Gebot der Friedensarbeit. Wie falsch wäre jede sektiererische Zurückweisung des bürgerlich-humanistischen Pazifismus durch Marxisten, die zwar revolutionäre Umwälzungen bejahen, aber den Staatenfrieden bewahren wollen. Wie sehr gehen auch jene Antikommunisten in die Irre, die den Marxismus als eine „proletarische Kriegslehre" verleumden — eine Weltanschauung und Strategie, die für den Sieg des Sozialismus auf Kriege zwischen den Staaten, den Völkern setze.[45]

41. Siehe *Michail Gorbatschow:* Perestroika (München 1987) S. 341f.
42. *Engels:* Kann Europa abrüsten?, a.a.O., S. 373 (Hervorhebung — H.B.).
43. Ebenda, S. 397.
44. Ebenda, S. 398 (Hervorhebung — H.B.).
45. Hier sei angemerkt, daß auch Lenin — in bewußter Anknüpfung an Engels' berühmte Weltkriegsprognose von 1887 — den imperialistischen Krieg als ein Mittel der „Ausbreitung des Sozialismus" negiert hat: weil „man sich ... einen qualvolleren, schwereren Übergang, eine schlimmere Not, eine härtere, alle Produk-

Da ich — in Dialog und Kooperation — sozialistische Auffassungen vertrete, muß ich selbstverständlich für den klassischen Marxismus bekennen: Gewiß standen Vorbereitung, Aufgabe und Ziel der proletarischen Revolution im Zentrum aller Bemühungen von Marx und Engels. Sie waren grundsätzlich Revolutionäre, nicht auf Reformen sich beschränkende Evolutionspolitiker. Doch schon das Zukunftsstreben des proletarischen Emanzipationskampfes im 19. Jahrhundert war auf eine Gesellschaft ohne Ausbeutung, ohne Klassen und Klassenkampf, ohne Kriege gerichtet. In der konkret-historischen Wirklichkeit indessen, wo die Völker von den Herrschenden gegeneinander gehetzt, die nationalen Arbeiterklassen entfremdet wurden, gewann der klassische Marxismus in der zweiten Jahrhunderthälfte mehr und mehr die Überzeugung: Auch das aktuelle Ringen um die Befreiung des Proletariats bedürfe möglichst friedlicher internationaler Bedingungen, um sich entfalten zu können. Es sei eine „große Lüge“, schrieb Marx bereits 1859, daß, „um Frieden zu haben, man sich zum Kriege rüsten“ müsse.[46]

tivkräfte untergrabende Krise überhaupt nicht vorstellen kann“. *W.I. Lenin:* Referat über den Kampf gegen die Hungersnot, 4. Juni 1918, in: Werke, Bd. 27 (Berlin/DDR 1960) S. 419ff.

46. *Marx:* Invasion!, in: MEW, Bd. 13 (Berlin/DDR 1961) S. 444.

Frauenfriedensaktivitäten während des Ersten Weltkrieges *

von Marianne Koerner, Göttingen

1. Das Manko der Forschung und Hintergrundinformationen

Bisher ist es weitgehend unbekannt, daß es eine Vielzahl von Frauenfriedensaktivitäten vor und während des Ersten Weltkrieges gegeben hat. Weder die Öffentlichkeit noch die Friedens- und die Frauenforschung wissen davon. Ich darf also, nicht ohne Stolz sagen, daß meine Forschung und ihre Ergebnisse Neuland beschreiben.[1]

Auch dem Fachpublikum werden die Ereignisse neu sein, deshalb lege ich den Schwerpunkt meines Vortrages auf die beschreibende Empirie.

Trotzdem sei hier noch auf einige Fakten der Zeit verwiesen, die die Grundlage für das Frauenfriedensengagement bilden und als Folie im Hinterkopf behalten werden mögen:

1) Der Industrialisierungsprozeß und der politische Hintergrund des Kaiserreichs ermöglichten der deutschen Schwerindustrie (Krupp) Waffen engros herzustellen und dies gleichzeitig im Ausbau des Militärapparats und der nationalistischen Gesinnung zu rechtfertigen.[2] Dabei ist zu berücksichtigen, wie verschwindend gering sich die Zahl der Pazifisten/-innen und der Antikriegssozialisten/-innen gegenüber der Mehrheit des deutschnational gesinnten Volkes ausnahm.[3]

2) Ferner sollte die politische, rechtliche, soziale und wirtschaftliche Unterdrückungssituation der deutschen Frauen im Kaiserreich — von den Zeitgenossen nur kurz unter der, Frauenfrage' subsummiert — erinnert werden. Daran anschließend sollte an die verschiedenen Strömungen der Frauenbewegung (Höhepunkt 1890-1912) gedacht werden: Die bürgerliche galt als liberal und staatsloyal, die radikalbürgerliche als humanistisch und kulturoptimistisch und die proletarische als utopisch-sozialistisch. Es ist hier nicht der Raum, auf die unterschiedlichen Konzepte der Frauenbewegungsrichtungen zur Friedensfrage einzugehen, wichtig ist es aber, daß es keine Zusammenarbeit dieser Frauen und somit auch keine Stärkung der Antikriegsbewegung gegeben hat.[4]

* Der vorliegende Aufsatz ist der um die Diskussionsergebnisse erweiterte Vortrag, der in der Sektion 6 gehalten wurde.

1. Vgl. *M. Koerner*, Frauenfriedensbestrebungen im Deutschen Kaiserreich am Beispiel von Aktivitäten der Frauenbewegung während des Ersten Weltkrieges, unveröffentlichte Magisterarbeit (Göttingen 1983). — Ein umfassender Quellenband ist erschienen: Gisela Gabler-Brinker (Hrsgin), Frauen gegen Krieg, Textsammlung (Frankfurt a.M. 1980). — Beim ‚Archiv der ersten deutschen Frauenbewegung' in Kassel entstanden aus einem Projekt, an dem ich auch beteiligt war, zwei Veröffentlichungen: *Sabine Hering, Cornelia Wenzel*, Frauen riefen, aber man hörte sie nicht. Die Rolle der deutschen Frauen in der internationalen Frauenfriedensbewegung zwischen 1892 und 1933 (Kassel 1986) Bd. 1 Forschungsbericht, Bd. 2 Quellenband.

2. Vgl. *H.-U. Wehler*, Das deutsche Kaiserreich 1871-1918 (Göttingen 1973) besonders die Seiten: 107-110, 149-170, 171-181.

3. Zahlen zu Pazifistinnen im deutschen Kaiserreich, DFG Mitgliedszahlen 1910 ca. 10.000, *K. Holl in*: Einleitung zu: Ludwig Quidde, der deutsche Pazifismus während des Weltkrieges 1914-18, Hrsg. Karl Holl, Helmut Donat (Boppard 1979).

4. Vgl. Schlußthesem meiner Magisterarbeit.

2. Hauptthese

Ich beginne mit meiner Hauptthese:
Die verschiedenen zahlreichen Frauenfriedensaktivitäten der Pazifistinnen und der Sozialistinnen während des Ersten Weltkrieges konnten zu keiner Zeit Einfluß zur vorzeitigen Beendigung des Krieges ausüben.

Die Machtlosigkeit der Frauen im kaiserlichen Staat ließ ihre Appelle und die Demonstrationen tausender Frauen scheitern. Sie hatten keine Wirkung.

3. Die Aktivitäten der Frauen vor dem Krieg

Zu Unrecht vergessen sind die Aktivitäten der Professorengattin Margarete Eleonore Selenka (1860-1923) aus München. Sie war Mitglied des radikal-bürgerlichen Frauenstimmrechtsbundes und der Deutschen Friedens-Gesellschaft.[5] Sie nahm das Zarenmanifest 1898 zum Anlaß, ein weltweites Frauenfriedensengagement in die Wege zu leiten. Ihre Aktionsvorschläge und ihre Resolution zur Unterstützung der Haager Konferenz im Mai 1899 erhielten aus 18 Ländern positive Resonanz. So gab es z.B. in Großbritannnien 265 und in Rußland 50 Frauenversammlungen; die größte Beteiligung aber war in den USA zu verzeichnen: Hier fanden in 21 Staaten, in 159 Städten 1700 Veranstaltungen zur Solidarität mit dem Prinzip der Völkerverständigung und zur Unterstützung der Haager Konferenz statt.[6]. So überreichten Margarete Selenka und Bertha von Suttner am 22. Mai 1899 dem Präsidenten der Konferenz, Herrn von Staal, diese Resolutionen und die Grußadressen der Frauen aus 18 Ländern.[7]

Die Arbeiterinnen, Gewerkschafterinnen und Sozialistinnen der proletarischen Frauenbewegung standen den Zielen der SPD nahe, konnten aber wegen des Verbots im Vereinsrecht bis 1908 nicht in die Partei eintreten. Die Sozialistinnen erkannten die drohende Kriegsgefahr. Sie stellten diese aber in einen ursächlichen Zusammenhang von kapitalistischen Profitinteressen, die nur im Kampf gegen den Imperialismus und für eine sozialistische Gesellschaftsordnung überwunden werden können.

Die proletarischen Frauen entwickelten ihre eigenen Organisationsformen; dabei hielten sie nicht nur reichsweite Treffen ab, sondern bemühten sich auch um ein internationales Bündnis mit den sozialistischen Schwestern.

Im August 1907 beschlossen so die 58 Delegiertinnen aus 12 Ländern der ersten internationalen Sozialistinnenkonferenz eine Resolution:

> „... Der Kongreß ist der Überzeugung, daß unter dem Druck des Proletariats durch eine ernsthafte Anwendung der Schiedsgerichte an Stelle der kläglichen Veranstaltungen der Regierungen die Wohltat der Abrüstung den Völkern gesichert werden kann ..."[8]

5. M.L. Selenka (Hrsg.), Die internationale Kundgebung der Frauen zur Friedenskonferenz vom 15. Mai 1899 (München 1900) in Auszügen veröffentlicht in: Gisela Gabler-Brinker (Hrsgin), Frauen gegen Krieg, Textsammlung (Frankfurt a.M. 1980) S. 115 ff..

6. L.M. Selenka a.a.O., S. 126-128.

7. Dies., a.a.O., Resolutionstext, S. 125, 126.

8. Vgl. Dokumente und Materialien zur Geschichte der deutschen Arbeiterbewegung (Dok. u. Mat.), Hrsg. Institut für Marxismus-Leninismus beim Zentralkomitee der sozialistischen Einheitspartei Deutschlands, Reihe I und II Bd. 1, 2 (Berlin-Ost 1958) hier die Seiten 208-211.

Sie richteten eine internationale Koordinationsstelle ein. Clara Zetkin leitete sie und die Zeitschrift ‚Die Gleichheit' wurde zu ihrem Publikationsorgan bestimmt.[9]

Abb. 1: Teilnehmerinnen der ersten Sozialistischen Frauenkonferenz in Stuttgart

4. Kriegsausbruch und die Reaktion der Frauenbewegung

Politische und diplomatische Verwicklungen nahmen zu. Die zahlreichen Demonstrationen für den Erhalt des Friedens (vor allem 1912) und die internationalen Kongresse der Pazifistinnen und der Sozialistinnen hatten den Ausbruch des Ersten Weltkrieges nicht verhindern können.

Es bleibt noch kurz darauf hinzuweisen, daß sich durch das geltende Kriegsrecht verschiedenes änderte:

— Verfassungsmäßig garantierte Rechte wurden eingeschränkt, bzw. aufgehoben. Dies galt für das Briefgeheimnis, die Pressefreiheit, die Versammlungsfreiheit und bei Verhaftungen;

— Es wurde eine behördliche Pressezensur verhängt;

— Über Kriegsziele und -taktiken durfte nicht öffentlich debattiert werden;

— Durch den Burgfrieden (SPD, Gewerkschaft Vertrag mit dem Staat) galt Streikverzicht, Lohnstillstand und die Aufhebung verschiedener Arbeitsschutzbestimmungen;

9. Dokumente der revolutionären deutschen Arbeiterbewegung zur Frauenfrage 1848-1974 (Leipzig 1975) S. 58, 59.

— Es gab zudem eine enorme Erhöhung der Frauenerwerbstätigkeit und die Öffnung für andere, bisher ‚männliche' Berufe, aber bei halbem Männerlohn![10]

Wie aber verhielten sich die Frauen der Frauenbewegung? Die bürgerliche Frauenbewegung des deutschen Kaiserreichs, die mittels Frauenbildung den Kultureinfluß der Frauen in der männlich geprägten Gesellschaft geltend machen wollte, verhielt sich staatsloyal. Sie bildete an der Heimatfront den Nationalen Frauendienst (NFD) zur Unterstützung der Soldaten im Feld und der Verwaltung vor Ort. Diese vielfältigen Aktivitäten dienten zur Aufrechterhaltung des Krieges und werden deshalb hier nicht behandelt.[11]

4.1. Die Sozialistinnen bei Kriegsbeginn

Gerade wegen der Einschränkungen und der Burgfriedenspolitik der SPD waren die sozialistischen Antikriegsfrauen im August 1914 gelähmt und isoliert. Denn die Befürworterinnen des Burgfriedens unterstützten den Nationalen Frauendienst der bürgerlichen Frauen, — der ehemaligen Klassenfeindinnen![12]

Gleich zu Kriegsbeginn, am 2. August um 5 Uhr morgens, wurde das Haus von Clara Zetkin durchsucht und die Ausgabe Nr. 23 (5. August) der ‚Gleichheit' konfisziert.[13]

Trotz weiterer Zensur bemühte sich Clara Zetkin in ihrer Zeitschrift internationale Antikriegsnachrichten zu veröffentlichen. Der Aufruf zur Durchführung einer internationalen Sozialistinnenkonferenz konnte aber nur in der ‚Berner Tagwacht' und als illegales Flugblatt erscheinen. Es hieß darin unter anderem:

> „In nackter Häßlichkeit, als kapitalistischer Eroberungskrieg und als Weltmachtskrieg steht er da, ... Von überallher reichen wir (die Sozialistinnen d.V.) uns über die Blutströme und Trümmerhaufen hinweg die Schwesternhände, einig in der alten Erkenntnis und dem unerschütterlichen Willen: Durch zum Sozialismus!"[14]

4.2. Die Radikal-Bürgerlichen Frauen zu Kriegsbeginn

Aber auch die radikal-bürgerlichen Frauen, die speziell für Frauenstimmrecht und für die Durchsetzung des Pazifismus eintraten, waren zu Beginn des Krieges ohnmächtig und isoliert.

Auch in ihren Reihen gab es Abtrünnige, die der Kriegsbegeisterung huldigten und dem NFD beitraten. Zunächst versuchten noch einige Ortsgruppen der Frauenstimmrechtsvereine, sich durch Eingaben an den Stadtrat und den Reichstag gegen die Einschränkungen der Versammlungsfreiheit und gegen die Pressezensur zu wehren; außerdem wandten sie sich gegen den Ein-

10. Vgl. zu Änderungen durch das Kriegsrecht in den Dokumentensammlungen von Ulrich Cartarius (Hrsg.), Deutschland im Ersten Weltkrieg (München 1982) S. 16 und bei Wolfgang Deist (Hrsg.), Militär und Innenpolitik im Weltkrieg 1914-1918. Quellen zur Geschichte des Parlamentarismus und der politischen Parteien, 2. Reihe, Bd. 1 und 2 (Düsseldorf 1970) S. 442-449 und 769-773.

11. Näheres zum Nationalen Frauendienst bei: Anna Pappritz, Nationaler Frauendienst, in: Kriegsjahrbuch des Bundes deutscher Frauenvereine (BDF), Hrsg. Elisabeth Altmann-Gottheimer (Leipzig, Berlin 1914) S. 27-33.

12. Eine der SPD-Kriegsbefürworterinnen: *Wally Zepler*, Die Frauen und der Krieg (Berlin, Karlshorst 1916) und auch *Henriette Fürth*, Die Deutschen Frauen im Kriege, (Tübingen 1917).

13. *Luise Dornemann*, Clara Zetkin. Leben und Werk (Berlin-Ost 1974) S. 266 und auch *Clara Zetkin*, Ausgewählte Reden und Schriften, 3 Bände (Berlin-Ost, 1957) hier Bd. 1, S. 621 ff.

14. *Clara Zetkin*, Ausgewählte Reden, a.a.O., S. 636.

Nr. 23 24. Jahrgang

Die Gleichheit

Zeitschrift für die Interessen der Arbeiterinnen

Mit den Beilagen: Für unsere Mütter und Hausfrauen und Für unsere Kinder

Die Gleichheit erscheint alle vierzehn Tage einmal. Preis der Nummer 10 Pfennig, durch die Post vierteljährlich ohne Bestellgeld 55 Pfennig; unter Kreuzband 85 Pfennig. Jahres-Abonnement 2,60 Mark.

Stuttgart
5. August 1914

Zuschriften an die Redaktion der Gleichheit sind zu richten an Frau Klara Zetkin (Zundel), Wilhelmshöhe, Post Degerloch bei Stuttgart. Die Expedition befindet sich in Stuttgart, Furtbach-Straße 12.

Inhaltsverzeichnis.

Krieg dem Kriege.

Für den Fall kriegerischer Verwicklungen bestätigt der Internationale Sozialistenkongreß zu Kopenhagen den Stuttgarter Beschluß, der lautet:

„Droht der Ausbruch eines Krieges, so sind die arbeitenden Klassen und deren parlamentarische Vertretungen in den beteiligten Ländern verpflichtet, unterstützt durch die zusammenfassende Tätigkeit des Internationalen Bureaus, alles aufzubieten, um durch die Anwendung der ihnen am wirksamsten erscheinenden Mittel den Ausbruch des Krieges zu verhindern, die sich je nach der Verschärfung des Klassenkampfes und der Verschärfung der allgemeinen politischen Situation naturgemäß ändern.

Falls der Krieg dennoch ausbrechen sollte, ist es die Pflicht, für dessen rasche Beendigung einzutreten und mit allen Kräften dahin zu streben, die durch den Krieg herbeigeführte wirtschaftliche und politische Krise zur Aufrüttelung des Volkes auszunutzen und dadurch die Beseitigung der kapitalistischen Klassenherrschaft zu beschleunigen."

Proletarische Frauen, seid bereit!

Das Furchtbare, vor dem die Völker Europas zittern, ist Ereignis geworden. Der Krieg soll Menschenleiber, Wohnstätten und Felder zerstampfen. Österreich hat das sinnlose Attentat zwanzigjähriger serbischer Burschen gegen den Thronfolger zum Vorwand genommen für ein verbrecherisches Attentat gegen das Hoheitsrecht, die Selbständigkeit des serbischen Volks und letzten Endes gegen den Frieden von Europa. Es will die Zeit nutzen, da Serbien schwerlich auf Hilfe vom russischen Zarismus hoffen kann. Die heldenhaften Massenstreiks des Proletariats zeigen erneut, daß Rußland die Revolution im Leibe hat. Frankreich kann den Kriegs- und Eroberungsplänen des russischen Despotismus in diesem Augenblick kaum Unterstützung angedeihen lassen. Verhandlungen im Senat haben schwere Mängel im Heerwesen gezeigt, und die Wiedereinführung der dreijährigen Dienstzeit hat das militärische Gefüge gelockert und gärende Unzufriedenheit geschaffen. England ist durch die Sachlage in Ulster und andre Aufgaben derart in Anspruch genommen, daß es kein großes Gelüsten zu verspüren scheint, an den Greueln und Verbrechen eines Weltkriegs teilzuhaben. So rechnet der österreichische Imperialismus damit, daß er den Bruch des Völkerrechts gegen Serbien verüben kann, ohne daß ihm der Dreiverband in den Arm fällt. Mit Serbiens Niederwerfung glaubt er dem Drängen des Zarismus nach dem Mittelländischen Meer den Weg zu verlegen.

Die proletarischen Frauen wissen, daß die Herrschaftsausdehnung des russischen Henkerzarismus die schlimmste Sklaverei für die Völker bedeuten würde. Sie sind sich aber auch vollständig im klaren darüber, daß der österreichisch-ungarische Imperialismus nicht das Recht und die Freiheit der Völker schützt. Er kämpft lediglich für die Interessen der reaktionären Habsburger Dynastie, für den Gold- und Machthunger der fühl- und gewissenlosen Großgrundbesitzer und Großkapitalisten. Die österreichisch-ungarische Monarchie zertritt im eigenen Hause das Recht der Nationalitäten und noch schamloser das Recht der ausgebeuteten werktätigen Massen. Trotz der wütenden Krise hat sie diesen Massen seit Jahren den nackten Lebensbedarf verteuert, hat sie mit Brutalitäten und Kniffen im Kampfe gegen Ausbeutung und Elend gehindert. Nun krönt sie ihr Werk, indem sie die Söhne der Werktätigen zwingt, zu morden und sich morden zu lassen. Sie steht nicht als Vorkämpferin für die Wohlfahrt und Freiheit der Völker auf dem Plan. Ihr Krieg darf nun und nimmer ein Morden der Völker werden.

In Deutschland suchen die profit- und lorbeerlüsternen Kriegshetzer und Kriegstreiber das Volk über diese schlichte Wahrheit zu täuschen. Sie fabeln davon, daß der Krieg Österreichs letzten Endes der drohenden Barbarei Rußlands gelte, ein germanischer Kreuzzug gegen das „übermütig vorwärtsdringende Slawentum" sei. In gewissenloser Weise brüllen sie von der Pflicht, die „deutsche Nibelungentreue" zu wahren. Sie wollen, daß Deutschland als Dreibundsmacht Österreichs Krieg zu dem seinen mache und das Blut wie den Schatz des Volkes vergeude.

Der Frevel solchen Treibens ist so riesengroß wie das Verbrechen des österreichischen Imperialismus. Er will einen Weltbrand entzünden, in dem die Völker Europas sich gegenseitig abschlachten würden, während ein Händchen voll Mächtiger und Gebreicher schmunzelnd den Vorteil einstriche. Das darf nun und nimmer geschehen. Die Proletarier Deutschlands — Männer und Frauen — müssen durch die Tat beweisen, daß sie erwacht, daß sie reif für die Freiheit sind. Ihr Friedenswille, vereint mit dem Friedenswillen des arbeitenden Volkes der anderen Länder, namentlich Frankreichs, ist die einzige Bürgschaft dafür, daß der Krieg der klerikalen Habsburger nicht zum allgemeinen europäischen Völkermord wird.

Abb. 2: Die konfiszierte Ausgabe der ‚Gleichheit' vom 5. August 1914

marsch in Belgien, die Annexionsziele des Krieges und gegen die Vergewaltigungen und die Barbareien der Soldaten an der Zivilbevölkerung. *Vergeblich*![15]

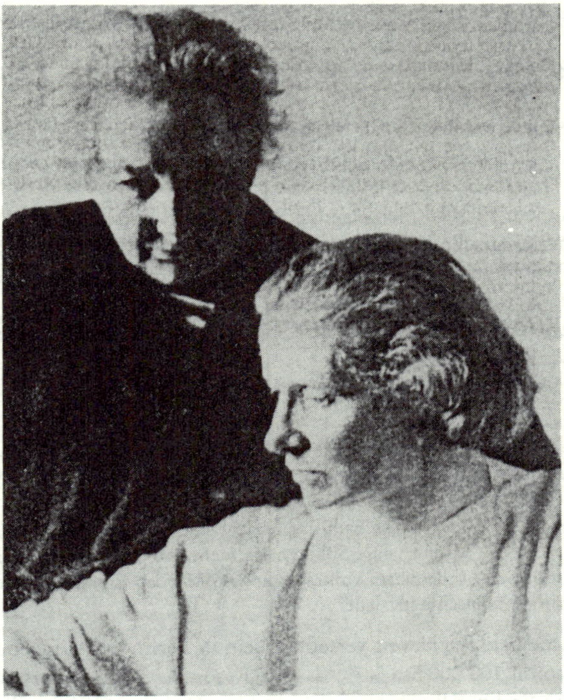

Abb. 3: Anita Augspurg (stehend) und Lida Gustava Heymann

In München bemühten sich die beiden Aktivistinnen Lida Gustava Heymann und Antia Augspurg, die internationalen Kontakte nicht abreißen zu lassen. Mit Hilfe der Niederländerin Aletta Jacobs und deren Verbindungen in die USA sollte eine internationale Frauenkonferenz auf neutralem Boden veranstaltet werden, um durch Solidarität zu baldigen Friedensverhandlungen zu kommen. In ihrem Aufruf hieß es:

> „Uns Frauen aller Nationen eint in Friedenszeiten das gleiche Los, — die Entrechtung — uns Frauen aller Nationen eint in Kriegszeiten das gleiche Los, — schwerstes Leid zu tragen, ... — Wir wollen über den Volkskrieg hinweg uns die schwesterliche Hand reichen, ... einiger denn je im Bewußtsein, daß nur, wenn Frauen befreit sind und ihre Staaten lenken helfen, die Welt von der Wiederholung eines gleichen grausigen Erlebnisses verschont bleiben wird!"[16]

15. Völkerversöhnende Frauenarbeit während des Weltkrieges vom Juli 1914 bis November 1918, Bericht des deutschen Ausschusses für Frieden und Freiheit (IFFF), (München 1920/21) S. 15 und auch Erlebtes — Erschautes. Deutsche Frauen kämpfen für Freiheit, Recht und Frieden 1850 - 1940, Lida Gustava Heymann in Zusammenarbeit mit Anita Augspurg, Hrsg., Margit Twellmann, (Meisenhaim am Glann 1972/77) S. 124, 125.

16. Erlebtes-Erschautes S. 125.

5. *Die Frauenfriedenskonferenzen 1915*

Das Ungeheuerliche und das Erstaunliche geschah: Es gelang den Sozialistinnen und den Pazifistinnen, je eine internationale Frauenfriedenskonferenz auf neutralem Boden abzuhalten, wo sich Schwestern aus den kriegführenden Staaten freundschaftlich gegenüber standen!

5.1. Die sozialistische Frauenkonferenz in Bern 26. bis 28. März 1915

Im Februar 1915 reiste Clara Zetkin zur Vorbereitung der Tagung zu Genossinnen in die Niederlande. Auf dem Rückweg wurde sie von der holländischen Polizei vorübergehend festgenommen.[17]

Nicht nur von außen, auch aus den eigenen Reihen, dem Vorstand der SPD, gab es Widerstände gegen eine antimilitaristische Konferenz. So sagte z.B. Luise Zietz, Parteivorstandsmitglied, ihre Teilnahme ab. Trotzdem waren unter den 25 Delegiertinnen aus 8 Ländern, die sich am 26. März in Bern im Krieg-dem-Krieg-Bekenntnis trafen, auch 7 Frauen aus Deutschland zu finden. Gemeinsam berieten und beschlossen sie Resolutionen, die zu konkreten Antikriegsaktionen in den jeweiligen Ländern führen sollten.[18]

Das Berner Manifest war kraftvoller Ausdruck ihrer Überzeugung:

> „Frauen des arbeitenden Volkes!
> Wo sind eure Männer? Wo sind eure Söhne? ... Millionen ruhen bereits in Massengräbern. ... Verbrannte Dörfer und Städte, zertrümmerte Brücken, vernichtete Wälder und zerwühlte Äcker sind die Spuren ihrer Taten. ...
> Genug des Mordens! Dieser Ruf erschallt in allen Sprachen. Millionen von proletarischen Frauen erheben ihn. ... Was eure Männer, eure Söhne noch nicht beteuern können, verkündet ihr millionenfach: ... Nur der einige Wille dieses Volkes kann dem Morden Einhalt gebieten. Der Sozialismus allein ist der künftige Menschheitsfriede! ...“[19]

Dieses Flugblatt wurde bald reichsweit verteilt. Allein in Berlin und Umgebung 30 000, in weiteren 40 Orten insgesammt 100 000 Stück.[20] Als erste Resonanz demonstrierten am 28. Mai 1915 ca. 1500 Frauen vor dem Berliner Reichstagsgebäude. Sie protestierten gegen die steigenden Lebensmittelpreise und für baldigen Frieden.[21] Die Polizei nahm vorübergehend 25 Personen fest.

Am 23. Juli wurde die Wohnung von Clara Zetkin in Stuttgart durchsucht und am 29. Juli wurde sie als Verantwortliche für das Berner Manifest in Haft genommen.[22] Erst nach vielfachem Protest aus dem Ausland und der SPD-Führung und wegen einer schweren Erkrankung wurde Clara Zetkin am 12. Oktober 1915 gegen Kaution wieder auf freien Fuß gesetzt.[23]

Die Basis des Protests war noch zu schwach, noch galt es an mehreren Fronten zu kämpfen: gegen die eigene Parteiführung und gegen den Krieg.

17. *L. Dornemann* a.a.O., S. 274.
18. Clara Zetkin, Offizieller Bericht über die Verhandlungen des internationalen sozialistischen Frauenkongresses in Bern, in: Dok. u. Mat. R. II, Bd. 1, S. 119 ff.
19. Manifest abgedruckt in: Dok. u. Mat. R. II, Bd. 1, S. 125-127.
20. Dass., S. 201-204.
21. Demonstrationsdokumente in: Dass., S. 167, 168.
22. Dass., S. 212-214 und auch *L. Dornemann*, a.a.O., S. 279.
23. *L. Dornemann*, a.a.O., S. 284.

Abb. 4: Frauendemonstration vor dem Reichstag am 28. Mai 1915

5.2. *Die Konferenz der Radikal-Bürgerlichen Frauen im Haag vom 28. April bis zum 1. Mai 1915*

Aber auch die Pazifistinnen hatten gegen einige Widrigkeiten vor und nach ihrem Kongreß zu kämpfen. Das Vorbereitungskomitee klagte über Briefzensur und Paßverweigerungen. So verbot z.B. die englische Regierung den 180 Delegiertinnen die Ausreise. Aus Frankreich konnte keine Frau ausreisen, da der Weg durch das besetzte Belgien nicht möglich war. Die 40 Amerikanerinnen und mit ihnen die Vorsitzende des Kongresses Jane Addams trafen erst am Morgen des 28. April im Haag nach einigen Schwierigkeiten ein.[24]

Mitten im Krieg fand dieser einzigartige Kongreß statt, an dem 1.136 Delegiertinnen aus 12 Ländern teilnahmen. Dazu kamen aus Schweden und Norwegen 50.000 und aus Italien 20.000 Grußadressen.[25]

Die tagenden Frauen hatten sich viel vorgenommen. Sie diskutierten und verabschiedeten 20

24. Bericht vom Internationalen Frauenkongreß im Haag 28.4. bis 1.5.1915, Hrsg. Internationales Frauenkomitee für dauernden Frieden (Amsterdam 1915). Einleitung dazu von: *Chrystal Macmillan*, Die Geschichte des Kongresses, Seiten XXV - XXXVI, auch in: Erlebtes-Erschautes, S. 128.

25. Zahlen der Teilnehmerinnen etc. vgl. Bericht S. XXXII, XXXIII, und S. 45, auch Völkerversöhnende, a.a.O., S. 6.

Resolutionen, in denen es vor allem um die Bedingungen und Grundsätze für einen zukünftigen Frieden ging.[26]

Interessanterweise ist nachweisbar, daß die 14-Punkte Erläuterung von Präsident Wilson auf diesen Beschlüssen beruht.[27]

Abb. 5: Der Internationale Frauenfriedenskongreß im Haag vom 28. 4. bis 1.5.1915 während der Tagung

Nach Abschluß des Kongresses wurde eine 8-köpfige internationale Delegation zusammengestellt. Sie überbrachte im Laufe des Mai und Juni 1915 insgesamt 14 Regierungen und dem Papst die Beschlüsse und diskutierte ihre Vorschläge zur Friedensvermittlung.[28]

Am 22. Mai 1915 gelangte sie nach Berlin. Der Reichskanzler Bethmann Hollweg ließ seinen vielversprechenden Worten allerdings keine Taten folgen. Zur weiteren Durchführung der Haager Beschlüsse sollte in jedem Land ein ‚Ausschuß für dauernden Frieden' mit Vertrauenspersonen eingerichtet werden. Zunächst wurde jedoch die Drucklegung und die Veröffentlichung der Beschlüsse in verschiedenen deutschen Landesteilen verboten.

Brief- und Pressezensur behinderte weiter den Kontakt zu ausländischen Frauen und die Ausweitung der pazifistischen Gedanken.

Die radikal-bürgerlichen Frauen, vor allem L.G. Heymann und Anita Augspurg in München und Frieda Perlen in Stuttgart, bemühten sich weiter durch Eingaben und Petitionen an den Reichstag um Friedensverhandlungen und wandten sich gegen Repressalien.[29] Denen konnten sie aber nicht entgehen!

So wurde Lida Gustava Heymann im Dezember 1915 an der holländischen Grenze verhaftet

26. Vgl. Völkerversöhnende, a.a.O., S. 8.
27. Erlebtes-Erschautes, S. 134.
28. Bericht, a.a.O., S. 317 und Völkerversöhnende, a.a.O., S. 8, 9.
29. Völkerversöhnende, a.a.O., S. 21 bis 27.

und nach München zurückgeschickt. Drei Monate später wurden alle pazifistischen Agitationen verboten.[30]

6. Das Krisenjahr 1917 und die Aktionen der Frauen

6.1. Die Aktionen der Pazifistinnen

Einen Höhepunkt der Repressalien bildete die Ausweisung der Hamburgerin Lida Gustava Heymann aus München im März 1917. Durch eine fingierte Abreise gelang es ihr, die Behörden zu täuschen. Sie lebte weiter versteckt in einem kleinen Dorf.[31]

Trotzdem gelang es, die pazifistische Gesinnung durch Mund-zu-Mund-Propaganda zu verstärken. Im Jahre 1917 sind in 29 Städten Vertrauenspersonen des ‚Ausschusses für dauernden Frieden' verzeichnet.[32]

Auch gelang es in Frankfurt a.M., der einzigen Stadt, die pazifistische Veranstaltungen nicht verbot, am 2. Jahrestag der Haager Konferenz, also am 30. April 1917,ein Treffen mit 50 Frauen abzuhalten. Dort verabschiedeten sie eine Resolution zur sofortigen Aufnahme von Friedensverhandlungen und sandten sie an den Reichskanzler.[33]

Darüber hinaus richteten die Pazifistinnen Eingaben und Petitionen an behördliche Stellen des Staates und appellierten an die Vernunft.
Vergeblich!

6.2. Die Sozialistinnen im Jahre 1917

Die Stagnation des Kriegsverlaufs und die Verschärfung der innenpolitischen Situation durch mangelnde Lebensmittelversorgung hatte im Kohlrübenwinter 1916/17 die Mehrheit der Bevölkerung kriegsmüde werden lassen.

Dies galt vor allem für proletarische Frauen, die oft hart in Rüstungsbetrieben arbeiteten: sie und ihre Kinder hungerten! Nichts lag näher, als Bäckereien und Lebensmittellager zu stürmen, was oft geschah!

Schon im Juli 1916 protestierten 2.000 Frauen in Nürnberg, am 18. und 19. August kam es in Hamburg zu 57 Geschäftsplünderungen. Im Januar 1917 stürmten 1.000 Frauen das Rathaus in Harburg, warfen Scheiben ein und bewarfen Polizisten mit leeren Flaschen. Im Februar 1917 griffen die Unruhen wieder auf Hamburg über, wo es zu 105 Ladenplünderungen kam.[34]

Von Norden breiteten sich die Hungerunruhen sowohl nach München und Nürnberg aus, als auch ins Ruhrgebiet und nach Berlin. Das Streikverbot (Burgfrieden) wurde bewußt verletzt; vor allem Frauen aus den kriegswichtigen Betrieben streikten.

Am 15. April 1917 waren in Berlin ca. 200.000 Leute auf den Beinen, um für die bessere Lebensmittelversorgung und für den sofortigen Friedensschluß einzutreten.[35]

Diese Streikbewegung, die bald das ganze Reich überzog, ging einher mit den politischen Auseinandersetzungen um die Parteispaltung der SPD in MSPD und USPD. Diese Problematik ging an den Parteifrauen nicht vorbei. Der Machtkampf tobte!

30. Erlebtes-Erschautes, S. 138, 139.
31. Dass., S. 142, 143 und Völkerversöhnende, a.a.O., S. 46-55.
32. Völkerversöhnende, a.a.O., S. 44.
33. Erlebtes-Erschautes, S. 147, 148 und Völkerversöhnende, S. 45.
34. *J. Evans*, Sozialdemokratie und Frauenemanzipation im deutschen Kaiserreich (Berlin 1979) S. 299, 300.
35. Dok. u. Mat. Bd. 1, S. 611.

Die MSPD drängte alle USPD-Leute aus wichtigen Parteipositionen und -funktionen. So beschloß der Parteivorstand am 17. Juni 1917, Clara Zetkin die Chefredaktion der ‚Gleichheit' unter der fadenscheinigen Begründung des zu starken Auflagenrückgangs zu entziehen.[36]

Eine Ära ging zu Ende; die ‚Gleichheit', das antimilitaristische Sprachrohr der Sozialistinnen, war für immer verstummt!

Aber Clara Zetkin gab nicht auf.

Mit neuen Genossinnen der USPD kämpfte sie weiter und veröffentlichte in einer Beilage zur ‚Leipziger Volkszeitung'.

Durch die russische Oktoberrevolution 1917 war die große Hoffnung auf eine baldige Veränderung der Verhältnisse auch in Deutschland ungeheuer genährt worden. Mit aller Kraft, die sie besaßen, setzten sich jetzt die proletarischen Frauen mit ihren Männern für den Sieg des Sozialismus ein!

7. 1918 und das Erbe der Frauenfriedensaktivitäten

7.1. Die Pazifistinnen

Die Pazifistinnen wollten ihre vielfältigen Aktivitäten wieder international ausdrücken; vom 14. bis 19. April 1918 sollte in Bern ein Kongreß stattfinden. Er scheiterte an den Paßschwierigkeiten; die Regierungen verweigerten den Frauen die Ausreise.[37]

In Deutschland wurde wiederum in Frankfurt a.M. am 25. Mai 1918 ein Treffen der Vertrauenspersonen einberufen. 50 Frauen berieten Aufgaben und Forderungen, die sie in der Zeit nach dem Krieg durchsetzen wollten.[38]

Desweiteren bestand die Aktivität der deutschen Pazifistinnen in Eingaben an den Reichstag für Friedensbedingungen und für die Idee eines Weltvölkerbundes.

7.2. Die Sozialistinnen

Im Laufe des Jahres 1918 hatten sich die Streiks und die Unmutsäußerungen gegenüber dem Krieg stark ausgebreitet. Aber in den Berichten wird nun nicht mehr von Frauen sondern nur mehr noch von „streikenden Arbeitern" gesprochen; das Ausmaß von Frauenbeteiligung ist nicht genau bestimmbar.[39]

Während der Kämpfe im November 1918 für eine neue Gesellschaftsform zeigte sich die Dominanz der Männer: sie leiteten und die Frauen bildeten das Fußvolk!

Die Frauen hatten sich mit allen Kräften für die Beendigung des Krieges und für den Sozialismus eingesetzt; die Früchte des Kampfes trugen die Männer nachhause. Den Frauen schenkten sie das Wahlrecht. Ihre Erwerbsarbeitsplätze mußten sie den heimkehrenden Männern wieder überlassen. Die Frauen wurden wieder ins Heim und an den Herd geschickt. In Ausnahmefällen durften sie als Sekretärin an die Schreibmaschine oder als Sozialarbeiterin den Unrat der Gesellschaft beseitigen.

Auch wenn die Waffen schwiegen, die Frauen verblieben in ihrer doppelten Unterdrückungssituation![40]

36. ‚Gleichheit' Nr. 18, 1917, und *Clara Zetkin*, Ausgewählte Reden, a.a.O., S. 756-759.

37. *Minna Cauer*, Zur internationalen Konferenz in Bern, in: ‚Die Frauenbewegung' 24. Jg., April 1918, S. 13, 14.

38. Völkerversöhnende, a.a.O., S. 63-65.

39. *Clara Zetkin*, Ausgewählte Reden, a.a.O., Bd. 2, S. 55-60.

40. Diese Einschätzung wird in den Schlußthesen meiner Magisterarbeit genauer erläutert, siehe a.a.O., S. 236-242.

8. Quintessenzen

Eine Begründung für diese Situation der Frauen in der Weimarer Republik liegt nicht sofort auf der Hand. Es sind wohl mehrere Faktoren, die zeigen, warum Frauen keinen Einfluß auf die Beendigung des Krieges und auf die ihrer Unterdrückungssituation hatten:

— Frauen besaßen keine Bürgerrechte.

— Frauen waren lange Zeit von höherer Bildung ausgeschlossen (erst ab 1908 durften Frauen studieren).

— Frauen war es verboten, politischen Parteien beizutreten; erst ab 1908 wurde dies aufgehoben. Dies begründet eindeutig, warum Frauen noch kein machtpolitischer Einflußfaktor sein konnten.

— Letztendlich wurden Frauen grundsätzlich nicht ernst genommen. Die geltenden kulturellen und gesellschaftlichen Normen und Wertmuster schrieben eine strikte Rollentrennung vor: Frauen gehörten ins Haus zur Versorgung der Kinder, für sie galten Werte wie Gefühl, Sanftmut, Schwäche und Opferbereitschaft; Männer dagegen gehörten in den öffentlichen Bereich der Welt, der Erwerbsarbeit, für sie galten die Werte wie Denken, Stärke und Durchsetzungsvermögen. Diese Bereiche von Mann und Frau waren komplementär gedacht. Ein Mensch, der diesen Rollen nicht entsprach, setzte sich der Lächerlichkeit und der Nicht-Anerkennung aus.

Deshalb wurden Frauen, die sich im angestammt ‚männlichen‘ Tätigkeitsfeld der Politik, ja sogar der Friedenspolitik einsetzten, von den herrschenden Männern nicht für kompetent gehalten und nicht akzeptiert.

Und heute?

Heute hat sich einiges an der äußeren Situation der Frauen verändert, trotzdem haben Frauen nur geringe Einflußmöglichkeiten auf politische Entscheidungen. Meiner Meinung nach ist dies und die geringe Partizipation von Frauen in politischen Parteien u.ä. ursächlich durch die weiterhin herrschenden patriarchalen und kapitalistischen Denk- und Machtstrukturen bedingt.

Wenn heute Frauen Einfluß auf Politik und Friedenspolitik nehmen wollen, dann ist es also notwendig, sich mit bestehenden männlichen Herrschaftsstrukturen auseinanderzusetzen und sie zu hinterfragen.

— Wir wissen, Waffenanhäufung hat etwas mit industriellem Profit- und Machtstreben und mit Sicherheitsdenken zu tun; es gilt, stärker und besser zu sein als der andere.

— Wenn Waffen auf beiden Seiten gezählt und reduziert werden, ändert sich aber grundsätzlich nichts! Die Abschaffung aller Waffen ist grundsätzlich erforderlich!

Von weiterer zentraler Bedeutung sind die Machtstrukturen, die der vielseitigen Waffenanhäufung zugrunde liegen. Erst durch eine weltweite Veränderung dieser Strukturen und der Denkweisen kann real etwas Neues entstehen.

— Dies ist leicht gesagt, aber die wirklichen Verhältnisse sind komplexer: dieser Machtstruktur liegt nämlich nicht nur das kapitalistische System zugrunde, sondern auch die Männerherrschaft! Sie ist das weltweite Unterdrückungsmoment über jede ideologische Grenze hinweg.

Deshalb gilt es, einen Prozeß des Umdenkens einzuleiten. Wir sind aufgerufen, daran mitzuarbeiten. Denn erst wenn an den Grundlagen der Machtsysteme dieser Welt — also am Patriarchat und am Kapitalismus — gleichzeitig etwas verändert wird, erst dann kann unsere Welt vor einer globalen Vernichtung gerettet werden!

Henry David Thoreau, Hermann Hesse und der moralische Imperativ zum politischen Handeln

von Till Bastian, Mainz

Auf der Trauerfeier nach der Beerdigung des verstorbenen Rudi Dutschke berichtete der Arzt des Toten, wie mühsam Dutschke nach seiner bei einem Attentat erlittenen Hirnverletzung wieder Sprechen gelernt habe. Als Dutschke versucht habe, sich an Marxens berühmte 11. These an Feuerbach zu erinnern, sei ihm ein bezeichnender Fehler unterlaufen. Diese letzte der Marxschen Feuerbach-Thesen lautet bekanntlich: „Die Philosophen haben die Welt nur verschieden interpretiert; es kömmt darauf an, sie zu verändern". Dutschke nun zitierte den Inhalt des zweiten Satzes in folgender Weise: „...es kömmt aber darauf an, SICH zu verändern"!

Die Welt verändern oder sich selber verändern — was scheinbar zufälllig in der absichtslosen Fehlleistung eines politisch höchst aktiven, jetzt aber körperlich leidenden Menschen aufscheint,läßt ein Generalthema der gesamten abendländischen Philosophie anklingen. Was genießt Vorrang, der innere oder der äußere Friede? Kommt einem gerechten Zustand der Welt oder der Ruhe der eigenen Seele Priorität zu? Hat der christliche Philosoph Thomas von Kempen recht, der um 1420 in den Niederlanden das Buch von der „Imitatio Christi" verfaßte und darin niederschrieb, „wer bestrebt ist, zu inneren und geistlichen Gütern zu gelangen, der muß mit Jesus der Menge aus dem Wege gehen." Oder ist dem von Karl Marx reformulierten kategorischen Imperativ der Vorzug zu geben, der rund vierhundertzwanzig Jahre später fordert, „alle Verhältnisse umzuwerfen, in denen der Mensch ein erniedrigtes, ein geknechtetes, ein verlassenes, ein verächtliches Wesen ist." (1844)

Weltrevolution oder Revolution der Seele? Vita activa oder vita contemplativa? Bis zum heutigen Tage hat das europäische Denken diese Ambivalenz nicht abschütteln können. Was können wir aus dieser Geschichte der Widersprüche folgern, heute, wo nicht mehr allein der verstorbene Albert Einstein, sondern auch der höchst lebendige Michael Gorbatschow ein „neues Denken" fordert, das unabdingbar sei, wenn die Menschheit überleben wolle?

Ich will versuchen, mich diesem Problemfeld mit einer auf den ersten, vielleicht auch noch auf den zweiten Blick eigentümlich wirkenden Fragestellung zu nähern: Wer hat die Welt tiefgreifender, wirksamer verändert, Hermann Hesse oder Josef Stalin? Die Alternative erscheint in der Tat absurd. Josef Stalin trieb den Aufbau des Sozialismus in einem Lande voran, da die erhoffte Weltrevolution ausblieb, industrialisierte die Sowjetunion mit drastischen, zum Teil verbrecherisch-unmenschlichen Mitteln, führte den „Großen Vaterländischen Krieg" bis zum siegreichen Ende und zur Niederwerfung Hitlerdeutschlands. All diese Maßnahmen, mit welchen Mitteln und Methoden auch immer durchgeführt, entbehrten letztlich nicht der Effektivität, der Wirksamkeit. Und während Stalin, jede innere und äußere Opposition zerschmetternd, sein Land von Grund auf veränderte, saß Hesse, zwei Jahre älter als jener, als stiller Kurgast in einem schweizerischen Badeort. Damals, 1923, kurz vor Lenins Tod, als Stalin bereits eine erste Parteisäuberung im großen Stile durchführte, notierte Hesse in seiner „Psychologia Balnearia": „Derjenige nun, welcher mir und den Gästen und dem allem gelangweilt zusah, dem gelangweilt essenden Hesse, den gelangweilt essenden Mitgästen, war nicht der Kurgast und Ischiatiker Hesse, sondern der alte, etwas gesellschaftsfeindliche Eremit und Sonderling Hesse, der alte Wanderer und Poet, der Freund der

Schmetterlinge und Eidechsen, der alten Bücher und Religionen, jener Hesse, der sich der Welt entschlossen und kräftig gegenüberstellte und dem es ein tiefes Leid bereitete, wenn er sich von seiner Behörde einen Heimatschein ausstellen lassen oder auch nur den Zettel einer Volkszählung ausfüllen mußte.“

Sehen wir davon ab, daß Hesse (1877 bis 1962) und Stalin (1879 bis 1953) Zeitgenossen waren, so scheint es kaum irgendwelche Gemeinsamkeiten zwischen ihnen zu geben. Um so mehr mag es verwundern, daß Hesse, der, hätte er in der Sowjetunion gelebt, sicherlich in einem Straflager verschwunden wäre, Worte zwar nicht des Verzeihens, aber doch eines partiellen Verstehens für den Diktator findet. Am 3.2.1950, drei Jahre vor Stalins Tod, schreibt Hesse an einen Leser: „Wir dürfen Hitler und Stalin... nicht in einen Topf werfen. Der faschistische Versuch ist ein rückläufiger, unnützer, törichter und gemeiner Versuch, der kommunistische Versuch aber ist einer, den die Menschheit machen mußte und der trotz seinem traurigen Steckenbleiben im Unmenschlichen wieder und wieder wird gemacht werden müssen...“

An dieser Stelle kommt dem Chronisten ein weiteres Faktum in den Sinn: Stalin war Seminarist in Tiflis, Hesse entfloh dem Kloster in Maulbronn; beide verweigerten sich also der ihnen ursprünglich zugedachten religiösen Laufbahn. Freilich scheint es, als hätten sie aus diesem Erlebnis entgegengesetzte Schlußfolgerungen gezogen. Stalin versucht im wahrsten Wortsinne mit allen Mitteln die Weltgeschichte zu gestalten und verändert mit Feuer und Schwert das Antlitz der Erde; allein es bleibt der Verdacht, daß vielleicht gerade wegen der Grausamkeit seiner Methoden die Auswirkungen seines Tuns im Oberflächlichen verhaftet bleiben und nur wenig dauerhafte Veränderungen nach sich ziehen. Stalins rhetorische Frage, wieviele Divisionen der Papst zur Verfügung habe und seine spöttische Bemerkung, die Atombombe könne nur Menschen mit schwachen Nerven Angst einjagen, gelten heute in Ost und West nicht nur als Ausdruck eines mittlerweile auch in der Sowjetunion überwundenen Vulgärmaterialismus plattester Art, sondern auch als Symptom einer grotesken, bedenkenlosen Überheblichkeit, die die historische Wahrheit eben nicht auf ihrer Seite hat. International gesehen, ist das Christentum heute, fünfunddreißig Jahre nach Stalins Tod, alles andere als eine absterbende Macht, und das gleiche gilt für andere Religionen; und was die Atombombe anbelangt, so hat sich die Auffassung, daß von ihr die bisher größte Bedrohung für die gesamte Biosphäre verkörpert ist, heute weltweit durchgesetzt und findet ja gerade in der Reformpolitik Gorbatschows sichtbaren Ausdruck.

Und Hesse? Während sich heute wohl kaum noch ein ernsthafter Mensch für die von Stalin verfaßte „Kurze Geschichte der KPdSU“ begeistern kann, werden seine Bücher in Millionenauflagen gedruckt — in Japan, in den USA — und auch in der Sowjetunion. Ja, die weltweiten Jugend- und Studentenunruhen am Ausgang der sechziger Jahre haben sogar eine neue Begeisterung für seine Schriften aufblühen lassen; es ist gewiß nicht falsch, zu behaupten, daß sie zu den Kultbüchern jener Bewegung gehört haben, deren Engagement den Vietnamkrieg beendete.

Wie schon Hesses Brief zu den Unterschieden zwischen Hitler und Stalin, wie aber auch viele andere, hier nicht erörterbare Dokumente aus Leben und Werk zeigen, war Hesse keineswegs der unpolitische Sonderling und Eremit, als welchen er sich selbst so gerne zeichnete; oder, besser gesagt, er war dies auch, zu Zeiten („je und je“ hätte er wohl selber geschrieben!), aber nicht alleine oder ausschließlich. Er war ja, wie sich in all seinen großen Romanen zeigt, der Dichter und Philosoph der Ambivalenz, der Zwiespältigkeit, die versucht, sich zur Polarität zu integrieren — eine Aufgabe, die freilich in „Narziß und Goldmund“ wie auch in „Das Glasperlenspiel“ ungelöst bleibt bzw. durch den Tod abrupt beendet wird. Auch aus Hesses Lebensgeschichte scheint herauszuleuchten, daß ihm diese Integration eher Wunsch und Ziel geblieben ist, als ihm als gelebte Möglichkeit zu Gebote zu stehen. Wie dem auch immer sein mag: Ein Zauber seines Schaffens besteht zweifellos in der anrührenden Tiefe der geschilderten Ambivalenz, in der berührenden Intensität des Ringens um deren Auflösung. Dies gilt auch im Bemühen um die Integration des politischen Handelns in ein durchgeistigt gelebtes Leben: „Wir sollten nicht aus der Vita activa in die

Vita contemplativa fliehen noch umgekehrt, sondern zwischen beiden wechselnd unterwegs sein, in beiden zuhause sein, an beiden teilhaben" heißt es in „Das Glasperlenspiel". Auch der Ludi Magister Josef Knecht ist unterwegs — besorgt um die Zukunft des sich von der Außenwelt abschottenden Kastalien verfaßt er seinen Rücktrittsgesuch. „Wir können", so schreibt er darin, „wenn wir wollen, die Augen schließen, denn die Gefahr ist noch einigermaßen fern; vermutlich werden wir, die wir heute Magister sind, alle noch in Ruhe zu ende amten und uns in Ruhe zum Sterben legen können, ehe die Gefahr nahe kommt und allen sichtbar wird. Für mich jedoch, und wohl nicht für mich allein, würde diese Ruhe nicht die des guten Gewissens sein. Ich möchte nicht in Ruhe weiter mein Amt verwalten und Glasperlenspiele spielen, zufrieden damit, daß das Kommende ja wohl mich nicht mehr am Leben treffen werde. Nein, sondern mir scheint es notwendig, mich zu erinnern, daß auch wir Unpolitischen der Weltgeschichte angehören und sie machen helfen."

Diese mit deutlichem, unübersehbarem Bezug auf die nationalsozialistische Gewaltherrschaft geschriebenen Zeilen aus Hesses letztem großem Werk, an dem er elf Jahre arbeitete und das 1969 auch ins Russische übersetzt worden ist, fanden Zustimmung auch bei einem anderen, nicht minder berühmten Dichterkollegen. Am 8. April 1945, kurz vor Kriegsende, zwei Jahre nach dem Erscheinen des „Glasperlenspiel" und einem Jahr, bevor Hesse für dieses Werk den Nobelpreis erhielt, hatte Thomas Mann dem Dichter geschrieben:

„Ich glaube, nichts Lebendes kommt heute ums politische herum. Die Weigerung ist auch Politik, man treibt damit die Politik der bösen Sache."

Es fragt sich freilich, welche Vorstellung Hesse von Politik besitzt — der Verdacht liegt nahe, daß er darunter etwas anderes, umfassenderes verstehen könnte als etwa Josef Stalin. Diese Vermutung wird nicht zuletzt durch Hesses Marx-Kritik gestützt. Über diesen schreibt Hesse:

„Nähme er den Geist an sich und die seelischen Anlagen und Bedürfnisse des Menschen halb so ernst, wie er die Erscheinung des Kapitals nimmt, so läsen wir ihn lieber, und er hätte über das, was jenseits von Kapital und Arbeit liegt, Stichhaltigeres zu sagen. Seine Einsicht in die Mechanik der Wirtschaft ist schlechthin genial und oft prophetisch; seine Philosophie und Geschichtsbetrachtung ist eng..."

Dieser Verweis auf das, was der Marxismus bei allen seinen Verdiensten vernachlässigt (Stalin übertreibt diese Reduktion dann bis zum Exzeß!), mag uns zu einem anderen Männerpaar führen, zu zwei Philosophen, von denen der eine Stalin, der andere Hesse als Vorbild diente. Auch hier mag es wieder sinnvoll sein, ein kurzes Schlaglicht der Kritik erhellend über Gegensätze und Gemeinsamkeiten gleiten zu lassen, um so zu weiteren Diskussionen anzuregen. Die Rede ist von Karl Marx und Henry David Thoreau.

Beginnen wir mit dem „Manifest der Kommunistischen Partei!", das Marx und Engels 1848 veröffentlicht haben. Unvoreingenommen gelesen, enthält dieses programmatische Dokument Sätze, die uns Heutigen, Auge in Auge mit der drohenden ökologischen Katastrophe, die Ohren klingen lassen müssen:

„Die Bourgeoisie hat in der Geschichte eine höchst revolutionäre Rolle gespielt" stellen die beiden Kampfgefährten da in einer Mischung aus Abscheu und Bewunderung fest. „Erst sie hat bewiesen, was die Tätigkeit der Menschen zustande bringen kann. Sie hat ganz andere Wunderwerke vollbracht als ägyptische Pyramiden, römische Wasserleitungen und gotische Kathedralen..."

Und in der selben ungebrochenen Fortschrittsbegeisterung heißt es weiter: „Die Bourgeoisie hat das Land der Herrschaft der Stadt unterworfen. Sie hat enorme Städte geschaffen, sie hat die Zahl der städtischen Bevölkerung gegenüber der ländlichen in hohem Maße vermehrt und so einen bedeutenden Teil der Bevölkerung der Idiotie des Landlebens entrissen... Die Bourgeoisie hat in ihrer kaum hundertjährigen Klassenherrschaft massenhaftere und kolossalere Produktionskräfte geschaffen als alle vergangenen Generationen zusammen. Unterjochung der Naturkräfte, Maschinerie, Anwendung der Chemie auf Industrie und Ackerbau, Dampfschiffahrt, Eisenbahnen, elektrische Telegraphen, Urbarmachung ganzer Weltteile, Schiffbarmachung der Flüsse — welch früheres Jahrhundert ahnte, daß solche Produktionskräfte im Schoß der gesellschaftlichen Arbeit schlummern."

Soweit das kommunistische Manifest. Einhundertfünfzig Jahre später, wo die sozialistischen Tannen im Erzgebirge nicht weniger schnell zugrunde gehen als die kapitalistischen Bäume im Schwarzwald, denken wir wohl etwas skeptischer über die Nutzung der Unterjochung der Natur; und wo Kernkraftwerkskatastrophen von Harrisburg bis Tschernobyl häßlich systemübergreifend Gesundheit und Leben von Hunderttausenden gefährden, ist auch unsere Verehrung für das ungehemmte Wachstum der Produktionskräfte etwas gemildert.

Der Eindimensionalität des orthodoxen Marxismus, der ausschließlich einem an Bacon und Fichte orientierten raptativen Stoffwechsel mit der Natur und dessen rationeller gesellschaftlicher Organisation sein Augenmerk widmet, mag ein anderer, weit weniger spektakulärer, aber doch nachhaltig wirksamer Befreiungsversuch gegenübergestellt werden, der fast gleichzeitig mit der Abfassung des Kommunistischen Manifestes sich vollzog: Vom 4. Juli 1845 bis zum 6. September 1847 hatte Henry David Thoreau in einer kleinen, mit Freundeshilfe erbauten Hütte am Waldensee gelebt; das Buch, das er über diese Zeit verfaßte, hat mit einer gewissen Verzögerung Weltruhm erlangt (Walden, oder: Hüttenleben im Walde, 1854). „Die amerikanische Literatur, so kühn und großartig sie ist, hat kein schöneres und tieferes Buch aufzuweisen" schrieb späterhin einer, der Hermann Hesse hieß.

Wie Hesse tritt auch Thoreau für die Lösung des Individuums aus den konventionellen gesellschaftlichen Banden ein. „Warum haben wir es alle so verzweifelt eilig, zu Erfolg zu kommen, noch dazu in so verzweifelten Unternehmungen?" fragt er. „Wenn einer nicht Schritt hält mit den anderen, rührt das vielleicht daher, daß er auf einen anderen Trommler hört. Jeder richte seine Schritte nach der Musik, die er vernimmt, mag sie noch so gemessen und leise klingen."

Dieser Anspruch gerät freilich in scharfen Widerspruch zur kapitalistischen Leistungs- und Erwerbsgesellschaft. „Das Erwerbsleben" schreibt Thoreau, „läßt dem Menschen nicht genug Zeit, um den Alltag menschenwürdig zu gestalten; er kann es sich nicht gestatten, den anderen gegenüber als Mann und Mensch aufzutreten; es könnte ja den Marktwert seiner Arbeit beeinträchtigen. Er hat keine Zeit, etwas anderes als eine Maschine zu sein. Wie kann einer, der dauernd seine Kenntnisse verwerten muß, noch daran denken, daß er im Grunde nichts weiß?" Für Thoreau gilt im Grunde Ähnliches wie für Hesse. Er war radikaler Individualist und Befürworter von Autonomie und Rückzug — aber nur beizeiten, und er war mehr als das. Der Dichter, von Beruf Geometer und Schullehrer, bei Beendigung seines Hüttenlebens dreißig Jahre alt, trat bei aller Tendenz zum Eremitenleben der staatlichen Obrigkeit keineswegs demütig und ergeben entgegen. Als die USA einen Angriffskrieg gegen ihren südlichen Nachbarn Mexiko vom Zaune brach, protestierte er dagegen ebenso heftig wie gegen den ungehinderten Fortbestand der Sklaverei; und da er sich mit diesen Zuständen nicht einverstanden erklären wollte, weigerte er sich, die übliche Kopfsteuer zu bezahlen, wurde 1846 inhaftiert und verbrachte eine Nacht im Gefängnis von Concord — allerdings ließ man ihn umgehend wieder frei, weil Thoreaus Tante, sehr zu dessen Ärger, die rückständige Summe bezahlt hatte. Durch solche Erfahrungen bestärkt, veröffentlichte er 1849 den Aufsatz „Über die Pflicht zum Ungehorsam gegen den Staat", der auf einem Vortrag beruht, den er im Vorjahre gehalten hatte. Der diesem Essay später zugedachte Titel „Civil Disobedience" (Ziviler, d.h. bürgerlicher Ungehorsam) ist allerdings eine spätere Wortschöpfung aus der Zeit nach Thoreaus Tod im Jahre 1862. Gleichviel, unter diesem Titel wurde der kleine Artikel weltberühmt; Mahatma Gandhi und Martin Luther King zählten zu seinen begeisterten Lesern. Und so zeigt sich auch hier die Ungewißheit, ob nicht auch der zivilisationsmüde, weltabgewandte Philosoph vom Walden-Teich politischen Wellenschlag ausgelöst hat, der bis heute die Gestade der Geschichte netzt.

In jenem Vortrag sagte Thoreau, eben ein Jahr aus seiner Einsiedelei zurückgekehrt, unter anderen:

„Es gibt Tausende, die im Prinzip gegen Krieg und Sklaverei sind und doch praktisch nichts unternehmen, um sie zu beseitigen; die sich auf den Spuren Washingtons oder Franklins glauben und zugleich ruhig sitzen bleiben, die Hände in den Taschen, sagen, sie wüßten nicht, was zu tun sei und eben auch nichts tun; Menschen, für die die Frage der Freiheit hinter die des Freihandels zurücktritt und die nach dem Essen in aller Ruhe die Tagespreise zugleich mit den letzten Nachrichten aus Mexiko lesen und vielleicht über dieser Lektüre einschlafen... Sie zögern, sie bedauern und manchmal unterschreiben sie auch Bittschriften, aber sie tun nichts ernsthaft und wirkungsvoll. Sie warten — wohlsituiert — daß andere den Übelstand abstellen, damit sie nicht mehr daran Anstoß nehmen müssen. Höchstens geben sie ihre Stimme zur Wahl, das kostet nicht viel, und der Gerechtigkeit geben sie ein schwaches Kopfnicken und die besten Wünsche mit auf den Weg, während sie an ihnen vorübergeht."

Von der magischen Macht der Sprachgewalt ganz abgesehen — Thoreaus Emphase des Gewissens und Hesses Warnung vor der politischen Abstinenz wirken deshalb auch heute noch so unmittelbar aufrüttelnd und überzeugend, weil beide Dichter kein papierenes, koloriertes Bild lebensfremder Helden und ihrer Tugenden malen, sondern weil in ihrem Werk der Mensch in seiner Zerrissenheit wie in seiner Sehnsucht nach Integration jederzeit faßbar bleibt. Deshalb bleibt dieser moralische Imperativ zum politischen Handeln auch heute noch verpflichtend — weil er sich nicht aus den blassen, dem Leben enthobenen Gedankengebäuden einer kunstreich ersonnenen Theorie speist, der ja letztlich doch der Gang der Weltgeschichte irgendwann den Boden unter den Füßen entzieht, sondern aus der uns allen vorbewußt mitgegebenen, fraglos gewissen Gemeinsamkeit mit aller belebten und unbelebten Mitwelt. Daher die eindringliche Unmittelbarkeit des Appells. Daher auch seine Wirksamkeit. Thoreaus Ratschlag „Vereinfache dein Leben!" ist heute so aktuell wie eh und je und wurde formuliert, hundert Jahre bevor E.F. Schumacher das Motto „small is beautiful" ersonnen hatte. Und wer wäre nicht angerührt, wenn er hört, wie Hesse schon am Anbeginn des Jahrhunderts in seinem genialen Jugendwerk „Peter Camenzind" (1904) den Lesenden zuruft, er habe beabsichtigt, „den heutigen Menschen das großzügige, stumme Leben der Natur nahe zu bringen und lieb zu machen. Ich wollte sie lehren, auf den Herzschlag der Erde zu hören, am Leben des Ganzen teilzunehmen und im Drang ihrer kleinen Geschichte nicht zu vergessen, daß wir nicht Götter und von uns selbst geschaffen, sondern Kinder und Teile der Erde und des kosmischen Ganzen sind... Ich wollte aber auch die Menschen lehren, in der brüderlichen Liebe zur Natur Quellen der Freude und Ströme des Lebens zu finden; ich wollte die Kunst des Schauens, des Wanderns und Genießens, die Lust am Gegenwärtigen predigen. Gebirge, Meere und grüne Inseln wollte ich in einer verlockend mächtigen Sprache zu euch reden lassen und wollte euch zwingen, zu sehen, was für ein maßlos vielfältiges, treibendes Leben außerhalb eurer Städte und Häuser täglich blüht und überquillt. Ich wollte erreichen, daß ihr euch schämet, von ausländischen Kriegen, von Mode, Klatsch, Literatur und Künsten mehr zu wissen als vom Frühling, der vor euren Städten sein unbändiges Treiben entfaltet, und als vom Strom, der unter euren Brücken hinfließt, und von den Wäldern und herrlichen Wiesen, durch welche eure Eisenbahn rennt..."

Von diesen Wäldern wird freilich — in Ost und West — bald nicht mehr viel übrig sein. Eben weil den Menschen das stille Leben der Natur keineswegs mehr nahe ist, und weil es ihnen an Respekt und Ehrfurcht vor diesem Eigenleben mangelt, droht der Biosphäre der ökologische Kollaps — sofern die Menschheit nicht schon zuvor durch das Disaster des Atomkrieges eine wüste und leere Erde, ein „Tohuwabohu" bereitet, das freilich kein Schöpfergott neu bevölkern wird. Können wir dagegen noch etwas tun? Werden unsere Kräfte zum erfolgreichen Widerstand ausreichen?

Lassen wir Thoreau das letzte Wort — mit den Schlußzeilen des „Walden": „Ich behaupte nicht, daß Hinz und Kunz das alles schaffen werden; aber das ist die Bewandtnis, die es mit der der Morgenröte hat, die der bloße Ablauf der Zeit nicht herbeiführen kann. Das Licht, das uns blendet, ist für uns Dunkelheit. Nur der Tag bricht für uns an, den wir wachen Sinnes erleben. Und es will noch viel Tag heraufdämmern. Die Sonne ist nur ein Morgenstern."

Die Politik der friedlichen Koexistenz — Von ihren Anfängen 1922 in Rapallo bis heute

von Ulrike Hörster-Philipps, Münster

I.

Über die Politik der friedlichen Koexistenz heute zu sprechen heißt, sich einer ganz wesentlichen Wurzel der Koexistenzpolitik zu erinnern, nämlich des Rapallo-Vertrags von 1922. Der Vertrag von Rapallo, vor fast genau 65 Jahren, am 16. April 1922 am Rande der Weltwirtschaftskonferenz von Genua zwischen dem damaligen Deutschen Reich und der noch jungen Sowjetrepublik geschlossen, war der erste Vertrag friedlicher Koexistenz zwischen zwei unterschiedlichen sozialen Systemen.

Auf der Grundlage der Anerkennung der Gleichberechtigung nahmen beide Vertragspartner diplomatische Beziehungen auf, verzichteten auf Kriegsentschädigungen und vereinbarten Handelsbeziehungen nach dem Prinzip der Meistbegünstigung. Der Rapallo-Vertrag war — um einen aktuellen Begriff aufzugreifen — Ausdruck eines neuen Denkens und eines neuen politischen Handelns unter den Bedingungen der damaligen Zeit, angepaßt an die veränderten weltpolitischen Verhältnisse nach dem ersten Weltkrieg. Zum ersten Mal seit 1917/18 brach ein Land — das Deutsche Reich — aus der Phalanx kapitalistischer Staaten aus und schloß einen völkerrechtlich verbindlichen Vertrag mit dem ersten, damals noch hart bekämpften sozialistischen Staat. Mit dem Rapallo-Vertrag war ein erster Grundstein gelegt für eine zukunftsorientierte, auf Gleichberechtigung basierende und Frieden und Zusammenarbeit zwischen unterschiedlichen Gesellschaftssystemen anstrebende Politik. Er war Ausgangspunkt einer — von den nationalistischen Kräften in Deutschland stets befehdeten — positiven Kontinuitätslinie realistischer, friedensstabilisierender deutscher Außenpolitik und für beide Seiten vorteilhafter deutsch-sowjetischer Beziehungen.

Der Rapallo-Vertrag war, wie zahlreiche Quellen über seine Entstehung und seine Wirkungen ausweisen, weit mehr als ein Zweckbündnis zweier von Krieg und wirtschaftlichem Elend erschütterter Staaten, als der er gelegentlich in der Historiographie charakterisiert wird.

Der Reichskanzler und Zentrumspolitiker Joseph Wirth, der den Vertrag gemeinsam mit seinem Außenmininster Walter Rathenau befürwortete, hat ihn in einer Rede vor dem Deutschen Reichstag am 29. Mai 1922 als „ehrliches, aufrichtiges Friedenswerk" bezeichnet, und weiter ausgeführt: „Es ist in gewissem Sinn ein vorbildlicher Friedensvertrag. In diesem Friedensvertrag gibt es weder Besiegte noch gibt es Sieger."[1]

Von sowjetrussischer Seite waren es Lenin und Georgi Tschitscherin, der Volkskommissar für Auswärtige Angelegenheiten, die den Rapallo-Vertrag politisch vorbereiteten. Sie stellten neue

1. Rede Wirths vor dem Reichstag vom 29.5.1922, zit. nach: U. Hörster-Philipps, N. Paech, E. Roßmann, Chr. Strässer (Hrsg.), Rapallo — Modell für Europa? Friedliche Koexistenz und internationale Sicherheit heute (Köln 1987) S. 91.

und sehr grundsätzliche Überlegungen darüber an, wie ein Nebeneinander des sich gerade entwickelnden sozialistischen Gesellschaftssystems mit den kapitalistischen Staaten zu gestalten sei. Tschitscherin war der erste, der in einer Rede am 17. Juni 1920 (also zwei Jahre vor Abschluß des Rapallo-Vertrages) den Begriff „friedliche Koexistenz" („mirnoe sosuščestvovanie") prägte. „Unsere Politik ist nach wie vor eine Politik des Friedens ... Wir wollen eins. Wir wollen, daß man uns nicht daran hindert, uns so zu entwickeln, wie wir das wollen; wir wollen in Frieden unsere neue, sozialistische Gesellschaft aufbauen. Wir tragen weder unsere Ordnung noch unsere Macht auf Bajonetten weiter ... Unsere Losung war und bleibt dieselbe: friedliche Koexistenz mit den anderen Regierungen, wie diese auch sein mögen."[2]

Auch aus heutiger Sicht ist es nicht uninteressant zu sehen, wie sich — vorangetrieben durch die Neue Ökonomische Politik in Sowjetrußland — vorteilhafte Handelsbeziehungen zwischen beiden Ländern entwickelten. Otto Wolff, der Vater des langjährigen Präsidenten des DIHT Otto Wolff von Amerongen, war der erste, mit dem die Sowjets im Oktober 1922 ein gemischtwirtschaftliches Unternehmen, die Deutsch-Russische Handelsgesellschaft (Rusgertorg) gründeten und dem sie eine Handelskonzession erteilten. Der Ansturm deutscher Industrieller auf den sowjetischen Markt war enorm und deutet einerseits auf die wirtschaftlichen Schwierigkeiten in der Nachkriegskrise, andererseits aber auch auf politische Veränderungen im großbürgerlichen Lager hin. Bereits Anfang Mai 1922, gerade gut zwei Wochen nach Vertragsabschluß, forderten „etwa 500 Inhaber und Vertreter von führenden Firmen aus 32 Städten und Industriebezirken" die deutsche Regierung auf, „den einmal betretenen Weg nun auch unentwegt bis zum Ende zu beschreiten und dafür zu sorgen, daß der Vertrag von Rapallo nicht Papier bleibt, sondern lebendige Bedeutung für Deutschland gewinnt."[3]

Neben Otto Wolff waren es Haniel und Krupp, Siemens, Klöckner, Borsig, die AEG, die MAN, und später die Vereinigten Stahlwerke und die IG-Farben, die in den Osthandel einstiegen. 1932 führten ungefähr 300.000 deutsche Arbeiter sowjetische Aufträge aus.

Die knappe Skizzierung des Rapallo-Vertrages bliebe jedoch unvollständig ohne den Verweis darauf, daß schon 1922 im Zusammenhang mit Rapallo konkrete Abrüstungsvorschläge zur Diskussion standen. Auf der Eröffnungssitzung der Weltwirtschaftskonferenz in Genua am 10. April 1922 war es Tschitscherin, der sehr umfassende und weitreichende Abrüstungsvorschläge unterbreitete. Er schlug den Teilnehmerstaaten der Konferenz u.a. „eine allgemeine Beschränkung der Rüstungen" und das „unbedingte Verbot barbarischer Kampfmittel wie Giftgase, Luftkrieg" und besonders „jener Vernichtungsmittel" vor, „die sich gegen die friedliche Bevölkerung richten."[4] Schließlich regte er die Einberufung eines Weltkongresses an, der über die „Herstellung des allgemeinen Friedens" beraten sollte.

Die Abrüstungsvorschläge scheiterten 1922 am erbitterten Widerstand Frankreichs. Spätere Vorschläge der UdSSR für eine allgemeine und vollständige Abrüstung 1927 und 1932 wurden ebenfalls nicht verwirklicht.

Die allmähliche Aufgabe der Rapallo-Politik in den späten zwanziger und frühen dreißiger Jahren und schließlich der Bruch mit den Ideen von Rapallo durch den Hitlerfaschismus wurde durch jene Kräfte betrieben, die an Expansion und an Krieg interessiert waren. Rapallo und das in ihm wirkende Element friedlicher Koexistenz hätte, wenn es zum allgemeinen Prinzip erhoben worden wäre, den Vertragspartnern und vielen anderen Völkern Europas und der Welt namenloses Leid erspart.

2. Zit. nach ebd., S. 59.
3. Zit. nach ebd., S. 98.
4. Zit. nach ebd., S. 83.

II.

Natürlich ist die Situation des Jahres 1987 nicht vergleichbar mit der des Jahres 1922. Natürlich weist auch die Rapallo-Politik selbst Widersprüche und Brüche auf, läßt sich — wie immer in der Geschichte — keine bruch- und nahtlose Kontinuitätslinie in die Gegenwart ziehen. Deutschland und Sowjetrußland waren damals beide vom Krieg gezeichnet und weltpolitisch isoliert. Heute sind sie in graduell unterschiedlichem Maße bedeutende Staaten, die Sowjetunion ist eine Weltmacht. Der Systemgegensatz ist ein globaler geworden. Trotz dieser Unterschiede möchte ich die Frage aufwerfen: Was ist der inhaltliche, was ist der politische Kern von Rapallo, was hat davon heute noch Gültigkeit?

Oder, noch pointierter: Zwingt nicht gerade die veränderte weltpolitische Situation dazu, die Prinzipien der Rapallo-, der Koexistenzpolitik noch gewissenhafter anzuwenden, den neuen Bedingungen anzupassen und zu erweitern?

Ich will versuchen, dies an drei Gesichtspunkten zu entwickeln.

1. Gerade wenn man sich die weltpolitischen Veränderungen vor Augen führt, findet man eine politische Grundaussage von Rapallo bestätigt: zur Politik des friedlichen Miteinanderlebens, zur Politik der friedlichen Koexistenz gibt es keine Alternative — heute weniger denn je. Die politische Konzeption der friedlichen Koexistenz war 1922 noch *ein Weg*, eine vernünftige und für alle Vertragspartner vorteilhafte Variante der Gestaltung zwischenstaatlicher Beziehungen; heute ist sie *die Notwendigkeit* zum Überleben im Atomzeitalter geworden, denn die Frage der Friedenssicherung hat heute eine neue Dimension erreicht. Niemals zuvor in der Menschheitsgeschichte war die Möglichkeit eines Krieges mit der sicheren Vernichtung des gesamten Planeten verbunden. Neuartige Waffensysteme, die im Dienst einer auf Überlegenheit ausgerichteten Politik entwickelt und für den atomaren Erstschlag konzipiert wurden, stellen eine existentielle Bedrohung der menschlichen Zivilisation dar.

Damals, 1922, stand die Überlebensfrage für die Sowjetrepublik, und in gewisser Weise auch für die junge Weimarer Republik; heute ist die Frage des Überlebens eine Frage der Gattung Mensch geworden und keine Frage eines einzelnen Staates und auch nicht einer sozialen Klasse. Heute geht es um Koexistenz oder Nichtexistenz schlechthin. Diese Situation ist ohne historische Parallele.

2. Die globalen Probleme wie Umweltzerstörung, Verelendung vor allem in den Ländern der Dritten Welt und Fragen der Rohstoff- und Energieversorgung haben ein quantitatives Ausmaß und eine qualitative Stufe ereicht, die heute schon die Existenzbedingungen vieler Völker in der Welt unmittelbar bedrohen und die prinzipiell bereits jetzt die Lebensinteressen aller Staaten und Völker betreffen. Gerade weil — im Unterschied zu 1922 — immer mehr Probleme globale Dimensionen angenommen haben, müssen wir heute auch lernen, in globalen Kategorien zu denken; gerade wir als Historiker können dazu beitragen. Die Lösung der globalen Probleme heute ist nur möglich durch globale und kontinentale Zusammenarbeit, also durch die strikte Einhaltung, ja durch die erweiterte Anwendung der in Rapallo entwickelten Prinzipien. Allein dies bietet den Rahmen für eine Entfaltung aller menschlichen, wissenschaftlichen, technologischen und finanziellen Potentiale, die notwendig sind, um die Menschheit von Hunger, Elend und Zerstörung der natürlichen Lebensgrundlagen zu befreien.

3. Die Rapallo-Politik litt an einem entscheidenden Defizit: Die umfassende Abrüstung, die Tschitscherin in Genua vorgeschlagen hatte und die durch spätere Abrüstungsvorschläge ergänzt wurde, scheiterte.

Die Situation, in der wir uns 65 Jahre später am Ausgang des Jahres 1987 befinden, ist in vielerlei Hinsicht komplizierter, vielleicht auch bedrohlicher, berechtigt aber in mancher Hinsicht auch zu mehr Optimismus und ist vielleicht ebenfalls — in einem positiven Sinne — ohne historische Parallele.

Die Unterzeichnung eines Abkommens über den Abbau atomarer Mittelstreckenraketen schon in wenigen Tagen leitet eine völlig neue Etappe ein: erstmals in der Menschheitsgeschichte überhaupt werden Waffen einer Kategorie verschrottet, die noch voll funktionsfähig sind. Die politische Bedeutung dieses Einstiegs in den Ausstieg aus der atomaren Hochrüstung kann gar nicht hoch genug bewertet werden — vorausgesetzt, die Friedenskräfte in aller Welt können genügend Druck entfalten, um die doppelte Null-Lösung und weitere Abrüstungsschritte auch gegen den Widerstand der Rüstungslobby tatsächlich durchzusetzen.

III.

Im Angesicht der unübersehbaren Bedrohung der menschlichen Kultur und Zivilisation hat das Bewußtsein über die Notwendigkeit eines völlig neuen politischen Herangehens an die Grundprobleme unserer Zeit, an die Gestaltung des Verhältnisses zu unseren Nachbarstaaten, auch und gerade derjenigen, die sozial unterschiedlich verfaßt sind, bedeutend zugenommen.

Die von der Evangelischen Kirche getragene Bewegung einer „Versöhnung mit den Völkern der Sowjetunion" ist nur ein Beispiel für völlig neue Fragestellungen, für völlig neue Grundrichtungen, in die sich das Denken von Menschen unterschiedlicher weltanschaulicher und politischer Auffassungen bewegt, von Menschen, die es ernst meinen mit der Suche nach Alternativen und nach Lehren aus der Geschichte.

Ein weiteres wesentliches, von den Friedenskräften in der Bundesrepublik noch viel zu wenig beachtetes und diskutiertes Dokument ist das gemeinsame Positionspapier von SPD und SED „Der Streit der Ideologien und die gemeinsame Sicherheit". Dieses Papier kreist um die Frage, was friedliche Koexistenz heute heißt, auf welchen Grundlagen sie fußt, welche Anforderungen sie an jede Seite stellt. Es läßt sich auf entscheidende Grundfragen der Gegenwart ein; ohne Unterschiede zu verwischen, formuliert es übereinstimmende Positionen. Über Koexistenz heute zu sprechen, ohne dieses Papier gründlich zu studieren, ist ebenso unmöglich wie eine Debatte über Koexistenzfragen ohne Kenntnis ihrer historischen Wurzeln in Rapallo.

Ausgangspunkt des Papiers ist die Einsicht, daß wir uns in einer weltgeschichtlich neuen Situation befinden, die historisch ohne Beispiel ist. Die Menschheit könne nur noch gemeinsam überleben oder gemeinsam untergehen. Diese Situation erfordere ein politisches Denken, das ebenfalls historisch ohne Beispiel sei. Friede könne nicht mehr gegeneinander errüstet, sondern nur noch miteinander vereinbart werden. Es müsse ein dauerhaftes System der internationalen Sicherheit geschaffen werden, das nicht nur den militärischen, sondern auch den politischen, wirtschaftlichen und humanitären Bereich umfasse.

Die Bannung der nuklearen Gefahr, die Erhaltung der Biosphäre und der Schutz der Umwelt und die Bekämpfung von Hunger und Verelendung in der Dritten Welt werden als gemeinsame Menschheitsaufgaben aller Staaten, aller Völker, aller Systeme benannt.

Diese gemeinsame Positionsbeschreibung markiert einen ungeheuren Zugewinn an Erkenntnis, der weit über Rapallo hinausreicht. Hier geht es nicht mehr nur um die Anerkennung der Gleichberechtigung des Vertragspartners, sondern hier werden, trotz aller Unterschiede, gemeinsame Aufgabenstellungen formuliert — eine schöpferische und zeitgemäße Weiterentwicklung des Koexistenzgedankens.

Schließlich wird die Frage aufgeworfen, wie diese Ziele — und zwar unter der fortdauernden Bedingung des Systemgegensatzes — zu erreichen seien; plädiert wird für die Austragung eines friedlichen Wettbewerbs mit dem Ziel, die genannten Menschheitsaufgaben zu lösen. Der Dialog, die Entfaltung einer „Kultur des politischen Streits" um diese Inhalte, um die besten Antworten auf diese Fragen müsse entwickelt werden.

Ein ganz entscheidender, nicht unumstrittener Gesichtspunkt in dem Papier ist das Zugeständnis an die Entwicklungs- und Reformfähigkeit, vor allem aber an die Friedensfähigkeit des anderen Systems. Damit ist eine wesentliche Voraussetzung zur Durchsetzung der friedlichen Koexistenz gegeben: friedliche Koexistenz kann ja erst dann Wirklichkeit werden, wenn in der jeweils anderen Seite jemand gesehen wird, den man prinzipiell für friedensfähig hält. Das sind, hält man sich die bisherige Realität des politischen Umgangs miteinander und die Wirklichkeit der internationalen Beziehungen vor Augen, in der Tat ganz neue und für jede Seite nicht einfach zu vollziehende Gedanken. Es sind politisch bewußte — und verantwortungsbewußte — Reflexionen auf die Bedrohungen unserer Zeit und zugleich konkrete Weiterentwicklungen der Grundideen von Rapallo.

In der aktuellen Diskussion in der Bundesrepublik um Fragen atomarer Abrüstung, insbesondere im Mittelstreckenbereich, ist von den Gegnern des INF-Abkommens das vielfach variierte Argument gekommen, die nukleare Abrüstung gefährde unsere Sicherheit, eine Lücke in der „nuklearen Brandmauer" würde entstehen, die Bundesrepublik würde zu einer „Zone minderer Sicherheit" degradiert. Nur die Beibehaltung der Abschreckung, möglichst mit nuklearen Waffen, garantiere Sicherheit und Überleben der Bundesbürger.

Die Geschichte zeigt, daß und wie falsch die Behauptung ist, Sicherheit könne militärisch garantiert werden. Rapallo war ein erster Schritt in eine neue Richtung, die sich heute als aktueller und dringender geboten denn je erweist: Kooperation, wirtschaftlicher, wissenschaftlicher und kultureller Austausch, gleichberechtigte Beziehungen als Eckpfeiler einer politisch vereinbarten Sicherheit, die heute durch konkrete und weitreichende Abrüstungsschritte materiell untermauert werden müßte. Diesen in Rapallo begonnenen Weg gilt es, weiter zu gehen. Als Historiker tragen wir eine besondere Verantwortung hierfür.

Soziale Verteidigung als gewaltfreie Alternative zur militärischen Abwehr

von Hans Gressel, Minden

Kein Ausweg aus der Gefahr, wenn wir so weiter machen

Max Planck (1858-1947), der Nobelpreisträger der Physik, machte unmittelbar nach dem Zweiten Weltkrieg eine revolutionäre Aussage zur Militärpolitik: „Die größte Gefahr sind heute die Leute, die nicht mehr wahr haben wollen, daß das jetzt anhebende Zeitalter sich grundsätzlich von der Vergangenheit unterscheidet. Mit den überkommenen politischen Begriffen werden wir mit dieser Lage nicht fertig werden. Der Bankrott von der traditionellen Vorstellung von Krieg, Angriff und Verteidigung ist offenbar. Ohne *Umdenken* ist kein Ausweg aus der Gefahr möglich". Mit seiner überzeugenden Begriffskritik entlarvte Max Planck die Illusionen jeder militärischen Verteidigungsplanung und verweist uns zugleich auf das Problem einer ganz anders zu gestaltenden Zukunft, um das Überleben zu garantieren.

Der konservative Historiker Prof. Gerhard Ritter (1888-1967) ging vor Jahrzehnten in seiner Beurteilung zukünftiger Militärpolitik noch viel weiter. Er schrieb in der Zeitung ‚Die Welt' (3.1.1950): „Jedermann spürt: wir stehen am Schlußpunkt einer vielhundertjährigen Entwicklung. Im Zeitalter der Atombombe und der totalen Technisierung des Krieges hebt das moderne Soldatentum sich gleichsam selber auf: es verliert den Glauben an die Sinnhaftigkeit seiner Existenz. Nachdem es seine Aufgaben sozusagen an den reinen Tötungstechniker abgetreten hat (oder selbst dazu geworden ist), bleibt ihm nur noch der Wunsch, das blutige Geschäft möge so bald wie möglich überflüssig und ganz eingestellt werden".

Die unausweichliche Konsequenz solcher Einsichten ist: wir müssen endlich über Alternativen zur bisherigen Militärpolitik nachdenken und anders planen als bis heute üblich. Zur Zeit gibt es, sobald die Abschreckung versagt, nur Unterwerfung oder Vernichtung als Folge der militärischen Abwehr im sogenannten ‚Verteidigungskrieg'. Aber die Kapitulation ist ebenso unerwünscht wie die Auslöschung. Deshalb ist eine gewaltfreie Alternative zum Krieg für die Zukunft geschichtsnotwendig.

Aggressoren können das Land nicht beherrschen, wenn das Volk die Zusammenarbeit verweigert

Ein ehemaliger Berufsoffizier, der englische Parlamentarier Stephen King-Hall, stellte 1958 als erster in seinem Buch ‚Den Krieg im Frieden gewinnen' den ausgeführten Plan einer nichtmilitärischen Verteidigung vor. Fast zeitgleich haben dann in schneller Folge die Friedensforscher Johan Galtung, Gene Sharp, Adam Roberts und Theodor Ebert das Modell der Sozialen Verteidigung entworfen. Bewährte gewaltfreie Kampfmethoden Mahatma Gandhis und Martin Luther Kings werden als geeignet auch für Konflikte zwischen den Staaten angesehen. Die nichtmilitärische Verteidigung muß im Zusammenhang mit einer entschlossenen Friedenspolitik verstanden werden, die vorbeugend Konfliktursachen beseitigt und jeder Entwicklung zur militärischen Auseinandersetzung entgegenarbeitet. Mögliche Zwischenschritte sind u.a. atomwaffenfreie Zonen, zunächst Umrüstung auf eine nichtprovokative Verteidigungsstrategie und dann weitergehende Abrüstung. Sollten dennoch alle Bemühungen um ein friedliches Zusammenleben scheitern, tritt die vorbereitete Soziale Verteidigung in Kraft.

Wegen der hochentwickelten modernen Waffentechnik kann nicht mehr wie früher versucht werden, nationale Grenzen — damals auch immer nur mit 50% Aussicht auf Erfolg — zu verteidigen. Durch den Krieg mit Massenvernichtungsmitteln wird ausgelöscht, was angeblich geschützt werden sollte. Deshalb sind nur noch solche Verteidigungsstrategien brauchbar, bei denen die Menschen überleben können.

Folgerichtig kann im Atomzeitalter im Rahmen einer anderen Politik versucht werden, demokratische Staats- und Gesellschaftsstrukturen, soziale Errungenschaften, z.B. die Meinungs- und Versammlungsfreiheit mit gewaltfreien Mitteln zu verteidigen. Beim Angriff eines äußeren Gegners oder bei einem Militärputsch wählt die Soziale Verteidigung Methoden, die sich allein gegen die negative Rolle des Soldaten oder Aggressors wenden. Da dem Gegner kein Haß entgegenschlägt und er sich nicht bedroht fühlen kann, treibt die Soziale Verteidigung einen Keil zwischen die Angreiferrolle und die übrigen Rollen als Mensch, Bürger, Handwerker. Der Aggressor kann im günstigen Fall einen inneren Konflikt erleben, der sein Handeln in der Soldatenrolle erschwert. Grundgedanke der Sozialen Verteidigung ist, daß Aggressoren das Land nicht beherrschen können, wenn die Bevölkerung die Zusammenarbeit verweigert. Die unerwartet anderen Methoden der Sozialen Verteidigung bewähren sich besonders im intensiven Kontakt mit den Gegnern. Das Feindbild bricht im Lager der Aggressoren zusammen. Abgelöste Truppen tragen das neue Bild ins Land der Angreifer. Die hohen politischen und wirtschaftlichen Kosten können deshalb bei der Kosten-Nutzen-Rechnung eine abhaltende Wirkung schon auf die Aggressions-Planung erreichen.

Methoden der Sozialen Verteidigung

Der norwegische Friedensforscher Johan Galtung stellte 10 Prinzipien und Regeln der Sozialen Verteidigung zusammen. Fünf für die Praxis besonders wichtige Verhaltensweisen lauten:

Auch im Gegner und Angreifer den Menschen sehen und ansprechen. Deshalb möglichst viele und enge Kontakte, um so Sympathien zu wecken und dem Gegner auch zu zeigen, was er für Schäden und Leiden verursacht.

Den Gegner ablehnen und bekämpfen, insofern er als Feind, Soldat, Schädiger, Befehlsgeber, Besatzungsmacht auftritt. Nicht zusammenarbeiten.

Verteidigungsmaßnahmen dezentralisieren, aber auch für ihre Koordination sorgen. Wirksame dezentralisierte Nachrichtensysteme für die eigene Bevölkerung einrichten.

Verhindern, daß der Gegner die Einrichtungen des Landes für seine Zwecke gebrauchen kann: die Produktionseinrichtungen (Fabriken), das Transportwesen, die Verwaltung, die Massenmedien, die Regierung, die Kirchen, die Verbände usw.

Vorbereitung der Sozialen Verteidigung im Frieden und Abschreckung möglicher Angreifer durch:

— Darstellung der Verteidigungsbereitschaft durch Manöver;
— klare Vorstellung der Ziele, für die man unbedingt kämpfen will;
— Demokratisierung der Gesellschaft und Förderung von sozialer Gerechtigkeit.

Beispiele zivilen Ungehorsams gegen die Besatzungsmacht

Einige historische gewaltfreie Aktionen machen die Elemente der zukünftigen Sozialen Verteidigung anschaulicher. Ich erinnere an den Generalstreik der Arbeiter und die Nichtzusammenarbeit der Beamten beim Kapp-Putsch 1920, den Ruhrkampf 1923 gegen die französische und belgische Besatzung, die indische Unabhängigkeitsbewegung Gandhis, den norwegischen Widerstand gegen die nationalsozialistischen Gleichschaltungsversuche und schließlich an den gewaltfreien Widerstand beim Einmarsch der im Warschauer Pakt Verbündeten in die Tschechoslowakei 1968. Der zivile Ungehorsam mutiger Bürgerinnen und Bürger kam für die Besatzungstruppen unerwartet und wirkte wie Jiu Jitsu. Die Handlungsweisen: Sitzstreik, Diskussionen mit den Soldaten, Schwejksche Methoden und besonders die „dynamische Weiterarbeit ohne Kollaboration“ bewährten sich. Kaum jemand war zur Zusammenarbeit bereit. Die Sowjetunion mußte die schon verhafteten Politiker Dubcek, Smirkovsky und Cernik wieder ausliefern und noch Monate in ihren Ämtern belassen. Allerdings erwies sich die starke Konzentration der Bevölkerung auf die Politiker der gesellschaftlichen Erneuerung als Fehler. Denn diese Männer hatten die außergewöhnlichen Möglichkeiten der gewaltfreien Kraft des Volkes nicht erkannt und ließen sich auf Kompromisse ein, bis dann nach mehr als einem halben Jahr die Ablösung der Reformpolitiker folgte. Johan Galtung behauptete, in der durch den Einmarsch überraschten Tschechoslowakei wurde — improvisiert — etwa nur ein Prozent der möglichen gewaltfreien Aktionen in Richtung Soziale Verteidigung eingesetzt.

Zuvor geplante und eingeübte Soziale Verteidigung hätte gewiß viel mehr erreicht, als es in der CSSR bei unvorbereiteter, spontaner gewaltfreier Verteidigung möglich war. Es fehlte noch das Durchweben des Volkes mit kleinen Gruppen von trainierten Leuten, die so etwas wie ein Verteidigungsnetz bildeten. Soziale Verteidigung fordert die Ausbildung widerstandsbereiter Menschen in vielen Jahren, fordert ein radikales Umdenken von Grund auf. Bei uns ist die Voraussetzung gewaltfreier Verteidigung: die nötige demokratische Reife von Freiheits- und Verantwortungsfähigkeit und Leidensbereitschaft noch nicht erreicht.

Schwer lösbare Probleme der Sozialen Verteidigung

Für gewaltfreie Aktionen muß vorher das Klima durch eine positive Einstellung weiter Kreise der Bevölkerung geschaffen werden. Nötig ist auch eine ethische Grundhaltung und die Erziehung zur Beherrschung und Disziplin, worauf gerade Gandhi großen Wert legte. Es darf nicht verschwiegen werden, daß die Einführung und Verwirklichung der Sozialen Verteidigung tiefgreifende gesellschaftliche Veränderungen erfordert. Aber ohne ein radikales Reformprogramm wird die Menschheit den vielfachen tödlichen Herausforderungen des Atomzeitalters nicht gewachsen sein.

Zu den Risiken der Sozialen Verteidigung gehört außer gleichgültiger Anpassung und feiger Zusammenarbeit mit dem Gegner die Gefahr des Umschlagens in Partisanenkampf, gehört auch die mögliche Niederlage mit Fremdherrschaft und Verlust der Freiheit. Insgesamt aber bleibt dennoch das Risiko geringer als bei der militärischen Abwehr, die qualvolles Massensterben zur Folge hat. Sicher, es muß noch viel geschehen, bis ein Land sich bereitfindet, von militärischen auf gewaltfreie Widerstandsformen umzurüsten. Aber es gibt ja in unserer Zeit schnelle Gesellschaftsveränderungen im Bereich der Technik, Wirtschaft und Wissenschaft. Wir stellen uns in vielen Bereichen auf Veränderungen ein, z.B. auf dem Gebiet der Umweltgefährdung ist schon manches an Neuerungen erreicht worden. Dagegen verharren die meisten gegenüber dem Wettrüsten und der Gefahr eines möglichen Krieges in merkwürdiger Gleichgültigkeit, obwohl gerade die sogenannte militärische „Verteidigung" im Zeitalter der Massenvernichtungsmittel hoffnungslos veraltet ist.

Unsere Lage, die wir nicht bereit sind, tödlich unbrauchbare Traditionen zu verlassen, wird gut in einigen Versen von Bert Brecht geschildert. Ich zitiere aus dem „Gleichnis des Buddha vom brennenden Haus":

„Neulich sah ich ein Haus. Es brannte. Am Dache
Leckte die Flamme. Ich ging hinzu und bemerkte
Daß noch Menschen drin waren. Ich trat in die Tür und rief ihnen
Zu, daß Feuer im Dach sei, sie also auffordernd
Schnell hinauszugehen. Aber die Leute
Schienen nicht eilig. Einer fragte mich
Während ihm schon die Hitze die Braue versengte
Wie es draußen denn sei, ob es auch nicht regne
Ob nicht doch Wind gehe, ob da ein anderes Haus sei
Und so noch einiges. Ohne zu antworten
Ging ich wieder hinaus. Diese dachte ich
Müssen verbrennen, bevor sie zu fragen aufhören.
Wirklich, Freunde
Wem der Boden noch nicht so heiß ist, daß er ihn lieber
Mit jedem andern vertauschte, als daß er da bliebe, dem
Habe ich nichts zu sagen."

Ich denke: wir haben keine Wahl. Wir müssen das brennende Haus verlassen. Die atomare Abschreckung führt auch ohne Krieg zum moralischen Verfall. Das beweist schon die gleichgültige oder zustimmende Anpassung an Massenvernichtungstechniken bei gleichzeitiger Duldung des millionenfachen Hungertodes in den Ländern der Vierten Welt. Durch die gedankenlose Hinnahme der modernen Massenvernichtungsmittel als Abschreckung wurde Brutalität zur Lebensgrundlage. Die Bemühungen der Erzieher um Menschlichkeit werden unglaubwürdig. Die verbrecherische Rüstungsentwicklung zu Atomraketen, biologischen und chemischen Massenvertilgungsgeräten beweist, daß die Bürger und ihre Politiker, vor allem aber auch die Erzieher und Pfarrer nicht entschieden genug an der Schaffung des Friedens gearbeitet haben, daß man ganz allgemein nicht phantasievoll und schöpferisch andere Wege gesucht hat. Aber die Einsicht wird wachsen, daß man das alte Modell nicht mehr verteidigen kann. Solche *„Verteidigung"* wird, wenn die Abschreckung versagt, zu spät als gefährliches Trugbild erkannt, denn militärische *„Verteidigung"* zerstört, was sie zu schützen behauptet.

Wir müssen andrerseits zugeben, daß das neue Modell ohne das — von den Physikern Planck, Einstein, Born und Carl Friedrich von Weizsäcker geforderte — Umdenken und ohne entschlossene Umstellung noch nicht funktionieren kann. Die meisten bleiben friedenspolitisch inaktiv und verlassen sich auf die atomare Abschreckung. Wenn einige meinen, die Abschreckung gab uns die nötige Zeit für Veränderungen, so war das bisher doch nur eine trügerische Gnadenfrist. Der Physiker Günter Howe meinte 1958, daß jeder Tag in gefährlicher Weise verloren ist, in dem die uns gegebene Zeit zur Wandlung von Gesellschaft und Kirche ungenutzt verstreicht. Leider haben wir die Frist bisher nicht ausreichend genützt.

Soziale Verteidigung nicht leichtfertig als unrealistisch abwerten

Die gewaltige Aufgabe der planmäßigen Organisierung des Friedens wurde kaum angefangen. Außer der Weiterentwicklung der Vereinten Nationen in Richtung auf die von Politikern, Päpsten und Bischöfen geforderte *„Weltautorität"* muß auch die andere notwendige Utopie, die Soziale

Verteidigung, schrittweise verwirklicht werden, wenn das Leben auf der Erde erhalten bleiben soll. Viel Mut machen uns einige Kirchenführer, die sich für die Umrüstung auf Soziale Verteidigung einsetzen: der ehemalige Pax-Christi-Präsident Kardinal Bernard Alfrink, die katholischen Bischöfe der USA und Propst Heino Falcke (Erfurt). In letzter Zeit hat vor allem der weltbekannte Moraltheologe Bernhard Häring von der Lateran-Universität in Rom in drei Kapiteln seines Buches über „die Heilkraft der Gewaltfreiheit" für die Soziale Verteidigung geworben. Er macht der Friedensbewegung Mut und meint, sie könnte durch das Eintreten für die Soziale Verteidigung einen neuen Aufbruch erleben und hoffentlich einen entscheidenden Durchbruch erzielen. Er stellte fest: „Was uns not tut, ist eine radikale Neubesinnung, eine kulturelle Revolution von ganz anderer Tragweite als die des Mao Tse-tung. Das klare Ziel muß sein eine Kultur der Gewaltlosigkeit... Die Menschheitsgeschichte ist nunmehr an dem Punkt angelangt, wo nur mehr militante, wohlvorbereitete, diszipliniert durchgeführte, gewaltfreie Soziale Verteidigung den überlieferten sittlichen Kriterien für gerechte Verteidigung Genüge tun kann. Erklärt man diese Weise der Verteidigung leichtfertig als unrealistisch und utopisch, dann bleibt am Ende — und zwar schon in unserer Zeit — kein gangbarer Weg zur Verteidigung des Friedens in Freiheit mehr übrig".

Lassen wir uns nicht täuschen: gerade auch angesichts der gegenwärtigen hoffnungsvollen Wandlungen in Ost und West bleiben doch gleichermaßen tatenloser Optimismus und Pessimismus so vieler Menschen bedenklich. Beide Haltungen lähmen die notwendigen Aktivitäten. Gefordert ist für heute und die Zukunft ein mutiger Realismus, der ganz neue Wege wagt, wie sie Prof. Bernhard Häring empfahl. In Minden (Westfalen) wird für den 17. bis 19. Juni 1988 ein bundesweiter Kongreß vorbereitet mit dem Thema *„Wege zur Sozialen Verteidigung"* unter dem Motto *„Ohne Waffen — aber nicht wehrlos!"* Minden ist deshalb als Kongreßstadt gewählt worden, weil der Kreistag mit den Stimmen der SPD und der Grünen beschlossen hat, Friedensarbeit und besonders Soziale Verteidigung zu unterstützen. Das ist ein erster kleiner Schritt, der dazu beitragen kann, die Soziale Verteidigung politikfähig zu machen.

Wenn auch zahlreiche Kritiker und Gegner der Sozialen Verteidigung in althergebrachten miltärischen Traditionen und Normen verharren, so kann vielleicht die Aussage des bedeutendsten Militär-Schriftstellers seiner Zeit, Sir Basil Liddel Hart (1895-1970) einige Skeptiker nachdenklich werden lassen. Er schrieb im letzten Jahrzehnt seines Lebens: „Es gilt so deutlich wie nur irgend möglich aufzuzeigen, daß dies eine praktikable Politik ist und daß sie praktikabler als die militärische Verteidigung ist. Die Soziale Verteidigung zu einem Gegenstand ernsthafter Untersuchungen zu machen, ist verdienstvoll; bisher ist dies noch nicht in genügendem Maße geschehen". Seien wir uns klar: die Umrüstung auf Soziale Verteidigung ist eine ungewöhnlich große Aufgabe. Dafür gilt, was Carl Friedrich von Weizsäcker im Jahre 1957 als Voraussetzung für die Überwindung des Krieges ansah: „Ich muß es für möglich halten, daß die Menschheit lernen wird, den Krieg zu vermeiden. Nur werden die Friedenswilligen dazu wohl Anstrengungen machen müssen und werden Opfer bringen müssen, die nicht geringer sein werden als die, die man früher für den Krieg gebracht hat. Man darf wohl sagen: Der Friede ist nicht billiger als der Krieg".

Literaturhinweis

A. Battke, Verteidigung ohne Waffen (Tübingen 1979).

Th. Ebert, Soziale Verteidigung, 2 Bände, (Waldkirch 1981).

Ders., (Hrsg.), Demokratische Sicherheitspolitik (München 1974).

G. Jochheim, Soziale Verteidigung — Verteidigung mit einem menschlichen Gesicht (Düsseldorf 1988).

A. Roberts (Hrsg.), Gewaltloser Widerstand gegen Aggressoren (Göttingen 1971).

„gewaltfreie aktion" (Zeitschrift). Redaktion und Vertrieb: Postfach 480 409, 1000 Berlin 48.

Kriegsgefahr und Friedenskampf seit 1945

von Reinhard Kühnl, Marburg

Seit Jahrtausenden werden Kriege geführt. Noch in unserem Jahrhundert wurden zwei Weltkriege und eine große Zahl lokaler Kriege geführt. Was ist das Neue der Jahrzehnte seit 1945? Was ist das Signum unserer Epoche? Daß zu dieser Frage hier nur einigen Grundlinien skizziert werden können, ist klar.[1]

So unterschiedlich die Formen der Kriegsführung und das Selbstverständnis der am Kriege Beteiligten auch waren, so haben doch alle Kriege bis in unser Jahrhundert hinein zwei wesentliche Kennzeichen gemeinsam:

1) Die jeweils herschenden Kräfte haben die staatlichen und militärischen Machtmittel eingesetzt, um neue Reichtümer, Bodenschätze und Arbeitskräfte zu erobern, oder genauer: erobern zu lassen. Das war die Haupttriebkraft, die immer wieder zu Kriegen geführt hat. Also nicht der Staat als solcher hat Kriege verursacht, sondern die Staatsmacht fungierte als Mittel der jeweils herrschenden sozialökonomischen Kräfte und Interessen.

2) Diese herrschenden Kräfte haben das in der Regel mit gutem Gewissen getan, haben ganz selbstverständlich über Leben und Tod großer Menschenmassen verfügt. Noch zu Beginn dieses Jahrhunderts gilt das *ius ad bellum*, das Recht, Krieg zu führen, wann immer man will, als das selbstverständliche Recht der Herrschenden, als Attribut staatlicher Souveränität.

Das Spezifikum der bürgerlichen Gesellschaft gegenüber den vorangegangenen Gesellschaftsformen besteht darin, daß einerseits der Konkurrenzkampf zum Motor des ökonomischen Prozesses und zum Zwangsgesetz für die Handelnden wird: wer nicht mithalten kann, kommt eben unter die Räder; daß dieser Konkurrenzkampf globale Ausmaße annimmt und zum Kampf um die Verteilung und Beherrschung der Welt, ihrer Rohstoffe und Märkte, ihrer Arbeitskräfte und Produktionsanlagen wird und daß auch jetzt Staat und Militär in den Dienst dieses Kampfes gestellt werden. In der Tat ist um das Jahr 1900 die gesamte Welt einschließlich des riesigen afrikanischen Kontinents unter die imperialistischen Staaten verteilt.

Andererseits aber besteht die Spezifik der bürgerlichen Gesellschaft darin, daß nun zum ersten Mal die Gegenbewegung zu einer starken geistigen und politischen Macht heranwächst — zunächst in Gestalt der Aufklärung (Kants Traktat zum ewigen Frieden ist ein hervoragendes Beispiel), dann besonders in Gestalt der Arbeiterbewegung. Diese stellt in dreifacher Hinsicht eine neue Qualität dar: Sie kann eine wissenschaftliche Erklärung für die Ursachen von Kriegen und die Interesssen, aus denen Kriege hervorgehen, entwickeln; sie entwickelt mit den Prinzipien der Solidarität und des Internationalismus sowohl politisch wie moralisch eine Alternative zum Konkurrenzkampf, zur ideologischen Glorifizierung des „Wohls der Nation" als dem höchsten Prinzip; und sie entwickelt ein Organisationsgefüge, welches es ermöglicht, daß der Kampf gegen den Krieg und für eine neue Gesellschaftsordnung nun organisiert, kontinuierlich und generationsübergreifend geführt werden kann.

1. Wir haben diese historischen Prozesse genauer dargestellt in: *R. Kühnl, K. Schönwälder*, Sie reden vom Frieden und rüsten zum Krieg. Friedensdemagogie und Kriegsvorbereitung in Geschichte und Gegenwart (Pahl-Rugenstein-Verlag Köln 1986).

Seither stellt also die Utopie einer Welt, in der die Menschen und Völker friedlich miteinander verkehren, in der Gewaltbeziehungen zu Rechtsbeziehungen transformiert sind, eine reale Potenz dar.

II

Die Kolonialkriege seit dem 19. Jahrhundert und die beiden Weltkriege des 20. Jahrhunderts gingen hervor aus jenem Konkurrenzkampf um die Verteilung der Welt und ihrer Reichtümer. Das Wettrüsten, wie wir es seit dem Ende des vorigen Jahrhunderts kennen, hat also keineswegs nur die speziellen Interessen der Rüstungsindustrie zur Ursache. Eine solche Erklärung greift zu kurz. Das Wettrüsten geht vielmehr hervor aus dem Expansionsdrang des Kapitals insgesamt. Schon diese historische Konstellation zeigt übrigens auch, daß das Wettrüsten seinen Ursprung nicht im Systemgegensatz Kapitalismus-Sozialismus, in einer „kommunistischen Gefahr" hat, denn es entwickelte sich und führte zu einem Weltkrieg zu einer Zeit, als es ein sozialistischen Land noch gar nicht gab.

Seit der russischen Oktoberrevolution von 1917 kam als zweites Motiv allerdings der Drang hinzu, die Etablierung einer sozialen Alternative nicht zuzulassen und den Sozialismus wieder auszulöschen.

Die beiden Weltkriege haben zwar eindringliche Erfahrungen gebracht über die ungeheuer angewachsenen Vernichtungskapazitäten und Vernichtungsgefahren. Diese Erfahrungen fanden ihren Ausruck im Massenbewußtsein und in Massenbewegungen: von der revolutionären Bewegung nach dem Ersten Weltkrieg, die ganz Europa ergriff, bis zur Friedensbewegung unserer Tage. Und sie fanden ihren Ausdruck auch im Völkerrecht, das nach dem Ersten Weltkrieg das Prinzip vom *ius ad bellum* preisgab und nach dem zweiten Weltkrieg den Angriffskrieg und schon die Vorbereitung auf ihn als Verbrechen definierte.

Allerdings: die sozioökonomischen Triebkräfte, die zu den Kriegen geführt hatten, bestanden weiter. Weder der Ausgang des Ersten noch der Ausgang des Zweiten Weltkrieges hat daran Grundsätzliches verändert. Der Drang nach Beherrschung von Rohstoffgebieten, Märkten und Arbeitskräften in anderen Ländern und Kontinenten und der Drang, dafür den Staat und seine Militärmacht zur Verfügung zu haben, bestanden ebenso fort wie der Drang, diese Politik auch ideologisch abzusichern.

III

Dennoch weist diese Interessenstruktur seit dem Ende des Zweiten Weltkrieges neue Momente auf:

1. Die Völker der Dritten Welt sind nicht mehr bloße Objekte der internationalen Politik, sondern haben sich als handelnde Subjekte konstitutiert. Dies bedeutet der Haupttendenz nach eine Einschränkung der Handlungsmöglichkeiten derjenigen Kräfte, die für das Wettrüsten seit dem Ende des 19. Jahrhunderts verantwortlich waren.
2. Die soziale Alternative hat — trotz elendester Voraussetzungen — nicht nur die Interventionskriege 1918 bis 1921 und den faschistischen Vernichtungskrieg überstanden, sondern konnte sich zu einem Staatssystem konsolidieren und den Befreiungsbewegungen der Dritten Welt Rückhalt geben — von Vietnam bis Kuba, von Angola bis Nicaragua. Dies verstärkte die eben erwähnte Tendenz zur Einschränkung der Handlungsmöglichkeiten jener Kräfte, die das Wettrüsten und die Kriege seit dem Ende des vorigen Jahrhunderts verursacht hatten.
3. Innerhalb des kapitalistischen Staatensystems besteht zwar der Konkurrenzkampf, der zu zwei Weltkriegen geführt hat, fort, kann aber allenfalls das Niveau von Wirtschafts- und Handels-

kriegen erreichen. Militärische Auseinandersetzungen werden nicht nur durch die ökonomische und militärische Dominanz der USA verhindert, sondern auch durch die Emanzipationsbestrebungen der Dritten Welt und die Existenz des sozialistischen Staatssystems. Diese beiden Faktoren konstituieren ein Minimum an gemeinsamen Interessen und erzwingen ein Minimum an gemeinsamen Strategien.

IV

Auf diese, Rüstung und Kriegsvorbereitung nach wie vor begünstigende, Interessenstruktur trifft nun der „Imperativ des Atomzeitalters", der schlicht lautet: Es darf kein Krieg mehr sein. Nun haben in der Tat auch diese Kräfte natürlich Folgerungen aus beiden Weltkriegen gezogen, doch konzentrierten sich diese bislang im Wesentlichen auf die „Modernisierung" der ideologischen Strategien: Jene für die Vorbereitungen und Durchführung von Kriegen zuständigen Minister, die bis 1918 in aller Unbefangenheit „Kriegsminister" hießen, heißen seither Wehrminister oder Verteidigungsminister. Alles was sich seither an Aufrüstung und Kriegsvorbereitung vollzieht, heißt Verteidigungspolitik und Friedenspolitik. Der deutsche Kaiser hatte für 1914 bereits die ideologische Leitlinie formuliert: Nachdem die Aggressionsarmeen gegen Belgien und Frankreich in Marsch gesetzt waren, hielt er eine Rede an das deutsche Volk, die in dem Satz gipfelte: „Mitten im Frieden überfällt uns der Feind".

So ist die reale Lage seit 1945 gekennzeichnet durch eine wachsende Diskrepanz zwischen dem, was objektiv erforderliche wäre, um das Überleben der Menschheit zu sichern, und dem, was in der Militärpolitik tatsächlich geschieht. Denn seit Hiroshima ist absolut klar geworden, daß es nicht mehr nur um Leben und Tod einiger Millionen Menschen oder einzelner Völker geht, sondern um die Gfehar, daß menschliches Leben definitiv und vollständig auf dieser Erde ausgelöscht wird.

Angesichts dieser Gefahren sehen sich natürlich auch die an Rüstung und Kriegsvorbereitung interessierten Kräfte vor einer neuen Lage. Auch für diejenigen Interessengruppen, die sich von einer Politik der Aufrüstung, von der Beherrschung der Länder der Dritten Welt und womöglich von der Auslöschung des Sozialismus Vorteile versprechen, stehen vor der Notwendigkeit, diese Hoffnungen abzuwägen gegenüber den Risiken, die damit verbunden sind. Die entscheidende Frage ist also, ob es gelingt, auch bei diesen Kräften ein realistisches Denken zu fördern. Erwartet wird von ihnen also nicht etwa Altruismus oder Caritas, sondern Realismus.

Hier erweist sich nun, daß dem Imperativ des Atomzeitalters noch andere Barrieren im Weg stehen: Denkformen und Weltbilder, die sich im Verlaufe von Jahrhunderten herausgebildet haben, die zu ihrer Zeit Versuche darstellten, Realität zu verarbeiten und zu bewältigen, die jedoch ein Eigengewicht gewonnen haben und nun, da sie auf eine gänzlich veränderte Realität treffen, als Erkenntnisbarriere fungieren.

Jahrhundertelang nämlich waren die Herrschaftsverhältnisse so beschaffen, daß der Mensch tatsächlich dem Menschen als Wolf erfahrbar war. Der Kapitalismus hat diese Maxime auf den Begriff gebracht: Der Stärkere setzt sich durch im Konkurrenzkampf, und der Schwächere bleibt auf der Strecke, und das ist Naturgesetz. Sicherheit kann in dieser Logik in der Tat nur durch Stärke, durch die Fähigkeit, sich durchzusetzen, gewährleistet werden.

„Er oder ich", das ist die „Lebensweisheit", die auf Erfahrung beruht. „Er oder ich", das lehrt der tägliche Kapitalismus, das erhebt der Sozialdarwinismus zur allgemeinen Wahrheit, das verkündet Friedrich Nietzsche als philosophische Erkenntnis. „Er oder ich" — das ist die Maxime im Denken Hitlers und in der Politik des Faschismus, das ist aber auch die Maxime der „neuen Globalstrategie" und des Wettrüstens. „Er oder ich", das ist schließlich auch die Botschaft jener Massenprodukte der Filmindustrie, die seit Jahrzehnten unsere Gesellschaften überschwemmen und für jedermann die dementsprechenden Handlungsanweisungen enthalten, wie er mit den Problemen der Realität fertigwerden kann.

Es scheint mir evident, daß das Weltbild der Führungsschichten in unseren Ländern noch ganz wesentlich von diesem Denken geprägt ist und daß von hier aus Barrieren entstehen, die einer realistischen Wahrnehmung der neuen Bedingungen und Gefahren des Atomzeitalters im Wege stehen.

V

Aus diesen Überlegungen ergeben sich viele Folgerungen. Ich will hier nur eine andeuten: Der Friedenskampf transzendiert offensichtlich die Klassenlinien. Potentielle Bundesgenossen sind auch alle diejenigen Teile der herrschenden und besitzenden Klassen und der Machteliten, deren Denken offen ist für die Erkenntnis, daß die großen globalen Probleme gemeinsames Handeln auch mit jenen notwendig machen, die sozialökonomisch und ideologisch andere, sogar konträre Positionen vertreten.

Die Regierung der Sowjetunion hat mit ihrem Konzept der friedlichen Koexistenz dafür die Grundlagen entwickelt. Seit 1917, seit dem „Dekret über den Frieden", wurden der internationalen Öffentlichkeit permanent Friedensvorschläge vorgelegt, die freilich — aus verständlichen Gründen — unserer Bevölkerung nur wenig und nur in verzerrter Form bekannt geworden sind. Aber erst die Regierung Gorbatschow hat voll die Konsequenzen gezogen aus dem Imperativ des Atomzeitalters. Die Militärdoktrin, daß man sich zwar permanent für Abrüstung einsetze und keinesfalls als erster zu den Waffen greifen werden, daß man aber den Gegner, sollte er angreifen, dann vernichten werde, wurde preisgegeben und ersetzt durch die Maxime: Krieg ist nicht führbar.

Angesichts der Abrüstungsoffensive der Sowjetunion wurde jetzt auch vollends klar, daß die hierzulande — auch in Teilen der Frieensbewegung — gängigen Thesen von den „Supermächten" und von der „Blocklogik" oder vom Staat als der eigentlichen Triebkraft von Rüstung und Krieg das Wesen der Sache verfehlt hatten, daß man die Sozial- und Interessenstruktur der Gesellschaft ins Auge fassen muß. Denn daß diese Friedensinitiativen (seit 1971) von einem Land ausgehen, das sozialistisch verfaßt ist, ist eben kein Zufall.

Die Wirkung dieser Friedensoffensive auf die Bevölkerung und auf die Führungsschichten ist erstaunlich und beweist die Lernfähigkeit von Menschen. In der Bevölkerung begann ein Feindbild zu zerbröckeln, das über ein halbes Jahrhundert lang unerschütterlich schien. Und innerhalb der Führungsschichten der NATO-Staaten setzte ein Differenzierungsprozeß ein, in dessen Verlauf Elemente des „neuen Denkens" auch dort Fuß faßten. Der Block jener, die an der Maxime festhielen „er oder ich" wurde sichtlich schwächer. Diese Kräfte zu isolieren und weiter zurückzudrängen, ist die zentrale Aufgabe der Friedensbewegung.

Zweierlei sollte dabei allerdings klar sein: Dieser Differenzierungsprozeß konnte nur einsetzen, weil die Friedensbewegung einen so mächtigen Druck entfaltete, der auch innenpolitisch die Gefahr aufscheinen ließ, daß die Grundlagen des sozialen Konsenses gefährdet werden könnten. Zweitens: aus der realen Interessenstruktur dieser Gesellschaft heraus werden immer wieder Versuche entstehen, doch noch entscheidende militärische Überlegenheit zu erlangen, um doch noch weltweit die Bedingungen diktieren zu können: Gegenüber den Ländern der Dritten Welt wie gegenüber den sozialistischen Staaten.

Daraus folgt, daß der Kampf um Frieden unsere Kraft noch lange in Anspruch nehmen wird, daß die permanente Entfaltung des Drucks der Friedensbewegung eine Voraussetzung dafür ist, daß der Abrüstungsprozeß weiter vorankommt. Das soeben von Reagan und Gorbatschow unterzeichnete Abkommen bildet in der Tat einen Durchbruch, der uns zeigt, daß wir etwas bewirken können.

Kontinuität und Diskontinuität in der Geschichte Überlegungen anläßlich des Historikerstreits

von Ina Horn, Stadtschlaining, Österreich

> Das Leben selbst, das weiterläuft, das auf den Menschen, für den alles vorbei ist, keine Rücksicht nimmt, läßt das Vergangene mit jedem Tag vergangener werden, ohne es deshalb ungeschehen zu machen. Im Weiter wird gerade die Konsequenz des Vergangenen weitergelebt. Die Konsequenz des Zeitlichen, sein Kontinuum, ist unabhängig von böswilligem Vergessen oder wehmütiger Erinnerung. Im Weiter vollzieht sich des Menschen Schicksal, das nur dann seiner Realität, seiner Konsequenz anheim gegeben ist, wenn der Mensch sich nicht in seinen Erinnerungen verfängt.
>
> Hannah Arendt[1]

Anmerkungen zum sogenannten deutschen Historikerstreit aus Österreich könnten leicht als Übermütigkeit oder Indiskretion wahrgenommen werden. Steht doch der Streitkultur in der BRD um die Neubewertung der „nationalsozialistischen Vergangenheit" eine nahezu streitlose Polarisierung um den Waldheim-Bericht der Historikerkommission in Österreich gegenüber.

Die Schwierigkeiten hier und dort, die Verbrechen des NS-Regimes in die Geschichte einzuordnen oder eben nicht einzuordnen, wirft wieder einmal die Frage nach dem, was eigentlich Geschichte ist, welche Bedeutung sie hat, neu auf. Diskutiert wurde dies schon seit einiger Zeit entlang der Frage „ob unsere eigene Gegenwart ‚Posthistoire' sei".[2] Vielleicht ist wirklich fraglich, ob „die Geschichte überhaupt noch etwas (ist), worin etwas ‚seinen Platz' finden kann?"[3]

Was ist das für eine Vergangenheit, die nicht vergehen will und was bedeutet das für unser Verständnis von Geschichte, die die Vergangenheit zu ihrem Gegenstand hat? Zu Geschichte wird, was vergangen ist. Eine Vergangenheit, die nicht vergeht, würde strenggenommen bedeuten, daß wir seit 1945 keine Geschichte mehr haben, also in einer Art geschichtslosem Zustand leben. Damit ist nicht der „Geschichtsverlust" gemeint, den jene beklagen, die in der NS-Zeit ein revisionsbedürftiges Hindernis sehen, das die Aussicht auf eine (angeblich) bessere, vergangene Zeit verstellt. Eher eine Geschichtslosigkeit, die durch Wiederholung sichtbar wird. Oder um es mit Baudrillard zu sagen: „Eine ganze Gesellschaft verteidigt sich, die es nicht fertiggebracht hat, eine andere Geschichte hervorzubringen. Sie ist unentwegt damit beschäftigt, ihre Geschichte widerzukäuen, um ihre eigene Existenz und sogar ihre Verbrechen unter Beweis zu stellen. Aber was für ein Beweis ist das?"[4]

1. *Hannah Arendt*, Rahel Varnhagen. Lebensgeschichte einer deutschen Jüdin aus der Romantik (München, 1959) S. 59f.

2. *H.U. Gumbrecht*, Posthistoire Now, in: Epochenschwellen und Epochenstrukturen im Diskurs der Literatur- und Sprachhistorie. Hrgs. von H. U. Gumbrecht und U. Link-Heer (Frankfurt/Main, 1985) S. 34ff.. Schon dort wurde der Streit um das Verständnis von Geschichte als Frage der „Diagnose unserer Gegenwart" verstanden.

3. *P. Sloterdijk*, Kopernikanische Mobilmachung und ptolemäische Abrüstung (Frankfurt/Main, 1987) S. 24.

4. *J. Baudrillard*, Zu spät! Der Streit um Heidegger, in: DIE ZEIT, vom 5. Febr. 1988.

Adorno hat in seinem 1959 vor dem Koordinierungsrat für Christlich-Jüdische Zusammenarbeit gehaltenen Vortrag „Was bedeutet: Aufarbeitung von Vergangenheit“[5] von der Geschichtsfremdheit des amerikanischen Bewußtseins, als dem Schreckbild einer Menschheit ohne Erinnerung, die dem Prozeß der Rationalisierung und Industrialisierung immanent sei, gesprochen. Nun kann keine Rede davon sein, daß dieser Prozeß, trotz aller Kritik, nicht fortgeschritten wäre. Zumindest in Deutschland und Österreich ist damit jedoch ein Kampf gegen die völlige Auslöschung der Erinnerung verbunden. Deutlich werden eher gewisse Ungleichzeitigkeiten von beinahe archaisch anmutenden Formen von Erinnerung bei gleichzeitig beschleunigter Rationalisierung, Ungleichzeitigkeiten sowohl individueller wie kollektiver Erinnerungsformen. Hans Mommsen spricht von dem von außen aufgedrängten und von der Bundesregierung zunächst nur widerwillig akzeptierten 40. Jahrestag der deutschen Kapitulation, der erst den äußeren Anlaß zur Bewertung der Geschichte des Dritten Reiches abgab.[6] „Dieses traumatische Nicht-Vergehen-Wollen eines in unsere nationale Geschichte eingebrannten moralischen Imperfekts ist erst in den 80er Jahren breitenwirksam ins Bewußtsein getreten: beim 50. Jahrestag des 30. Jänner 1933, bei den vierzigsten Jahrestagen des 20. Juli 1944 und des 8. Mai 1945.“[7] In Österreich kulminiert dieses Phänomen derzeit mit dem 50. Jahrestag des Verlusts der Eigenständigkeit (und Eigenstaatlichkeit) Österreichs und seiner Eingliederung ins „Reich“ in einem weiteren bedeutsamen Datum, dem 11. März 1938.

Was macht die Brisanz dieser Daten aus, gerade zu einer Zeit, wo für einige bereits die „Gnade der späten Geburt“ Erleichterung verschaffen sollte?

Es ist die Wiederkehr eines historischen Datums in der Gegenwart, die deutlich werden läßt, daß es neben der linear verlaufenden, homogenen Zeit noch wirksame Faktoren von zyklischer Zeiterfahrung gibt, eine zyklisch erlebte Zeit, die sich orientiert an der Lebenszeit von Menschen, ihrem Lebenszyklus, ihrem Geborenwerden, ihrem Sterbenmüssen. Eine ebenso banale wie unerbittliche „Sterbeordnung“ setzt sich durch, die weniger die Sterbenden zu betreffen scheint, als die nachfolgenden Generationen. Mit dem Wahrnehmen dieser Sterbeordnung wird die besondere Diskrepanz von Lebenszeit und Geschichtszeit virulent, die in der Gleichgültigkeit der Geschichte gegenüber den Sterbenden liegt. Eine Gleichgültigkeit im zweifachen Sinne, zum einen, daß sich die Geschichte nicht um die einzelnen Leben kümmert und zum anderen, daß sie im Faktum des Sterbens den Unterschied ihrer Leben aufhebt.

Somit verweisen die gleichsam „magisch aufgeladenen Daten“ auf eine Grenze, die durch das kollektive Gedächtnis bestimmt ist. Nach Gumbrecht reicht die kollektive Erinnerung, die „sich — chronologisch grob strukturiert — etwa um ein halbes Jahrhundert in die Vergangenheit hinein erstreckt — soweit wie die Tradierung von Erlebnissen durch Augenzeugen in direkter Interaktion“. Dieses halbe Jahrhundert nach Auschwitz (er)leben wir gerade jetzt. Das bietet Anlaß für unterschiedliche Reaktionen: Musealisierung, Zukunftsbeschwörung, sowie das Gefühl der letzten Möglichkeit, gegen die Gleichgültigkeit zu revoltieren, bevor „jenseits dieser Grenze chronologische Differenzen zwischen Erfahrungsgegenständen in einem achronischen ‚Horizont des Vergangenen‘ neutralisiert werden“[8].

Was dann folgt, ist möglicherweise so etwas wie der von einigen mit Mißtrauen antizipierte „offene Ausgang“ der Geschichte. So offen wie eigentlich auch die jurstische Bestrafung der Naziverbrechen geblieben ist. Hannah Arendt hat dies am Eichmann Prozeß thematisiert. Wenn Eich-

5. *Th.W. Adorno*, Was bedeutet: Aufarbeitung der Vergangenheit, in: Erziehung zur Mündigkeit (Frankfurt/Main, 1969) S. 13.

6. *H. Mommsen*, Suche nach der ‚verlorenen Geschichte‘? In: Merkur Heft 9/10, 1986, S. 868.

7. *J. Habermas*. Eine Art Schadensabwicklung (Frankfurt/Main, 1987) S. 137.

8. *H.U. Gumbrecht*, a.a.O., S. 39.

mann für Verbrechen zum Tode verurteilt wurde, die jenseits des menschlich Denkbaren lagen, die also nicht „unmenschlich", sondern „Verbrechen gegen die Menschheit" waren, wie konnte er dann, von Menschen zum Tode verurteilt, damit adäquat bestraft werden? Arendt stellt diese Frage mit dem deutlichen Verweis, dies könne niemals bedeuten, Eichmann freizusprechen. Doch bestehen bleibt der Widerspruch, daß es weder Freisprechung noch adäquate Bestrafung gibt.[9]

In diesem Dilemma der nicht einlösbaren Bestrafung und der nicht einlösbaren Freisprechung oszilliert eine „Lebendigkeit" von Vergangenheit, die sich als Teil eines kollektiven Gedächtnisses, nicht nur in „bestimmten formalen Beschaffenheiten des Denkens" (Adorno), sondern auch in Träumen und Tagträumen den „Nachgeborenen" überliefert und in den wechselnden Rollen von Tätern und Opfern aktualisiert. Susan Sontag hat in „Faszinierender Faschismus"[10] die Hypothese gewagt, daß der Sado-Masochismus eine Form der unbewußten Wiederholung der Gewalttaten des NS-Regimes in sexuellen Fantasien und Praktiken darstellt.

Aber die Lebendigkeit von Vergangenheit erhält sich hartnäckig auch in bestimmten Denkformen. Adorno hat das Fortleben des Nationalsozialismus am Weiterwirken von formalen Denkgewohnheiten und weniger an nationalsozialistischen Inhalten festgemacht. Er zählte dazu: „beflissene Anpassung ans je Geltende, zweiwertige Aufteilung nach Schafen und Böcken, Mangel an unmittelbaren, spontanen Beziehungen zu Menschen, Dingen, Ideen, zwangshafter Konventionalismus, Glaube an Bestehendes um jeden Preis."[11]

Diese Denkgewohnheiten kennzeichnen eher ein Nicht-Denken, oder Verhaltensweisen, die die Funktion haben „gegen die Wirklichkeit abzuschirmen, gegen den Anspruch, den alle Ereignisse und Tatsachen kraft ihres Bestehens an unsere denkende Zuwendung stellen."[12]

Gerade dieses Fehlen des Denkens war für Hannah Arendt das charakteristische an Eichmann, dessen Prozeß sie auf den Begriff der „Banalität des Bösen" brachte.

„Das einzig Bemerkenswerte an seinem (Eichmanns) früheren Verhalten wie auch an seinem jetzigen vor Gericht und in den vorangegangenen Polizeiverhören war etwas rein Negatives: nicht Dummheit, sondern GEDANKENLOSIGKEIT"(S. 14). Arendt wurde sich zunehmend darüber klar, daß mit dem Bösen nicht etwas Dämonisches gemeint sei und daß unsere Auffassung vom Bösen anläßlich der Verbrechen der Nationalsozialisten revidiert werden mußte. Mit der Banalität des Bösen ist gerade nicht etwas Dämonisches gemeint, sondern die scheinbare Normalität Eichmanns und anderer, die den Massenmord akribisch organisiert und durchgeführt haben. Vor diesen Tatsachen bleibt man sowohl gefühlsmäßig als auch beim Versuch, sie zu denken, fassungslos. Ernst Bloch hat auf die Gleichzeitigkeit der Hexenprozesse und Aufklärung hingewiesen und auf das seltsame Desinteresse der Aufklärung, den Teufelsglauben genauso zu bekämpfen wie den Gottesglauben, die „also trotz des Kampfs gegen Jenseitigkeiten überall den Widersacher wortlos beiseite schob, ja mit ihnen zusammen auch das Widersacherische im Diesseits selber nicht vor die Klinge des Begriffs forderte."[13]

Hauptsächlich Hegel hatte es unternommen, auch das Böse (als das vernichtend oder sinnlos Negative) im dialektischen Begriff zu säkularisieren: „Doch ist es in den Bewegungsvorgang der Welt überwiegend nur als Vehikel zum Guten eingezahlt". Trotzdem bleibt eine Ahnung bei ihm

9. *Hannah Arendt*, Eichmann in Jerusalem. Ein Bericht von der Banalität des Bösen (München, 1964) S. 319ff., sowie *Hannah Arendt, K. Jaspers*, Briefwechsel 1926-1969, hrsg. von Lotte Köhler und Hans Sahne (München/Zürich, 1985) S. 89f.

10. *Susan Sontag*, Faszinierender Faschismus. In (Dies.): Im Zeichen des Saturn. Essays (Frankfurt/Main, 1983) S. 122ff.

11. *T.W. Adorno*, Philosophie und Lehrer. In (Ders.): Erziehung zur Mündigkeit, a.a.O., S. 39.

12. *Hannah Arendt*, Vom Leben des Geistes. Band I. Das Denken. (München, 1979) S. 14f.

13. *E. Bloch*, Experimentum Mundi (Frankfurt/Main, 1975) S. 233.

wach, „von den vielen kleineren Schädelstätten des Geistes", wo das Negative sich nicht einfach aufheben und versöhnen läßt in der darauffolgenden Synthesis.

Bezogen auf die Verbrechen des Nationalsozialismus würde dies heißen, daß ein Hemmnis, diese zu begreifen, in der Abspaltung der Erfahrungen der Protagonisten des NS-Regimes begründet liegt. „Sowohl jene, die aus Überzeugung Nazis wurden, als auch jene, die ihre Integrität aufrechterhielten, werden als fremde und bedrohliche Elemente angesehen, teils weil ihnen die eigene Vergangenheit keine Angst einflößt, aber auch deshalb, weil ihre bloße Existenz ein leibhaftiger Beweis dafür ist, daß etwas wirklich Schlimmes geschehen, daß etwas Entscheidendes begangen worden ist."[14] Durch diese Ausgrenzung und Hypostasierung zum Bösen wird ein Teil des Wißbaren aus dem kollektiven Bewußtsein herausgehoben und quasi als Geheimnis der Öffentlichkeit entzogen. Aber genau die Auseinandersetzung mit diesen verschiedenen Erfahrungshintergründen würde bedeuten, die Erbschaft, eben auch als geteilte Erbschaft, anzutreten.

Aber noch eine andere, grundsätzliche Differenzierung wird uns heute zunehmend bewußter, nämlich zwischen den Erlebnis- und Erinnerungsperspektiven von Juden und Nichtjuden.

„Das kollektive Gedächtnis erzeugt ungerührt auf der Täterseite andere Phänomene als auf der Seite der Opfer", schreibt Habermas und verweist auf Friedländer: „Eine Schere öffnet sich zwischen dem Wunsch auf deutscher Seite, die Vergangenheit zu normalisieren, und der noch intensiver werdenden Beschäftigung mit dem Holocaust auf jüdischer Seite." Damit wird eine Trennung sichtbar, ein Riß, der nicht rückgängig zu machen ist. Wenn es auf beiden Seiten nicht selbstverständlich gewesen ist, zu sprechen, so aus völlig verschiedenen Perspektiven und Erlebnishorizonten.

Der Film „Shoa" von Claude Lanzmann hat dazu beigetragen, die Komplizenschaft des Nicht-Fragens und Nicht-Sprechens zu destruieren. Er hat die je verschiedenen Erlebnishorizonte in bezug auf die „Produktion des Todes" unübersehbar gemacht.

Vielleicht liegt eine Chance darin, von dieser Getrenntheit auszugehen. Vielleicht ist das wirklich Bedrohliche, die „negative Lebendigkeit", von der Nolte redet, daß sich dann gerade im radikalen Versuch, sich mit der Differenz deutscher Geschichte und Kultur zu beschäftigen, eine unauflösbare Verbindung mit den Juden herausstellt. Diese paradoxe Beziehung hat Diner als eine „negative Symbiose" oder „eine Art gegensätzlicher Gemeinsamkeit" bezeichnet, „denn Deutsche wie Juden sind durch dieses Ereignis (Auschwitz) neu aufeinanderbezogen"[15], ob sie es wollen oder nicht. Hingegen bleibt die Restituierung einer nationalen Identität vor Auschwitz ein Versuch von Indifferenz, der gerade an der Leugnung dieses Bezogenseins scheitert.

Man wird mit dem Wissen um ein negatives Aufeinanderbezogen-Sein leben müssen, ohne den Versuch, es durch Gleichgültigkeit vorschnell zu transzendieren zu „positiver" kultureller Identität. Dabei wird nur eine Geschichtsschreibung, die von diesen Differenzen ausgehend zu einer Bewußtmachung von Vergangenheit kommt, beanspruchen können, eine Geschichtsschreibung für alle zu sein.

14. *Hannah Arendt*, Besuch in Deutschland 1950. Die Nachwirkungen des Naziregimes, in: Zur Zeit. Politische Essys. Hrsg. von M.L. Knott (Berlin, 1986) S. 55f.

15. *D. Diner*, Negative Symbiose. Deutsche und Juden nach Auschwitz, in: D. Diner (Hrsg.), Ist der Nationalsozialismus Geschichte? Zur Historisierung und Historikerstreit (Frankfurt/Main, 1987) S. 185f.

Von der Bedeutung des „deutschen Historikerstreits" für Österreich

von Karl Stuhlpfarrer, Wien, Österreich

Noch nie, seit das Institut für Zeitgeschichte an der Universität Wien als erstes seiner Art in Österreich mit ziemlicher Verspätung gegenüber anderen europäischen Ländern im Jahre 1966 gegründet worden ist, haben sich Journalisten aus der Bundesrepublik Deutschland so sehr für uns interessiert wie in diesen vergangenen Wochen. Sie haben in Österreich einen Umgang mit seiner nazifaschistischen Vergangenheit entdeckt, den sie für die BRD auch nach der Debatte, die „deutscher Historikerstreit" genannt wird, im vergangenen Jahr auch im schlimmsten Fall einer konservativen Wende nicht prognostiziert hätten.

Sie haben auf einmal wahrgenommen, daß es da im Süden ihres Landes auf dem Wege nach Italien ein Volk gibt, das nicht nur schilehrerfreundlich, heurigenselig und jahrhundertwendetrunken sich mit leicht dämonischen Zügen umgibt, sondern daß die von vielen österreichischen Literaten von Karl Kraus bis Helmut Qualtinger porträtierten Seiten des österreichischen Nationalcharakters keineswegs Fiktion, keine bloßen Erfindungen oder eben witzige Einfälle sind, sondern Abbildungen einer wirklichen Lebensweise und Typologisierungen einer bestimmten Einstellung bedeuten. Sie haben erkannt, so wie wir es gleich damals bemerkt haben, als wir das alles von Kraus bis Qualtinger das erste Mal hörten, und die wir uns kennen, und es ist ihnen wie uns das Lachen im Halse stecken geblieben.

Wie Sie merken, bin ich also nicht hierher gekommen, um Ihnen Ihren „deutschen Historikerstreit" zu erklären. Ich möchte Ihnen auch nicht über den Stand der Diskussion in Österreich über diese Debatte in der BRD berichten. Das ist auch nicht möglich, weil eine solche Diskussion in Österreich eigentlich gar nicht stattfand; und das liegt gewiß nicht an der Art der Debatte, wie sie hier in der BRD vor sich gegangen ist, oder daran, daß sich die Österreicher nicht für die Vorgänge in der BRD interessierten oder nichts darüber erführen, sondern das hängt eben gerade damit zusammen, wie und in welcher Weise in Österreich der Umgang mit seiner Vergangenheit gepflogen wird, und insbesondere mit jener der Zeit des deutschen Faschismus.

Ich möchte vielmehr versuchen, Antworten auf einige Fragen zu geben, die sich aus der Bedeutung des „deutschen Historikerstreits" für Österreich entwickeln lassen, oder zumindest jene Voraussetzungen zu klären, unter denen diese Fragen beantwortet werden könnten. Die Frage nach dem Wesen dieser Debatte soll daher den Ausgangspunkt meiner Fragen bilden. Ihr müssen Überlegungen folgen, ob es so etwas wie eine kollektive Verantwortung der im Herrschaftssystem des deutschen Faschismus noch nicht lebenden Generationen gibt — und dazu zählen auch wir Österreicher. Daraus kann entwickelt werden, was denn nun eigentlich Österreich mit diesem „deutschen Historikerstreit" zu schaffen habe. Dann ist allerdings unausweichlich zu klären, wie es denn eigentlich Österreich und die Österreicher mit ihrem Umgang mit der Vergangenheit halten. Gemeinsamkeiten und Unterschiede zur BRD können aufgespürt und schließlich die Frage beantwortet werden, ob es nicht vielleicht so etwas wie einen spezifisch österreichischen Umgang mit der Vergangenheit, eine österreichische Art der Vergangenheitsbewältigung gibt.

Die Österreicher sind nur allzugerne geneigt, sich einzureden, die Inhalte, um die es in dieser Debatte in der BRD geht, wären ganz ausschließlich eine deutsche Angelegenheit und gingen sie nichts an. Aber der durch diese Debatte markierte Wandlungsprozeß im deutschen Umgang mit der Vergangenheit — und nicht nur mit der nazifaschistischen — ergreift auch, ob es will oder nicht, Österreich. Was den einen der Streit um das Geschichtsbild der BRD sein mag, gibt sich bei den anderen schon weiter ausgreifend als deutsches Geschichtsbild aus, und niemand weiß, wie schnell es wieder gesamtdeutsche Züge vor allem bei jenen annimmt, die nicht akzeptieren möchten, daß Österreich spätestens nach der Niederlage des deutschen Faschismus und der Wiedererrichtung des selbständigen Österreichs durch die alliierten Großmächte im Jahre 1945 aus einer deutschen Geschichte ausgetreten ist, die ohnehin nicht immer seine war, und in die es nicht mehr eintreten möchte, auch jene nicht, die den österreichisch-deutschen Akkulturationsprozeß durch ihre politische, wirtschaftliche und kulturelle Politik der Integration Österreichs in die Europäische Gemeinschaft beschleunigen.

Im „deutschen Historikerstreit“ drückt sich ein langsamer, aber deshalb nicht weniger permanenter Anpassungsprozeß an ursprünglich gesellschaftlich geächtete Auffassungen aus dem rechtsextremen politischen Spektrum aus. Diese breiten sich aus den kleinen Zirkeln und Biertischen über die Zeitungsredaktionen auf die Politikerreden und Fernsehfeatures, vielleicht auch — wer weiß wie lange noch nicht — auf die Geschichtslehrbücher in den Schulen aus. Was hier unter dem Titel der Historisierung der Nazi-Verbrechen diskutiert wird, ist in Wahrheit eine andere Historisierung als vorgegeben wird, nämlich nicht die Historisierung der Verbrechen, sondern der Verantwortung für diese Verbrechen in der Vergangenheit und aus diesen Verbrechen für die Zukunft. Das durch die Verantwortung für die Naziverbrechen geprägte Geschichtsbewußtsein soll durch ein neues ersetzt werden, das sich eher als das alte als operative Prämisse für eine gegenwärtige und zukünftige Politik der BRD eignet. Und diese Entsorgung der Vergangenheit, wie es mit einem, meine ich, sehr zutreffenden Bild beschrieben wurde, strahlt auch auf Österreich, das an seiner eigenen seit 1945 betriebenen Entsorgung, wie sich immer deutlicher zeigt, ganz offensichtlich schon gescheitert ist.

Es macht keinen Unterschied zwischen der BRD und Österreich, daß das Thema der Kollektivschuld so häufig als Popanz auftritt. Es wird, scheint es, immer von jenen der Öffentlichkeit präsentiert, die sie im gleichen Atemzug ablehnen, aber dabei zu erklären vergessen, daß diese Kollektivkschulddebatte auch als Reflex auf jene Kollektivschuld erlebt werden kann, die Goebbels den Juden zugeschrieben hat, und die die Massenvernichtung der Juden im Machtbereich des deutschen Faschismus rechtfertigen sollten.

Aber das bedeutet nicht, daß wir uns nicht die Frage der kollektiven Verantwortung immer neu zu stellen haben. Nicht als neurotische Identifikation mit den Verbrechen unserer Eltern oder Großeltern, die ihre persönliche Schuld — nicht ohne unsere Hilfe, aber selbst bewältigen müssen. Auch nicht als Debatte über die kollektive Verantwortung „der Deutschen“ und „der Österreicher“ für die Naziverbrechen, weil eine so geführte Debatte die Opfer der Naziverbrechen als Deutsche oder Österreicher ebenso ausgrenzt, wie sie von den Nazis ausgegrenzt worden sind. Ich rede noch nicht vom speziellen Problem Österreichs, wo sich, wie Sie noch hören werden, „die Österreicher“ auch noch selbst an die Stelle der Opfer gesetzt haben. Es scheint mir auch als selbstverständliche Notwendigkeit, daß wir in der Debatte über die Nazivergangenheit nicht alle jene Grundsätze über Bord werfen, die von der Veränderungsfähigkeit der Menschen und der Einsicht in ihre Schuld durch Änderung ihres praktischen Verhaltens ausgehen. Aber die zentrale Unterscheidung bleibt zwischen den Tätern, den Opfern und jenen, die es den Tätern erlaubt haben, ihre Opfer aufzuspüren, daran mitgewirkt oder es auch nur geduldet haben.

Jene späteren Generationen, die an den Nazi-Verbrechen nicht beteiligt waren, tragen gleichwohl kollektive Verantwortung, Verantwortung zuallererst für ihr Geschichtsbewußtsein. Damit eben die Opfer nicht neuerlich ausgegrenzt werden wie damals, jetzt aber aus unserer Erinnerung, nicht ein zweites Mal vernichtet werden wie damals, jetzt aber in unserem Geschichtsbewußtsein.

Kollektive Verantwortung für das Geschichtsbewußtsein enthält aber auch den Auftrag, sich kritischen Bewußtseins der Gegenwart anzunehmen. Denn der Faschismus steckt noch tief genug in uns, wenngleich sein Herrschaftssystem zerschlagen worden ist. Er ist über unsere Erziehung durch unsere faschistischen Eltern tief in unseren Emotionen verankert worden, wenngleich wir diese Einstellungen und Verhaltensweisen rational zu distanzieren erlernt haben. Rassismus, ob als Antisemitismus oder Ausländerfeindlichkeit, Ausgrenzung der Alten, physisch oder psychisch Kranken, sind Normalitäten, die durch die Niederwerfung des faschistischen Herrschaftssystems nicht automatisch aufgehoben wurden. Und es bedarf ständiger, nie nachlassender Anstrengungen, wie das Beispiel des Antisemitismus in Österreich zeigt, nicht, daß es nicht gleich bleibt, sondern daß es nicht noch schlimmer wird. Die Erziehung zur Gewalt, die lustvolle Präsentation von Gewalt in den Medien und die Verherrlichung und Verharmlosung des Krieges sind Elemente eines solchen permanenten Lernprozesses. Die Einlernung autoritärer Verhaltensweisen in der Familie und die Ausübung von Gewalt gegen die Kinder, sind die signifikanten Ausdrucksformen dieses latenten Faschismus, die in den feudal-autoritären Umgangsformen, die in Österreich weit verbreitet sind und dort mit Höflichkeit verwechselt werden, gedeihen. Protektion und Klientelismus sind für das österreichische politische System charakteristisch. „Ja fürchtet sich denn der nicht vor mir?" war der signifikante Ausspruch eines früheren Präsidenten des österreichischen Nationalrats über jemanden, der sich ihm nicht oder nicht sofort gebeugt hat. Und es ist ernst und vielleicht ein wenig erstaunt gesagt und nicht als — wenngleich schlechter — Witz gemeint worden.

Und in Österreich kommt dazu, daß auch noch alle Instrumente des Verwaltungsstaates vorhanden und funktionstüchtig sind, die es in den dreißiger Jahren ermöglichten, das austrofaschistische Regime Schritt für Schritt einzurichten und die parlamentarische Demokratie samt den Institutionen der Arbeiterbewegung zu demontieren. Nur daß heute noch hinzu kommt, daß die österreichische Staatspolizei, so nennt man in Österreich die politische Polizei, auf jener Rechtsgrundlage eingerichtet wurde, auf der die Gestapo tätig war.

In Österreich stehen einander zwei ganz verschiedene Gruppen gegenüber, die es ganz unterschiedlich mit der Nazi-Vergangenheit halten. Es sind aber auch die Unterschiede in den Generationen. Die Jungen wissen nichts, hat eine sozialwissenschaftliche Untersuchung im Jahre 1985 über zeitgeschichtliche Information in Österreich festgestellt, aber sie wollen etwas wissen. Die Alten hingegen wissen etwas, aber sie wollen davon nichts hören. In Wirklichkeit aber, glaube ich, hätte die Interpretation des Ergebnisses heißen sollen, die Alten glauben zu wissen und die Jungen wissen, daß das, was sie glauben gemacht wurde, nicht der Rede wert ist.

Diese Erkenntnis der Differenz von Geschichte als vergangenem Geschehen und Geschichte als gegenwärtigem Geschichtsbewußtsein gibt uns an, daß Vergangenheitsbewältigung ein Problem jenes Geschichtsbewußtseins ist, das mit dem vergangenen Geschehen zwar nicht zusammenhangslos bleibt, aber sich auch aus anderen Quellen speist, und aus sehr viel mächtigeren, als jenen der Geschichtsforschung. Auch wenn die Geschichtswissenschaftler keineswegs die Hauptproduzenten von Geschichtsbewußtsein sind, so wird man sich nach ihrem Anteil, mehr aber noch, nach den Bedingungen der Möglichkeit ihrer Partizipation an seiner Entwicklung fragen müssen.

Das hängt natürlich auch damit zusammen, in welcher Weise sie überhaupt ihrer Arbeit nachgehen können; nicht einmal in erster Linie als Frage der Sicherstellung ihrer materiellen Produktionsbedingungen, allein nur einmal isoliert betrachtet, welchen Zugang sie zu den Archiven erhalten. In Österreich ist das ganz anders als in der Bundesrepublik Deutschland und vor allem dann, wenn die Periode des deutschen Faschismus untersucht werden soll. Aufgrund der länderweisen Eingliederung Österreichs in das Deutsche Reich kommen als eigentliche Träger der Kontinuität die Länder und für unsere Arbeit die Archive jener sieben Länder in Betracht, die zwischen 1940 und 1945 Reichsgaue waren und auch vor 1938 und nach 1945 bestanden haben.

Was aber soll man von der Archivdirektion eines österreichischen Bundeslandes halten, das die

Forschung über jugoslawische Zwangsarbeiter in Österreich während des zweiten Weltkriegs mit der Entscheidung behindert, man solle lieber über Probleme der zwanziger Jahre forschen, oder das auffordert, sich lieber in den Aktenbeständen des Auslandes umzusehen, wenn man über die Beteiligung von Österreichern an der deutschen Besatzungspolitik in Slowenien arbeiten möchte.

Formal ist die Archivpolitik in den Archiven des Bundes besser geregelt. Aber wenn schon die Benützung gestattet ist, so ist doch dann immer wieder Material nicht vorhanden oder — wie eben jetzt — man macht es für Jahre unbenützbar durch die Übersiedlung des Archivs und die Auswechslung der Archivare. Man kann sagen, daß der Zugang zu den Materialien in Österreich über die Zeit des deutschen Faschismus in den vergangenen Jahren nicht ausgeweitet und erleichtert, sondern mehr und mehr erschwert wurde. Man merkt, immer wenn es sich um die Zeit des Nazifaschismus in Österreich oder um die österreichische Beteiligung an Naziverbrechen handelt, verzehrt man sich in Österreich nicht gerade danach, daß Informationen aus den Archiven ans Tageslicht gelangen.

Aber wenn es nun einmal nicht vermieden werden konnte, weil schließlich die Archive in der BRD und DDR und anderswo den Zugang ermöglichen, dann bleibt noch immer das Problem der Verbreitung der Informationen und der Vermittlung des Forschungsstandes bis — sagen wir einmal auf die Ebene der Massenmedien und der Geschichtslehrbücher; Zeitschriften und Bücher mit begrenzter Auflage und Reichweite kann man schließlich auch selber verlegen.

In Österreich wird es nicht anders gewesen sein als anderswo, österreichische Sozialwissenschaftler haben jedenfalls die Wirkung der Ausstrahlung der Fernsehserie Holocaust untersucht und festgestellt, daß diese zwar eine gewaltige Reichweite, aber keine sehr lang andauernde Wirkung hatte. Das hätte sicher auch auf den Begleitfilm zu Holocaust zugetroffen, den das Österreichische Fernsehen produzierte, aus dem aber die unbestrittene und unleugbare Tatsache getilgt worden war, daß der österreichische Christlichsoziale Leopold Kunschak im April 1920 in der Nationalversammlung den Vorschlag präsentierte, die Juden in Österreich sollten vor die Entscheidung gestellt werden, Österreich freiwillig zu verlassen oder in Konzentrationslager zu kommen. Unausgewogene Berichterstattung hätte das bedeutet, hatte der verantwortliche Fernsehintendant entschieden, nachdem er sich mehrmals von der Richtigkeit der Information überzeugt hatte. Und Ausgewogenheit ist der Begriff, der in Österreich und besonders im österreichischen Fernsehen, den Begriff Objektivität ersetzt hat.

Wenn es also eine Funktion von Geschichtswissenschaft sein sollte, kollektive Erinnerung zu sein, dann muß sie sich auch offensichtlich selber die Instrumente schaffen, sich gegen den Widerstand von Teilen der Gesellschaft zu vermitteln. Sonst könnte tatsächlich eintreten, was ich Italo Svevo nicht zugestehen möchte, dem in seiner Erzählung „Kurze sentimentale Reise" scheint, „daß Sicherinnern keine wirkliche Tätigkeit ist. Man erleidet die Erinnerung unbewegt. Derjenige, der sich erinnert, und derjenige, an den man sich erinnert, erstarren."

Aber vielleicht gibt es wegen dieser auch durch Svevo repräsentierten österreichischen Mentalität keinen österreichischen Historikerstreit, nur eine Gruppe von österreichischen Persilschein-Historikern, weil auch die österreichischen Historiker nicht allzuviel miteinander reden, ihre Rede auch eher bestimmt ist durch feudale Allüren, Besitzstandssicherung und den überall durchgehenden Grundzug des permanenten Angerührtseins, das ja im Österreichischen bezeichnenderweise nicht heißt, daß man emotional bewegt, betroffen ist, ja vielleicht sogar sich in irgendeine Richtung in Bewegung gesetzt hat, sondern nur schlicht meint, daß sich wieder einmal jemand beleidigt fühlt.

Aber was hat nun Österreich wirklich mit dem „deutschen Historikerstreit" zu schaffen, oder anders gefragt eben: was bedeutet diese Debatte für Österreich?

Wie immer wir es mit der österreichischen Staatsdroktrin halten wollen, die Österreich als das erste Opfer der Hitlerschen Aggression sieht und vergißt, daß nicht nur in der Moskauer Deklaration von 1943 von der Mitverantwortung Österreichs am nationalsozialistischen Angriffskrieg, sondern auch im Österreichischen Staatsvertrag von 1955 von der Teilnahme Österreichs am Krieg als integrierender Bestandteil Nazi-Deutschlands geschrieben steht. Was immer wir glauben, ob Österreich durch Deutschland okkupiert oder annektiert war, ob seine Souveränität untergangen ist oder nur geruht habe, wie die österreichische Völkerrechtslehre sagt; auch wenn wir nicht behaupten wollen, daß der deutsche Faschismus Österreich und Deutschland zu einer nationalen Schicksalsgemeinschaft habe zusammenschweißen können, sondern daß es ihm eher gelungen ist, das, was sich vorher noch zusammenfühlte, auch noch zu trennen, eines wird man mit Sicherheit sagen können, daß die gemeinsam begangenen Nazi-Verbrechen Österreicher und Deutsche zu Komplizen gemacht hat.

Diese Komplizität führt zu ganz seltsam verqueren Bewußtseinlagen in Österreich. Ein sozialistischer Schulstadtrat findet bei der Verabschiedung seiner verdienten Kollegin in die Pension nichts dabei, ihre Verdienste um die Schule im deutschbesetzten Gebiet Sloweniens zu rühmen, obwohl er gleichzeitig jede Verantwortung Österreichs für die nationalsozialistische Verfolgungs- und Entnationalisierungspolitik in diesem Gebiet bestreiten würde. Einem österreichischen Soziologen werden die Namen von Partisanen, die durch die Republik Österreich für Verdienste geehrt worden waren, mit der Begründung nicht weitergegeben, die Veröffentlichung der Namen könnte den betreffenden Personen schaden. Aber immerhin beruhigt sich der gelernte Österreicher, nicht ganz so schlimm wie in Italien, wo noch in den sechziger Jahren das Mitglied einer Partisanengruppe wegen seiner Aktivitäten kriminalisiert und eingesperrt wurde; ein deutschsprachiger und natürlich in Trentino-Südtirol und nicht in den roten Regionen. Aber die Ruhe dauert nur so lange, bis man im erwähnten Buch von Christian Fleck über die Koralm-Partisanen weitergelesen hat und feststellt, daß auch in Österreich Leute nach dem Krieg noch strafrechtlich wegen ihrer Partisanenaktivitäten verfolgt und auch verurteilt worden sind.

Österreicher können also ihre eigene lebensgeschichtliche Identität ganz gut als Identität eines deutschen und österreichischen Geschichtsbewußtseins begreifen und — wie wir wissen — ihren von allen Inhalten abgelösten Begriff der Pflichterfüllung auf diese Art positiv für sich wenden. Anders jene, die nicht mit den Nationalsozialisten kollaboriert haben, die Verfolgten, die Widerstandskämpfer, die Emigranten. Sie haben ihr österreichisches Geschichtsbewußtsein im Kampf gegen den Faschismus entwickelt, und hinter ihnen hat sich jene übergroße Zahl Mitläufer und Mittäter in der wiedererstandenen Republik versteckt und auch die Opferrolle der Österreicher angenommen.

Freilich wußten die Verfolger, daß der österreichische Faschismus allein und auch die österreichischen Nationalsozialisten allein zu schwach gewesen wären, in die Tradition des altösterreichischen und deutschen Imperialismus einzutreten. Wieviel Absicht, Wunsch und Hoffnung auch vorhanden gewesen sei, es fehlte die Gelegenheit, die Aktionsmöglichkeit und der Manövrierraum. Diese schafft erst der deutsche Faschismus, und wenn er sie geschaffen hat, dann schlägt auch die Bestie Österreicher zu.

Deshalb ist es für Österreich nicht gleichgültig, welches Geschichtsbewußtsein die Deutschen haben. Es ist nicht gleichgültig, ob sich das Geschichtsbild der BRD an den Erfahrungen von Auschwitz oder an jenen des deutschen Imperialismus orientiert, besonders dann, wenn er in seiner Mitteleuropa- oder Südosteuropavariante auftritt. Im ersten Fall bildet es auch eine Barriere gegen den österreichischen Deutschnationalismus. Im zweiten Fall könnte hingegen die Situation eintreten, daß sich den österreichischen Halbschuhimperialisten wieder ein Motor zur Verfügung stellt und sie in Gang setzt.

Das wird nicht wenig auch von der Entwicklung in Österreich selbst abhängen. In unserem von Servilität so reichem Land, in dem der Außenminister im vorauseilenden — wie soll man sagen — Gehorsam nicht einmal mehr abwartet, bis die deutsch-französische Manöverleitung die Annahme eines Atomschlags auf Österreich dementiert, sondern dieses Geschäft selbst erledigt, ist allerdings viel Hoffnung nötig.

Ob sie berechtigt ist, liegt in der Antwort auf die Frage, wie denn die Österreicher mit ihrer Geschichte im Vergleich zu den Deutschen in der BRD umgingen. Was haben also die Österreicher aus der Geschichte des Faschismus gelernt? Die Österreicher haben es ja mit zwei Faschismen zu tun, dem nur österreichischen Austrofaschismus und dem auch österreichischen deutschen Faschismus, die beide miteinander konkurrieren, bis dann der stärkere den schwächeren 1938 überwältigte.

In beiden Fällen haben es sich Österreicher vorerst einmal leicht gemacht: den einen Faschismus haben sie für die Deutschen reserviert, ihre Komplizenrolle verleugnet, so getan, als wären sie nicht dabei gewesen oder gar gezwungen worden. Den anderen haben sie als Faschismus geleugnet, ihm das Mäntelchen des Ständestaates umgehängt, ihn sogar gelegentlich als autoritäre Demokratie beschreiben wollen. Deshalb gab es in Österreich auch nur eine — wenngleich in den Auswirkungen nur sehr kurzfristige — Entnazifizierung und keine Entfaschisierung, saßen die ehemaligen Funktionäre des austrofaschistischen Regimes doch zum Teil gemeinsam mit den Sozialisten an den Entnazifizierungstischen.

Die Wende des Geschichtsbildes in Österreich äußert sich in ihrem ersten Teil daher auch anders als in der Bundesrepublik Deutschland. Sie zielt vorerst auf die Rehabilitierung des Austrofaschismus, wie er seit den sechziger Jahren durch die österreichische Geschichtswissenschaft und nicht nur durch sie analysiert worden war. Seine Aufwertung wurde in den letzten Jahren sogar so weit getrieben, daß ihm ein Sieg über Hitler zugeschrieben wurde. Aber ist es ein Zufall, daß die Zentrale dieser konservativen Legitimationshistorie österreichischer Prägung nicht von Wien sondern von München aus operiert? Wir werden im Jahr 1988 sehen, wie sie den Untergang des Austrofaschismus neu inszenieren wird.

Einen Unterschied zur BRD, meine ich, gibt es jedoch bei Österreich in praktischer Vergangenheitsbewältigung. Ich meine die Entwicklung des Gedankens der österreichischen Nation und ihre zunehmend konsensbildende Kraft seit den fünfziger Jahren, ich meine auch den österreichischen Staatsvertrag und die Erklärung der österreichischen immerwährenden Neutralität im Jahre 1955. Berühren wir nicht die Frage, ob Österreich sich diesen Staatsvertrag verdient hat oder ob er ihm aufgrund einer besonderen weltgeschichtlichen Situation in den Schoß gefallen ist. Er bietet Österreich einen Erwartungshorizont, wie es in der Vergangenheit mit seiner Vergangenheit hätte umgehen sollen und in Zukunft noch immer umgehen könnte. Wohl ist es der österreichischen Verhandlungskunst oder der alliierten Gleichgültigkeit zu verdanken, daß die Mitschuldklausel aus der Präambel des Vertrags im letzten Augenblick getilgt wurde, aber diese verschweigt neben der Annexion Österreichs durch Hitler-Deutschland auch nicht Österreichs „Teilnahme am Kriege als integrierender Bestandteil Deutschlands". Der Staatsvertrag als Belohnung für die Anstrengungen des österreichischen Volkes zur Wiederherstellung und zum demokratischen Wiederaufbau seines Landes, aber auch verbunden mit der Forderung, daß es solche Anstrengungen „auch weiter zu machen haben wird". Das Verbot des Anschlusses, die Sicherung der Menschenrechte, die Auflösung der nazistischen und faschistischen Organisationen, die Aufrechterhaltung und Sicherung der demokratischen Einrichtungen und die Rechte der slowenischen und kroatischen Minderheiten sind diese Punkte, an denen permanent das Maß an den österreichischen Bemühungen der Vergangenheitsbewältigung genommen werden kann. Österreich ist seitdem eine Zone in Mitteleuropa, in der Atomwaffen, bakterielle und chemische Waffen zu besitzen, zu erzeugen und zu lagern verboten ist. Österreich darf keine Raketen besitzen und es ist zu hoffen, daß sich die österreichischen Militärs mit ihren Revisionswünschen nicht durchsetzen werden.

Daß sich die deutschnationalen Kräfte in Kärnten seit 1955 immer stärker gegen die Rechte der slowenischen Minderheit durchsetzen konnten, zeigt, daß nicht überall in Österreich die Fehler der Vergangenheit gesehen und selbstbewußt die Gegenwart aus diesem Wissen verändert wird. Das Kärntner Pädagogenmodell, das am 18. November 1987 durch die Vertreter von SPÖ, ÖVP und FPÖ gegen die Slowenen beschlossen worden ist, wird, wenn es durchgeführt wird, noch weiter die Rechte und Entwicklungsmöglichkeiten der slowenischen Minderheit in Kärnten beschneiden, die immer mehr vom völligen Untergang bedroht ist. Es fördert nämlich nicht die Interessen und die Entwicklung der slowenischen Kinder oder das Zusammenleben der deutsch- und slowenischsprachigen Kinder durch ein wechselseitiges besseres Verständnis der beiden Sprachen und Kulturen, sondern es trennt sie. Es fördert nicht die zweisprachigen Lehrer der Minderheit, sondern die deutschsprachigen der Mehrheit, von denen schätzungsweise vierzig bis hundert neu eingestellt werden sollen. Das Kärntner Pädagogenmodell ist in Wirklichkeit und eben tatsächlich ein Pädagogenmodell, kein pädagogisches Modell; die Sprache läßt nicht mit sich spaßen. Aber die Vertreter der drei größten österreichischen Parteien haben es damit fertiggebracht, eine Regelung für die Schulen der Minderheit zu beschließen, die in Wirklichkeit der Mehrheit dient und unter dem Titel des Minderheitenschutzes wird dann nicht Geld für die Minderheit, sondern für die Mehrheit ausgegeben werden — und noch dazu aus den Kassen des Bundes, nicht aus jenen des für die Volksschulen zuständigen Landes.

Also Lüge als konstituierendes Element des österreichischen Umgangs mit der Vergangenheit? Und ist das allein ein Kennzeichen unserer Zeit, oder gibt es vielleicht sogar eine österreichische Tradition dieser Art von Vergangenheitsbewältigung?

Wenn Sie in Graz über den stark befahrenen Joaneum-Ring spazieren, werden Sie, in einem kleinen Park versteckt, ein Denkmal stehen sehen können. Auf ihm steht seit 1901 zu lesen: „Dem ehrenden Gedenken der für Kaiser und Vaterland im Jahre 1878 in Bosnien und der Herzegowina vor dem Feinde gefallenen steirischen Krieger." Vor dem Feinde gefallen! Wie sonderbar; man hat vergessen darauf hinzuweisen, daß diese Feinde die einheimische Bevölkerung von Bosnien und der Herzegowina gewesen sind, die steirischen Krieger aber die Aggressoren. Wir könnten am Beispiel der Wiener Ausstellung über die Jahrhundertwende „Traum und Wirklichkeit" zeigen, wie das heutige österreichische Bildungsbürgertum sich seine damalige Position inszenierte, die es nie besessen hat — ohne „Die Letzten Tage der Menschheit", wenn man von jenem fremdenverkehrsfreundlichen Verschnitt absieht, in dem man sich schon einmal über den kindischen Feldkuraten und die blutgierige Journalistin vor Lachen schütteln kann.

Die Kriegerdenkmäler des ersten und des zweiten Weltkrieges überziehen das ganze Land und verkünden nebeneinander, die Gefallenen hätten ihre Heimat verteidigt. Die Geschichte des Handschlags zwischen dem durch dubiose Machinationen während seiner Haft in Italien wieder zum Österreicher gemachten Kriegsverbrecher Walter Reder und dem österreichischen Verteidigungsminister, der ihn in einer österreichischen Kaserne versteckt. Italienische Journalisten sagten damals, als sie ergebnislos aus Österreich abreisten, sie hätten schon viel Erfahrung, aber gegen die österreichische Mauer des Schweigens sei omertà in Sizilien nichts. Das charakteristische Beispiel österreichischen Umgangs mit seiner Vergangenheit äußert sich aber im Spielfilm. Er heißt 1. April 2000 und ist 1954 mitten in einer entscheidenden Phase der österreichischen Staatsvertragsverhandlungen im Auftrag der österreichischen Bundesregierung produziert worden.

Am 1. April 2000 wird über Österreich Gericht gesessen, weil es den Kontrollvertrag mit den Besatzungsmächten gekündigt hat und Österreich damit wie schon seit tausend Jahren einen Akt der Aggression gesetzt habe. Österreich verteidigt sich mit dem ganzen Einsatz seiner Geschichtslehrfilme. Das friedliebende Land Österreich. Der musizierende Kaiser verwehrt dem Feldherrn Prinz Eugen gegen den Osten bis Konstantinopel weiterzuziehen. Heirat, Städtegründungen und Straßenbau, das war das friedliche kulturbringende Geschäft des Österreichers und seines Herrscherhauses, dessen Repräsentanten sich allemal bestürzt von den Ausschweifungen der Macht in die Stille des Lebens im Kloster zurückgezogen hatten. Städtegründungen und Kirchenbau, barock, wie die Funktion der alles umarmenden Kirche.

Aber oft schlägt die tatsächliche Geschichte der Prognose ein Schnippchen. Das Urteil über Österreich im Film über das Jahr 2000 ist hart, aber ein Kompromiß. Österreich wird nicht zerstört und von der Landkarte getilgt, nur alle Österreicher sollen evakuiert und das ganze Land in ein Museum und einen Nationalpark umgewandelt werden. Nur jene Österreicher dürfen bleiben, die als Förster oder Portiere arbeiten würden. Und so ist es dann ja auch — ein wenig verändert — eingetroffen.

Wenn es wirklich den Unterschied zwischen passatistischen und futuristischen Gesellschaften gibt, wie der italienische Soziologe Franco Ferrarotti behauptet, dann ist die österreichische zutiefst passatistisch, auch in ihren utopischen Filmen. Eben deshalb kann sie ihre Vergangenheit nur bewältigen, indem sie sie permanent umgestaltet, neu in Szene setzt, bis sie in jenes Bild paßt, das sie selber von sich hat, oder das sie angenommen hat, weil es ihr zugeschrieben wurde. Die Vergangenheit wird also nicht durch Lüge verdrängt, weil dies das Bewußtsein der Wahrheit voraussetzte, sondern umgestaltet und neu geformt. Österreich, wo die Österreicher ihre Vergangenheit bewältigen, indem sie sie ästhetisieren, so daß die österreichischen Künstler die historischen Analysen schreiben müssen. So wie Friedrich Cerha, der das Lamento des kleinen Henkers seiner Oper „Der Rattenfänger" Kurt Waldheim gewidmet hat, weil dieser „ein Vertreter jener Mentalität ist, die vor allem voran sich des jeweils herrschenden Systems bedient, um nach oben zu kommen und oben auf zu bleiben".

„Wer Biograph wird", hat am 31. Mai 1936 Sigmund Freud an Arnold Zweig geschrieben, „verpflichtet sich zur Lüge, zur Verheimlichung, Heuchelei, Schönfärberei und selbst zur Verhehlung seines Unverständnisses, denn die biographische Wahrheit ist nicht zu haben, und wenn man sie hätte, wäre sie nicht zu brauchen". Freud wußte damals natürlich noch nicht, daß die österreichische Fremdenverkehrswerbung in den achtziger Jahren des Jahrhunderts, sein Foto, das aufgenommen wurde, als er 1938 das Land verlassen mußte und nach London ins Exil ging, dazu benützen würde, für das gastfreundliche Österreich zu werben.

„Die Art wie hierzulande die Auseinandersetzung mit der Geschichte geführt wird, erlaubt ... keine ‚Normalisierung' und schon gar keine ‚Versöhnung', die ja entweder einen vorangehenden Kampf zwischen zwei gleichartigen Streitparteien oder wirkliches Bereuen, ehrliche Umkehr, verantwortungsvolle Erinnerungs- und Trauerarbeit der Tätergesellschaft voraussetzt." Das hat der Wiener Politikwissenschaftler John Bunzl bei der Präsentation seiner Arbeit „Der lange Arm der Erinnerung. Jüdisches Bewußtsein heute" gesagt und dem ist wenig hinzuzufügen.

Wir Österreicher sagen uns nach, daß wir im Ausland keine nationalen Loyalitäten zeigten und oft nicht emotionsfrei über Österreich redeten, gewöhnlich den Fehler begingen, entweder Österreich zu beschimpfen, weil wir glauben, daß es nur dann in unserem Lande auch gehört wird, wenn es aus dem Ausland kommt, oder den Zustand unseres Landes beklagen, wohin es denn geraten sei — und nicht zuletzt aus Schuld der Deutschen.

Ich habe danach getrachtet, nicht beide Fehler zu vermeiden. Denn die Situation in Österreich in den letzten Wochen, als sechs eigenhändig erwürgte Juden zum Maß persönlicher Schuldverstrickung in Naziverbrechen gemacht werden sollten, machte es immer schwieriger jene Ruhe zu bewahren, die in Österreich so geschätzt wird.

Es gäbe da noch den bequemen Weg. Ich könnte, wie es üblich geworden ist, sagen: ich entschuldige mich, es tut mir leid, und wäre wieder ein ehrenwerter Mann. Jener ehrenwerte Mann, der seine „sechs Juden" bereute, war der Autor der „Jetzt erst recht"- Kampagne, die unseren Bundespräsidenten zu dem machte, was er jetzt ist.

Eine „Nun erst recht"-Kampagne hat Ödon von Horvath schon 1929/30 in seinem Roman „Der ewige Spießer" beschrieben. Und:

> „Der Spießer ist bekanntlich ein hypochondrischer Egoist, und so trachtet er danach, sich überall feige anzupassen und jede neue Formulierung der Idee zu verfälschen, indem er sie sich aneignet."

Aber damit hat Horvath freilich nicht mich oder die Österreicher gemeint.

Fotografie und Störfall
Verdrängung — Dokumentation — Widerstand
Beispiele fotografischer Reaktionen auf Konflikte

von Jörg Boström, Bielefeld

1. *Die Fotografie ist nicht „ansich" ein realistisches Medium: die Fotografie als Störfall*

Der Realismus ist älter als die Fotografie, und er existiert bis heute auch außerhalb von ihr. Realismus ist nicht ein Kunststil, er ist eine Art, die Welt anzuschauen, anzugreifen, umzugestalten und dabei spielen bildnerische Techniken und künstlerische Methoden eine Rolle — gegebenenfalls auch die Fotografie. Daß sie bei ihrer Entdeckung bereits ein Skandal, selbst ein Störfall wurde, hat sie nicht in erster Linie sich selbst zuzuschreiben, sondern dem zum — allerdings nicht zufälligen — Zeitpunkt ihrer frühen Entwicklung voll entfalteten Realismusstreit.

Über den Maler Courbet — nicht etwa über die Fotografie — schreibt 1852 der Republikaner Thierry: „Der Sozialismus soll nach Kräften Beifall spenden ... Courbet hat die Lösung gefunden. Er hat die Kunst mit einem Schlage zerstört und durch etwas anderes ersetzt. Es gibt keine Kunst, da offensichtlich die Negation der Kunst die Kunst selbst ersetzen kann."[1]

Der Maler selbst, der seine Bilder signiert mit „Courbet ohne Religion und ohne Ideal" gibt dazu Auskunft in Texten und Ansprachen, indem er erklärt, die Kunst könne nichts anderes sein „als das Mittel, seine persönlichen Fähigkeiten auf die Ideen und die Dinge der Epoche anzuwenden," und „daß die Malerei ihrem Wesen nach eine konkrete Kunst ist, die einzig in der Darstellung der wirklichen und vorhandenen Dinge bestehen kann. Sie ist eine ganz und gar körperliche Sprache, die sich an Stelle von Worten aus allen sichtbaren Dingen zusammensetzt, ein abstraktes nicht sichtbares, nicht vorhandenes Ding hat im Bereich der Malerei nichts zu suchen."[2]

Die Fotografin und Soziologin Gisèle Freund hat auf die Beziehung zwischen Realismusdebatte und Fotostreit hingewiesen.
„Die Realisten lehnten es ab, als Künstler zu gelten... Die Stellung des Künstlers zur Natur soll unpersönlich sein, so unpersönlich, daß er gegebenenfalls ein Bild zehnmal hintereinander zum malen imstande sein muß, ohne zu zögern und ohne im geringsten vom Vorbilde abzuweichen".[3]
Man sieht aus den apparativen Möglichkeiten der Fotografie — keineswegs aus den an der konventionellen, unrealistischen Kunst orientierten Resultaten, beziehen die Realisten ihr ideologisches Programm — oder umgekehrt: Die Zeit verlangte nach einer Erfindung wie der Fotografie. Die Realismusdebatte ist ihr am Kinderbett gesungen worden. Wenn Dichter wie Charles Baudelaire sich mit zynischer Wut über die Fotografie hermachen, so meinen sie zumindest auch den Realis-

1. *K. Herding*, (Hrsg.), Realismus als Widerspruch. Die Wirklichkeit in Courbets Malerei (Frankfurt a.M. 1978) S. 16.
2. *Herding*, a.a.O., S. 31.
3. *G. Freund*, Photographie und bürgerliche Gesellschaft (München 1968) S. 89.

mus: „Von Tag zu Tag verliert die Kunst an Selbstachtung und unterwirft sich der äußeren Realität. Der Maler zeigt immer mehr Neigung zu malen, was er sieht, und nicht was er träumt.“ Und weiter: „Dadurch, daß die fotografische Industrie die Zuflucht aller gescheiterten Maler wurde, der unbegabten und der faulen, hatte diese allgemeine Überfütterung nicht nur Verblendung und Verdummung zur Folge, sondern wirkte auch wie eine Rache. Daß eine so dummdreiste Verschwörung (gemeint ist die fotografische Industrie), die stets die Böswilligen und Narren vereint, vollen Erfolg haben könnte, glaube ich nicht. Wird es der Fotografie erlaubt sein, die Kunst in einigen ihrer Funktionen zu ergänzen, so wird diese alsbald völlig von ihr verdrängt und verderbt sein, dank der natürlichen Bundesgenossenschaft, die aus der Dummheit der Menge ihr erwächst. Sie muß daher zu ihrer eigentlichen Pflicht zurückkehren, die darin besteht, der Wissenschaften und der Künste Dienerin zu sein, und zwar eine sehr niedrige Dienerin...“[4]

Wenn Ingres, der großartige klassizistische Portraitist, gegen die Industrie Stellung bezieht, so meint er auch die seiner Ansicht nach schandbare Mischehe zwischen Industrie und Kunst, die Fotografie.

„Die Industrie. Wir wollen sie nicht, daß sie auf ihrem Platz bleibe und nicht wage sich auf den Stufen unserer Schule niederzulassen, dem wahren Tempel Apollons, der einzig und allein den Künsten Griechenlands und Roms gewidmet ist.“[5]

Es gab sogar eine Gerichtsverhandlung über den Kunst- oder Nichtkunstcharakter der Fotografie, zu der ein Manifest von Ingres und 27 anderen, heute meist vergessenen Künstlern erschien, des Inhalts, daß „die Fotografie unter keinen Umständen den Künsten gleichgestellt werden könne, da — (und jetzt kommt die bemerkenswerte Begründung) — sie sich aus einer Reihe von handwerklichen Operationen herleite.“[6]

Der Widerspruch ist perfekt und begleitet die Fotografie bis heute: Während die Realisten unter den Malern ein Programm entwickeln, das analog den technischen Möglichkeiten der Fotografie wo möglich noch fotografischer ist, als diese selbst, und dies selbstbewußt als Kampfansage an die miefige Kulturszene des restaurierten Bürgerkaiserstuhls hinaustrompeten, hüllen sich die Fotografen verschreckt durch Prozesse, Manifest und Polemiken der Konservativen in Samtjacken und Baretts und kehren den Salonkünstler heraus mit der unterwürfigen Attitüde „ich bin doch — auch — Künstler“, ein Etikett, das die Realisten sich längst angewidert abgerissen hatten.

Entsprechend sieht das ästhetische Programm der führenden Fotografen aus. 1862 veröffentlicht der erfolgreiche Portraitfotograf Disderi eine fotografische Ästhetik, in der folgende Qualitäten einer guten Fotografie aufgeführt sind.[7]

1. Angenehmes Äußere
2. Allgemeine Klarheit
3. Die Schatten, die Halbtöne, die Helligkeiten gut herausheben
4. Natürliche Proportionen
5. Einzelheiten in den Schatten
6. Schönheit.

Man muß Disderi bescheinigen, daß er bis heute damit die Lehrmeister und Handwerkskammern, viele Fotomagazine, Portraitstudios und Fotografenverbände, vielleicht auch einige Fachhochschulen mit immer wieder aktuellen Kriterien versorgt hat.

Der Verdacht, daß die Fotografie mit dem Realismus mehr als nur eine oberflächliche Berührung im Sinne einer Oberflächenabbildung haben könnte, ist damit ausgeräumt. Sie ist nicht etwa

4. Nach *W. Kemp*, Theorie der Fotographie I (München 1980) S. 110ff.
5. *Freund*, a.a.O., S. 94.
6. Ebda., S. 108.
7. Ebda., S. 90.

von sich aus ein realistisches Medium, sie tritt neben die Anderen, wie Malerei, Grafik, Literatur, Musik, die man im Sinne eines Realismus nutzen kann, oder auch nicht. Nach einer Definition von Klaus Herding ist „Realismus — die auf eigener Erfahrung beruhende, kritische Bestandsaufnahme der je gegenwärtigen Wirklichkeit".[8]

2. *Störfall Krieg, Dokumentation des Schreckens*
Die „Kunst" des Krieges ist die Zerstörung des Menschen

Nur selten wird dies sichtbar gemacht. „No dead bodies," befahl der englische König den Fotografen im 1. Weltkrieg. In diesem Fall will ich mich danach richten und zeige Gesichter lebender Menschen oder das, was der Krieg von ihnen gelassen hat.

Gegenüber diesen Fotografien zerstörter Gesichter aus medizinischen Archiven des 1. Weltkrieges gerät die Realismusdiskussion zum Akademieproblem. Von Theodor W. Adorno stammt ein Satz, mit dem wir uns herumzuschlagen haben, nach Auschwitz ein Gedicht zu schreiben sei barbarisch. In einem anderen Zusammenhang verweist er auf eine „Realität jenseits des Schleiers, den das Zusammenspiel von Institutionen und falschen Bedürfnis webt," und die „objektiv nach Kunst verlangt, nach einer, die für das spricht, was der Schleier zudeckt." Man hört, ohne daß der Begriff genannt wird, die Forderung nach Realismusformen.

Adorno fährt fort: „Den Hegel'schen Satz, die Wahrheit sei konkret, genügt vielleicht im Zeitalter des unbegreifbaren Grauens nur noch die Kunst. Das Hegel'sche Motiv von der Kunst als Bewußtsein von Nöten, hat über alles von ihm absehbare hinaus sich bestätigt."[9]

Dem unbegreifbaren Grauen der gegenwärtigen Kriege, der Massenvernichtung, der vollständigen Zerstörung von Menschlichkeit in den Massenvernichtungslagern, und durch Massenvernichtungswaffen, läßt sich offenbar durch Kunst nicht mehr antithetisch begegnen. Wenn Kunst — und ich beziehe hier ihrer Möglichkeit nach Fotografie immer mit ein — wenn Kunst nach Adorno sich nicht mehr glatt in Herrschaftsideologie überführen läßt, — er nennt diese Versuche „banausisch", wenn sie nunmehr zu begreifen ist als „gesellschaftliche Antithesis zur Gesellschaft"[10], muß sie dem totalen Grauen gegenüber verstummen. Hier tritt an ihre Stelle das Dokument, die ungestaltete, unbewältigte und nicht zu bewältigende Anschauung. Hier meldet die Fotografie als pure Reproduktion ihre Kompetenz an.

Wenn der Pazifist Ernst Friedrich in seinem 1924 erschienenen und sogleich wieder verbotenen, bis heute nur in einer Art Raubdruck reproduziertem Buch,[11] „Krieg dem Kriege" medizinische Dokumentaraufnahmen von zerstörten Gesichtern aneinanderreiht, erzeugt er damit den Schock, der juristisch und politisch als „Wehrkraftzersetzung" auszumachen ist. Was der Kunst sich sperrt, erreicht hier das fotografische Dokument. Kunst allerdings ist es, diese Bilder aufzufinden, und in einer Buchmontage einer Militärkultur entgegenzuhalten. Eine weitere formale, „künstlerische" Verarbeitung, würde ihre Wirkung schwächen, wenn nicht gar, durch die Hinlenkung der Aufmerksamkeit auf künstlerische Probleme, aufheben.

Allerdings kann die durch pure Präsentation des Schrecklichen, wie durch Bilder von Hinrichtungen, von Folter, von Massenmord, erzeugte Empörung über die vorgestellte Sache umschlagen in Abscheu und Ablehnung gegen die Dokumente und den Übermittler, der solches anzuse-

8. *Herding*, a.a.O., S. 9.
9. *Th. W. Adorno*, Gesammelte Schriften 7, Ästhetische Theorie (Frankfurt a.M. 1970) S. 35.
10. *Adorno*, a.a.O., S. 18ff.
11. Nachdruck in: Weimarer Republik, Kunstamt Kreuzberg u. Institut für Theaterwissenschaft der Universität Köln (Hrsg.), Berlin 1977, S. 18-97.

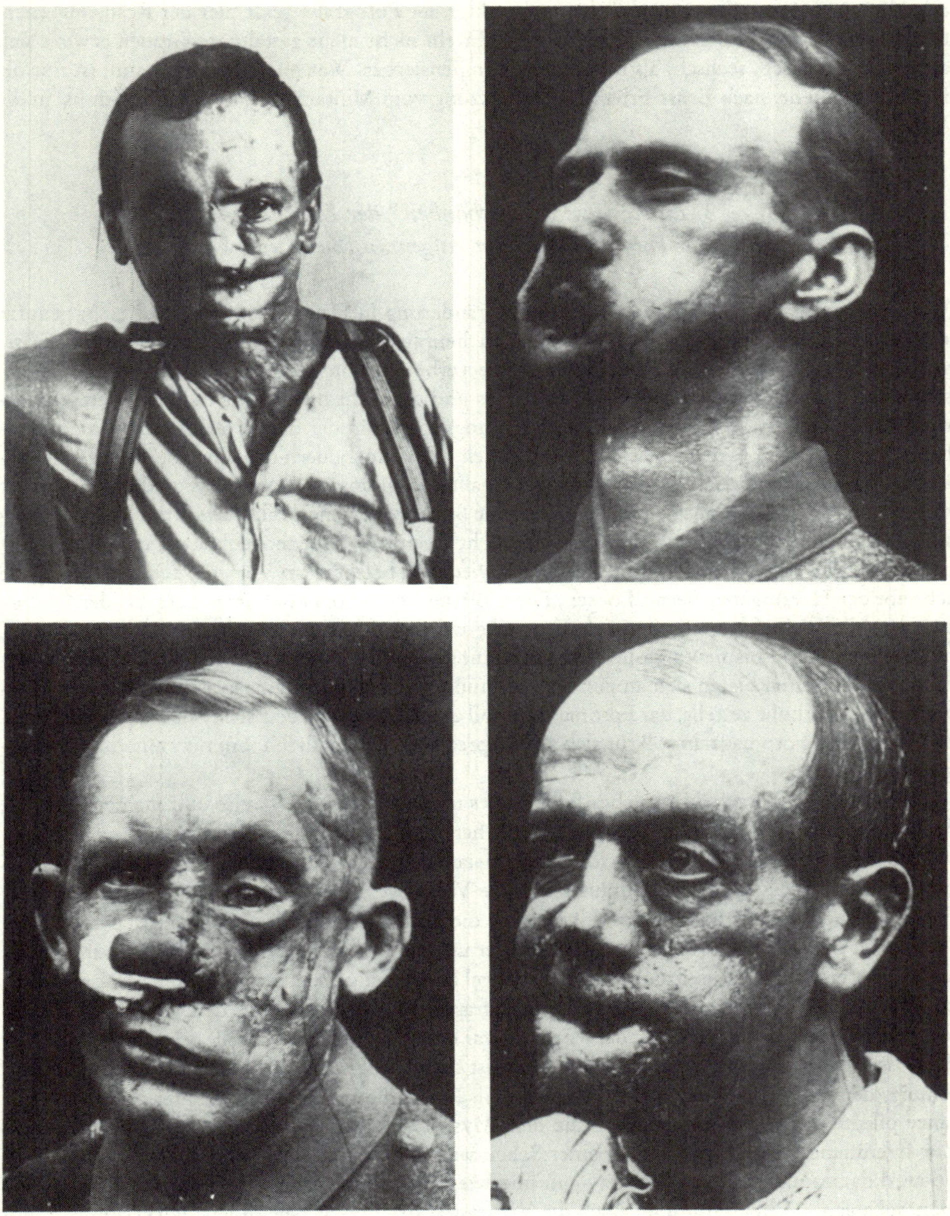

Abb. 1-4 Aus: Ernst Friedrich, Krieg dem Kriege, Berlin 1924 Reprint, Weimarer Republik, Berlin 1977, S. 77 ff.

hen zumutet. Durch den reproduktiven Charakter der Fotografie gerät hier der Realismus ebenfalls an seine Grenze. Das mit künstlerischen Mitteln nicht mehr gestaltbare Grauen erweist sich auch psychologisch, seelisch, als nicht mehr kompensierbar. Was nun einsetzen kann, ist nur die radikale Umkehr, nach Ernst Friedrichs Zielsetzung vom Militarismus, in den Pazifismus, in die Verweigerung.

3. *Entstörung: die „Schönheit" der Fotografie* *Die „Kunst" der Fotografie betreibt Augentäuschung und Verdrängung*

Wir wissen, daß diese Chance der radikalen Veränderung in Deutschland jedesmal nicht genutzt wurde. Nach dem 1. Weltkrieg wurde zunächst heimlich aufgerüstet, und dann verstärkt Krisevorbereitung betrieben. Friedrichs Buch wurde verboten, sein Antikriegsmuseum in Berlin geschlossen. Auf den Schrecken des 2. Weltkrieges und die nicht mehr ohne radikale Wertveränderung zu ertragende Greuel der Massenvernichtungslager, und der damit verbundenen nicht tragbaren Schuld, reagierte die deutsche Öffentlichkeit mit Glanzbildern der Illusion, wie sie in der faschistischen Ästhetik auch zum Zwecke der Realitätsverdrängung vorgeprägt und ausentwickelt waren. Um dies zu demonstrieren, zeige ich eine Stichprobe, einen Bildquerschnitt durch den ersten Jahrgang 1949 des Photomagazins, das nicht irgendein Regenbogenblatt war, sondern mit dem Anspruch auftrat, die fotografische Kunst wieder zu beleben. Im Vorwort der ersten Ausgabe schreibt der Herausgeber Bernd Loose: „Diese Blätter betrachten es als ihre Aufgabe, der Darbietung vorbildlichen fotografischen Schaffens eine würdige Heimstätte zu bieten."[12]

Wie bisher und bis heute wollen solche Zeitungen die Fotografie als Medium zähmen. „Vorbildliche" Arbeiten bieten sich an zur Nachahmung. Dieser Führungsanspruch wird in dem Vorwort weiter verhüllt gestellt, das Fotomagazin soll die „umfassende deutsche Fotozeitschrift" werden und: „Das Fotomagazin soll für sich selbst sprechen". Dies will ich ihm nun mit einer Bildfolge erlauben.

Zum besseren Verständnis solcher Bilder ist es notwendig, an die zweite und meiner Meinung nach zumindest vom Umfang der Produktion her, gewichtigere Traditionslinie zu erinnern, in welche die Fotografie hineinreicht. Ich meine, neben dem Realismus als der Einen, den Naturalismus, den Trompe-lóeil, die Augentäuschung, die Vorspiegelung von etwas, zum Zwecke der Irreführung. Auch diese Tradition ist weit älter als die Fotografie. Schon von einem Malerstreit der Antike wird berichtet, aus Athen, wo zwei Maler um den Vorrang stritten, wer der bessere Künstler sei. Der erste malte Weintrauben und die Vögel flogen an, versuchten zu picken, der zweite lud zu einer Bildbesichtigung ein. Wo ist das Bild?, fragte die Jury. Ziehen Sie den Vorhang zur Seite, sagte der Maler, sie versuchten es, der Vorhang war das Bild. Ein Kunstbegriff der Täuschung. Wer Tiere täuscht, ist gut, wer Menschen irre führt, ist besser. Kunst vorgestellt als die Kunst der Täuschung, der Irreführung, eben des Trompe-lóeil. Nicht die an der Realität interessierte Renaissance pflegte solche Effekte, sondern die dem Mystischen, Makaberen zugeneigten Manieristen. Zur Irreführung, zur Vortäuschung einer Scheinwelt, eignet sich die Fotografie vorzüglich, und sie wird dazu immer wieder genutzt — in überwiegendem Maße. Im Gegensatz zur Malerei, wo man bei solchen Effekten immer noch die Virtuosität des Pinsels bewundert, wirkt an der Fotografie die betrügerische Manipulation, die darauf beruht, daß der Betrachter irrtümlich Rückschlüsse aus dem Bild auf die Wirklichkeit tätigt. Nicht der Anblick seiner Frau macht den Bürger froh, sondern die Bestätigung ihrer Schönheit, die er in der Wirklichkeit nicht wahrzunehmen in der Lage ist, durch eine Fotografie von ihr.

12. Photomagazin, München Jg. 1949, Aprilheft, S. 11.

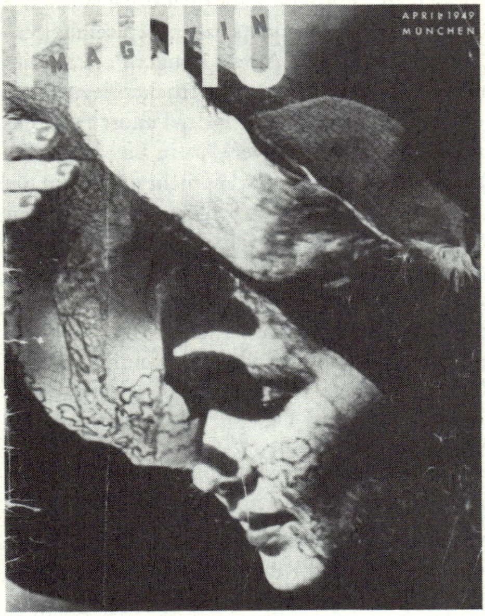

Abb. 5 Photomagazin, April 1949, München, Cover der 1. Ausgabe.

Abb. 6 Photomagazin, Juni 1949, Cover.

Abb. 7 Erika Groth-Schmachtenberger, Am Hirschgraben bei Weilberg (Oberbayern), aus: Photomagazin, Juni 1949, S. 25.

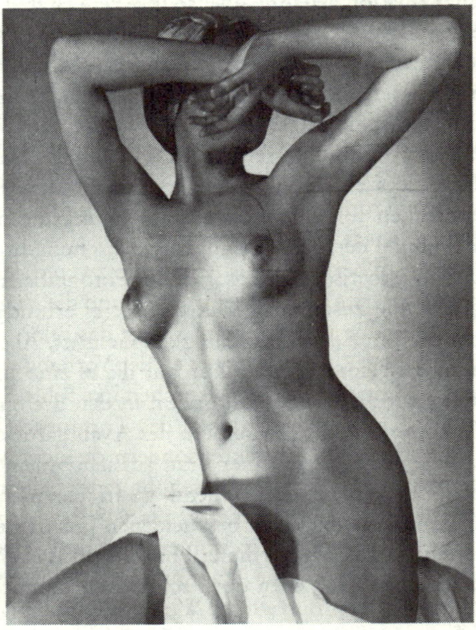

Abb. 8 Urs Lang-Kurz, Torso, aus: Photomagazin, Oktober 1949.

Mc Luhan beschreibt diesen Effekt unter der Überschrift „Fotografie, Bordell ohne Wände.“: „Ach, haben sie da ein schönes Kind!“ Mutter: „Oh, das ist noch gar nichts, sie sollten seine Fotografie sehen.“[13] „Die Welt ist schön,“ nach einem Fotobuchtitel von Albert Renger-Patsch. Dies ist die These einer Fotografie, die unser Wissen und Gewissen immer wieder trocken legt. Es ist verdeckte, verklärte, verklemmte Pornographie, verdeckt, weil sie sich auch der Landschaft, Blumen, Tiere annimmt zur Herstellung eines diffusen Gefühlsschwulstes, verklärt in Licht und Gegenlicht zärtlicher nie verlöschender Lampen und Sonnen, verklemmt, weil es nicht direkt um die körperliche sexuelle Aktion, um die Umgestaltung der Landschaft, um das Schwimmen in Flüssen und Seen, um politische Aktivität geht, sondern um ein seniles Sinieren über die Schönheit der Dinge an sich. Das Glanzpapier der Fotografie, der Fotomagazine und Bücher, gibt diesen Glanzbildern die entsprechende Glasur, die begleitenden Texte haben pastoralen Klang.

Aus dem Fotomagazin 1949. „Heute sind unsere Städte wüste Trümmerhaufen, das Leben in ihnen hat seinen Sinn verloren, und niemand kann sagen, ob, wann und wie wir sie einmal wieder aufbauen werden. Das Gefühl der Sicherheit, des Gleichgewichtes unseres Lebens ist verlorengegangen, unser Glaube an die Stadt als eine Form des menschlichen Daseins, ist weitgehend zerstört, vielfach lähmt die Überzeugung der völligen Sinnlosigkeit unserer Existenz die Lebenslust und die Schaffenskraft der Besten.“[14]

Nur ein einziges Foto im ganzen Jahrgang gibt es, das auf diesen Tatbestand allerdings in romantischer Verklärung eingeht. Die farbigen Titelseiten sind den verschleierten und unverschleierten Frauen, den Kindern, Blumen und Tieren gewidmet, auf jeder Rückinnenseite gibt es einen delikaten Akt. Verdeckte Pornographie für die gute Stube, weil sich hier das offenkundige und legitime sexuelle Interesse hinter einem konservaten und schwulstigen Kunstbegriff verschanzt.

Die Trümmerfrauen, denen man heute auf dem Sterbebett abgestuft eine 20-Mark-Scheinweise erhöhte Rente nachschiebt, waren schon damals vergessen, die Selbständigkeit der Frauen, heute Emanzipation genannt, ebenso ihre zerkratzten Hände, ihre fehl- oder unterernährten Körper, ihre geschärften Gesichter, ihre Arbeit um die tägliche Ernährung ihrer Familie. Der Po allerdings ist immer noch weich und die Sonne scheint. Man braucht nur das Gewohnte an „Frauenschönheit“, das die Naziästhetik ausgeprägt hat, weiterzuführen, und es entsteht der Eindruck, es habe keine selbstverschuldete Katastrophe, keine vollständige Zerstörung, keine physische Zerstörung der Stadt und keine geistige Zerstörung des Weltbildes stattgefunden. Die ästhetische Hülle der Nachkriegszeit ist die weitergereichte Maske der Naziersatzkultur, hinter der sich das kollektive Verbrechen verbergen konnte. Ihre Funktion der Verhüllung von Wirklichkeit weist sie aus als ein Vehikel der Verdrängung, als Täuschung in dem Sinne der Augentäuschung, welche eine wesentlich ästhetische Eigenschaft der Fotografie ist, daß sie nämlich Dinge als echt und existent vortäuscht, die zusammengerührt und frei erfunden sind. Sie dient der Verwirrung der Sinne und über die Sinne der Verwirrung des Gehirns. Alle diese Eigenschaften bestimmen das geometrische Sperrgitter einer Ersatzkultur, für die es eine abgekürzte Fassung in dem Wort gibt: Kitsch. Der Realist Brecht wendet sich schon in den dreißiger Jahren oft angewidert von der Fotografie ab: „Es kommt da aus den Bildern der Avantgarde oft so eine naive Frage heraus: „Wissen sie eigentlich wie der Hintern einer Frau aussieht? Nein, ich meine, wie er wirklich aussieht?“ Das wäre noch nicht einmal verstimmend, wenn man nicht den Eindruck hätte, sie sei noch nicht einmal an der Beantwortung dieser bescheidenen Frage interessiert, sondern mehr daran, daß ein Kunstwerk entsteht, etwas, für das dieser Hintern ein Anlaß ist. Es handelt sich hauptsächlich wohl darum zu zeigen, daß „das Leben doch schön ist“. Damit man nichts mißversteht: Bei einem solchen Bild

13. *M. Mc Luhan*, Die magischen Kanäle (Düsseldorf 1986) S. 205.
14. Photomagazin, a.a.O., Juni 49, S. 18.

würde man, wäre es im Auftrag eines Puffs geschaffen, über seine künstlerische Perfektion durchaus entzückt sein können.

Man wäre über den Zweck beruhigt; man freut sich lieber über etwas, was nicht den alleinigen Zweck verfolgt uns zu erfreuen... Die Fotografie hat noch dazu den Nachteil, daß sie selten die besten, nicht einmal die teuersten Hintern unter die Lupe bekommt. Berufsmäßige Modelle sind auch zu wenig durch den Apparat irritiert, sie präsentieren sich dem Apparat anders, als sie sich dem nachmaligen Beschauer präsentieren würden. Es entsteht eine abgeschmackte harmlose Atmosphäre..."[15]

Realistisch an diesen Bildern ist nur noch die unverhüllte Absicht, zu vergessen, abzuschalten, zu streicheln, heile Segen über Vergangenheit und Gegenwart. Die Fotografie wird zur „Schwarzwaldklinik" für das geschwundene, geschundene Selbstwertgefühl. Die „Unfähigkeit zu trauern", die Margarete und Alexander Mitscherlich analysierten für ihre Generation, hat hier die ihre entsprechende Bildform gefunden, die betulich gestelzte Uniform des Kitsches. 1949, das letzte Bild leitet über in die heute wieder von der Teeny und Twengeneration der späten 80-er Jahre gefeierten 50-er Jahre. Die Frage wäre zu stellen: Was wird heute verdrängt im Rückgriff auf die heile Weltästhetik dieser 50-er Jahre? Von der Realität des Jahres 1949 gebe ich nur ein paar Stichworte, um zu demonstrieren, was das Fotomagazin nicht zeigt. Januar 1949, Clay stellt Anzeichen des Rechtsradikalismus in Deutschland fest. März Gründung der NATO, April Blockade und Luftbrücke Berlin, Besatzungsstatut. Mai Verkündigung des Grundgesetzes. Juni 1. Parteitag der NPD in Nürnberg. Alle Mitglieder und Sympathisanten der Kommunistischen Parteien werden von Papst Pius XII. exkommuniziert. In USA Kommunistenverfolgung durch den FBI. August, CDU gewinnt erste Bundestagswahl. September Wahl Andenauers als erster Bundeskanzler. Oktober Konstituierung der DDR. Dezember, Adenauer gibt die Bereitschaft der Bundesrepublik für eine deutsche Wiederbewaffung zu erkennen. Im Januar 1950 Aufhebung der Lebensmittelkarten. Der Vergleich der ästhetischen Mittel der 50-er Jahre mit der Ästhetik des Faschismus macht deutlich, daß in der Bundesrepublik Deutschland ein Umdenken nicht oder nur wenig stattgefunden hat.

Diese Darstellung der „heilen Welt" suggeriert, es hat keine Katastrophe gegeben. Aber diese Idylle ist nicht harmlos, sie ist gefährlich. Das Einlullen der Sinne hat Methode, denn dies ist der psychologische und politische Hintergrund solcher Syrogatkultur: Zu erzeugen eine bewußtlose, wärmliche Selbstzufriedenheit ohne tatsächliche Befriedigung. Dieser Zustand macht reif für die Wahl des Bestehenden, für die Massenbefriedigung faschistischer Feste, Feindfahrten, Schlägereien und Schlachtereiern und für die einsame Selbstabtötung im Konsum des Wirtschaftswunders. Man sieht, das ästhetische Repertoire bedurfte keiner Veränderung. Die fotografische Ästhetik des Faschismus und die pflegeleichte Konsumkultur ähneln sich wie eineiige Zwillinge: Das gemeinsame Schlangenei ist der deutsche bürgerliche Mittelstand, mit seiner Durchhalte- und Stillhaltekultur, die bis heute in den gepolsterten Sitzgruppen seine Andachten verübt.

4. *Störfall Schlachtschiff*

Die Bildserie „The big Stick" (Der große Knüppel) enttarnt die ästhetischen Mittel der Militärkultur als einen Ausdruck von „Männerfantasien" (Klaus Theweleit)[16]

Marx beschreibt das Schlachtschiff als eine ideale Fabrik zur Vernichtung von Produktivkraft bei optimaler Anhäufung von Profit. Klaus Theweleit gibt in seiner umfangreichen Analyse „Män-

15. *B. Brecht*, Gesammelte Werke 18 (Frankfurt a.M. 1967) S. 271.
16. *K. Theweleit*, Männerphantasien (Reinbek 1980).

nerphantasien" darüber hinaus Auskunft über die psychoanalytischen Grundlagen der Militärkultur und des Waffenfetischismus. Er legt die irrationale Triebstruktur der militärischen Rüstung und der Kriegshandlungen bloß, die auch Ansatzpunkte liefern könnte, warum die Abrüstungsverhandlungen, so ökonomisch und politisch sinnvoll sie sein mögen, immer wieder zu einer Echternacher Springprozession geraten. Warum zum Beispiel die derzeitigen Bundesstrategen sich so ängstlich an die wenigen, ihnen auch nur teilweise verfügbaren Raketen klammern. Ralph Hinterkeuser hat einen Tag der Offenen Tür auf einem amerikanischen Schlachtschiff fotografiert. Seine Kamera reagierte damit auf die Triebsphäre des Waffenkults, wobei ihm Erkenntnisse aus dem Werk von Theweleit zur Verfügung standen. Wenn ich Textstellen aus diesem Buch seinen Fotos hinzufüge, so folge ich damit seinen Intentionen. Meine eigene Textauswahl stellt dabei noch eine zusätzliche Interpretation dar.

Abb . 9 Ralph Hinterheuser, Battleship Iowa, 1986, Ehrengarde.

Das Unbewußte ist eine Wunschmaschine, die Körperteile Maschinenteile.[17]

Die menschlichen Produktionen führen im allgemeinen ihrem Gegenstand Leben zu... Die Produktion dieser Männer verfährt gegenteilig. Sie nimmt gesellschaftlichen Produkten, den Menschen, wie den Gegenständen, das in sie eingegangene Leben, besonders im Krieg. Ihre Produktion ist die Verwandlung von lebendiges in totes, der Abbau von Leben. Es scheint mir berechtigt, sie eine Anti-Produktion zu nennen.[18]

Der Ehren- und Normenkodex der Armee, ihre gesellschaftlichen Konventionen in der Kaserne, im Casino, im Manöver, auf dem Schlachtfeld, im Theaterparkett etc. sind in dem Begriff bündig enthalten: Kultur. Es ist wirklich kein Widerspruch, daß alle, die das freie Denken und Schaf-

17. Ebda., Bd. 1, S. 216.
18. Ebda., S. 221.

fen hassen, verfolgen, mit Berufsverbot, Emigration oder Tod bedrohen, dies im Namen der deutschen Kultur tun können...[19]

Der Soldat ist eine stereometrische Figur. Zitat Ernst Jünger: „Was wären diese eisernen, gegen das Universium gerichteten Waffen, wenn unsere Nerven nicht mit ihnen verflochten wären, und wenn es nicht unser Blut wäre, daß an jeder Achse zischt."

Einige Generationen junger deutscher Männer, geboren etwa zwischen 1870 und 1920, fanden es leichter, die halbe Welt in die Luft zu sprengen und einige Millionen Menschen zu töten, als den Ansprüchen ihrer verschiedenen Erzieher wirklichen Widerstand entgegenzusetzen. Sie fanden das sogar „richtiger".

Die Geschütze können etwas, was die Soldaten normalerweise nicht können: entladen, und trotzdem ganz bleiben... Man könnte zugespitzt sagen, daß anstelle ihres Körperpanzers das Metall des Geschützrohres tritt. Das Geschützrohr also funktioniert als ihr „Ich".[20]

5. *Störfall Neofaschismus*
Fotografien reagieren auf einen Stützpunkt der neuen Nationalsozialisten in einem Bielefelder Wohnhaus

Das Haus hat die für diese Gegend charakteristische Frontgiebelstellung zur Straße.

Die neuen Eigentümer sind Mitglieder der Nationalistischen Front NF, der FAP, der Freien Arbeiterpartei, junge Nationalsozialisten. Der Fotograf Martin Langer fotografiert über einen längeren Zeitraum Bewohner und Besucher. Man merkt seinen Bildern an, daß ihm der Schreck in den Gliedern sitzt. Engagement ist hier nicht mehr nur Resultat einer intellektuellen Entscheidung, es wird durch die Ereignisse aufgezwungen.

Diese Tatsache gibt den Bildern ihre angstvolle Kraft. Die Szene wird zur politischen Bühne für eine Farce mit schrecklichem Hintergrund. Die Naziführer des 1000jährigen Reiches sind verbrannt, haben sich erschossen, vergiftet, wurden gehenkt. Ihre Bücher, Bilder und Uniformen spuken auf den Flohmärkten — aber in manchen Hinterzimmern betreiben ihre Enkel Hitlerspiele. Mit der Unterschrift „Vorwärts im Geiste der SA" werden Manifeste und Flugblätter verfaßt. Eine „Erklärung zum 98. Jahr des Führers" spricht von „Gesamtführung der Gesinnungsgemeinschaft der Neuen Front", es geht um den Aufbau von „Vorfeldorganisationen", man will „Speerspitze des nationalen Widerstandes sein". Die Kürzel FAP, ANS, NA, NSDP, NRAP, HNG und natürlich NPD signalisieren Organisationsneurosen dieser „Weltanschauung des biologischen Denkens", das wie seine Vorläufer mit dem Bauch und mit dem Hintern zu denken versucht. Auch auf dem Rosenmontagszug, wo Martin Langer schon 1984 ein solches Bild machte, wirken Hitlerspiele makaber, sie wirken erschreckend im realen Straßenbild bei einem NPD-Treffen 1986 in Hameln. Diese Zombiekultur, die Wiederauferstehung der Toten, die Erscheinung unserer unbewältigten Leichen aus dem politischen Keller, verkörpern sich als Verkehrsteilnehmer, in den Gesichtern, Gesten, Kleidern auch von Jugendlichen steht die verdrängte Vergangenheit auf, der Flohmarktspuk wird real.

Als die allierten Besatzungsmächte des Westens die von vornherein widersprüchlich und unaufrichtig angelegte „Entnazifizierung" abbrachen, die so äußerlich waren wie die Entlausungsaktionen in den Internierungslagern, als die Gefängnisse 1950-51 sich auftaten, um Nazigrößen und ihre Anhänger in der Verkleidung von Bundesbürgern in die Bundeswehr, die Wirtschaft, Politik

19. Ebda., Bd. 2, S. 65.
20. Ebda., S. 406.

und Kultur als Aufbaukader einzuschleusen, gedacht als Gegengift gegen den Kommunismus, waren die Voraussetzungen für einen neuen Rechtsradikalismus geschaffen und für ein tiefsitzendes Mißtrauen der Linken gegen die Macht. Bis auf den konservativ-militärischen Umsturzversuch vom 20. Juli, den man als einzige Form des Antinazismus präsentierte, wurde der antifaschistische Widerstand zurückgedrängt und totgeschwiegen. Mit dem KPD-Verbot konnte man auch führende kommunistische Widerstandskämpfer ausschalten und zunächst in Gefängnissen verschwinden lassen. Das diplomatische Korps war 1950 bereits wieder mehrheitlich mit Altnazis besetzt, der BND wurde im Amt Gehlen sogar en Block übernommen und konnte seine Ostspionage fortsetzen, der Verfassungsschutz hat seine rechte Schlagseite in dieser Zeit zur Dauerschräglage zementiert.

Jemand hat gesagt, daß die Geschichte sich zwar wiederholt, aus der Wiederholung einer Tragödie würde jedoch eine Farce. Eine solche geschmacklose Farce bieten diese neonazistischen Gruppierungen als politisches Ohnesorgtheater an bis in die peinlichsten Details. Wegen homosexueller Praktiken und Vorhaltungen bekämpfen sich die Gruppe um Herrn Kühnen und der „saubere" Rest. Unter dem Vorwand der Homosexualität hatte Hitler die SA-Führung unter Röhm liquidiert und den Spitzengeneral der Reichswehr von Fritsch entmachtet und in den „Heldentod" geschickt. Die Enkel erproben den Sturm im Wasserglas mit der Sauberkeit biologischer Weltanschauung gegen schwule Soldatenkameraderie.

An die Stelle der Juden, die als Feindgruppe, da ermordet, nicht mehr zur Verfügung steht, treten nun die Ausländer, insbesondere die Türken.

„Ausländer raus — Deutschland ist kein Urwald — Wir lassen uns nicht gefallen, daß Deutschland vernegert," lauten die Parolen in NF-Flugblättern.

„Asylantenlager", heißt es dort ungestraft, „werden mehr und mehr abgefackelt".

Die zahlenmäßig geringe und offenkundig pathologisch durchsetzte Gruppierung der Gartenzwergfaschisten erweist sich als Störung weit über ihre eigentliche Bedeutung hinaus und dies m.E. aus folgenden Gründen:

1. Sie kann sich auf die ungeklärte, nicht verarbeitete Nazivergangenheit unserer Gesellschaft stützen. Diese sauberen Schwarzen Jungs mit den zackigen Umgangsformen findet sie immer noch netter als die laschen und schmuddeligen, alternativen Roten und Grünen.

2. In vielen Punkten stößt das neofaschistische Programm auf Zustimmung und Zuspruch des immer noch erstaunlich „gesunden Volksempfindens":

a. Ausländerfeindlichkeit.

b. Stolz auf Deutschland. „Wir sind wieder wer," sagte schon Ludwig Erhard.

c. Wunsch nach Rückgewinnung der früher angeeigneten Ostgebiete. Parolen wie „Deutschland in den alten Grenzen" und „die Teilung muß weg" signalisieren breiten Konsenz.

d. Blinde Ablehnung des Kommunismus.

e. Die Familie im alten Rollenklischee als Brut- und Zuchtstätte des Staates — Mann stark und kriegerisch, Frau schmiegsam und leidensfähig, Kinder für die Zukunft der Nation. Entsprechend die Verschärfung des § 218.

f. Selbst die Rasseparanoia der Nationalsozialisten erhält durch Behandlung und Umgang mit den Bürgern anderer Länder neue Impulse.

g. Disziplin und Opferwille sind wieder gefragt, ebenso die Kardinaltugenden der neuen Nazikader wie „Mut, Tapferkeit, Einsatzwille und -Fähigkeit, Führungsfähigkeit, Loyalität zur Organisation und Führung, Ausdauer und Zähigkeit, ein Höchstmaß an Selbstdisziplin" und vieles mehr.[21]

21. Informationen aus: Nationalistische Front, eine Dokumentation der antifaschistischen Koordination (Bielefeld 1987).

3. Die Hitlersekten operieren — auch hier wie ihr Vorbild, mit realen gesellschaftlichen Mißständen wie Arbeitslosigkeit, selbstmörderischem Drogenkonsum, uneinsichtige und unbegreifliche Kohle-, Stahl- und Landwirtschaftspolitik. Sie rechnen bei der Anwerbung besonders von Jugendlichen auf ein Protestpotential, das durch den unsicheren und unaufrichtigen Umgang unserer Gesellschaft mit der Nazi-Tradition sich entwickelt und auf deren Verwirrung sie mit einer Jugendzeitschrift mit dem verführerischen Titel „Klartext" reagieren.

Abb. 10 Martin Langer, Bielefeld, Bleichstr. 143, Zentrum der „Nationalistischen Front" (NF), 4.9.87.

Abb. 11 Martin Langer, Familie, Mitglieder der NF, 17.4.87.

Abb. 12 Martin Langer, NF-Aktivisten, 17.4.87.

Abb. 13 Martin Langer, Mit erhobener Faust, NF-„Gauleiter“ Pohle, 9.5.87.

Die Fotografien von Martin Langer bringen die Physiognomie dieses erwachenden Neowahns vor das Auge.

Sie bringen auch das Erschrecken des Fotografen mit ein und übertragen es auf den Betrachter. Zugleich zeigen die Bilder — und das macht ihre besondere Kraft aus — diese Gestalten nicht als Opernhelden einer Götterdämmerung, nicht als unbegreifliche Verbrecher sondern als Menschen von nebenan, Nachbarn eben der Bleichstraße. Diese Jugendlichen könnten unsre Söhne, Mitschüler, Arbeitskameraden, Kommilitonen sein. Ich erkenne manchen Grundtyp wieder aus der Klasse meines Sohnes, die zu Heavy Metal Klängen in schwarzem Leder und gestutztem Haar in eine zackige Ästhetik und eine Härtetestweltanschauung hineinreiten, die sie für die beschriebenen Parolen aufgeschlossen macht. Im „Wiener", einer in der Konzeption zumindest verworrenen Bildpostille, werden diese schwarzen Figuren denn auch als Modetrend beschrieben.[22]

Die Fotografie, auch da, wo sie von Realisten genutzt wird, kann nur Erscheinungen ins Bewußtsein rücken. Die Realität, die in solchen Bildern sichtbar wird, läßt sich nur durch politisches Handeln gestalten. Durch Handlungsunfähigkeit und Prinzipienlosigkeit ermöglicht, hat Bielefeld nun einen neuen Schwerpunkt: das Haus Nr. 148 in der Bleichstraße.

6. *Störfall Mutlangen*
Widerstand der Friedensbewegung organisiert sich und findet ihre Fotografie

Bilder, welche der Staat, die Polizei, die Gegner stellen, sind lebende Bilder, reales Theater, Kultur. Kultur ist, nach dem realistischen Kulturbegriff „wie der ganze Mensch lebt". Bilder wiederum, welche daraus der Fotograf gestaltet, diese Bilder haben neben ihrem begrenzten Sachbericht auch eine symbolische Information, wie auch die reale Handlung und ihre aufgebaute Bühne mit den Beton und Drahtkulissen beides sind: Fakten und Symbol. Ich erinnere an die Definition von Realismus als kritische Analyse und Darstellung der jeweils aktuellen Wirklichkeit mit den dafür geeigneten Medien mit der Absicht, sie gegebenenfalls umzugestalten. Wenn Fotografen, die ihrer Ansicht nach prägnanten und prägenden Stellen und Ereignisse in unserer Gesellschaft in Bildern darstellen, folgen sie diesem Prinzip. Wenn Bildjournalisten dies tun, natürlich auch, weil die Medien, die sie beliefern, und von denen sie leben, solche Bilder abrufen. Auch die Medien sind Teil des kulturellen Panoramas, mit dem wir uns darstellen. Gesellschaftliche Konflikte, Störfälle rufen den Fotografen so sicher auf den Platz, wie die Polizei. Man kann heute so weit gehen, zu sagen, daß beide Berufsgruppen sich als „Randgruppen" unserer Gesellschaft präsentieren, die unterschiedliche Interessen am gleichen Gegenstand durchzusetzen versuchen. Während die Polizei für Glättung, Planierung, Entfernen der „Störer" sich einsetzt, sie möchte sie am liebsten spurlos verschwinden lassen, sorgt der Fotograf für ihre bildhafte Fixierung, für ihre Dauer, und über die Medien gegebenenfalls für ihre massenhafte Verbreitung. Politiker und Polizei neigen dazu, Störstellen zu verheimlichen, zu vertuschen, wegzudrängen, ungeschehen zu machen, abzuwiegeln. Der Fotograf veröffentlicht, steigert, vervielfältigt, dramatisiert. Dieser Interessengegensatz wird oft durch Prügel, Prozesse, unrechtmäßige Beschlagnahme des Materials und seine Vernichtung von seiten der Polizei ausgetragen, die Fotografen geraten durch diese Behandlung selbst unter die Störer, die Demonstranten, wenn sie nicht schon vorher Partei ergriffen haben, und stellen die Polizei in aller Regel als Feind, als Kampfmaschine, als blinde Machtdemonstration dar.

Sie fotografieren aus der Sicht des Widerstandes. Hinzu kommt, daß der eigentliche Gegenstand des Konflikts, die Pershing-Raketen, die bedrohliche Technik eines Atomkraftwerkes oder einer Wiederaufbereitungsanlage, auch Umweltbelastungen und Zerstörung entweder kaum foto-

22. Vergl. Konkret, Nr. 11, 1987, S. 26-27; Wiener, Nr. 10, 1987, S. 49 Herbstmanöver.

grafierbar, oder durch massive Zäune, Verbote, Geheimhaltungs- und Sicherheitsvorschriften vom fotografischen Zugriff weitgehend abgeschirmt sind. Was sich in Szene setzt und ins Bild dringt, ist die physische Auseinandersetzung, und diese entspricht auch in weit stärkerem Maße den Eigenschaften der Fotografie, welcher Rudolf Arnheim eine „enge Verbindung zur physischen Realität“ bescheinigt.[23] Ich hatte bei der Sichtung von fotografischem Material um die Startbahn West bestimmte Bildtypen erkennen können, welche gesellschaftlichen Grundstimmungen und existentiellen Ängsten zuzuschreiben sind, die weit über den äußeren Anlaß hinaus gehen. In der fotografischen Arbeit von Thomas Pflaum möchte ich diesen Ansatz an einzelnen Bildern weitertreiben. (Abb. 14-19 Thomas Pflaum [VISUM]; 14-16 Mutlangen; 17-19 Wackersdorf). Der französische Dichter Balzac glaubte, daß ihm mit jeder Fotografie eine Schicht, ein Häutchen seiner Existenz geraubt würde. Deshalb ließ er sich nur ein einziges Mal fotografieren, von Sylvy[24] Wenn man die verschiedenen, gewaltsamen Portraitmethoden der Polizei und der Sensationspresse beobachtet, muß man auch der dichterischen Fantasie Balsacs, die hier an Aberglaube heranreicht, zugestehn, daß sie einen realistischen Funktionszusammenhang zwischen dem Abbild einer Person und ihrer Verfügbarkeit, der Vernichtung der Selbstbestimmung über die Verwendung wenigstens des eigenen Gesichts aufgedeckt hat. Man sieht, Fantasie und Aberglaube im Falle von Balzac am Werk als realistische Methode.

Im Namen einer ordentlichen Kunst hat nach einer griechischen Göttersage der Apollon dem Marsyas gewaltsam die Haut abgezogen und ihn damit umgebracht. Dies Verbrechen geschah aus künstlerischer Eifersucht. Auch die linke Opposition ist künstlerisch dem Staat und der Polizei weit überlegen. Die Polizei muß sich ihre Bildwelt erschleichen oder mit Gewalt zusammenfügen und entsprechend sieht sie denn auch aus.

23. Nach *Kemp*, a.a.O., Bd. 3, S. 180 ff.
24. *Nadar*, Als ich Photograph war (Frauenfeld 1978) S. 23 ff.

Bild 14 Die Störung beschleichen. Der Fotograf wird selbst zum Krieger, zum Spion, fotografiert aus der Deckung auf dem Bauch, die unscharfen Gräser im Vordergrund, tiefer Horizont, Telefoto, geben dem Bild den Charakter eines Geheimdienstdokumentes, eines Fotos vom feindlichen Geheimdienst. Die Rakete reckt sich hoch wie eine obszöne Störung, eine Metallprothese, vor dem Nebelwald. The big stick, der dicke Knüppel des Militärs, auch hier. Der Fotograf, der die Rakete mit seiner Kamera abschießt, möchte sie mit dem Druck seines Auslösers verschwinden lassen, nach der verdeckten Sehnsucht aller linken, kritischen Fotografen, die fotografierten Mißstände mit der Arbeit der Kamera zum Verschwinden zu bringen. Unverkennbar ist auch die Faszination einer solchen Feindberührung.

Bild 15 Wie eine Bühne des Brecht-Theaters. Der Verfremdungseffekt ist ein Strukturmerkmal auch der Wirklichkeit. Das, worum es geht, ist verhüllt, aber auf dem Bild so offen getarnt, daß die Tarnung selbst es zum Unheimlichen, Monströsen, zum Krebsgeschwür stilisiert.

Die Frauen in demonstrativer Friedfertigkeit, aber entschieden an die Mütter in einem Gedicht von Kästner erinnernd, welche ihre Männer, die den Krieg wollen, ohrfeigen und einschließen, bereiten mit ihrem Transparent diese Realität wie für ein Antikriegsplakat vor. Die Soldaten bauen ihre gezückte Männlichkeit auf, wie gelernt, aber sie schnurren hier zusammen zu Puppen in einem Kriegs-oder Antikriegsmuseum. Im 19. Jahrhundert gab es das fotografische Gesellschaftsspiel der Tableaux vivantes, der lebenden Bilder, bei der man Gemälde nachstellte und abfotografierte. An ein solches lebendes Bild erinnert dieses Foto. Was ihm die Spannung darüber hinaus gibt, ist die Tatsache, daß es eben kein Museumsstück ist, sondern Inszenierung einer Wirklichkeit, die mit unserem Leben spielt.

Bild 16 Kreuze gegen den Krieg. Zur Symbolik der Formen, die einen Soldatenfriedhof, 108 Kreuze, für jede Pershing eines, auf die Bühne vom Mutlangen setzen, kommt der Moment des Lichtes und des Schneefalles. Das Licht liefern im Realfeld die Scheinwerfer von Polizei und Militär. Für den Fotografen bildet sich aber dadurch eine überhöhende, mystische Beleuchtung. Der Schneefall suggeriert Assoziationsfolgen, wie Kälte, Leichentuch, Tod, Fall-out und atomarer Winter, selbstentzündete Eiszeit. Eine Atmosphäre der Endzeit. Nach dem großen Untergang. Die schemenhaften Menschengruppen im Hintergrund werden unabhängig von dem, was sie im Moment real tun und denken, zu Trauernden. Endzeitstimmung, wie auf einem Bild von Edgar Ende, die Letzten, die Überlebenden.

Bild 17 Der Blickwechsel.
Die Staatsmacht inszeniert sich mit Stahlbetonzaun, mit Natodrahtkrone, anonymisierte Kämpfer mit Schilden, die sie schützen, aber durch die sie auf uns starren können, mit dem Diagonalsymbol wie von der Deutschen Bank. Gasmasken, die sie schützen vor dem eigenen Gas, aber mit dem sie uns blenden, Helme etc. Eine römische Truppe gegen einen Sklavenaufstand. Der Fotograf setzt das Glasauge seiner Kamera dagegen.

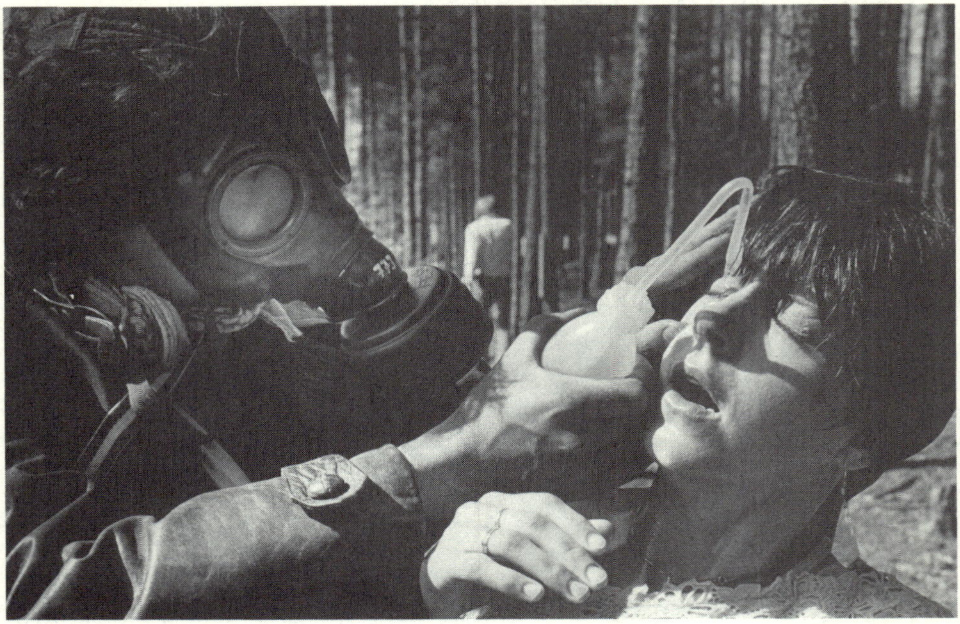

Bild 18 Eine Szene aus einem Bürgerkrieg, einem Krieg gegen die Augen.
Nicht ohne eigene Gefährdung arbeitet auch der Fotograf. Die Verletzung des Auges, die vorübergehende kalkulierte Blendung. Sand in die die Augen streuen, dies tut auch nach einem Kindermärchen der Sandmann, wenn Kinder sich schlafen legen sollen. Das Tränengas bringt die Betroffenen zum Heulen, die Tränen der hilflosen Wut vermischen sich mit den Schmerztränen durch Reizgas hervorgerufen. Die in die Enge getriebene Staatsmacht, welche die argwöhnische Beobachtung nicht mehr erträgt, reagiert mit vorübergehender kalkulierter Blendung des Bürgers.

Bild 19 Die Verletzung der Person, die gewaltsame Bildnahme, das Medium als Waffe im Machtapparat. Die gewaltsame Beraubung des Gesichts von protestierenden Menschen durch den erkennungsdienstlich engagierten Staat wird hier durch den gleichzeitig fotografierenden Thomas Pflaum ins Bild gebracht. Der mit der Videokamera abgesagte, von zwei „Medienassistenten" vor der Linse perfekt fixierte Demonstrant versucht, bei dieser Staatskunst mitzugestalten, indem er das Gesicht verzerrt und zusmmenzieht, indem er also dem Staat, an dessen Wohlfart zu glauben ihm so schwer gemacht wird, seine Grimassen schneidet, die Hände wie in Schmerz und Wut ineinanderverkrampft, wie um sich selbst am Schlagen zu hindern. Eine solche Serie von Schreckensbildern auf dem Videofilm kann nur zu einem Horrorvideo der Demonstrationsfreiheit geraten, welcher den jungen Polizisten in Erkennungs- und Schulungszwecken verzerrende Dienste leistet, die nach Anblick solcher Fratzenserien unbefangener im Umgang mit Kampfgas sein können.

24. *Nadar*, Als ich Photograph war (Frauenfeld 1978) S. 23 ff.

Bertolt Brecht und die Kriegsfibel

von G. Jula Dech, Berlin

1. *Zur Auswahl des Gegenstandes im Rahmen des Kongresses ‚Kultur gegen Krieg – Wissenschaft für den Frieden'*

Seit einigen Jahren beschäftigt sich fortschrittliche Kulturwissenschaft zunehmend mit Fragen der Friedensforschung, d.h. sucht nach Ursachen von Aggression, Gewalt und Machtstrukturen, die bisher — häufig unwidersprochen — auch vielen unsrer Kunst- und Kulturwerke zugrundeliegen. Mehr noch als in den Stoffen der klassischen Weltliteratur genießen in der Bildenden Kunst Werke, in denen Gewalthandlungen glorifiziert und mystifiziert werden, allgemeine Anerkennung und werden hemmungslos überschätzt. Aufgrund der einseitigen Verehrung großer Künstlerpersonen und der einäugigen Beurteilung nach künstlerisch-stilistischen Kriterien wird selten in Betracht gezogen, daß und wie von den Tafelbildern der großen Museen massenweise das Blut fließt — wie Schlachtengemetzel, Frauen- und Kindermorde, Selbst- und Fremdtötungen, Quälereien und Folterungen von Menschen ästhetisch genossen werden. (Sollten nach solchen Kriterien die Museen durchforstet werden, es blieben nur wenige Bilder übrig; denn was wäre unsere abendländische Kulturgeschichte ohne die ganzen mittelalterlichen Kreuzigungsbilder, die Fememorde, die Märtyrer und ihre Blutopfer für Kreuz und Vaterland.) Auch die Repräsentanz feudaler und anderer undemokratischer Strukturen von Macht — absoluten Herrschern, versklavten Untertanen usw. — nehmen wir im Zeichen großer Kunstwerke unwidersprochen hin. Es dünkt uns geradezu als ‚natürlicher' Tatbestand, daß unser täglicher Bildkonsum von Fotografien, Zeichnungen, Plakaten, unsere von großen Werbeflächen, Illustrierten, Filmleinwänden und Fernsehschirmen auf uns niedergehenden optischen Informationen unverblümt von Gewalt sprechen, unter allgemeinem ‚stillen' Einverständnis auf struktureller Gewalt aufgebaut sind!

Wer aber lehrt uns diese Bilder lesen, sie zu entschlüsseln?

Ebenso wie wir als Betrachter in diese Gewalt involviert sind, ist es auch der Produzent und Künstler — als Teil einer gewalttätigen Gesellschaft, Teil auch des sprachlichen, bildnerischen und musikalischen Ausdrucks, den sich diese Gesellschaft täglich gibt. Es ist dieser Zusammenhang, mit Blick auf den ich Bertolt Brechts Kriegsfibel ausgewählt habe: sie vermag beim Betrachten und Lesen eine Beklommenheit auszulösen, die vielleicht bei einer öffentlichen Behandlung in allgemeine Betroffenheit zu wenden ist!

Meines Erachtens teilt sich die Art und Weise, wie Brecht lesend und lernend mit alltäglichen Zeitungsbildern umgegangen ist und sie in dieser Kriegsfibel zusammengetragen hat, als ‚Aufforderungscharakter' der Kriegsfibel bei genauerer Betrachtung unmittelbar mit.

Die Kriegsfibel ist auf den ersten Blick widerborstig und hat für den Betrachter keine Suggestivkraft, sie zieht ihn emotional nicht in ihren Bann — ein Grund wohl, daß sie im Rahmen öffentlicher Debatten um engagierte Kunst weitgehend unberücksichtigt blieb. Gegenüber anderen Werken, die Widerstand formulierten, John Heartfields Fotomontagen gegen den Faschismus, George Grosz' kritischen Zeichnungen zur Weimarer Republik, Frans Masareels ‚Bilder gegen den Krieg' und dgl. — erscheint die Brechtsche Kriegsfibel auf Anhieb künstlerisch uninteressant.

Der Umstand, daß Brecht nicht selbst fotografisch tätig wurde, um seine Zeit aufs Korn zu nehmen, sondern sich damit begnügte, Pressefotos aus allen Bereichen nach seinem Interesse lediglich auszuwählen, zu archivieren, zu ordnen, auszuschneiden und zu kommentieren — dieses ‚Nursammeln und Verwenden' von Fotos scheint die Bedeutung des Werkes zu schmälern. Bis auf wenige Ausnahmen hielten weder Brechtianer noch Fotohistoriker oder Kunstwissenschaftler, die dem Thema ‚Krieg und Frieden' verpflichtet sind, die Kriegsfibel bisher einer genaueren Betrachtungsweise für wert; in den künstlerisch-didaktischen Diskurs wurde sie nicht einbezogen. Und doch hat der Autor hier ein Ausdrucksmittel geschaffen, erfunden, das spielerisch einfach gemacht und erlernt werden könnte — von allen! Brecht hat mit der Kriegsfibel nicht nur eine eigenständige Montageform entwickelt, sondern in der Tat eine wirklich demokratische Ausdrucksform geschaffen, die es erst noch zu entdecken und auszuschöpfen gilt.

Dies soll hier ansatzweise geschehen.

2. *Zur Person Bertolt Brechts*

Bertolt Brecht, knapp vor der Jahrhundertwende geboren, ist 20 Jahre alt als der 1. Weltkrieg — das bis dahin unvorstellbare, erste technisch organisierte Massensterben der Neuzeit — endet. Das Lebensgefühl einer Gesellschaft unmittelbar vor diesem Krieg, der Krieg selbst und die Epoche ‚zwischen den Kriegen' haben Brecht fundamental geformt. ‚Krieg und Frieden' — das wird das zentrale Motiv im Werk des Schriftstellers, in seinen Stücken wie in seinen Manifesten, in Songs, Balladen und Epigrammen.

Brecht, selbst Fabrikantensohn, ist aufgewachsen in der wohlhabenden Fuggerstadt Augsburg. Das Weltbild des Jugendlichen entsteht im Zusammenbruch des wilhelminischen Obrigkeitsstaats und seiner im Wetterleuchten von Widerstand und Aufruhr schroff hervortretenden Widersprüche — in die Brecht von Anfang an verwickelt ist. In einem Gedicht beschreibt der Autor diesen Prozeß und seine Konsequenzen später so:

> Ich bin aufgewachsen als Sohn
> Wohlhabender Leute. Meine Eltern haben mir
> Einen Kragen umgebunden und mich erzogen
> In den Gewohnheiten des Bedientwerdens
> Und unterrichtet in der Kunst des Befehlens. Aber
> Als ich erwachsen war und um mich sah,
> Gefielen mir die Leute meiner Klasse nicht,
> Nicht das Befehlen und nicht das Bedientwerden.
> Und ich verließ meine Klasse und gesellte mich
> Zu den geringen Leuten.

Dieses Erwachsensein und ‚Umsichsehen' beginnt bereits bei dem Pennäler Brecht durch seine Mitarbeit bei der Schülerzeitung sowie der Abfassung von Theaterkritiken für ein Lokalblatt seiner Heimatstadt. So kommt schon der 17jährige, gitarrespielendes Mitglied antibourgeoiser Zirkel im Stil der Jugendbewegung, mit der herrschenden Gesellschaft schnell in Konflikt. In einem Schulaufsatz zum Thema der klassischen römischen Sentenz ‚*Dulce et decorum est pro patria mori*' (Süß und ehrenvoll ist es, fürs Vaterland zu sterben) wird Brechts Einstellung zum Krieg erstmals öffentlich.

> ‚Der Ausspruch, daß es süß und ehrenvoll sei, für das Vaterland zu sterben, kann nur als Zweckpropaganda gewertet werden. Der Abschied vom Leben fällt immer schwer, im Bett wie auf dem Schlachtfeld, am meisten gewiß jungen Menschen in der Blüte ihrer Jahre. Nur Hohlköpfe können die Eitelkeit soweit treiben, von einem leichten Sprung durch das dunkle Tor zu reden, und auch dies nur, solange sie sich weit ab von der letzten Stunde glauben. Tritt der Knochenmann aber an sie selbst

> heran, dann nehmen sie den Schild auf den Rücken und entwetzen, wie des Imperators feister Hofnarr bei Philippi, der diesen Spruch ersann.'

Ein solcher Aufsatz, 1915 geschrieben, ist eine Provokation. Vor der Relegation rettet Brecht überhaupt nur die Entschuldigung eines Religionslehrers, der Schüler müsse bei der Formulierung geistig verwirrt gewesen sein. Aber was das verwirrte Schülerhirn sich bereits sehr realistisch vorzustellen vermag, wird in den folgenden Jahren für Millionen von Menschen blutige Wirklichkeit. Auch Brecht selbst wird mit diesen Erfahrungen des Zusammenbruchs noch unmittelbar konfrontiert. Als Medizinstudent 1917 für kurze Zeit an der Münchner Universität eingeschrieben, muß er schon bald darauf Kriegshilfsdienst leisten — u.a. als Sanitäter in einem Lazarett seiner Heimatstadt (wo man doch noch zwei Jahre zuvor so gar nichts hatte wissen wollen vom grausamen Ende aller patriotischen Schlachtrufe). Später wird der Autor sich erinnern, daß damals ein Spruch im Volke die Runde machte: ‚Man gräbt die Toten aus'. Brechts grimmige ‚Legende vom toten Soldaten' nimmt diese makabre Pointe wörtlich, trägt in Balladenform vor, wie (und in wessen Interesse) dieses Abschlachten von Millionen verlängert wird. (Liedvortrag)

Balladen erzählen eine Geschichte, nennen Ursachen oder doch Voraussetzungen und beschreiben die Folgen — ein Ende (meist kein gutes). Ein solches poetisch-musikalisches Genre mußte zu Brechts Lieblingsformen gehören. Ihre epische Erzählhaltung und ihre Neigung zu ‚merkwürdigen' Gegenständen ziehen den späteren ‚Erfinder' von epischem Theater und Verfremdungseffekt stark an. Die strophische Folge ist nicht nur populär, also gegebenenfalls auch massenwirksam — sondern es erlaubt sozusagen jede Strophe die Relativierung oder Kommentierung einer anderen. Reihen, Zyklen, Folgen und dergleichen werden um diese Zeit auch in anderen Gattungen dort gern entwickelt, wo man mit der gesellschaftlichen Infragestellung der Autonomie von Kunst die Grenzen der Mitteilungsfähigkeit etwa eines einzelnen Gedichts, eines einzelnen Bildes entdeckt (oder zu entdecken meint). (Es gilt dies z.B. insbesondere für sozialkritisch orientierte Künstler wie etwa Max Klinger oder Käthe Kollwitz.)

Eine der Ballade verschwisterte Form, gewissermaßen so etwas wie den plebejischen Bruder der etwas vornehmeren Schwester, lernt Bertolt Brecht spätestens durch Karl Valentin in München auch praktisch kennen: den Bänkelsang. Das Bänkellied arbeitet vor allem mit einem jahrhundertealten Massenmedium — dem Bild (der *‚biblia pauperum'*, der Armenbibel, wie das früher theologisch-missionarisch hieß). Anders als die Ballade, das rein sprachliche Phantasiegebilde, muß der Bänkelvers als sozusagen bloße Unterzeile eindrucksvoller Bilder seine Mitteilung zur Lakonie verknappen, damit der Betrachter der Bilder sich das Sichtbare auch zusammenreimen kann. Brechts Moritat von Mackiemesser (gar von ihm selbst vorgetragen) verkörpert eindrucksvoll den Zusammenhang dieser Form mit seinem Hauptwerk. Bei Karl Valentin übrigens, Brechts Bänkel- und Moritaten-Vorbild, findet sich diese Lakonie als Grundzug in zahlreichen Formen der Verknappung und Pointierung. Eine Anekdote berichtet, bei der Inszenierung eines Shakespeares Werken ähnlichen Königs- und Kriegsdramas (Marlowes ‚Leben Eduards II') an den Münchner Kammerspielen habe Brecht Valentin ratsuchend gefragt, wie er denn die Masse der Soldaten auftreten lassen solle. Die Lösung — kalkig geschminkte Gesichter — war denkbar einfach. Valentin habe geantwortet: „Weiß sind's — Angst ham's."

Krieg ist also auch Thema, mehr: Motiv einer ganzen Reihe von Werken bzw. Inszenierungen des jüngeren Bertolt Brecht (man denke etwa an sein Debüt mit dem Spartakusstück ‚Trommeln in der Nacht'). Aber so heftig und elementar auch Brechts Antikriegs-Affekt sich dichterisch ausdrückt, die Motive (also Beweggründe) hinter diesem Hauptmotiv muß er erst noch analytisch zu entdecken beginnen. Von der Mitte der zwanziger Jahre an beginnt er zu diesem Zweck mit dem systematischen Studium des Marxismus bzw. der politischen Ökonomie. Während sich die bedrohte Wirtschaft in Deutschland ihren historischen Wegbereiter zur rettenden Diktatur in der Gestalt Hitlers sucht, die Partei und ihren Führer erst indirekt und dann unmittelbar fördert — begreift Brecht immer genauer die Zwangsläufigkeit, mit der sich aus diesem Kapitalismus der Faschismus, aus jenem dann der imperialistische Krieg entwickeln muß. Im Lernen dieser Erkenntnis wird Brecht selbst zum Lehrer. In den letzten Jahren vor dem Machtangriff der Nazis experimentiert der Autor, gerade auch in praktischer, kämpferischer Absicht, mit der neu entwickelten Form seiner Lehrstücke — in denen er die erprobte Lakonie im Sinn einer marxistischen Erkenntnis der Gesellschaftsentwicklung dialektisch zu wenden sucht. Dabei stecken in Brechts Marxismus vor allem viele Positionen von Lenin — etwa auch die bezüglich des Krieges. ‚Der Krieg', sagt Lenin, ‚ist kein Widerspruch zu den Grundlagen des Privateigentums — sondern ist das direkte und unvermeidliche Entwicklungsergebnis dieser Grundlage.' Und: ‚Es gibt kein anderes Entrinnen aus den imperialistischen Kriegen und aus dem ihn unvermeidlich erzeugenden imperialistischen Frieden — als durch den bolschewistischen Kampf und die bolschewistische Revolution.'

Dieser revolutionäre Kampf gegen Imperialismus und Faschismus geht bekanntlich mit dem Machtantritt Hitlers in Deutschland verloren. 1933 flieht Brecht zunächst ins dänische, dann ins schwedische, später übers finnische, ins amerikanische Exil. In dem Monaten unmittelbar vor Kriegsanbruch verstärkt Brecht seine zur Vergeblichkeit verurteilten Warnungen vor diesem Massenmord — gegen Ende des Krieges wendet er sich der erhofften Nachkriegszukunft und ihrer Aufbauarbeit zu. In diesem engeren und weiteren biografischen und ästhetischen Rahmen ist auch unser Gegenstand, Brechts ‚Kriegsfibel' zu verstehen.

3. *Zur Entstehungsgeschichte der ‚Kriegsfibel'*

Der Kriegsfibel, die erstmals 1955 im Druck erscheint, geht eine ‚Deutsche Kriegsfibel' voraus, die zwischen 1936 und 1939 verfaßt wurde und 1939 innerhalb der ‚Svendborger Gedichte' erstmals publiziert wurde. ‚Die Deutsche Kriegsfibel', schreibt Paul Kersten, ‚ist eine Reihe antifaschistischer Agitationsgedichte, ohne Reim, zumindest kurze Gedichte mit epigrammatischer Zuspitzung ... Diese Fibel soll über den Krieg belehren, soll lehren, damit gelernt wird, den Krieg als in sich widersprüchlichen und ständiger Veränderbarkeit ausgesetzten Prozeß zu begreifen.' Er gibt ein Beispiel: ‚Auf der Mauer stand mit Kreide: Sie wollen den Krieg. Der es geschrieben hat ist schon gefallen.'[1]

Walter Benjamin deutet diese Form als eine knappe, zum Nachdenken anregende Aussage, nicht primitiv, sondern mit künstlerischen und didaktischen Elementen zugleich. Sie dient einer kritischen Aufklärung, ohne dabei die theoretische Kompliziertheit didaktischer Erwägungen preiszugeben.

Sätze wie die zitierten sind Wandsprüche oder Graffiti in unsrem heutigen Sinn. Wie im erwähnten Beispiel wird die öffentliche Wand zum Ort, an dem öffentliches Nachdenken stattfinden soll. Ähnlich provokant habe ich einmal die drei Wörter — ‚Zwischen den Kriegen' — erlebt, die der Filmemacher Harun Farocki vor einiger Zeit in Berlin an Autobahnunterführungen, an Großflächen und leeren Häuserwänden sprayen ließ. Mitten im Großstadtlärm von Informationen war lakonisch die öffentliche Botschaft zu lesen; wie ein Menetekel taucht sie überall im Verkehrsrummel auf, arbeitete sich langsam von der unbewußten Bedrohung ins Bewußtsein hoch und verfing sich in der beunruhigenden Frage: Leben wir zwischen den Kriegen?

In Bertolt Brechts Werk gibt es nach der Deutschen Kriegsfibel noch eine Variante, die Deutsche Kriegsfibel II, die formal und inhaltlich an die erste anschließt. Die Kriegsfibel, die ich hier vorstellen möchte, ist eine in sich zusammenhängende Anordnung von Fotografien aus der offiziellen Presse, die Brecht gesammelt, in eine bestimmte Anordnung gebracht und mit Epigram-

1. *P. Kersten*, BErtolt Brechts Epigramme, in: Bertolt Brecht, Sonderheft Text u. Kritik (München 1972) S. 67.

men versehen hat. Der Begriff des Epigramms oder Sinngedichtes wird von historischen Vorläufern, etwa Lessing, der mit diesem Stilmittel gearbeitet hat, so benutzt, daß ein Gedanke bei Betrachtung eines Denkmals oder eines Bauwerks ausgesprochen wird, der Aufschluß über das Gesehene gibt.[2] Bei Brecht wird die Reflexion über das Gesehene dialektisch gewendet und ein Denkanstoß beim Betrachten und Lesen ausgelöst. Brechts Epigramme sind einer kurzen Inschrift oder einem knappen Sinnspruch vergleichbar — vergleichbar auch der lakonischen Knappheit einer Aussage, wie Brecht sie von Karl Valentin kannte und an ihm schätzte.

Eine ausführliche Darstellung über die Entstehung der Kriegsfibel gibt Jan Knopf. Bei ihm heißt es: „Die Entstehung der Idee, Bild und erläuterndes Gedicht miteinander zu verbinden, sowie die Entstehung der — wie Brecht sie nannte — ‚Fotoepigramme' selbst liegt durchweg während des 2. Weltkrieges und kurz nach seiner Beendigung. Wesentlichen Einfluß auf die Entstehung der Fotoepigramme der Kriegsfibel dürfte die Lektüre der Arbeiter-Illustrierten-Zeitung gehabt haben" (sie bestand von 1921-1938). In einer Glückwunschadresse an die Zeitung führte Brecht 1931 aus: „Die ungeheure Fotoentwicklung der Bildreportage ist für die Wahrheit über die Zustände, die auf der Welt herrschen, kaum ein Gewinn gewesen: die Photographie ist in den Händen der Bourgeoisie zu einer furchtbaren Waffe gegen die Wahrheit geworden. Das riesige Bildmaterial, das tagtäglich von den Druckpressen ausgespien wird und das doch den Charakter der Wahrheit zu haben scheint, dient in Wirklichkeit nur der Verdunkelung der Tatbestände. Der Photoapparat kann ebenso lügen wie die Schreibmaschine. Die Aufgabe der A-I-Z hier der Wahrheit zu dienen und die wirklichen Tatbestände wiederherzustellen, ist von unübersehbarer Wichtigkeit und wird von ihr, wie mir scheint, glänzend gelöst."[3]

Erwähnenswert erscheint mir dabei noch die Tatsache, daß die AIZ wiederum ohne die Idee der Arbeiterfotografenbewegung nicht zu denken ist — eine Bewegung, bei der der Arbeiter aufgefordert wurde, seine Lebens- und berufliche Situation selbst fotografisch zu dokumentieren. Unter gefährlichem Einsatz der ‚Waffe Fotografie', bei dem er zuweilen seinen Arbeitsplatz riskierte, entstanden andere Bilder als die aus der bürgerlichen Presse. In der Arbeiterfotografie waren die bürgerlichen Filter weitgehend weggeklappt und proletarische Verhältnisse ungeschönt sichtbar gemacht worden. „Brecht weist mit Nachdruck die — in der Zeit noch weitverbreitete — Ansicht zurück, daß Fotografien ‚Wirklichkeit wiedergäben', also nicht lügen könnten. Der Gebrauch der Fotografien zeigt das Gegenteil — was durch den „an die Macht gekommenen" Nationalsozialismus endgültig in aller Brutalität bestätigt werden sollte. Die Bilder lügen, weil sie so aufgenommen und so ausgesucht sind, daß sie nur (schönen) Schein vorspiegeln, die gesellschaftliche und soziale Realität jedoch verdecken. Der unmittelbare Vorbildcharakter der AIZ für die Fotoepigramme läßt sich also unschwer erweisen und zugleich zu anderen Verfahrensweisen (Knopf weist auf Heartfield und Grosz hin) abgrenzen … Für Brechts Kriegsfibel gilt, daß sie nur authentisches — und das heißt Fotomaterial (einschließlich Zeitungsausschnitte) — verwendet, also bereits publizierte, weder ‚künstlich' hergestellte, noch (für Brechts Zwecke) gestellte Bilder zum Sprechen bringt."[4] Nach dem Alter der Fotos begann die Sammlung 1936.

1940 beginnt Brecht mit der Serie der Fotoepigramme. „Eine zweite Phase ist durch Brecht überliefert. Am 20. 6. 1944 schreibt er: „Arbeite an neuer Serie der Fotoepigramme, ein Überblick über die alten, teilweise aus der ersten Zeit des Kriegs stammend, ergibt, daß ich beinahe nichts zu eliminieren habe (politisch überhaupt nichts), bei dem ständig wechselnden Aspekt des

2. Der Begriff des Epigramms wird im etymologischen Wörterbuch als ‚Aufschrift, Sinn-und Spottgedicht, meist im Distichon abgefaßt', gedeutet. ‚Epigrammatisch', umreißt im allgemeinen Sprachgebrauch die Skala von ‚kurz, treffend, witzig, geistreich, scharf zugespitzt und pointiert'.

3. *J. Knopf*, Brecht-Handbuch, Lyrik, Prosa, Schriften (Stuttgart 1983) S. 204.

4. *Knopf*, a.a.O., S. 205.

Krieges ein guter Beweis für den Wert der Betrachtungsweise, es sind jetzt über 60 Vierzeiler." Wie Briefe zeigen, arbeitet Brecht an den Vierzeilern sporadisch bis zum Kriegsende 1945 weiter. Dann liegt eine Sammlung von 71 Fotoepigrammen vor, die als erste Fassung angesehen werden kann."[5]

Für die spätere Publikationsfassung werden verschiedene Fotoepigramme verändert, vernichtet oder ausgetauscht.

Viele Versuche, die Kriegsfibel zu drucken und zu verlegen scheitern, bevor es Brecht endlich 1954 gelang, die Kriegsfibel in Berlin (Ost) zu edieren. Im November 1955 ist der Band im Eulenspiegelverlag erschienen.[6]

4. *Zum Aufbau und Inhalt der Kriegsfibel*

Formal besteht die Kriegsfibel aus 69 Einheiten:
Fotogrammen, die sich ihrerseits aus vier Teilen zusammensetzen,

1. Der Fotografie
2. Dem Originaltext bzw. einer Überschrift oder einer kommentiert verständlichen Bildaussage
3. Einem vierzeiligen, gereimten, spruchhaften Epigramm
4. Einer Nachbemerkung, die meist auf mehrere Bilder bezogen, eine historisch-marxistische Interpretation darstellt und nur da fehlt, wo das Epigramm bereits eine entsprechend aufklärende Information enthält.

Jedes Fotoepigramm setzt sich aus einer weißen und einer schwarzen Seite zusammen, die Brecht gegenübergestellt hat. Die weiße, linke Seite enthält meist eine Überschrift oder sie wiederholt oder übersetzt den den Bildern beigegebenen Text des Originalkontextes. Die rechte, schwarze Seite bildet den Rahmen der Fotografie, das Epigramm erscheint als weiße Schrift im schwarzen Umfeld.

Auch in der Titelgrafik arbeitet Brecht mit Schwarz-weiß-Wirkung, die symbolisch auf die Zerrissenheit der Gefühle, der Werte, der menschlichen Ordnungen während des Krieges hinweisen soll.

Bei allen Darstellungen handelt es sich um offizielle Fotos, die durch die Epigramme zum Reden gebracht werden. Die Vierzeiler entsprechen den Merksätzen einer Schulfibel, die auswendig zu lernen sind, wie die Buchstaben des großen und kleinen Alphabets.

Bild und Epigramm sind für Bertolt Brecht das Alphabet des Krieges, das Seite für Seite wie in einer Fibel zu lernen sei.

Bei einer gründlichen Beschäftigung mit der Kriegsfibel zeigt sich, daß nicht nur am einzelnen Fotoepigramm gelernt werden soll, sondern auch und gerade durch die Abfolge. Sie ist teilweise historisch-chronologisch, dann aber wieder als freie Assoziation konzipiert — einer Sicht von oben etwa folgt eine Sicht von unten.

Interessant erscheint es vor allem, einige Lehrpfade Brechts einer genauen Besichtigung zu unterziehen:

— Er kritisiert die Herrschenden und führt sie den Beherrschten in ihrer Schändlichkeit vor.
— Er kritisiert die Beherrschten in ihrer Passivität, die Herrscher herrschen zu lassen und nicht selbst tätig zu werden.

5. *Knopf*, a.a.O., S. 206.
6. Eine ausführliche Darstellung der verlegerischen Probleme, die um die politischen Absichten des Werkes auftauchten, schildert *J. Knopf*, in: ‚Kriegsfibel 1955'.

— Er stellt auch Frauen keine Persilscheine aus und stellt sie nie als Nur-Opfer dar, sondern ermahnt die Frauen vielmehr, den Krieg nicht als Schicksal zu beklagen und die Wunden zu lecken: ‚das Schicksal hat einen Namen' — ‚denke darüber nach' — ‚benenne den Feind'.
— Die Kinder fordert er auf, ihre Väter einschlägig zu befragen.
— An die Mütter, die den Krieg und den Verlust ihrer Söhne beklagen, appelliert er, sich verstärkt für die Erhaltung des Friedens einzusetzen.
— Vor allem mit der Metapher des Gebärens — ‚der Schoß ist fruchtbar noch, aus dem das kroch' — wird das Prinzip des Lebens als höchster Wert und die Produktion von Krüppeln und Waisen als Verhängnis beschworen.

Bertolt Brecht eröffnet seine Fibel mit einem Bild Hitlers, in einer Redepose, die lange vor dem Krieg publiziert wurde.

Er starrt nach oben in einen schicksalsschwangeren imaginären Raum. Seine Hand weist in einer offenen Geste die Richtung; er scheint in schlafwandlerischer Sicherheit den Weg zu kennen, selbst die Mikrofone beugen sich devot seiner Allmacht.

„Wie einer, der ihn schon im Schlafe ritt
Weiß ich den Weg, vom Schicksal auserkürt
Den schmalen Weg, der in den Abgrund führt:
Ich finde ihn im Schlafe. Kommt ihr mit?"

Irrationalität und Verantwortungslosigkeit der nationalsozialistischen Führer werden also zu Beginn vorgeführt — die abschließende Frage des ersten Epigramms: ‚Kommt ihr mit?' weist auf die somnambule Bereitschaft des deutschen Volkes hin, diesem Rattenfänger bedingungslos zu folgen (‚Wollt ihr den totalen Krieg?').

In den anschließenden 68 Fotoepigrammen werden auf die vielfältigste Art Fragen angesprochen, die den Betrachter zum Nachdenken und vor allem Umdenken zwingen.

Im Fotoepigramm Nr. 3 wird die Aufmerksamkeit des Betrachters wie in einem Zoom auf die drohende Gefahr eines 2. Weltkrieges, der im Spanischen Bürgerkrieg seinen Anfang nahm, hingelenkt.

Weit im fernen Spanien — durch die Fernrohrwirkung des Bildes unterstützt, sehen wir eine Badende. Bei einem harmlosen Freizeitvergnügen im Meer klebt schwarzes Öl an ihren Händen.

Der große Krieg wirft seine Schatten voraus, ‚schwarze Hände'. Die ersten Spuren des Krieges legen sich auf die Menschen, tiefe, verletzendere Spuren werden folgen.

„Die Frauen finden an den spanischen Küsten
Wenn sie dem Bad entsteigen in den Kliffen
Oft schwarzes Öl an Armen und an Brüsten:
Die letzten Spuren von versenkten Schiffen."

Das Fotoepigramm Nr. 37 zeigt den nackten Oberkörper einer Afrikanerin, wie eine klassische Skulptur, wunderbar modelliert, unnahbar und erhaben.

Das Epigramm verweist darauf, wie der weiße Eroberer in den Kolonialkriegen die Frauen zu Sklavinnen macht, ihre Arbeitskraft ausbeutet, ihren Körper mißbraucht, sie physisch und psychisch zerstört.

„Die Herren raufen um dich, schöne Schöpfung,
Und rasend stoßen sie sich aus den Schuh'n
Denn jeder rühmt sich kundiger der Schröpfung
Und mehr im Rechte, dir Gewalt zu tun."

Vom Standpunkt der Menschlichkeit aus gesehen ist das Fotoepigramm Nr. 40 wohl das Entsetzlichste der ganzen Folge.

In der Pose des Großwildjägers, der sich auf der Safari vor seiner Jagdbeute drapiert hat, läßt sich ein US Soldat fotografieren. Lässig die Zigarette im Mundwinkel, betrachtet er sein Opfer — einen von ihm erschossenen Japaner.

„Als wir uns sahn — 's war alles schnell vorbei —
Ich lächle und die beiden lächeln wieder.
So lächelten wir erstmal alle drei.
Dann zielte einer, und ich schoß ihn nieder."

Brecht hebt in seiner Lesart des Fotos vor allem die Geste des Lächelns hervor, die dem Mord vorausgeht. Im menschlichen Zusammenleben spielt gerade das Lächeln eine äußerst wichtige Rolle, sich über Sprache und Nation hinweg freundlich liebevoll zu begegnen. Im Laufe des Krieges gerinnt eine solche Geste, läßt die Gesichter zu Masken erstarren, der andere wird zum Todfeind und muß vernichtet werden. Auf diese Weise wird der Krieg als alleräußerstes Stadium der Enthumanisierung angeprangert.[7]

Brecht war überzeugt, daß der Sozialismus das einzig mögliche Prinzip für ein Gesellschaftssystem sei, die Souveränität des Volkes ebenso erfordere wie ermögliche.

Nach seiner Rückkehr aus dem Exil setzte er sich umfassend für den Aufbau einer neuen Gesellschaftsordnung und einer anderen Kultur ein. Berühmt wurde Brechts Plädoyer dafür, daß *alle* Literaten, *alle* Arten von Kunst überall erlaubt sein sollten, alle gewaltverherrlichenden Bilder und Bücher der Weltliteratur verboten sein sollten. Die Umgangssprache von allen Gewaltmetaphern zu reinigen sei. Er macht unentwegt Vorschläge für die Sicherung des Friedens. Am 4. Juli 1956 schreibt er einen offenen Brief an den Deutschen Bundestag und setzt sich darin eindringlich gegen eine erneute Einführung der Wehrpflicht ein. Für ihn ist der Krieg und seine vorbereitenden Schritte — wie er auch in der Kriegsfibel vorgeführt hat — der absolute Höhepunkt der Ent-

7. Aus redaktionellen Gründen können von den 25 Fotoepigrammen, die während des mündlichen Vortrages ausgewählt, betrachtet und kommentiert wurden, nur diese wenigen Fotoepigramme schriftlich dargestellt werden.

fremdung menschlichen Zusammenlebens und entschieden gegen humane Fortschritte im zwischenmenschlichen und interkulturellen Leben gerichtet.

Brecht sieht nicht nur in der Sprache, sondern auch in dem aktiven Umgang mit Bildern eine Möglichkeit Einsichten zu entwickeln, Leute aus ihrer politischen Lethargie zu reißen und zu aktivem und politischem Mitdenken zu erziehen, ähnlich wie Peter Weiss sie zu einer ‚Ästhetik des Widerstandes' zu ermuntern.

Weitere Literatur

‚Kriegsfibel', *B. Brecht*, Hrsg. Ruth Breslau, 2. Auflage (Eulenspiegelverlag, Berlin (Ost) 1968).
Chr. Bohnert, Brechts Lyrik im Kontext, Zyklen und Exil (Athenäum, Stuttgart 1982)
M. Kesting, Brecht. rororo Monografie (Reinbek 1959).
H. Willmann, Geschichte der AIZ, 1921—1938 (Berlin 1975).

Eine Taube macht noch kein Plakat
Anmerkungen zur Geschichte des Friedensplakates seit den zwanziger Jahren

von Reiner Diederich, Frankfurt a.M.

Im Folgenden geht es um das Künstlerplakat in der Friedensbewegung — nicht um das Friedensplakat überhaupt[1]. An diesem Beispiel kann das Verhältnis von (bildenden) Künstlern und sozialer Bewegung zur Sprache kommen. Künstlerische Beiträge in und zu solchen Bewegungen haben immer zwei Dimensionen:

— Künstler finden hier eine Möglichkeit, mit ihren spezifischen Mitteln zu wirken, ihr politisches Engagement auch ästhetisch auszudrücken;

— soziale Bewegungen finden einen künstlerischen Ausdruck, der über das tagespolitisch Notwendige und die begrenzten Mittel und Wirkungsmöglichkeiten der üblichen Werbung hinausgeht.

An einigen historischen Beispielen soll gezeigt werden, wie dies gelingen kann — um dann auf Probleme und Schwierigkeiten von heute einzugehen.

1. Zur allgemeinen Geschichte des Friedensplakates vgl. meine Einleitung in dem von R. Grübling, H. Trapp und mir herausgegebenen Band „Plakate gegen den Krieg" (Beltz-Verlag Weinheim und Basel 1983). Ferner auch *E. Jungs* Essay „wie picasso zur taube kam und warum eine taube heute kein plakat mehr macht" in: P. Rautmann/E. Jung/H.M. Hingerl (Hrsg.): „Was glauben Sie denn ist Picasso?" Verlag Atelier im Bauernhaus (Fischerhude 1985).

Käthe Kollwitz, „Nie wieder Krieg", 1924 (Abb. 1)

Es handelt sich um das wohl bekannteste und am meisten reproduzierte deutsche Friedensplakat. Zusammen mit Arbeiten anderer Künstler entstand es zum 10. Jahrestag des Beginns des Ersten Weltkrieges.

Ein Bildmotiv aus der soldatischen Tradition — das Gelöbnis des Rekruten — wird zum antimilitaristischen Schwur umgedeutet. Die expressive Gestik des Schwörenden steht im Zusammenhang anderer zeitgenössischen Darstellungen des „Rufers" oder Agitators. Die Zeichnung der Figur ohne Hintergrund, der Verzicht auf Farbigkeit und naturalistische Details steigern die symbolische, „überzeitliche" Wirkung dieses Plakats. Es ist nicht nur wegen seiner Parole immer noch aktuell, sondern vor allem wegen seiner künstlerischen Qualität — dem völligen Verzicht auf werbegraphische Konzessionen, der Einheit von Schrift und Bild, von Parole und Versinnbildlichung. Es ist ein typisches Künstlerplakat.

Sozialdemokratische Arbeiterpartei der Niederlande, „Es lebe der Frieden", 30er Jahre (Abb. 2)

Das Plakat wiederholt das Bildmotiv von Käthe Kollwitz in der nach dem Ersten Weltkrieg entwickelten Fotomontage-Technik. Es ist ein Beispiel dafür, daß die avanciertere Technik keineswegs das bessere Ergebnis garantiert. Im Unterschied zu der Lithographie von Käthe Kollwitz wirkt es heute leicht veraltet, als bloß historisches Exempel, weil die fotografischen Details — Waffen, Uniformen, Gasmasken usw. — seine Zeitgebundenheit offenbaren. Auch ist der Schwörende in der fotografischen Fassung viel weniger symbolisch; es bleibt eine reale Geste voller Pathos, nicht unglaubwürdig zwar, aber auf heutige Verhältnisse kaum übertragbar.

John Heartfield, „Nie wieder!", DDR 1960 (Abb. 3)

Das Plakat stellt die endgültige Fassung einer von Heartfield mehrfach variierten Fotomontage von 1932 für die Titelseite der Arbeiter-Illustrierten-Zeitung dar. Sie bezog sich damals auf die Abrüstungsverhandlungen der kapitalistischen Staaten in Genf. Zur Abrüstungskonferenz des Völkerbundes war in der Schweiz eine Briefmarke erschienen, auf der die Friedenstaube triumphal ein zerbrochenes Schwert in den Krallen hielt. Dies war in der damaligen Situation nur eine Wunschprojektion oder blanke Demagogie. Immerhin gestanden beispielsweise England, Frankreich und Italien dem Deutschen Reich in Genf die volle militärische Gleichberechtigung zu, gab es bei einer Demonstration vor dem Völkerbundpalais 15 Tote... Die Moskauer Prawda reagierte auf die Schweizer Briefmarke mit einer satirischen Umfunktionierung: Nun war die Friedenstaube von dem Schwert durchbohrt. Heartfield hatte also ein Vor-Bild, das er aber mittels einer gestellten, d.h. *vor* der Kamera kunstvoll arrangierten Montage in völlig neuartiger Weise realisierte.

Die Fotomontage Heartfields ist nicht nur wegen ihres konkreten historischen Entstehungszusammenhangs auch als eine Kritik an allzu simplen und vordergründig optimistischen Benutzungen des Taubenmotivs als des allgemeinsten Friedenssymbols zu lesen.

Nach dem Zweiten Weltkrieg gewann — unter dem Eindruck des Sieges über den Faschismus und der Atomkriegsdrohung — die Friedensbewegung eine vorher nicht dagewesene politische Breite und Internationalität. Die Taube in der von Picasso geprägten und vielfach variierten Form wurde zu ihrem Identifikationssymbol. Das war möglich, weil Picasso ästhetisch überzeugende Lösungen fand, und weil er der international bekannteste Künstler der Avantgarde war. In seinem Werk gibt es keinen Bruch zwischen dem Ausprobieren der kühnsten Formen und einer Parteinahme für die Menschen.

Pablo Picasso, Plakat für den ersten Weltkongreß der Kämpfer für den Frieden, Paris 1949 (Abb. 4)

Die weltweit bekannteste Picasso-Taube entstand nicht für das Plakat, sondern war Teil einer Serie von Zeichnungen und Lithographien, die Picasso in den Jahren davor gemacht hatte. Louis Aragon wählte sie aus dem Konvolut aus. Picasso, der Tauben mochte und sie seit seiner Jugend gezeichnet und gemalt hatte, spottete darüber, daß ausgerechnet sie zum Friedenssymbol werden konnten — als „habgierige und streitsüchtige Vögel".

Die Typographie des Plakates stammt nicht von Picasso selbst, sondern wahrscheinlich von seinem Drucker Mourlot. Damit ist das Plakat eigentlich kein „Picasso-Plakat", sondern ein Plakat, das eine Grafik des Künstlers benutzt — wie viele spätere auch. Picasso hat aber auch eigenhändig Plakate für die Friedensbewegung gestaltet.

Picasso, Plakat für die französische Bewegung für den Frieden, 1962 (Abb. 5)

Im Unterschied zu dem von 1949 wirkt dieses Plakat sicherlich weniger offiziell, dafür ist es aber ein echtes Künstlerplakat: Die Handschrift bei der Typographie ist dieselbe wie bei dem Bildmotiv — das übrigens auch schon vorher entstanden war.

Die Friedensbewegung brachte in allen von ihr berührten Ländern eine Flut von Taubenplakaten hervor, ohne daß das Vorbild Picasso je erreicht wurde. Es gab gute oder annehmbare Lösungen und neue Bildideen — aber auch vieles nur gut Gemeinte und weniger Gelungene.

Dezernat für Bildung und Kultur der Stadt Duisburg, 1982 (Abb. 6)

„Eine Taube macht noch keinen Frieden" — richtiger müßte es heißen: Eine Taube macht noch kein Friedensplakat. So naturalistisch, wie sie hier gezeichnet ist und einen Klecks auf die Granate fallen läßt, wirkt sie nicht symbolisch, sondern unfreiwillig komisch. Dabei ist nicht einmal das Bildmotiv originell. Picasso hat schon Anfang der 60er Jahre eine Taube lithographiert, die auf einem Schrotthaufen von Waffen sitzt; die Lithographie wurde auf einem Plakat für einen Weltfriedenskongreß verwendet. Es gibt ein finnisches Fotomontageplakat, auf dem die Taube in der Mündung einer Kanone nistet usw. Eine überzeugende Version des Bildgedankens — die Friedenstaube überwindet die Rüstung — findet sich auf einem sowjetischen Plakat von 1978.

„Nein zum Wettrüsten", UdSSR 1978 (Abb. 7)

Die beiden auf Friedensplakaten am meisten benutzten Symbole werden in eine überraschende Beziehung gebracht. Der Figur-Grund-Effekt wird spielerisch eingesetzt, um eine visuelle Spannung zu erzeugen und die gemeinte Bedeutung auch in der Form umzusetzen. Daß dieses Plakat an konstruktivistische Montageprinzipien anknüpft, ist für sowjetische Verhältnisse übrigens durchaus ungewöhnlich. Gerade bei den in der UdSSR herausgegebenen Friedensplakaten dominierten die Pathosformeln eines eng aufgefaßten „sozialistischen Realismus" — im Unterschied etwa zu Polen oder der DDR.

Das Taubensymbol ist mittlerweile auf Friedensplakaten so abgebraucht, daß es über den identitätsstabiliserenden Zeichencharakter kaum noch hinauskommt. Auch in dieser Funktion ist es nicht zu verachten. Aber man kann ihm auch ironisch Beine machen — wie es zuerst das Pariser Grafikerkollektiv Grapus mit der Picasso-Taube von 1962 tat.

Seymour Chwast, „Marsch für Frieden und Gerechtigkeit", New York 1982 (Abb. 8)

Die Ironie dieses Plakats scheint mir darin zu liegen, daß hier sowohl alle unter einen Hut — nämlich die Friedenstaube — gebracht werden, als auch das allgemeinste und abstrakte Friedenssymbol dadurch „aufgehoben" wird, daß hinter und unter ihm Menschen in all ihrer Verschiedenheit sichtbar werden. Erfrischend ist die bewußt naive Form und folklorehafte Buntheit der Zeichnung Seymour Chwasts.

Shigeo Fukuda, „Sieg 1945“, 1975 (Abb. 9)

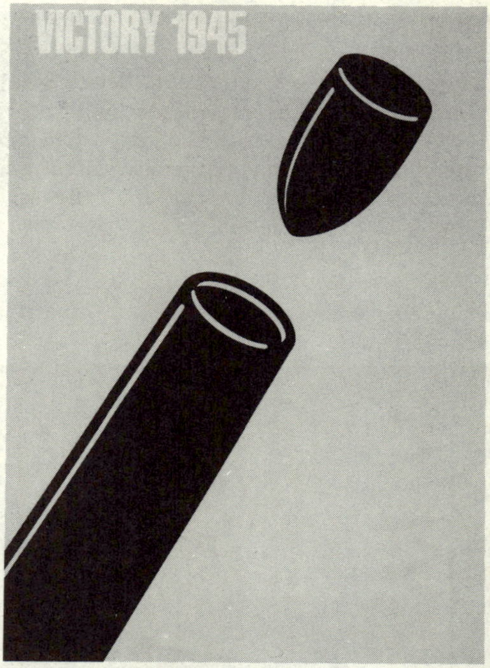

Das Plakat erhielt den 1. Preis in einem Wettbewerb der Internationalen Föderation der Widerstandskämpfer zum 30. Jahrestag des Sieges über den Faschismus.

Fukuda bedient sich bei seinen Plakaten piktogrammähnlicher Formen, was sie auch international leicht verständlich macht. Aber die eingebauten visuellen Irritationen — Umkehrungen, Figur-Grund-Effekt usw. — erschweren für manche wieder das Verständnis, obwohl sie den eigentlichen intellektuellen Reiz seiner Plakate ausmachen. Beispielsweise können Betrachter des Plakates „Sieg 1945“ mit diesem nichts anfangen, weil sie es zu flüchtig oder „wörtlich“ lesen, d.h. die Kugel oder Granate, die den Lauf verlassen hat, aufgrund stereotyper Sehgewohnheiten gar nicht als verkehrt erkennen, oder wenn, dann nur als Fehler, dessen Bedeutung unklar bleibt. Andere können sofort lachen über diese „verkehrte Welt“ — noch bevor sich ihnen die Mehrdeutigkeit der Bildmetapher erschließt. Sie bedeutet ja einmal, daß denjenigen, der auf den Knopf drückt, das Vernichtende, das den Gegner treffen soll, selbst wie ein Bumerang trifft. Die andere Bedeutung ist, daß der Lauf der Waffe endlich verschlossen werden soll — so wie man die Flasche zukorkt, um den bösen Geist, der ihr entwich, wieder in ihr einzusperren. Die dritte Bedeutung ist die, die man vielleicht zuerst erkennt und deshalb lachen muß: Das chaplineske Mißgeschick der Kanoniere.

Nicht-beliebige Mehrdeutigkeit ist nicht nur ein Qualitätsmerkmal in der bildenden Kunst, sondern auch bei gelungenen Künstlerplakaten. Darin unterscheiden sie sich von der visuellen Agitation für den Tagesgebrauch, die oft weder einen politischen noch einen ästhetischen Erkenntnisgewinn bringt, sondern nur der Selbstbestätigung und Identifikation dient — was durchaus ein legitimes Ziel sein kann.

Nach diesen historischen Beispielen und den Beispielen aus anderen Ländern zur Situation in der Bundesrepublik. Viele Künstler, auch viele bildenden Künstler, haben sich an der seit dem Ende der 70er Jahre im Zusammenhang mit der NATO-„Nachrüstung“ neu entstandenen Friedensbewegung beteiligt. Diese Bewegung war in der Bundesrepublik — wegen der unmittelbaren Betroffenheit durch die Aufstellung der Pershings und Cruise missiles in einem Land, das sowieso schon Abschußrampe und Zielscheibe atomarer Waffensysteme in einem Ausmaß wie kein anderes in Europa ist — besonders ausgeprägt und folgenreich. Dennoch hat sie meiner Ansicht nach keinen ihrer Bedeutung entsprechenden bildkünstlerischen Ausdruck gefunden, was sich auch an ihren Plakaten ablesen läßt. Woran das gelegen hat und liegt, darüber möchte ich nicht spekulieren. An zwei Beispielen sollen die Probleme und Schwierigkeiten aufgezeigt werden, die es bei der gegenseitigen Annäherung von (Plakat-)Künstlern und sozialer Bewegung geben kann.

Frieder Grindler, „Keine Atomraketen — Krefelder Appell“, 1981 (Abb. 10)

Das Plakat erhielt den 1. Preis in einem Wettbewerb der Krefelder Initiative „Der Atomtod bedroht uns alle — Keine Atomraketen in Europa!“. Der Plakatwettbewerb, den Richard Grübling, Horst Trapp und ich vorbereiteten, und dem 1985 ein zweiter folgte, hatte zum Ziel, nicht nur neue und gute Plakatideen oder brauchbare Entwürfe zu finden, sondern die Annäherung von Künstlern und Friedensbewegung zu fördern.

Beim ersten Wettbewerb gab es 200 Einsender mit insgesamt 400 Arbeiten, beim zweiten 86 Einsender mit 156 Arbeiten. Es nahmen bildende Künstler, professionelle Designer und Laien teil. Aus beiden Wettbewerben gingen Ausstellungen hervor, die in der Friedensbewegung Beachtung fanden. Die gedruckten Plakatentwürfe der Preisträger konnten sich dagegen — mit ein, zwei Ausnahmen — nicht durchsetzen. Das gilt vor allem für das hier gezeigte Plakat des international renommierten Grafikers Frieder Grindler.

Es handelt sich um eine Fotomontage. In das aus der Tagesschau herausfotografierte Fernsehbild von der Demonstration gegen die Raketenstationierung in Bonn am 10. Oktober 1981, an der 200 000 Menschen teilnahmen, ist der Schatten einer Bombe oder Cruise missile einmontiert. Auf die Kundgebung legt sich ein Schatten, oder: Die Rakete hängt wie ein Damoklesschwert über der Menge. Bedrohung und Hoffnung auf die Kraft der Friedensbewegung halten sich die Waage. Es ist kein im üblichen Sinn „plakatives" Plakat, gerade weil es auf die Bildvermittlung durch die Massenmedien Bezug nimmt. Eher ist es ein Bild, das den Betrachter nachdenklich machen kann. Dafür, daß es von der Bewegung nicht angenommen wurde, gibt es mehrere Gründe:

— Im Druck wurde es auf die Hälfte verkleinert, um es der für hochformatige Plakate geltenden Breite anzugleichen. Begründung: Es müsse bei Demonstrationen umgehängt werden können. Ergebnis: Kaum jemand trug es bei Demonstrationen. Obwohl die Wirkung des Entwurfs entscheidend von einem differenzierten Druck abhängt, wurde es billig gedruckt, mit der Folge zu harter Schwarz-Weiß-Kontraste. Frieder Grindler stellte daraufhin im Siebdruckverfahren eine kleine Auflage her, die seinen Vorstellungen entsprach. Sie wurde nur in Fachkreisen bekannt.

— Das Plakat störte nachhaltig die Sehgewohnheiten von Teilnehmern der Friedensbewegung, weil es weder die Schrecken des Krieges vor Augen führte, noch zur Identifikation einlud.

— Inhaltliche Einwände mögen etwa so ausgesehen haben, wie es eine Teilnehmerin nach dem Wettbewerb formulierte:

„Daß Grindler hier eine Fernsehaufnahme zugrunde gelegt hat, und damit an die ‚heutige' Sichtweise anknüpfte, wird viel hervorgehoben und dürfte wohl auch ausschlaggebend für die Prämiierung gewesen sein. Was ist das für eine Sichtweise? Es ist die des Unbeteiligten, des Distanzierten, der zuhause im Sessel sitzt und fern-sieht. Und es ist die Sichtweise des Verursachers. Diese Montage stimmt nämlich diesbezüglich haargenau mit jenen Aufnahmen überein, die während des 2. Weltkrieges von Bomben abwerfenden Flugzeugen aus gemacht wurden. Es ist daher die Sicht des Piloten, der auf den Knopf drückt, nicht die des Betroffenen." Die „Machart" des Plakates motiviere „nicht mehr oder weniger zum Hinschauen wie etwa ein schlecht gerastertes Zeitungsfoto".[2]

Danach hätte das Plakat von Grindler in der Schublade verschwinden können. Seine weitere Geschichte war aber folgende: Bei der vom nicht gerade links orientierten Deutschen Plakat-Museum Essen veranstalteten Triennale '83, auf der die „besten" bundesdeutschen Plakate der Jahre 1980-83 ausgewählt wurden, bekam es den 3. Preis in der Kategorie „Plakate zu politischer, religiöser und humanitärer Werbung". Auf der Warschauer Plakatbiennale 1984 bekam es den 1. Preis in der Kategorie „politische und soziale Plakate", sowie den erstmals vergebenen, nach dem Gründer der Biennale benannten Jozef Mroszcak-Sonderpreis. International ist die Warschauer Biennale der bedeutendste Wettbewerb für Plakate.

Wie erklärt sich der Widerspruch zwischen dem Mißerfolg des Plakates innerhalb der Bewegung und seiner Anerkennung in Fachkreisen? Wahrscheinlich sind beide Seiten beteiligt: Auf der Seite der Bewegung die eingeschliffenen Sehgewohnheiten und Erwartungen an ein Friedensplakat, der — verständliche, wenn auch nicht zu preisende — Inhaltismus; auf der Seite der Künstler und Fachleute die immerwährende Suche nach neuen, überraschenden Lösungen, das Begehren, Sehgewohnheiten zu verändern — was unter Umständen auch zum Formalismus tendieren kann. Nicht bei diesem Beispiel. Ich wage die Behauptung, daß das Plakat von Grindler als eines der visuellen Zeugnisse der Friedensbewegung „überleben" wird.

2. Aus einem Brief von Barbara Manns, Marburg, an die Krefelder Initiative als Trägerin des Plakatwettbewerbs.

Günther Kieser, „NATOD BRD", Entwurf für ein Friedensplakat, 1981 (Abb. 11)

Günther Kieser zählt, nicht nur in Designer-Kreisen, zu den auch international bedeutendsten Plakatgestaltern der Bundesrepublik. Hauptsächlich machte er Plakate für Jazz- und Popkonzerte, Theater, Rundfunk und andere kulturelle Zwecke. Da er sich in der Ostermarsch-Bewegung der 60er Jahre engagiert hatte, ließ er in seine Musikplakate hier und da Friedensbotschaften einfließen. Aber er wollte immer schon einmal ein politisches Plakat machen, und griff daher den Vorschlag auf, noch vor dem und außerhalb des Plakatwettbewerbs 1981, für die Krefelder Initiative ein Plakat zu entwerfen. Die hier gezeigte Fassung ist eine von dreien. Ein reines Schriftplakat — aber mit der bildlichen Assoziation einer Rakete in Abschußposition 'gen Osten. NATO*D BR*D — das D ist beidesmal durch ein Sternchen als das internationale Zeichen der Bundesrepublik hervorgehoben, eine zusätzliche ironische Anspielung auf den Alleinvertretungsanspruch für Deutschland.

Der Entwurf konnte nicht als Plakat realisiert werden, weil er wenig attraktiv wirkte. Das Wort- und Buchstabenspiel, die formale Assoziation der Rakete erschienen als zu intellektuell übersetzt. Möglicherweise wäre auch die politische Aussage von manchen als über den durch die Krefelder Initiative repräsentierten Konsens hinausgehend empfunden worden.

Völlig unabhängig von Günther Kieser und in anderer Form wurde das Wortspiel NATOD von dem DDR-Grafiker Rolf Walter auf einem Plakat für den Wettbewerb „Frieden der Welt" der Kunsthoch- und Fachschulen der DDR benutzt, das mit 56 anderen als Großplakat auf den Werbeflächen des U-Bahnhofs Berlin-Alexanderplatz angeschlagen wurde.

Kiesers Entwurf wurde 1982 in der Kasseler Ausstellung „Krieg und Frieden" gezeigt, die der BBK Hessen parallel zur documenta organisiert hatte. Kieser befand ihn auch 1986 noch für wert, als Beispiel für seine Arbeit in einer Designer-Zeitschrift abgedruckt zu werden.

Die Geschichte dieses nicht realisierten Plakates scheint mir — ebenso wie die des Plakates von Grindler — exemplarisch zu sein für die Schwierigkeiten, die es zwischen Künstlern und Auftraggebern geben kann, wenn es sich um politische Werbung für eine soziale Bewegung handelt. Die Auftraggeber möchten, was den Inhalt und die Gestaltung angeht, auf Nummer Sicher gehen. Den Künstlern kann aber nur etwas einfallen, wenn sie nicht auf Nummer Sicher gehen.

Die daraus resultierenden Mißverständnisse können meiner Ansicht nach nur dadurch verhindert oder abgemildert werden, daß die Künstler selbst in der betreffenden sozialen Bewegung mitmachen, um so die Kompetenz zu erwerben, nicht nur bei Fragen der Form, sondern auch bei denen des Inhalts mitzureden (und sich selbst zu korrigieren) — und daß andererseits die an der Bewegung Beteiligten, die Organisatoren und potentiellen Auftraggeber ihr kurzschlüssig instrumentelles Verhältnis zur Kunst und zu den Künstlern aufgeben lernen.

Eines seiner besten Musik- und Friedensplakate hat Günther Kieser übrigens schon 1968 gemacht: „Make Jazz — not war!" (Abb. 12).

Zum Schluß zwei Zitate, die das, was hier an einigen Beispielen nur angedeutet werden konnte, verallgemeinern und auf den Punkt bringen:

„Form als Ziel mündet immer in Formalismus. Denn dieses Streben richtet sich nicht auf ein Innen, sondern auf ein Außen. Aber nur ein lebendiges Innen hat ein lebendiges Außen. Nur Lebensintensität hat Formintensität. Alles Wie wird getragen von einem Was. Das Ungeformte ist nicht schlechter als das Übergeformte. Das eine ist nichts, und das andere ist Schein. Wirkliche Form setzt wirkliches Leben voraus. Aber kein gewesenes und auch kein gedachtes."

Mies van der Rohe[3]

„Es ist keineswegs so, als ob man, um vom Volk verstanden zu werden, ungewohnte Standpunkte vermeiden, nur gewohnte Standpunkte einnehmen müßte. Es ist nicht im Interesse des Volkes, seinen Gewohnheiten diktatorische Macht zuzusprechen. Das Volk versteht kühne Ausdrucksweise, billigt neue Standpunkte, überwindet formale Schwierigkeiten, wenn seine Interessen sprechen."

Bertolt Brecht[4]

Abbildungsnachweis:

Abb. 1-9, 12: Diederich/Grübling/Trapp: „Plakate gegen den Krieg" (Beltz-Verlag Weinheim und Basel 1983).

Abb. 10: Diederich/Grübling: „‚Wir haben die Erde nur geborgt'. Plakate gegen Umweltzerstörung." (Beltz-Verlag Weinheim und Basel 1986).

Abb. 11: Katalog „Krieg und Frieden. Eine Ausstellung des BBK Hessen" (Kassel 1982).

3. Zit. nach *C. Schnaidt*: „Es ist nicht notwendig, jeden Montag eine neue Architektur zu erfinden. Zum 100. Geburtstag von Mies van der Rohe", Deutsche Volkszeitung/die tat Nr. 13 vom 28. März 1986.

4. *B. Brecht*: „Schriften zur Literatur und Kunst", Band II (Aufbau-Verlag Berlin und Weimar 1966) S. 72.

Krieg und Frieden als Thema von Kunstausstellungen*

von Hans-Martin Kaulbach, Hamburg

Seit etwa zehn Jahren erleben wir einen Ausstellungsboom, der immer größere Mengen von Kunstwerken, Menschen und Geld mobilisiert, stets monumentalere Zusammenstellungen von Objekten, dickere Kataloghandbücher und Rekorde an Besucherzahlen bringt, zum fest kalkulierbaren Posten im Tourismus und in der Imagewerbung der Metropolen geworden ist und inzwischen fast nur noch mit Hilfe von Sponsoren aus der Wirtschaft finanziert werden kann. Zentrale Motive dieses Booms sind neben Schätzen aller Art und großen Künstlernamen vor allem landesherrschaftliche Epochen, Übersichten nationaler Kunstentwicklungen und Ereignisse des „Zeitgeistes". Der Ausstellungsbetrieb ist inzwischen zum größten Umschlagplatz für wissenschaftliche Kunstgeschichte geworden. Problemorientierte thematische Ausstellungen spielen dabei jedoch, trotz wichtiger Ausnahmen, nur eine untergeordnete Rolle.[1]

Anhand einer kurzen Übersicht über die Geschichte der Kunstausstellungen zu Krieg und Frieden möchte ich fragen, welchen Stellenwert die Auseinandersetzung mit diesem Thema im Ausstellungsbetrieb einnimmt. Nach dieser Übersicht gibt es rund 40 Ausstellungen, die sich auch recht eindeutig bestimmten Phasen der bundesdeutschen Geschichte zuordnen lassen.[2]

Die ersten Ausstellungen wurden in der unmittelbaren Nachkriegszeit gezeigt (Kunstsammlungen der Stadt Düsseldorf, 1947; Kestner-Museum/Kunstverein, Hannover 1949), die eine mit expressionistischer Druckgraphik, die andere mit Idyllenbildern der Jahrhundertwende. Im Rahmen der Anti-Atomtod-Bewegung zeigte der Deutsche Kulturtag 1958 die Wanderausstellung „Künstler gegen den Atomkrieg". Für die 60er Jahre war keine Ausstellung zu finden. Erst nach der Studentenbewegung, während des Vietnamkriegs und in den weiteren 70er Jahren beginnt eine relativ kontinuierliche Reihe, bezeichnenderweise mit einer Ausstellung in der Friedenskirche von Selm 1971 und mit „Hurra!? Vom Unsinn des Krieges", einer Jugendausstellung der Kölner Museen 1971/72. Die größte Gruppe, fast 30, fällt jedoch in die Zeit der neuen Friedensbewegung seit Anfang der 80er Jahre, mit dem Höhepunkt von 7 Ausstellungen im Jahr 1983. Neben der akuten Kriegsgefahr war hierbei auch die Erinnerung an die „Trümmerzeit" (so hieß eine Ausstellung in München 1984) und das Kriegsende vor 40 Jahren als Anlaß gegeben. Seit 1985 geht die Zahl wieder leicht zurück.

* Der vorliegende Text wurde gegenüber der vorgetragenen Fassung um die Anmerkungen ergänzt und aktualisiert, soweit dies die Ausstellungserfahrungen des Jahres 1988 erforderten.

1. Zur Kritik des gegenwärtigen Austellungsbooms vgl. die Schwerpunktthemen der Zeitschriften „kritische berichte" 2/1988 und „Art in America", Juni 1986; grundlegende Hinweise bei *E. Mai*: Expositionen. Geschichte und Kritik des Austellungswesens (München 1986).
Zur Auseinandersetzung um das „Sponsoring" vgl. Spiegel Nr. 33, 15.8.1988, S. 148-152; Ulrich Greiner, Die Zeit, Nr. 27, 1.7.1988, und Hugo Borger, ebd. Nr. 37, 9.9.1988.

2. Auf eine Auflistung, die ohnehin gegenwärtig noch keinen Anspruch auf Vollständigkeit erheben könnte, muß hier aus Platzgründen verzichtet werden.

Die meisten dieser Ausstellungen waren relativ klein; Träger sind fast nie die großen Museen gewesen, sondern Künstlerverbände, Kunstvereine, einzelne Galerien. Als erstes Fazit läßt sich feststellen, daß das Thema also nicht aus der „großen" Ausstellungskonjunktur kommt, sondern eher durch Engagement „von außen" in den Kunstbetrieb getragen wurde.

Ausgestellt wurde fast ausschließlich Kunst gegen den Krieg. Das Extrembeispiel, „Schrecknisse des Krieges", 1983 im Wilhelm-Hack-Museum Ludwigshafen, zeigte alle druckgraphischen Folgen dieses Themas von der Renaissance bis zur Gegenwart. Selbst die Ausstellungen mit ‚Frieden' als Programm und im Titel waren dominiert von Darstellungen der Gewalt, des Schreckens und der Bedrohung. Zweites Fazit: Das Steckenbleiben in Angstbildern und das Fehlen weiterführender Friedensvorstellungen, dieses Defizit der Friedensbewegung, kennzeichnet auch weitgehend die Kunstszene.

Drittes Fazit: Es zeichnet sich allerdings, vorsichtig formuliert, folgende Entwicklung ab: In der Phase der unmittelbaren Kriegsdrohung und Auseinandersetzung mit der Aufrüstung dominierte eindeutig das Bedürfnis nach Auseinandersetzung mit den Kriegsschrecken.[3] Seit Beginn der neueren Abrüstungsphase wird der Blick freier für die Beschäftigung mit Friedensvorstellungen. Charakteristisch dafür ist das jüngste und bisher umfangreichste Beispiel, die gründlich vorbereitete Ausstellung „Bilder und Szenen des Friedens zwischen Antike und Gegenwart" (Ev. Stadtkirche Unna, 1988).

In der DDR hat die Friedensproblematik einen wesentlichen offizielleren Stellenwert, was sich nicht zuletzt in Aufrufen und Wettbewerben anläßlich von Parteitagen und Kongressen, öffentlichen Auftragswerken und Jubiläums-Grafikmappen zum Thema „Krieg und Frieden" äußert. Dennoch lassen sich innerhalb dieser grundsätzlich verschiedenen Entwicklung in der Ausstellungstätigkeit zwei vergleichbare Schwerpunkte feststellen:
1. die (allerdings geringere) Dominanz der Antikriegsdarstellungen;
2. die zeitliche Häufung: nach nur einzelnen Beispielen (etwa 1951/52 „Künstler schaffen für den Frieden", Berlin) die Kulmination in den Jahren 1982-1985 mit dem Höhepunkt 1983 (z.B. ebenfalls „Schrecken des Krieges", Berlin, Altes Museum).[4]

Zwei Ausstellungen möchte ich nun kurz genauer vorstellen. Die erste war unter dem Titel „Zugehend auf eine Biennale des Friedens" Ende 1985 — Anfang 1986 in Hamburg im Kunstverein und im Kunsthaus zu sehen. Sie entstand auf Anregung des Fluxuskünstlers Robert Filliou als internationale Initiative, an der sich 391 Künstler aus 33 Ländern beteiligten. Sie bot daher ein außerordentlich vielfältiges Bild, das sich im Gegensatz zum „Zeitgeist"-Trend nicht auf griffige Formeln reduzieren ließ. Einige charakteristische Elemente waren dennoch erkennbar.

Die meisten Arbeiten versuchten nicht, Friedenszustände abzubilden, sondern Modelle für Friedensprozesse zu entwickeln und „Gestalt, Klang und Gefühl des Friedens" zu „erproben" — dies eine Formulierung aus dem Manifest Fillious. Zentrale Themen waren u.a. Geschichte, Natur

3. Dies gilt selbstverständlich auch für die Bildproduktion; vgl. *H.-M. Kaulbach*: Bombe und Kanone in der Karikatur. Eine kunsthistorische Untersuchung zur Metaphorik der Vernichtungsdrohung (Marburg 1987) S. 78f.

4. Auch für die DDR kann eine vollständige Übersicht noch nicht gegeben werden; im folgenden daher nur Beispiele (alle Nachweise beziehen sich auf die Zeitschrift „Bildende Kunst"):
— Ausstellungen (7/1982; 6/1983; 7/1983; 6/1985; 7/1986);
— Grafikmappen (2/1982; 4/1985; 12/1987);
— Anrufe, Wettbewerbe mit Ausstellungen (2/1984; 6/1985);
— eine mehrjährige Plakataktion „Frieden der Welt" auf Berliner U-Bahnhöfen (7/1982; 7/1983; 12/1983; 3/1985; 8/1985).
„Kunst im Frieden für den Frieden" war jeweils Thema der „Biennale der Ostseeländer" in der Rostocker Kunsthalle 1983-1987 (11/1983; 11/1985).

und Ökologie, Körpererfahrung und Meditation. Es gab keine einzige Friedenstaube, wohl aber Arbeiten mit Symbolik, besonders mit Kreissymbolen und in den Bereichen Welt, Weltraum, Wissenschaft und östliche Weisheiten. Programmatisch war das Thema Weltraum, bei dem ein Ansatz zur Integration von Kunst und Wissenschaft als „Alternative“ zu SDI versucht werden sollte.

Die Installationen, die häufig auch mit Musik arbeiteten, erforderten sehr weitgehende Mitwirkung der Besucher. Gerade damit konnten ein Stück weit Friedenserfahrungen möglich werden. Mail-Art-Beiträge gaben einen Einblick in die internationale Kommunikation der Künstler, sind aber — wie die Installationen auch — ein Gegenstand, der sich mit dem üblichen Verhalten eines Ausstellungsbesuchers nur äußerst oberflächlich wahrnehmen läßt.

Obwohl viele Beiträge auch in jede Ausstellung mit anderen Themen ‚gepaßt‘ hätten, war dieses Projekt der bisher einzige ernsthafte Versuch, das Ziel — laut Untertitel „Dem Frieden eine Form geben“ — auch zu erreichen. Zudem war es der Beginn einer neuen Institution: die nächste Biennale des Friedens soll in Amsterdam veranstaltet werden.[5]

Von der Kritik wurde die Ausstellung weitgehend ignoriert oder als Sammelsurium von „Unverbindlichkeiten“ (Die Zeit) mißverstanden. Obwohl sehr viele prominente Künstler beteiligt waren — genannt seien nur Beuys, Christo, Daniel Buren, Sol Lewitt, John Cage — ist dies von *allen* bedeutenden Kunstausstellungen der letzten Jahre die unbekannteste geblieben.[6] Versuch eines Fazits: Entgegen den Initiativen und Bemühungen der Künstler ist der Kunstbetrieb — im engeren Sinne — hierzulande nicht in der Lage, auf eine solche Auseinandersetzung mit dem Thema adäquat zu reagieren.

Das zweite Beispiel ist „Schrecken und Hoffnung. Künstler sehen Frieden und Krieg“, ausgestellt Oktober/November 1987 in der Hamburger Kunsthalle (weitere Stationen: München, Moskau und Leningrad. — In diesem Fall berichte ich nicht als Beobachter, sondern als Beteiligter.)

Die Ausstellung entstand als Höhepunkt der Kulturaustauschs, der zwischen den westdeutschen Firmen, die an den Erdgas-Röhren-Geschäften beteiligt waren, und der UdSSR vereinbart wurde. Als Veranstalter treten dementsprechend auch nicht die beteiligten Museen auf, sondern ein Firmenkonsortium unter Federführung der Deutschen Bank und das Ministerium für Kultur der Sowjetunion. Die inhaltliche Vorbereitung, also Konzeption, Auswahl und Katalog, wurde von zwei kunsthistorischen Arbeitsgruppen geleistet, die eine beim Kulturministerium und beim Künstlerverband in Moskau, die andere in der Hamburger Kunsthalle. Die Konzeptionen wurden zwar gegenseitig vorgelegt, verglichen und koordiniert, aber die fertige Ausstellung ist doch eine Mischung aus zwei relativ unabhängig voneinander entwickelten Teilen geworden, einem über russische und sowjetische, einem über deutsche bzw. westdeutsche Kunst. In der Hamburger Kunsthalle wurden sie zusammen in chronologischer und teilweise thematischer Hängung gezeigt. Eine tatsächliche grenzüberschreitende wissenschaftliche Zusammenarbeit war (aus kollegialen wie fachlichen Interessen muß ich sagen: leider!) nicht möglich.

In mehrfacher Hinsicht hatte diese Ausstellung den Charakter eines ersten Versuchs:

1. Es war das erste *gemeinsame* Ausstellungsprojekt zwischen der UdSSR und der BRD; nebenbei gesagt, allgemein bekannt, aber hier deswegen nicht unwichtig: zwischen zwei Staaten unterschiedlicher Gesellschaftssysteme, zwischen denen es keinen Friedensvertrag und noch kein richtiges Kulturabkommen gibt.

2. Zugleich war es die erste kunst*historische* Ausstellung, die einen Überblick über die Entwicklung der Darstellungsweisen von Krieg und Frieden in der Kunst vom Ende des Mittelalters

5. Der Termin wurde wegen großer finanzieller Schwierigkeiten bei der Vorbereitung auf 1989 verlegt.
6. So auch die Einschätzung von Magdalena Jetelová, vgl. Hamburger Rundschau, Nr. 30, 21.7.1988, S. 3.

bis zur Gegenwart versucht. Und dies auf der Basis einer in beiden Ländern weitgehend unzureichenden Forschungslage, besonders in der Frage nach der Ikonographie des Friedens. Es ist offensichtlich, daß sich die wissenschaftlichen Probleme der Eingrenzung des Themas durch praktische Zwänge noch potenzieren, wenn man statt Abbildungen die Kunstwerke selbst zeigen will, sich also an Ausleihbarkeit und ähnlichen Einschränkungen orientieren muß.

3. Die in den letzten Jahren verstärkt in Museen und Ausstellungen investierenden Sponsoren haben sich zum erstenmal im großen Maßstab auf ein solches Thema eingelassen.

Die Vorgaben für die Konzeption waren überwiegend diplomatischer und pragmatischer Natur: Schwerpunkt im 20. Jahrhundert; nur Leihgaben aus jeweils inländischen Sammlungen (einschließlich Westberlin); aktuelle Kriege sollten nicht mitbehandelt werden; die Ausstellung sollte als Ganze keine Kriegsverherrlichung betreiben. Kriegsverherrlichende Kunst aus dem Faschismus konnte aus mehrfachen Gründen nicht mit aufgenommen werden. Die unterschiedlichen wissenschaftlichen und politischen Positionen sollten durchaus nebeneinanderstehen — wobei mit der westdeutschen Position nicht die der Bundesregierung gemeint war, sondern die einer kritischen Kunstgeschichte, wie sie etwa in der Hamburger Kunsthalle möglich ist.

Der in der Ausstellung erfaßte Zeitraum beginnt mit dem Ende des Mittelalters, mit Bildern der theologischen Überhöhung des gerechten Krieges, mit den Schrecken der Apokalypse und der Vision des Himmlischen Jerusalem. Quantitative Schwerpunkte liegen jeweils in der Zeit der „gemeinsamen Kriege“, also auf der Napoleonzeit, dem 1. und dem 2. Weltkrieg. Die Geschichte der Kriegsdarstellung von der Verherrlichung des Herrschers als Feldherr über das Schlachtenbild, das patriotische Pathos bis zur Anklage der Schrecken und zur programmatischen Antikriegskunst ließ sich relativ leicht vorstellen.

Als Hauptproblem hat sich dagegen die Auswahl der Kunstwerke zum Thema „Frieden“ und „Hoffnung“ erwiesen. Es entspricht wohl der realen Produktion, daß die Friedensdarstellungen den weitaus kleineren Teil einnehmen. Der kritische Punkt liegt da, wo das Thema nicht mehr allegorisch aufgefaßt werden kann und wo die Tradition der Verbindung von Frieden und gutem Leben, das Goldene Zeitalter und die arkadischen Idyllen, mit der zunehmenden Industrialisierung fragwürdig wird, also im Verlauf des 19. Jahrhunderts. In den utopischen Entwürfen der Zeit um den 1. Weltkrieg, etwa bei Kandinsky, Malewitsch und El Lissitzky, Feininger und Klee, liegt der Bereich der größten Annäherung der beiden Ausstellungsteile.

Von den 20er Jahren an werden dann die Unterschiede deutlich, in der Entwicklung der Kunst wie in der inhaltlichen Konzeption der Ausstellung. Aus sowjetischer Sicht erscheint Frieden als Alltag im Aufbau des Sozialismus; dabei wurden auch Beispiele für den offiziell verordneten Optimismus der Stalinzeit gezeigt. In der deutschen Auswahl wurde demgegenüber versucht, mit einem engeren Friedensbegriff zu arbeiten, um das Problem der Unverbindlichkeit zu vermeiden — alles, was nicht Krieg ist, ist nicht schon Frieden; deshalb wurden Bilder ausgewählt, die vor Kriegsgefahr und Faschismus warnen, danach auch Beispiele für Widerstand und Emigration. Ebenso deutlich sind die Differenzen in der Verarbeitung des 2. Weltkriegs: dem Heroismus und der Verklärung des „Großen Vaterländischen Krieges“ stehen der Verzicht auf Pathos und eine distanzierte Trauerhaltung gegenüber, von den 50er Jahren an auch der Übergang zur informellen und abstrakten Kunst, die Krieg und Frieden nicht mehr abbildet, sondern rekonstruiert. Während aus der Sowjetunion noch bis in die Gegenwart Beispiele für ungebrochene Fortschrittsgläubigkeit und positive Idyllen zu sehen sind, wurde für die BRD der Akzent vorwiegend auf die in der Auseinandersetzung mit der atomaren Drohung, dem Vietnamkrieg und der Warenästhetik entstandene, kritische ‚engagierte‘ Kunst seit Ende der 60er Jahre gelegt.

Den abschließenden Höhepunkt bildete allerdings eine größere Gruppe von Arbeiten jüngerer Künstlerinnen und Künstler aus verschiedenen Sowjetrepubliken, die sich voll Skepsis und Kritik mit der eigenen Geschichte, mit dem Militarismus und mit ökologischen Problemen beschäftigen, darunter zwei noch während der Vorbereitungszeit der Ausstellung entstandene Bilder zum

Thema Tschernobyl. So zeigten sich in der Ausstellung neue Möglichkeiten zu einer offeneren Diskussion.

Die Reaktion in der Presse war relativ groß; viele Kritiker hatten allerdings Schwierigkeiten mit der Struktur der Ausstellung und mit der Mischung der Qualitätsebenen, also dem Spektrum von Dokumenten der Friedenssehnsucht in der „niederen" und Folklore-Kunst bis zu kunsthistorischen Hauptwerken. Gemessen an der Besucherzahl[7] gilt die Ausstellung als mittelmäßiger Erfolg; bedeutsamer ist jedoch die Intensität der Reaktionen, soweit sie im Besucherbuch ablesbar wurde: Noch nie hat es in der Kunsthalle derart viele ernsthafte Eintragungen gegeben. Neben Betroffenheit über die Kriegsdarstellungen haben die Besucher sich häufig positiv geäußert über die thematische Zusammenstellung und über die Möglichkeit, überhaupt Kunst aus der Sowjetunion zu sehen. Als Kritik kam verständlicherweise: „Zuviel Schrecken — zu wenig Hoffnung".

Die Reaktion auf die Ausstellung war unter den wesentlichen anderen Rezeptionsbedingungen in der UdSSR durchaus ähnlich. Bei aller Einsicht in die Problematik der Konzeption wurden der thematische Ansatz und „das historische Prinzip der Organisation der Exposition" akzeptiert. Die sowjetische Kritik konzentrierte sich allerdings stärker auf die Auseinandersetzung um den Realismusbegriff, besonders auf Differenzierungen, die im Konflikt mit dem „sozialistischen Realismus" angesichts der deutschen Kunst möglich werden: „Im allgemeinen war es für die westdeutschen Künstler leichter, den Schrecken des Krieges, seine Unmenschlichkeit und die Barbarei des Militarismus aufzudecken, ... In einer Reihe von Arbeiten, besonders der Kriegs- und Nachkriegsperiode, die grotesk kompromißlos gelöst werden, entsteht quasi ein Durchbruch in neue Sphären des Realismus, der die Erfahrung der Expression und der offenen Karikatur in sich aufgenommen hat, ..." — Die „hohe moralische Aufladung", die traditionell der Kunst zugewiesen und abverlangt wird, führte dazu, daß bei den Kriegsdarstellungen „ein abmildernder ästhetischer Filter" „zwischen dem Thema selbst und seiner Wahrnehmung" schärfer gesehen wurde als von westdeutschen Kritikern. Im Fazit, die „Tatsache der Ausstellung" selbst als das Wichtigste, als Erfahrung im „hoffnungsmachenden Prozeß" des neuen Denkens zu beurteilen, bestand Übereinstimmung.[8]

Für die weitere Diskussion erscheinen mir daher drei Punkte wichtig:

— Auf der wissenschaftlichen Ebene bleibt die Frage nach der Friedensikonographie weiterhin das zentrale Problem.

— Auf der kulturpolitischen Ebene erscheinen, wenn man Verständigung und Abbau von Feindbildern will, nur solche Veranstaltungen wirklich sinnvoll, die Fragen nach den gegenseitigen Tabus der Vergangenheit, nach den verdrängten Erfahrungen und den aktuellen Ängsten auch offen stellen.[9]

Diese Notwendigkeit zeigt sich geradezu beispielhaft angesichts des neuartigen Booms von Ausstellungen russischer und sowjetischer Kunst, der nach „Schrecken und Hoffnung" eingesetzt hat und an dem sich die Dominanz von Verwertungsstrategien bei weitgehendem Verzicht auf inhaltliche Auseinandersetzung deutlich ablesen läßt.[10]

7. In Hamburg und München zus. 80.000, in Moskau und Leningrad allerdings zus. 170.000.

8. Alle Zitate aus dem exemplarischen Artikel von *Grigori Oganow*: „Es gibt keinen Frieden unter Oliven ...", Sowjetskaja Kultura, 7.5.1988, S. 8. Für die Übersetzung danke ich Mechthild Lohmann, Hamburg.

9. Aus konservativ-kunsthistorischer Sicht sind die Vorteile eines Ost-West-Kulturaustauschs aufgeführt im Editorial: Art Exhibitions as Instruments of Cultural Diplomacy, in: Apollo, Sept. 1987, S. 148f.

10. Nach jahrzehntelang sehr seltenen Ausstellungen im Westen gab es im Verlauf des Jahres 1988 mindestens 9 Beispiele. Der Wandel der sowjetischen Austellungspolitik kann hier nicht analysiert werden; einige Verwertungsinteressen der westlichen Szene seien zumindest angedeutet:

— Erschließung für Kunstmarkt und Sammler: „Im Keller ist die Kunst noch billig" — Art 9/1988 (Kunsthalle Emden);

— Auf der Ebene der Ausstellungspraxis erfordert dieses Ziel Überlegungen, die den gegenwärtigen Trends zur Massenabfertigung einerseits und zur elitären Kontemplation andererseits entgegenstehen, also eine intensive Betreuungsarbeit innerhalb der fertigen Ausstellung, die den Besuchern mit Angeboten zur Reaktion und zur Diskussion einen Ausstieg aus der Konsumentenhaltung ermöglicht.

— Verkauf (Sotheby in Moskau; Bern; Bern; Berlin — vgl. Spiegel, 12.9.1988);
— Imageträchtige „Entdecker- und Pionierleistungen': „Regimekritische Sowjet-Künstler dürfen erstmals im Westen ausstellen" — Münchner Abendzeitung, 12.9.1988 (Emden) — was übrigens schlicht falsch ist, denn der ‚Dissident' Wadim Sidur (gest. 1986), der kritische Moskauer ‚Avantgardist' Maxim Kantor u.a. waren schon in „Schrecken und Hoffnung" mit Arbeiten vertreten;
— Repräsentation und Sammlerstolz (Nannen in Emden, Ludwig in Köln);
— Konzentration auf kunsthistorische ‚Highlights' (Klassische Moderne 1900-1930 in Wien und Washington) oder auf die ‚Schätze' der Vergangenheit (Schloß Gottorf).
Die offene Auseinandersetzung mit dem Element des Fremden, den verschiedenartigen Entwicklungen der Kunst in den Republiken der Sowjetunion, ist dabei immer noch ausgeblieben. Worauf es jeweils ankommt, sagt das „Handelsblatt", 6.9.1988: „Eine Schau, die im Trend liegt" (Washington). Darin wiederholt „Schrecken und Hoffnung" die Erfahrungen der „Friedensbiennale": sperrt sich eine Ausstellung durch Konzentration auf inhaltliche Probleme gegen solche Verwertungsinteressen, bleibt sie in der herrschenden Kunstszene zwangsläufig unterbewertet.

Musiktheater gegen den Krieg

von Peter Petersen, Hamburg

‚Musiktheater gegen den Krieg' — wer dieses Thema hört, dem mögen durchaus skeptische Gedanken durch den Kopf gehen. So könnte jemand meinen, Musik sei immer friedlich, folglich könne auch ein Musiktheater nur dem Krieg abgewandt sein; oder: Theater gegen den Krieg, das ließe sich noch denken, aber Musik — für sich allein genommen — könne diese Tendenz nicht zeigen, weil sie keine konkreten Bedeutungen vermittele; und in Weiterführung dieses Gedankens möchte jemand argumentieren, daß selbst, wenn Musik Partei gegen den Krieg ergreifen könnte, sie damit ihre Aufgabe verkennen würde, nämlich aufbauend zu wirken, den Menschen zu harmonisieren, den Alltag oder gar die Tagespolitik vorübergehend vergessen zu machen.

Solche und ähnliche Auffassungen mögen weit verbreitet sein. Sie stellen sozusagen positive Vorurteile dar. Man spricht der Musik die höchste Würde zu, wie sie sonst nur Religionen zugestanden wird: Musik betreffe das Allgemein-Menschliche, sie sei der sinnliche Ausdruck des Transzendentalen, sie vermittele den Vorschein des Friedens; indem die Musik derart überhöht wird, ja geradezu sakrale Qualität gewinnt, erscheint sie als der ideale Zufluchtsort für alle, denen das Leben in Familie, Beruf und Gesellschaft über den Kopf zu wachsen droht. Wird die Last zu groß, geht man ins Konzert wie früher in die Kirche. Oder mit Kagel zu sprechen: der Glaube an Gott ist fraglich geworden, doch an J. S. Bach glaubt jeder.

Es gibt aber auch andere Auffassungen vom Wesen und von der Funktion musikalischer Kunst. Statt in tempelhafter Ferne soll die Musik möglichst nahe beim Menschen angesiedelt sein. Ihre Aufgabe ist nicht, den schönen Schein zu verbreiten, sondern zur Lebensbewältigung beizutragen. Als eine besondere Form der Kommunikation unter den Menschen taugt die Musik wie jede Kunst zur Aufhellung über psychische und soziale Wirklichkeiten in unserer Zeit. Die große Dichterin Ingeborg Bachmann hat diese alternative und allein zeitgemäße Rolle der Musik mit dauernder Gültigkeit formuliert: Die Musik „wird haftbar, sie zeichnet den ausdrücklichen Geist des Ja und Nein mit, sie wird politisch, mitleidend, teilnehmend und läßt sich ein auf unser Geschick. Sie gibt ihre Askese auf, nimmt eine Beschränkung unter Beschränkten an, wird angreifbar und verwundbar. Aber sie braucht sich darum nicht geringer zu fühlen. Ihre Schwäche ist ihre neue Würde."[1]

Diese programmatischen Worte Ingeborg Bachmanns gehen von dem Gedanken einer neuartigen Verbindung von Musik und Dichtung aus und passen insofern sehr gut auf unseren Gegenstand: Musiktheater gegen den Krieg. Ein solches engagiertes künstlerisches Unterfangen ist von der Überzeugung bestimmt, daß die Musik in Verbindung mit dramatischer Sprache und Szene zu voller Konkretheit gelangen kann, die sie teilhaben läßt an dem parteilichen Einspruch der Künstler gegen die schlimmste Folge der Unterdrückung, die wir Krieg nennen und die in Wahrheit längst Formen purer Massenvernichtung angenommen hat.

Anhand von vier Stücken des Musiktheaters will ich im folgenden aufzeigen, wie sich Komponisten für die Hauptsache unserer Zeit: für den Frieden engagieren, und welche Rolle sie dabei der

1. Universitas 26, 1971, S. 377.

Musik im Rahmen eines politischen Zeittheaters zuweisen. Die vier Stücke sind nach dem zweiten Weltkrieg entstanden. Das älteste stammt von Paul Dessau und Bertolt Brecht und heißt: „Die Verurteilung des Lukullus". Es wurde 1949 bis 1951 komponiert und nimmt in seiner endgültigen Fassung auf die Nürnberger Kriegsverbrecherprozesse Bezug. Das zweite Stück von 1964 schrieben die Italiener Giacomo Manzoni und Emilio Jona. Sein Titel „Atomtod" basiert auf einem Lehnwort aus dem Deutschen und bezeugt die Verbundenheit der Autoren mit der ersten bundesrepublikanischen „Kampf-dem-Atomtod" Bewegung der 50er und 60er Jahre. Das dritte Stück antimilitaristischen Musiktheaters komponierte Bernd Alois Zimmermann 1957 bis 1965 über ein Drama der Goethe—Zeit, „Die Soldaten", von Jakob Michael Reinhold Lenz. Trotz des 200 Jahre alten Textes ist diese Oper ein auf die aktuelle Gegenwart der drohenden atomaren Vernichtung bezogenes Stück. Das jüngste, gerade vor elf Jahren (1976) uraufgeführte Stück „Wir erreichen den Fluß" schufen der deutsche Komponist Hans Werner Henze und der englische Dramatiker Edward Bond. Sein Gegenstand ist der moderne, imperialistische Krieg aus der Sicht der Befreiungsbewegungen in der dritten Welt.

I. *Lukullus*

„Ins Nichts mit ihm!"
(Brecht)

Das Stück spielt in Rom im Jahre 56 vor unserer Zeitrechnung. Lukullus, der Feldherr und Feinschmecker, ist gestorben. Ein triumphaler Trauerzug geht durch die Stadt. Lukullus ist begraben. Die Lehrer beginnen bereits, den Schülern die Daten über Lukullus' Taten einzutrichtern.

Die Szene wechselt ins Schattenreich. Hier sehen wir Lukullus, der sich — wie alle Verstorbenen — einer Bewertung seiner Taten ausgesetzt sieht. Ein Schöffengericht hat zu entscheiden, ob Lukullus ins Reich der Seligen eingehen darf oder ins ewige Nichts verdammt wird. Anhand des Frieses, der sein Leben beschreibt, werden seine Taten bezeugt und bewertet. Nichts, was in der Welt von Staats wegen Anerkennung fand, zählt vor diesem Gericht. Ob einer den Menschen genützt oder geschadet hat, ist die entscheidende Frage. Lukullus hat mit den Eroberungskriegen nur sich selbst und den Herrschern von Rom genützt; den Menschen brachte er Schaden. Es werden mildernde Umstände erwogen, weil sein Hang zur Feinschmeckerei eine an sich liebenswürdige menschliche Schwäche bekunde; auch habe er einen kostbaren, neuartigen Kirschbaum aus Asien nach Rom verpflanzt: doch was ist ein Kirschbaum gegen Achtzigtausend Gefallene? Darum lautet das einstimmige Urteil des Gerichts: „Ins Nichts mit ihm!"

Der lehrhafte Charakter dieses Stücks (das von Brecht noch während des Krieges als Hörspiel konzipiert worden war) ist offenkundig. Am Schluß wird ‚die Moral von der Geschicht' noch in den verallgemeinernden Satz gefaßt: „ins Nichts mit Allen wie er!" — eine Absage an jede Form des Eroberungskrieges, gefaßt in die Form einer lehrhaften, volkstümlichen Parabel.

Die Frage ist nun, wie aus der didaktischen Sentenz lebendiges Theater wird. Anders ausgedrückt: wie erreichen es die Autoren, die Langeweile beim Publikum zu vertreiben? Denn dies steht fest: ein Theater, in dem man sich langweilte, wäre nicht Kunst und nicht Kampf, sondern Makulatur und Krampf.

Der „Lukullus" von Brecht und Dessau ist kein langweiliges Stück. Daß wir uns in das Geschehn auf der Bühne hineinziehen lassen, daß wir uns unterhalten fühlen, Neues erfahren und eigenes Leben erinnern, hängt vor allem davon ab, daß die auftretenden Figuren plastisch und treffend geformt sind. Wir fragen deshalb während der Spielzeit des Stückes nicht immerfort nur danach, ob ein Handeln oder Reden gut oder verwerflich ist, worauf das Stück als Ganzes ja immerhin hinauswill, sondern wir versetzen uns in die eine oder andere Rolle und leben zwischenzeitlich unter der Bedingung eines fremden Charakters, beurteilen also nicht, sondern sind probeweise *selbst* Lukullus oder das Fischweib, die geschändete Kurtisane oder der Meisterkoch Lasus.

Gleich beim Auftrittslied des Lukullus gewinnen wir einen sehr präzisen Eindruck von dessen Charakter. Völlig unfähig, die neue Situation seines Daseins im Reich der Schatten zu begreifen, lebt er scheinbar fort in Gedanken an seinen Koch und dessen Speisen und zeigt weiterhin die Attitüde des Herrschers, dem fünf Legionen auf den Wink seines kleinen Fingers gehorchten. Der Ausdruck von Lukullus' Gesang ist dementsprechend schmelzend und heroisch herrscherlich. Doch so wie Lukullus' Verlangem kein köstliches Essen noch seinen Befehlen irgendeine Legion folgt, tönt hier unten im Schattenreich seinem metallischen Tenor kein Schmettern von Trompeten und kein volles Orchester entgegen, sondern der mysteriöse Klang der Stille. Die Befehle, Fragen und Beschwerden, die Lukullus nach alter Gewohnheit ausgibt, werden von den Instrumenten jedesmal von einem stehenden Klang beantwortet, der wegen seiner Zartheit und Entrücktheit Lukullus völlig unverständlich sein muß. Der ‚Klang der Stille' war dem vitalistischen Feldherrn schon zu Lebzeiten entgangen; hier nun, im Schattenreich, wo der Nicht-Lärm und das Nicht-Leben zu Hause sind, findet sich der taube Täter nicht zurecht.

Während des Verhörs merken wir sehr bald — im Gegensatz zu Lukullus — welcher Art das Gericht ist, das hier über den weiteren Verbleib der Seelen im Licht oder in der Finsternis zu entscheiden hat. Es ist das Gericht der „kleinen Leute". Dessen Totenschöffen sind Das Fischweib, Die Kurtisane, Der Lehrer, Der Bäcker und Der Bauer. Zusammen mit dem Totenrichter wahren sie die Perspektive des Volkes. Dabei müssen sie sich nicht durch bewußte Entscheidung zu einem ‚Standort an der Seite des Proletariats' durchringen: denn sie sind das Proletariat. Das gibt ihnen hier in der Unterwelt eine allumfassende Gelassenheit. Sie fragen und rechten ausschließlich auf der Grundlage der Erfahrungen, die sie als „kleine Leute" im Leben gemacht haben. Ihr Bild von der Wirklichkeit wird für objektiv gehalten wie sonst das Bild der Wirklicheit, das die Herrschenden entwerfen.

Beispielsweise wird Lukullus mit seinem Schimpfnamen „Lakalles" aufgerufen.In diesem Ruf liegt indessen kein Spott, wie ein Vergleich mit der Rufformel für die sanfte alte Tertullia zeigt; alle Rufe sind gleich! Lakalles ist aus der Sicht dieses Totengerichts der wirkliche Name des Lukullus, weil dieses Gericht die Wirklichkeit der Vorstädte und nicht die der Paläste vertritt. Modern gesprochen führen Brecht und Dessau hier das Prinzip einer ‚Geschichte von unten' einprägsam vor Augen und Ohren. Als Lukullus Alexander den Großen als seinen Fürsprecher benennt, läßt das Gericht diesen ausrufen — doch er meldet sich nicht und ist überhaupt unbekannt. In dem ‚Geschichtsbuch von unten' kommt Alexander schlicht nicht vor. Stattdessen ist das Buch der Geschichte, das hier unten geschrieben wird, voll mit Daten über die Menschen, die nicht getötet sondern gelitten und nicht erobert sondern gearbeitet haben. Sie sind die eigentlichen Träger von Geschichte, und ihnen wird Kompetenz in allen Fragen des Lebens zugesprochen.

Sehr eindringlich können wir dies an den Ausführungen der Schöffin Fischweib nachvollziehen. Sie befragt die Krieger, was sie vom Krieg gehabt hätten. Lukullus greift ein und führt an, daß er seine Legionäre nach jedem Feldzug beschenkt habe. Dazu die Schöffin Fischweib: „Aber nicht die Toten." Lukullus wendet ein, daß ein Fischweib den Krieg nicht verstehen könne, doch das Gericht ist hier anderer Meinung: nachdem es den Bericht der Schöffin über ihren im Krieg gefallenen Sohn gehört hat, erkennt es: „Die Mutter des Gefallenen versteht den Krieg."

Alle Beteiligten an dieser Wechselrede haben ihre eigene Musik. Lukullus singt ganz opernhaft, so als ob der Sängerdarsteller seinen Heldentenor nicht im Zaum halten könnte. Die Schöffin Fischweib hat ein niederes Idiom mit Anklängen an Kinder- und Wiegenlied und dem Ausdruck einer schlichten Trauer. Das Gericht erscheint auch musikalisch ohne Pose und ohne Gefühl: es rezitiert meist auf einer Tonhöhe.

Innerhalb des Gesangs der Mutter, die ihren gefallenen Sohn beklagt, begegnet auch ein Melodiezitat, das uns zunächst befremdlich erscheint. Es ist das unsäglich triviale Lied „Schlafe, mein

Prinzchen, es ruhn ...", das schon 1795/96 getextet und getönt worden ist und eine Traumwelt der Schlösser mit „Zucker und Spielwerk vollauf und noch Karossen im Lauf" widerspiegelt bzw. vorspiegelt. „Wer ist beglückter als du?" wird der Knabe Prinz gefragt, denn, so wird ihm versichert: „Nichts als Vergnügen und Ruh."[2] Was soll aber ein solches Lied in diesem Zusammenhang? Hätte das Fischweib, das hier an ihren toten Sohn Faber denkt, nicht ein echtes Arbeiterlied singen können? Ist es nicht geradezu abgeschmackt, der trauernden Proletarierin vom Fischmarkt diese Prinzchen-Vision zu unterstellen? Paul Dessau dürfte dies anders gesehen haben. Zu seiner Vorstellung einer realistischen Musik gehörte auch das Wissen um die Veränderbarkeit der Inhalte von Musik bei einem Wechsel ihrer Funktionen. Die Frage der Echtheit eines Liedes und eines Gefühls beantwortet sich ja nicht nur mit Blick auf die historische Quelle, sondern stellt sich jeweils neu in bezug auf die Lebenswirklichkeit, in der das Lied gesungen wird und in der es Gefühle auslöst. Ist es unzweifelhaft, daß das Prinzchen-Lied vom Ende des 18. Jahrhunderts auf einem falschen Sentiment, nämlich den begehrlichen Projektionen der erwachsenen Kleinbürger gründet, so schließt dies nicht aus, daß die proletarische Mutter, die dasselbe Lied ihrem Kinde singt, die unschuldigsten weil bewußtlosen Gefühle hat, indem sie — in einer archetypischen Mutter/Kind-Situation — ihr Kind vorm Schlafen beruhigen will und ihm vorstellt, alles sei gut. ‚Das Fischweib zeigt einen schlechten Geschmack' — dieser anmaßende, bourgeoise Satz, der auf Herrschaftskultur verwiese, wird von Dessau gezielt außer Kraft gesetzt, weil seine Musik auf Seiten der Fischweiber ist, wo derartige Geschmacksfragen sich nicht stellen.

Nachdem die Schöffin Fischweib und die befragten Zeugen bekundet haben, was der Krieg wirklich bedeutet, kommt es am Schluß der Oper zur einhelligen Verurteilung des Lukullus. Hierbei erscheint zweierlei kennzeichnend: einmal die Sprache, mit der das Urteil formuliert wird: „Ins Nichts mit ihm!" ist der Ausdruck von Entschiedenheit, nicht aber notwendig von Aggressivität; dieses „Nichts" schließt nämlich nicht notwendig Sühne und Rache ein, sondern besagt, daß Lukullus dem Vergessen anheimgegeben, zur Geschichtslosigkeit verurteilt ist, ausgelöscht wird in dem Sinne, daß er aus dem Licht ins Dunkel verwiesen ist. Zum anderen ist die Musik in dieser Schlußsequenz bemerkenswert; denn auch sie scheint sich weniger gegen den Verurteilten zu wenden als, daß sie Ausdruck des kollektiven Willens ist, in eine neue Zeit ohne Feldherren und Eroberungskriege einzutreten; der chorische, fast tänzerisch rhythmisierte Gesang bedeutet Selbstvergewisserung einer besseren Zukunft. Allerdings wird dieser insgesamt optimistische Klangcharakter gestört: ein Trautonium penetriert mit seinem durchaus fiesen, elektronisch vibrierenden Klang den Chor- und Orchestersatz. Diese Stimme, die immer dieselbe Tonfolge es^2 — d^2 — a^1 — b^1 wiederholt, wird ohne weiteres als häßlich und falsch — nämlich auf geborgter Kraft basierend — empfunden. Möglich, daß die Tonnamen dieser ostinaten Figur auch eine Anspielung auf den Parteinamen (N) S D A P (=B) beinhalten, was mit der Vorliebe Dessaus für derartige Verschlüsselungen gut in Einklang stünde. Noch bevor der Chor das Werk beendet, ist die Trautoniumstimme vergangen; sie verschwindet in der Stille wie Lukullus im „Nichts".

II. *Atomtod*

„Meine Schuld: geschwiegen zu haben."
(Jona)

Ein Atomschutzbunker mit kugelförmiger Kuppel wird gebaut. Bauunternehmer und Bauherr reiben sich die Hände über das zu erwartende Geschäft. Der Eigentümer wählt die Leute aus, die ihm im Atomkriegsfall im Bunker Gesellschaft leisten dürfen: ein General, die Nutte Slam, ein

2. *U. Klusen*, Deutsche Lieder (Frankfurt a.M. 1980).

Diener, ein Priester und der Bauunternehmer. In einem komplementären Bild werden vier Menschen gezeigt. Sie suchen sich, doch ihre Liebe (Paar 1) und ihre Freundschaft (Paar 2) will nicht blühen; ein drohender Krieg drückt auf ihre Seelen.

Der atomare Schlag hat stattgefunden. Über die aschebedeckte Öde kommen Menschen zum Atombunker. Sie versuchen hineinzukommen — vergebens. Nun befinden wir uns im Innern der Bunkerkugel. Es wird gehurt, gespielt, gesoffen und philosophiert. Für die Menschen draußen tönen ständig Verhaltensanweisungen über Lautsprecher. Die Szene wechselt wieder nach außerhalb des Bunkers, wo die beiden Paare und weitere Menschen wiederkehren. Klagend vergehen alle und bleiben als Schatten zurück. Schließlich kommen die Bunkerinsassen hervor. Sie besingen das Leben und scheinen nicht zu bemerken, daß sie dabei sind, zu sterben.

Diese Handlung von „Atomtod" beruht auf einer Mischung aus agitatorischen und lyrischen Einstellungen und trägt zudem Science fiction-Züge. Dominantes Strukturprinzip ist die polare Gegenüberstellung von formalen und inhaltlichen Einheiten. Die polare Struktur leitet sich unmittelbar vom Thema her. Die ‚atomare Frage' hat die Menschheit ja wie nie zuvor mit Entscheidungen konfrontiert, bei denen es um Alles oder Nichts geht. Schon die Großform des Werkes ist von zwei polaren Situationen bestimmt: die beiden Teile — due tempi — verkörpern die Vor-und die Nachzeit eines Atomschlages. Die Gegensätze bestimmen auch die Details: im Bunker oder außerhalb des Bunkers; Mächtige oder Schwache; Besitzende oder Besitzlose. Der Gegensatz tot oder lebend wird indessen differenzierter durchgeführt. Das Leben der Überlebenskünstler im Bunker ist kein wirkliches Leben, weil es völlig sinnentleert erscheint; eine Regieanweisung am Schluß lautet denn auch: „Sie schreiten wie Automaten". Die real Sterbenden aber, die der atomaren Verwüstung schutzlos ausgeliefert sind, zeigen noch im Tode Leben, indem sie leiden und hoffen, Liebe und Verantwortung fühlen. Die Differenz zwischen den lebenden Toten und den toten Lebenden wird allerdings in der gespenstischen Schlußszene aufgehoben: der Bauunternehmer, der Eigentümer, der Priester, der General, die Nutte und der Diener kommen hervor und „haben alle das gleiche Gesicht: große glänzende Augen, ein stereotypes, zweideutiges Lächeln, halb sanft, halb grausam. Sie schreiten wie Automaten, sich auf das Publikum zubewegend, ihr Gesang wird (...) von Geräuschentladungen unterbrochen, die immer häufiger und länger werden" (Textbuch).

Unmittelbar vor diesem apokalyptischen Schlußbild gelangt aber die eigentliche Sentenz des Werkes zum Ausdruck. Sie wird von Mann 2 in Ich-Form vorgetragen und bedeutet gleichwohl nicht weniger als einen Appell an das Verantwortungsempfinden der heute lebenden Zeitgenossen: „Meine Schuld heißt, ertragen zu haben, geduldet zu haben, geschwiegen zu haben, gehorcht zu haben, hingenommen zu haben" (Textbuch).

Die Musik zu diesen teils realistischen, teils albtraumartigen Szenen bildet für sich die gleiche polare Struktur aus, wie sie für das Handlungsgefüge bestimmend ist. Es gibt einerseits den Klang der Korruption, der überwiegend auf entlehntem Material basiert. Der Komponist beklaut die Musikgeschichte ganz so, wie seine Bühnenfiguren, die Kapitalisten, das Volk beklauen. Andererseits hören wir die Musik der betroffenen Menschen, die ganz frei erfunden ist. Der Komponist leiht sein ganzes Ausdrucksvermögen und seine Klangphantasie den Armen und Opfern, die somit in einer hochentwickelten künstlerischen Sprache sich äußern.

Letztere Welt, sozusagen die authentische Stimme des Menschen, wird nirgends deutlicher als in jenem langen unbegleiteten Solo, das Donna 1 zu Beginn der 3. Szene singt. Auch wenn dieser Gesang nicht im herkömmlichen Sinn melodiös oder leicht eingängig ist, so geht von ihm doch eine eigentümliche, sehr ernste Schönheit aus. Wiederum fühle ich mich an Worte Ingeborg Bachmanns aus jenem schon angeführten Essay über „Musik und Dichtung" erinnert: „Auf diesem dunkelnden Stern, den wir bewohnen, am Verstummen, im Zurückweichen vor zunehmendem Wahnsinn, beim Räumen von Herzländern, vor dem Abgang aus Gedanken und bei der Verabschiedung so vieler Gefühle, wem würde da — wenn sie noch einmal erklingt, wenn sie für ihn erklingt! — nicht plötzlich inne, was das ist: Eine menschliche Stimme."

Dagegen nun die von Manzoni herbeizitierten tonalen, uns übervertrauten Melodien in Dur und Moll, die zum Ambiente der fidelen Gesellschaft im Atombunker gehören. Diese ‚richtig schönen' Klänge wirken in dieser Umgebung ‚schön falsch', weil sie entlehnt sind, weil sie den Benutzern, Bauherren und Priestern — also den „Stützen der Gesellschaft" (George Grosz) — so entfremdet sind wie die Gefühle, die sie nicht mehr haben sondern sich nur noch einreden. Die Insassen des Bunkers preisen ihre Umgebung als ein „unterirdisches Paradies" voller „Abgeschiedenheit und Gemütlichkeit", in dem man „nicht ein Geräusch" hört. Dies ist auch besser so, denn an die Leute draußen in der Atomwüste ergehen über Lautsprecher fortwährend Ansagen, man möge die offiziellen Instruktionen befolgen„ sich von Mauern und Gebäuden fernhalten, nicht essen und nicht trinken, das Entsorgungspäckchen nehmen und die Atemmasken aufsetzen. Von derart unangenehmen Umständen abgeschirmt macht sich der Bunkerbesitzer mit zotigen Sätzen an Slam heran, legen der General und der Bauunternehmer ein Kartenspiel auf, und räsonniert der Priester darüber, daß wir alle Sünder seien. Das reine Dur, das dazu erklingt, wirkt wie gelogen. Es ist der Ausdruck einer umfassenden Entfremdung der Menschen voneinander und von ihrem kulturellen Erbe.

Es gibt aber in Manzonis „Atomtod" noch eine dritte musikalische Sprachebene, die weder Ausdruck der zwischenmenschlichen und kulturellen Entfremdung noch Sinnbild einer humanen Utopie ist. Diese Ebene wird durch elektronische Musik reflektiert, die besonders am Anfang der Oper ein Gefühl des Undurchschaubaren, nicht Vorhersehbaren vermittelt. Obgleich Manzoni die Tonbänder und Lautsprecher auch für realistische, konkrete Klangeinspielungen verwendet, enthält er sich bei dieser komponierten ‚elektronischen Ouvertüre' jeder suggestiven, auf unmittelbare somatische Wirkungen zielenden akustischen Attacken und beläßt die Musik vielmehr in einem abgeschatteten, zur Kontemplation einladenden Gestus.

III. *Soldaten*

„...in einer unentrinnbaren Zwangssituation"
(Zimmermann)

In einer kleinen Garnisonsstadt in Französisch-Flandern um 1775 liebt Stolzius Marie. Er ist ihr versprochen, und eine mögliche Ehe würde auch das Geschäft von Maries Vater mit dem des Tuchhändlers Stolzius in angenehme Beziehung bringen. Ein Baron, der zugleich aktiver Offizier ist, verführt Marie, was letztlich vom Vater, der sich den Anschluß an den Adel wünscht, gebilligt wird. Doch der Baron entzieht sich seinen Versprechungen und seinen Geldschulden. Marie, die sitzengelassene, traut sich nicht zu Stolzius zurück. Sie probiert immer neue Beziehungen mit Angehörigen der Garnison aus. Eine Gräfin schaltet sich ein, um Marie vor der drohenden Prostitution zu bewahren. Umsonst! Marie flieht, wird vergewaltigt und geht auf die Straße. Stolzius sinnt auf Rache. Mit verstelltem Rollenspiel gelangt er in die Nähe des Barons und vergiftet ihn und sich selbst. Der Vater sucht Marie, merkt aber nicht, daß die Nutte, die ihn anbettelt, seine Tochter ist.

Abgesehen von dem Schluß der Handlung, die bei Lenz etwas glimpflicher ausgeht, vertont B. A. Zimmermann dieses ‚Sturm-und-Drang'-Drama wortwörtlich (bei einigen Kürzungen). Zugleich wird das Stück mit anderen Inhalten angereichert. Im letzten Akt werden über Film und Tonband heutige kriegerische Wirklichkeiten vorgeführt: militärische Befehlsformeln aus Ost und West, Geräusche von Panzern und Geschützen, endlose Soldatentransporte und -kolonnen, die Projektion einer Atompilzwolke. Auch in den vorhergehenden Akten erleben wir Aktualisierungen in Form eines heißen Animiertanzes einer andalusischen Frau über cool gespannten Jazzklängen oder vermittels der innervierenden Klänge einer modernen Militärband. Am Schluß wird das Vater Unser intoniert, was gleichfalls bei Lenz nicht vorgesehen war.

Je weiter das Stück voranschreitet, desto dichter wird seine Struktur, so daß schließlich — wie in einem riesigen Tafelbild — die ganze Welt mit ihren Verstrickungen und dem Leiden der Menschen gegenwärtig zu sein scheint. Der universalistische Zug, mit dem Zimmermann die „Fallstudie" des Lenz überzieht, kommt auf eine sehr bezeichnende Weise in bestimmten Tonbandeinspielungen zum Tragen, die das Thema ‚menschliche Schreie' reflektieren. Die mit Mikrophonen aufgenommenen Schreie von Frauen sind wohl geordnet und auf den Kreis von der Geburt bis zum Tode abgestimmt. Die Schreie der gebährenden Frau werden nach „Wehen" und „Kreissen" unterschieden; die Laute der koitierenden Frau werden am „Beginn" und auf dem „Höhepunkt" aufgenommen; die Stimmäußerungen der sterbenden Frau gehen über „trostloses Weinen" bis zu „hoffnungslosem Wimmern" (Partitur S. 459).

Trotz der universalistischen Collage gegen Ende der Oper, die uns gleichsam zu erschlagen droht, werden im Verlauf des Werkes die einzelnen Figuren und jeweiligen psychischen Situationen sorgfältig gegeneinander abgehoben und musikalisch charakterisiert. Am deutlichsten ist dies an dem Gesang der Figuren zu beobachten. Bei der Umsetzung von Sprache in Gesang ist ja keinesfalls der natürliche Sprachduktus allein maßgebend; dieser Maßstab galt in der Oper noch nie, das Musiktheater ist eben eine ‚künstliche' Kunst. Zimmermanns Absicht geht nun dahin, die Skala zwischen organischem Wort-Ton-Fluß bis zu unorganischer Sprach-Laut-Gebung von den Figuren her zu motivieren. Am diesseitigen Rand des Spektrums hören wir Stolzius, dessen baritonaler Gesang der natürlichen Sprechmelodie ebenso angenähert ist wie seine Gefühle und Verzweiflungsausbrüche auf heile Affekte verweisen. Am jenseitigen Rand des Spektrums findet sich Desportes, der seinen lyrischen Tenor technisch so ausgeklügelt handhabt wie seine Verführungsstrategie auf ein eingeübtes Instrumentarium zurückgreift. Dazwischen gibt es alle Formen der gesellschaftlichen Einwirkung auf die Gesangsrede der Bühnenfiguren, so der Dialog zwischen den Töchtern des Galanteriewarenhändlers, der formelhaft und anerzogen wirkt, so das Gespräch zwischen der Gräfin und ihrem Sohn, für das das strömende Bel-Canto-Idiom gewählt wird. Wenn Marie einen selbstgeschriebenen Brief an Stolzius' Mutter probeweise vorliest ist ihr Gesang so hilflos wie der gekünstelte Stil des Briefes, und wenn es den kauzigen Hauptmann Pirzel mal wieder zum Philosophieren treibt, treibt er auch seine Stimme in eine Höchstlage, in der er — wie ein geistlicher Rezitator — auf einem Ton verbleibt.

Der Vielfalt der gesanglichen Sprachgesten entspricht die Vielfalt der Orchesteridiome. Der Grundakkord des ganzen Stückes, eine geballte Ladung von Schlaggesten, Trompetenblitzen, Holzbläserschreien und Streicherabstürzen, wird sogleich in dem großen Orchestervorspiel angeschlagen. In ihm ist auf eine ganz unmittelbare Weise das Generalthema der Oper: die Gewalt gegen Menschen ausgedrückt. Die Überzeitlichkeit dieses Themas findet sodann in jenen Passagen ihren symbolischen Widerhall, wo den Klängen der avantgardistischen Tonsprache der originale Tonsatz eines Bach-Chorals schroff entgegengesetzt oder sogar überlagert wird. Führt uns die Melodie des gregorianischen „Dies irae" weit über tausend Jahre in die Geschichte zurück, so springt uns die gegenwärtige Zeit in Form von geräuschhaften Klangrealien des industriellen militärischen Komplexes entgegen.

Zimmermanns Oper „Die Soldaten" vermittelt ein so komplexes Bild von der Durchdringung der gesellschaftlichen Verhältnisse mit allen Formen der Gewalt — den feinsten wie den brutalsten —, daß der Zuschauer bzw. Zuhörer sich am Ende wie in einem Netz von endzeitlichen Visionen erlebt, aus dem er — so die Gewißheit des Komponisten — nicht aus eigener Willensentscheidung sondern nur mit Gottes Hilfe entrinnen kann. Daher ist es nicht zynisch, sondern durchaus religiös gemeint, wenn der Komponist ans Ende dieser Partitur schreibt: O.A.M.D.G. — Omnia Ad Majorem Dei Gloriam (Alles zur größeren Ehre Gottes, Wahlspruch der Jesuiten).

IV. *Wir erreichen den Fluß*

„Der General ist historisch überfällig"
(Henze)

Spielort ist ein imaginäres Imperium mit einem Kaiser an der Spitze, einer starken modernen Armee zur Sicherung von Macht und Besitz und einem zum Widerstand und Umsturz entschlossenen Volk. Die Armee hat einen Aufstand erfolgreich niedergeschlagen. Deserteure werden erschossen, desgleichen die Frauen, die auf dem Schlachtfeld die Leichen plündern. Der General wird in einem Festakt gefeiert. Da erreicht ihn eine ihn persönlich betreffende Nachricht: er ist unheilbar krank; er wird erblinden. Sein bisheriges Handeln stellt sich ihm plötzlich anders dar. Er erkennt die Brutalität seiner Truppen, er empfindet Mitleid mit den Opfern, er möchte seine selbst erlassenen Befehle zurücknehmen, er versucht, eine Frau vor der Exekution zu retten. Die Militärs kassieren ihn. Er wird ins Irrenhaus gesperrt. Dort knüpfen Aufständische Kontakt mit ihm. Der General lehnt eine Kooperation ab. Aber er verweigert auch die Zusammenarbeit mit den Regierungsstellen, die ihm ein Come-back versprechen. Der Kaiser gibt den Befehl, den General zu blenden. Nach der Vollstreckung des Befehls hat der General eine Vision von einer neuen Zeit, in der die einstigen Opfer zu selbstbewußtem Handeln voranschreiten. Er selbst wird daran nicht teilhaben, die Irren in der Anstalt ersticken ihn unter Tüchern. Ein Hymnus über die Zuversicht, daß „wir" den Fluß erreicht haben und ans andere Ufer gelangen werden, beschließt das am Ende ganz überwirkliche Geschehen.

Hans Werner Henze und Edward Bond versuchen mit diesem antimilitaristischen und sozialutopischen Stück nicht nur eine Idee und bestimmte Inhalte gestalterisch umzusetzen, sondern auch die Strukturen der Institution Theater selbst auf den emanzipativen Weg zu bringen. Ihr Musiktheater ist nicht wie üblich in die Bühne einerseits und den Orchestergraben andererseits unterteilt, sondern die Orchestermusiker werden selbst mit auf den Schauplatz gestellt. Drei kleine Orchestergruppen — an ihrer obligaten schwarz-weißen Kluft sofort zu erkennen — sitzen auf der Bühne und verwirklichen auf ihre Weise das Geschehen, das um sie herum von Sängerdarstellern vorgeführt wird. Das Musizieren wird so zu einer Art Schauspielerei, und die Musik wirkt nicht länger als die geheime Kraft aus dem Dunkel, die uns — denken wir an das Orchester Richard Wagners — wie mit magischen Kräften überwältigen will.

So greifbar und einsehbar, wie der gesamte Theaterapparat, so konkret faßlich ist auch die Musik selbst, die — ähnlich wie bei den anderen hier einbezogenen Stücken — durch Stil- und Genrezitate immer wieder die Anknüpfung an bestimmte historische und gesellschaftliche Wirklichkeiten herbeiführt. Eine solche Wirklichkeit stellt beispielsweise die High Society dar, für die die Armee ja schließlich gekämpft hat. Die feine Gesellschaft — elegant und kulturbeflissen — dankt dem General in Form eines musikalischen Empfangs mit Damen. Die junge schöne Rachel — Koloratursopranistin und Komponistin in eins — trägt mit Unterstützung von Harfe und Frauenchor ihr Preislied auf den General vor und bedient sich dabei sämtlicher Klischees des Operettenrepertoires. Eine andere soziale Wirklichkeit wird uns in Form der soldatischen Idylle im Casino während der militärischen Handlungspausen vorgeführt. Hier wird erst eine Hure auf einem Tisch öffentlich bestiegen und sodann von einem Männerchor das Lied „When the schooldays are over" in B-Dur angestimmt (was in diesem Zusammenhang geradezu infantil wirkt). Wiederum mehr offiziellen, staatstragenden Charakter verkörpert der Militärmarsch, der zur Einsetzung des neuen Gouverneurs der Provinz aufgeboten wird. Es scheint allerdings — und der Komponist ist hier quasi subversiv mit seinem Material verfahren —, daß die musizierende Truppe schon leicht verlottert daherkommt, so daß von den unsauberen Tönen vielleicht schon auf ein unsauberes Spiel der Soldaten geschlossen werden kann.

Auf der anderen Seite gibt es die Wirklichkeit der kleinen Leute, die ihre je eigene Musik besitzen. Die junge Frau, die mit ihrem Kind im Arm auf dem Schlachtfeld sitzt und die Hand eines gefallenen Soldaten hält, weil es ja die ihres Mannes sein könnte, singt in der Art eines Wiegenliedes mit der charakteristischen kleinen Terz am Beginn. Der Soldat, der als Widerstandskämpfer den General unerkannt im Irrenhaus aufsucht, wird von einer Gitarre begleitet und intoniert, wie diese selbst, seinen Gesang innerhalb einfacher modaler Tonsysteme. Von ähnlichem Klang, aber nicht konspirativ sondern selbstbewußt und sicher, ist die Musik der auferstandenen Opfer, die der eben geblendete General zu vernehmen glaubt. Die alte Fau, die — ihr Enkelkind auf dem Arm — von Maschinengewehrsalven erreicht worden war, als sie noch durch das Wasser zu fliehen versuchte, singt dem Kind die folgenden Sätze zu, auf die sich die Hoffnung des Schlusses aufbaut:

Soll ich dir sagen, wer schwach ist?
Die Schwachen kaufen Menschen für ihren Überfluß
und verkaufen sie an den Hunger.
Sie malen Blumen auf die Wüste und nennen das Garten.
Sie lächeln wie Folterer und verneigen sich wie Richter.
Sie führen Armeen in die Hölle, um ein Königreich
zum Regieren zu haben.
Soll ich dir sagen, wer stark ist?
Kind, du bist stark.
Du hast nichts, und deine Hände sind klein.
Aber die Welt dreht sich wie der Ton auf der
Töpferscheibe,
und du wirst sie formen mit deinen Händen

* * *

Musiktheater gegen den Krieg — Künstler für den Frieden. Wir konnten sehen, daß Musik in Verbindung mit dem Theater Partei ergreifen kann, ohne die eigene Würde zu vergeben. Wo sie sich scheinbar schwach stellte, um einem vorrangigen Anliegen zu dienen, wurde ihre Schwäche ihr zur „neuen Würde".

Die vier Stücke von Dessau, Manzoni, Zimmermann und Henze haben aber auch erkennen lassen, daß es verschiedene Formen des künstlerischen Engagements gibt, auch wenn die Absicht, die offene oder schleichende Militarisierung der Gesellschaft abzuwehren, bei allen die gleiche ist.

Paul Dessau, in Kooperation mit Bertolt Brecht, wählt die Form des epischen Musiktheaters, das die Belehrung des Zuhörers und seine Befestigung in einem wohlverstandenen Sozialismus anstrebt.

Giacomo Manzoni und Emilio Jona erfinden ein appellatives Musiktheater, das mit den Mitteln der konzentrierenden Spiegelung die Gefahren aufzeigt, die von einer kapitalistischen Kliquenwirtschaft, die über die Produktiv- und Destruktivkräfte unseres Industriezeitalters verfügt, ausgehen. Ihr Appell richtet sich — in Ich-Form — an die Menschen, die heute nicht wieder sagen dürfen, sie hätten nichts gewußt.

Bernd Alois Zimmermann formt mit den Mitteln der modernen Musik, des dokumentarischen Klang- und Bildmaterials und der Collage auf der Grundlage eines historischen Dramas sein pluralistisches Musiktheater, das ein Abbild seiner verzweifelten Weltsicht darstellt, die nur zwei Wege offen läßt: den zu Wahnsinn und Vernichtung oder den zu Gebet und Umkehr.

Hans Werner Henze und Edward Bond entwickeln mit ihrem Stück ein neues Modell eines realistischen Musiktheaters, das Visionen und Traumszenen nicht ausschließt, und das die politische Wirklichkeit mit ihren Widersprüchen in die institutionelle Form ihres Theaters selbst hineingreifen läßt. Henze und Bond zeigen diejenigen an, die im Überfluß leben und — damit dies so bleibt — Kriege führen lassen; hier ist ihr Theater aggressiv. Ihre Solidarität aber gilt den Menchen ‚ganz unten', von denen wirkliche Kraft und Zuversicht zu gewinnen ist; die Klänge und die Worte, die den Unterdrückten und sich Aufbäumenden gelten, sind sanft und geben Hoffnung.

Das Sonderforum „Wissenschaft und Apartheid“

von Tilman Lenssen-Erz, Köln

Ein Kongreß, der sich mit Friedenspolitik und gewaltsamen Konflikten auseinandersetzt, kann die Situation in Südafrika nicht außer acht lassen, da diese maßgeblich und gezielt von den westlichen Industriestaaten beeinflußt wird. Seinen deutlichsten und unmittelbarsten Ausdruck findet diese Einflußnahme wohl in der Lieferung von Plänen zum U-Boot-Bau aus der Bundesrepublik, die der Aufrüstung des Apartheid-Regimes dienen. Damit wird der berechtigte Aufstand gegen das Rassistensystem bewußt und gewollt sabotiert. Denn in der heutigen Situation in Südafrika mit sich ständig verschärfender Unterdrückung und der Verschlechterung der sozialen Lage der schwarzen Bevölkerungsmehrheit, ist ein starkes, einigendes Element in allen Strömungen und Organisationen der Gegner des Rassistenregimes die Forderung nach vollständigem Boykott und bindenden Sanktionen gegen den Apartheidstaat. Diese Forderung wird auch von so gemäßigten und mäßigenden Kräften wie Bischof Desmond Tutu getragen.

Als Ausdruck der Solidarität mit dem Kampf gegen das Apartheidregime und als tätige, wenngleich bescheidene und risikolose Unterstützung dieses Kampfes, können die Menschen in den westlichen Industriestaaten diese Boykottforderung weitertragen und ihr zur Durchsetzung verhelfen. Neben dem Waren- und Tourismusboykott — die vielleicht weniger ökonomisch als vielmehr psychologisch wirkungsvoll sind — bietet sich auch die besondere Möglichkeit, die bestehende wissenschaftliche Zusammenarbeit zwischen Südafrika und z.B. der Bundesrepublik zu boykottieren. Denn auch diese Zusammenarbeit ist ein wichtiger Baustein in den Außenbeziehungen des Rassistenstaates, selbst wenn sie auf wirtschaftlich eher uninteressanten Sektoren stattfindet (wie z.B. in den Kulturwissenschaften).

In Erwägung dieser Argumente wurde auf dem Kongreß „Kultur gegen Krieg — Wissenschaft für den Frieden“ das Sonderforum „Wissenschaft und Apartheid“ eingerichtet. Damit sollte die Möglichkeit geschaffen werden, für den Bereich der Kulturwissenschaften einen Standpunkt zu entwickeln, der die eine zentrale Forderung des südafrikanischen Widerstandes an das Ausland mitträgt. Es gehören zur Vorgeschichte dieses Sonderforums jedoch auch andere Ereignisse, die vor allem in der Vor- und Frühgeschichte und der Archäologie für einiges Aufsehen sorgten.

Die Vorgeschichte

Die IUPPS (International Union of Proto- and Prehistoric Sciences), eine Unterorganisation der UNESCO, pflegt alle fünf Jahre einen Weltkongreß ihres Faches abzuhalten, der jeweils von weit über tausend Wissenschaftlern besucht wird. Der XI. Kongreß der IUPPS sollte im September 1986 in Southampton stattfinden und wurde von der dortigen Universität vorbereitet. Als jedoch ersichtlich wurde, daß als Teilnehmer dieses Kongresses auch Südafrikaner zu erwarten wären, kündigte die Stadt Southampton den Entzug ihrer Unterstützung an und Studentenorganisationen drohten mit Gegenmaßnahmen. Als der gesamte Kongreß dadurch zu scheitern drohte — zumal auch mit einem Boykott der Länder der 3. Welt zu rechnen war — beschloß die Kongreßleitung unter Prof. Ucko, „alle Wissenschaftler wohnhaft in Südafrika“ vom Kongreß auszuschließen. Die Begründung lag in der Berechtigung der Forderung nach einem Boykott Südafrikas und dem zu befürchtenden Wegbleiben der Wissenschaftler aus der 3. Welt, für die ein solcher Kongreß ein besonders wichtiges Forum sein sollte.

Die Folge dieses Beschlusses war praktisch eine Spaltung der gesamten Fachwelt in Befürworter und Gegner eines Boykottes. Für die Gegner gilt die Freiheit der Wissenschaft bzw. des wissenschaftlichen Austausches als oberstes Prinzip im wissenschaftlichen Umgang, das keiner ethischen, moralischen oder politischen Frage untergeordnet werden dürfe. Zudem, so wurde immer wieder argumentiert, könne ein solcher Boykott Schule machen und bald werde dieses, dann jenes Land boykottiert und damit könnten internationale Kongresse letztlich unmöglich werden. Diese Argumentation verkennt jedoch die einmalige Situation in Südafrika, wo der Rassismus Staatsform ist (einziger historischer Vergleich ist der Nationalsozialismus in Deutschland), und es folglich nicht um die diskutierbare Bewertung einer politischen Strömung geht, sondern um eine ethische Frage, in der die Wurzeln des Menschseins angegriffen werden und jeder Erkenntnis aus sämtlichen Kulturwissenschaften (und nicht nur aus diesen) Hohn gesprochen wird. Zudem liegt in Südafrika der Fall vor, daß die Mehrheit der Bevölkerung einen Boykott, der sie selbst am härtesten treffen würde, geradezu flehentlich fordert — ebenfalls eine einmalige Situation zu der es keine Analogie in anderen Ländern gibt.

Ohne sich jedoch jemals mit einer solchen Argumentation zu konfrontieren, entzog die IUPPS der Universität Southampton das Recht, ihren XI. Weltkongreß auszurichten — dies wohlgemerkt als Untergliederung der UNESCO, die in ihren Beschlüssen und Resolutionen klare Stellung für einen Boykott Südafrikas bezogen hat.

Dennoch richteten Prof. Ucko und die Universität Southampton mit eigener Finanzierung einen Weltkongreß aus, der ein großer Erfolg wurde, nicht zuletzt weil er einer nie dagewesenen Anzahl von Wissenschaftlern und Menschen ethnischer Minderheiten aus Ländern der 3. Welt eine Teilnahme und Mitsprache ermöglichte. Allerdings blieben zahlreiche Wissenschaftler aus westlichen Industriestaaten diesem Kongreß aus Protest fern.

Für die Veranstaltung des offiziellen XI. Kongresses der IUPPS dagegen hatte sich Dr. Weidemann vom Römisch-Germanischen Zentralmuseum in Mainz stark gemacht, und so fand dieser Kongreß im September 1987 in Mainz tatsächlich statt — begleitet von vielen Diskussionen, auch öffentlichen Podiumsdiskussionen, über den Wissenschaftsboykott sowie einem kleineren „Gegenkongreß“. Da es Dr. Weidemanns erklärte Absicht war, einen Kongreß auszurichten, der Südafrikanern die Teilnahme ermöglichte, ja diese sogar erwünscht war, wurde dieser Kongreß von allen freien afrikanischen Staaten boykottiert.

Als Folge der Diskussionen um diesen Kongreß wurde die Problematik eines Wissenschaftsboykotts auf dem 6. Afrikanistentag vom 18.-21. November 1987 in Mainz ebenfalls diskutiert. Von diesem Afrikanistentag wurde schließlich eine gemeinsame Resolution verabschiedet, in der an konkreten Beispielen Boykottmaßnahmen niedergelegt wurden.

Das Sonderforum „Wissenschaft und Apartheid“

Nach dieser Vorgeschichte war der Kongreß „Kultur gegen Krieg — Wissenschaft für den Frieden“ ein adäquates Forum, um die Frage eines Wissenschaftsboykottes aus einzelnen Fachgebieten herauszutragen und sie in den gesamten Kulturwissenschaften zu etablieren. So konnte Prof. Ucko aus Southampton mit einem Plenumsvortrag die Probleme und Diskussionen um den von ihm ausgerichteten World Archeology Congress darlegen und auf die zweifelhafte Rolle der UNESCO bzw. deren Unterorganisationen eingehen, die diese im Vorfeld gespielt hatten.

Auf dem Sonderforum „Wissenschaft und Apartheid“ wurde zunächst einmal die gesamte Problematik noch einmal diskutiert, auch anhand eines Filmes über den World Archeology Congress in Southampton. Sodann wurde eine Resolution erarbeitet, verabschiedet und später im Plenum vorgetragen, wo sie von über 80 Kongreßteilnehmer/-innen unterzeichnet wurde. Diese Resolution soll den Widerstand gegen das Apartheidsystem stützen, indem sie jedem/r Kulturwissenschaftler/-in klare Maßgaben nennt, wie er oder sie in Übereinstimmung mit den Forderungen der Widerstandsbewegungen in Südafrika und Namibia gezielt aus seinem oder ihrem Fachgebiet oder Beruf heraus politisch aktiv werden kann. Daß diese Aktivität zuallererst in der Beteiligung an einem Boykott liegen muß, darüber bestand vollständige Einigkeit auf dem Sonderforum. Besonderes Gewicht in ihren Forderungen bezieht diese Resolution aus der Tatsache, daß sich das Sonderforum bei ca. 25 Teilnehmern zur Hälfte aus Afrikanern zusammensetzte und zudem ein Drittel der Teilnehmer Südafrikaner im Exil waren. Als weitere erfreuliche Tatsache muß auch vermerkt werden, daß die relevanten Strömungen des südafrikanischen Widerstandes in diesem Sonderforum vertreten waren.

Die Resolution sollte möglichst weit verbreitet werden und als Diskussionsgrundlage in vielen Fachgebieten dienen, in denen es einen wissenschaftlichen Austausch mit Südafrika gibt — und da ist praktisch kein Fachgebiet auszuschließen.

Die Resolution im Wortlaut

Wir, als Teilnehmer des Kongresses „Kultur gegen Krieg — Wissenschaft für den Frieden", sind der Überzeugung, daß die Existenz eines Apartheidsystems auf dem afrikanischen Kontinent ein Verbrechen gegen die Menschlichkeit darstellt, das hinter keine wissenschaftliche Fragestellung zurücktreten kann. In dieser Situation unterstützen wir die Bewegungen der Unterdrückten im südlichen Afrika, die u.a. einen vollständigen Boykott Südafrikas fordern. Dieser zentralen Forderung an uns in Europa können wir uns auch in der Wissenschaft nicht entziehen. (...)

Ernstgemeinte Unterstützung der südafrikanischen Bewegungen der Unterdrückten muß für die Wissenschaftler und ihre Institutionen folgendes umfassen:
— Öffentliche Stellungnahmen zur Apartheid.
— Konsequentes Handeln wie es z.B. gezeigt wurde:
Vom Institut für Ethnologie und Afrikastudien in Mainz, das beschloß, nur solche Wissenschaftler aus Südafrika und Namibia einzuladen, die dem Apartheidregime kritisch gegenüberstehen.
Vom deutschen Zweig der internationalen Mathematikerorganisation, der 1986 beschloß, keine Südafrikaner einzuladen.
Von der Universität Southampton, die es ablehnte, zum internationalen Archäologenkongreß (IUPPS) Wissenschaftler aus Südafrika und Namibia zuzulassen.

Jedes Institut und jeder Wissenschaftler soll sich zu folgenden Boykottmaßnahmen entschließen:
— Die offizielle Zusammenarbeit mit staatlichen Institutionen in Südafrika und Namibia einzustellen.
— Keine Wissenschaftler aus Südafrika und Namibia einzuladen.

1. Literatur:

H. Bley u.a., Südafrika zum Frieden zwingen. — Eine Denkschrift der Vereinigung von Afrikanisten in Deutschland e.V. (Bremen 1986).
P. Ucko, Academic Freedom & Apartheid (London: Duckworth, 1987).

— Nur Vertreter der Bewegungen der Unterdrückten in internationalen Organisationen und deren Entscheidungsgremien zuzulassen.
— Keine Feld- und Archivforschung in Südafrika und Namibia zuzulassen.
— Gegen die Annahme von Stipendien des südafrikanischen Staates und ihm nahestehender Organisationen sich auszusprechen.
— Keine Förderung und Stipendien für Forschungen und Studien in Südafrika und Namibia zuzulassen.

Für alle Maßnahmen ist es zu empfehlen, sich mit Vertretern der Bewegungen der Unterdrückten im südlichen Afrika abzusprechen.

Maßnahmen, die von Einzelnen oder Institutionen unterstützt werden sollen:
— Aufklärung zur Situation im südlichen Afrika.
— Anschaffung von Literatur, in der der Standpunkt der Bewegungen der Unterdrückten vertreten wird.
— Förderung von südafrikanischen und namibischen Wissenschaftlern und Studenten aus den Bewegungen der Unterdrückten.
— Förderung des Wissenschaftsaustausches mit den afrikanischen Frontstaaten.
— Zusammenarbeit mit Organisationen der südafrikanischen und namibischen Bewegungen der Unterdrückten im südlichen Afrika und im Exil.

Wir müssen uns der Frage stellen, die der im Exil lebende südafrikanische Sprach- und Literaturwissenschaftler Prof. Daniel P. Kunene 1987 an uns richtete:
„Is true academic freedom possible in a society that denies basic freedom to the overwhelming majority of its population?"

Schlußbemerkung

von Hans-Jürgen Häßler, Hannover

Meine sehr geehrten Damen und Herren!
Werte Kolleginnen und Kollegen!
Liebe Freunde!

Ein diskussionsreicher, arbeitsintensiver, interessanter und hoffentlich auch wirkungsvoller Kongreß neigt sich seinem Ende zu. Ersten überschlägigen Zählungen zufolge haben etwa 500 Personen die verschiedenen Veranstaltungen des Kongresses besucht.

Im Vordergrund dieser nach Hannover (1984) und Tübingen (1986) dritten öffentlichen Veranstaltung unserer Initiative „Kulturwissenschaftler für Frieden und Abrüstung in Ost und West" standen Fragen der Abrüstung, der Friedenssicherung und die Erörterung, welchen Beitrag Kulturwissenschaftlerinnen und Kulturwissenschaftler aus ihrer fachspezifischen Arbeit heraus dazu leisten können. Wir haben in diesen Tagen darüber hinaus versucht, Chancen und Möglichkeiten für ein friedliches und fruchtbares Zusammenleben der Völker aufzuzeigen und dies in dem Bewußtsein getan, daß der Friede letztlich auf dieser durch moderne Kommunikationssysteme ständig enger zusammenrückenden Welt nur erhalten und gesichert werden kann, wenn die bestehenden sozialen Ungerechtigkeiten, die Ausbeutung ganzer Weltregionen und die kulturelle Unterdrückung beziehungsweise gesteuerte Überschichtung alter Kulturkomplexe durch moderne, vorwiegend westlich geprägte, konsumorientierte Pseudokulturen beseitigt werden können. Die Vernichtung alter eigenständiger soziokultureller Modelle, wie sie in vielen Industriestaaten bereits vollzogen wurde, darf nicht weiter um sich greifen. Die Erhaltung des Weltfriedens, die Sicherung unabhängiger Staaten und deren kulturelles Erbe, die Gewährleistung weltweiter sozialer Gerechtigkeit bedingen kulturelle Eigenständigkeit und einen ständigen Fortschritt auf dem Gebiet der Kultur, der Bildung und der Kommunikation. Wissen, Bildung, Ausbildung und Kultur werden immer deutlicher zum entscheidenden Mittel gegen den Rüstungswahnsinn, gegen soziale Ausbeutung und bestehende Unterdrückung. Mehr denn je gilt daher der in der Präambel der UNESCO-Verfassung von 1945 verankerte Satz, „daß, da Kriege im Geiste des Menschen entstehen, auch die Bollwerke des Friedens im Geiste des Menschen errichtet werden müssen". Wir sollten aus diesem Grunde auch die 1989 beginnende „World Decade of Cultural Development" der UNESCO uneingeschränkt unterstützen und uns um die Bekanntmachung der Ziele dieses großen und sehr wichtigen Programms in unseren Wirkungsbereichen bemühen.

Meine Damen und Herren, der Kongreß fand in einer abrüstungspolitischen Situation statt, die Grund zum Hoffen gibt, gleichzeitig aber rät, weiter aufmerksam das Verhalten der Abrüstungspartner zu beobachten. Am nächsten Wochenende wird in Washington zwischen den USA und der Sowjetunion höchstwahrscheinlich ein Vertrag über die weltweite Beseitigung aller landgestützten atomaren Mittelstrecken-Raketen unterzeichnet und damit das Tor zu umfassenderen Abrüstungsverhandlungen hoffentlich ein Stück weit geöffnet. Mit Abschluß dieses Vertrages und seiner möglichst schnellen Durchführung wird eine wichtige Forderung der weltweiten Friedensbewegung erfüllt und die besonders durch die Stationierung dieser zielgenauen und schnellen Raketen äußerst angespannte und gefährliche Weltlage etwas entschärft. Daß in diesem Zusammenhang bereits konkret über eine 50%-Verringerung der strategischen Atomwaffen und über die weitere Einhaltung des ABM-Vertrages gesprochen wird, läßt weiter hoffen.

Diese Entwicklung sollte uns alle, die wir aktiv in der Friedensbewegung mitarbeiten beziehungsweise uns ihr verbunden fühlen, mit großer Genugtuung erfüllen. Was seit dem NATO-Doppelbeschluß von 1979 von der Friedensbewegung, von den Kirchen und ihren Verbänden, von den Gewerkschaften, von verschiedenen Parteien usw. an Aufklärungsarbeit für den Erhalt des nach wie vor gefährdeten Weltfriedens, für die Abrüstung insbesondere der atomaren Rüstung weltweit geleistet wurde, ist wohl beispiellos in der Geschichte der Menschheit. In einer großen, kräftezehrenden Anstrengung wurde die Diskussion über Krieg und Frieden, über den Unsinn von Aufrüstung, über die Verbindung von Rüstung und globaler sozialer, ökonomischer und ökologischer Verelendung bis ins kleinste Dorf hineingetragen. Die Frage nach Krieg und Frieden entwickelt sich wirklich zur zentralen Frage der Menschheit und schon lange ist sie nicht mehr nur ein Anliegen kommunistischer Parteien, auch wenn gerade durch die weitgreifenden und beeindruckenden Vorschläge des Parteivorsitzenden der KPdSU, Michail Gorbatschow, und durch seine Politik des neuen Denkens, von Glasnost und Perestroika, die Abrüstungspolitik und die Forderungen der weltweiten Friedensbewegung wesentlich angeregt wurden. Die Friedensbewegung darf für sich uneingeschränkt in Anspruch nehmen — und dies gegen die Meinung der Regierungsparteien und gegen die in der Regel verhaltend informierenden Medien —, eine ungeheuer intensive und durchschlagende Aufklärungsarbeit geleistet zu haben. Dies zeigen am deutlichsten die Ergebnisse von Umfragen der Meinungsforschungs-Institute: 90% unserer Bevölkerung sind für eine sofortige und radikale Abrüstung der Mittelstreckenraketen, weit über die Hälfte der Bundesbürger lehnen eine Beteiligung an der Strategischen Sicherheitsinitiative (SDI) der USA ab, die Mehrzahl ist für einen Abbau aller Atomraketen, auch der strategischen und taktisch-operativen, sie ist für einen sofortigen Abbau der chemischen Waffen, der konventionellen Bewaffnung und für einen sofortigen Atomteststopp. Und immer mehr Bürger fordern eine drastische Reduzierung der Verteidigungslasten zugunsten sozialer Programme in der sog. 3. Welt, im eigenen Lande, und hier besonders auch im Bildungsbereich. Die Feindbildbarrieren beginnen auf breiter Linie zu bröckeln. Dieses in den letzten Jahren aufgebaute Potential an friedenspolitischer Meinung darf nun nicht verkümmern, sondern muß vielmehr weiter ausgebaut und entwickelt werden. Die Friedensbewegung kann selbstbewußt ihre wichtige und notwendige Arbeit fortsetzen und muß in dem fadenreichen Netz ihrer Aktivitäten weiter eine handelnde Kraft in unserem Lande und weltweit bleiben, damit die nun in Gange gekommene Dynamik bei den Abrüstungsverhandlungen nicht auspendelt und zum Stillstand kommt. Denn eines ist sicher: Die angestrebte Verschrottung der Mittelstreckenraketen darf nicht zum Feigenblatt für weitere Aufrüstung bei anderen Waffensystemen werden. Der Abzug dieser Waffen ist letztlich nur ein Tropfen auf einen heißen Stein und die verbleibenden Systeme reichen nach wie vor aus, alles Leben auf Erden mehrmals zu vernichten. Solange die Rüstung die Menschheit bedroht, solange ist der Kampf gegen die Rüstung notwendig. Solange — so Heinrich Böll — noch ein Mensch auf diesem Planeten Erde verhungert, ist jede Waffe eine Gotteslästerung.

Auf welche Weise können sich Kulturwissenschaftlerinnen und Kulturwissenschaftler an den Aufbau einer friedvollen, gerechteren Welt beteiligen? Welche Beiträge kann fachspezifisch und fächerübergreifend örtlich und weltweit die kulturelle Intelligenz zur Erreichung einer neuen Weltordnung ohne Krieg aber mit sozialer Gerechtigkeit leisten? Auf diesem Kongreß wurde versucht, dafür Wege aufzuzeigen. Ich meine, daß am Anfang aller Überlegungen aber erst einmal die Überzeugung und Einsicht stehen muß, daß es wirklich höchste Zeit ist zu handeln und wirklich jeder — auch wir Kulturwissenschaftlerinnen und Kulturwissenschaftler — etwas zu dieser gewaltigen Aufgabe beitragen kann. Wir dürfen uns nicht länger als elitäre Wesen verstehen, die — den weltlichen Alltagsproblemen entrückt — sich in einer selbstbestimmten Moral nur den kulturellen Studien widmen aber nicht erkennen wollen, daß um uns herum die Welt in Schutt und Asche fällt und die gesamte Schöpfung in Gefahr geraten ist. Ein solches anachronistisches Wissenschaftsbild ist gefährlich. Es darf sich nicht wiederholen, was Thomas Mann am 9. Mai 1939 selbstkritisch auf dem „Weltkongreß der Schriftsteller“ in New York dem Plenum sagte (Zitat):

> Das geistige Deutschland war für die politische Seite des Lebens und der Kultur nicht empfänglich. Es ging der Politik stets aus dem Wege und tat es im Namen der Kultur. Alle möglichen großen und schönen Dinge waren im deutschen Kulturbegriff eingeschlossen: Musik, Metaphysik, Psychologie, Ethik und ein sehr individualistischer kultureller Idealismus, aber alles Politische wurde verachtungsvoll beiseite geschoben. Ich weiß dies nur zu gut, denn ich verbrachte meine Jugend unter der Herrschaft einer rein intellektuellen, antipolitischen Vorstellung von Kultur. Erst in reiferen Jahren gelangte ich dahin, zu erkennen und zuzugestehen, daß es zwischen dem Geistigen und dem Politischen keine klare Unterscheidung geben kann. Ich sehe heute, daß der deutsche Bürger sich im Irrtum befand, als er glaubte, der Mensch könne kultiviert und unpolitisch sein. Es ist nun klar, daß die Kultur sich in Gefahr befindet, wenn ihr der Instinkt und das Bedürfnis mangeln, das Politische zu verstehen.

Ich möchte daher von hier aus diejenigen noch abseits der Friedensbewegung stehenden Kolleginnen und Kollegen herzlich bitten, sich aktiv an der Auseinandersetzung um Abrüstung, soziale Gerechtigkeit und ökologische Vernunft zu beteiligen. Machen Sie sich frei von der Vorstellung,man könne doch nichts verändern und Politik sei nicht unsere Angelegenheit. Sie ist es, und sie wird es täglich mehr. Keiner wird in einem nächsten Krieg verschont, keiner wird den sich abzeichnenden Klimakatastrophen entgehen und keiner wird moralisch schuldlos bleiben an dem schreienden Unrecht, das an zahllosen Menschen besonders in den Ländern der sogenannten Dritten Welt begangen wird. Überwinden Sie Ihre Vorbehalte und vielleicht auch Ihre Ängste, arbeiten Sie aktiv und verantwortlich mit an der Bewältigung der bestehenden Probleme.

Meine sehr geehrten Damen und Herren, die Mitglieder des bundesweiten Koordinierungskreises der Initiative und die Mitglieder des Internationalen Beratergremiums des Kongresses erlauben sich, Ihnen Vorschläge und Anregungen in Form eines kulturpolitischen Manifestes vorzulegen. Wir hoffen, daß es Ihre Unterstützung finden wird, und bitte helfen Sie bei der Verbreitung der darin geäußerten Ideen mit.

Bevor ich den Kongreß beenden darf, möchte ich mich im Namen der Vorbereitungsgruppe bei Ihnen sehr herzlich für Ihr Kommen und für Ihr Interesse bedanken. Hoffen wir, daß sich noch viele Kulturwissenschafterinnen und Kulturwissenschaftler unseren Ideen anschließen mögen. Im nächsten Jahr wollen wir, nach der Ausstellung „Kulturgut — bombensicher?“, die bislang in 17 Städten gezeigt wurde, eine weitere Ausstellung konzipieren. Sie wird das Thema „Feindbild“ zum Inhalt haben. Alle sind herzlich dazu eingeladen, daran mitzuwirken. Und sicherlich finde ich Ihre Zustimmung, wenn ich schon jetzt sage, daß wir uns hoffentlich alle wiedertreffen sollten, um die friedenspolitische Zusammenarbeit im Kultursektor fortzuführen. Dies könnte im Herbst 1989 der Fall sein. Ich hoffe, daß wir dann dem Ziel einer atomwaffenfreien Welt noch einen Schritt näher gekommen sein werden.

Unser herzlichster Dank gilt auch allen Referentinnen und Referenten, Sektionsleiterinnen und Sektionsleitern, die sich hier einem kritischen Fachpublikum vorgestellt haben. Insbesonders möchte ich noch einmal den ausländischen Kolleginnen und Kollegen danken, die zum Teil sehr lange Wege auf sich genommen haben, um mit uns gemeinsam hier zu diskutieren. Es war schön und sehr bedeutsam, daß Sie hier waren!

Großen Dank gilt selbstverständlich auch denjenigen abzustatten, die sich um das Zustandekommen dieses Kongresses bemüht haben. Zu ihnen gehören auch die vielen Helferinnen und Helfer, ohne deren ehrenamtliches Engagement der Kongreß nicht hätte realisiert werden können. Die Vorbereitungsgruppe des Kongresses wünscht Ihnen allen eine gute Heimfahrt und eine friedvolle Adventszeit. Vielen Dank und Aufwiedersehen. Der Kongreß ist beendet.

Internationaler Kongreß

Kultur gegen Krieg –
Wissenschaft für den Frieden

Kulturpolitisches Manifest

Kultur gegen Krieg – Wissenschaft für den Frieden

im Wissen darum,

daß die Fortschritte in Wissenschaft und Technik, die großen sozialen Probleme in der Welt und die Gefahren für das ökologische System, vor allem aber die Bedrohung der Menschheit durch die Gefahr eines Atomkrieges die Welt zu einer Schicksalsgemeinschaft machen,

gestützt auf die Überzeugung,

daß die Welt von heute die Hinwendung zu einem neuen Denken des Miteinander und des gegenseitigen Verständnisses gebietet, daß die Sicherung des Lebens, die Erhaltung der Erde, Vorrang haben muß bei der Austragung der Konflikte zwischen Ost und West und daß eine Neugestaltung der Beziehungen zwischen Nord und Süd notwendig ist,

aus der Einsicht heraus,

daß den Wissenschaften, die sich mit Fragen der Geschichte, Kultur und des menschlichen Denkens beschäftigen, eine besondere Verantwortung zukommt,
daß sie den Erfahrungen aus der Geschichte, die Vielfalt des kulturellen Erbes der Menschheit für eine neue Gestaltung menschlicher Beziehungen nutzbar machen können,

stellen wir folgende Gedanken zur Diskussion:

I. Der kategorische Imperativ unserer Tage ist es, alles Handeln in den Dienst der Sicherung des Friedens und der Beseitigung der Atomkriegsgefahr zu stellen. Der Abschluß eines ersten Abkommens über die Beseitigung einer Kategorie atomarer Waffen kann dann als historischer Wendepunkt in die Geschichte eingehen, wenn es gelingt, ihn zu dem Beginn eines umfassenden Abrüstungsprozesses zu machen. Mit einer 50prozentigen Reduzierung der Intercontinental-Raketen, der Beseitigung der atomaren Kurzstreckenraketen, der Vernichtung chemischer Massenvernichtungsmittel sowie der Forderung nach einem Atomteststop-Abkommen, müssen die nächsten Schritte auf dem Weg der Abrüstung gegangen werden. Der Weltraum darf nicht zur Plattform neuer Kriegsgefahren werden.

II. Einschneidende Abrüstung kann endlich auch die geistigen und materiellen Ressourcen freisetzen, die zur Beseitigung des Hungerproblems, zur Überwindung der Gefahren der Umweltzerstörung und der Unterentwicklung als auch zur Sicherung der Energieversorgung erforderlich sind. Wir sind überzeugt, daß heute niemand mehr verhungern muß. Dies in die Tat umzusetzen ist eine Herausforderung, der wir uns ohne Wenn und Aber stellen müssen.

Dies bedarf einer grundlegenden Reform der Weltwirtschaftsordnung, einer Gleichberechtigung zwischen den Staaten der Welt auf internationaler Ebene, so wie sie sich in den Organisationen der Vereinten Nationen bereits entwickelt hat. Daraus folgt für uns zuallererst eine Ablehnung jeder politischen, kulturellen und weltanschaulichen Unterdrückung, wie gerade unsere entschiedene Ablehnung der Politik der Apartheid.

III. Eingedenk der Feststellung in der Präambel der UNESCO-Verfassung, „daß, da Kriege im Geiste der Menschen entstehen, auch die Bollwerke des Friedens im Geiste der Menschen errichtet werden müssen", treten wir vor allem ein für den Abbau von Vorurteilen und Feindbildern zwischen Ost und West. Die Ergebnisse der Konferenz für Sicherheit und Zusammenarbeit in Europa (KSZE) sowie die durch sie eingeleiteten Prozesse bieten noch viele ungenutzte Möglichkeiten. Wir treten ein für einen intensiven Austausch von Wissenschaftlerinnen und Wissenschaftlern, Studentinnen und Studenten, für mehr Partnerschaften zwischen Hochschulen und Kultureinrichtungen, für den Austausch von Ausstellungen und anderen kulturellen Veranstaltungen, für das weltweite Wirken gegen Analphabetismus.

In Übereinstimmung mit den Zielen der UNESCO erachten wir die Rolle der Erziehung als außerordentlich bedeutsam. Wir sind für eine Weiterentwicklung erziehungspolitischer Ansätze, die auf die Förderung des Friedens und der Verständigung zwischen den Völkern gerichtet sind.

IV. Wir wollen unsere wissenschaftliche Arbeit in unseren verschiedenen Fachgebieten in den Dienst der Entwicklung einer Philosophie und Kultur des Friedens stellen. Wir wollen dazu beitragen, an der Schwelle zum dritten Jahrtausend einem neuen Denken zum Durchbruch zu verhelfen. Wir wollen uns in unseren Fachgebieten Fragestellungen widmen, wie der nach den historischen Traditionen des Friedensgedankens, nach den Gedanken zu Frieden und Völkerverständigung in den verschiedenen Kulturen der Welt, nach den geschichtlichen Erfahrungen in der Auseinandersetzung um Frieden und Verständigung, nach den kulturellen Traditionen, die heute einem friedlichen Miteinander und einem Denken in Kategorien der ganzheitlichen Welt nutzbar gemacht werden können. Wir wollen in unseren Arbeitsbereichen den internationalen Austausch zwischen Ost und West, zwischen Nord und Süd fördern und Beispiele solcher Zusammenarbeit verbreiten.

V. Wir wollen uns als Menschen, die im Kulturbereich wirken, für die Verbreitung des Friedensgedankens einsetzen. Wir wollen dazu beitragen, daß Kultuschaffende sich an der Entwicklung einer Philosophie und Kultur des Friedens beteiligen, tradierte Gedanken und Formen der Förderung von Frieden und Verständigung weiterentwickeln und neue erschließen, verborgene konflikt- und kriegfördernde Strukturen in unseren Arbeitsbereichen aufdecken. Wir wollen mithelfen, die kulturelle Vielfalt auf der Erde zu erhalten, gefährdete Kulturgüter zu schützen, Bildung und Kultur mehr als bisher zu Feldern der Völkerverständigung zu machen.

Wir stellen diese Gedanken zur Diskussion — in der Hoffnung, daß viele unserer Kolleginnen und Kollegen in Ost und West, in Nord und Süd, diese aufgreifen und sich zur Weiterverbreitung, zur Kritik und zu Vorschlägen für ihre Weiterentwicklung herausgefordert fühlen. Wir wollen einen Anstoß geben, weil wir meinen, daß es heute um die Sicherung des Überlebens der Menschheit und zugleich um die Eröffnung großer Zukunftsperspektiven geht. Wir wollen zu den heute lebenswichtigen Diskussionen unseren Beitrag leisten.

Hannover, den 29.11.1987

Internationales Beratergremium:

Prof. Dr. G.C. Chourmouziadis, Griechenland · Prof. Dr. P.H. Feist, DDR · Dr. P.R. Frank, USA · Dr. H. Ganslmayr, BRD · Dr. D. Hammer-Tugendhat, Österreich · Dr. A.O. Konaré, Mali · Dr. G. Mader, Österreich · Prof. Dr. M. Moissonnier, Frankreich · Prof. Dr. B. Piotrowski, UDSSR · Prof. Dr. J.D. van der Waals, Niederlande.

Für die bundesdeutsche Initiative:
„Kulturwissenschaftler für Frieden und Abrüstung in Ost und West"
Prof. Dr. J. Assmann, Heidelberg · C. Bloch, Tübingen · Prof. F. Ficker, München · Dr. G. Gerlach, Xanten · Dr. H.-J. Häßler, Hannover · Prof. dr. J. Held, Osnabrück · Dr. Chr. von Heusinger, Braunschweig · Dr. B. Kerkhoff-Hader, Bonn · Dr. H.-P. Kuhnen, München · Prof. Dr. H.-J. Nissen, Berlin · Dr. R. Vossen, Hamburg · Prof. F.E. Walther, Hamburg · Dr. M. Wilbertz, Hannover · Prof. Dr. H. Ziegert, Hamburg.

V.i.S.d.P.: Friedensinitiative „Kulturwissenschaftler für Frieden und Abrüstung in Ost und West", c/o H.-J. Häßler, Trierer Str. 6, 3000 Hannover 1

Mitarbeiterverzeichnis

Franz Alt, Dr.; Fernsehjournalist; Baden-Baden

G.-A. Astre, Professor emer. der Universität Paris-Nantere, Fächer: Amerikanistik und klassische Literatur; Veröffentlichung von 10 Büchern über die ideologische Situation der USA; Repräsentant des Weltfriedensrates bei der UNESCO; interessiert sich zur Zeit besonders für die internationalen Beziehungen; arbeitet zusammen mit zahlreichen Zeitschriften u.a. „Le Monde Diplomatique".

Till Bastian, Dr. med.; Mainz; von November 1983 bis Dezember 1986 Geschäftsführer der bundesdeutschen IPPNW-Sektion; zwei Jahre im Vorstand der Sektion und seit September 1986 deren International Councillor.

Helmut Bley, Prof. Dr.; Lehrstuhl für Neuere und außereuropäische Geschichte am Historischen Seminar der Universität Hannover seit 1976, Schwerpunkt Afrikanische Geschichte. 1965-1975 Universität Hamburg, 1970-1972 Gastdozent an der Universität Dar es Salaam, 1987 Gastprofessor an der Johns Hopkins University USA; Kuratoriumsvorsitzender des Instituts für Afrikakunde in Hamburg, Mitglied des Kuratoriums der DSE.

Karola Bloch, Dipl.-Ing.; Tübingen; früher als Architektin arbeitend in den USA und in der DDR; politisch tätig als Mitglied der KPD (ab 1932) und der SED in Leipzig; aktiv in der Deutsch-Sowjetischen und Deutsch-Polnischen Gesellschaft; nachlesbar in dem Buch „Aus meinem Leben" (Neske-Verlag, Pfullingen, 1981).

Helmut Bock, Prof. Dr. sc. phil.; Berlin/DDR; tätig im Zentralinstitut für Geschichte an der Akademie der Wissenschaften der DDR; Mitglied des Präsidiums der Historiker-Gesellschaft der DDR und des Herausgeberkollegiums „Deutsche Geschichte in 12 Bdn."; Vorsitzender der Sektion Geschichte beim Präsidium der URANIA; Arbeitsgebiet deutsche Geschichte des 19./20. Jahrhunderts mit Schwerpunkten der Sozial-, Politik- und Literaturgeschichte von 1789 bis 1848; z.Zt. Friedensforschung zur Geschichte der Neuzeit; Verfasser und Herausgeber zahlreicher Bücher, Broschüren und Aufsätze.

Jörg Boström, Prof.; Fachhochschule Bielefeld; Fachbereich Design; Forschungs- und Entwicklungsschwerpunkt Fotographie.

Rainer Braun, Köln; Studium der Germanistik und der Geschichte; Mitglied der Krefelder Initiative und der Naturwissenschaftler-Initiative „Verantwortung für den Frieden"; Kongreßsekretär des ersten Internationalen Naturwissenschaftler-Kongresses „Ways out of the Arms Race", Hamburg 1986.

Jula Dech, Studierte Malerei/Graphik und war Lehrerin für Druckgraphik an der Staatlichen Kunstakademie Stuttgart. Nach einem Studium der Kunstwissenschaft lehrte sie an verschiedenen Hochschulen und ist heute Dozentin für Kulturpädagogik an der Hochschule der Künste Berlin. Neben eigenen künstlerischen Arbeiten (Fotomontage, Plakate, Buchillustration) hat sie u.a. Untersuchungen zu Käthe Kollwitz, Hannah Höch, Honoré Daumier, Helen Frankenthaler, Frida Kahlo und zu verschiedenen Fragestellungen von Frauenkunst und Frauenkultur publiziert.

Erika Dettmar, Studium der klassischen Archäologie und der Ethnologie in Göttingen, Ur-und Frühgeschichte und Afrikanistik in Hamburg; Feldforschungsaufenthalte in Kamerun und Niger; Doktorarbeit zum Thema: Rassismus, Vorurteile, Kommunikation. Untersucht am Beispiel der afrikanisch/europäischen Begegnung in Hamburg; praktische Tätigkeiten im afrikanisch-deutschen bzw. internationalen Kulturaustausch u.a. Aufbau und Mitarbeit im Informations- und Kommunikationszentrum Afrika (SOKONI) in Hamburg und Mitorganisation des Einwandererkulturfestivals Hamburg 1987.

Reiner Diederich, Prof.; Frankfurt; Fachbereich Sozialarbeit; Fachhochschule Frankfurt a.M.

Richard Faber, Dr.; Privatdozent für Soziologie an der Freien Universität zu Berlin. Forschungsschwerpunkte: Faschismus, Imperialismus, Katholizismus und Konservatismus. Publikationen: Die Verkündigung Vergils: Reich — Kirche — Staat. Zur Kritik der „Politischen Theologie" (Hildesheim/New York 1975); Politische Idyllik. Zur sozialen Mythologie Arkadiens (Stuttgart 1977); Der Collage-Essay. Eine wissenschaftliche Darstellungsform (Hildesheim 1979); Roma aeterna. Zur Kritik der „Konservativen Revolution" (Würzburg 1981); Der Prometheus-Komplex. Zur Kritik der Politotheologie Eric Voegelins und Hans Blumenbergs (Würzburg 1984); Erbschaft jener Zeit. Zu Ernst Bloch und Hermann Broch (Würzburg 1989).

Peter H. Feist, Prof. Dr. sc. phil.; Kunstwissenschaftler; Direktor des Instituts für Ästhetik und Kunstwissenschaften der Akademie der Wissenschaften der DDR in Berlin; zuvor Lehrstuhlinhaber für Kunstwissenschaft an der Humbold-Universität zu Berlin; Ordentliches Mitglied der Akademie der Künste der DDR; korrespondierendes Mitglied der Akademie der Wissenschaften der DDR; Mitglied des Zentralvorstandes des Verbandes Bildender Künstler der DDR, des Comité International d'Histoire de l'Art, der Association Internationale des Critiques d'Art; wissenschaftliche Arbeiten vorwiegend zur bildenden Kunst des 19. und 20. Jahrhunderts, zur Kunsttheorie und zur Methodologie der Kunstwissenschaft.

Peter R. Frank, Dr.; seit 1967 Curator der Germanic Collections, Stanford University Libraries; Lecturer, German Studies Department, Stanford University, Stanford, Calif. 94309, USA. Nach Studium an der Universität Wien Lektor und Cheflektor deutscher Verlage (Luchterhand, Wissenschaftliche Buchgesellschaft, Hanser, S. Fischer) von 1950-1967, 1975-1976). Im Wissenschaftlichen Beirat des Österr. Instituts für Friedensforschung, Stadtschlaining, in Stanford Mitglied der Faculty Peace Studies Group.

Walter A. Frank, Dr.; Studium der Soziologie, Sozialpsychologie, der Psychologie und Völkerkunde; Forschungsaufenthalt in Nepal 1974-75; seit 1969 Aufbau einer Sammlung von Kunst- und Kulturgegenständen aus dem Himalaya-Raum; zur Zeit Vorbereitung der ersten beiden Bände eines umfassenden ETHNOGRAPHIC SURVEY OF NEPAL; Vorlesungen und Intensiv-Seminare zum Thema „Schamanentum als globale Erscheinung — Weltbild im Wandel", Universität Bonn.

Frank Thomas Gatter, Historker; Publizist; Leiter des Archivs Nienburg; Mitglied des Bremer Afrika Archivs; Herausgebertätigkeit u.a. beim Verlag für das Studium der Arbeiterbewegung, Hamburg.

Dagmar Grenz, Prof. Dr.; St.R. i.H. an der Universität Köln, Seminar für deutsche Sprache und Literatur und ihre Didaktik; bis März 1987 Professorin auf Zeit; Schwerpunkte: Literaturdidaktik und Kinder- und Jugendliteraturforschung; Vorstandsmitglied der Internationalen Forschungsgesellschaft für Kinder- und Jugendliteratur; Organisatorin des 8. Internationalen Kongresses dieser Gesellschaft, der vom 28.9. bis 2.10.87 in Kön stattfand.

Hans Gressel, Dr.; Minden; Präsident des Internationalen Versöhnungsbundes, deutscher Zweig; Mitglied der Arbeitsgemeinschaft für Frieden und Konfliktforschung, der Arbeitsgemeinschaft für historische Friedensforschung und des Verbandes der Historiker Deutschlands; Studiendirektor i.R.

Hans-Jürgen Häßler, Dr.phil.; Studium der Ur- und Frühgeschichte, Pädagogik, Geologie und Volkskunde an der Universität Hamburg; Promotion 1975; seit 1975 als Wissenschaftlicher Sachbearbeiter am Niedersächsischen Landesmuseum — Urgeschichts-Abteilung — Hannover tätig; Arbeitsschwerpunkte: Vorrömische Eisenzeit Mitteleuropas; Studien zur Völkerwanderungs- und Merowingerzeit; Erforschung der Altsachsen; seit 1978 Lehrbeauftragter an der Universität Hamburg; Herausgeber der „Studien zur Sachsenforschung"; zahlreiche Fachveröffentlichungen; Gründungsmitglied und Kontaktadresse (Trierer Straße 6, 3000 Hannover) der Friedensinitiative „Kulturwissenschaftler für Frieden und Abrüstung in Ost und West"; Mitglied der Krefelder Initiative.

Thomas Heberer, Dr.; Privatdozent, Studium der Ethnologie, Politologie und Sinologie in Frankfurt, Göttingen, Mainz und Heidelberg; 1977 Promotion an der Universität Bremen; 1977-81 Lektor und Übersetzer am Fremdsprachenverlag in Peking; zur Zeit Lehrstuhlvertretung im Fach Politische Wissenschaft (Politik, Wirtschaft, Kultur Chinas) an der Universität Duisburg; Habilitation mit dem Thema „Die Rolle der städtischen Individualwirtschaft in China für Arbeitsmarkt und Stadtwirtschaft"; Verfasser zahlreicher Bücher und Abhandlungen über verschiedene Bereiche und Fragen Chinas. Bundesvorsitzender der Gesellschaft für Deutsch-Chinesische Freundschaft.

Christian von Heusinger, Dr., Oberkustos; Leiter des Kupferstichkabinetts des Herzog Anton Ulrich-Museums Braunschweig; Mitglied des Editorial Board des Print Quarterly; Arbeiten zur spätmittelalterlichen Buchmalerei und zur Geschichte von Malerei, Zeichnung und Druckgraphik vom 15. bis 20. Jahrhundert; Mitglied der Krefelder Initiative.

Ulrike Hörster-Philipps, Dr.; Historikerin, Münster; Mitglied des Vorstandes der „Joseph-Wirth-Stiftung, Verein zur Förderung einer Politik der friedlichen Koexistenz e.V." Düsseldorf; Veröffentlichungen zur Geschichte der Weimarer Republik und des Hitlerfaschismus; Mitherausgeberin des Buches „Rapallo-Modell für Europa? Friedliche Koexistenz und internationale Sicherheit heute" (Köln 1987).

Ina Horn, 1979-86 Studium der Philosophie, Soziologie, Pädagogik und Kunstgeschichte in Klagenfurt und Wien; danach Scholarin am Institut für Höhere Studien (IHS) an der Abteilung Politikwissenschaft in Wien, seit 1987 Universitätsassistentin am Studienzentrum für Friedensforschung in Stadtschlaining, Österreich.

Wolfgang Jacobmeyer, Privatdozent, Dr. phil.; wissenschaftlicher Mitarbeiter und stellvertretender Direktor am Georg-Eckert-Institut für internationale Schulbuchforschung in Braunschweig; 1970-1971 Schuldienst, 1971-1978 Referent am Institut für Zeitgeschichte in München.

Günther Kapfhammer, Dr. phil.habil; Privatdozent für Volkskunde an der Universität Augsburg.

Hans-Martin Kaulbach, Hamburg; Studium der Kunstgeschichte in Münster und Hamburg; Dissertation „Bombe und Kanone in der Karikatur. Eine kunsthistorische Untersuchung zur Metaphorik der Vernichtungsbedrohung" (Marburg 1987); Mitarbeit in Museen in Stuttgart und Hamburg; derzeit Stipendiat der DFG.

Marianne Koerner, Historikerin, M.A., Göttingen; Schwerpunkt: Sozial-, Wirtschafts- und Frauengeschichte, 1986 bis 1988 Bundesvorstand der Geschichtswerkstatt e.V., 1987 und 1988 Angestellte der Geschichtswerkstatt Göttingen e.V., zur Zeit erwerbslos.

Hans-Peter Kuhnen, Dr.; bis 1987 Prähistorische Staatssammlung München, seither Kurpfälzisches Museum Heidelberg, Archäologische Abteilung. Lehraufträge in Provinzialrömischer Archäologie an den Universitäten München und Saarbrücken.

Reinhard Kühnl, Prof. Dr.; Politikwissenschaft an der Universität Marburg; Schriften besonders über den Faschismus; Mitglied im Vorstand des Bundes demokratischer Wissenschaftler.

Herta Kuhrig, Prof. Dr. phil.; Berlin/DDR; Wissenschaftliche Mitarbeiterin am Institut für Soziologie und Sozialpolitik an der Akademie der Wissenschaften; Vorsitzende des Wissenschaftlichen Rates „Die Frau in der sozialistischen Gesellschaft" bei der Akademie der Wissenschaften der DDR; Mitglied der Sektion Gesellschaftswissenschaften der UNESCO-Kommission der DDR; Mitglied des DDR-Komitees für wissenschaftliche Fragen der Sicherung des Friedens und der Abrüstung; Forschungsarbeiten und Publikationen zu den Problemen: der gesellschaftlichen Stellung der Frau und zu den Veränderungen der Geschlechterrollen, der Entwicklung der Beziehungen zwischen Gesellschaft und Familie und den Beziehungen innerhalb der Familie.

Tilmann, Lenssen-Erz, M.A.; Studium in Marburg: Afrikanistik, Vor- und Frühgeschichte, Religionsgeschichte; nach Abschluß diverse archäologische Ausgrabungen in der BRD, Tunesien, Ägypten. Seit 1986 Universität Köln, Forschungsstelle Afrika, Bearbeitung eines analytischen Kataloges mit Felsbildern aus Namibia.

Patrick Mafuna, Journalist; Mitarbeiter von Radio Freedom in Addis Abeba, Äthiopien; Mitglied des African National Congress (ANC) South Africa.

Rainer Mallée, Gesamtschulrektor (Fachbereichsleiter für Gesellschaftskunde an der Carl-Zeiss-Gesamtschule / UNESCO-Modellschule Berlin; stellvertretender Vorsitzender des „Berliner Komitees für UNESCO-Arbeit e.V.“ Veröffentlichungen im Bereich des UNESCO-Modellschulprogramms, der politischen Bildung und Erziehung („Gewußt wo-Adressenhandbuch zur politischen Bildungsarbeit in Berlin“) und zur Didaktik der Friedenserziehung (u.a. Mitherausgeber des Handbuches „Lernziel Frieden“).

Maurice Moissonnier, Professor für Geschichte und Geographie an der Universität Lyon, Frankreich. Historiker der französischen Arbeiterbewegung. Mitglied des Verwaltungsrates des C.G.T.-Instituts für Sozialgeschichte. Vizepräsident der Vereinigung der Freunde der Pariser Commune. Mitglied des Appel des Cent.

Peter Petersen, Prof. Dr.; Hochschullehrer für Musikwissenschaft an der Universität Hamburg. Letzte Veröffentlichungen: Alban Berg: Wozzeck. Eine semantische Analyse (Musik-Konzepte, Sonderband für 1985). Hans Werner Henze, Ein politischer Musiker (Argument-Verlag Hamburg 1988). Seit 1982 aktiv in der Friedensbewegung. 1987 Gründung der Projektgruppe „Musik und Nationalsozialismus“ am Musikwissenschaftlichen Institut der Universität Hamburg.

Boris Piotrowski, Prof. Dr.; Direktor des Eremitage-Museums in Leningrad, UdSSR.

Brigitte Reich, Dipl.-Päd., Dr. phil.; Wiss. Mitarbeiterin in der „Dokumentationsstelle Friedenserziehung“ am Fachbereich Erziehungs- und Gesellschaftswissenschaften der Hochschule der Künste Berlin; Sprecherin der Initiative „Pädagoginnen und Pädagogen für den Frieden“; Mitglied des Erziehungsausschusses der Deutschen UNESCO-Kommission.

Rainer Riemenschneider, Dr.; Wiss. Mitarbeiter im Georg-Eckert-Institut für internationale Schulbuchforschung in Braunschweig; 1983-1987 wissenschaftlicher Referent im Deutschen Historischen Institut Paris. Arbeitsgebiete: Internationale vergleichende und historische Schulbuchforschung; Geschichte Frankreichs im 19./20. Jahrhundert. Veröffentlichungen u.a.: Dezentralisation und Regionalismus in Frankreich im 19. Jahrhundert (Bonn 1985).

Dieter Riesenberger, Prof. Dr.; Professor für Neueste Geschichte an der Universität — Gesamthochschule Paderborn.

Hartmut Ring, Lehrer an der Erich-Kästner-Gesamtschule in Hamburg; Vorsitzender des Ausschusses für Friedenserziehung des Landesverbandes der GEW Hamburg.

Adelheid von Saldern, Prof. Dr.; Professorin für Neue Geschichte am Historischen Seminar der Universität Hannover; zahlreiche Veröffentlichungen zur Wirtschafts- und Sozialgeschichte des 19. und 20. Jahrhunderts.

Herbert Schmalstieg, Oberbürgermeister der Stadt Hannover.

Christiane Schmelzkopf, Dr. phil.; Studium der Germanistik, Ev. Theologie, Judaistik. Studienrätin in Laichingen. Veröffentlichungen u.a.: Zur Gestaltung jüdischer Figuren in der deutschsprachigen Literatur nach 1945, Hildesheim 1983; Zur Gestaltung jüdischer Figuren, in: Juden im Judentum in der Literatur, hrsg. V.H. Strauss und Ch. Hoffmann, München 1985; Rahel Straus, in: Juden in Karlsruhe, Veröffentlichungen des Stadtarchivs Bd. 8, Karlsruhe 1988.

Karl Stuhlpfarrer, Dr.; Universitäts-Dozent am Institut für Zeitgeschichte der Universität Wien, Österreich.

Józef Szajna, Warschau, VR Polen; Aktivaktivist des Widerstandes gegen die Nazi-Besetzung; Häftling in Auschwitz und Buchenwald; studierte an der Krakauer Akademie für Schöne Künste; Professur seit 1972; später Direktor und künstlerischer Leiter des Ludowy Theaters in Nowa Huta; 1971-72 Management des KLASYCZNY Theaters in Warschau, welches er zu einem Kunstzentrum umformte, dessen Theatergalerie er als Direktor und künstlerischer Leiter vorstand. Seit mehreren Jahren ist Józef Szajna Mitglied der Vereinigung polnischer Künstler und Designer und Mitglied des ZAiKF (Schriftstellervereinigung); Mitglied der internationalen Vereinigung der Schönen Künste (AIAT/IAA, Paris); Mitglied der Weltförderation der Widerstandsbewegung (FIR).

Ralph Uhlig, Dr.; Privat-Dozent; ehemaliger Marineoffizier; Studium der Geschichte, Anglistik, Politische Wissenschaften; Promotion und Habilition 1979 und 1987 in Kiel; seit 1979 wiss. Mitarbeiter am Historischen Seminar der Universität Kiel; Mitglied des Verbandes der Historiker Deutschlands, des Arbeitskreises Historische Friedensforschung, des Beirats für Geschichte der Arbeiterbewegung und Demokratie in Schleswig-Holstein, Veröffentlichungen zur Geschichtstheorie, zur deutsch-englischen Geschichte und zum interparlamentarischen Pazifismus.

Hans. N. Weiler, Tanford, USA, ist Professor für politische Wissenschaft und Erziehungswissenschaft an der Universität Stanford in Kalifornien, und für das Jahr 1988-89 Stipendiat („Fellow") am Center for Advanced Study in the Behavioral Sciences. Seine wissenschaftlichen Arbeiten beschäftigen sich mit den Wechselbeziehungen von Politik und Bildung auf nationaler und internationaler Ebene, vor allem in Afrika und Westeuropa. Von 1974 bis 1977 war er Direktor des Internationalen Instituts für Bildungsplanung (IIEP) der UNESCO in Paris.

Peter Wülfing, Dr. phil.; Professor für klassische Philologie am Institut für Altertumskunde der Universität zu Köln; Spezialgebiete: Antike Rhetorik, Didaktik der Alten Sprachen; beteiligt an der Organisation der Kölner Ringvorlesungen „Verantwortung für den Frieden".

Horst Zettel, Dr. phil.; Akad. Direktor an der Universität Erlangen-Nürnberg, Institut für Geschichte. Studium an den Universitäten Tübingen und Erlangen. Staatsexamen in den Fächern Geschichte und Anglistik 1966. Seit 1967 wiss. Mitarbeiter. Lehrveranstaltungen zur mittelalterlichen Geschichte. Besondere Arbeitsgebiete: Normannen, Sachsen. Diss. 1977 Fink-Verlag, weitere Veröffentlichungen in Offa, Studien zur Sachsenforschung, ZS Ges SHG, Rezensionen in German Studies.

Helmut Ziegert, Prof. Dr.; Archäologie (Urgeschichte des Menschen und Vor- und Frühgeschichte Afrikas) Universität Hamburg; ca. 6 Jahre Forschungsaufenthalte in Nord-Afrika; aktuelle Forschungsprojekte im Sudan, Ägypten, Libyen, Norddeutschland.

Michael Zielinski, Politologe, Hamburg; promoviert zur Zeit über „Die Rolle der neutralen und blockfreien Staaten im KSZE-Prozeß". Veröffentlichung: „Vertrauen und Vertrauensbildende Maßnahmen. Ein sicherheitspolitisches Instrument und seine Anwendung in Europa" (Frankfurt/M., New York 1985).